LAGER logisch!

BAND 2

Autoren
Sonja Achtzehn
Maria Auer
Jörn Holbe
Kathrin Honold
Ute Morgenstern
Stephan Müller
Melanie Träger
Mandy Viering

Berater
Klaus Heptner
Jörn Holbe
Reent Reents
Stephan Weißer

unter Mitarbeit der
Verlagsredaktion

Cornelsen

Dieses Buch wurde erstellt unter Verwendung von Materialien von: Volker Brettschneider, Wolfgang Ehmer, Christian Fritz, Lydia Fritz, Wolfgang Hecht, Markus Hillebrand, Antje Kost, Reinhold Koullen, Claudia Lang, Christian Maasz, Peter W. Oldham, Alexander Osanna, Klaus Otte, Michael Piek, Roswitha Pütz, Josef Schnettler, Reinhard Zinner

Wir weisen darauf hin, dass die im Lehrwerk genannten Unternehmen und Geschäftsvorgänge frei erfunden sind. Ähnlichkeiten mit real existierenden Unternehmen lassen keine Rückschlüsse auf diese zu. Dies gilt auch für die im Lehrwerk genannten Kreditinstitute, Bankleitzahlen und Buchungsvorgänge. Ausschließlich zum Zwecke der Authentizität wurden insoweit existierende Kreditinstitute und Bankleitzahlen verwendet.

Verlagsredaktion:	Dorothe Redeker
Redaktionelle Mitarbeit:	Sascha Heinrich, Sabine Schneider
Bildredaktion:	Christina Fanselow
Umschlaggestaltung:	vitaledesign, Berlin
Layoutkonzept:	Christoph Berten, Berlin, vitaledesign Berlin
Technische Umsetzung:	PER Medien+Marketing GmbH, Braunschweig
Illustrationen Lernfeldeinstiege:	Jaschar Voussoug, Berlin, Damir Skako, Stuttgart (Beratung)

www.cornelsen.de/cbb

Die Webseiten Dritter, deren Internetadressen in diesem Lehrwerk angegeben sind, wurden vor Drucklegung sorgfältig geprüft. Der Verlag übernimmt keine Gewähr für die Aktualität und den Inhalt dieser Seiten oder solcher, die mit ihnen verlinkt sind.

1. Auflage, 2. Druck 2018

Alle Drucke dieser Auflage sind inhaltlich unverändert
und können im Unterricht nebeneinander verwendet werden.

Druck und Bindung: Livonia Print, Riga

ISBN 978-3-06-450454-7

PEFC
PEFC/12-31-006

PEFC zertifiziert
Dieses Produkt stammt aus nachhaltig bewirtschafteten Wäldern und kontrollierten Quellen.

www.pefc.de

Inhaltsverzeichnis

Folgende Materialien finden Sie im Arbeitsbuch

Folgende Materialien finden Sie im Arbeitsbuch

Folgende Materialien finden Sie im Arbeitsbuch

Folgende Materialien finden Sie im Arbeitsbuch

Folgende Materialien finden Sie im Arbeitsbuch

Anhang

Wirtschafts- und Sozialkunde

Folgende Materialien finden Sie im Arbeitsbuch

5

Güter kommissionieren

- Einführung in die Kommissionierung
- Die Kommissionierzeiten
- Kennzahlen des Kommissionierens
- Das Kommissioniersystem
- Das Informationsflusssystem
- Das Materialflusssystem
- Das Organisationssystem
- English exercises

EXIT
GRRR!!!

1 Einführung in die Kommissionierung

Bereitstellungseinheit
→ LF 5, Kap. 6.1.1

Die Zweiradhandelsgesellschaft mbH bestellt bei der Top Bike GmbH zehn MTBM2624 in rot und drei MTBM2624 in schwarz, acht ATBW2807 silberfarben und sechs TRBM2808 in schwarz. Außerdem werden zwölf CTBC2805 in weiß bestellt. Die Top Bike GmbH lagert verkaufsfertig montierte Fahrräder im Warenausgangslager. Die Fahrräder sind zu je fünf Bereitstellungseinheiten (Schachteln) auf einer Europalette gelagert. Die entsprechenden Paletten befinden sich im Palettenregal. Bevor die Bestellung zu einem versandfertigen Auftrag zusammengestellt werden kann, müssen die Fahrräder in den entsprechenden Mengen aus den Lagerfächern entnommen werden.

Werden Güter aufgrund eines Kundenauftrags oder einer Anforderung aus der Produktion (Produktionsauftrag) aus dem Lager entnommen, wird diese Tätigkeit Kommissionieren genannt.

VDI
Verein Deutscher Ingenieure e.V.

Nach der VDI-Richtlinie 3590 ist **Kommissionieren** das Zusammenstellen von bestimmten Teilmengen (Artikel) aus einer bereitgestellten Gesamtmenge (Sortiment) aufgrund von Bedarfsinformationen (Auftrag). Dabei findet eine Umformung eines lagerspezifischen in einen verbrauchsspezifischen Zustand statt.

Güter verpacken
→ LF 6

Güter versenden
→ LF 9

Kommissionierung aufgrund eines Kundenauftrags: Die Top Bike GmbH produziert Fahrräder und lagert diese im Warenausgangslager ein. Bestellt ein Kunde unterschiedliche Fahrradmodelle, müssen diese kommissioniert werden. Anschließend werden die Fahrräder versandfertig verpackt und von z. B. einem Spediteur abgeholt.

Kommissionierung aufgrund eines Produktionsauftrags: Die Top Bike GmbH kauft Fahrradsattel in großen Stückzahlen von einem Zulieferer ein. Diese werden zunächst im Wareneingangslager/Reservelager eingelagert. Erst wenn die entsprechenden Fahrräder montiert werden, werden auch die Fahrradsattel kommissioniert, immer entsprechend der Menge der Fahrräder, die gerade gefertigt werden.

Absatzorientierte Kommissionierung aufgrund eines Kundenauftrags

Produktionsorientierte Kommissionierung aufgrund eines Produktionsauftrags

Kommissioniert die Versandabteilung bestellte Fahrräder für einen Kunden, handelt es sich um einen **unternehmensexternen Grund**. Bei der Kommissionierung für die eigene Produktion liegt ein **unternehmensinterner Grund** vor.

Darüber hinaus gibt es viele weitere Gründe, warum eingelagerte Güter aus dem Lager entnommen werden, z. B.:
- Dezentrale Lager und Verkaufslager müssen aufgefüllt werden.
- Güter für Messepräsentationen müssen entnommen werden.
- Mangelhafte Güter müssen an den Lieferanten zurückgesandt werden.
- Materialien für Prüf- und Wartungszwecke müssen entnommen werden.
- Veraltete oder verdorbene Güter müssen aussortiert werden.
- Die Anordnung der gelagerten Güter soll aus Kostengründen verändert werden.

dezentrale Lager
→ LF 1, Kap. 3.3

mangelhafte Lieferung
→ LF 1, Kap. 3.1

Warenpflege
→ LF 3, Kap. 2

Grundbegriffe der Kommissionierung
Im Folgenden werden weitere wichtige Begriffe der Kommissionierung erläutert.

Karstens Vater hat sich vorgenommen, am Wochenende eine Seifenkiste für Karstens kleinen Bruder zu bauen. Dazu hat er sich eine Bauanleitung aus dem Internet besorgt.

Für die Seifenkiste werden folgende Bauteile benötigt:
- 3 cm starkes Holzbrett, 100 cm lang und 40 cm breit
- Stockschraube mit passender Mutter und Unterlegscheibe
- Schleifpapier
- 4 Räder
- 2 Alu-Rundstäbe als Achsen
- 4 Holzplatten (2 cm stark), jeweils 40 cm x 40 cm groß
- 50 Holzschrauben
- 2 Ringschrauben
- Seil mit einem Durchmesser von 1 cm als Lenkseil
- 2 Kanthölzer (4 x 4 cm stark), jeweils 50 cm lang

Karstens Vater notiert alles auf einem Zettel und schickt dann Karsten in den Baumarkt, um die Bauteile einzukaufen. Im Baumarkt angekommen, überlegt Karsten, wie er möglichst schnell alle Teile zusammentragen kann. Dazu sortiert er die Bauteile auf der Liste nach den Fachabteilungen des Baumarktes (siehe nächste Seite „Karstens Kommissionierauftrag“).

In diesem Beispiel will Karstens Vater eine Seifenkiste bauen. Er benötigt dazu die entsprechenden Bauteile. Er übergibt Karsten einen Auftrag, den **Kommissionierauftrag**, mit den benötigten Bauteilen. Wenn Karsten diesen Kommissionierauftrag nach Fachabteilungen des Baumarktes sortiert, entsteht daraus die **Kommissionierliste**, **Pickliste** oder **Greifliste**.

Da Karsten die Bauteile selbst aus den Regalen des Baumarktes entnimmt und in seinen Einkaufswagen legt, ist er der **Kommissionierer**, **Greifer** oder **Picker**. Diese Tätigkeit wird als **greifen** oder englisch **„to pick“** bezeichnet.

Entnahmeeinheit
→ LF 5, Kap. 6.1.1

Jede Entnahme aus einem Lagerfach wird als **Entnahmeeinheit**, **Greifeinheit** oder auch **Pick** bezeichnet. Eine Schachtel mit 100 Schrauben könnte beispielsweise eine Greifeinheit sein. Dagegen wäre eine einzelne Schraube ein **Artikel.** Wird bei der Kommissionierung von einer **Position** gesprochen, ist die Kombination aus Artikel und Menge in einem Kommissionierauftrag gemeint. Eine Position entspricht genau einer Auftragszeile im Kommissionierauftrag.

Wenn Karsten alle Bauteile in den Einkaufswagen gelegt hat, dann werden die gesamten Bauteile in diesem Einkaufswagen als **Kommission** bezeichnet.

➔ Ein Blick auf Karstens Kommissionierauftrag verdeutlicht die Begriffe:

Kommissionierliste, Pickliste oder Greifliste → Karstens Einkaufsliste für die Seifenkiste

Kommissionierer, Picker oder Greifer → Karsten

Artikel → Schleifpapier

Position → 50 x Holzschrauben

Karstens Einkaufsliste für die Seifenkiste

1 x 3 cm starkes Holzbrett, 100 cm lang und 40 cm breit	Holzabteilung
1 x Stockschraube mit passender Mutter und Unterlegscheibe	Eisenwarenabteilung
5 x Schleifpapier verschiedene Körnungen	Werkzeugabteilung
4 x Räder	Bastelabteilung
2 x Alu-Rundstäbe als Achsen	Bastelabteilung
4 x 2 cm starke Holzplatten, jeweils 40 cm x 40 cm groß	Holzabteilung
50 x Holzschrauben	Eisenwarenabteilung
2 Ringschrauben	Eisenwarenabteilung
1 x Seil mit einem Ø von 1 cm	Bastelabteilung
2 x 4 cm x 4 cm starke Kanthölzer, jeweils 50 cm lang	Holzabteilung

ALLES KLAR?

1 Erklären Sie, was unter kommissionieren verstanden wird.

2 Nennen Sie drei Gründe, warum in einem Lager Güter kommissioniert werden.

3 Welche Aufgabe hat ein Kommissionierer?

4 Wie wird der Kommissionierer auch bezeichnet?

5 Was ist eine Pickliste?

6 Ordnen Sie zu, welche Bezeichnungen einander entsprechen.

1 Greifer
2 Kommissionierliste
3 to pick
4 Pick

a Entnahmeeinheit
b Greifliste
c Picker
d greifen

7 Erläutern Sie den Unterschied zwischen den Begriffen Position und Artikel.

8 Was ist eine Kommission?

9 Erstellen Sie eine Kommissionierliste für einen Einkauf im Supermarkt. Der Supermarkt hat die Abteilungen:

1 Obst und Gemüse
2 Frischetheke
3 Haushaltswaren
4 Konserven

a 1 Dose Erbsen
b 3 Paprika
c 1 Liter Milch
d 3 Erdbeerjoghurts
e 1 Rolle Frischhaltefolie
f 1 Netz Zwiebeln
g 1 Dose Thunfisch
h 1 Liter Buttermilch
i 1 Packung Zahnstocher
j 1 Dose geschälte Tomaten
k 10 mittelgroße Kartoffeln
l 1 Kartoffelschälmesser

10 Stellen Sie anhand Ihres Ausbildungsbetriebs fest, ob es sich bei der Kommissionierung um unternehmensexterne oder unternehmensinterne Gründe handelt, und zeigen Sie dies anhand eines Beispiels auf.

LS 30

2 Die Kommissionierzeiten

Das Kommissionieren ist zeitaufwendig und häufig wird viel Personal benötigt, sodass die Kommissionierung kostenintensiv ist. Das liegt unter anderem daran, dass Güter in immer kürzerer Zeit bereitgestellt werden müssen. Die Auftragsmengen der Kunden werden immer kleiner, so ist es eine Herausforderung für das Unternehmen, viele Kommissionieraufträge zu sammeln, um diese dann gebündelt zu kommissionieren. Deswegen wird stets nach Möglichkeiten gesucht, wie Zeit und damit Kosten beim Kommissionieren eingespart werden können. Um Kosten zu sparen, ist es darum zunächst notwendig, genau zu analysieren, wofür Zeit bei der Kommissionierung benötigt wird.

!

Die **Kommissionierzeit** ist die Zeit, die ein Kommissionierer benötigt, um einen Kommissionierauftrag vollständig zu bearbeiten. Sie setzt sich aus der Basiszeit, der Wegzeit, der Greifzeit, der Totzeit und der Verteilzeit zusammen:

Kommissionszeit = Basiszeit + Wegzeiten + Greifzeiten + Totzeiten + Verteilzeiten.

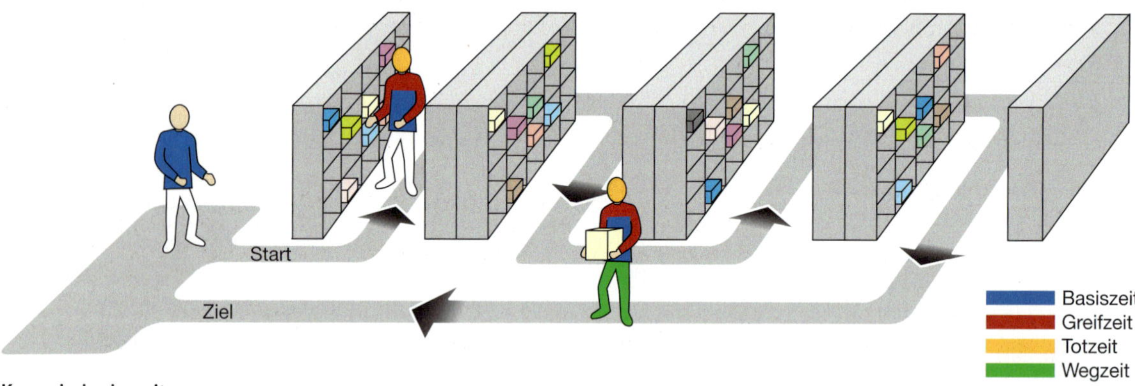

Kommissionierzeit

2.1 Die Basiszeit

Die Basiszeit umfasst die Zeit der Vor- und Nachbereitung eines Kommissionierauftrags und könnte auch Auftragsrüstzeit genannt werden. Sie fällt nur einmal pro Auftrag an und wird somit **pro Kommissionierauftrag** berechnet.

Bevor sich ein Kommissionierer auf den Weg zum Lagerort der Artikel machen kann, sind zunächst einige organisatorische Aufgaben zu erledigen. So muss zunächst die Kommissionierliste aufgenommen, gelesen und geordnet werden. Außerdem müssen Hilfsmittel, wie z. B. Paletten und Kommissionierbehälter, bereitgestellt werden. Diese werden danach mit dem Kommissionierauftrag verheiratet, das heißt, dass der Kommissionierauftrag dem Hilfsmittel zugeordnet wird. Die Kommissionierbehälter werden danach an die Auftragssammelstelle oder einen Stetigförderer übergeben. Eventuell wird auch noch ein Kommissionierfahrzeug in Betrieb genommen.

Stetigförderer
→ LF 4, Kap. 3.1

Kommissionierfahrzeuge
→ LF 5, Kap. 6.3.2

Nach der Kommissionierung muss der Kommissionierer die Kommissionieraufträge abgeben. Haben sich mehrere Kommissionierer einen Kommissionierauftrag untereinander aufgeteilt, muss der Kommissionierauftrag am Ende wieder zu einem Auftrag zusammengeführt werden. Auch diese Zeit wird zur Basiszeit gezählt.

Kommissioniermethoden
→ LF 5, Kap. 7.3.1

Ursachen für eine hohe Basiszeit können z. B. schlecht lesbare, unvollständige und/oder ungeordnete Belege, fehlende Kommissionierbehälter und -fahrzeuge sein. Außerdem kann eine schlechte Organisation bei anderen Abläufen der Vor- und Nachbereitung des Kommissionerauftrags zu höheren Basiszeiten führen.

Organisationssystem
→ LF 5, Kap. 7

2.2 Die Wegzeit

Die Wegzeit ist die Zeit, während der der Kommissionierer sich zwischen der Annahmestelle, den Entnahmeorten und der Abgabestelle bewegt. Sie fällt pro Position an und wird darum auch **pro Position** gerechnet. Gewöhnlich macht die Summe aller Wegzeiten die meiste Zeit während der Kommissionierzeit aus.

Ursachen für eine verlängerte Wegzeit können z. B. in der Größe und der Organisationsstruktur des Lagers liegen. Außerdem kommt es auf die Art der Bereitstellung der Güter an. Auch die Wegstrategie und die Kommissioniermethode haben Auswirkungen auf die Wegzeit. Wegzeiten können sich z. B. aber auch dann verringern, wenn mehrere Teilaufträge für einen Kommissionierrundgang zusammengefasst werden.

Bereitstellung
→ LF 2, Kap. 4.2.1
→ LF 5, Kap. 6.1.2

Wegstrategie
→ LF 5, Kap. 7.3.2

2.3 Die Greifzeit

Die Greifzeit ist die Zeit, die der Kommissionierer benötigt, um eine Greifeinheit (Entnahmeeinheit) aus dem Regalfach herauszunehmen und in einen Behälter oder an einen Stetigförderer abzugeben. Die Greifzeit wird **pro Position** ermittelt.

Entnahmeeinheit
→ LF 5, Kap. 6.1.1

!

	hinlangen (bücken/aufrichten, Artikel aus einem Regalfach entnehmen)
+	aufnehmen (zufassen und beschleunigen)
+	befördern (herausholen, Körperdrehung, Fortbewegung, hineinbewegen)
+	ablegen (bremsen, loslassen)
+	Rückbewegung (aufrichten/senken, Arme einziehen, Körperdrehung, Fortbewegung)
=	**Greifzeit**

Die Greifzeit ist abhängig von der Anzahl der Entnahmeeinheiten pro Position, von Gewicht, Volumen und der Empfindlichkeit des Artikels, von der Greifhöhe und der Greiftiefe sowie von der Art der Abgabe (Behälter oder Förderer). Dabei spielt auch die Regalart eine entscheidende Rolle. So ist die Greifzeit z. B. bei der dynamischen Regallagerung eines Einschubregals häufig kürzer als bei der statischen Regallagerung eines Fachbodenregals. Um einen Artikel unbeschadet in einen Behälter zu legen, muss sich der Kommissionierer eventuell hineinbücken. Ein Stetigförderer ist gewöhnlich so eingerichtet, dass ein Artikel ohne größere körperliche Anstrengung abgegeben werden kann. Letztlich ist die Greifzeit auch davon abhängig, wie geübt und geschickt ein Kommissionierer ist.

logistische Einheiten
→ LF 5, Kap. 6.1.1

Abgabe der kommissionierten Güter
→ LF 5, Kap. 6.4

Regalarten
→ LF 2, Kap. 4.2

2.4 Die Totzeit

Packungen
→ LF 6, Kap. 1

Lagerverwaltung
→ LF 2, Kap. 2.9

Die Totzeit ist die Zeit, die benötigt wird, um während der Kommissionierung vor- und nachbereitende Tätigkeiten am Regalfach auszuführen. Sie wird **pro Postion** ermittelt. Zur Totzeit gehören Tätigkeiten wie z. B.: die Lagerplatzsuche, das Aufreißen einer Packung, um einzelne Artikel zu entnehmen (Anbruch bilden), das Kontrollieren, Zählen, Messen oder Wiegen der entnommenen Artikel. Des Weiteren werden der Totzeit auch Tätigkeiten der Beschriftung, Quittierung oder Führung von Lagerfachkarten zugeordnet. Die Verzögerungszeiten, die durch Fehler des Kommissionierers verursacht werden (z. B. Fahren in die falsche Richtung, Öffnen falscher Behälter), können ebenfalls als Totzeit bewertet werden. Ursachen für hohe Totzeiten sind z. B. schlechte Lagerplatzkennzeichnungen, ungeöffnete und aufwendige Packungen sowie manuelle Lagerverwaltungen.

2.5 Die Verteilzeit

Die Verteilzeit ist die Zeit, in der nicht gearbeitet wird. Sie gliedert sich in sachliche Verteilzeit und persönliche Verteilzeit. Die Verteilzeit wird **pro Kommissionierauftrag** ermittelt. Zur **sachlichen Verteilzeit** gehören z. B. das Warten auf den nächsten Kommissionierauftrag, auf ein Fördermittel, einen Kommissionierbehälter oder auf Informationen. Die **persönliche Verteilzeit** umfasst z. B. den Gang zur Toilette und das Händewaschen, die Zeit zum Umziehen und die Zeit, in der persönliche Gespräche geführt werden. Zur persönlichen Verteilzeit gehört aber auch das Ausführen von Scheinarbeiten. Die Ursache langer Verteilzeiten kann in einer schlechten Organisationsstruktur der Kommissionierabläufe liegen. Sie kann aber auch durch unzureichende Mitarbeitermotivation entstehen.

2.6 Die Berechnung und Bedeutung der Kommissionierzeiten

Um die Kommissionierzeiten betriebswirtschaftlich nutzen und Rückschlüsse ziehen zu können, müssen die einzelnen Zeiten genau berechnet werden.

→ In der Top Bike GmbH werden für die Kommissionierung von 30 Fahrrädern die Kommissionierzeiten ermittelt. Die Basiszeit beträgt fünf Minuten, die Wegzeit zehn Sekunden pro Position, die Greifzeit 15 Sekunden pro Position, die Totzeit fünf Sekunden pro Position. Die Verteilzeit liegt bei sieben Minuten.

Wegzeit $= 30 \text{ Positionen} \cdot \frac{10 \text{ Sekunden}}{60 \text{ Sekunden}} = 5 \text{ Minuten}$

Greifzeit $= 30 \text{ Positionen} \cdot \frac{15 \text{ Sekunden}}{60 \text{ Sekunden}} = 7{,}5 \text{ Minuten}$

Totzeit $= 30 \text{ Positionen} \cdot \frac{5 \text{ Sekunden}}{60 \text{ Sekunden}} = 2{,}5 \text{ Minuten}$

Kommissionierzeit = 5 Min. + 5 Min. + 7,5 Min. + 2,5 Min. + 7 Min. = 27 Minuten
Die Kommissionierzeit beträgt 27 Minuten.

Prozessverbesserungen und Automatisierung
→ LF 5, Kap. 4–7

Lange Kommissionierzeiten zeigen, an welchen Abläufen des Kommissioniervorgangs Zeiteinsparungen notwendig sind, um schnell und kostensparend Artikel bereitzustellen. Die Einsparungsmöglichkeiten entstehen hierbei durch die Automatisierung und durch Prozessverbesserung des Kommissioniervorgangs.

ALLES KLAR?

1 Aus welchen Zeiten setzt sich die gesamte Kommissionierzeit zusammen?

2 Welche Tätigkeit gehört nicht zur Basiszeit?
- **a** das Sortieren von Belegen
- **b** das Zusammenführen zu einem Kommissionierauftrag nach der Kommissionierung
- **c** das Bereitstellen von Kommissionierfahrzeugen
- **d** das Auszählen von einzelnen Artikelmengen
- **e** das Codieren von Kommissionierbehältern

3 Welcher der folgenden Sätze beschreibt die Wegzeit?
- **a** Die Wegzeit beschreibt die Zeit, die für den Weg zwischen dem Hersteller und dem Kunden anfällt.
- **b** Die Wegzeit beschreibt die Zeit, die für den Weg zwischen dem Lieferanten und dem Hersteller anfällt.
- **c** Die Wegzeit beschreibt die Zeit, die für den Weg zwischen Annahmestelle, Entnahmeort und Abgabestelle anfällt.
- **d** Die Wegzeit beschreibt die Zeit, die für den Weg zwischen den Abteilungen Verpackung und Versand anfällt.
- **e** Die Wegzeit beschreibt die Zeit, die für den Weg zwischen der Basizeit und der Verteilzeit anfällt.

4 Wovon ist die Wegzeit abhängig? Nennen Sie zwei Beispiele.

5 Erklären Sie, was unter der Greifzeit verstanden wird.

6 Wie kann die Greifzeit positiv beeinflusst werden? Hier sind mehre Antworten richtig.
- **a** Vorverpackungen sollten geschaffen werden.
- **b** Alle Artikel sollten im oberen Regalbereich gelagert werden.
- **c** Alle Artikel sollten im unteren Regelbereich gelagert werden.
- **d** Durchlaufregale sollten eingesetzt werden.
- **e** Für höher gelegene Artikel sollten Leitern eingesetzt werden.

7 Welche der folgenden Tätigkeiten werden der Totzeit zugeordnet?
- **a** Belege lesen und weitergeben
- **b** zur Toilette gehen
- **c** Anbrüche bilden
- **d** sich zum Entnahmeplatz begeben
- **e** Beschriftungen vornehmen

8 Wie lässt sich die Verteilzeit gliedern?

9 Handelt es sich um die sachliche oder die persönliche Verteilzeit? Ordnen Sie zu.
- **a** Frau Kleinert wartete auf den nächsten Kommissionierauftrag.
- **b** Damian führt ein wichtiges Telefonat mit einem Mitschüler.
- **c** Flaschen wurden zerbrochen und die Kleidung von Herrn Meier wurde dabei durchnässt, sodass er sich umziehen geht.
- **d** Frau Hechter wartet auf den Gabelstapler, der gerade von einem Kollegen benötigt wird.
- **e** Susanne wartete auf weitere Anweisungen.
- **f** Herr Lange geht zur Toilette, um sich die Hände zu waschen.

10 Ordnen Sie den Tätigkeiten die jeweiligen Zeiten der Kommissionierzeit zu.
- **a** Belege sortieren
- **b** Kommissionierbehälter holen
- **c** zum Regalfach bewegen
- **d** Artikel entnehmen
- **e** Artikel kontrollieren
- **f** Artikel ablegen im Behälter
- **g** Auftrag zusammenführen
- **h** Auftrag noch einmal kontrollieren
- **i** Auftrag weitergeben an die Verpackung

11 Berechnen Sie die Kommissionierzeit für einen Kommissionierauftrag, der 15 Positionen umfasst.
- Basiszeit 7 Minuten
- Wegzeit 20 Sekunden pro Position
- Greifzeit 30 Sekunden pro Position
- Totzeit 10 Sekunden pro Position
- Verteilzeit 3 Minuten

LS 31 DV 7

3 Kennzahlen des Kommissionierens

Jedes Unternehmen hat das Ziel, dass die Kommissionierung besonders leistungsfähig, kostengünstig, qualitativ hochwertig und mit einer geringen Belastung der Mitarbeiter erfolgt. Die Erfolgsfaktoren der Kommissionierung sind also Leistung, Kosten, Qualität und Mitarbeiter.

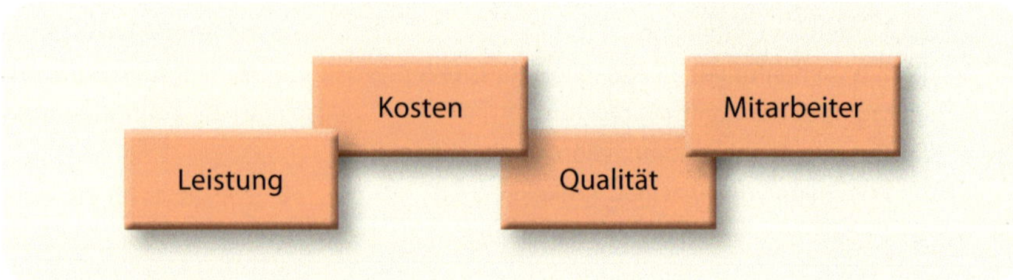

Erfolgsfaktoren der Kommissionierung

Kennzahlen
→ LF 2, Kap. 5
→ LF 3, Kap. 4

Kommissioniermethode
→ LF 5, Kap. 7.3.1

Kommissioniertechnik
→ LF 5, Kap. 6.2

Durch Kennzahlen der Kommissionierung können diese vier Erfolgsfaktoren berechnet werden. Damit die nachfolgenden Kennzahlen aussagekräftig werden, ist es wichtig, diese zu vergleichen, z. B. in gleichbleibenden Zeitabständen mit anderen Unternehmen oder Durchschnittswerten der Branche. Hier zu können Vergleiche mit den verschiedenen Kommissioniermethoden, Kommissioniertechniken und verwendeten Regalarten vorgenommen werden. Mit der Frage, wie die Kennzahlen der Kommissionierung verbessert werden können, beschäftigen sich die weiteren Kapitel in diesem Lernfeld.

3.1 Die Kommissionierleistung

Produktionsfaktoren
→ Anhang WiSo, Bd. 1

Achtung: Alle Kennzahlen können auch pro Artikel, Greifeinheit oder Behälter berechnet werden. Damit aber ein Vergleich stattfinden kann, muss immer die gleiche Definition gewählt werden.

Die Kommissionierleistung ist eine Produktivitätskennzahl. Sie beschreibt die Ergiebigkeit der betriebswirtschaftlichen Produktionsfaktoren menschlicher Arbeit, Betriebsmittel und Material. Die Kommissionierleistung bezieht sich auf die Kommissionierzeit bzw. auf die Entnahmemenge. Sie lässt sich auf unterschiedliche Weise errechnen. Häufig bezieht sich die Kommissionierleistung auf die Anzahl der Positionen, unabhängig von der Entnahmemenge pro Position, und wird auf eine Zeiteinheit, meistens eine Stunde, bezogen.

!

$$\textbf{Kommissionierleistung bezogen auf Positionen} = \frac{\text{Anzahl Positionen}}{\text{Stunden}}$$

Die Kommissionierleistung kann sich aber auch auf die Anzahl der Picks, also der Greifvorgänge, beziehen. Problematisch dabei ist allerdings, dass sich die Greifvorgänge nicht exakt bestimmen lassen. So kann ein Kommissionierer bei einer Entnahmemenge von drei Stück alle drei Artikel gleichzeitig oder auch einzeln greifen. Bezieht sich die Kommissionierleistung auf die Anzahl der Picks, so ist sie vom individuellen Greifverhalten des Kommissionierers abhängig.

!

$$\textbf{Kommissionierleistung bezogen auf Picks} = \frac{\text{Anzahl Picks}}{\text{Stunden}}$$

Für beide Ansätze gilt:

- Je höher der Wert, desto höher ist die Produktivität.
- Aussagekraft erhält die Kennzahl nur, wenn sie verglichen wird, z. B. im Zeitvergleich oder im Betriebsvergleich.

Andreas Weller und Dörte Fischer aus dem Warenausgang/Kommissionierung der Top Bike GmbH sollen zur Feststellung der Kennzahlen ihre Kommissionieraufträge bearbeiten. Andreas Weller arbeitet innerhalb einer Schicht (acht Stunden) 400 Positionen ab, Dörte Fischer 480 Positionen.

Anreas Weller:

$$\text{Kommissionierleistungen bezogen auf Positionen} = \frac{\text{400 Positionen}}{\text{8 Stunden}} = 50$$

Die Kommissionierleistung für Andreas Weller liegt bei 50 Positionen je Stunde.

Dörte Fischer:

$$\text{Kommissionierleistungen bezogen auf Positionen} = \frac{\text{480 Positionen}}{\text{8 Stunden}} = 60$$

Die Kommissionierleistung für Dörte Fischer liegt bei 60 Positionen je Stunde.

Diese beiden Kommissionierleistungen können miteinander verglichen werden. Wenn nun aber die Kommissionierleistung bezogen auf die Anzahl der Picks betrachtet würde, könnte sich ein anderes Ergebnis ergeben.

Das Ausdrücken der Kommissionierleistung in mengenmäßigen Zählgrößen (Positionen pro Stunde) macht nur Sinn, wenn sichergestellt ist, dass der Kommissionierbetrieb sehr stark ausgelastet ist, denn schließlich können nur dann Positionen kommissioniert werden, wenn die entsprechenden Aufträge vorhanden sind. Aus diesem Grund, und um außerdem die Leistung für die Kunden des Unternehmens mehr in den Vordergrund zu stellen, wurde eine weitere Kennzahl der Kommissionierleistung entwickelt, der Servicegrad.

$$\textbf{Servicegrad bezogen auf den Geschäftstag} = \frac{\text{erledigte Kommissionieraufträge}}{\text{eingegangene Kommissionieraufträge}}$$

3.2 Die Kommissionierkosten

Grundsätzlich achtet ein Unternehmen auf geringe Kosten. Die Kommissionierkosten stellen einen großen Teil der Lagerkosten eines Unternehmens dar.

Lagerkosten
→ LF 3, Kap. 4.1

Zu den Kommissionierkosten gehören z. B. die Kosten für die Fläche, für das Personal, für die Energie und die Betriebsmittel. Es lassen sich die durchschnittlichen Kommissionierkosten je Kommissionierauftrag oder je Position berechnen.

Kommissionierkosten
Betriebskosten der Kommissionierung

$$\textbf{Ø Kommissionierkosten je Kommissionierauftrag} = \frac{\text{Kommissionierkosten gesamt}}{\text{Anzahl der Kommissionieraufträge}}$$

$$\textbf{Ø Kommissionierkosten je Position} = \frac{\text{Kommissionierkosten gesamt}}{\text{Anzahl der Positionen}}$$

Ein Industrieunternehmen betreibt ein Lager für zugekaufte Handelswaren und hat hier durchschnittlich monatlich 1.000 Kommissionieraufträge mit je 10 Positionen. Die Aufwendungen für die Unterhaltung dieses Lagers belaufen sich auf 5.600,00 € bei 160 Arbeitsstunden pro Monat.

$$\text{Ø Kommissionierkosten je Kommissionierauftrag} = \frac{5.600{,}00\ €}{1.000\ \text{Aufträge}} = 5{,}60\ €$$

Die durchschnittlichen Kommissionierkosten je Kommissionierauftrag betragen im Monat 5,60 €.

$$\text{Ø Kommissionierkosten je Position} = \frac{5.600{,}00\ €}{10.000\ \text{Positionen}} = 0{,}56\ €$$

Die durchschnittlichen Kommissionierkosten je Position betragen 0,56 €.

Die Werte können nur als Vergleichswert, z. B. zwischen zwei Lagern bzw. Kommissionierzonen, dienen. Sollen die Kommissionierkosten je Position gesenkt werden, muss die Zahl der kommissionierten Positionen erhöht oder die Kosten für die Aufwendungen müssen gesenkt werden.

Durchschnittliche Anzahl der Kommissionierpositionen je Kommissionierauftrag

Diese Kennzahl wird herangezogen, um z. B. den durchschnittlichen Kommissionieraufwand eines Kommissionierauftrags zu bestimmen. Wie bereits oben erläutert, ist die Gesamtzahl der Positionen je Kommissionierauftrag in den vergangenen Jahren gesunken. Dieses ist einer immer häufigeren und schnelleren Lieferbereitschaft der Unternehmen geschuldet.

Kommissionierzonen → LF 5, Kap. 7.2

Kommissionierautomaten → LF 5, Kap. 6.3.3

Eine geringe durchschnittliche Anzahl der Kommissionierpositionen bedeutet hohe Kommissionierkosten. So kann es sinnvoll sein, Kommissionierzonen zu bilden, damit die Kommissionierer für die kleinen Kommissionieraufträge nur kurze Wegstrecken haben. Kommissionierautomaten können kleinere Kommissionieraufträge besonders schnell ausführen.

Zeigt sich, dass die durchschnittliche Anzahl der Kommissionierpositionen je Kommissionierauftrag groß ist, kann diese Kennzahl herangezogen werden, um Kommissionieraufträge zu teilen.

Ø Anzahl der Kommissionierpositionen je Kommissionierauftrag

$$= \frac{\text{Gesamtzahl der Kommissionierpositionen}}{\text{Anzahl der Kommissionieraufträge}}$$

In der Top Bike GmbH werden 8.000 Güter aus 400 Kommissionieraufträgen pro Tag von allen Kommissionierern gepickt.

$$\text{Ø Anzahl der Kommissionierpositionen je Kommissionierauftrag} = \frac{8.000}{400} = 20$$

Die durchschnittliche Anzahl Kommissionierpositionen pro Kommissionierauftrag liegt bei 20 Stück.

3.3 Die Kommissionierqualität

Mit Qualität der Kommissionierung ist gemeint, dass die richtigen Artikel in der richtigen Menge und im richtigen Zustand an den Kunden versandt wird. Falsche Lieferungen an den Kunden führen zu Retouren, Garantiereparaturen und Rückrufaktionen und können zum Verlust des Kundenvertrauens führen. Sie kosten Geld und können zu einem Imageschaden führen.

Kommissionierfehler entstehen dann, wenn diese Qualitätsmerkmale nicht eingehalten werden. Es lassen sich daraus vier Arten von Kommissionierfehlern ableiten:

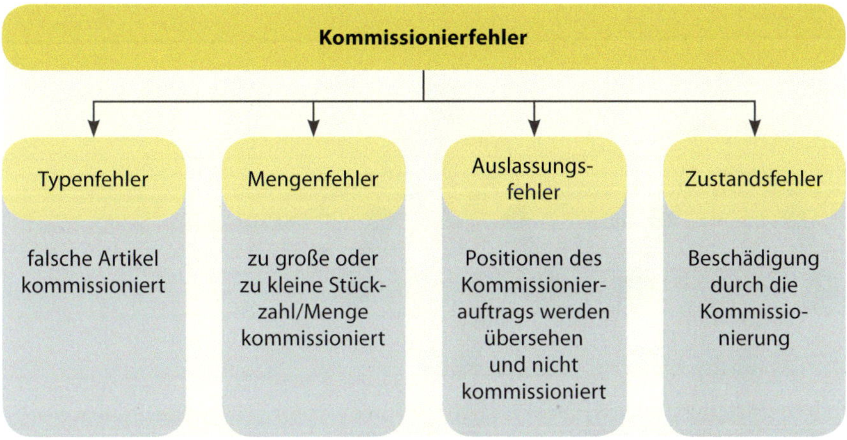

Die Kommissionierqualität lässt sich beurteilen, indem die Fehlerquote der Kommissionierung betrachtet wird. Die **Fehlerquote** kann z. B. aus der Anzahl fehlerhafter durchgeführter Positionen durch die Anzahl aller kommissionierten Positionen berechnet werden. In der Praxis wird die Fehlerquote in Prozent angegeben und die Anzahl der fehlerhaft durchgeführten Positionen ergibt sich aus den Reklamationen und Retouren.

$$\textbf{Fehlerquote in Prozent} = \frac{\text{Anzahl fehlerhafter Positionen} \cdot 100\ \%}{\text{Anzahl der gesamten kommissionierten Positionen}}$$

Im April gingen in der Top Bike GmbH wegen fehlerhafter Kommissionierung 12 Reklamationen/Retouren ein. Es wurden im April 1.000 Kommissionieraufträge mit je 10 Positionen kommissioniert.

$$\text{Fehlerquote in Prozent} = \frac{12\ \text{Reklamationen} \cdot 100\ \%}{10.000\ \text{Positionen (gesamt)}} = 0{,}12\ \%$$

Im April hatte die Top Bike GmbH eine Fehlerquote von 0,12 %. Um diesen Wert vergleichen zu können, müsste die Fehlerquote auch für andere Monate berechnet werden.

3.4 Die körperliche Belastung der Mitarbeiter

Heben und Tragen
→ LF 4, Kap. 4

Das Kommissionieren stellt für die Mitarbeiter eine dauernde körperliche belastende Tätigkeit dar und kann langfristig die Leistungsfähigkeit der Mitarbeiter reduzieren.

Typische körperliche Belastung der manuellen Kommissionierung

- Kommissionerleistung von 80–1.000 Picks/h
- Lastspektrum von 0–35 kg
- gute bis sehr schlechte Körperhaltung

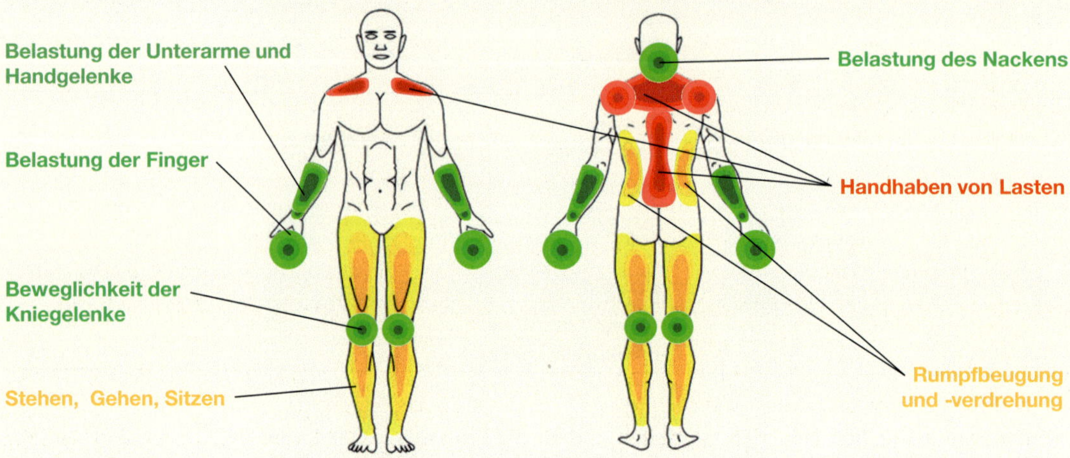

Quelle: W. A. Günthner, FitForWork Belastungsorientierte JobRotation für eine alternsgerechte Arbeitsorganisation in der Logistik, 2011

Je höher der Automatisierungsgrad in einem Lager, desto geringer ist die körperliche Belastung der Mitarbeiter. Allerdings kann die körperliche Belastung nie ganz ausgeschlossen werden.

!

$$\textbf{Muskelbelastung je Position} = \frac{\text{Summe bewegter Gewichte}}{\text{Summe bewegter Positionen}}$$

→

Ein Kommissionierer der Top Bike GmbH hat einen Kommissionierauftrag mit 60 Positionen zu bearbeiten. Nach Beenden des Arbeitsauftrags wird das Gewicht der gesamten Entnahme mit 1.200 kg ermittelt. Es wird davon ausgegangen, dass die entnommenen Positionen gleich schwer sind.

$$\text{Muskelbelastung je Position (in kg)} = \frac{1.200\text{ kg}}{60\text{ Positionen}} = 20\text{ kg}$$

Die Muskelbelastung je entnommener Position betrug für diesen Mitarbeiter 20 kg.

ALLES KLAR?

1 Welches sind die Erfolgsfaktoren der Kommissionierung?
- **a** Mensch, Arbeit, Boden und Geld
- **b** Leistung, Kosten, Qualität und Mitarbeiter
- **c** Leistung, Kosten, Quantität und Mitarbeiter
- **d** Arbeit, Boden, Qualität und Quantität
- **e** Leistung, Qualität, Arbeit und Mitarbeiter

2 Um die Kennzahlen aussagekräftig zu gestalten, müssen sie verglichen werden. Womit können die einzelnen Kennzahlen verglichen werden?
- **a** mit gleichbleibenden Zeitabständen
- **b** mit anderen Unternehmen
- **c** mit verschiedenen Zeitabständen
- **d** mit Unternehmen anderer Branchen in gleichbleibenden Zeitabständen
- **e** mit Mittelwerten der Vergangenheit anderer Unternehmen

3 Mit welchen Faktoren lässt sich die Kommissionierleistung berechnen?
- **a** Anzahl der Kommissionierer und Stunde
- **b** Anzahl der Kommissionierer und Tag
- **c** Anzahl der Kommissionierer und Picks
- **d** Anzahl der Picks und Stunde
- **e** Anzahl der Einlagerungen und Stunde

4 Welche Faktoren gehören zu den Kommissionierkosten?
- **a** Kosten für Fläche, Personal, Energie und Rohstoffe
- **b** Kosten für Fläche, Energie, Betriebsmittel und Rohstoffe
- **c** Kosten für Fläche, Personal, Energie und Betriebsstoffe
- **d** Kosten für Arbeit, Betriebsstoffe, Rohstoffe und Hilfsstoffe
- **e** Kosten für menschliche Arbeit, Kosten für Fläche, Energie und Betriebsstoffe

5 Welche Aussage trifft nicht auf einen Kommissionierfehler zu?
- **a** Es wurde der falsche Artikel entnommen.
- **b** Es wurde die falsche Menge entnommen.
- **c** Es wurden nicht alle Artikel entnommen.
- **d** Die entnommenen Artikel haben eine mangelhafte Qualität.
- **e** Die eingelagerten Artikel wurden auf den falschen Lagerplatz gelegt.

6 Die Leistungsfähigkeit der Mitarbeiter ist im Normalfall begrenzt. Wodurch kann sie positiv beeinflusst werden?
- **a** Wenn schneller gearbeitet wird, dauert die Belastung nicht so lange an.
- **b** Der Kommissionierer nimmt nur die Hälfte der zu kommissionierenden Artikel und benötigt mehr Zeit.
- **c** Der Kommissionierer lässt die Arbeit durch einen Kollegen erledigen.
- **d** Der Kommissionierer benutzt die verschiedenen Kommissionierfahrzeuge.
- **e** Der Kommissionierer erledigt alle Arbeiten persönlich.

7 Wovon ist die Belastbarkeit der Kommissionierer abhängig? Es können mehrere Antworten richtig sein.
- **a** von der Anzahl der zu kommissionierenden Positionen
- **b** vom Gewicht der zu kommissionierenden Positionen
- **c** von der seelischen Verfassung des Kommissionierers
- **d** von der Anzahl der Mitarbeiter, die im Unternehmen beschäftigt sind
- **e** vom Lagerort der zu kommissionierenden Artikel
- **f** von der Betriebsgröße
- **g** von den Unfallverhütungsvorschriften der Berufsgenossenschaft

4 Das Kommissioniersystem

Karsten und Stefanie sollen Bauteile für die Forschungsabteilung kommissionieren. Anton Neumaier hatte dazu bei Georg Grunat in der Kommissionierzone angerufen, die Teilelisten durchgegeben und darum gebeten, die Bauteile schnell zusammenzustellen. Nach zwei Stunden klingelt erneut das Telefon von Georg Grunat. Es ist noch einmal Anton Neumaier, denn die Bauteile sind noch nicht bei ihm angekommen. Scheinbar sind Karsten und Stefanie noch nicht fertig mit dem Zusammenstellen der Artikel. In der Forschungsabteilung kann nicht weitergearbeitet werden.

Woran kann es liegen, dass Karsten und Stefanie die Artikel noch nicht kommissionieren konnten? Die Gründe hierfür können in drei wesentlichen Bereichen liegen.

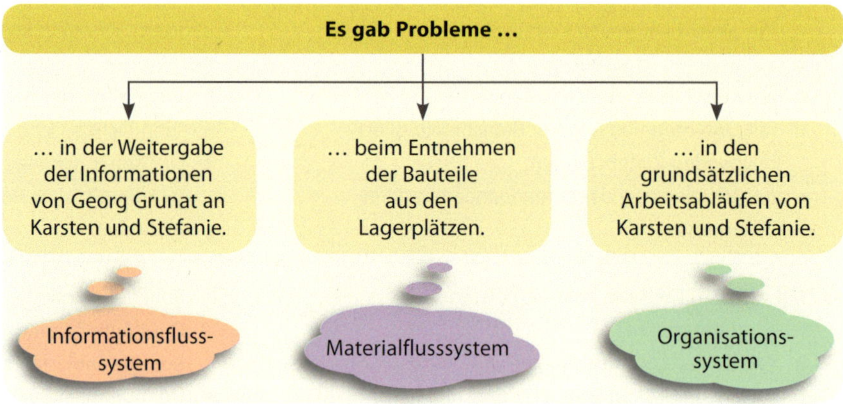

Informationsfluss → LF 5, Kap. 5

Materialfluss → LF 5, Kap. 6

Organisationsstruktur → LF 5, Kap. 7

Kennzahlen der Kommissionierung → LF 5, Kap. 3

Das Kommissonieren ist eine der wichtigsten Arbeiten im Lager. Entsprechend hoch sind die Fehlermöglichkeiten, die hierbei auftreten können. Werden nicht angeforderte Artikel, Artikel in falschen Mengen oder Artikel nicht schnell genug bereitgestellt, kann dies zu Produktionsausfällen, zum Verlust von Aufträgen, Schadenersatzleistungen oder gar zum Verlust von Kunden führen. Daher sind die Anforderungen an das Kommissionieren hoch. Um die Kommissionierung zu unterstützen und um einen reibungslosen Ablauf der Kommissionierung zu gewährleisten, gibt die **VDI-Richtlinie 3590** „Kommissioniersysteme; Grundlagen“ Empfehlungen.

Mithilfe eines **Kommissioniersystems** werden die Aufgaben und Abläufe der Kommissionierung abgebildet. Sie helfen außerdem, diese Aufgaben und Abläufe der Kommissionierung durchzuführen.

Jedes Kommissioniersystem setzt sich laut VDI-Richtlinie aus den drei Anforderungsbereichen Informationsflusssystem, Materialflusssystem und Organisationssystem zusammen. Jeder Anforderungsbereich weist wiederum verschiedene Ausprägungsformen auf, die miteinander kombiniert werden können. Das Informationsfluss- und Materialflusssystem enthalten dabei die erforderlichen Grundfunktionen. Beide Systeme werden durch das Organisationssystem koordiniert.

Kommissionierzeiten → LF 5, Kap. 2

Kommissionierkennzahlen → LF 5, Kap. 3

Das Kommissioniersystem kann z. B. dazu verwendet werden, zu ermitteln, wie die Kommissionierzeit verbessert und die Fehlermenge verringert werden können.

Damit Sie sich in diesem Lernfeld gut orientieren können finden Sie nachfolgend einen grundsätzlichen **Ablauf der Kommissionierung** mit ihren Ausprägungsformen sowie der Zuordnung der Kapitel in diesem Lernfeld.

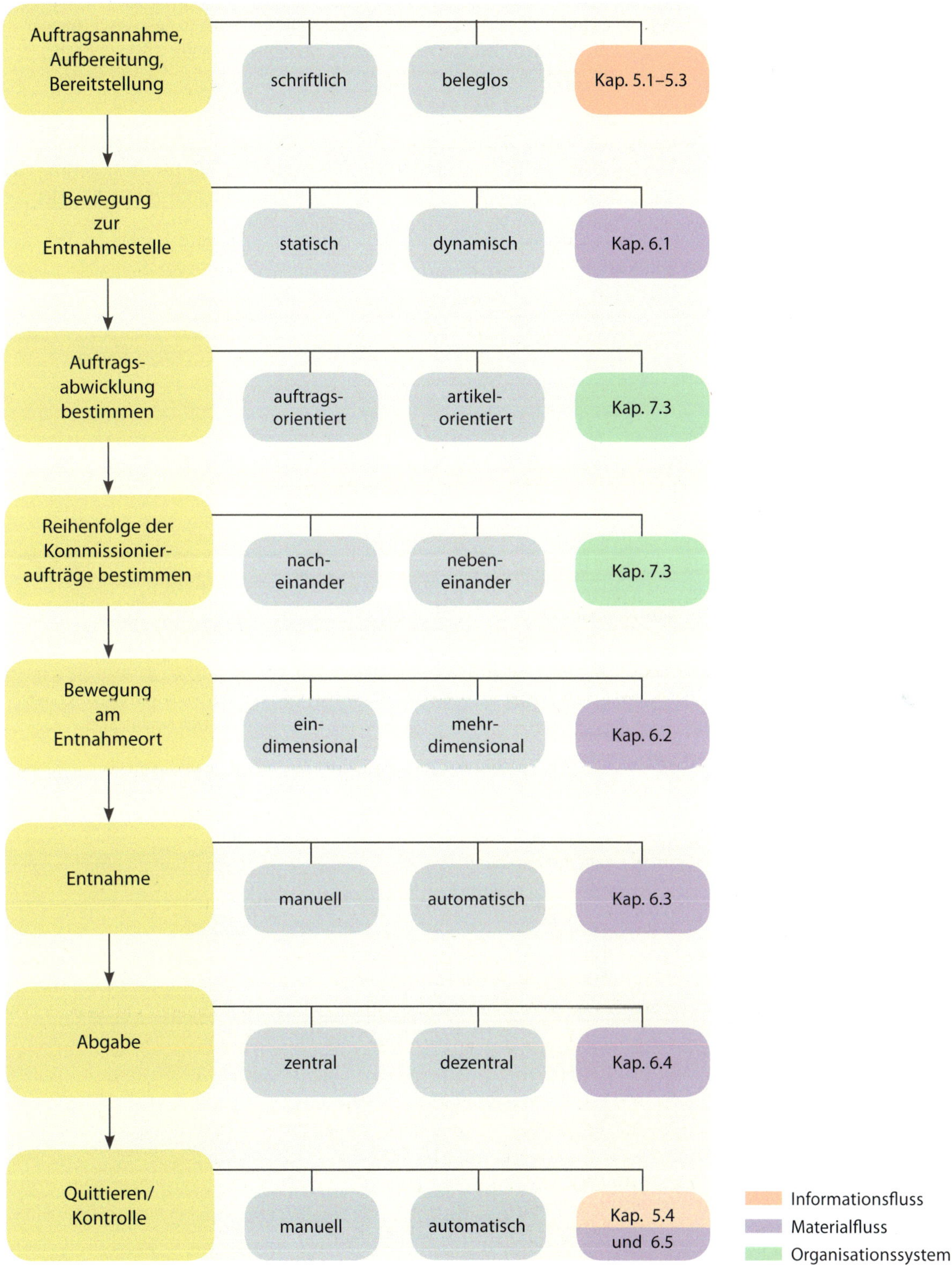

5 Das Informationsflusssystem

Um ein Mountainbike MTBM2627 herzustellen, benötigt die Produktion der Top Bike GmbH die entsprechenden Bauteile. Diese werden in den verschiedenen Lagerzonen gelagert. Soll ein Mountainbike zusammengebaut werden, müssen diese Teile ausgelagert werden.

Damit die benötigten Bauteile aus dem obigen Beispiel ausgelagert werden, ist es notwendig, dass die Informationen von der Bestellung bis zur Auslagerung der Artikel richtig bereitgestellt werden. Den Informationsfluss für dieses Beispiel der Top Bike GmbH sehen Sie auf der nächsten Seite.

Das Informationsflusssystem umfasst die folgenden Vorgänge:
- Auftragserfassung
- Auftragsaufbereitung
- Auftragsbereitstellung
- Auftragsquittierung
- Auftragsbuchung

Informationsflusssystem

Erfassen von Informationen	Die Bestellung wird erfasst, um festzustellen, was benötigt wird. Dabei wird geprüft, ob die bestellten Artikel in ausreichender Menge vorhanden sind.
Aufbereiten von Informationen	Anschließend wird geklärt, an welchen Lagerplätzen die entsprechenden Artikel zu finden sind. Eine entsprechende Pickliste wird erstellt.
Bereitstellung/ Weitergabe von Informationen	Die Pickliste wird an den entsprechenden Mitarbeiter im Lager weitergegeben.
Quittieren von Informationen	Hat der Kommissionierer die Artikel ausgelagert, muss er die Entnahme quittieren.
Verbuchen der Informationen	Zuletzt wird die Entnahme verbucht, damit der neue Lagerbestand festgestellt und gegebenenfalls nachbestellt werden kann. Dies kann je nach Kommissioniersystem in einem Arbeitsgang mit dem Quittieren erledigt werden.

5

Informationsfluss zur Herstellung eines Mountainbike MTBM2627

Erfassen

Bestellung für die Produktion

1 Fahrradrahmen
1 Fahrradsattel
2 Reifen
1 Bremssystem
1 Federgabel
1 Tretlager
1 Schaltungssystem
2 Felgen

Aufbereiten

Pickliste für das Kommissionier ager

Lager-platz	Greif-zahl	Bezeichnung	ok
20010	1	Fahrradrahmen	
30154	1	Fahrradsattel	
40542	2	Reifen	
80514	1	Bremssystem	
20237	1	Federgabel	
80173	1	Tretlager	
80987	1	Schaltungs-system	
20101	2	Felgen	

Datum, Kommissionierer

Weitergabe

Kommissionierer im Lager

Menge der Güter, die sich auf dem Lagerplatz befinden.
40 Fahrradrahmen eigene Herstellung
300 Fahrradsattel, Tamino INC, Japan
600 Reifen, Schwalle KG, Garching
600 Reifen, Schwalle KG, Garching
80 Federgabeln, Sella SA, Italien
110 Tretlager, Tritt GmbH, Augsburg
60 Schaltungssysteme, Tritt GmbH, Augsburg
300 Felgen, Maduara SA, Italien
200 Bremssysteme, biccle accessories, London

Quittieren / Kontrollieren und Verbuchen

Pickliste für das Kommissionierlager

Lager-platz	Greif-zahl	Bezeichnung	ok
20010	1	Fahrradrahmen	✔
30154	1	Fahrradsattel	✔
40542	2	Reifen	✔
80514	1	Bremssystem	✔
20237	1	Federgabel	✔
80173	1	Tretlager	✔
80987	1	Schaltungs-system	✔
20101	2	Felgen	✔

24.02.20XX Georg Grunat

Datum, Kommissionierer

5.1 Das Erfassen von Informationen

Jede Kommissionierung, ob nun für einen Kunden oder für die eigene Produktion, beruht auf einem Auftrag. Dieser kann auf verschiedene Arten im Unternehmen bzw. in der entsprechenden Abteilung ankommen.

Warenwirtschaftssystem
→ LF 2, Kap. 2.8

Aufträge können mündlich, per Telefon, schriftlich oder per E-Mail gegeben werden. Seit einigen Jahren ist es auch möglich, die Warenwirtschaftssysteme (WWS) verschiedener Abteilungen und Unternehmen miteinander zu verbinden. Das Warenwirtschaftssystem des Auftraggebers ermittelt dann automatisch, welche Artikel in welcher Stückzahl benötigt werden und gibt an das Warenwirtschaftssystem des Lieferanten den entsprechenden Auftrag weiter.

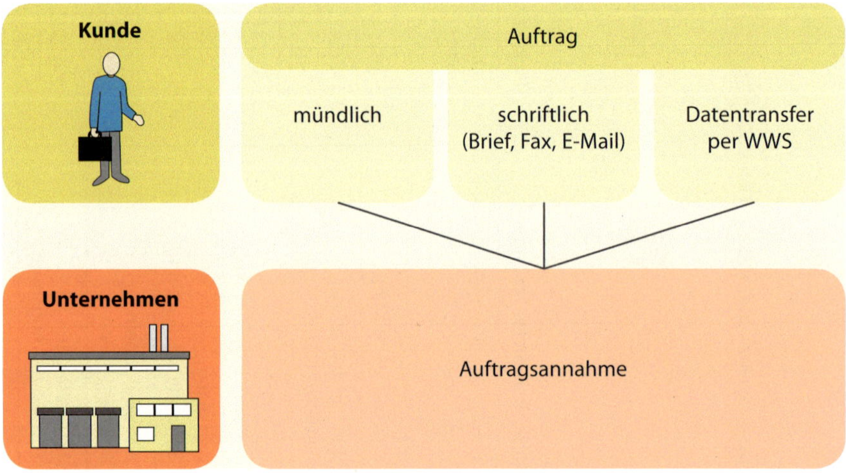

Die **telefonischen** Aufträge können sehr fehleranfällig sein, denn es könnten Informationen falsch durchgegeben oder aufgeschrieben werden. Wenn Aufträge **schriftlich** erfolgen, ist die Fehlerhäufigkeit geringer. Noch geringer wird die Fehlerhäufigkeit allerdings durch einen **Datentransfer** eines verbundenen Warenwirtschaftssystems. Wie in vielen anderen Fällen in der Logistik spielen jedoch auch bei der Auswahl des entsprechenden Warenwirtschaftssystems die Kosten der Anschaffung eine wichtige Rolle.

Zum Teilschritt „Informationserfassung" im Informationsflusssystem gehört aber nicht nur das Erfassen eines Auftrags, sondern auch die Prüfung der **Lieferbereitschaft** sowie das Überprüfen des nächstmöglichen oder gewünschten **Liefertermins**. Auch hierbei können Fehler auftauchen, die sich durch den Datentransfer verbundener Warenwirtschaftssysteme minimieren lassen (Supply-Chain-Management).

DV 8

5.2 Das Aufbereiten von Informationen

Sind die Informationen im Unternehmen der Top Bike GmbH erfasst, müssen diese für die Kommissionierung aufbereitet werden. Der Kundenauftrag wird in einen Kommissionierauftrag umgewandelt.

Der folgende Bestellschein der Südrad e. G. geht per Post bei der Top Bike GmbH ein und wird in den Kundenauftrag 54321 umgewandelt. Informationen, die wichtig für die Kommissionierung sind, wurden markiert.

Südrad e.G.

Südrad e. G. · Schleißheimer Str. 20 · 85221 Dachau

Top Bike GmbH
Radweg 7
93053 Regensburg

Bei Schriftverkehr bitte angeben:
Bestellnummer: **125**
Kundennummer: **D547**
Sachbearbeitung: **Frau Müller**
Datum: **15.09.20XX**

Bestellschein

Laufende Nummer	Artikelnummer	Artikelbezeichnung	Menge
01	2010	Allterrainbike ATBW 2607	20 Stück
02	4020	Damen City Bike CTBM 2805	50 Stück

Rabattsatz
Liefertermin: 19.09.20XX

Südrad e. G.	Tel. 08131 78071	Handelsregister	Finanzamt	Bankverbindungen	Raiffeisenbank
Schleißheimer Str. 20	Fax 08131 780712	Amtsgericht Dachau	Dachau	Deutsche Bank	BLZ 701 694 14
85221 Dachau	E-Mail info@Suedrad.de	HR B 98 72	Bürgermeister-Zauner-Ring 2	BLZ 100 700 00	Kto. 624 099
Geschäftsführer	Web www.Suedrad.de	Schloßgasse 1	85221 Dachau	Kto. 178 604 423	
Kurt Meier		85221 Dachau	USt-IdNr. DE136543107		

Der Bestellschein der Südrad e. G. enthält viele Daten und dient als Nachweis für das Zustandekommen des Kaufvertrags. Damit die Südrad e. G. die Fahrräder erhält, müssen diese kommissioniert und versendet werden.

Kaufvertrag
→ Anhang WiSo, Bd. 1

Auf der einen Seite enthält ein Bestellschein Daten, die für die Kommissionierer nicht interessant und vielleicht sogar verwirrend sind. Auf der anderen Seite fehlen im Bestellschein die Angaben, in welchen Lagerfächern die Fahrräder zu finden sind. Die Informationen im Bestellschein müssen daher gefiltert und um die Angaben für das Lager ergänzt werden. So entsteht die **Kommissionierliste,** die auch **Pickliste** genannt wird.

Achtung: Die Pickliste ist kein Pickzettel. Auf dem Pickzettel wird nur ein einziger Pick abgebildet. Sie kommen nur bei der Serienkommissionierung zur Anwendung.
→ LF 5, Kap. 7.3.1.4

Die Pickliste für die Kommissionierung der bestellten Fahrräder der Südrad e. G. sieht wie folgt aus. Die übernommenen Informationen aus dem Auftrag sind lila hervorgehoben. Die Informationen, die für die Kommissionierung zusätzlich eingefügt wurden, sind orange markiert.

Pickliste

Kommissionierauftrag	3258413				
Kommissionierbehälter	14-FX				
Ablage	Warenausgang WA 401-5				
Kundennummer	D547				
Auftragsnummer	54321				
Bestelldatum	15.09.20XX				
Liefertermin	19.09.20XX				
Position	Artikelnummer	Bezeichnung	Lagerort	Menge	Quittiert
01	2010	Allterrainbike ATBW 2607	F 75	20	
02	4020	Damen City Bike CTBM 2805	P38	50	

Datum, Unterschrift des Kommissionierers

Für den Kommissionierauftrag wurden aus der Bestellung nur die für die Entnahme der Artikel wesentlichen Informationen entnommen und durch den Lagerplatz, das Gewicht der Artikel sowie den Namen des Kommissionierers ergänzt. So kann der Kommissionierer seine Arbeit aufnehmen und weiß nicht nur, was er bereitstellen soll, sondern auch, wo er im Lager die Artikel finden kann und mit welcher Belastung er beim Heben zu rechnen hat (nur wenn Gewicht angegeben).

Gehen mehrere Bestellungen ein, kann die Aufbereitung der Informationen in einem Unternehmen entweder batchweise und im Real-time-Modus erfolgen. Bei der batchweisen Aufbereitung werden mehrere Aufträge über einen bestimmten Zeitraum gesammelt, z. B. einen Tag oder eine Stunde, und zu einer Auftragsserie, einem **Batch**, zusammengefasst. Bereitet ein Unternehmen seine Aufträge in **Echtzeit (real time)** auf, so erfolgt die Umwandlung in Kommissionieraufträge sofort.

In der Top Bike GmbH gehen am Tag ca. 50 Kundenaufträge ein. Diese werden sofort erfasst, jedoch erst am Abend in Kommissionieraufträge für den nächsten Tag umgewandelt. Bestellt jedoch die Produktion Materialien, wird der Kommissionierauftrag sofort erstellt.

Organisationssystem → LF 5, Kap. 7

Bei der Batch-Kommissionierung wird Personal eingespart, da die Kommissionierer mehrere Kommissionieraufträge gleichzeitig bearbeiten können. Dagegen erfolgt die Real-time-Kommissionierung schneller. Bei einer Batch-Kommissionierung ist jedoch ein entsprechendes Organisationssystem notwendig.

5.3 Die Bereitstellung von Informationen

Damit die Kommissionierung durchgeführt werden kann, müssen die aufbereiteten Informationen an den Kommissionierer weitergegeben werden. Mit diesen Informationen muss der Kommissionierer die Kommissionieraufträge bearbeiten. Das Weiterleiten bzw. Bereitstellen von Informationen kann papiergebunden oder papierlos erfolgen.

5.3.1 Die papiergebundene Informationsbereitstellung

Bei der papiergebundenen Informationsweitergabe erhält der Kommissionierer einen Beleg, auf dem er alle Informationen für die Kommissionierung findet. Daher wird auch von **beleggebundener** oder **papierbehafteter Kommissionierung** gesprochen.

Papiergebundene Kommissionierung

Der Beleg, den der Kommissionierer erhält, ist gewöhnlich eine Pickliste. Es kann aber auch sein, dass ein Lieferschein oder ein anderes Versandpapier als Kommissionierbeleg eingesetzt wird. Häufig handelt es sich dann um eine Kopie, die schlecht lesbar ist, unwichtige Informationen für die Kommissionierung beinhaltet und keine Zuordnung der Artikel zum Lagerplatz enthält. Der Kommissionierer muss aus dieser Kopie die Informationen aufnehmen, verarbeiten und sogar ergänzen. Die Informationsaufnahme kann die Kommissionierzeit erhöhen und zu Fehlern führen.

Fehlerquote
→ LF 5, Kap. 3.3

Die papiergebundene Informationsweitergabe ist in kleinen und mittleren Unternehmen aber häufig die wirtschaftlichste Lösung, da keine technischen Hilfsmittel angeschafft werden müssen. Bei dieser Art der Informationsweitergabe ist es sehr wichtig, dass die Kommissionierlisten übersichtlich gestaltet werden, sodass der Kommissionierer schnell einen Überblick gewinnt und sich die Totzeiten bei der Kommissionierung nicht unnötig erhöhen. Der Kommissionierer führt den Beleg vom Erhalt des Kommissionierauftrags bis zur endgültigen Erledigung des Auftrags mit sich. Die umständliche Handhabung der Kommissionierliste, da mindestens immer eine Hand für das Halten des Beleges gebraucht wird, erhöht die Kommissionierzeiten ebenfalls.

Kommissionierzeit
→ LF 5, Kap. 2

Da es keine Anbindung an das Lagerverwaltungssystem gibt, können Kommissionieraufträge nicht sofort spontan erweitert werden.

Lagerverwaltungssystem
→ LF 2, Kap. 2.8

5.3.2 Die papierlose Informationsbereitstellung

Vor allem in großen Lagern wird immer häufiger papierlos kommissioniert. Bei der papierlosen Informationsbereitstellung wird der Kommissionierauftrag dem Kommissionierer auf einem Daten- oder Informationsträger dargestellt. Auf Papier wird verzichtet.

Fehlerquote
→ LF 5, Kap. 3.3

Durch die papierlose Informationsbereitstellung hat der Kommissionierer seine Hände frei und eine geringe Fehlerquote wird erreicht. Grundvoraussetzung ist jedoch in allen Fällen, dass die Daten der eingelagerten Artikel mit denen der Lagerplätze in einer entsprechenden Datei miteinander verbunden werden. Je nach eingesetzter Technologie sind die Investitionskosten und der Wartungsaufwand entsprechend hoch.

Wege optimieren
→ LF 2, Kap. 2.6

In den vergangenen Jahren haben sich die technischen Möglichkeiten für die papierlose Bereitstellung der Informationen vielfältig entwickelt. Die verschiedenen Bereitstellungssysteme helfen darüber hinaus, die zu kommissionierenden Artikel am Regalfach zu prüfen und so eine möglichst geringe Fehlerquote bei der Entnahme am Regalfach zu erreichen. Einige Systeme ermöglichen es, neben der reinen Informationsbereitstellung, den Kommissionierer durch das Lager zu führen. Sie sollen dem Kommissionierer den kürzesten Weg zum nächsten Pick durch das Lager anzeigen und übernehmen die Aufgabe, den Weg zu optimieren.

5.3.3 Technologien der Informationsbereitstellung

Die folgende Übersicht zeigt einige Möglichkeiten der verschiedenen Technologien zur papierlosen Informationsbereitstellung und ihre schwerpunktmäßige Funktion.

Barcode
→ LF 1, Kap. 2.5.1
RFID
→ LF 1, Kap. 2.5.2

Dabei müssen zwei Funktionen unterschieden werden. Erstens müssen die Informationen bei der Entnahme am Lagerplatz erfasst werden: Was der Kommissionierer bei der papiergebundenen Kommissionierung mit dem Stift erledigt, muss nun elektronisch erfolgen. Dazu werden z. B. Touchscreen-Datenterminals, Barcodes oder RFID-Transponder eingesetzt. Zweitens soll der Kommissionierer auf einem möglichst kurzen Weg durch die Kommissionierzone des Lagers zum Lagerplatz geführt werden. Für diesen Zweck werden Pick-by-Voice und Pick-by-Vision verwendet. Pick-by-Light ist eine Technologie der Informationsbereitstellung, die beide Funktionen ausführen kann.

<table>
<tr><th>Funktion</th><th colspan="6">Technologie</th></tr>
<tr><td>Vermeidung von Fehlbuchungen und Vermeidung von falschen Artikelentnahmen am Lagerplatz</td><td>Pick-by-Terminal mit Scanner</td><td>Pick-by-Scan (Pick-by-Barcode)</td><td>Pick-by-RFID</td><td>–</td><td>–</td><td rowspan="2">Pick-by-Light</td></tr>
<tr><td>Wegoptimierte Führung zum Lagerplatz</td><td>–</td><td>–</td><td>–</td><td>Pick-by-Voice</td><td>Pick-by-Vision</td></tr>
</table>

Terminal am Kommissionierfahrzeug

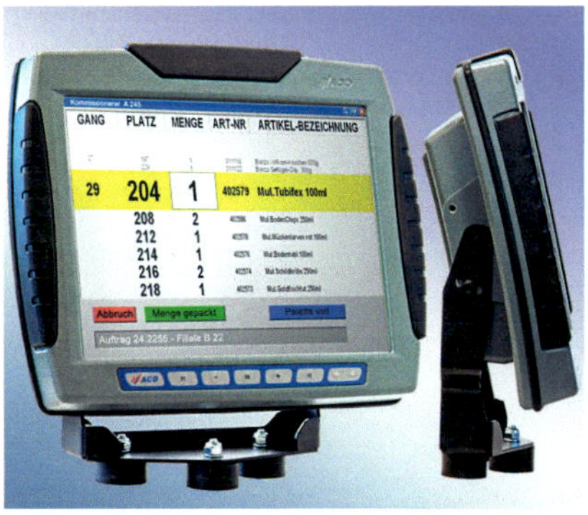

Terminal Display

5.3.3.1 Die Informationsbereitstellung durch Pick-by-Terminal

Touchscreenterminals am Fördermittel werden in der Kommissionierung eingesetzt, um Papier zu ersetzen. Der Kommissionierbeleg wird gewissermaßen auf dem Terminal abgebildet. Nacheinander werden die einzelnen Positionen angezeigt, sodass der Kommissionierer weiß, welchen Artikel er in welcher Menge an welchem Lagerort entnehmen muss. Nach der Entnahme kann der Kommissionierer auf dem Touchscreen die Entnahme bestätigen und die nächste Position kommissionieren. Am Ende des Kommissionierauftrags bestätigt der Kommissionierer die Abgabe der Kommission. Anschließend kann er einen neuen Kommissionierauftrag bearbeiten.

Entnahme bestätigen/quittieren → LF 5, Kap. 5.4

Olaf Menzel kommissioniert in der Top Bike GmbH mit einem Kommissionierstapler, der mit einem Terminal ausgestattet ist. Er meldet sich mit seiner Kennung an, indem er die Nummer 3213 eingibt. Nun erhält er auf dem Terminal alle Angaben, die zur Erledigung des Kommissionierauftrags notwendig sind: Gang, Platz, Menge, Artikelnummer und Artikelbezeichnung. So kann er erkennen, zu welchem Lagerplatz er fahren und welchen Artikel er in welcher Menge entnehmen muss. Alle Entnahmen bestätigt er durch das Berühren des Bildschirms. Ist der Kommissionierauftrag beendet, gibt er seine endgültige Bestätigung und bringt die Artikel im Behälter zur Sammelstelle.

Kommissionierstapler → LF 5, Kap. 6.3.2

Pick-by-Terminal hilft Papierkosten einzusparen und ist übersichtlicher als die papiergebundene Kommissionierung. Die Greifzeit sowie die Totzeit werden verkürzt. Auch die Fehlerquote sinkt durch die bessere Übersicht auf dem Touchscreen. Die Terminals sind außerdem ohne lange Einarbeitungszeit im ganzen Lager einsetzbar. Allerdings erfolgt die Bestätigung für die Kommissionierung an Terminals ohne Scanner manuell und ist dadurch zeit- und fehleranfällig. Daher werden die Terminals meistens mit Scannern oder RFID-Lesegeräten kombiniert.

Kommissionierzeiten → LF 5, Kap. 2

Kommissionierkennzahlen → LF 5, Kap. 3

5.3.3.2 Die Informationsbereitstellung durch Pick-by-Scan

Grundvoraussetzung bei dieser gängigen Art der papierlosen Kommissionierung ist es, dass alle Artikel und Lagerplätze mit einem Barcode gekennzeichnet sind. Dieses System wird daher auch **Pick-by-Barcode** genannt. Der Kommissionierer erhält für dieses System einen Barcodescanner. Der Barcodescanner wird mit einem Datenterminal verbunden oder verfügt über ein mobiles Datenerfassungsgerät (MDE) mit einem kleinen, integrierten Display. Auf diesem werden die Daten für die Kommissionierung übertragen, z. B. Artikel, Lagerplatz und Entnahmemenge.

Kommissionierbehälter für Kleinteile

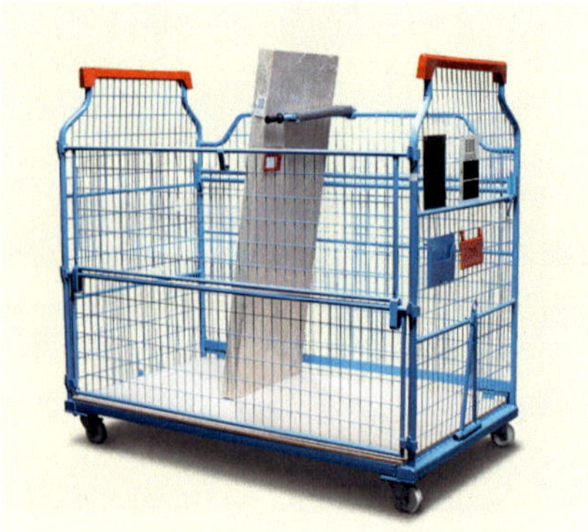

Kommissionierbehälter für sperrige Güter

Das System Pick-by-Scan gibt es als Online- und Offline-Variante. Bei der **Online-Variante** können die Kommissionierdaten online ohne Verzögerung, also in Echtzeit, über eine (WLAN-)Funkverbindung auf das mobile Datenerfassungsgerät beziehungsweise auf den Barcodescanner übertragen werden. Wenn sich der Kommissionierauftrag verändert, können während der Arbeit des Kommissionierers diese Veränderungen mithilfe der Online-Verbindung vorgenommen werden. Bei der **Offline-Variante** werden die Daten des Kommissionierauftrags mithilfe einer Dockingstation geladen, analog zum Kopieren von MP3-Dateien vom Computer zu MP3-Playern. Während der Kommissionierarbeit sind Veränderungen aber nicht ohne weiteres mehr möglich. Welches System eingesetzt wird, muss zwischen Kosteneinsparung einerseits und der Erhöhung der Kommissionierleistung sowie der Fehlerquote andererseits abgewogen werden.

Kommissionierkennzahlen
→ LF 5, Kap. 3

➔ Kemal Gülec soll für die Produktion verschiedene Artikel kommissionieren. Die Bereitstellung der Informationen erfolgt per Barcode. Nachdem er die Kommissionieraufträge auf seinen Scanner geladen hat und mit seiner Tätigkeit beginnen kann, muss er seinen Kommissionierbehälter einscannen und mit dem Kommissionierauftrag verheiraten. So kann bei der Entnahme geprüft werden, ob Pick und Kommissionierauftrag zusammenpassen. Nach dem Verheiraten geht er zum ersten Entnahmeplatz. Dort muss er den angebrachten Lagerplatz-Barcode einscannen. Der Barcodescanner erkennt sofort, ob es sich um den richtigen Entnahmeplatz handelt. Die entnommenen Artikel scannt er ein und legt sie in den Kommissionierbehälter. Auch hier wird automatisch überprüft, ob es sich um die richtigen Artikel handelt. Jeder Artikel wird einzeln eingescannt, sodass auch eine Überprüfung der Entnahmemenge möglich ist. Sind alle Positionen eines Kommissionierauftrags gepickt, meldet er ihn als erledigt zum Warenwirtschaftssystem und übergibt den Kommissionierbehälter mit den Artikeln an die Sammelstelle.

Handgelenkbarcodescanner

Barcodescanner

Pick-by-Scan ist eine vergleichsweise kostengünstige Technologie, um Informationen bereitzustellen. Sie ist jedoch noch nicht in der Lage, den Kommissionierer durch das Lager zu führen. Auch sind durch das Einscannen der Barcodes am Lagerplatz und der Artikel verhältnismäßig viele Teilarbeitsschritte notwendig und das Scannen und Lesen im Display nimmt einige Zeit in Anspruch. Ist ein Barcode beschädigt oder verschmutzt, kann der Code häufig nicht gelesen werden. Außerdem besteht bei der Entnahme aus dem Lagerfach immer noch eine Restgefahr, dass zu viele oder zu wenige Artikel entnommen werden, obwohl die richtige Menge gescannt wurde.

RFID-Handlesegerät

5.3.3.3 Die Informationsbereitstellung durch Pick-by-RFID

Da die RFID-Technologie gegenüber dem Barcodelabel einige Vorteile hat, wird sie auch in der Kommissionierung genutzt. Dazu müssen alle Artikel mit einem RFID-Chip (Transponder) versehen sein. Bei Pick-by-RFID wird ähnlich gearbeitet wie bei Pick-by-Scan. Auch hier kann zwischen einer **Offline**- und einer **Online-Variante** unterschieden werden. Jedoch wird für die Datenübermittlung ein RFID-Gerät benötigt.

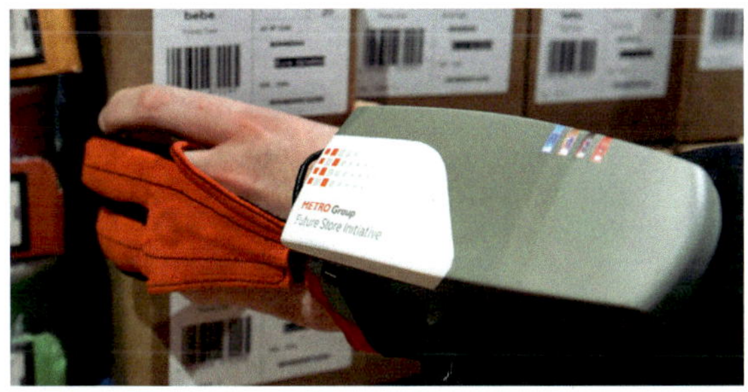

RFID-Handschuh

RFID-Geräte gibt es in verschiedenen Ausführungen, z. B. als Handschuh, als Gürtel oder als mobiles Lesegerät. Der optische Kontakt mit einem Barcode entfällt. Ein RFID-Gerät muss nicht vor das Barcodelabel gehalten werden, um Daten zu lesen, sondern der Transponder reagiert auf ein Funksignal. Der Transponder kann an einer beliebigen Stelle angebracht werden, da Daten auch über größere Distanzen übertragen werden können. Bei der Entnahme liest das RFID-Gerät alle benötigten Daten vom Transponder und gleicht die zu kommissionierenden Artikel mit der erfassten Artikelnummer des Kommissionierauftrags ab. Danach werden die Daten an das Warenwirtschaftssystem weitergegeben.

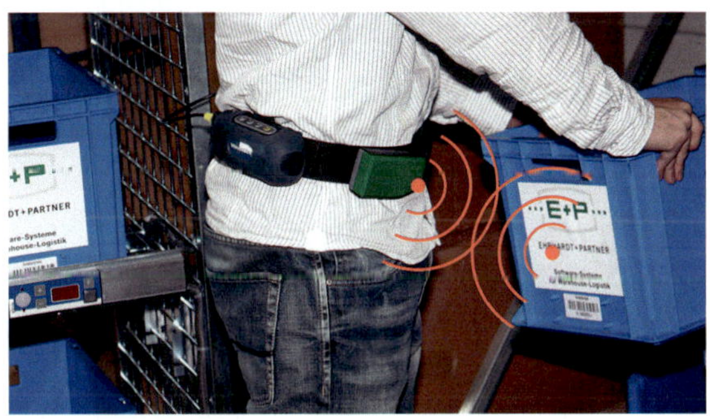

RFID-Gürtel

Der komplette Kommissionierbehälter beziehungsweise die ganze Kommission kann von einem **RFID-Reader-Gate** jederzeit unter Einsparung der Totzeit überprüft und kontrolliert werden. In diesem Fall wird von **Pulkerfassung** gesprochen, da alle in der Kommission befindlichen Transponder ausgelesen werden.

RFID-Reader-Gate

Pick-by-Scan und Pick-by-RFID sind zunächst nur Technologien zur papierlosen Weitergabe der Informationen. Sie helfen dem Kommissionierer jedoch noch nicht beim schnellen Auffinden des Lagerorts. Hierzu sind Kombinationen mit Pick-by-Terminal, Pick-by-Voice oder Pick-by-Vision notwendig.

5.3.3.4 Die Informationsbereitstellung durch Pick-by-Voice

Bei der sprachgestützten Kommissionierung Pick-by-Voice erhält der Kommissionierer seine Anweisungen (Lagerplatz, Entnahmemenge usw.) vom Warenwirtschaftssystem über einen Kopfhörer. Die Bestätigung durch den Kommissionierer erfolgt ebenfalls verbal über ein Mikrofon des Headsets.

Grundvoraussetzung für den Einsatz von Pick-by-Voice ist, dass es einen Sprachserver, der die eingegebenen Daten in Sprache umwandelt, gibt. Außerdem werden ein mobiles Sprachterminal mit Tragegurt, entsprechende Software sowie ein Datenfunksystem (WLAN) benötigt. Es gibt verschiedene Pick-by-Voice-Systeme und Methoden, um die Sprachausgabe zu gestalten. Sollen die Anweisungen mit einer natürlichen Sprache erfolgen, müssen die Kommissionieraufträge zunächst von einem Sprecher auf einen Rechner aufgenommen werden. Dieses Vorgehen ist allerdings umständlich und schwer zu erweitern. Gewöhnlich wird Sprache aber mithilfe eine Software aus Textdaten generiert.

generieren
hervorbringen

Wird ein sprecherabhängiges System eingesetzt, muss jeder Kommissionierer zuvor ein kurzes Sprachtraining machen, damit sich die Software auf den Benutzer einstellen kann. Wenn der Kommissionierer nun seinen persönlichen Code eingibt, versteht ihn das System auch mit Dialekt und besonderer Aussprache. Bei einem sprecherunabhängigen System kann jeder mit diesem System arbeiten, allerdings sinkt die Trefferquote, da die Erkennung z. B. von der Lautstärke, der Geschwindigkeit oder der Stimmlage abhängt. Kommissionierer benötigen für dieses System etwas Übung, damit die Trefferquote steigt.

Ralf Weinrich arbeitet im Lager der Top Bike GmbH in der Kommissionierung mit einem Headset. Er soll nun den Kommissionierauftrag für einen Kunden bearbeiten. Dazu meldet er sich mit seiner Kennnummer am Sprachserver an.

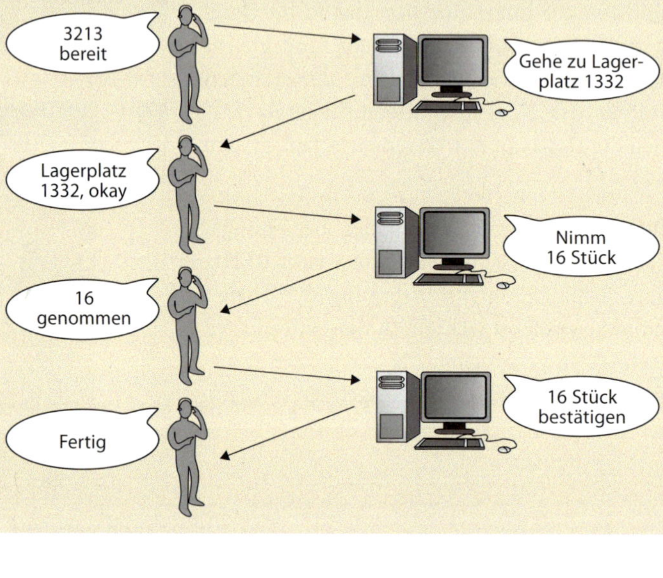

Arbeitsschritte der papiergebundenen Informationsbereitstellung im Vergleich zu Pick-by-Voice (in Verbindung mit einem RFID-Handschuh)

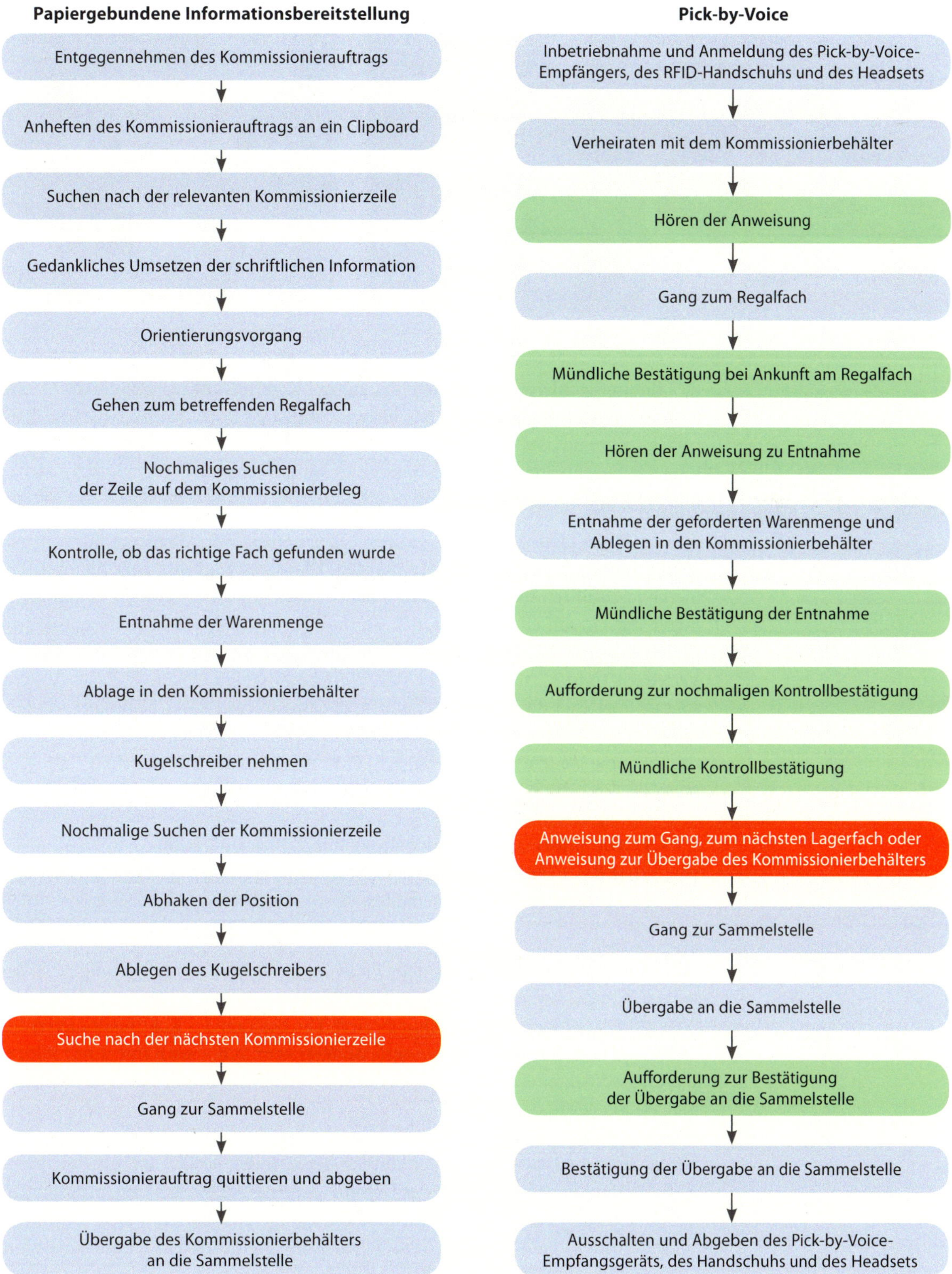

Kommissionieren mit Headset und Kommissionierfahrzeug

Kommissionieren mit Headset

Kommissionierzeit
→ LF 5, Kap. 2

Kommissionierkennzahlen
→ LF 5, Kap. 3

Der Kommissionierer hat während des ganzen Kommissionierprozesses die Hände und die Augen frei. Tätigkeiten wie Listen suchen und lesen, Notizen machen, Barcode einscannen usw. entfallen, sodass die Kommissionierzeit sinkt. Nach Einarbeitung der Kommssionierer gibt es wenige Pickfehler. Es ist außerdem keine Installation am Regal notwendig.

Pick-by-Voice lässt sich gut in großen Lagern einsetzen. Allerdings können nur wenige Informationen übertragen werden, die dann zunächst vom Kommissionierer auszuführen sind, bevor es eine neue Anweisung gibt. Wenn die Kommissionierer täglich von einer monotonen Stimme Anweisungen erhalten, kann das zu Abneigungen und Demotivation führen. Diese können zu einer Verlängerung der Verteilzeit führen. Außerdem werden die Kommissionierer durch dieses System abgeschottet und die Kommunikation mit den Kollegen kann behindert werden. Ein weiterer Nachteil von Pick-by-Voice ist, dass die exakte Identifizierung der Artikel über eine weitere Technologie, z. B. Pick-by-Scan oder Pick-by-RFID, erfolgen muss, da sonst die Bestätigung nur mündlich erfolgt und daher fehleranfällig ist.

5.3.3.5 Die Informationsbereitstellung durch Pick-by-Vision

Wer kennt das nicht? In vielen Science-Fiction-Filmen werden die Darsteller mit Brillen ausgestattet, die es ihnen erlauben, bestimmte Daten zu einer Situation visuell zu erhalten. Auch in der Kommissionierung können Datenbrillen eingesetzt werden.

Dem Kommissionierer werden über Funk (z. B. WLAN) alle notwendigen Daten für die Kommissionierung auf eine Datenbrille eingeblendet. Reale und virtuelle Welt werden bei Pick-by-Vision kombiniert. Die Position des Kommissionierers im Lager lässt sich durch ein Positionserfassungssystem, z. B. eine Kamera mit Bilderkennungssoftware, ermitteln. Der Kommissionierer erhält ein dreidimensionales Bild vom Lager und kann sich so von Lagerplatz zu Lagerplatz bewegen. Am Entnahmeort erkennt er das Lagerfach z. B. durch eine Markierung als Bild. Außerdem werden über die Datenbrille die zu kommissionierenden Artikel und die zu entnehmende Menge angezeigt. Damit der Kommissionierer auch selbst Informationen an das Warenwirtschaftssystem, wie die Erledigung eines Kommissionierauftrags, kommunizieren kann, erhält er zusätzlich z. B. einen Scanner, eine Armtastatur oder ein Mikrofon an der Datenbrille.

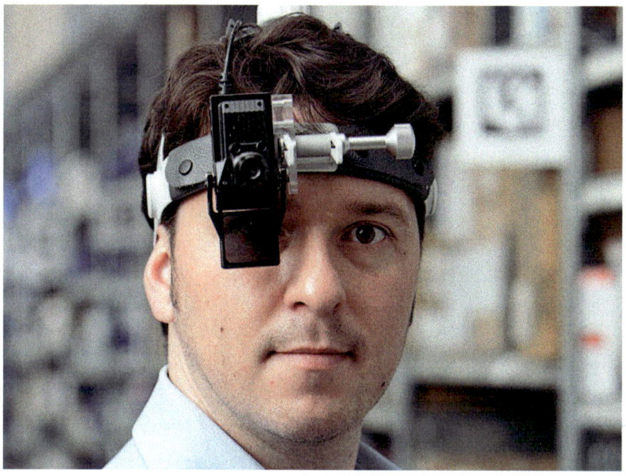

Optische Datenbrille

Die optische Wahrnehmung eines Menschen gilt als sehr schnell. So wird die Wegzeit bei Pick-by-Vision verkürzt, weil der Kommissionierer den Anweisungen schnell folgen kann. Die Kommissionierqualität steigt durch die genaue Darstellung aller benötigten Informationen, das Einblenden von Bildern, optisches Hervorheben des Lagerplatzes und optisches Hervorheben des Abgabeplatzes. Gleichzeitig wird die Totzeit verkürzt, da mehrere Informationen gleichzeitig angezeigt werden können. Die Einarbeitungszeit gilt als relativ kurz.

Bild der optischen Datenbrille

Pick-by-Vision ist im Vergleich zu Pick-by-Light mit geringem technischem Aufwand im Lager einsetzbar. Allerdings ist die Belastung des Kommissionierers hoch und erfordert eine entsprechende Akzeptanz, mit einem solchen System zu arbeiten. Zur Erfassung der Entnahme am Lagerplatz ist bei älteren Systemen jedoch ein weiteres System, wie beispielsweise Pick-by-Voice, Pick-by-Scan oder Pick-by-RFID, notwendig.

5.3.3.6 Die Informationsbereitstellung durch Pick-by-Light

Bei Pick-by-Light wird der Kommissionierer über Lämpchen (LEDs) und Displays an den Lagerfächern durch den Kommissionierauftrag geführt. Dazu müssen an jedem Lagerfach Signalleuchten mit einem Ziffern- oder auch alphanummerischen Display mit einer Quittiertaste angebracht sein. Eventuell können sich am Display auch noch Eingabe- und Korrekturtasten befinden. Die Datenübertragung kann über Kabel, aber auch über Funk oder dünne Metallbänder erfolgen.

LED
light-emitting diode, deutsch: lichtemittierende Diode

alphanummerisch
Buchstaben und Ziffern enthaltend

Soll bei der Kommissionierung aus einem Regalfach ein Artikel entnommen werden, so leuchtet die Signallampe am Lagerfach der aktuellen Position auf. Der Kommissionierer geht nun zum Lagerort und entnimmt die angezeigte Menge auf dem Display. Die Entnahme bestätigt er durch das Drücken der Quittungstaste. Die Bestandsänderung wird dann automatisch an das Warenwirtschaftssystem in Echtzeit weitergegeben. Bei Regalbauweisen mit Wiegeeinrichtung ermittelt das Regalsystem anhand des Gewichtes, ob die richtige Menge entnommen wurde. Ist dies der Fall, erlischt die Signallampe und der Kommissionierer fährt mit seiner Arbeit fort.

Entnahme quittieren
→ LF 5, Kap. 5.4

Ein Lager mit Kleinteilen für die Produktion wurde mit dem Pick-by-Light-System eingerichtet. Der Kommissionierer vergleicht die Auftragsnummer im Regalgang mit der Auftragsnummer auf dem Terminal seines Kommissionierwagens. Als diese übereinstimmen, fährt er zur ersten leuchtenden Signallampe. Auf dem Display steht die Entnahmeeinheit: 10 Stück. Er entnimmt die Menge und bestätigt seine Entnahme mit der Quittungstaste. Das Lämpchen erlischt.

Durch Pick-by-Light entfällt das Suchen von Lagerplätzen. Der Kommissionierer hat beide Hände frei und die Kommissioniertätigkeit wird beschleunigt. Die Einarbeitungszeit für neue Mitarbeiter ist gering. Fehlgriffe sind nahezu ausgeschlossen. Allerdings kann es zu Zählfehlern kommen, wenn sich der Kommissionierer nicht an die Anweisungen hält, dass er erst nach Entnahme die Quittierungstaste drückt.

Pick-by-Light-Systeme sind kostenintensiv, da jedes Lagerfach mit entsprechenden Lämpchen ausgestattet sein muss. Die Wartungskosten sind relativ hoch. Der Ausfall einer Lampe führt zu Kommissionierfehlern.

Picken mehrere Kommissionierer in einer Zone, kann es zu Problemen kommen, da die Lämpchen nicht anzeigen, welcher Kommissionierer Artikel aus dem Fach entnehmen soll. Allerdings gibt es hier die Möglichkeit, dass die Lagerfächer mit mehreren Lämpchen in verschiedenen Farben ausgestattet sind und jeder Kommissionierer seine eigene Farbe hat.

Bei Pick-by-Light findet keine Prüfung der Picks wie bei der RFID-Technologie statt. Diese Technologie eignet sich in erster Linie für Kleinteilelager.

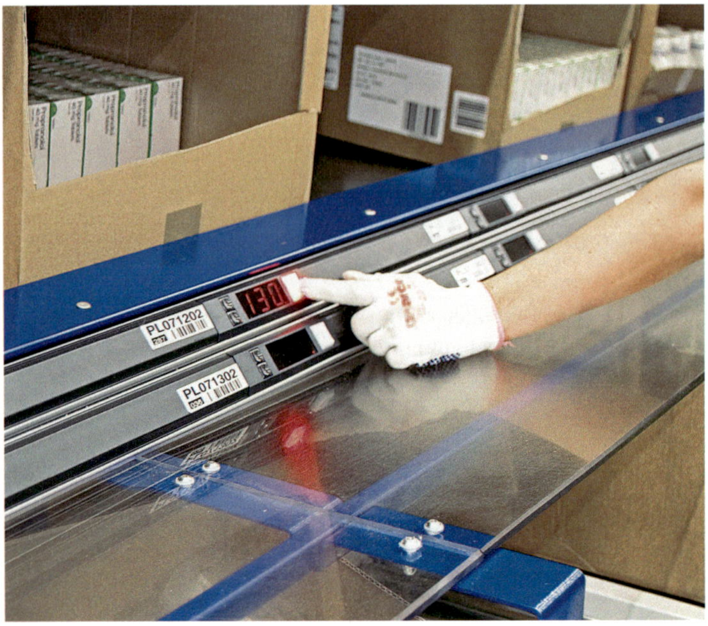

Pick-by-Light

Pick-by-Light

5.4 Das Quittieren von Informationen

Erhält der Kommissionierer seinen Kommissionierauftrag in Form von Belegen (z. B. Lieferschein, Rechnung oder Materialentnahmeschein), muss er die entnommenen Artikel auf dem jeweiligen Beleg quittieren. Dies geschieht durch Abhaken der einzelnen Positionen. Dadurch soll vermieden werden, dass Positionen doppelt kommissioniert oder übersehen werden.

Pickliste

Kommissionierauftrag	3258413
Kommissionierbehälter	14-FX
Ablage	Warenausgang WA 401-5
Kundennummer	D547
Auftragsnummer	54321
Bestelldatum	15.09.20XX
Liefertermin	16.09.20XX

Position	Artikelnummer	Bezeichnung	Lagerort	Menge	Quittiert
01	2010	Allterrainbike ATBW 2607	F 75	20	✓
02	4020	Damen City Bike CTBM 2805	P38	50	✓

16.09.20XX, Marlon Wagner

Datum, Unterschrift des Kommissionierers

Bei der papierlosen Kommissionierung erfolgt das Quittieren über einen Tastendruck am Scanner, dem Terminal oder dem Display beziehungsweise über eine Sprachinformation bei Pick-by-Voice oder Pick-by-Vision.

5.5 Das Buchen von Informationen

Nach der Entnahme von Artikeln muss die Lagerbestandsveränderung entsprechend dokumentiert und erfasst werden. Bei einem papiergebundenen Verfahren müssen die Daten nach der Kommissionierung im Lagerverwaltungsprogramm geändert werden. Bei der papierlosen Kommissionierung werden mit Quittieren der Entnahme die Artikel aus der Lagerbestandsdatei ausgebucht.

Lagerfachkarten
→ LF 2, Kap. 2.8

ALLES KLAR?

1 Kommissioniersysteme gliedern sich in drei wesentliche Anforderungsbereiche. Welche Anforderungsbereiche sind richtig?
- **a** Informationsfluss, Kontrolle und Materialfluss
- **b** Informationsfluss, Materialfluss und Organisationsfluss
- **c** Materialfluss, Organisationsfluss und Arbeitsfluss
- **d** Informationsfluss, Güterbeschaffung und Güterbearbeitung
- **e** Materialfluss, Organisationsfluss und Beschaffungsfluss

2 Welche Folgen können Fehler beim Kommissionieren haben? Es gibt mehrere richtige Antworten.
- **a** Falsche Mengen wurden entnommen und an den Kunden geliefert.
- **b** Das Kommissionierfahrzeug ist defekt.
- **c** Die Produktion ist nicht ausreichend versorgt und wird unterbrochen.
- **d** Die Abrechnungen an den Kunden sind fehlerhaft.
- **e** Die Disposition hat das Fahrzeug zu einem anderen Termin bestellt.

3 Welches System der Kommissionierung ist für die Koordination der beiden anderen Systeme verantwortlich?
- **a** Informationsflusssystem
- **b** Materialflusssystem
- **c** Organisationsflusssystem

4 Bringen Sie die nachfolgenden Arbeitsschritte in eine sinnvolle Reihenfolge:
- **a** Kontrolle/Quittieren
- **b** Auftragsabwicklung
- **c** Reihenfolge der Kommissionieraufträge
- **d** Abgabe
- **e** Auftragsannahme und Weitergabe
- **f** Entnahme
- **g** Bewegung zur Entnahmestation
- **h** Bewegung am Entnahmeort

5 Welche Tätigkeiten gehören zum Informationsflusssystem? Es gibt mehrere richtige Antworten.
- **a** das Aufbereiten, Weiterleiten, und Kontrollieren der Informationen
- **b** die Entnahme der Artikel
- **c** das Umwandeln eines Kundenauftrags in einen Kommissionierauftrag
- **d** das Weiterleiten der Informationen an den Kommissionierer
- **e** das Quittieren der Entnahme der Artikel

6 Auf welche Arten kann eine Information bei der Auftragsbearbeitung erfasst werden?

7 Welche Informationen sollte der Kommissionierer auf seinem Kommissionierauftrag finden?
- **a** Lagerort, Artikel, Artikelnummer, Menge, Kunde
- **b** Lagerort, Kundennummer, Artikel, Rechnungsnummer
- **c** Artikel, Bestellnummer, Anzahl, Lieferbedingungen
- **d** Zahlungsbedingungen, Kundennummer, Artikelnummer
- **e** Artikelbezeichnung, Tourennummer, Belegnummer, Auftragsnummer

8 Bei der Aufbereitung von Informationen kann dies batchweise und im Real-time-Modus erfolgen. Erklären Sie beide Verfahren kurz.

9 Wie können die aufbereiteten Informationen an den Kommissionierer weitergegeben werden? Nennen sie die beiden Möglichkeiten.

10 Nennen Sie zwei Vor- und Nachteile, welche die papierlose Informationsbereitstellung gegenüber der papiergebundenen Informationsbereitstellung hat.

11 Nennen Sie die Ihnen bekannten Technologien der papierlosen Informationsbereitstellung.

12 Ordnen Sie den folgenden Aussagen die entsprechende Technologie der papierlosen Informationsbereitstellung zu.

- **a** Die Informationsbereitstellung erfolgt über ein Headset.
- **b** Die Informationsbereitstellung erfolgt mittels Scanner und Barcodlabeln.
- **c** Die Informationsbereitstellung erfolgt mit einem Touchscreen-Bildschirm.
- **d** Die Informationsbereitstellung erfolgt per Lichtsignal.
- **e** Die Informationsbereitstellung erfolgt mithilfe eines Transponders.
- **f** Die Informationsbereitstellung erfolgt über eine Datenbrille.

13 Wie kann der Kommissionierer die Informationen für seinen nächsten Kommissionierauftrag erhalten, wenn sein Kommissionierfahrzeug ein Datenterminal besitzt?

- **a** Er meldet sich mit seiner persönlichen Kennung am Terminal an.
- **b** Er scannt den ersten Artikel ein.
- **c** Er gibt über das Mikrofon seine Bereitschaft an.
- **d** Er wartet, bis der Kommissionierauftrag automatisch hochgeladen wird.
- **e** Er lässt sich den Kommissionierauftrag von einem Kollegen mitbringen.

14 Die Informationsbereitstellung bei Pick-by-Scan kann z. B. in der Online-Variante erfolgen. Welche Vorteile hat dies?

- **a** Die Datenübertragung erfolgt in Echtzeit.
- **b** Die Informationen sind unveränderlich.
- **c** Die Datenübermittlung erfolgt an sogenannten Dockingstationen.
- **d** Die Daten können während der Kommissionierung geändert oder ergänzt werden
- **e** Der Kommissionierer kann schnell im Internet nach dem Artikel schauen.

15 Bei welcher papierlosen Informationsbereitstellung wird ein Transponder genutzt?

- **a** Pick-by-Voice
- **b** Pick-by-Barcode
- **c** Pick-by-Terminal
- **d** Pick-by-Light
- **e** Pick-by-RFID
- **f** Pick-by-Vision

16 Welche Komponenten werden bei der Informationsbereitstellung Pick-by-Voice benötigt?

- **a** Headset, Sprachserver und Datenscanner
- **b** Headset, Terminal und Datenfunksystem
- **c** Headset, Sprachserver und Datenfunksystem
- **d** Scanner, Barcodelabel und Ladestation
- **e** Datenbrille, Datenfunksystem und Sprachserver

17 Herr Weinrauch erhält seine Informationen für den Kommissionierauftrag über eine Datenfunkbrille. Er kann hier den Lagerort und alle wichtigen Daten sehen. Welche Informationsweitergabe wird hier beschrieben und wie kann der Kommissionierer mit dem System kommunizieren? Erläutern Sie.

18 In vielen Unternehmen erfolgt die Quittierung der Informationen sowohl papierlos als auch papiergebunden. Ordnen Sie diese Arten der Quittierung den folgenden Aussagen zu.

- **a** Der Kommissionierer hakt auf seiner Pickliste die entnommenen Artikel ab
- **b** Die Bestätigung der Entnahme erfolgt über die Barcodelabel.
- **c** Die Entnahme wird per Sprache bestätigt.
- **d** Der Kommissionierer setzt hinter jede Entnahme sein Namenskürzel auf dem Beleg.
- **e** Die Entnahme wird durch eine Wiegevorrichtung automatisch erfasst.

19 Das Buchen der Informationen zu den einzelnen Kommissionieraufträgen kann automatisch erfolgen. Welche der folgenden Aussagen trifft nicht zu?

- **a** Die Datenübertragung erfolgt per Headset.
- **b** Die Datenübertragung erfolgt per Lagerfachkarte.
- **c** Die Datenübertragung erfolgt per WLAN.
- **d** Die Datenübertragung erfolgt per Scanner.
- **e** Die Datenübertragung erfolgt per Terminal.

20 Bringen Sie die folgenden Arbeitsschritte des Informationsflusssystems in die richtige Reihenfolge.

- **a** Kommissionierauftrag im Lagerverwaltungssystem verbuchen
- **b** Kommissionierauftrag an den Kommissionierer weiterleiten
- **c** Kundenauftrag entgegennehmen
- **d** Quittieren des Kommissionierauftrags
- **e** Prüfen der Lieferbereitschaft
- **f** Kundenauftrag in einen Kommissionierauftrag umwandeln

6 Das Materialflusssystem

Karsten und Stefanie waren von Herrn Georg Grunat beauftragt worden, die Bauteile für zwei Mountainbike-Prototypen zu kommissionieren (vgl. Kap. 4). Nach zwei Stunden waren sie mit ihrem Pickauftrag noch nicht fertig. Anton Neumaier aus der Forschung- und Entwicklungsabteilung hatte gerade bei Georg Grunat angerufen, da kamen Karsten und Stefanie mit ihrem Kommissionierbehälter zurück.

Georg Grunat: Wo seid ihr so lange geblieben, konntet ihr meine Schrift auf dem Pickliste nicht lesen?

Karsten: Doch, ihren Zettel haben wir entziffern können und wir haben auch alles gefunden. Aber wir hatten wirklich viele Bauteile zu kommissionieren und mussten dazu durch das ganze Lager laufen.

Stefanie: Einige Bauteile waren noch in größeren Mengeneinheiten verpackt, sodass wir die Schachteln erst noch anbrechen mussten.

Karsten: Teilweise mussten wir sogar mit der Leiter zu den höher gelegenen Lagerfächern steigen, um die Bauteile entnehmen zu können.

Umgang mit Leitern
→ LF 5, Kap. 6.3.1 (Exkurs)

Georg Grunat: Nun ja, dann zeigt mal, was ihr mitgebracht habt, und dann müssen die Bauteile so schnell wie möglich in die Forschungs- und Entwicklungsabteilung.

innerbetrieblicher Materialfluss
→ LF 4, Kap. 1

Der Grund für die Zeitverzögerung bei der Kommissionierung im obigen Beispiel ist nicht im Informationsfluss, sondern im Materialfluss zu suchen. Der innerbetriebliche Materialfluss eines Unternehmens besteht in der Bewegung von Gütern. Dazu zählen alle Aufgaben, welche im Zusammenhang mit dem Transport und der Lagerung stehen. Hier wird daher auch von Wareneingängen, Warenausgängen, Prüfvorgängen und Bearbeitungsvorgängen gesprochen.

Güter verpacken
→ LF 6

Im Fall der Kommissionierung beschäftigt sich der Materialfluss mit der Bereitstellung der Güter für die Entnahme, um sie dann an die Verpackung oder eine Sammelstelle abzugeben.

Ziel jedes Unternehmen ist es, dass jeder Artikel schnell und reibungslos das Lager durchläuft. Anhand der oben dargestellten Einteilung des Materialflusses lässt sich untersuchen, wie der Materialfluss bestmöglich gestaltet werden kann. Diese Gestaltung ist von den Anforderungen des Unternehmens und seiner Lagerlogistik abhängig. Dabei sind die Lagereinrichtung, die Beanspruchung der Kommissionierer und der Automatisierungsgrad die wesentlichen Gestaltungskomponenten.

6.1 Die Bereitstellung der Güter

Die Abläufe der Kommissionierung sind wesentlich von der Frage abhängig, wie die zu kommissionierenden Güter bereitgestellt werden, sodass der Kommissionierer sie möglichst schnell und mit geringem Aufwand greifen kann. Dazu ist zu klären, in welchen logistischen Einheiten die Güter zur Verfügung stehen, in welcher Lagereinrichtungstechnik sie gelagert werden und in welche Richtungen sich der Kommissionierer fortbewegen muss, um sie zu erreichen.

6.1.1 Die logistischen Einheiten

Vom Wareneingang bis zum Versand werden die Güter in immer anderen Einheiten bereitgestellt. Die Veränderung dieser Einheiten ist eine Aufgabe der Lagerlogistik.

- Die **Lagereinheit** ist die Mengeneinheit von Artikeln, in der sie eingelagert wird. Sie ist im Normalfall artikelrein.
- Die **Transporteinheit** ist die Menge, in der Lagereinheiten transportiert werden. Sie wird in der Regel aus dem Beladungsgut und einem Ladehilfsmittel gebildet.
- Der Bereitstellort in der Kommissionierzone muss regelmäßig wieder mit Artikeln aufgefüllt werden. Die Gütermenge bzw. die Einheit, mit der nachgefüllt wird, heißt **Beschickungseinheit**. Sie ist in der Praxis meistens identisch mit der **Bereitstelleinheit**. Sie ist die Einheit, die dem Kommissionierer zur Entnahme angeboten wird.

Kommissionierzone
→ LF 5, Kap. 7.2

- Die **Entnahmeeinheit** (Greifeinheit oder Pick) ist die Mengeneinheit, die durch den Kommissionierer mit einem Zugriff entnommen werden kann.
- Die **Sammeleinheit** wird auch **Kommissioniereinheit** genannt und ist die Summe der gepickten Entnahmeeinheiten, die in einem Kommissionierbehälter liegen. Sie entsteht also bei der Kommissionierung der einzelnen Positionen einer Pickliste. Daher wird auch von Sammeleinheit gesprochen, wenn kommissionierte Artikel verschiedener Kommissionieraufträge zusammengefasst werden.
- Unter **Versandeinheit** wird die Mengeneinheit verstanden, die vom Kunden bestellt und verschickt wird. Dabei muss es sich nicht um eine Palette, Kiste oder Schachtel handeln. Sie kann dabei aus einer oder mehreren Einheiten bestehen.

Lagereinheit

Beschickungseinheit

Transporteinheit

Entnahmeeinheit

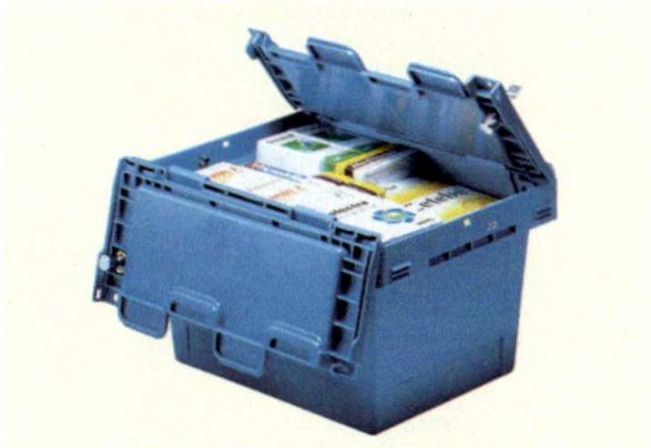

Sammeleinheit

Versandeinheit

Die verschiedenen Einheiten in der Top Bike GmbH:

- Die **Lagereinheit** für Fahrradgriffe sind Schachteln mit jeweils vier kleineren Schachteln zu je 20 Paar.
- Die **Transporteinheit** für Fahrradgriffe ist eine Palette, auf der 16 Schachteln mit jeweils 80 Paar Fahrradgriffen stehen.
- Die **Beschickungseinheit** für Fahrradgriffe der Fachbodenregale in der Kommissionierzone sind vier Schachteln zu 80 Paar Fahrradgriffen.
- Die **Bereitstelleinheit** für die Fahrradgriffe umfasst eine Schachtel mit vier kleineren Schachteln zu je 20 Paar Fahrradgriffen.
- Mit einem Zugriff kann der Kommissionierer eine der kleineren Schachteln mit jeweils 20 Paar Fahrradhandgriffen entnehmen (**Entnahmeeinheit**).
- Die **Sammeleinheit** für die Südrad e. G.: ein Karton Fahrradgriffe, zwei Schachteln Sattel und fünf Schachteln Fahrradkörbe auf einer Palette.
- Die **Versandeinheit** für die Südrad e. G. erhält fünf Paletten mit den bestellten Waren.

6.1.2 Die statische und die dynamische Bereitstellung

Für die Bereitstellung der zu kommissionierenden Güter muss sich entweder der Kommissionierer zum Lagerort bewegen oder die Bereitstelleinheit bewegt sich zum Kommissionierer. Die beiden Prinzipien, nach denen sich die Bereitstellung unterscheiden lässt, heißen statische oder dynamische Bereitstellung.

statische und dynamische Bereitstellung
→ LF 2, Kap. 4.2.1

Bei der **statischen Bereitstellung** liegen die Güter an einem bestimmten Lagerplatz. Der Kommissionierer muss von Lagerort zu Lagerort gehen oder fahren, um die Entnahmeeinheit zu picken. Dieses Prinzip wird auch „**Mann zur Ware**“ genannt.

Bei der **dynamischen Bereitstellung** werden Bereitstelleinheiten mithilfe von Fördertechniken ausgelagert und zu einem festen Kommissionierarbeitsplatz außerhalb der Regalanlage transportiert. Dort kann der Kommissionierer die Entnahmeeinheit aus der Bereitstelleinheit greifen und muss dazu seinen Arbeitsplatz nicht verlassen. Nach der Entnahme stößt der Kommissionierer eine Rückmeldung und eine automatische Rückeinlagerung der Restmengen an. Dieses Prinzip wird auch „**Ware zum Mann**“ genannt.

Statische Bereitstellung

Dynamische Bereitstellung

Statische Bereitstellung – Mann zur Ware:
In einem Großhandelslager werden die Bestellungen der Kunden von Kommissionierern zusammengestellt, indem sie mit dem Niederhubkommissionierer zu den entsprechenden Lagerplätzen fahren und die Artikel entnehmen.

Niederhubkommissionierer
→ LF 5, Kap. 6.3.2

Dynamische Bereitstellung – Ware zum Mann
In einem Apothekenversandhaus werden die Medikamente in einem automatischen Behälterregal gelagert. Zur Entnahme und Kommissionierung wird die entsprechende Artikelanforderung in das Lagerverwaltungssystem eingegeben. Ein vollautomatisches Regalbediengerät befördert die angeforderten Medikamente über den K-Punkt zum Kommissionierer.

Regalbediengerät
→ LF 2, Kap. 3.2.3

Die Anschaffungskosten einer statischen Bereitstellung sind günstiger und eine Auslagerung ist auch bei Stromausfall möglich. Außerdem können auch kurzfristig und flexibel Güter kommissioniert werden, da es einen direkten Zugriff auf die eingelagerten Güter gibt. Beim Einsatz von Regalbediengeräten ist dieses nicht möglich. Allerdings werden bei der statischen Bereitstellung die Kommissionierer körperlich stärker beansprucht, die Lauf- oder Fahrwege sind lang und die Kommissionierzeit ist höher als bei der dynamischen Bereitstellung. Da Irren menschlich ist, ist auch die Fehlerquote bei der statischen Bereitstellung größer.

Statische Kommissionierung

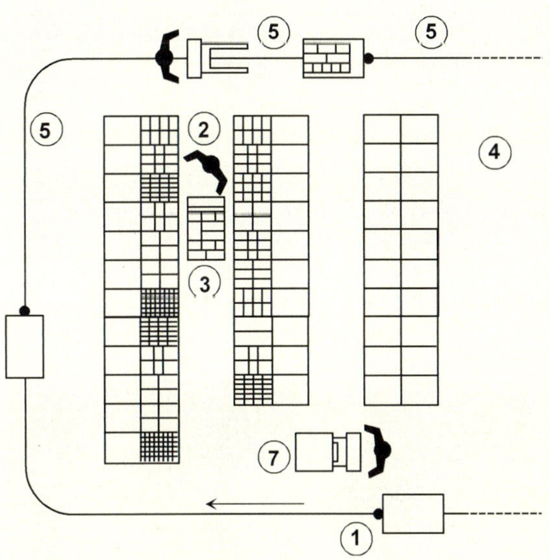

① Unterflurschleppkettenförderer
② Kommissionierer
③ Elektrisch angetriebener Kommissionierwagen (Abgabe der Güter)
④ Palettenregal (Bereitstellung)
⑤ Abgabe der Kommissioniereinheit
⑥ Versand
⑦ Kommissionierwgen mit Leerpalette

Dynamische Kommissionierung

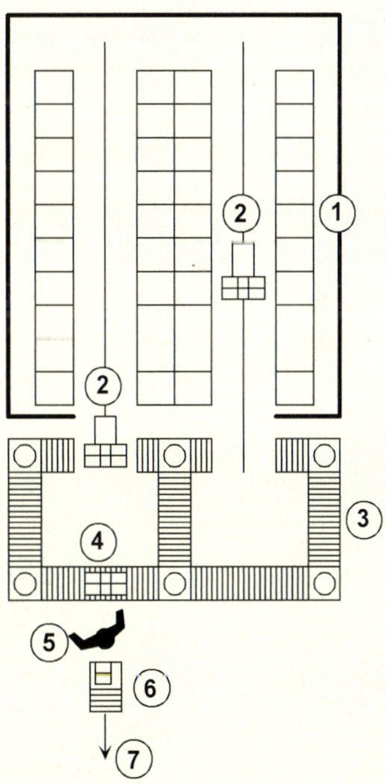

① Hochregallager
② Regalbediengerät
③ Rollenbahn
④ Bereitstellung
⑤ Kommissionierer
⑥ Abgabe der Güter
⑦ Versand

Quelle: Ihme, J., Logistik im Automobilbau, Logistikkomponenten und Logistiksysteme im Fahrzeugbau, 1. Auflage 2006, S. 132 f.

6.2 Die Fortbewegung des Kommissionierers

Wegzeit
→ LF 5, Kap. 2.2

Die Fortbewegung des Kommissionierers umfasst alle Bewegungen zwischen Auftragsannahme, Entnahmeort und Abgabeort. So ergibt sich die Wegzeit des Kommissionierers. Die Fortbewegung des Kommissionierers kann in eindimensionale und zweidimensionale Fortbewegung unterteilt werden.

Eindimensionale Kommissionierung mit Kommissioniergerät

6.2.1 Die eindimensionale Kommissionierung

Kommissionierfahrzeug
→ LF 5, Kap. 6.3.2

Bei Umlaufregalen, automatischen Behälterregalen, Turmregalen und Lagereinrichtungstechniken, die über ein Regalbediengerät beschickt werden, bewegt sich der Kommissionierer nur vor der Entnahmestation. Es gibt nur eine eindimensionale Bewegung des Kommissionierers. Bei der eindimensionalen Kommissionierung bewegt sich der Kommissionierer nur in einer Höhe der Zeile, des Regalgangs oder vor einer Entnahmestation eines Regals. Sie kann in Zeilen der Bodenlagerung oder Regalgängen von beispielsweise Fachboden- oder Palettenregalen eingesetzt werden. Die Artikel werden in Greifhöhe aus den Regalen entnommen, wobei keine Hubgeräte zum Einsatz kommen. Der Kommissionierer bewegt sich meist zu Fuß oder unter Zuhilfenahme eines fahrfähigen Kommissionierfahrzeuges, z. B. des Nierderhubkommissionierers.

Raumnutzungsgrad
→ LF 2, Kap. 5.4

Die eindimensionale Kommissionierung findet Anwendung bei Gütern mit hoher Umlaufgeschwindigkeit. Güter mit hohem Gewicht sollten in der Regel eindimensional kommissioniert werden. Die Investitionskosten für die eindimensionale Kommissionierung sind vergleichsweise gering. Nachteilig sind die körperliche Beanspruchung der Kommissionierer und eine verhältnismäßig eintönige Arbeit. Da das Kommissionieren nur in Greifhöhe stattfindet, ist die Raumnutzung gering. Obere Regalfächer werden daher häufig als Reservelager genutzt. Beim Kommissionieren in Greifhöhe über mehrere Zeilen bzw. Regalgänge wird von **eindimensionaler Kommissionierung mit Zeilen- bzw. Gangwechsel** gesprochen.

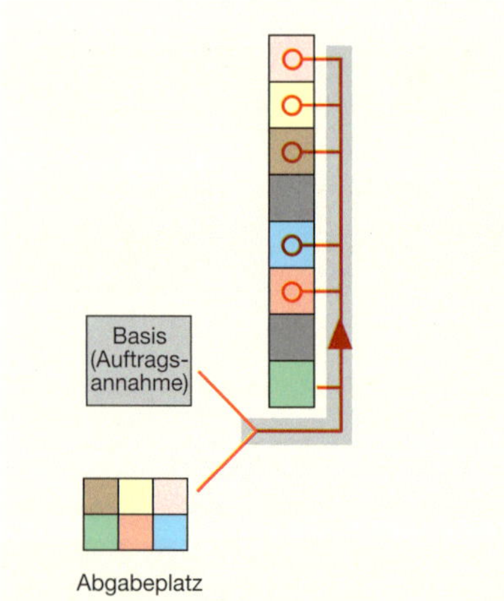

Eindimensionale Kommissionierung ohne Gangwechsel

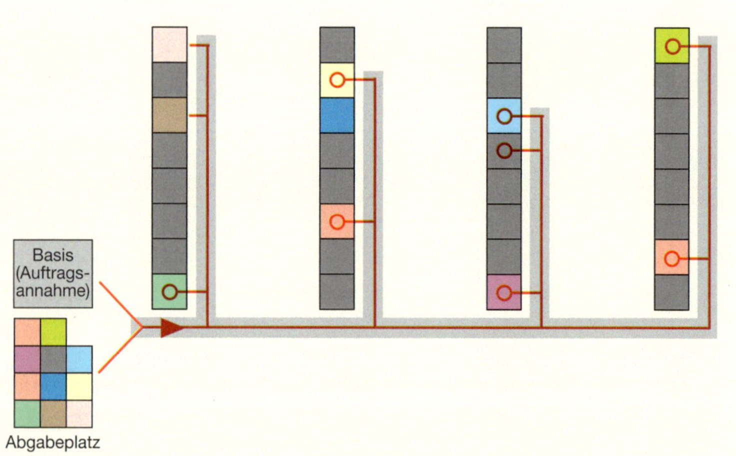

Eindimensionale Kommissionierung mit Gangwechsel

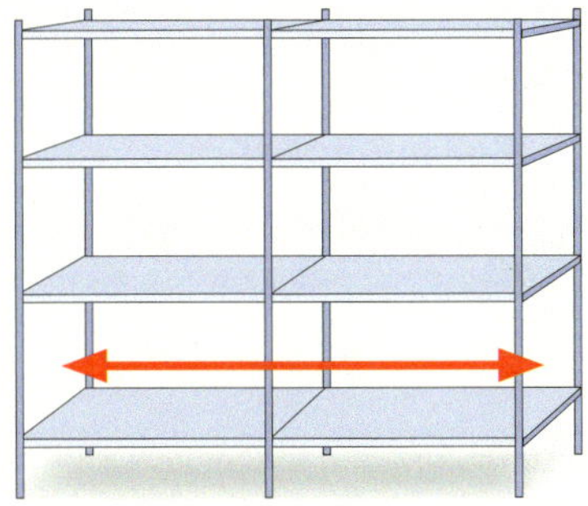

Eindimensionale Kommissionierung

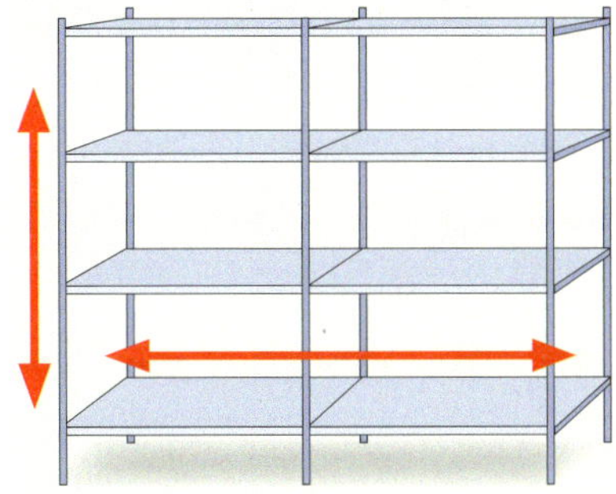

Zweidimensionale Kommissionierung

6.2.2 Die zweidimensionale Kommissionierung

Leiter und Tritte
→ LF 5, Kap. 6.3.1 (Exkurs)

horizontal – waagerecht
vertikal – senkrecht

Bei der zweidimensionalen Kommissionierung bewegt sich der Kommissionierer mit seinem Fördermittel auch in der Höhe der Zeile, des Regalgangs oder vor einer Entnahmestation eines Regals. Es gibt also zwei Bewegungsrichtungen. Dazu nutzt der Kommissionierer im Einzelfall eine Leiter oder einen Tritt. Bei häufigen Entnahmen in der Höhe setzt er ein hub- und fahrfähiges Kommissionierfahrzeug ein. Er kann sich so horizontal und vertikal bewegen, um an die Entnahmeplätze der Artikel zu gelangen.

Zweidimensionale Kommissionierung mit Kommissioniergerät

Die zweidimensionale Kommissionierung verbessert die Flächen- und Raumausnutzung. Allerdings fallen für die zweidimensionale Kommissionierung höhere Investitionskosten für die Anschaffung der hub- und fahrfähigen Kommissionierfahrzeuge an.

Werden mit dem Regalbediengerät oder dem Hochhubkommissionierer mehrere Regalgänge bedienen, wird von der **zweidimensionalen Kommissionierung mit Gangwechsel** gesprochen.

Flächen- und Raumnutzungsgrad
→ LF 2, Kap. 5.4 und 5.3

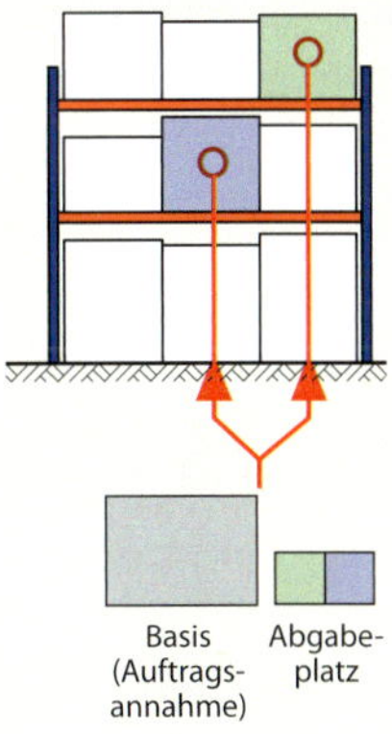

Zweidimensionale Kommissionierung ohne Gangwechsel

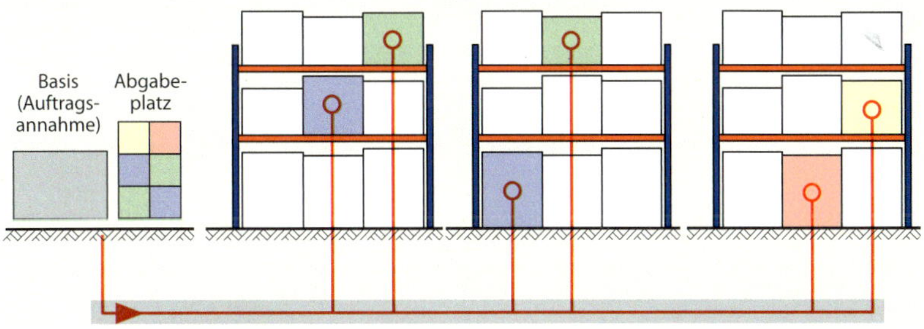

Zweidimensionale Kommissionierung mit Gangwechsel

6.3 Die Entnahme der Güter

Am Entnahmeort muss der zu kommissionierende Artikel aus der Bereitstelleinheit gepickt werden. Es lassen sich die manuelle, die mechanische und die automatische Entnahme unterscheiden. Je nach Automatisierungsgrad verkürzt sich die Greifzeit, dadurch verbessert sich die Kommissionierleistung.

Greifzeit
→ LF 5, Kap. 2.3

Kommisionierleistung
→ LF 5, Kap. 3.1

6.3.1 Die manuelle Entnahme

Arbeitssicherheit
→ LF 1, Kap. 5

Die manuelle Entnahme erfolgt durch den Kommissionierer, indem er die Entnahmeeinheit mit der Hand aus dem Regalfach greift. Die manuelle Entnahme ist dabei von gesetzlichen Vorschriften der Arbeitssicherheit sowie der individuellen Belastbarkeit des Kommissionierers abhängig. Die auszulagernden Artikel dürfen nicht zu schwer sein. Für die manuelle Entnahme sind die Greifhöhe und die Greiftiefe entscheidend. Ohne Hilfsmittel (z. B. Leitern und Tritte) ist eine Greifhöhe zwischen 20 und 180 cm möglich, wobei der Bereich zwischen 100 und 120 cm als optimal gilt. Die Greiftiefe sollte zwischen 30 und 80 cm liegen. 40 cm sind am Besten geeignet. Das zeigt, dass der Pickbereich bei der manuellen Entnahme sehr begrenzt ist. Darüber hinaus ist die manuelle Entnahme einerseits durch die Maße, das Gewicht und die Beschaffenheit der Entnahmeeinheit und andererseits durch die körperliche Verfassung sowie die Geschicklichkeit des Kommissionierers begrenzt. Die körperliche Belastung des Kommissionierers ist bei der manuellen Entnahme hoch. Die Kommissionierleistung ist beschränkt, während die Fehleranfälligkeit groß ist.

Kommisionierkennzahlen
→ LF 5, Kap. 3

Manuelle Kommissionierung aus dem Palettenregal (eindimensional)

Manuelle Kommissionierung aus dem Fachbodenregal (zweidimensional)

Exkurs: Die Nutzung von Leitern und Tritten

Für die manuelle Entnahme an höher gelegenen Regalfächern (ab 180 cm) benötigt der Kommissionierer gegebenenfalls Leitern oder Tritte. Bei der Arbeit mit solchen Leitern und Tritten sind besondere Sicherheitsregeln zu beachten. Diese sind in der Betriebssicherheitsverordnung (BetrSichV) sowie der Berufsgenossenschaftlichen Information (BGI) 694 „Handlungsanleitung für den Umgang mit Leitern und Tritten" geregelt.

Sicherheit am Arbeitsplatz
→ LF 1, Kap. 5

Die Regelungen richten sich in erster Linie an Arbeitgeber, die tragbare Leitern und Tritte für ihre Beschäftigten bereitstellen oder selbst benutzen. Die Beschäftigten sind im Umgang mit Leitern einzuweisen. Hierzu sind Benutzungsanleitungen und Betriebsanweisungen einzuhalten.

Leitern müssen mit geschlossenen Sicherheitsschuhen bestiegen werden. Auch außerhalb des Lagers sollen Leitern und Tritte nur mit geschlossenen Schuhen betreten werden. Der Arbeitgeber hat sicherzustellen, dass die Leitern in einem ordnungsgemäßen Zustand sind. Die Beschäftigten müssen festgestellte, augenfällige Beschädigungen an den Vorgesetzten melden. Beschädigte Leitern dürfen nicht länger genutzt werden.

Leitern und Tritte sollen nur für Arbeiten geringen Umfangs und geringer Gefährdung eingesetzt werden. Neben der Dauer und dem Schwierigkeitsgrad der Arbeiten sind dabei auch der einzusetzende körperliche Aufwand sowie der Umfang der auf der Leiter mitzuführenden Materialien zu berücksichtigen. Generell dürfen Leitern nur für Arbeiten bis in eine Höhe von fünf Metern benutzt werden.

Je nach den auszuführenden Arbeiten sind Leitern gegen Umstürzen zu sichern. Leitern, die an oder auf Verkehrswegen aufgestellt werden, sind durch zusätzliche Maßnahmen gegen Umstoßen zu sichern. Fahrbare Leitern müssen gegen unbeabsichtigtes Fortbewegen gesichert werden. Während des Aufenthalts von Beschäftigten auf einer fahrbaren Leiter darf diese nicht fortbewegt werden. Beim Transport einer Leiter darf keine anderen Personen gefährdet werden. Schwere Leitern müssen zu zweit getragen werden.

Verkehrswege
→ LF 2, Kap. 2.6

Hinweis bei der Benutzung von Leitern und Tritten

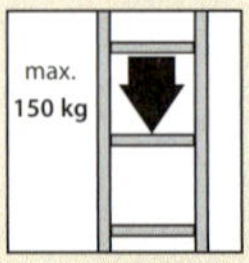

Leitern und Tritte dürfen pro Sprosse mit max. 150 kg belastet werden.

Die Steigschenkel von Leitern und Tritten dürfen nur von einer Person betreten werden.

Beim Arbeiten auf der Leiter sollen sich Benutzer nicht hinauslehnen. Der Körperschwerpunkt sollte zwischen den Leiterholmen liegen.

Leitern und Tritte müssen auf ebenem und tragfähigem Untergrund aufgestellt werden. Die Standsicherheit kann dabei durch die Verwendung von geeignetem Zubehör erhöht werden. Die Sprossen der Leiter müssen waagerecht sein.

Anlege-, Schiebe- und Mehrzweckleitern dürfen nur an sichere Flächen angelegt werden. Unsichere Anlegestellen sind z. B. Glasscheiben, Spanndrähte, Masten, Stangen, unverschlossene Türen. Gegebenenfalls sind die Leitern am Leiterkopf gegen Abrutschen zu sichern.

Anlege- und Mehrzweckleitern mit Sprossen müssen mit einem Winkel von 65° bis 75° zur Waagerechten angelegt werden. Zu flaches Anlegen kann zum Wegrutschen, zu steiles Anlegen zum Umkippen führen.

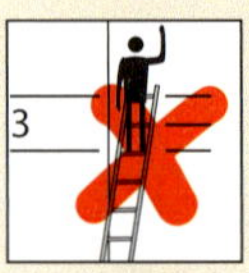

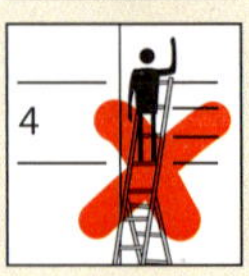

Stufenanlegeleitern sind so anzulegen, dass die Sprossen waagerecht stehen. Bei Anlege- und Schiebeleitern dürfen die obersten drei Sprossen nicht betreten werden. Beim Betreten der obersten drei Sprossen fehlt nicht nur die Haltemöglichkeit, sondern es besteht auch die erhöhte Gefahr des Wegrutschens. Bei Stehleitern mit aufgesetzter Schiebeleiter dürfen die oberen vier Sprossen des Schiebeleiterteiles nicht bestiegen werden. Der obere Teil des Leiterschenkels dient nur dem Festhalten. Beim Besteigen der oberen Sprossen besteht Kippgefahr.

Anlege-, Schiebe- und Mehrzweckleitern sollten auf Erdboden, Grasflächen oder sonstigem nachgiebigem Untergrund nur mit Stahlspitzen aufgestellt werden.

Anlege-, Schiebe- und Mehrzweckleitern sind zum Übersteigen geeignet, wenn sie mindestens einen Meter überstehen oder bauseits Festhaltemöglichkeiten vorhanden sind. Um das Verrutschen zu vermeiden, sollten Einhakvorrichtungen verwendet werden.

Bei der Benutzung von höhenverstellbaren Leitern (Schiebe-, Mehrzweck- und Stehleitern) müssen die Fallhakensicherungen eingelegt sein.

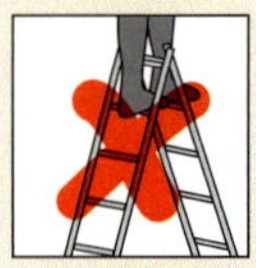

Stehleitern ohne Haltevorrichtung dürfen nur bis zur jeweils drittobersten Sprosse betreten werden. Die beiden oberen Sprossenpaare dienen dem Anlehnen und ermöglichen so einen sicheren Stand auch ohne separate Haltevorrichtung.

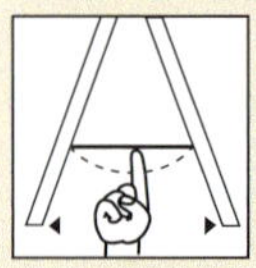

Stehleitern dürfen nur mit gespannten Spreizsicherungen benutzt werden.

Stehleitern dürfen nicht als Anlegeleiter benutzt werden.

Stehleitern bzw. Stehleitern mit aufgesetzter Schiebeleiter dürfen nicht auf hochgelegene Arbeitsplätze oder Einrichtungen überstiegen werden. Beim Übersteigen besteht erhöhte seitliche Kippgefahr.

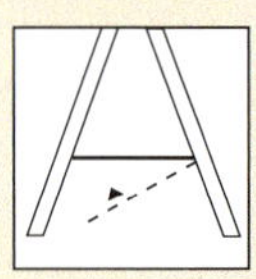

Bei fahrbaren Stehleitern muss die druckfeste Spreizsicherung eingelegt werden. Sind bei Stehleitern mit aufgesetzter Schiebeleiter druckfeste Aussteifungen vorhanden, müssen auch diese verwendet werden. Die druckfesten Spreizsicherungen verhindern das „Wandern" des Steigschenkels, wenn das aufgesetzte Schiebeteil (Oberleiter) betreten wird. Sie dürfen nicht als Ablage verwendet oder betreten werden.

Quelle: nach BGI 694

6.3.2 Die mechanische Entnahme

Damit der Kommissionierer entlastet und die Kommissionierleistung erhöht wird, erfolgt die Kommssioniertätigkeit häufig mechanisch. Dabei werden Flurförderfahrzeuge und Regalbediengeräte eingesetzt.

Flurförderfahrzeuge
→ LF 4, Kap. 3.2.3

Till Rhode ist mit dem Hochregalstapler in das Hochregal eingefahren und entnimmt aus der 14. Regalebene die Palette mit den Fahrradsitzen, indem er mit den Gabeln in die Palette einfährt und diese aufnimmt.

Im Lager werden die verschiedensten Fördermittel verwendet. Auch bei der Kommissionierung können diese Fördermittel gut eingesetzt werden. Für die besonderen Anforderungen an die Tätigkeiten des Kommissionierens wurden spezielle Kommissionierfahrzeuge entwickelt.

Fördermittel
→ LF 4, Kap. 3

Kommissionierfahrzeuge dienen in erster Linie der horizontalen und vertikalen Fortbewegung des Kommissionierers, um die Entnahme der Bereitstelleinheiten oder auch Entnahmeeinheiten aus den verschiedenen Regalfächern zu ermöglichen.

Zu den Kommissionierfahrzeugen zählen Kommissionierstapler, Regalförderzeuge, aber auch manuelle Kommissionierfahrzeuge, wie z. B. spezielle Hubwagen. Bei der Entwicklung von Fahrzeugen für die Kommissionierung liegt das Hauptaugenmerk in der optimalen Unterstützung des Kommissionierers. Die körperliche Beanspruchung des Kommissionierers soll so gering wie möglich gehalten werden. Ein Horizontalkommissioniergerät kann z. B. einen Zusatzhub von 700 mm ermöglichen, um dem Kommissionierer eine ergonomisch zuträgliche Palettierung zu erlauben. Ist das Kommissionierlager mit automatischen Regalanlagen ausgestattet, so kann der Einsatz der Kommissionierfahrzeuge optimiert und eine höhere Kommissionierleistung erzielt werden. Einige Beispiele werden im Folgenden angeführt.

Beanspruchung des Kommissionierers
→ LF 5, Kap. 3.4

Frau Wagner ist im Kommissionierlager der Top Bike GmbH eingesetzt und kommissioniert nach dem Prinzip „Mann zur Ware". Ohne die entsprechenden Kommissionierfahrzeuge muss sie die Wegstrecken zu Fuß zurücklegen und die entnommenen Güter auf der Palette ablegen. Dazu bückt sie sich während eines Kommissionierauftrags mehrere Male und erleidet einen Bandscheibenvorfall. Daher entscheidet sich die Top Bike GmbH, Niederhubkommissionierer anzuschaffen. So wird Wegzeit eingespart und auch die körperliche Belastung verringert sich, da sich der Ablageplatz höhenverstellen lässt.

Bereitstellungsprinzip
→ LF 5, Kap. 6.1.2

Nieder- und Hochhubkommissionierer

Niederhubwagen sind Flurförderzeuge, die in der Regel mit einer Deichsel geführt werden. Es gibt sie im Mitgänger- oder Mitfahrerbetrieb. Man spricht dann auch von **Schnellläufern**. Ab einer Geschwindigkeit > 6 km/h im Mitfahrbetrieb muss sich der Mitarbeiter zur Führung eignen und einen Auftrag zum Steuern haben.

Niederhubwagen

Niederhubkommissionierer

Kommissionierstapler

PickTerm Cart

Niederhubkommissionierer sind häufig mit langen Gabeln ausgerüstet, diese können mehrere Paletten hintereinander aufnehmen. Die Gabeln befinden sich über oder zwischen den Radarmen. Dies hat zur Folge, dass der Lastschwerpunkt stets über den belasteten Rädern liegt. Wenn sich das Kommissionierfahrzeug auch dazu eignet, Paletten anzuheben, handelt es sich um einen **Hochhubkommissionierer**.

Kommissionierstapler

Der Kommissionierstapler ist ein Flurförderzeug mit einem hebbaren Fahrerplatz für den Kommissionierer. Der Kommissionierer kann den Fahrerstand anheben, um ein manuelles Greifen der Artikel aus höheren Regalfächern zu ermöglichen. Der Kommissionierstapler kann frei oder durch Leitschienen, die an den Regalen angebracht werden, geführt werden. Die Gabeln sind im 90°-Winkel seitlich angebracht und können bei einigen Kommissierstaplern um 90 Grad gedreht werden.

PickTerm Cart

Kommissionierzeiten
→ LF 5, Kap. 2

Lagerverwaltungssystem
→ LF 2, Kap. 2.8

Mit PickTerm Carts kann der Kommissionierer mehrere Behälter gleichzeitig befüllen. Er kann so mehrere Kommissionieraufträge gleichzeitig bearbeiten. Die Wegzeit und die Verteilzeit werden stark verkürzt. Die Besonderheiten des PickTerm Cart sind ein eingebautes Datenterminal und Fachanzeigen an den Ablagefächern. Über das Terminal erhält der Kommissionierer Informationen vom Lagerverwaltungssystem über Lagerorte und Entnahmemengen. Hat er die Artikel entnommen, zeigen ihm die Fachanzeigen an den Ablagefächern den Ablageort und die Ablagemenge für jeden Kommissionierauftrag. Die Ablage des Artikels wird an der Fachanzeige bestätigt und durch die WLAN-Anbindung des Terminals zeitnah an das Lagerverwaltungssystem gemeldet.

Kommissionierplattform

Mithilfe der Kommissionierplattform erreicht der Kommissionierer auch höhere Greifhöhen. Die Plattform wird auf einem Vierwegstapler befestigt und kann so den Kommissionierer sicher zum höher gelegenen Lagergut befördern.

Kommissionierbühne für Langgut

Hierbei handelt es sich um ein Kommissionierfahrzeug, das sich dazu eignet, lange Güter aus Regalen (Kragarmregalen) zu entnehmen. Eine Kommissionierung von Langgütern bis zu einer Länge von 8 m ist kein Problem. Die Güter können beidseitig vom Kommissionierer aus dem Regal entnommen werden.

Kommissionierplattform

Kommissionierbühne für Langgüter

6.3.3 Die automatische Entnahme

Die automatische Entnahme kann mit speziellen Regalbediengeräten, Kommissionierrobotern oder Kommissionierautomaten (Schachtkommissionierern) erfolgen. Dabei gibt der Kommissionierer den zu entnehmenden Artikel in das Terminal des Kommissionierautomaten ein. Es gibt aber auch Kommissionierautomaten, bei denen keine Eingabe über den Mitarbeiter mehr erfolgt. Die Artikel werden dann automatisch vom Lagerplatz entnommen und in einen Kommissionierbehälter abgegeben. Die automatische Kommissionierung ist besonders schnell. Sie findet in erster Linie in großen Unternehmen mit einer hohen Artikelkonzentration, wie z. B. bei Tabakwarengroßhändlern, der Pharmaindustrie, dem Verlagswesen oder dem Paketwesen, Anwendung.

Regalbediengeräte eignen sich für die Kommissionierung zur Entnahme von Sammelgebinden, Trays und Paletten. Ein Farbenhersteller lagert die Farbeimer in einem Hochregal ein. Das Regalbediengerät entnimmt die Artikel entsprechend den Aufträgen von großen Baumärkten aus dem Lagerfach und stellt diese an der Abgabe zur Verfügung.

In einem Pharmagroßhandel werden die Bestellungen der Apotheken durch einen **Schachtkommissionierer** zusammengestellt. In den Schächten sind artikelreine Einheiten (Medikamentenschachteln) übereinander eingelagert. Ein Förderband führt unterhalb der Schächte entlang. Auf diesem werden Kommissionierbehälter gefördert. Zur Entnahme öffnen sich die Schächte kurz, sodass eine Medikamentenschachtel in den Kommissionierbehälter fallen kann. Anschließend werden die Kommissionierbehälter bis zur Abgabestation gefördert.

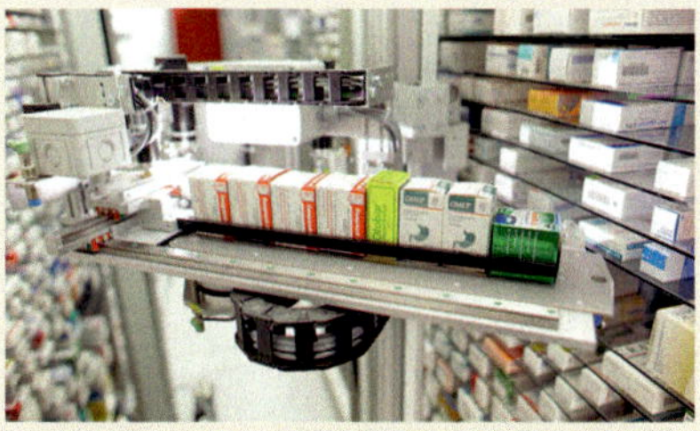

In der Kommissionierzone eines Getränkegroßhandels sollen Paletten mit Getränkegebinden für den Einzelhandel kommissioniert werden. Anhand einer Codierung erkennt der **Kommissionierroboter** die zu kommissionierenden Artikel. Die Getränkegebinde werden von einem Roboterarm passgenau auf die Versandpalette gepackt.

Bei der Verwendung von Kommissionierautomaten/-robotern ist zu beachten, dass die Entnahmeeinheiten dem jeweiligen Gerät angepasst sein müssen. Kommissionierautomaten und Kommissionierroboter sind so ausgestattet, dass eine automatische Bestandsverwaltung erfolgt. Sie erzielen zwar eine hohe, fast fehlerfreie Kommissionierleistung, die Anschaffungskosten sind jedoch besonders hoch.

Bereitstellung der Güter → LF 5, Kap. 6.1.2

Gegenüber den Kommissionierautomaten waren die Kommissionierroboter bislang immer erheblich langsamer. Neueste Generationen der Kommissionierroboter erreichen allerdings hohe Pickzahlen. Bislang ist eine dynamische Bereitstellung mit Kommissionierrobotern nicht möglich. Hierzu werden zusätzliche Fördermittel benötigt. Der Kommissionierroboter erfasst die Größe der Kommissioniergüter durch Sensoren.

Anhand von Zahlen wird der Zusammenhang zwischen den Kommissionierzeiten und der eingesetzten Technik noch einmal deutlich. Die folgenden Werte zeigen, wie viele Positionen ein Mitarbeiter in einer Stunde bei dem Einsatz der entsprechenden Lagereinrichtung und Kommissioniertechnik picken kann.

Kommissionierleistung → LF 5, Kap. 3.1

Lagertechnik	Mögliche Kommissionierleistung je Mitarbeiter in einer Stunde
Fachbodenregal, eindimensional	35 … 80 Positionen
Fachbodenregal, zweidimensional	40 … 90 Positionen
Palettenregal, eindimensional	30 … 50 Positionen
Palettenregal, zweidimensional	40 … 90 Positionen
Durchlaufregal	150 … 250 Positionen
Durchlaufregel mit papierloser Kommissionierung	350 … 450 Positionen
Automatisches Behälterregal	40 … 250 Positionen
Kommissionierroboter	100 … 350 Positionen
Schachtkommissionierer	bis 10.000 Positionen

6.4 Die Abgabe der kommissionierten Güter

Nach der Entnahme werden die kommissionierten Artikel an die Fertigung, die Verpackung oder den Versand abgeben. In der Regel erfolgt die Abgabe in Form des Kommissionierbehälters. Es wird zwischen zentraler, denzentraler Abgabe sowie dem Pick-Pack-Verfahren unterschieden.

Güter verpacken
→ LF 6

Güter versenden
→ LF 9

Bei der **zentralen Abgabe** erfolgt die Übergabe der kommissionierten Artikel an einem festen, zentralen Übergabeplatz bzw. Sammelplatz. Hier wird die Kommission dem Kommissionierauftrag zugeordnet. Diese Abgabeform bietet sich in erster Linie für kleinere Kommissionierzonen an.

Stefanie muss für einen Kundenauftrag drei Artikel kommissionieren, sie soll diese anschließend zentral, an die Verpackung, abgeben. Sie nimmt die drei Artikel aus den jeweiligen Regalfächern und legt sie in den Kommissionierbehälter. Anschließend bringt sie den Kommissionierbehälter zur zentralen Sammelstelle der Verpackung.

Bei der **dezentralen Abgabe** erfolgt die Abgabe der kommissionierten Artikel an einen Stetigförderer, der die Kommission zur Fertigung, Verpackung oder den Versand transportiert. Die dezentrale Abgabe bietet sich bei großen Kommissionierzonen an, da der Kommissionierer seine Kommissionsarbeit nicht längerfristig unterbrechen muss. Die Kommissionsleistung steigt.

Stefanie soll den Kommissionierauftrag für die Materialbereitstellung der Produktion bearbeiten. Dazu muss sie 20 Artikel aus den jeweiligen Fächern entnehmen. Stefanie legt nach jeder Entnahme die Artikel auf eine Palette in der jeweiligen Kommissionierzone, die dort von einem Gabelstapler abgeholt wird.

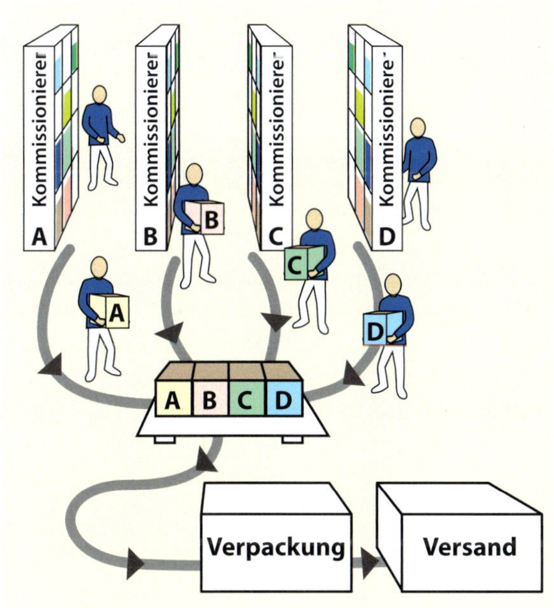

Zentrale Abgabe

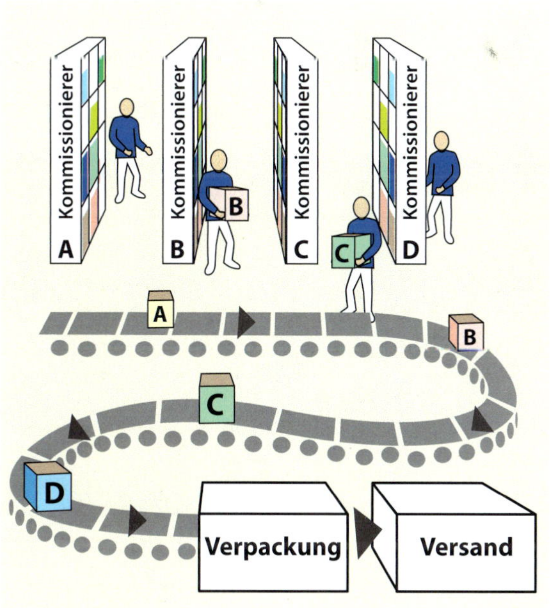

Dezentrale Abgabe

Picken in versandfähige Verpackung (1. Schritt Pick-Pack-Verfahren)

Versandeinheiten verschließen (2. Schritt Pick-Pack-Verfahren)

Eine dritte Form der Abgabe der kommissionierten Artikel stellt das **Pick-Pack-Verfahren** dar. Bei dieser Art der Abgabe steht das Pick für die Entnahme und das Pack für die anschließende Verpackung. Hier werden die Entnahmeeinheiten nicht in einen mitgebrachten Kommissionierbehälter oder auf einen Stetigförderer gelegt. Sie werden unmittelbar am Regal in eine versandfähiges Packmittel (z. B. Versandbehälter, Versandpalette oder Versandschachtel) abgegeben. Ein solches Verfahren ist vorteilhaft, wenn die Artikel bereits vorverpackt sind oder komplettiert eingelagert wurden, vorab das richtige Verpackungsmaterial ausgewählt wurde und keine Spezialverpackung benötigt wird.

Packmittel
→ LF 6, Kap. 5

Stefanie soll nun als dritten Kommissionierauftrag eine Kommission nach dem Pick-Pack-Verfahren von Fahrradgriffen, Reparatursätzen und Reflektoren bearbeiten. Da sie weiß, dass die Fahrradgriffe zu je 20 Stück vorverpackt sind und die Reparatursätze bereits komplettiert wurden, wählt sie eine Schachtel der richtigen Größe aus. Sie entnimmt die Artikel, legt sie in die Schachtel und beschriftet diese mit den Versanddaten.

Hauptumschlagsbasis
→ LF 9, Kap. 3
Just-in-Time
→ LF 3, Kap. 4.2

Cross Docking

Im **Cross-Docking-Verfahren** werden die im Wareneingang angelieferten Güter ohne Zwischenlagerung auf Versandeinheiten für Kunden verteilt. Die Lagerung in der eigentlichen Kommissionierzone entfällt. Der Wareneingangsbereich ähnelt einer Hauptumschlagsbasis (HUB). Das System setzt eine Just-in-Time-Lieferbereitschaft voraus. Das Cross Docking eignet sich besonders für verderbliche Güter, die nicht gelagert werden können, wird jedoch mittlerweile auch in anderen Bereichen eingesetzt. Cross Docking wird auch **Pick-by-shop** oder **Pick-in-line** genannt.

6.5 Die Kontrolle der kommissionierten Güter

In jedem Lager wird jede Entnahme noch einmal kontrolliert. Nur so wird sichergestellt, dass der Kunde seine bestellte Ware erhält.

Die Kontrolle kann direkt nach der Entnahme (z. B. Pick-Pack-Verfahren) oder später im Kommissionierverlauf durchgeführt werden. Sie kann am Übergabeplatz/Sammelplatz oder direkt in der Verpackung erfolgen. Je nach Umfang der Entnahmen kann durch das Unternehmen festgelegt werden, ob eine vollständige Kontrolle oder eine Stichprobenkontrolle durchgeführt wird.

- Die von Stefanie entnommenen Artikel für die Produktion umfassen laut Materialentnahmeschein 20 verschiedene Artikel. In der Top Bike GmbH ist festgelegt, dass bei Entnahmen für das eigene Unternehmen eine Stichprobenkontrolle ausreicht, da davon ausgegangen wird, dass spätestens in der Produktion die Menge ein zweites Mal kontrolliert wird.
- Eine Kundenbestellung hingegen wird in der Top Bike GmbH immer zu 100 % kontrolliert. Hier sollen unnötige Reklamationen vermieden werden.

Die Kontrolle kann auf verschiedene Arten erfolgen. Die Kommission kann manuell durch einen anderen Mitarbeiter kontrolliert oder vollautomatisch durch die verwendeten Kommissionieranlagen geprüft werden. Bei der **manuellen Kontrolle** erfolgt das Prüfverfahren je nach Artikelgruppe anhand von zählen, messen und wiegen. Der Kontrolleur quittiert die Entnahmen, indem er die Artikelposition auf den Kommissionierauftrag abhakt.

Die **automatische Kontrolle** wird häufig bei Verwendung von automatischen Regalsystemen und bei der papierlosen Kommissionierung angewendet. Die Überprüfung kann über das Scannen der Artikel erfolgen. Dabei wird nicht nur der Bestand fortgeschrieben, sondern es erfolgt auch ein Vergleich mit den zu kommissionierenden Artikeln. Eine weitere Möglichkeit besteht in der Kontrolle durch eine automatische Wiegevorrichtung im Regal, die automatisch das Gewicht ermittelt und feststellt, ob die richtige Menge entnommen wurde.

papierlose Kommissionierung → LF 5, Kap. 5.3.2

Stefanie hat die 20 Artikel aus den Regalfächern entnommen und bei jeder Entnahme den einzelnen Artikel gescannt. Somit wurde nicht nur die Entnahme dokumentiert, auch die Bestandsfortschreibung im Lagerverwaltungssystem ist erfolgt.

Neben der manuellen und der automatischen Kontrolle kommt in der betrieblichen Praxis die **Gewichtskontrolle** zum Einsatz. Hierzu müssen für alle Artikel die Gewichte im System erfasst sein. Das System kann daraus das Sollgewicht einer Kommission errechnen. Hat der Kommissionierer seine Kommission vollständig zusammengestellt, kann nun durch einfaches Nachwiegen der Kommission mit besonders wenig Aufwand festgestellt werden, ob richtig kommissioniert wurde. Selbstverständlich können durch diese Art der Kontrolle Typenfehler wie z. B. falsche Farbe oder falsche Geschmacksrichtung nicht aufgedeckt werden.

ALLES KLAR?

1 Bringen Sie den Ablauf des Materialflusses in der Kommissionierung in die richtige Reihenfolge.
- **a** Kontrolle der entnommenen Güter
- **b** Gang zum Lagerort
- **c** Bereitstellen der Güter
- **d** Abgabe der Güter an den Stetigförderer
- **e** Entnahme der Güter aus dem Regalfach

2 Um welche logistischen Einheiten im Lager handelt es sich jeweils?
- **a** Diese Mengeneinheit wird an den Kunden verschickt.
- **b** Diese Mengeneinheit wird im Lager aufbewahrt.
- **c** Mit dieser Mengeneinheit werden die Kommissionierzonen wieder aufgefüllt.
- **d** Diese Mengeneinheit kann vom Kommissionierer mit einem Pick entnommen werden.
- **e** Diese Mengeneinheit wird dem Kommissionierer zur Entnahme angeboten.
- **f** Diese Mengeneinheit kann im Lager transportiert werden.
- **g** Diese Mengeneinheit kann aus verschiedenen Gütern zusammengestellt sein.

3 Nennen Sie die beiden Arten der Güterbereitstellung.

4 Nennen Sie jeweils zwei Vor- und Nachteile der Bereitstellung „Ware zum Mann" gegenüber der Bereitstellung „Mann zur Ware".

5 Ordnen Sie zu, ob es sich bei den folgenden Aussagen um das Prinzip „Mann zur Ware" oder um das Prinzip „Ware zum Mann" handelt.
- **a** Der Kommissionierer entnimmt die Artikel aus dem Fachbodenregal.
- **b** Der Kommissionierer gibt die Artikelnummer in das Lagerverwaltungssystem des automatischen Hochregallagers ein.
- **c** Der Kommissionierer erhält die Artikel an seinem Kommissionierplatz durch einen Stetigförderer.
- **d** Der Kommissionierer entnimmt die Artikel mittels Stapler aus der Blocklagerung.
- **e** Das automatische Behälteregal bringt die Ware zum Kommissionierer.
- **f** Der Kommissionierer scannt den entnommenen Artikel noch am Durchlaufregal ein.
- **g** Der Kommissionierer geht mit dem Kommissionierwagen zum Verschieberegal.

6 Ordnen Sie zu, ob es sich bei den folgenden Beispielen um eindimensionale oder zweidimensionale Kommissionierung handelt.
- **a** Sarah Tegeler holt aus dem Verschieberegal Büromaterial für die Verwaltung.
- **b** Herr Mehl fährt mit dem Hochregalstapler, der einen hebbaren Bedienstand hat, in das Hochregal, um Lacke für die Fertigung zu entnehmen.
- **c** Herr Richter lagert mit einem Schmalgangstapler Fahrräder für einen Kunden aus.

7 Die Entnahme der Güter kann manuell, mechanisch und automatisch erfolgen. Ordnen Sie richtig zu, um welche Art der Entnahme es sich handelt.

- **1** manuelle Entnahme
- **2** mechanische Entnahme
- **3** automatische Entnahmen

- **a** Der Kommissionierer muss sich in das Regalsystem hineinbücken um die Artikel zu entnehmen.
- **b** Der Kommissionierer nutzt einen Gabelstapler.
- **c** Um die Artikel aus einer Höhe von 4 m zu entnehmen, holt sich der Kommissionierer eine Leiter.
- **d** Das automatische RBG entnimmt die Artikel und gibt sie an einen Stetigförderer ab.
- **e** Der Kommissionierroboter hat eine sehr hohe Umschlagsleistung.
- **f** Der Kommissionierer bewegt sich sowohl horizontal als auch vertikal.
- **g** Um die körperliche Beanspruchung zu minimieren, nutzt der Kommissionierer einen Hubwagen.
- **h** Der Kommissionierer überlässt die Arbeit dem Kommissionierautomaten.

8 Nennen Sie fünf Kommissionierfahrzeuge, die Sie kennen.

9 Nennen Sie zwei Unterschiede zwischen Kommissionierfahrzeugen und Kommissionierautomaten.

ALLES KLAR?

10 Unterscheiden Sie kurz die zentrale und die dezentrale Güterabgabe.

11 Was wird unter dem Pick-Pack-Verfahren verstanden?

12 Die Abgabe der Güter erfolgt in der Regel zentral, dezentral und im Pick-Pack-Verfahren. Ordnen Sie die jeweiligen Möglichkeiten den Aussagen zu.

1 zentrale Abgabe
2 dezentrale Abgabe
3 Pick-Pack-Verfahren

a Alle Artikel für einen Auftrag werden auf eine Palette geladen.
b Nach der Entnahme legt der Kommissionierer die Artikel auf einen Gurtförderer ab.
c Der Kommissionierer scannt für den Kommissionierauftrag einen Kommissionierbehälter ein.
d Das automatische Regalbediengerät übergibt die entnommenen Artikel an eine Rollenbahn.
e Der Eilauftrag wird noch am Regal in eine versandfähige Verpackung gelegt.
f An der Sammelstelle werden alle entnommenen Artikel zu einem Auftrag zusammengeführt.
g Nach der Kommissionierung legt der Kommissionierer die Artikel in eine Versandverpackung und fügt die Rechnung hinzu.

13 In den folgenden Fällen sollen Sie entscheiden, ob es sich um eine
1 Fortbewegung,
2 Bereitstellung,
3 Entnahme oder
4 Abgabe
handelt.

a Frank holt sich ein Kommissionierwagen und geht zum Lagerort.
b Lena nimmt die Artikel aus dem Regal und verpackt sie gleich an Ort und Stelle.
c Luis gibt die zu entnehmenden Artikel in den PC des Paternosterregals ein.
d Beatrix hat in ihrem Unternehmen vorrangig Fachbodenregale.
e Jan Philipp hängt die entnommenen Artikel auf einen Kettenförderer ein.
f Josefine bedient seit Kurzem den Kommissionierautomaten.
g Lara darf in ihrem Unternehmen das halbautomatische RBG führen.
h Lukas kann mit dem Regalbediengerät in die Gänge des Hochregales einfahren und Artikel entnehmen.

14 Was ist unter dem Cross-Docking-Verfahren zu verstehen?
a Lieferung und Weitergabe ohne Lagerung
b Lagerung und Lieferung ohne Weitergabe
c Just-in-Time-Lieferung und Lagerung
d Bearbeitung von Kundenreklamationen
e Rücksendungen an den Lieferer

15 Welche Vorteile bietet die automatische Kontrolle? Es gibt mehrere richtige Antworten.
a Der Kommissionierer kann sich nicht verzählen.
b Die Pickliste ist leicht einzusehen.
c Die Kontrolle erfolgt gleich beim Scannen der Artikel.
d Der Kommissionierer hat einen Überblick über den gesamten Güterbestand.
e Der Bestand wird sofort im Lagerverwaltungssystem verbucht.

16 Ein Kommissionierer kontrolliert seine Entnahme, indem er die einzeln entnommenen Positionen auf dem Kommissionierauftrag abhakt. Um welche Form der Kontrolle handelt es sich hier?

17 Welche Arten der Kontrollen sind während der Kommissionierung möglich?
a Stichtagskontrolle
b 100%ige Kontrolle
c Stichprobenkontrolle
d Schätzkontrolle
e Messkontrolle

18 Wie kann die Kontrolle von kommissionierten Gütern automatisch erfolgen?

LS 36

7 Das Organisationssystem

Nach ihren ersten Erfahrungen mit dem Kommissionieren werden Stefanie und Karsten noch einmal losgeschickt, um weitere Bauteile für die Forschungs- und Entwicklungsabteilung zu picken. Nun sollen die Bauteile für drei weitere Fahrrad-Prototypen des kommenden Modelljahres kommissioniert werden. *(Die Picklisten der beiden sehen Sie auf der gegenüberliegenden Seite.)*

Georg Grunat: Stefanie und Karsten, übernehmt ihr das bitte noch einmal. Aber diesmal sollte es etwas schneller gehen. Wenn ihr noch Hilfe braucht, dann holt euch unseren Praktikanten Sergej dazu.
Stefanie: Sollen wir sonst noch etwas beachten?
Georg Grunat: Ja, die Kommissionieraufträge dürfen nicht vermischt in der Forschungsabteilung ankommen. Das heißt, ihr müsst die Artikel nach Allterrain-, Trekking- und Mountainbike sortieren, so, als hätten drei unterschiedliche Kunden bestellt.
Karsten: Wann werden die Bauteile benötigt?
Georg Grunat: So schnell wie möglich. Als Erstes soll jedoch das Allterrainbike montiert werden und danach das Trekkingbike.
Stefanie: Alles klar, das kriegen wir schon hin!

Stefanie und Karsten wollen nun einen besseren Eindruck hinterlassen als bei ihrem ersten Kommissionierversuch.

Materialfluss → LF 5, Kap. 6
Informationsfluss → LF 5, Kap. 5

Stefanie: Diesmal müssen wir aber schneller sein als beim ersten Mal, als wir die Bauteile kommissioniert haben.
Karsten: Dass wir so langsam waren, lag ja auch an dem Materialfluss.
Stefanie: Trotzdem, wir müssen uns überlegen, wie wir die drei Kommissionieraufträge möglichst schnell kommissionieren.
Karsten: Dann gehen wir diesmal aber nicht wieder zusammen los, sondern teilen uns die Arbeit.
Stefanie: Richtig! Und außerdem sollten wir uns genau überlegen, wie wir durch die Kommissionierzone gehen.
Karsten: Das müssen wir aber sehr gut organisieren!

VDI-Richtlinie 3590 → LF 5, Kap. 4

Von der grundsätzlichen Organisationsstruktur der Arbeitseinheiten eines Unternehmens hängt der Erfolg des Unternehmens ab. Eine gute Organisation spart Zeit und minimiert die Kosten. Sie verringert die Arbeitsbelastung und die Fehlerquoten und hilft, konkurrenzfähig zu sein. Das Organisationssystem koordiniert laut VDI-Richtline 3590 „Kommissioniersysteme" das Informationsfluss- und Materialflusssystem. Es lässt sich in Betriebs-, Aufbau- und Ablauforganisation unterteilen.

Grundsätzliches Organisationssystem

Betriebsorganisation	Aufbauorganisation	Ablauforganisation
Steuerung und Überwachung der Kommissionieraufträge	Einteilung in Kommissionierzonen	Festlegung des Durchlaufs von Kommissionieraufträgen

Picklisten von
Stefanie und Karsten

Pickliste für das Mountainbike

Lager-platz	Greif-zahl	Bezeichnung	ok
U80174	1	Fahrradcomputer Sunpower X	
A20011	1	Fahrradrahmen Trecking	
P20241	1	Vorderradfelge Hohlkammer Mou	
P20136	2	Felgenbremsen Öl Magic 621	
P20242	1	Hinterradfelge Hohkammer Mou	
P80990	1	XTS Kettensatz mit 21 Schaltung	
P80518	1	Tretlager XTS	
A80989	1	Fahrradgabel Mountain	
U40548	1	Schaltungssatz XTS	
P30162	1	Fahrradsattel Sport Mountain	

te für das Allterrainbike

		Bezeichnung	ok
A20010	1	Fahrradrahmen Allterrain	
P30154	1	Fahrradsattel Bronx Leder	
U40542	1	Schaltungssatz MX	
P80514	1	Tretlager MX	
P20237	1	Vorderradfelge Hohkammer Strong	
P80238	1	Hinterradfelge Hohkammer Strong	
P80987	1	MX Kettensatz mit 18 Schaltung	
P20101	2	Scheibenbremsen Humer SCH 21	
P80173	1	Gepäckträger Highrider	
A80987	1	Fahrradgabel Allterrain	
U20101	1	Satz Fahrradlampen Daylight	
U80173	1	Fahrradcomputer Sunpower V	

Pickliste für das Trekkingbike

Lager-platz	Greif-zahl	Bezeichnung	
U80174	1	Fahrradcomputer Sunpower X	
U20101	1	Satz Fahrradlampen Halogen blue	
P20239	1	Vorderradfelge Hohkammer Cross	
P20134	2	Felgenbremsen Magic 521	
P80176	1	Gepäckträger Bagcarrier	
P20240	1	Hinterradfelge Hohkammer Cross	
P80988	1	TS Kettensatz mit 18 Schaltung	
P80516	1	Tretlager TS	
A80987	1	Fahrradgabel Allterrain	
U40548	1	Schaltungssatz TS	
P30161	1	Fahrradsattel Soft Comfort	
A20011	1	Fahrradrahmen Trekking	

7.1 Die Betriebsorganisation

Liegen mehrere Kommissionieraufträge vor, dann muss eine Entscheidung getroffen werden, welcher Kommissionierauftrag zuerst bearbeitet wird. Es stellt sich die Frage, wie die Kommissionieraufträge zu ordnen sind, sodass z. B.
- eine gleichmäßige Kapazitätsauslastung,
- ein geringer Personaleinsatz,
- eine geringe Durchlaufzeit und
- eine hohe Termintreue

erreicht werden.

> **!** Die **Betriebsorganisation** befasst sich mit der Steuerung und der Überwachung der zu bearbeitenden Kommissionieraufträge. Sie ist ein dynamisch wirkendes Mittel, um wechselnden Anforderungen im Unternehmen gerecht zu werden.

Zum Erreichen der wechselnden Anforderungen und Unternehmensziele gibt es in jedem Unternehmen verschiedene Regeln, Strategien und flexible Verhaltenmuster. Vor der Kommissionierung müssen daher noch verschiedene Fragen beantwortet werden, z. B.:
- Handelt es sich um einen Eilauftrag, der bevorzugt bearbeitet werden muss?
- Soll die Auslieferung im Rahmen eines 24-Stunden-Lieferservices erfolgen?
- Mit welchem Vorrecht werden Kommissionieraufträge von Neukunden oder Stammkunden bearbeitet?
- Ist der Kommissionierauftrag von seinem Umfang eher groß oder klein in Bezug auf die Menge, sodass eventuell mehrere Kommissionierer einen Kommissionierauftrag bearbeiten müssen, um diesen rechtzeitig bereitzustellen?
- Mit welchem Verkehrsmittel wird der Auftrag versendet und sind dadurch bestimmte Abhol- und Lieferzeiten einzuhalten?
- Gehören mehrere Kunden zu einem Versandauftrag, sodass die Kommissionen auf verschiedenen Versandeinheiten bereitgestellt werden müssen?

Güter versenden → LF 9

Nach Beantwortung dieser Fragen kann die Abfolge der Kommissionieraufträge bestimmt werden.

> **→** In der Vertriebsabteilung der Top Bike GmbH gehen sechs Bestellungen nahezu zeitgleich ein:
> - Südrad e. G: ein MTBM2617S in rot – dringend!
> - EGZ Einkaufsgenossenschaft: 10 CTBM2603 schwarz
> - Metro AG: 500 TRBM2808 silber
> - Velo AG Zürich: 30 MTBM2627S schwarz
> - Metro AG: 400 CTBM2805 silber
> - Antritt GmbH (Neukunde): 15 ATBM2807 weiß
>
> Nun muss die Top Bike GmbH entscheiden, welche Bestellung sie als Erste bearbeitet.

7.2 Die Aufbauorganisation

In großen Industrie- und Handelsunternehmen sind Lagerbereiche, in denen kommissioniert wird, entsprechend groß. Es kann daher sinnvoll sein, diese Kommissionierbereiche zu unterteilen. So können spezielle Zonen geschaffen werden, in denen entweder gleichartige Güter kommissioniert oder Lagerung und Kommissionierung voneinander getrennt werden.

> Durch die **Aufbauorganisation** wird ein großer Lagerbereich in mehrere kleine Kommissionierzonen unterteilt. Diese Einteilung kann nach den Eigenschaften der Güter oder den baulichen Gegebenheiten erfolgen.

7.2.1 Die Einteilung der Kommissionierzonen nach den Eigenschaften der Güter

Die Güter können nach ihren spezifischen Eigenschaften verschiedenen Kommissionierzonen zugeteilt werden. Dabei kommen als mögliche Kriterien infrage:

- die **physischen Eigenschaften** der Güter, wie z. B. Größe oder Gewicht; so können Kommissionierfahrzeuge und Lagereinrichtungstechnik entsprechend eingesetzt und geplant werden
- der **mengenmäßige Umschlag**, wie z. B. Absatzmenge oder Zugriffshäufigkeit, um kurze Wege zu ermöglichen und die optimale Bereitstellung der Güter zu planen
- die **besonderen Handhabungsmerkmale** der Güter, wie z. B. klimatische oder sicherheitstechnische Anforderungenn; nur so ist es möglich, den Grundsatz der sachgerechten Lagerung einzuhalten

Kommissionierfahrzeuge → LF 5, Kap. 6.3.2

Wege optimieren → LF 5, Kap. 7.3.2

Grundsätze ordnungsgemäßer Lagerung → LF 2, Kap. 2.1

Die Top Bike GmbH lagert und kommissioniert Standardbauteile im Palettenregal im Wareneingang (Zone 1). Technische, hochwertige Kleinteile werden im Umlaufregal gelagert und kommissioniert (Zone 2). Rahmen und Fahrradgabeln werden im Lager für halbfertige Erzeugnisse gelagert und kommissioniert. (Zone 3).

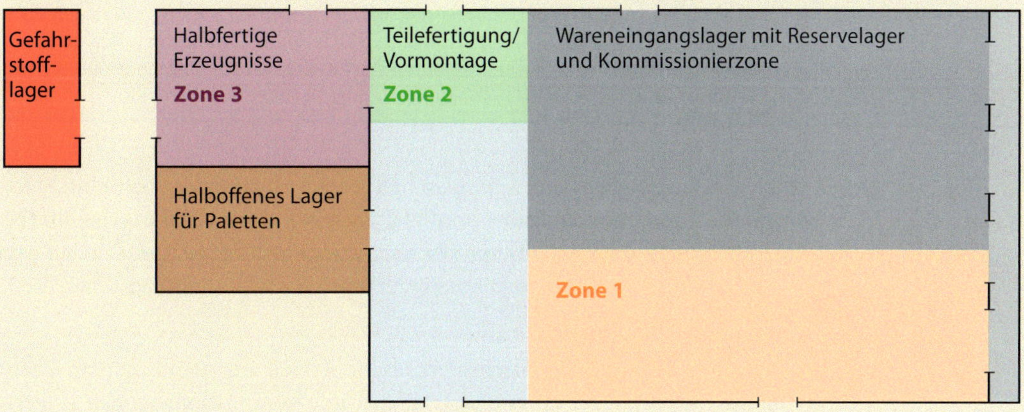

Einzonige Güterbereitstellung

Mehrzonige Güterbereitstellung

7.2.2 Die Einteilung der Kommissionierzonen nach den baulichen Gegebenheiten

Werden Vorratshaltung und Kommissionierung in einem Lager zusammengefasst, wird von der **integrierten Kommissionierung** gesprochen. Häufig beinhaltet dazu ein Palettenregal in den unteren Ebenen die Kommissionierplätze, aus denen die Kommissionierer die Artikel picken. In den oberen Ebenen lagern die Artikel auf Reserveplätzen. Sind keine Artikel mehr auf den unteren Kommissionierplätzen vorhanden, werden die Reserven von oben nach unten umgelagert. Wareneingänge werden wiederum in den oberen Regalfächern eingelagert. Da sich Reservelager und Kommissionierung in einer Zone befinden, wird auch von einer **einzonigen Güterbereitstellung** gesprochen.

> ➔ Die integrierte Kommissionierung wird bei der Top Bike GmbH für Fahrradgabeln angewendet. In den oberen Lagerfächern werden die Fahrradgabeln als Lagereinheit in verschlossenen Schachteln aufbewahrt. Im unteren Regalfach stehen geöffnete Schachteln, aus denen die Entnahmeeinheiten kommissioniert werden können.

Werden Lagerbereich und Kommissonierbereich voneinander getrennt, entstehen mindestens zwei Zonen. Daher wird hier auch von der **mehrzonigen Güterbereitstellung** gesprochen. Es kommt vor, dass mehrere Kommissionierzonen gebildet werden. Dabei werden die Kommissionierzonen nach Leistungsbereichen der Kommissionierer unterteilt.

Das Unternehmen muss entscheiden, ob die Artikel aus allen Lagerbereichen entnommen werden oder ob ein Lagerbereich mit Kommissionierzonen eingerichtet werden soll. Ist dies der Fall, gibt es eine strikte Trennung zwischen Lagerung und Kommissionierung. Die Kommissionierzonen müssen dann durch die Bestände der Reservelager aufgefüllt werden. Die Wahl der Aufbauorganisation ist vor allem von der Betriebsgröße und den Unternehmenswünschen abhängig.

7.3 Die Ablauforganisation

Die Ablauforganisation bestimmt den **Auftragsdurchlauf**. Wie ein Kommissionierauftrag ausgeführt werden kann, ist abhängig von der Anzahl der Kommissionierer, der Kommissionieraufträge und der Kommissionierzonen.

> Die **Ablauforganisation** legt fest, in welcher Art und Weise ein Kommissionierauftrag ein oder mehrere Kommissionierzonen durchläuft. Außerdem legt sie die Art und Weise fest, wie ein Kundenauftrag zusammengestellt (gesammelt und abgegeben) wird.

Wenn sich in einem Unternehmen alle zu kommissionierenden Artikel in einer Lagerzone befänden, es pro Tag nur einen Kommissionierauftrag und einen Kommissionierer gäbe, dann wäre nur eine Vorgehensweise sinnvoll: Der Kommissionierer übernimmt den kompletten Kommissionierauftrag und kommissioniert allein in der Lagerzone. Aber in der Realität sind die Abläufe der Kommissionierung sehr viel komplexer. Es gibt mehr als nur einen Kommissionierauftrag, mehrere Kommissionierer und häufig mehrere Kommissionierzonen.

Der Ablauf des Kommissionierens muss daher entsprechend organisiert werden. Dazu stellen sich folgenden Fragen:
- Werden nur die Artikel für einen Kommissionierauftrag oder für mehrere Kommissionieraufträge kommissioniert?
- Sollen die Kommissionieraufträge von einem Kommissionierer oder von mehreren Kommissionierern parallel durchgeführt werden?
- Wie teilen sich mehrere Kommissionierer die Arbeit untereinander auf?

Je nachdem, wie diese Fragen in einem Unternehmen beantwortet werden, ergeben sich hieraus unterschiedliche Kommissioniermethoden.

7.3.1 Die Kommissioniermethoden

Jede Kommissioniermethode bestimmt die Arbeitsschritte bei der Bearbeitung eines Kommissionierauftrags. Es lassen sich vier Kommissioniermethoden unterscheiden:
- auftragsorientierte, serielle Kommissionierung ohne Übergabestelle
- auftragsorientierte, serielle Kommissionierung mit Übergabestelle
- auftragsorientierte, parallele Kommissionierung
- serienorientierte, parallele Kommissionierung

> Karsten und Stefanie wollen nun die Bauteile für die Forschungsabteilung kommissionieren. Wenn nötig erhalten sie dazu Unterstützung von Sergej. Die Kommissioniermethoden ergeben sich aus den Möglichkeiten der oben gestellten Fragen *(siehe 7.3)*. Auf die Eingangssituation bezogen, ergibt sich:
> - zwei (bei Bedarf drei) Komissionierer: Karsten, Stefanie, bei Bedarf Praktikant Sergej
> - drei Kommissionieraufträge: Allterrainbike, Trekkingbike und Mountainbike
> - drei Lagerzonen: Palettenregal im Wareneingang (Standardbauteile), Umlaufregal (Elektrobauteile), Lager für halbfertige Erzeugnisse (Rahmen und Gabel) [vgl. Lagerplan der Top Bike GmbH]

Zone 1
Zone 2
Zone 3

7.3.1.1 Auftragsorientierte, serielle Kommissionierung ohne Übergabestelle

statische Bereitstellung
→ LF 5, Kap. 6.1.2

Wege optimieren
→ LF 2, Kap. 2.6
→ LF 5, Kap. 7.3.2

Bei dieser Kommissioniermethode werden einzelne Kommissionieraufträge nacheinander (seriell) abgearbeitet. Dies geschieht, indem ein Kommissionierer den gesamten Kommissionierauftrag allein ausführt. Er erhält den Kommissionierauftrag, durchläuft die Lagerzonen, entnimmt alle benötigten Artikel und legt diese in den Kommissionierbehälter. Hat er den Kommissionierauftrag abgearbeitet, gibt er den Behälter am Abgabeort ab. Diese Kommissioniermethode wird in der Praxis häufig in kleinen Lagern oder für Eilaufträge eingesetzt und erfordert im Vorfeld keinen besonderen organisatorischen Aufwand. Die Einarbeitungszeit der Kommissionierer ist kurz und die Verantwortlichkeiten sind klar festgelegt. Allerdings sind bei statischer Bereitstellung der Güter die Kommissionierwege lang und die Auftragsdurchlaufzeiten hoch. Werden die Wegstrecken optimiert, ist aber eine Verkürzung der Kommissionierwege möglich.

➔ Karsten kommissioniert die Bauteile für das Allterrainbike (Kommissionierauftrag 1) und durchläuft dafür zunächst das Palettenregal im Wareneingangslager (Zone 1), geht dann zum Umlaufregal (Zone 2) und muss schließlich noch in das Lager für halbfertige Erzeugnisse (Zone 3). Anschließend bringt er die Bauteile in die Forschungsabteilung. Danach kommissionier er die Bauteile für das Trekkingbike (Kommissionierauftrag 2) und durchlauft wieder die Zonen 1 bis 3. Schließlich macht er das Gleiche für die Bauteile des Mountainbikes. Stefanie macht in dieser Zeit eine Pause.

Pickliste für das Allterrainbike

Lagerplatz	Greifzahl	Bezeichnung	ok
A20010	1	Fahrradrahmen Allterrain	
P30154	1	Fahrradsattel Bronx Leder	
U40542	1	Schaltungssatz MX	
P80514	1	Tretlager MX	

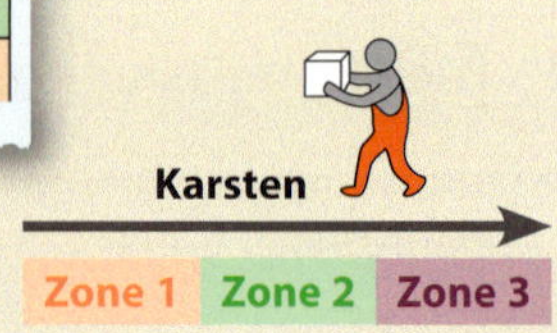

Pickliste für das Allterrainbike

Lagerplatz	Greifzahl	Bezeichnung	ok
A20010	1	Fahrradrahmen Allterrain	✔
P30154	1	Fahrradsattel Bronx Leder	✔
U40542	1	Schaltungssatz MX	✔
P80514	1	Tretlager MX	✔

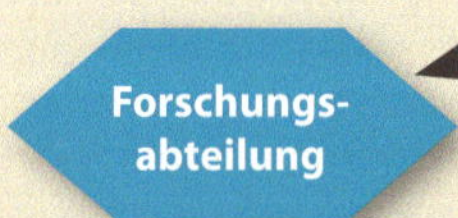

Ein Kommissionierer kann verschiedene Kommissionieraufträge auch gleichzeitig bearbeiten. Diese Form der auftragsorientierten, seriellen Kommissionierung ohne Übergabestelle (da nur ein Kommissionierer die Kommissionieraufträge bearbeitet) wird **Multi-Order-Picking** oder auch **Batch-Kommissionierung** genannt. In obigem Beispiel würde Karsten für alle drei Fahrräder die Bauteile gleichzeitig kommissionieren. Hat er alle Bauteile kommissioniert, sortiert er diese wieder nach den Kommissionieraufträgen Allterrainbike, Trekkingbike und Mountainbike. Kommissionierfahrzeuge wie das PickTerm Cart helfen dabei, die Artikel bereits während des Kommissioniervorgangs zu sortieren.

Kommissionierfahrzeuge
→ LF 5, Kap. 6.3.2

7.3.1.2 Auftragsorientierte, serielle Kommissionierung mit Übergabestelle

Auch bei dieser Kommissioniermethode werden die Kommissionieraufträge einzeln nacheinander (seriell) abgearbeitet. Allerdings werden die einzelnen Lagerzonen unter den Kommissionierern aufgeteilt und Übergabestellen eingerichtet.

Jeder Kommissionierer ist daher Spezialist in seiner Zone. Er arbeitet nur die Positionen des Kommissionierauftrags, die seine Zone betreffen, ab. Hat er die zu kommissionierenden Artikel seiner Zone gepickt, bringt er den Kommissionierbehälter an eine festgelegte Übergabestelle. Dort übergibt er Kommissionierauftrag und Artikel an den nächsten Kommissionierer. Dieser pickt nun die Artikel aus seiner Lagerzone, legt sie in den Kommissionierbehälter und übergibt sie an die nächste Übergabestelle. Dieser Vorgang kann mehrere Male wiederholt werden, bis der komplette Kommissionierauftrag abgearbeitet ist. Der letzte Kommissionierer übergibt den Kommissionierbehälter mit dem Kommissionierauftrag dann am Abgabeort oder an die Verpackung.

Bei diesem Verfahren pickt immer nur ein Kommissionierer (z. B. Auftrag 1) in seiner Zone. Die anderen Kommissionierer müssen auf diesen Auftrag warten, weil jeder Kommissionierauftrag nacheinander abgearbeitet wird. Dieses Vorgehen geht zu Lasten der Kommissionierleistung. Nachteilig ist dies auch bei unterschiedlicher Auslastung der einzelnen Lagerzonen. Wenn in einer Kommissionierzone besonders viele Positionen kommissioniert werden müssen, in einer anderen jedoch nur sehr wenige, so sind die Kommissionierzonen unterschiedlich ausgelastet. Unter Umständen entstehen Leerlaufzeiten für die Kommissionierer, die weniger Positionen zu kommissionieren haben. Diese Leerlaufzeiten werden der Verteilzeit zugerechnet.

Kommissionierzeiten
→ LF 5, Kap. 2

Stefanie und Karsten wollen die Kommissionieraufträge auftragsorientiert, seriell mit Übergabestelle kommissionieren. Da sie in drei Lagerzonen zu kommissionieren haben, holen sie Sergej zur Unterstützung dazu.

Zunächst bearbeiten die drei den Kommissionierauftrag für das Allterrainbike. Karsten kommissioniert die Bauteile im Wareneingangslager (Zone 1), legt diese auf den Kommissionierwagen und übergibt den Wagen an Stefanie. Stefanie kommissionert die Bauteile am Umlaufregal (Zone 2). Sie legt wiederum die Bauteile auf den Kommissionierwagen und übergibt diesen an Sergej. Der kommissioniert die Bauteile im Lager für halbfertige Erzeugnisse (Zone 3), legt diese auf den Kommissionierwagen und bringt alle Bauteile zur Forschungsabteilung.

Anschließend kommissionieren Stefanie, Karsten und Sergej die Bauteile für das Trekkingbike und zuletzt für das Mountainbike nach dem gleichen Verfahren.

Grafische Darstellung beim Vorgehen der auftragsorientierten, seriellen Kommissionierung mit Übergabestellen

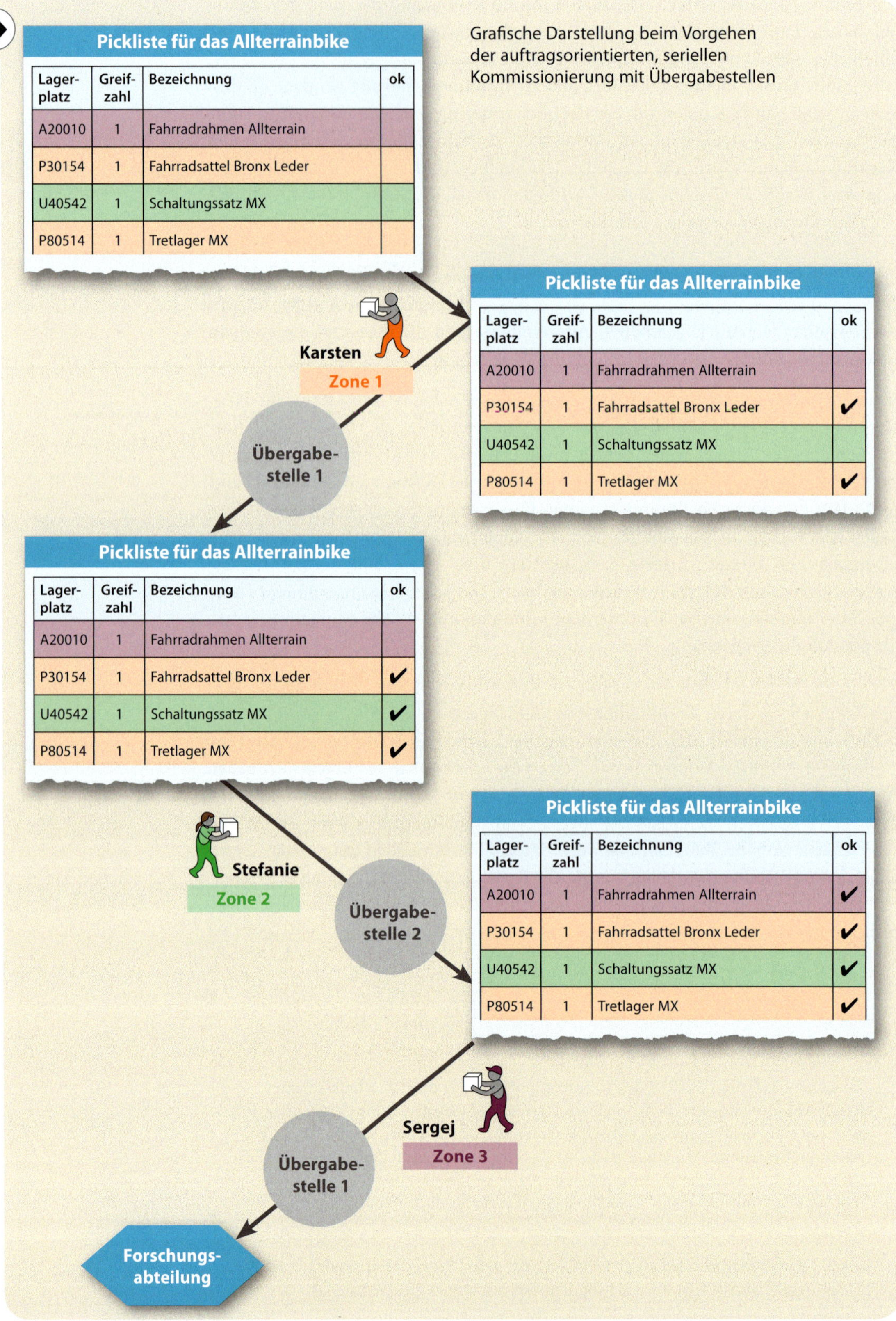

Pickliste für das Allterrainbike

Lager-platz	Greif-zahl	Bezeichnung	ok
A20010	1	Fahrradrahmen Allterrain	
P30154	1	Fahrradsattel Bronx Leder	
U40542	1	Schaltungssatz MX	
P80514	1	Tretlager MX	

Pickliste für das Allterrainbike

Lager-platz	Greif-zahl	Bezeichnung	ok
A20010	1	Fahrradrahmen Allterrain	
P30154	1	Fahrradsattel Bronx Leder	✔
U40542	1	Schaltungssatz MX	
P80514	1	Tretlager MX	✔

Pickliste für das Allterrainbike

Lager-platz	Greif-zahl	Bezeichnung	ok
A20010	1	Fahrradrahmen Allterrain	
P30154	1	Fahrradsattel Bronx Leder	✔
U40542	1	Schaltungssatz MX	✔
P80514	1	Tretlager MX	✔

Pickliste für das Allterrainbike

Lager-platz	Greif-zahl	Bezeichnung	ok
A20010	1	Fahrradrahmen Allterrain	✔
P30154	1	Fahrradsattel Bronx Leder	✔
U40542	1	Schaltungssatz MX	✔
P80514	1	Tretlager MX	✔

DV 9

7.3.1.3 Auftragsorientierte, parallele Kommissionierung

Bei der auftragsorientierten, parallelen Kommissionierung arbeiten alle Kommissionierer gleichzeitig, das heißt parallel. Die Kommissionieraufträge werden weiterhin nacheinander abgearbeitet. Damit alle Kommissionierer gleichzeitig arbeiten können, muss der Kommissionierauftrag in Teilaufträge getrennt werden.

Jede Lagerzone erhält ihren eigenen Kommissionierauftrag, der nur für diese Zone bestimmt ist. Dadurch kann die Kommissionierung in allen Lagerzonen gleichzeitig erfolgen. Ist die Kommissionierung abgeschlossen, werden die Teilaufträge in der Sammelstelle bzw. am Abgabeort wieder zu einem Kommissionierauftrag zusammengeführt. Das hat zur Folge, dass sich die Auftragsdurchlaufzeiten verkürzen.

Jedoch ist der organisatorische Aufwand in der Vor- und Nachbereitung höher als bei den beiden zuvor dargestellten Kommissioniermethoden. Es verlängert sich also die Basiszeit. Die Verwendung einer EDV-Anlage ist bei der auftragsorientierten, parallelen Kommissionierung unerlässlich. Eine ungleichmäßige Auslastung der einzelnen Kommissionierzonen führt bei dieser Kommissioniermethode allerdings auch zu Wartezeiten.

Kommissionierzeiten
→ LF 5, Kap. 2

Die auftragsorientierte, parallele Kommissioniermethode kann Anwendung finden in Abholshops mit Kundenzugang, welche zunächst in den Verkaufsräumen die Ware kaufen und bezahlen und dann per Abholschein die erworbene Ware sofort mitnehmen (z. B. Möbel-Mitnahmemarkt). Auf diese Weise kann für die Kunden die Wartezeit erheblich verkürzt werden. Auch eignet sich diese Methode besonders, wenn die anzufahrenden Lagerorte sehr weit auseinanderliegen, etwa in verschiedenen Gebäuden, oder wenn bei einer Übergabe angefangener Kommissionen Wege zurückgelegt werden müssten, bei denen Witterungsbedingungen eine ungünstige Rolle spielen, wenn also beispielsweise eine Teilkommission über einen unüberdachten Hof zur nächsten Lagerzone gerollt werden müsste.

Statt die einzelnen Kommissionieraufträge nacheinander zu kommissionieren, entscheiden Karsten, Stefanie und Sergej, dass sie in ihren Zonen auftragsorientiert, parallel kommissionieren werden.

Dazu teilen sie die Pickliste in die drei folgenden Teilaufträge:

1. Teilauftrag für die Zone 1, der von Karsten zu bearbeiten ist
2. Teilauftrag für die Zone 2, der von Stefanie bearbeitet werden soll
3. Teilauftrag für die Zone 3, der für Sergej bestimmt ist

Sie kommissionieren so zunächst die Bauteile des Allterrainbikes. Nachdem alle drei ihren Teilauftrag abgearbeitet haben, fügen sie die kommissionierten Bauteile zusammen. Danach gehen sie in gleicher Weise mit den Kommissionieraufträgen für das Trekkingbike und das Moutainbike vor.

Grafische Darstellung beim Vorgehen der auftragsorientierten, parallelen Kommissionierung

Pickliste für das Allterrainbike

Lager-platz	Greif-zahl	Bezeichnung	ok
A20010	1	Fahrradrahmen Allterrain	✔
P30154	1	Fahrradsattel Bronx Leder	✔
U40542	1	Schaltungssatz MX	✔
P80514	1	Tretlager MX	✔

Teilauftrag für die Zone 1

Lager-platz	Greif-zahl	Bezeichnung	ok
P30154	1	Fahrradsattel Bronx Leder	✔
P80514	1	Tretlager MX	✔
P20237	1	Vorderradfelge Hohlkammer Strong	✔
P80238	1	Hinterradfelge Hohkammer Strong	✔

Teilauftrag für die Zone 3

Lager-platz	Greif-zahl	Bezeichnung	ok
A20010	1	Fahrradrahmen Allterrain	✔
A80987	1	Fahrradgabel Allterrain	✔
A20011	1	Fahrradrahmen Trecking	✔
A80989	1	Fahrradgabel Mountain	✔

Teilauftrag für die Zone 2

Lager-platz	Greif-zahl	Bezeichnung	ok
U40542	1	Schaltungssatz MX	✔
U20101	1	Satz Fahrradlampen Daylight	✔
U80173	1	Fahrradcomputer Sunpower V	✔
U80174	1	Fahrradcomputer Sunpower X	✔

Karsten
Zone 1

Stefanie
Zone 2

Sergej
Zone 3

Sammelstelle

Forschungsabteilung

7.3.1.4 Serienorientierte, parallele Kommissionierung

Bei den bereits dargestellten Kommissioniermethoden handelt es sich grundsätzlich um einstufige Kommissioniermethoden. Die serienorientierte, parallele Kommissionierung ist dagegen eine zweistufige Kommissioniermethode. Bestellen mehrere Kunden gleiche Artikel, werden die Kundenaufträge zunächst gesammelt, um daraus eine Serie oder ein Batch zu bilden.

Ist die Serienbildung abgeschlossen, werden die zu kommissionierenden Artikel nach den einzelnen Lagerzonen aufgeteilt und in der **ersten Stufe** parallel kommissioniert. In einer **zweiten Stufe** werden die Artikel wieder nach Kommissionieraufträgen getrennt und auf die einzelnen Bestellungen aufgeteilt. Es wird in diesem Fall auch von **serienweiser Entnahme** (1. Stufe) und **auftragsweiser Zusammenführung** (2. Stufe) gesprochen.

Vorteilhaft ist diese Kommissioniermethode in großen Unternehmen mit einer hohen Umschlagsleistung, da jeder Lagerplatz nur einmal pro Serie angefahren werden muss. Dadurch verkürzen sich zwar die Wegzeiten, jedoch verlängern sich die Auftragsdurchlaufzeiten durch die Bildung der Serien bzw. des Batches. Der hohen Kommissionierleistung steht ein hoher organisatorischer Aufwand bei der Vor- und Nachbereitung des Kommissionierauftrags gegenüber, der wiederum lange Basiszeiten bedeutet.

Kommissionierzeiten
→ LF 2, Kap. 2

Serienorientierte, parallele Kommissionierung findet man vor allem in Zentrallagern des Großhandels und großer Einzelhandelsfilialen. Dort geht Tag für Tag eine Vielzahl von Aufträgen ein, deren Kennzeichen viele Positionen pro Auftrag und geringe bis sehr geringe Artikelmengen sind. Würde man in diesen Zentrallagern Auftrag für Auftrag kommissionieren, käme man schon bald mit dem Geschäft nicht mehr nach. Durch die große Menge an eingehenden Aufträgen können dagegen Serien gebildet werden, die nur einen kurzen Eingangszeitraum umfassen (ca. 20 bis 30 Minuten pro Serie). Durch das nur einmalige Anfahren eines Lagerplatzes pro Serie wird enorm Zeit gespart, vor allem wenn das Lagerinformationssystem wegeoptimierte Fahrtrouten durch die Regalzeilen vorgibt.

Wege optimieren
→ LF 5, Kap. 7.3.2

Für die Mitarbeiter bedeutet diese Art der Kommissionierung hochgradige Arbeitszerlegung und den Verlust ganzheitlicher Sichtweise, nicht selten auch in Verbindung mit Leistungsdruck und Stress, also eine relativ hohe geistige Belastung. Durch geeignete Motivationssysteme (z. B. Arbeitsgruppenprämien) könnte hier für ein Ausgleich gesorgt werden.

Karsten, Stefanie und Sergej wollen die drei Kommissionieraufträge der Forschungsabteilung gleichzeitig bearbeiten. In der ersten Stufe kommissioniert Karsten dazu die Bauteile aller drei Kommissionieraufträge am Palettenregal im Wareneingangslager (Zone 1). Stefanie pickt die Bauteile aller drei Kommissionieraufträge am Umlaufregal (Zone 2) und Sergej kommissioniert die Bauteile aller drei Kommissionieraufträge im Lager für halbfertige Erzeugnisse (Zone 3).

Jeder kommissioniert also sofort die entsprechenden Bauteile aller drei Kommissionieraufträge (Allterrainbike, Trekkingbike und Mountainbike) und legt sie auf seinen Kommissionierwagen. Anschließend bringt jeder die Güter zur Sammelstelle.

In der zweiten Stufe werden die Bauteile an der Sammelstelle wieder nach Kommissionieraufträgen getrennt und sortiert.

Pickliste für das Allterrainbike

Lagerplatz	Greifzahl	Bezeichnung	ok
A20010	1	Fahrradrahmen Allterrain	
P30154	1	Fahrradsattel Bronx Leder	
U40542	1	Schaltungssatz MX	
P80514	1	Tretlager MX	

Pickliste für das Trekkingbike

Lagerplatz	Greifzahl	Bezeichnung	ok
U80174	1	Fahrradcomputer Sunpower X	
U20101	1	Satz Fahrradlampen Halogen blue	
P20239	1	Vorderradfelge Hohlkammer Cross	
P20134	2	Felgenbremsen Magic 521	

Pickliste für das Mountainbike

Lagerplatz	Greifzahl	Bezeichnung	ok
U80174	1	Fahrradcomputer Sunpower X	
A20011	1	Fahrradrahmen Trecking	
P20241	1	Vorderradfelge Hohlkammer Mou	

1. Stufe

Pickzettel für die Zone 1

Lagerplatz	Greifzahl	Bezeichnung	ok
P30154	1	Fahrradsattel Bronx Leder	
P80514	1	Tretlager MX	
P20237	1	Vorderradfelge Hohlkammer Strong	

Pickzettel für die Zone 2

Lagerplatz	Greifzahl	Bezeichnung	ok
U40542	1	Schaltungssatz MX	
U20101	1	Satz Fahrradlampen Daylight	

Pickzettel für die Zone 3

Lagerplatz	Greifzahl	Bezeichnung	ok
A20010	1	Fahrradrahmen Allterrain	
A80987	2	Fahrradgabel Allterrain	
A20011	1	Fahrradrahmen Trekking	

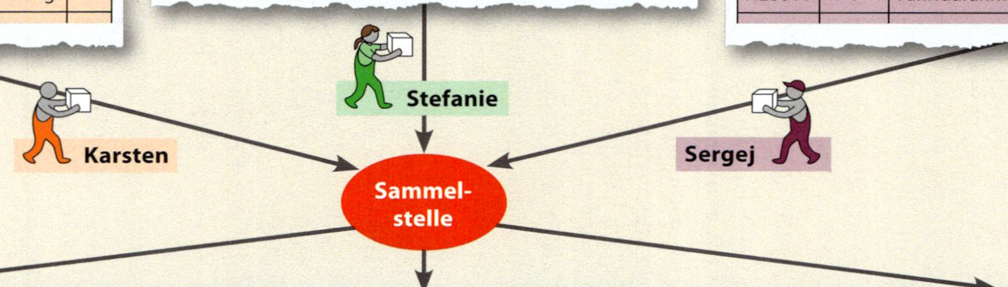

2. Stufe

Pickliste für das Allterrainbike

Lagerplatz	Greifzahl	Bezeichnung	ok
A20010	1	Fahrradrahmen Allterrain	✔
P30154	1	Fahrradsattel Bronx Leder	✔
U40542	1	Schaltungssatz MX	✔
P80514	1	Tretlager MX	✔

Pickliste für das Trekkingbike

Lagerplatz	Greifzahl	Bezeichnung	ok
U80174	1	Fahrradcomputer Sunpower X	✔
U20101	1	Satz Fahrradlampen Halogen blue	✔
P20239	1	Vorderradfelge Hohlkammer Cross	✔
P20134	2	Felgenbremsen Magic 521	✔

Pickliste für das Mountainbike

Lagerplatz	Greifzahl	Bezeichnung	ok
U80174	1	Fahrradcomputer Sunpower X	✔
A20011	1	Fahrradrahmen Trecking	✔
P20241	1	Vorderradfelge Hohlkammer Mou	✔
P20136	2	Felgenbremsen Öl Magic 621	✔

7.3.2 Die Wegstrategien bei der Kommissionierung

Um zeitsparend und effektiv arbeiten zu können, sollten die Strecken, die die Kommissionierer bei der Kommissionierung zurücklegen, möglichst kurz sein. Die richtige Wegstrategie ist eine Grundvoraussetzung für kurze Auftragsdurchlaufzeiten. Es lassen sich Rundgang- und die Stichgangstrategie unterscheiden.

Wegstrategien
→ LF 2, Kap. 2.6

Bei der **Stichgangstrategie** muss der Gang nur bis zum hintersten Lagerplatz des zu entnehmenden Gutes durchlaufen werden. Ein Überspringen von Gängen, aus denen keine Güter entnommen werden sollen, ist im Gegensatz zur Rundgangstrategie problemlos möglich. Gibt es mehrere Kommissionierer, die Güter von den Lagerplätzen entnehmen, kann bei der Stichgangstrategie die Gangbreite unter Umständen kleiner ausfallen, wenn das Kommissionierfahrzeug vor dem Gang stehen bleibt. Sollen nur wenige Positionen je Kommissionierauftrag entnommen werden, bietet sich die Stichgangstrategie an. Sie eignet sich für Lagerzonen mit Gütern, die sehr unterschiedliche Umschlagshäufigkeiten aufweisen, wobei sich die Schnelldreher in der vorderen Hälfte und die Langsamdreher in der hinteren Hälfte eines Ganges befinden.

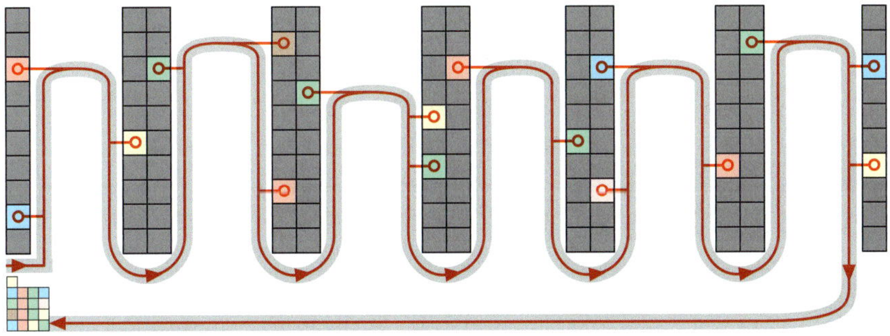

Stichgangstrategie

Bei der **Rundgangstrategie** müssen in der Regel alle Gänge schleifenförmig (meist von Anfang bis Ende) durchlaufen werden. Dies ist vorteilhaft, wenn von vielen Lagerplätzen Güter entnommen werden sollen. Es gibt keine Gangwiederholungen. Das Gesamtvolumen der Entnahmen an den Lagerplätzen sollte jedoch nicht zu hoch sein. Um keine Regaldurchgänge ohne Entnahmen entstehen zu lassen, empfiehlt sich eine gerade Gangzahl. Die Rundgangstrategie eignet sich für Güter, die ähnliche Umschlagshäufigkeiten sowie Kommissionieraufträge mit vielen Einzelpositionen haben. Güter mit hoher Umschlagshäufigkeit sollten in den unteren Lagerplätzen eingelagert werden, Güter mit geringeren Umschlagshäufigkeiten in den oberen Lagerplätzen, die nicht so einfach zu erreichen sind.

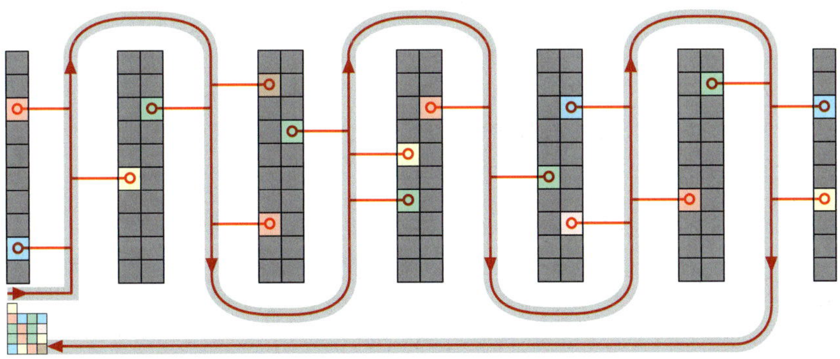

Rundgangstrategie

ALLES KLAR?

1 Das Organisationssystem lässt sich in drei wesentliche Bereiche aufteilen. Welche Bereiche sind das?
- **a** Betriebsorganisation, Ablauforganisation und Produktionsorganisation
- **b** Ablauforganisation, Betriebsorganisation und Aufbauorganisation
- **c** Aufbauorganisation, Produktionsorganisation und Bereitstellungsorganisation
- **d** Produktionsorganisation, Ablauforganisation und Betriebsorganisation
- **e** Bereitstellungsorganisation, Ablauforganisation und Betriebsorganisation

2 Wodurch können die Arbeitsabläufe der Betriebsorganisation bestimmt werden?
Es gibt mehrere richtige Antworten.
- **a** Eilauftrag
- **b** Betriebsgröße
- **c** Bilanzsumme
- **d** Anzahl der Kommissionieraufträge
- **e** Anzahl der Kunden zu einem Versandauftrag

3 Die Einteilung von Kommissionierzonen kann nach verschiedenen Kriterien erfolgen.
Welche Kriterien sind das?
- **a** klimatische Bedingungen
- **b** Umschlagshäufigkeit
- **c** Bedienbarkeit
- **d** physikalische Eigenschaften
- **e** Handhabungsmerkmale
- **f** Nutzbarkeit

4 Was ist integrierte Kommissionierung?
Erklären Sie.

5 Erklären Sie kurz den Unterschied zwischen einzoniger und mehrzoniger Güterbereitstellung.

6 Was ist die Ablauforganisation im Lager?
- **a** Wenn Obst und Gemüse in den oberen Regalen zum Abtropfen aufbewahrt werden.
- **b** Auf welche Weise ein Kommissionierauftrag das Unternehmen durchläuft.
- **c** Auf welche Weise sich der Kommissionierer im Lager fortbewegt.
- **d** Wenn gefährliche Flüssigkeiten über einer Auffangwanne abgefüllt werden.
- **e** Wenn die Artikel in einem Durchlaufregal gelagert werden und nach vorne rutschen.

7 Ein Kommissionierer bewegt sich mit einem Hubwagen durch das Regalsystem und erledigt seinen Auftrag ganz allein. Welche Kommissioniermethode wird hier angewandt?
- **a** auftragsorientierte, serielle Kommissionierung ohne Übergabestelle
- **b** auftragsorientierte, serielle Kommissionierung mit Übergabestelle
- **c** auftragsorientierte, parallele Kommissionierung
- **d** serienorientierte, parallele Kommissionierung

8 Ein Kommissionierauftrag wird in Teilaufträge gesplittet und in den Lagerzonen gleichzeitig abgearbeitet. Welche Kommissioniermethode wird angewandt?
- **a** auftragsorientierte, serielle Kommissionierung ohne Übergabestelle
- **b** auftragsorientierte, serielle Kommissionierung mit Übergabestelle
- **c** auftragsorientierte, parallele Kommissionierung
- **d** serienorientierte, parallele Kommissionierung

9 25 Kundenaufträge werden über einen Tag gesammelt und dann nach Lagerzonen aufgeteilt, in den Lagerzonen gleichzeitig kommissioniert und in der Sammelstelle wieder auf die einzelnen Kunden aufgeteilt. Welche Kommissioniermethode wird angewandt?
- **a** auftragsorientierte, serielle Kommissionierung ohne Übergabestelle
- **b** auftragsorientierte, serielle Kommissionierung mit Übergabestelle
- **c** auftragsorientierte, parallele Kommissionierung
- **d** serienorientierte, parallele Kommissionierung

ALLES KLAR?

10 Ein Kommissionierer entnimmt alle für einen Kommissionierauftrag benötigten Artikel aus seiner Lagerzone. An der Übergabestelle übergibt er Kommissionierauftrag und Artikel an den nächsten Kommissionierer. Welche Kommissioniermethode wird hier angewandt?

- **a** auftragsorientierte, serielle Kommissionierung ohne Übergabestelle
- **b** auftragsorientierte, serielle Kommissionierung mit Übergabestelle
- **c** auftragsorientierte, parallele Kommissionierung
- **d** serienorientierte, parallele Kommissionierung

11 Wenn ein Kommissionierer einen Kommissionierauftrag ganz allein abarbeitet und dabei alle Lagerzonen durchläuft, so kann von … gesprochen werden.

- **a** Alleinarbeit
- **b** Multi-Picking-Order
- **c** Multi-Order-Picking
- **d** Multitasking
- **e** Batch-Kommissionierung

12 Frau Köhler muss einen Auftrag ganz allein ausführen, da es sich hierbei um einen Eilauftrag handelt und der Kunde bereits vor dem Lager wartet. Welche Gefahr kann dies mit sich bringen?

- **a** Der Kunde redet Frau Köhler dazwischen.
- **b** Der Kommissionierer der Lagerzone 2 wurde gerade abbeordert.
- **c** Frau Köhler hat keine zweite Kontrolle und kann durch die Eile Fehler machen.
- **d** Es können keine Fehler auftreten, da der Kunde die Artikel sofort kontrolliert.
- **e** Es handelt sich um eine Kommissioniermethode wie jede andere auch.

13 Welche Vorteile bietet die serienorientierte, parallele Kommissionierung gegenüber der auftragsorientierten, seriellen Kommissionierung ohne Übergabestelle?

- **a** Es gibt keinen Unterschied.
- **b** Es gibt eine doppelte Kontrolle durch die Auftragszusammenführung.
- **c** Alle Kommissionierer kennen den gesamten Kommissionierauftragsumfang.
- **d** Durch das Zusammenführen der Kommissionieraufträge können schneller Fehler auftreten.
- **e** Die Auftragsdurchlaufzeiten verlängern sich.

14 Welchen Nachteil hat die auftragsorientierte parallele Kommissionierung?

- **a** Jeder Lagerplatz muss nur einmal angelaufen werden.
- **b** Das Auftragsvolumen wird auf die einzelnen Zonen aufgeteilt.
- **c** Die Auftragsdurchlaufzeit ist kürzer als bei der auftragsorientierten seriellen Kommissionierung.
- **d** Die einzelnen Lagerzonen können ungleichmäßig ausgelastet sein.
- **e** Die Fehlerquote erhöht sich.

15 Zwischen welchen Wegstrategien kann bei der Kommissionierung gewählt werden?

- **a** Rundgangstrategie
- **b** zweidimensionale Wegstrategie
- **c** eindimensionale Wegstrategie
- **d** Durchlaufstrategie
- **e** Stichgangstrategie

16 Welche Aussage trifft auf die Stichgangstrategie zu?

- **a** Jeder Gang muss nur einmal durchlaufen werden.
- **b** Jedes Regalfach muss bedient werden.
- **c** Das Lager wird schleifenförmig durchlaufen.
- **d** Das Lager wird diagonal durchlaufen.
- **e** Der Kommissionierer geht nur soweit in das Regal hinein, bis er zum Entnahmeplatz kommt, und geht den gleichen Weg zurück.

17 Welche Wegstrategie kann angewendet werden bei der auftragsorientierten, seriellen Kommissionierung ohne Übergabestelle. Begründen Sie ihre Entscheidung kurz.

8 English exercises

Exercise 1

You work together with the British trainee Tom Leonhard in the order picking store. Tom is not familiar with basic picking terms. Try to help him by matching these words with the following definitions:

1 to pick	**a** grouping all ordered items together for shipping
2 picker	**b** order which is filled
3 picking operation	**c** the place where products are grouped together
4 pick list	**d** to select items
5 picking order	**e** employee who fill orders
6 picking station	**f** a list of options from which items are selected

Exercise 2

As you know, the order picking time consists of the time components below.
Use the table below to make sentences which describe the different time components.

The base time				prepare and follow up the operation.
The travel time				reach the storage places.
The picking time	is	required needed taken	to	take the goods from the shelf.
The dead time				look for the storage place.
The distribution time				to carry out activities which have nothing at all to do with the picking operation.

Exercise 3

The warehouse manager, Mr. Pietsch, wants to establish paperless order picking at Top Bike GmbH. Work with a partner. Discuss the advantages and disadvantages of paperless order picking and decide if it is useful to establish this kind of order picking at Top Bike GmbH. Copy and complete the following chart.
Present your results to the class.

Paperless order picking

disadvantages
- dependency on modern PC technology
- …

advantages
- short training period
- …

our conclusion

Exercise 4

Put these words in the correct order to make sentences about the different types of units.

a units – types – Top Bike GmbH – in – are – at – of – there – different

b for example – 80 boxes – consists of – bicycle brakes – stock unit – the – the – for

c for – is – pallet – transport unit – those goods – the – a

d Japanese – 23 – consists – the – picking unit – for – our – customer – boxes – of

Exercise 5

In a warehouse, goods are provided in different units. Match the pictures of different types of units with the words below.

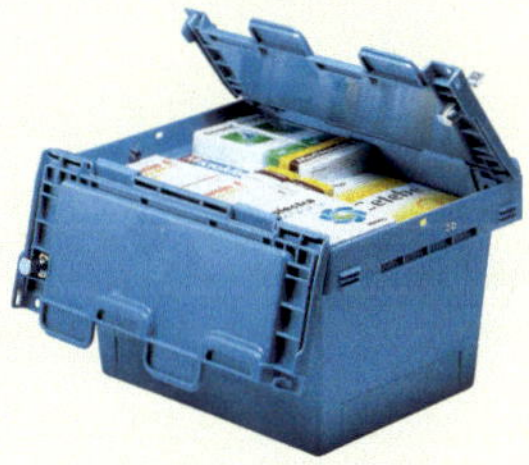

stock unit transport unit load unit
staging unit/picking unit shipping unit

Exercise 6

Imagine you have an American pen pal. Write a letter about your work experience in the order picking store. Try to write at least 150 words. Use the vocabulary box for help.

to fill	füllen
to extract	entnehmen
to dispatch	verschicken
to collect	sammeln
storage area	Lagerzone
shelf	Regal
picking pin	Kommissionierbehälter
pick car	Kommissionierfahrzeug
location	Stellplatz
customer order	Kundenauftrag

6

Güter verpacken

- Die wichtigsten Grundbegriffe des Verpackungsvorgangs
- Die Bestimmungsfaktoren für die Wahl der Verpackung
- Die Verpackungsökonomie und -ökologie
- Die Packstoffe
- Die Packmittel
- Die Packhilfsmittel
- Tätigkeiten beim Verpacken
- English exercises

HMPF!!
LASS MICH MAL!
voilà!

1 Die wichtigsten Grundbegriffe des Verpackungsvorgangs

Die Top Bike GmbH möchte einem langjährigen Kunden zur Tombola des Firmenjubiläums einige Preise zukommen lassen. Da Stefanie ihre Ausbildung seit einigen Tagen im Warenversand absolviert, soll sie die Artikel versandfertig verpacken. Galja Weniger aus der Kundenbetreuung gibt Stefanie eine Hausmitteilung, auf der alle Angaben notiert sind.

TOP BIKE

Hausmitteilung

Absender	Empfänger	Weiterverwendung
Abteilung Marketing & Vertrieb – Kundenbetreuung	**Abteilung** Warenversand	☐ zur Kenntnisnahme ☒ zur Erledigung ☐ zur Stellungnahme
Frau/Herr Galja Weniger	**Frau/Herr** Stefanie Köhler	

Bitte versenden Sie drei Flaschen Champagner, vier mal zwei bedruckte Gläser, 50 Powerriegel, zehn Fahrradcomputer, fünf Fahrradlampensets und als Hauptpreis ein Trekking Bike TRBY2808 an unseren Kunden:

Bike GmbH, Leipziger Chaussee 12, 39118 Magdeburg,
zu Händen Andreas Baumann

Vielen Dank

Galja Weniger

Es ist das erste Mal für Stefanie, dass sie im Lager Artikel verpacken soll. Daher überlegt sie sich zunächst, welche Tätigkeiten beim Verpacken anfallen.

Das Verpacken von Gütern fällt im Lager hauptsächlich an zwei Stellen an:

- Nach dem Wareneingang werden Güter umgepackt und erhalten eine neue Verpackung, bevor sie eingelagert werden.
- Vor dem Versand werden die Güter verpackt, um den Empfänger in der zugesagten Beschaffenheit zu erreichen.

Packmittel
→ LF 6, Kap. 5

Packhilfsmittel
→ LF 6, Kap. 6

Das **Verpacken** ist der Vorgang, bei dem ein Packgut, das verpackt werden soll mit der Verpackung (Packmittel und Packhilfsmittel) manuell oder maschinell zu einer Packung vereint wird.

Packmittel (z. B. Schachtel) + Packhilfsmittel (z. B. Luftpolsterfolie) = **Verpackung**
Packgut + Verpackung = **Packung**

Doch zum gesamten Vorgang des Verpackens gehören auch eine Vielzahl von Entscheidungen und Teilschritte, die in der Übersicht auf der nächsten Seite dargestellt werden.

Der Verpackungsvorgang

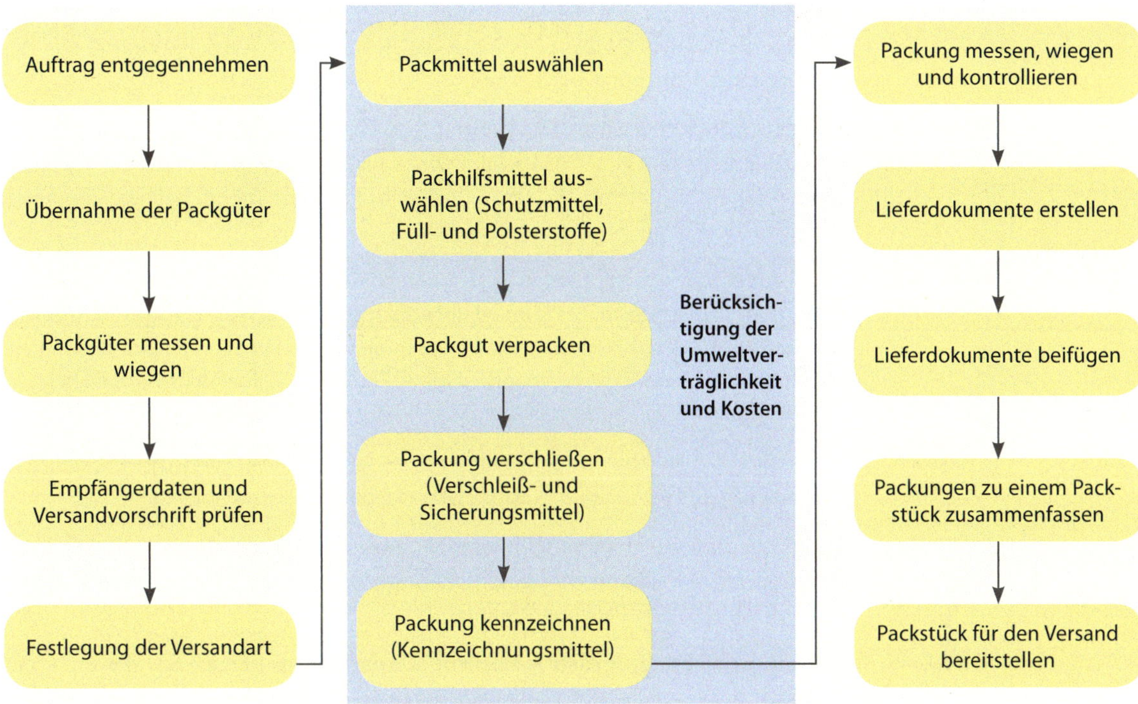

Stefanie möchte zunächst die Champagnerflaschen für die Tombola verpacken. Als Packhilfsmittel möchte sie Holzwolle verwenden. Die mit der Holzwolle umwickelte Flasche möchte sie in eine Kiste aus Holz legen. Genauso möchte sie mit den zwei anderen Flaschen verfahren. Sie plant, alle drei Kisten in eine große Schachtel aus Karton zu packen.

Zusammen mit den Fahrradcomputern, den Powerriegeln, den Lampensets, den Gläsern und dem Fahrrad möchte sie die große Schachtel mit den Champagnerflaschen auf eine Europalette legen. Zum Schluss möchte sie alles mit Stretchfolie umwickeln, damit nichts verrutschen kann.

Champagnerflasche = Packgut

Holzwolle = Packhilfsmittel

Kiste für eine Champagnerflasche = Packmittel

Kiste mit Holzwolle = Verpackung

Kiste mit Holzwolle und Champagnerflasche = Packung

Schachtel für die drei Kisten mit jeweils einer Champagnerflasche = Umverpackung

Palette mit allen Gütern für die Tombola = Packstück

Umweltverträglichkeit
→ LF 6, Kap. 3.1

Verpackungskosten
→ LF 6, Kap. 3.2

Beim Verpackungsvorgang ist zur genauen und eindeutigen Verständigung die Nutzung der **Fachbegriffe** notwendig. Oft werden umgangssprachliche Begriffe verwendet, die zum Teil missverständlich sind und nicht richtig voneinander unterschieden werden (z. B. Schachtel, Karton und Kartonage). Grundlegende Begriffe des Verpackungswesens werden in der **DIN 55405** abgegrenzt.

Schachtel, Karton, Kartonage
→ LF 6, Kap. 4 und 5

Schutzaufgabe der Verpackung
→ LF 6, Kap. 2.3.1

Artikel, die verpackt werden müssen oder schon verpackt sind, werden **Packgut** genannt. Handelt es sich aber um Schüttgut, Flüssigkeiten oder Gase, wird von Füllgut gesprochen. Das Packgut bestimmt dabei, wie es durch das Packmittel und das Packhilfsmittel geschützt werden soll.

Packmittel
→ LF 6, Kap. 5

Das **Packmittel** dient dazu, das Packgut teilweise oder vollständig zu umschließen oder zusammenzuhalten. Das Packgut wird so lager-, transport- und/oder verkaufsfähig. Packmittel sind z. B. Kisten, Schachteln, Paletten, Tuben, Becher, Container, Kleinbehälter, Tüten, Flaschen und Netze.

Packhilfsmittel
→ LF 6, Kap. 6

Packhilfsmittel werden zusätzlich zum Packmittel verwendet, um das Packgut zu sichern und zu schützen. Sie können aber auch zum Verschließen, zum Kennzeichnen und zur besseren Handhabe und Entnahme des Packguts im Packmittel dienen. Packhilfsmittel sind z. B. Wellpappe, Holzwolle, Styroporformteile, Chips, Seidenpapier, Klebestreifen, Schnur, Nägel, Metallband und Klammern.

Packstoffe
→ LF 6, Kap. 4

Packmittel und Packhilfsmittel werden aus geeigneten Materialen, den **Packstoffen**, hergestellt, z. B. Holz, Papier, Karton, Glas, Metall und Kunststoff.

Packmittel und Packhilfsmittel bilden zusammen die **Verpackung**, z. B. Kiste mit Holzwolle. Von **Packung** wird gesprochen, wenn die Verpackung mit dem Packgut gemeint ist, z. B. eine Packung Pralinen.

Umverpackung
→ LF 6, Kap. 3.1.1

Achtung:
Im Gefahrgutbereich wird die Umverpackung als Verpackung zur Herstellung eines Packstückes bezeichnet
→ LF 6, Kap. 7.4

Als **Umverpackung** werden zusätzliche Verpackungen bezeichnet, die nicht aus Gründen der Hygiene, der Haltbarkeit oder des Schutzes der Ware vor Beschädigung oder Verschmutzung für die Abgabe an den Endverbraucher erforderlich sind. Sie kann auch gezielt dazu eingesetzt werden, die Selbstbedienung weiter zu erleichtern und die Gefahr des Diebstahls zu verringern. Hierzu zählt z. B. die Umverpackung um eine Tube Zahncreme. Das Besondere ist, dass der Endverbraucher die Möglichkeit der kostenlosen Rückgabe der Umverpackung hat.

Das **Packstück** beinhaltet mehrere Packungen. Es dient zum einfacheren Transport sowie der besseren Lagerfähigkeit.

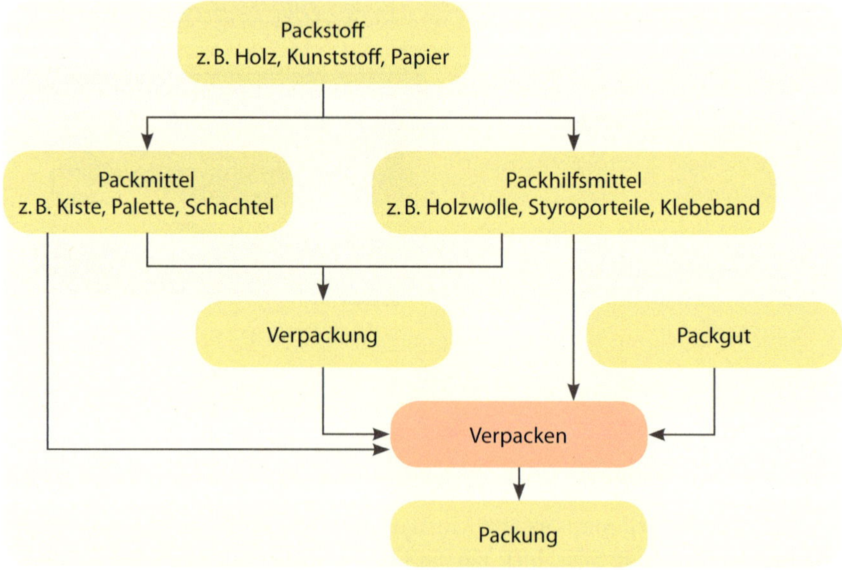

Zusammenhang wichtiger Begriffe

ALLES KLAR?

1 Erläutern Sie an zwei Beispielen aus Ihrem Ausbildungsbetrieb, wann Güter verpackt werden müssen.

2 Erklären Sie den Begriff „Verpacken".

3 Ordnen Sie die folgenden Begriffe den entsprechenden Erklärungen zu:

1 Umverpackung
2 Packgut
3 Packstoff
4 Packmittel
5 Packhilfsmittel
6 Verpackung
7 Packung

a beinhaltet mehrere Packungen
b besteht aus Packmittel und Packhilfsmittel
c ist der zu verpackende Gegenstand
d werden zusätzlich verwendet, um das Packgut zu schützen
e dienen unter anderem dazu, Selbstbedienung zu ermöglichen
f können z. B. Kunststoff, Holz oder Papier sein
g umschließen das Packgut teilweise oder vollständig

4 Stefanie soll 30 T-Shirts mit dem Aufdruck „Top dein Bike" an einen Kunden, der eine Hausmesse veranstalten will, versenden. Bringen Sie die Arbeitsschritte von Stefanie in die richtige Reihenfolge:

a Stefanie steckt den Lieferschein in die Versandtasche an der Verpackung.
b Stefanie stellt sich an den Packtisch und fügt Packmittel, Packhilfsmittel und Packgut zusammen.
c Stefanie bringt die Europalette mit einem Hubwagen in die Versandabteilung, wo sie am Nachmittag von einer Spedition abgeholt wird.
d Stefanie klebt die Handhabungshinweise zum Umgang mit der Verpackung an die Verpackung.
e Stefanie nimmt das Packgut aus der Kommissionierung entgegen.
f Stefanie wählt ein geeignetes Packhilfsmittel aus.
g Stefanie wählt ein geeignetes Packmittel aus.
h Stefanie überprüft die Anschrift des Empfängers.
i Stefanie legt ein Päckchen mit Trockenmittel in die Verpackung.
j Stefanie verschließt die Verpackung mit Klebeband.
k Stefanie stellt die Verpackungen auf eine Europalette, die sie mit Stretchfolie umwickelt.

5 Benedikt verpackt ein Geburtstagsgeschenk für seinen Cousin. Er hat für ihn eine Nachtlampe mit bunten Fischen gekauft. Ordnen Sie die folgenden Begriffe den Beispielen zu:

1 Packgut
2 Packmittel
3 Packstoff
4 Packhilfsmittel
5 Verpackung
6 Packung
7 Packhilfsmittel

a Lampe mit bunten Fischen
b Schachtel mit Luftpolsterfolie
c Luftpolsterfolie, die Benedikt noch im Keller gefunden hat
d Schachtel, die Benedikt für den Versand in der Poststelle gekauft hat
e das verpackte Paket, das Benedikt versenden möchte
f Klebestreifen, mit denen Benedikt das Paket für seinen Cousin verschließen möchte
g Pappe, aus der die Schachtel besteht, die Benedikt für den Versand gekauft hat

2 Die Bestimmungsfaktoren für die Wahl der Verpackung

Die Verpackung ist notwendig, weil das Packgut geschützt werden muss. Zwischen der Herstellung eines Gutes bis zum Endverbraucher legen Güter häufig einen langen Weg zurück. Viele Güter legen dabei sogar Strecken über mehrere Kontinente zurück. Immer wieder werden Güter zwischengelagert, umgeschlagen und weitertransportiert. Sie sind immer neuen Belastungen ausgesetzt. Diesen Belastungen muss auch die Verpackung standhalten.

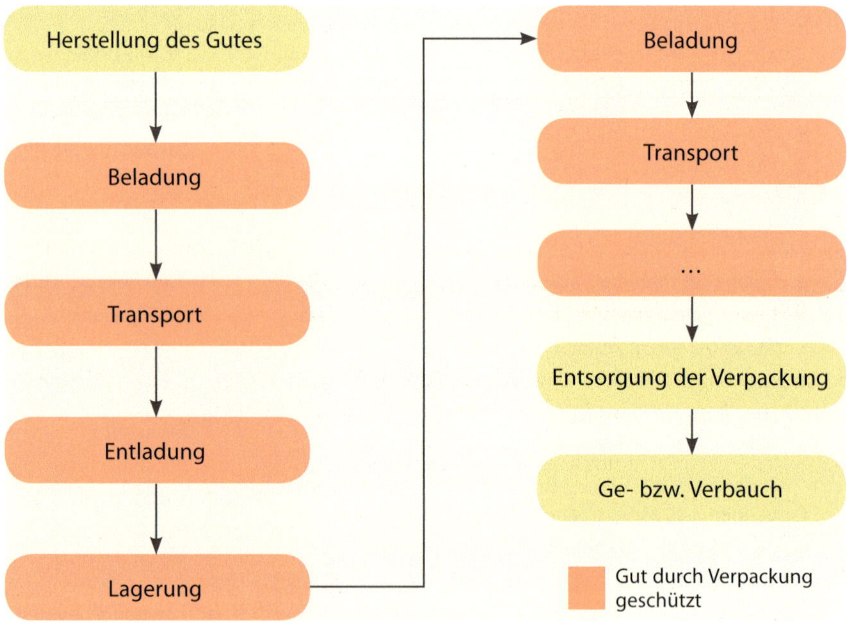

Weg eines Gutes – von der Herstellung bis zur Entsorgung

Entsorgung von Verpackungen → LF 6, Kap. 3.1

Kosten der Verpackung → LF 6, Kap. 3.2.2

Die Verpackung, die über diesen langen Weg eine so wichtige Funktion übernommen hat, wird am Ende jedoch nicht länger benötigt und muss entsorgt werden. Wie in allen logistischen Prozessen spielt bei der Wahl der Verpackung die Höhe der Kosten eine wichtige Rolle. Auch hier geht es darum, Kosten einzusparen.

2.1 Die Eigenschaften des Packgutes

gefährliche Güter → LF 2, Kap. 6.3 → LF 6, Kap. 7.4

Gefahrgüter transportieren → LF 8, Kap. 7–10

Das Packgut bestimmt durch seine Abmessungen, sein Gewicht, seine Form, seine Empfindlichkeit, seine Gefährlichkeit und durch die zu verpackende Menge wesentlich die Auswahl der Verpackung. Daher sollte das Packgut vor dem Verpacken immer so genau wie möglich bezeichnet werden. Erst danach können die weiteren Arbeitsschritte des Verpackungsvorgangs sinnvoll erledigt werden.

Vor dem Verpacken der Packgüter ist es wichtig, das Nettogewicht des Packgutes festzustellen, denn der Käufer interessiert sich in erster Linie für das Packgut nicht für dessen Verpackung. Soweit nichts anderes vereinbart wurde, ist der Kaufpreis nach dem Nettogewicht der Ware zu berechnen (vgl. HGB § 380). Dazu wird das Packgut gewogen und das Nettogewicht wird schriftlich in den Versandunterlagen festgehalten.

2.2 Die technischen Anforderungen an die Verpackung

Im Rahmen der Lieferung an die Top Bike GmbH soll Stefanie auch 50 Powerriegel versenden. Jeder Powerriegel ist einzeln verpackt. Jeweils 25 Powerriegel sind in einer Schachtel zusammengefasst, damit sie auf ihrem Weg von der Herstellung bis zum Verbraucher den Belastungen standhalten.

Die Schachteln rollen über Rollförderer, werden gestapelt, be- und entladen. Sie stehen eventuell länger im Lager und könnten ein leckerer Pausensnack für diejenigen sein, die wissen, dass sich Powerriegel in den Schachteln befinden. Durch die Verpackung können die Powerriegel unverklebt und frisch, in ihrer typischen Form bei der Bike GmbH in Magdeburg ankommen.

Die Packstücke sind im Verpackungs-, Transport- und Verteilungsprozess Belastungen und Beanspruchungen ausgesetzt. Von diesen Prozessen sind die Belastungen und Beanspruchungen abhängig, nicht von den Eigenschaften des Packgutes und ihrer Verpackung. So sind Belastungen und Beanspruchungen unter anderem von der Art der Lagerung, dem Klima, vom Transportweg, der Transportart, dem Transportmittel, der Transportdauer und der Art des Umladens abhängig.

Grundsätzlich wird unter dem Begriff **Beanspruchung** alles verstanden, was die Verpackung aushalten muss. Alles, was während des Transportes auftritt, sind **Belastungen**.

auf die Ladung wirkende Kräfte
→ LF 8, Kap. 4

Die Beanspruchungen können zunächst in zwei Gruppen eingeteilt werden. Die mechanischen Einflüsse entstehen vor allem während des Transports und der Lagerung, dabei können Kräfte auf die Güter einwirken. Bei den Umwelteinflüssen wirkt die Umgebung auf die Güter ein. Sowohl die mechanische Belastung als auch die Beanspruchung durch Umwelteinflüsse können noch genauer unterteilt werden.

Umwelt
1. auf ein Lebewesen einwirkende, seine Lebensbedingungen beeinflussende Umbegung
2. Menschen in jemandes Umgebung

Um Schäden an Verpackungen und am Packgut durch die verschiedenen Belastungen und Beanspruchungen zu verhindern, sind Kenntnisse über zu erwartende Belastungen und Beanspruchungen notwendig.

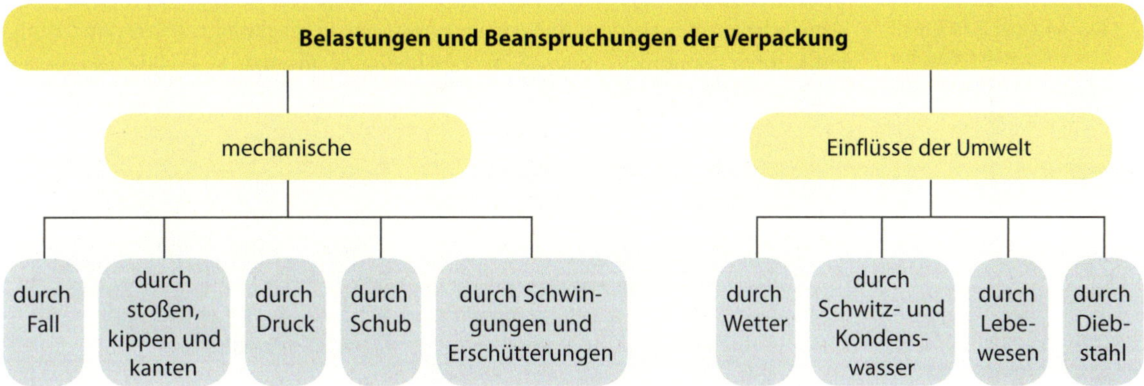

2.2.1 Die mechanischen Belastungen

Mechanische Belastungen können durch Fall, Stoß, Druck, Schub oder Schwingung auf die Verpackungen wirken.

Belastung durch Fall

Güter werden im Zuge des Wareneingangs und -ausgangs, der Beförderung im Lager, der Kommissionierung und des Versands immer wieder bewegt. Bei jeder dieser Bewegungen besteht die Gefahr, dass durch Unachtsamkeit und Ungeschick, aber auch durch defekte Fördermittel Güter zu Boden fallen.

Kommissionierung → LF 5

Fördermittel → LF 4, Kap. 3

Wie hoch der Schaden an dem Gut sein kann, hängt von der Beschaffenheit des Gutes selbst ab. Aber auch die Fallhöhe sowie die Beschaffenheit des Bodens spielen dabei eine Rolle. Die Belastung durch Fall lässt sich jedoch verringern, wenn sich die Güter in stabilen Verpackungen befinden und die Packstücke gegen ein Verrutschen gesichert werden. Auch die Art der Stapelung verhindert ein Verrutschen der Packungen auf dem Packstück. Zudem können spezielle stapelfähige Behälter die Gefahr des Verrutschens verringern.

Güter sichern → LF 8, Kap. 5

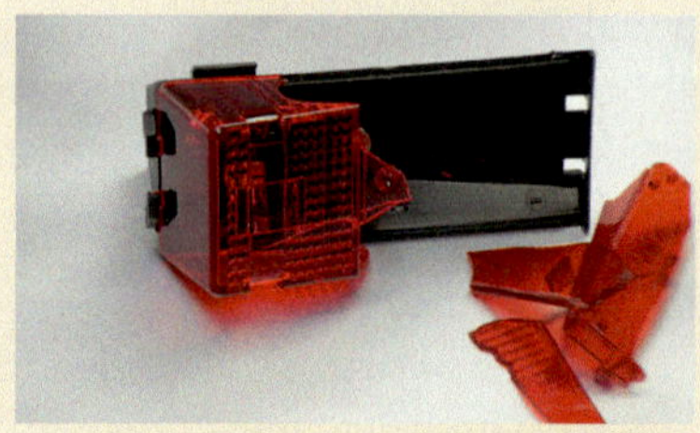

Kemal und Benedikt sollen einen Lkw entladen, der eine Lieferung Fahrradrücklichter angeliefert hat. Die Fahrradrücklichter sind zu je 50 Stück in Schachteln verpackt.

Um Zeit zu sparen, stellt sich Kemal in den Transporter und wirft Benedikt die Packstücke zu. Benedikt, der auf der Laderampe steht, fängt die Schachteln auf und legt sie auf Europaletten. Eine Schachtel fängt er nicht richtig auf und sie fällt zu Boden. 23 Fahrradrücklichter werden dabei beschädigt.

Belastungen durch stoßen, kippen und kanten

Im Umgang mit Unstetigförderern kommt es immer wieder vor, dass Packstücke an- oder umgefahren werden. Ursachen sind häufig der unvorsichtige Umgang mit den Fördermitteln, unzureichende Förderwege sowie die Missachtung der Grundsätze für eine ordnungsgemäße Lagerung. So werden Stoßbelastungen durch Rangiervorgänge, Kurvenfahrten oder Bremsvorgänge ausgelöst und die Verpackungen dabei beschädigt. Die Belastung durch Stoß hängt unter anderem von der Geschwindigkeit der Fördermittel sowie der Art der Verpackung ab. Stoß- und Kippindikatoren können das Ausmaß der Beschädigung anzeigen.

Grundsätze für ordnungsgemäße Lagerung → LF 2, Kap. 2.1

Stoß- und Kippindikatoren → LF 6, Kap. 6.4

Ralf Weinrich soll mit dem Gabelstapler einen Lkw entladen. Auf dem Lkw befindet sich eine Palette, auf der eine Schachtel mit Fahrradgabeln liegt. Er beschädigt die Schachtel mit den Gabeln des Gabelstaplers.

Belastungen durch Druck

Druckbelastungen entstehen infolge des Stapeldrucks oder durch vom Umschlagmittel ausgehendem Anpressdruck. Besonders Punktbelastungen, bei denen nicht die ganze Fläche der Packmittel belastet wird, können die Güter beschädigen. Zur Vermeidung von Belastungen durch Druck gelten die Sicherheitsvorschriften beim Stapeln sowie die Nutzung geeigneter Lastaufnahmemittel der Fördermittel.

In der Top Bike GmbH werden verpackte Fahrradpedale in Blocklagerung gelagert, da sie relativ unempfindlich sind. Dennoch ist bei der Lagerung die Stapelhöhe zu beachten, damit die Druckbelastung auf die unterste Schachtel nicht zu hoch ist.

Belastungen durch Schub

Schubbelastungen entstehen durch die besonderen Kräfte, die während des Transports auf die Güter wirken. Daher muss die Ladung in bzw. auf einem Transportmittel besonders gesichert sein. Ansonsten kann sie verrutschen oder kippen und die Güter können beschädigt werden.

Güter sichern
→ LF 7, Kap. 5

Der Spediteur der Top Bike GmbH liefert vormontierte Fahrräder an einen Kunden. Aus Zeitnot sichern weder die Mitarbeiter der Top Bike GmbH noch der Fahrer die Ladung.
Als der Fahrer anfährt, kippen die Schachteln mit den Fahrräder im Auflieger des Lkw. Durch die Verpackung der Fahrräder bleiben die Güter jedoch unbeschädigt.

Belastung durch Schwingungen und Erschütterungen

Zu Schwingungsbelastungen kann es z. B. durch Rütteln im Transportfahrzeug kommen, wenn die Packstücke nicht richtig im Fahrzeug gesichert sind. Erschütterungen führen jedoch auch dann zu Belastungen des Gutes, wenn das Packgut im Packmittel nicht durch Packhilfsmittel gesichert wurde.

Carola Friese, Mitarbeiterin des Controllings der Top Bike GmbH, versendet eine Festplatte an den Steuerberater der Top Bike GmbH. Sie legt dazu die Festplatte in eine Schachtel aus Karton, verzichtet jedoch auf Packhilfsmittel. Als die Festplatte beim Steuerberater ankommt, ist sie defekt. Die Dateien können nicht mehr gelesen werden.

2.2.2 Die Belastungen durch Einflüsse der Umwelt

Während die mechanischen Belastungen häufig durch den Umgang mit den Gütern entstehen, haben die Belastungen durch Einflüsse der Umwelt in der Regel nichts mit den logistischen Prozessen an sich zu tun.

Die Belastungen durch Wetter

Belastungen durch Wetter, die zu Schäden an der Verpackung und dem Packgut führen können, entstehen durch markante Außentemperatur, relative Luftfeuchtigkeit, Niederschlag (z. B. Schnee, Eis und Regen), Wind und Strahlung.

Die Top Bike GmbH liefert im Hochsommer Powerriegel an die EGZ Einkaufsgenossenschaft in Köln. In Regensburg herrschen Tagestemperaturen von +35 °C. Der Transport erfolgt mit dem Lkw. Durch die Sonneneinstrahlung herrschen im Lkw-Auflieger ohne Kühlung Temperaturen von bis zu +50 °C. Als die Ladung in Köln abgeladen wird, gibt es einen Platzregen.

Die klimatischen Belastungen (Schwitz- und Kondenswasser)

Klimatische Belastungen können durch die Klimazonen der Erde und durch die Klimaverhältnisse in abgeschlossenen Räumen (z. B. im Lagerraum) entstehen. Die Klimazonen der Erde sind das tropische Klima, das subtropische Klima, das gemäßigte Klima sowie das polare und subpolare Klima. Das Klima eines Lagerraums wird durch die Luftfeuchtigkeit und die Temperatur bestimmt. Durch das Klima sowie Klimaveränderungen können sich Schwitz- und Kondenswasser bilden. Das kann zur Beschädigung der Güter führen.

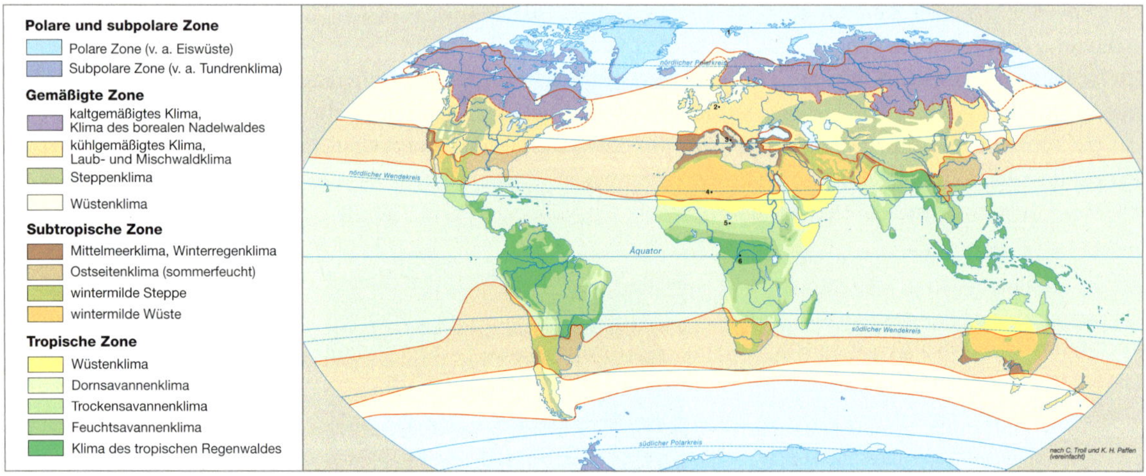

Die Klimazonen der Erde

Die Top Bike GmbH hat bei einem chinesischen Hersteller einen Container mit 2.000 Fahrradkörben aus Stahldraht bestellt. Sie sollen an den Citybikes angebracht werden. Beim Öffnen des Containers stellt Georg Grunat fest, dass die Packstücke feucht sind. Nach der Warenprüfung zeigt sich, dass einige Fahrradkörbe bereits rosten.

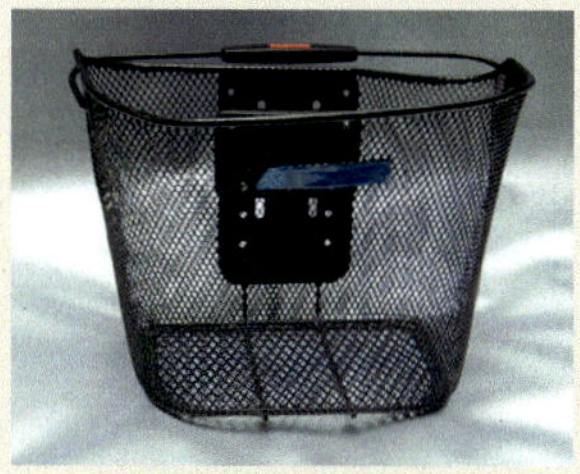

Die Beanspruchung durch Lebewesen

Biologische Beanspruchungen werden vor allem durch Mikroorganismen (z. B. Bakterien und Schimmelpilze), Schadinsekten oder Nager hervorgerufen. Besonders betroffen sind dabei Lebensmittel, Holz und Textilien. Sie können durch die biologischen Beanspruchungen zerstört oder unbrauchbar werden. In vielen Lagern lassen sich solche biologischen Beanspruchungen jedoch nicht gänzlich vermeiden, z. B. können in offenen und halboffenen Lagern Nager nicht ausgeschlossen werden. Um Verlusten durch biologische Beanspruchungen vorzubeugen, ist es notwendig, die Güter ordnungsgemäß zu verpacken.

Stefanie benötigt zum Verpacken der Champagnerflasche für die Top Bike GmbH Holzwolle als Packhilfsmittel. Als sie im Packmittellager die Holzwolle aus einer Tüte entnehmen will, wundert sie sich, dass die Tüte bereits geöffnet ist. Entzückt stellt sie fest, dass sich dort eine Mäusefamilie niedergelassen hat. Als sie dem Schichtleiter Johann Meier von ihrer Entdeckung berichtet, ist dieser weniger begeistert.

Die Beanspruchung durch Diebstahl

In jedem Lager können Manipulationen und Diebstähle nie ganz ausgeschlossen werden. Verpackungen können aber vor Produktverfälschungen oder Diebstählen schützen, wenn sie gewaltsam geöffnet werden müssen oder wenn eine neutrale Verpackung gewählt wird, sodass Außenstehende nicht erkennen, was sich in der Verpackung befindet. Viele kleine Verpackungen können zu einer großen zusammengefasst werden, um so eine Manipulation oder einen Diebstahl zu vermeiden. Wenn die Verpackungen mit Sicherungssystemen ausgestattet sind, senden diese z. B. Signale, wenn etwas entnommen wird. Viele Verpackungen bzw. Packstücke werden auch versiegelt.

Diebstähle im Lager vermeiden → LF 2, Kap. 6.5

Verpackungen sichern → LF 6, Kap. 6.3

Stefanie verpackt die Fahrradcomputer in eine offene Schachtel, da diese selbst schon über eine Verpackung verfügen. Als Burghard Klein die offene Schachtel sieht, warnt er Stefanie.

Burghard Klein: So kannst du das nicht verpacken. Mit der Warensendung kommen vielen Menschen in Kontakt. Wenn jedermann sehen kann, dass Fahrradcomputer in der Schachtel liegen, kann schon mal jemand auf einen falschen Gedanken kommen.

2.3 Die Funktionen der Verpackung

Die vormontierten, verkaufsfertigen Fahrräder der Top Bike GmbH werden zum Teil in Schachteln verkauft. Die hochwertigen Produkte sollen so geschützt werden. Ohne die Verpackung wäre jedoch auch eine raumsparende Lagerung der vormontierten Fahrräder im Palettenregal kaum möglich.

Die mechanischen Belastungen und die Umwelteinflüsse zeigen, wie wichtig die Verpackung zum Schutz des Packgutes ist. Aus den Anforderungen bzw. Belastungen der Verpackung ergeben sich verschiedene Funktionen. Diese können in Primär-, Sekundär- und Tertiärfunktion unterteilt werden.

Als **Primärfunktionen** werden die anwendungstechnischen Aufgaben der Verpackung bezeichnet. Sie beziehen sich auf die Kette des Warendurchlaufs vom Hersteller bis zum Endverbraucher, wobei insbesondere die Be- und Entladung von Transportmitteln, der Transport selbst, die Lagerung sowie der Schutz des Packgutes vor der Umwelt sowie der Umwelt vor dem Packgut zu den Primärfunktionen der Verpackung zählen.

Güter verladen
→ LF 8

Darüber hinaus haben Verpackungen auch eine Funktion für den Handel. Im Rahmen dieser **Sekundärfunktion** dient die Verpackung als Werbeträger, auf der Informationen angebracht werden können, und sie vereinfachen den Verkaufsvorgang. Eine unversehrte Verpackung ist häufig Grundlage für die Garantie des Herstellers.

Als **Tertiärfunktion** werden die Zusatzfunktionen bezeichnet. Hierbei geht es darum, inwieweit die Verpackung weiter- oder wiederverwendet werden kann.

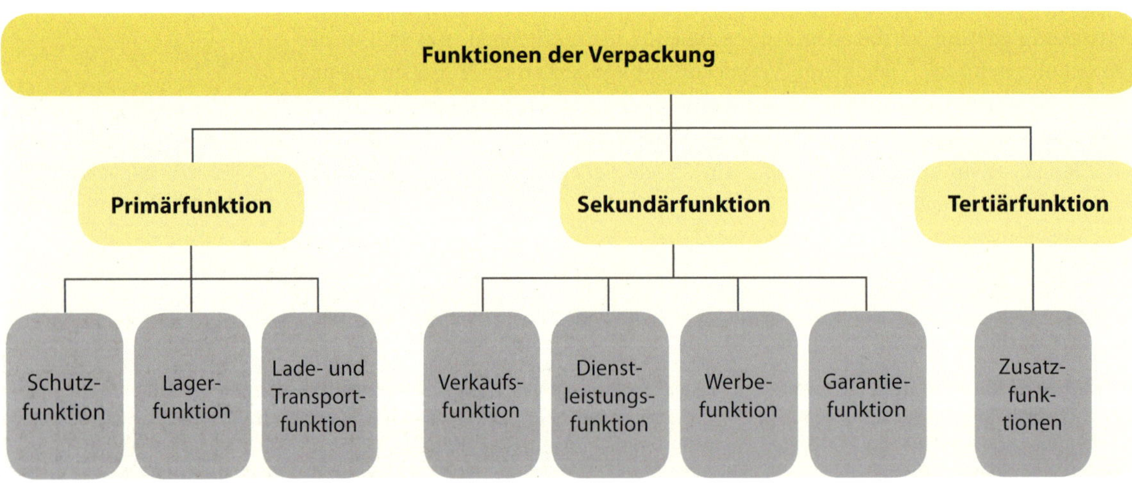

2.3.1 Die Schutzfunktion

Das vorrangige Ziel einer Verpackung ist der Schutz des Packgutes vor mechanischen, klimatischen und meteorologischen Belastungen sowie vor biologischer und menschlicher Beanspruchung. Der Gebrauchswert und die Qualität des verpackten Gutes sollen von der Produktion bis zur Verwendung erhalten bleiben.

Die Top Bike GmbH verkauft neben Fahrrädern auch Handelsware wie Fahrradbekleidung. Jede Fahrradjacke ist einzeln in eine Folie eingeschweißt. So ist sie vor Schmutz und Nässe geschützt und kann keine Schimmelflecke bekommen.

Gleichzeitig schützt die Verpackung aber auch Menschen, die Umwelt und andere Packgüter vor schädlichen und nachteiligen Wirkungen des Packgutes. Eine geeignete Verpackung stellt auch sicher, dass sich Menschen nicht an dem Packgut verletzen oder durch austretende Flüssigkeiten oder Gase vergiften können.

Die Top Bike GmbH erhält von der Tritt GmbH scharfkantige Kettenblätter. Damit sich niemand an den Kettenblättern verletzt, werden diese in entsprechenden Verpackungen versendet.

Auslaufende Flüssigkeiten und entweichende Gase, die von den Packgütern ausgehen können, können aber ebenso die Umwelt belasten wie Brände oder Explosionen.

Wenn die Top Bike GmbH Farben und Lösungsmittel für die Fahrradproduktion erhält, dann ist es besonders wichtig, dass diese Güter entsprechend verpackt sind. Selbst ein kleiner Unfall mit den Farben und den Lösungsmitteln darf nicht dazu führen, dass die Stoffe an die Umwelt abgegeben werden können.

gefährliche Güter
→ LF 2, Kap. 6.3
→ LF 6, Kap. 7.4
Gefahrgüter transportieren
→ LF 8, Kap. 7–10

Andere Packgüter sowie die Transportmittel und Transporthilfsmittel sollen nicht durch das eigentliche Packgut beschädigt oder verunreinigt werden.

Die von der Top Bike GmbH bestellten Fahrradgabeln werden vom Hersteller immer in Rollwellenpappe eingeschlagen, damit die Lackierung der Fahrradgabeln nicht beim Transport von den aufeinanderliegenden Gabeln beschädigt wird.

Rollwellenpappe
→ LF 6, Kap. 6.2

2.3.2 Die Lagerfunktion

Zwischen der Produktion und dem Verkauf müssen Güter immer wieder gelagert werden. Die Verpackung ermöglicht durch ihre Stapelfähigkeit eine wirtschaftliche Lagerung. Durch einheitliche Verpackungsgrößen können die Güter optimal auf dem Boden und im Regal eingelagert werden. So werden Flächen- und Raumnutzungsgrad verbessert.

Flächen- und Raumnutzung → LF 2, Kap. 5

Durch genormte Verpackungen ist der Einsatz von automatischen Förderzeugen möglich. Kommissioniervorgänge können durch entsprechende Verpackungen optimiert werden. Darüber hinaus ermöglicht eine entsprechende Verpackung einen ordentlichen und aufgeräumten Eindruck.

➔ Im Lager der Top Bike GmbH werden viele der einzelnen Fahrradbauteile in Verpackungen gelagert. So kann die Top Bike GmbH große Mengen einkaufen und bei ihren Zulieferern besonders gute Konditionen aushandeln. Damit das Lager übersichtlich ist und die Räume im Lager optimal genutzt werden, lagern die Fahrradbauteile in Schachteln auf Europaletten. Diese werden wiederum im Palettenregal eingelagert.

2.3.3 Die Lade- und Transportfunktion

Verpackungen, die den Transport und das Laden erleichtern, sollten leicht sein und sicher gegriffen, aufgenommen und bewegt werden können. Durch einheitliche Maße der Verpackung können Packgüter gut gestapelt werden und der Massentransport von Gütern, z. B. auf Paletten, wird möglich. So können die Güter flächen- und raumsparend gestaut und transportiert werden. Gleichzeitig wird durch ein formschlüssiges Verladen die Ladungssicherheit verbessert. Die Form und Festigkeit von Verpackungen sollte ein lückenloses Verstauen im Transportmittel zulassen.

formschlüssige Ladungssicherung → LF 8, Kap. 5.2

Um einen zeitsparenden Stückgutumschlag zu ermöglichen, sollten Verpackungen so bemessen sein, dass sie zu Standardladeeinheiten zusammengefasst werden können. Meistens sind Abmessungen, die auf eine Europalette passen, optimal. Bei vielen Gütern sind es erst die Verpackungen, die überhaupt einen Transport möglich machen.

➔ Die Top Bike GmbH hat 10.000 Sättel bei einem amerikanischen Hersteller bestellt. Die Sättel werden in Schachteln geliefert. Nur so können sie be- und entladen werden. Ein Beladen unverpackter Sättel ist kaum vorstellbar.

2.3.4 Die Verkaufsfunktion

Wenn Verpackungen den Verkauf rational, das heißt zeitsparend und übersichtlich, gestalten, wird von der Verkaufsfunktion der Verpackung gesprochen. Vor allem Kleinteile werden verpackt verkauft, um den Verkaufsvorgang zu beschleunigen.

Die Schöller & Co. OHG Fahrradgroßhandel verkauft Fahrradventile nur in 100er Schachteln, um den Verkaufsvorgang zu beschleunigen. Ein Abzählen einzelner Ventile wäre zu zeitaufwendig und könnte nicht durch die Scanner der elektronischen Kassen ausgeführt werden.

2.3.5 Die Werbefunktion

Häufig werden Verpackungen auch als Werbefläche für das Packgut verwendet. So soll auf den Artikel aufmerksam gemacht werden und der Käufer soll einen Anreiz zum Kauf erhalten. Durch gestalterische Elemente wie Form, Farben, Markenzeichen soll die Verpackung einen hohen Wiedererkennungswert erhalten und bewirken, dass die einzelne Ware unverwechselbar hervorsticht. Diese Art der Werbung spielt bei Verkaufsverpackungen eine besondere Rolle, da hier der Endverbraucher direkt angesprochen wird.

Verkaufsverpackung
→ LF 6, Kap. 3.1.1

Im Bereich des Transports und der Lagerung sind aufwendig gestaltete Verpackungen hingegen weniger vorteilhaft. Sie wecken die Begehrlichkeiten von Dieben.

Die Top Bike GmbH vertreibt seit einem halben Jahr einen Fahrradcomputer als Großhändler für seine Kunden. Die Veraufsverpackung des Fahrradcomputers ist aufwendig, mit einem Radfahrer, der in den Sonnenuntergang fährt, gestaltet.

2.3.6 Die Informationsfunktion

Die Verpackung ist ein wichtiger Informationsträger. Informationen werden durch Sprache, bildliche und symbolhafte Darstellungen vom Hersteller des Packgutes an Transporteure, Lagermitarbeiter, Verbraucher und Entsorger übermittelt. Zum Teil müssen dabei gesetzliche Vorschriften, insbesondere bei Lebensmittelverpackungen, Verpackungen von Arzneimitteln und Gefahrgutverpackungen, beachtet werden.

Kennzeichnung von Verpackungen
→ LF 6, Kap. 6.4

Gefahrgüter verpacken
→ LF 6, Kap. 7.4

Verpackungen können z. B. Auskunft über Warenart, Menge, Herkunft, Zusammensetzung und Bestandteile geben. Auf der Verpackung können auch Gebrauchsanweisungen und spezielle Warnhinweise stehen. Darüber hinaus sind auf den Verpackungen meistens Codes aufgedruckt, die eine schnelle Erfassung der Güter im Warenein- und -ausgang ermöglichen sowie an elektronischen Kassen den Kassiervorgang beschleunigen.

Auf der Verpackung für einen Fahrradschlauch, der bei der Velo AG in Zürich verkauft wird, steht eine Anleitung, wie der Schlauch auf die Felge gezogen werden kann.

Achtung:
In der Kaufmannssprache heißt Garantie allerdings, dass ein Hersteller schriftlich zusichert, innerhalb eines bestimmten begrenzten Zeitraums auftretende Defekte an einem gekauften Gegenstand kostenlos zu beheben.

2.3.7 Die Garantiefunktion

Produktsicherheit
→ LF 2, Kap. 6.2

Durch eine unbeschädigte Verpackung bestätigt (garantiert) der Hersteller, dass die Angaben auf der Verpackung mit dem Inhalt übereinstimmen. Die Verpackung ist damit die Grundlage für den Markenartikel, Verbraucherschutz und die Produkthaftung. Der Käufer soll sich auf die Kennzeichnungen auf der Verpackung verlassen können.

Die Top Bike GmbH vertreibt als Großhändler an seine Kunden Fahrradhelme für Kinder eines namhaften Herstellers. Auf der Verpackung befindet sich das Zeichen für geprüfte Sicherheit. Mit dem Aufdruck dieses Zeichens gibt der Hersteller die Garantie ab, dass der Helm in der Verpackung den Ansprüchen der geprüften Sicherheit entspricht. Der Käufer muss sich darauf verlassen können.

2.3.8 Die Zusatzfunktionen

Neben den oben beschriebenen Funktionen haben Verpackungen eine Vielzahl zusätzlicher Funktionen. Diese sind zum einen für den Endverbraucher bestimmt, wie beispielsweise leichtes Öffnen, Wiederverschließbarkeit, portionsweises Verwenden des Inhalts, Handlichkeit oder Standfestigkeit. Zum anderen kann die zusätzliche Funktion aber auch für den Entsorger oder Verwerter der Verpackung von Vorteil sein, indem sich die Verpackungen wiederverwenden lassen, besonders umweltfreundlich sind oder leicht vernichtet werden können.

Verpackungen verwerten und entsorgen
→ LF 6, Kap. 3.1

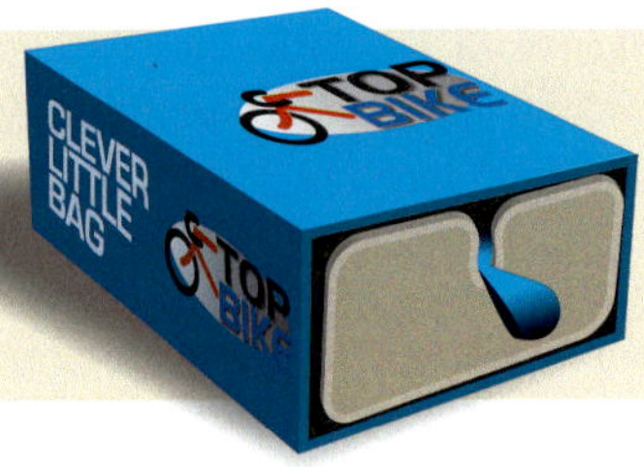

Die Top Bike vertreibt seit einigen Wochen Fahrradbekleidung eines namhaften Sportbekleidungsherstellers. Der Hersteller verpackt die Fahrradbekleidung in Schachteln, die eine Trageschlaufe haben.

ALLES KLAR?

1 Sie erhalten ein Packstück zur Überprüfung. Schnell bemerken Sie die mechanische Beanspruchung der Verpackung. Wodurch kann der Schaden auf keinen Fall entstanden sein?

- **a** durch einen Aufprall des Packstückes
- **b** durch die Fallhöhe des Packstückes
- **c** durch die Bodenbeschaffenheit
- **d** durch das Gewicht des Packgutes
- **e** durch den Wert des Packgutes

2 Die Verpackung ist mechanischen Beanspruchungen ausgesetzt. Welche Beanspruchung ist in den nachfolgenden Fällen gemeint?

Beanspruchung:

- **1** mechanische Beanspruchung durch Schub
- **2** mechanische Beanspruchung durch Erschütterungen
- **3** mechanische Beanspruchung durch Stoß

Fälle:

- **a** Diese Beanspruchung wirkt bei einer Kurvenfahrt.
- **b** Diese Beanspruchung wirkt durch die Vibration der Fahrbewegung.
- **c** Diese Beanspruchung wirkt beim Fahren auf unebenem Grund.
- **d** Diese Beanspruchung wirkt beim Fahren im starken Gefälle.
- **e** Diese Beanspruchung wirkt beim Fallen auf harten Untergrund.

3 Unternehmen achten bei der Wahl ihrer Packmittel auf verschiedene Anforderungen. Wie können Verpackungen vor Diebstahl schützen?

- **a** Verpackung neutral gestalten
- **b** bei wertvollen Gütern Hinweis auf Diebstahlschutz anbringen
- **c** falsche Kennzeichnung anbringen
- **d** Packmittel mit Folie verschließen

4 Packstücke sind verschiedenen Umwelteinflüssen ausgesetzt. Ordnen Sie diese zu:

Einflüsse der Umwelt:

- **1** Belastungen durch Klima
- **2** Belastungen durch Wetter
- **3** Belastungen durch Tiere
- **4** Belastungen durch Menschen

Fälle:

- **a** Dirk Sprenger öffnet eine Schachtel Müsliriegel und isst einen Riegel, weil er hart gearbeitet hat.
- **b** Kondenswasser in einem Container hat die Schachteln einer Lieferung Fahrradgriffe beschädigt.
- **c** Verkaufsverpackungen sind von der Sonneneinstrahlung ausgeblichen.
- **d** Marder haben im Lager mehrere Schachteln mit Fahrradschläuchen angefressen.

5 Die Verpackung erfüllt verschiedene Funktionen, z. B. schützt sie vor Diebstahl. Welche weiteren Funktionen gibt es?

- **a** Sicherungs- und Veredelungsfunktion
- **b** Lade- und Transportfunktion
- **c** Spekulations- und Umfüllfunktion
- **d** Lager- und Verkaufsfunktion
- **e** Überbrückungs- und Informationsfunktion
- **f** Umschlagfunktion
- **g** Werbe- und Zusatzfunktion

6 In der Top Bike GmbH werden fast ausschließlich genormte Verpackungen eingesetzt. Welche Aufgabe erfüllen diese?

- **a** Sie haben die Funktion als Informationsträger.
- **b** Sie beschleunigen den Lade-, Lager- und Transportvorgang.
- **c** Sie tragen zur Erhöhung der Qualität der Güter bei.
- **d** Sie sollen den Kaufanreiz der Kunden erhöhen.
- **e** Sie ermöglichen den Versand von sperrigen Gütern.

3 Die Verpackungsökonomie und -ökologie

Verpackungen sind nicht mehr wegzudenken. In der heutigen Zeit werden in allen Wirtschaftszweigen Güter verpackt. Sie sichern die Versorgung mit Gütern in großer Vielfalt und in hoher Qualität. Sie verhindern einen hohen volkswirtschaftlichen Verlust, z. B. gelangen die Tomaten aus Spanien nur durch eine entsprechende Verpackung unbeschadet nach Deutschland. Bei der Wahl der richtigen Verpackung besteht häufig ein Zielkonflikt zwischen ökonomischen und ökologischen Ansprüchen.

! Die **Ökonomie** befasst sich mit den Wechselwirkungen zwischen den Wirtschaftssubjekten. Die **Ökologie** hingegen beschäftigt sich mit den Wechselwirkungen zwischen Lebewesen und ihren Lebensräumen.

Die vielfältigen **Beziehungen zwischen Ökonomie und Ökologie** können im Rahmen einer modellhaften Betrachtungsweise folgendermaßen dargestellt werden:

- Die Umwelt dient dem ökonomischen System als Lieferant von erneuerbaren und nicht erneuerbaren Ressourcen (z. B. Energie). Diese gehen als Input in die Produktion ein und werden im Produktionsprozess in Güter umgewandelt.
- Im Rahmen von Produktions- und Konsumprozessen können Emissionen, d. h. Abfälle und Schadstoffe, anfallen, die z. T. nicht oder nur auf lange Sicht abbaubar sind. Sie werden von der Luft, dem Wasser und/oder dem Boden als Immissionen aufgenommen, sofern sie nicht über Recyclingverfahren in den Wirtschaftsprozess zurückgeführt werden. Diese Schadstoffe können sich eventuell durch biochemische Prozesse in neue Schadstoffe verwandeln.
- Die Umwelt liefert elementare Güter wie z. B. Luft, Wasser und Boden. Diese können für die Produktion von Gütern verwendet oder vom Menschen „konsumiert“ werden.

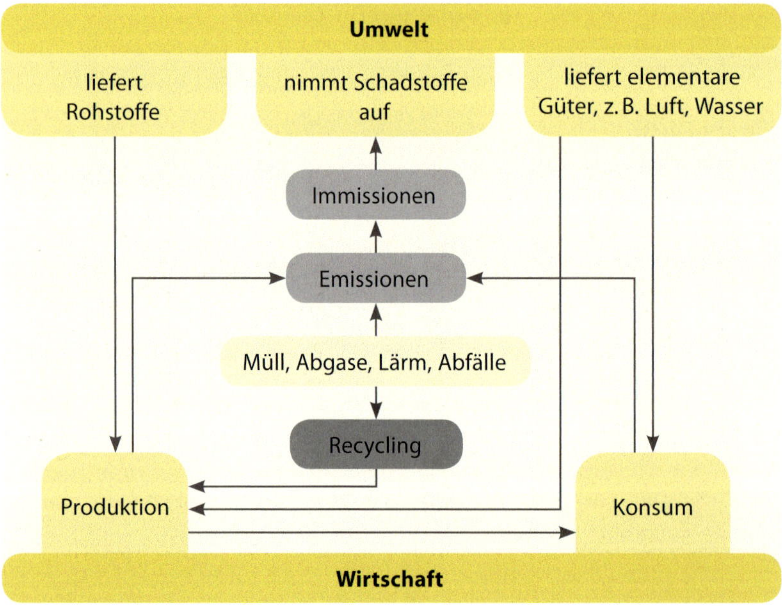

Aus ökonomischer Sicht sollen bei der Verpackung mit minimalem Aufwand, d. h. mit wenigen materiellen und personellen Mitteln, Verpackungen mit hohem Gebrauchswert eingesetzt werden. Daneben spielen aber nicht nur die Kosten für Verpackungen einen Rolle, sondern auch die minimale Belastung der Umwelt durch Verpackungen.

3.1 Der Umgang mit Verpackungen im Unternehmen

Benedikt ist zurzeit im Wareneingang beschäftigt. Michael Pietsch bittet ihn, eine Warensendung zu entpacken. Es handelt sich bei der Warensendung um zwei Holzpaletten mit Fahrradgabeln, die in Schachteln verpackt sind. Als Packhilfsmittel hat der Hersteller der Fahrradgabeln Packpapier verwendet, damit sich die Fahrradteile nicht gegenseitig durch Stoß beschädigen.

Benedikt öffnet alle Verpackungen mit dem Cutter und legt die Fahrradgabeln auf einen Etagenwagen. Die Verpackung wirft Benedikt in den Entsorgungscontainer, der neben dem Wareneingang steht. Nachdem er festgestellt hat, dass es sich bei den Paletten nicht um Europaletten handelt, wirft er diese in einen Sammelcontainer für Holz.

Michael Pietsch beobachtet seinen Auszubildenden und weist ihn darauf hin, dass auch die Top Bike GmbH ihren Beitrag zum Umweltschutz leistet und Verpackung nicht unüberlegt entsorgt.

In Deutschland und der Welt gehören Verpackungen zum täglichen Leben. Häufig verlieren die Verpackungen nach der Entnahme des Packgutes aber ihre Funktionen, da sie ihren Zweck erfüllt haben. In Deutschland regeln das **Kreislaufwirtschaftsgesetz (KrWG)** und die **Verpackungsverordnung** den Umgang mit gebrauchten Verpackungen.

Funktion der Verpackung
→ LF 6, Kap. 2.3

Entwicklung des Verpackungsaufkommens[1]

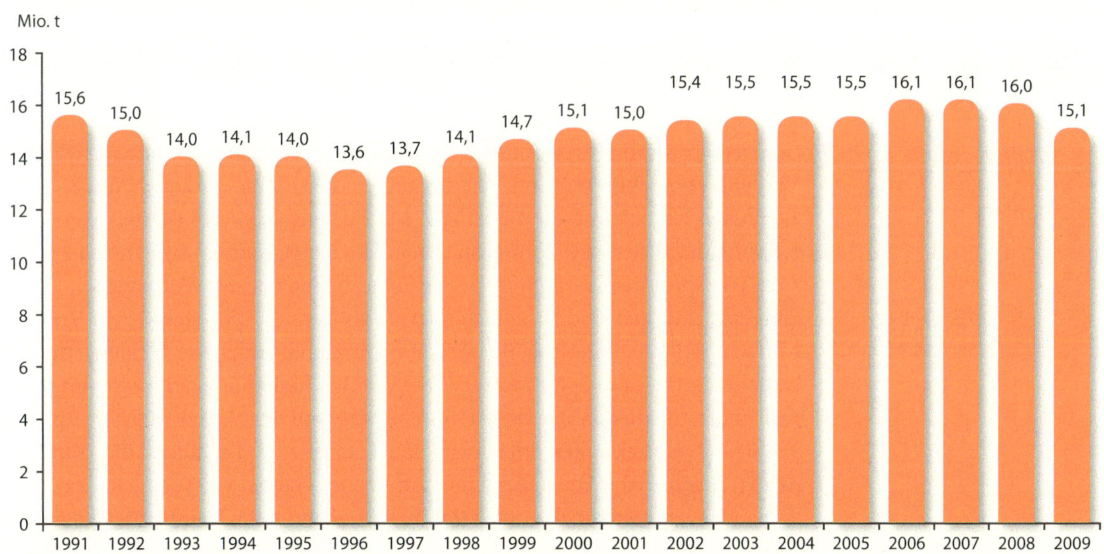

[1]) Ab 1998 auf Basis der Definitonen der novellierten Verpackungsverordnung

Quelle: Gesellschaft für Verpackunsmarktforschung mbH (GVM), Wiesbaden, Stand 2011

Abfallhierarchie

3.1.1 Das deutsche Abfallrecht

Die Grundlage für das Abfallrecht in Deutschland bildet das **Kreislaufwirtschaftsgesetz (KrWG)**. Ziel des Gesetzes ist eine nachhaltige Verbesserung des Umwelt- und Klimaschutzes. Außerdem sollen in der Abfallwirtschaft die Abfallvermeidung und das Recycling von Abfällen gestärkt werden. Kern des Gesetzes ist die fünfstufige **Abfallhierarchie** der EU-Abfallrahmenrichtlinie. Die Hierarchie legt die grundsätzliche Stufenfolge aus Abfallvermeidung, Wiederverwendung, Recycling und sonstiger, u. a. energetischer Verwertung von Abfällen und schließlich der Abfallbeseitigung fest.

Die **Verpackungsverordnung** konkretisiert die gesetzlichen Vorgaben des Kreislaufwirtschaftsgesetzes. Sie gilt für die Industrie, den Handel, das Handwerk, das Dienstleistungsgewerbe und die privaten Haushalte. Ziel ist es, die Auswirkungen von Abfällen aus Verpackungen auf die Umwelt zu vermeiden oder zu verringern.

Seit 1991 ist die Wirtschaft durch die Verpackungsverordnung verpflichtet, Verpackungen nach Gebrauch zurückzunehmen und bei der Entsorgung mitzuwirken. Auf dieser Grundlage wurde in Deutschland ein flächendeckendes Sammel- und Entsorgungssystem, das duale System, in Verantwortung der Wirtschaft eingerichtet.

Das Kreislaufwirtschaftsgesetz löste im Juni 2012 das Kreislaufwirtschafts- und Abfallgesetz ab. Es wurde umfassend modernisiert und an das Europäische Recht angepasst.

Abfallhierarchie → LF 1, Kap. 4.3

Verpackungsverordnung = Verordnung über die Vermeidung und Verwertung von Verpackungsabfällen

Laut der Verpackungsverordnung gelten folgende **Grundprinzipien**:
- Verpackungsabfälle sind in erster Linie zu vermeiden: Diese Aufgabe kommt überwiegend dem Hersteller zu, z. B. durch abfallarme Produktgestaltung. Aber auch der Handel und die Verbraucher können durch ihr Nachfrageverhalten Einfluss auf die Produktgestaltung der Hersteller nehmen.
- Ist keine Vermeidung der Verpackungsabfälle möglich, ist der Wiederverwendung bzw. Verwertung von Verpackungsabfällen durch Recycling Vorrang vor der Beseitigung von Verpackungsabfällen einzuräumen.
- Die Beseitigung nicht verwertbarer Verpackungsabfälle ist in einer Art und Weise, die die Gesellschaft nicht weiter belastet und belästigt, vorzunehmen.

Nach der Verpackungsverordnung lassen sich z. B. Verkaufsverpackungen, Umverpackungen, Transportverpackungen und Mehrwegverpackungen unterscheiden:
- **Verkaufsverpackungen** sind Verpackungen, die als eine Verkaufseinheit angeboten werden und die eigentliche Verpackung der Ware darstellen, z. B. Joghurtbecher und Zahnpastatuben. Sie dienen dem Endverbraucher zum Transport der Waren oder zur Aufbewahrung bis zum Verbrauch.
- **Umverpackungen** sind zusätzliche Verpackungen um die eigentlichen Verkaufsverpackungen herum. Sie werden nicht aus Gründen der Hygiene, der Haltbarkeit oder des Schutzes der Ware vor Beschädigung oder Verschmutzung verwendet. Sie dienen der Diebstahlsicherung und der Verkaufsförderung.

Umverpackungen → LF 6, Kap. 1

- **Transportverpackungen** erleichtern den Transport und schützen die Waren auf dem Transport vom Hersteller/Lieferanten zum Handel vor Schäden. Transportverpackungen können aber auch der Sicherheit auf dem Transportweg dienen.
- **Mehrwegverpackungen** sind Verpackungen, die dazu bestimmt sind, nach Gebrauch mehrfach zum gleichen Zweck wiederverwendet zu werden.

Die **Rücknahmepflichten** von Transportverpackungen, Umverpackungen sind ebenfalls in der Verpackungsverordnung geregelt:

- **Transportverpackungen** müssen vom Hersteller und Lieferanten nach Gebrauch zurückgenommen und einer erneuten Verwertung oder einer stofflichen Verwertung zugeführt werden. Viele Hersteller und Lieferanten greifen verstärkt auf wiederverwendbare Transportverpackungen im Mehrwegsystem zurück und schonen so nicht nur die Umwelt, sondern senken damit auch ihre Kosten. Sie verwenden z. B. wiederverwendbare Plastikcontainer statt Schachteln und Paletten.

Mehrwegsystem
→ LF 6, Kap. 3.1.3

Kosten der Verpackung
→ LF 6, Kap. 3.2

- Werden Waren in **Umverpackungen** angeboten, muss der Handel diese entweder vor dem Verkauf entfernen oder vom Endverbraucher, gesammelt nach Wertstoffgruppen, wieder zurücknehmen und anschließend im Sinne der Verpackungsverordnung verwerten. Deutliche Hinweisschilder müssen den Verbraucher über die Rückgabemöglichkeit am Verkaufspunkt informieren. Viele Hersteller verzichten mittlerweile auf Umverpackungen. Beispielsweise werden Zahnpastatuben häufig ohne Faltschachtel verkauft.
- Der Handel ist auch zur Rücknahme von **Verkaufsverpackungen** verpflichtet. Zu diesem Zweck hatte der Handel zusammen mit den Herstellern 1991 ein flächendeckendes Entsorgungssystem gegründet – das duale System. Dieses Entsorgungssystem befreit den Handel von dieser kostenlosen Rücknahmepflicht, vorausgesetzt, der Hersteller der Ware ist am dualen System beteiligt. Heute muss jeder Händler seine Verkaufsverpackung von einem Entsorgungsunternehmen, das im dualen System zugelassen ist, fachgerecht entsorgen lassen.

duales System
→ LF 6, Kap. 3.1.6

3.1.2 Vermeidung von Verpackungen

Generell sollen Verpackungen, soweit es möglich ist, vermieden werden. Die grundsätzliche Vermeidung von Verpackungen kann jedoch kein Unternehmen gewährleisten. Lebensmittel müssen in einem verpackten Zustand an den Endverbraucher abgegeben werden, allein aus hygienischen Gründen. Jedoch können Verpackungen auf ein Minimum reduziert werden. Hier sind die Hersteller in der Pflicht, ihre Güter so zu verpacken, dass es keiner weiteren Verpackung bedarf. Dennoch zeigt sich, dass auf viele Packmittel und Packhilfsmittel verzichtet werden kann.

Packmittel
→ LF 6, Kap. 5

Packhilfsmittel
→ LF 6, Kap. 6

Noch vor 15 Jahren wurden in der Top Bike GmbH Fahrradsättel in Seidenpapier einschlagen und mit Folie eingeschweißt. Anschließend wurde der Fahrradsattel in eine Schachtel gelegt, die mit Styroporchips ausgefüllt war. Die Schachtel verschloss man mit einem Klebeband.

Um Abfälle zu vermeiden werden die Fahrradsättel heute nur noch in eine Schachtel gepackt, die mit Klebeband verschlossen wird.

3.1.3 Wiederverwendung von Verpackungen

Wenn Packmittel für den gleichen Zweck benutzt werden, zu dem sie zuvor eingesetzt waren, wird von Wiederverwendung gesprochen. Die Verpackungsgestaltung wird beibehalten. Packhilfsmittel, die nochmals verwendet werden können, sollten aufbereitet werden. Beispielsweise lassen sich Luftpolsterfolie und Packpapier im Regefall mehrfach verwenden und müssen nicht sofort entsorgt werden. Zu den wiederverwendbaren Verpackungen zählen insbesondere **Mehrwegverpackungen**. Sie sind dazu bestimmt, nach Gebrauch mehrfach zum gleichen Zweck wiederverwendet zu werden. Sie sind besonders haltbar und stabil. So tragen sie zur Schonung der natürlichen Ressourcen und zur Abfallreduzierung bei.

Mehrwegsysteme → LF 1, Kap. 4.1

Werden Mehrwegverpackungen von verschiedenen Nutzern benutzt, müssen die Verpackungen über Mehrwegsysteme angeboten werden, um den Austausch zu organisieren. Es wird zwischen geschlossenen Mehrwegsystemen und offenen Mehrwegsystemen unterschieden. Einige Mehrwegverpackungen müssen vor der Wiederverwendung noch gereinigt und instand gehalten werden. Diese Leistungen werden häufig von den Anbietern des Systems übernommen.

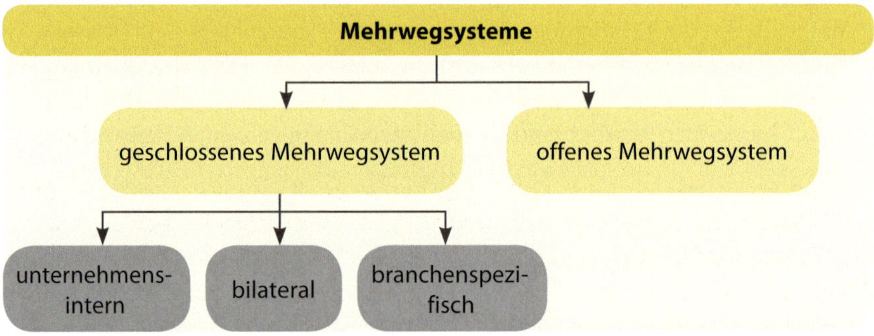

In **geschlossenen Mehrwegsystemen** werden Verpackungen innerhalb eines Unternehmens, zwischen zwei Unternehmen oder innerhalb einer Branche getauscht. Die Verpackungen sind meist sehr speziell und nur für das Verpacken bestimmter Güter geeignet.

Unternehmensinternes Mehrwegsystem
Die Top Bike GmbH lackiert die Fahrradrahmen in ihrem Hauptwerk in Regensburg. Einige Modelle werden seit Kurzem in Hannover montiert. Für den Transport der lackierten Fahrradrahmen nach Hannover hat die Top Bike GmbH spezielle Transportmittel herstellen lassen. Diese werden nur für den unternehmensinternen Transport von Regensburg nach Hannover verwendet.

Bilaterales Mehrwegsystem
Die Top Bike GmbH erhält Fahrradrahmen für Kinderfahrräder von dem Zulieferer Velo-Bambi S. A. aus Italien. Die Kinderfahrradrahmen werden in speziellen Verschlägen transportiert. Nachdem die Güter in Regensburg angenommen wurden, sendet die Top Bike GmbH die leeren Verschläge zur Wiederverwendung nach Italien.

Branchenspezifisches Mehrwegsystem
Die Top Bike GmbH bezieht Fahrradfelgen von verschiedenen Herstellern. Die Felgen werden in speziellen Paletten transportiert, die von nahezu allen Herstellern von Fahrradfelgen verwendet werden.

An **offenen Mehrwegsystemen** sind eine Vielzahl von Unternehmen aus unterschiedlichen Branchen beteiligt. Die angebotenen Packmittel sind meist nicht so spezifisch wie bei den geschlossen Mehrwegsystemen und vielfältig einsetzbar. Das bekannteste offene Mehrwegsystem ist die European Pallet Association (EPAL) der Europalette.

Europalette
Euro-Palette
EUR-Palette

Die Packmittel werden in der Regel von einem Anbieter aus dessen Packmittelpool bereitgestellt. Der Anbieter wird auch Poolanbieter genannt. Er legt fest, ob er für das Packmittel ein Pfand erhebt oder nicht.

Europalettenpool
→ LF 1, Kap. 4.1.1

Offenes Mehrwegsystem

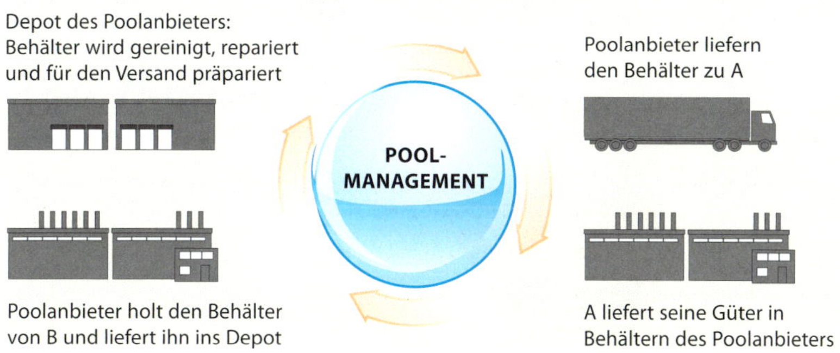

Allgemeines Recycling Symbol

Recyclingsymbol für Holz

3.1.4 Recycling und sonstige Verwertung von Verpackungen

Einwegverpackungen werden in der Regel nicht wieder genutzt. Sie können aber stofflich oder energetisch verwertet werden. Bei der **stofflichen Verwertung** werden die Werkstoffe von Verpackungen aufbereitet. Der Hauptzweck liegt in der Nutzung des Abfalls und nicht in der Beseitigung. Es wird in diesem Zusammenhang auch von Recycling gesprochen. Das bedeutet z. B., dass der Kunststoff einer Verpackung gesammelt und aufbereitet wird, um neues Verpackungsmaterial oder Gebrauchsgegenstände daraus herzustellen. Hierbei wird der Rohstoff aus der Verpackung zurück gewonnen, aufbereitet und in neue Formen gebracht. Um Verpackungen recyceln zu können, ist es notwendig, die einzelnen Verpackungen nach Werkstoffen zu trennen.

Verpackungen, die recycelt werden können tragen das Recycling-Symbol. In der Regel besteht das Symbol aus drei Pfeilen, die als Dreieck angeordnet sind und den Verwertungskreislauf symbolisieren sollen. Häufig sind diese Pfeile grün, sie können aber auch schwarz sein und mit einem Kürzel und/oder einer Ziffer versehen werden. Das Kürzel und die Ziffer geben an, um welches Material es sich handelt, z. B. FOR und 50 für Holz.

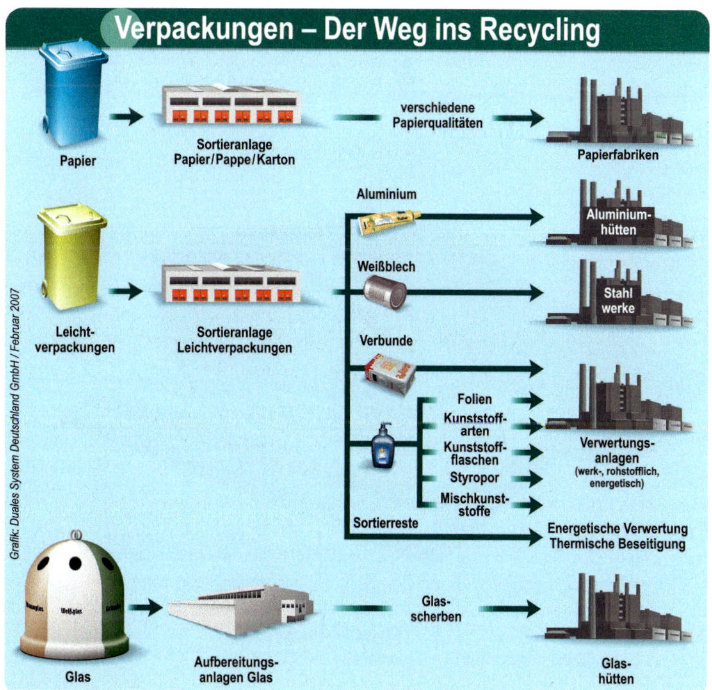

Recyclingweg

MVR = **M**üll**v**erwertungsanlage **R**ugenberger Damm in Hamburg
1 Mg (Megagramm) = 1.000 kg

Die Material- und Stoffflüsse der MVR (Input und Output bezogen auf 1 Mg Müll)

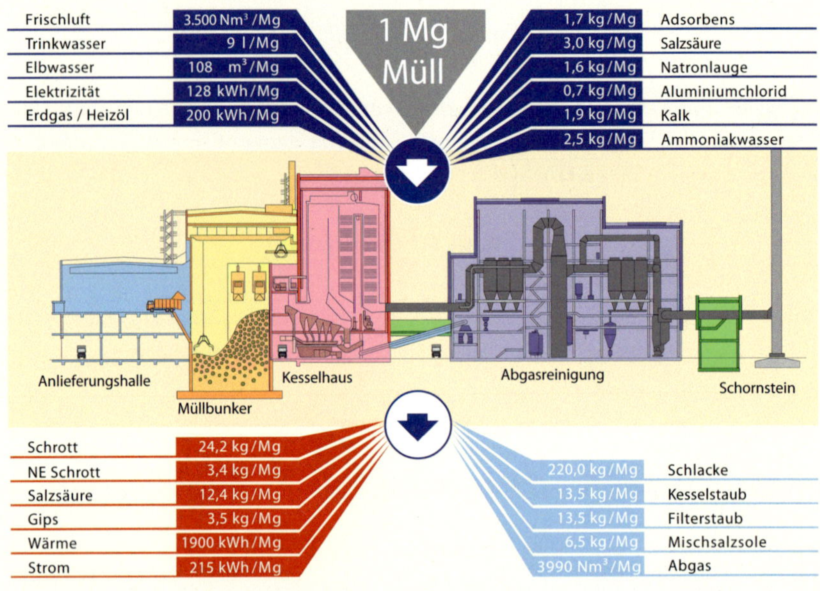

Die **energetische Verwertung** wird in vielen Fällen erst dann genutzt, wenn die stoffliche Verwertung nicht mehr möglich ist. Es werden dabei Abfälle mit hohem Heizwert als Ersatz für herkömmliche Energieträger zur Strom- und Wärmeerzeugung eingesetzt. Dabei werden die Abfälle einer speziellen Verbrennungsanlage zugeführt. Durch die Verbrennung entstehen hohe Temperaturen, die Strom erzeugen können und in das öffentliche Netz der Stromversorger eingespeist werden. Die hohen Temperaturen können aber auch für Fernwärmesysteme verwendet werden. Bei der energetischen Verwertung werden jedoch Abgase freigesetzt und es verbleibt eine Schlacke, die dann beseitigt werden muss.

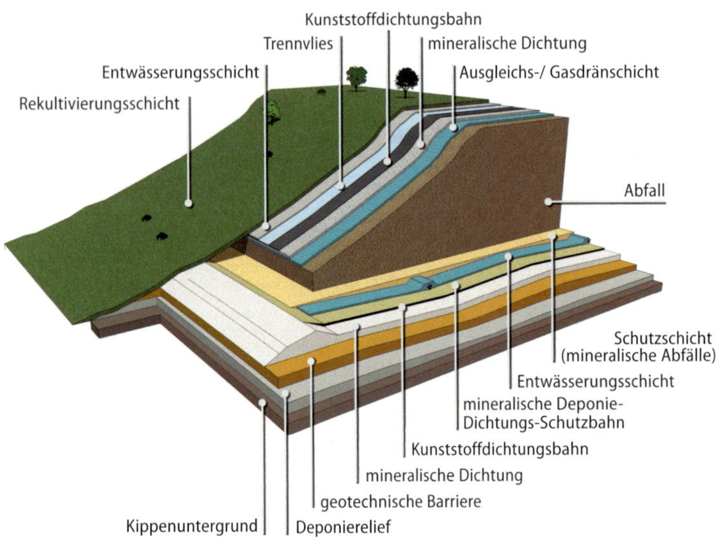

Querschnitt durch eine Deponie

3.1.5 Beseitigung von Verpackungen

Alle Verpackungen, die nicht wiederverwendet, recycelt oder anders verwertet werden können, müssen durch die Unternehmen und den Staat beseitigt werden. Dies kann auf Mülldeponien, in biologischen Kläranlagen oder Verbrennungsanlagen von Restmüll geschehen. Die Beseitigung von Abfällen unterliegt in Deutschland strengen Auflagen und Kontrollen. Die Regierung hat die Unternehmen angehalten, die beiden ersten Grundsätze, anstatt Beseitigung, stärker umzusetzen.

3.1.6 Das duale System

Für die Abfallentsorgung waren bis zum Inkrafttreten der Verpackungsverordnung im Jahre 1991 ausschließlich die Kommunen zuständig. Mit dem Inkrafttreten der Verpackungsverordnung wurde ein weiteres Entsorgungssystem eingerichtet. Die staatlichen Abfallentsorgungsanstalten verbrennen oder deponieren, die privatwirtschaftlichen Entsorgungsunternehmen sind darauf ausgerichtet, Verkaufsverpackungen wiederzuverwerten. Die Bezeichnung duales System ist auf das Bestehen von diesen zwei Systemen zurückzuführen.

Verpackungsverordnung
→ LF 6, Kap. 3.1.1

Nach Inkrafttreten der Verpackungsverordnung wurde das Unternehmen Duales System Deutschland GmbH (Der grüne Punkt) gegründet. Neben diesem Unternehmen gibt es heute zahlreiche weitere Entsorgungsunternehmen, welche die Entsorgung nach den Vorgaben der Verpackungsverordnung erfüllen. Zugelassen sind zurzeit die folgenden Unternehmen:

- BellandVision GmbH (www.bellandvision.de)
- Eko-Punkt GmbH (www.eko-punkt.de)
- Interseroh Dienstleistungs GmbH (www.interseroh.com)
- Landbell AG (www.landbell.de)
- Redual GmbH (www.reclay-group.com)
- RKD Recycling Kontor Dual GmbH & Co. KF (www.rkd-online.de)
- Veolia Umweltservice Dual GmbH (www.veolia-umweltservice.de)
- Zentek GmbH & Co. KG (www.zentek.de).

Die Entsorgungsunternehmen werden durch Lizenzgebühren finanziert. Die abpackende bzw. abfüllende Industrie, Importeure oder Handelsunternehmen zahlen z. B. für Beutel Lizenzgebühren an die Entsorgungsunternehmen. Eine Kennzeichnungspflicht der Verpackung mit den Symbolen der Entsorgungsunternehmen besteht aber nicht.

Das Sammeln der Verpackungen kann laut Kreislaufwirtschaftsgesetz nach zwei Systemen erfolgen. Es werden Holsystem und Bringsystem unterschieden. Beim **Bringsystem** bringen die Endverbraucher ihre gebrauchten Verpackungen an einen Sammelort. Das Bringsystem ist z. B. dann sinnvoll, wenn die anfallenden Mengen klein sind und der Weg zum Sammelort kurz. Allerdings ist die Rücklaufquote niedriger als beim Holsystem. Beim **Holsystem** werden die Abfälle beim Abfallerzeuger abgeholt und eingesammelt. Da viele Sammelorte anzufahren sind, ist der organisatorische und logistische Aufwand entsprechend groß.

Kreislaufwirtschaftsgesetz
→ LF 6, Kap. 3.1.1

Hausmüll wie Papier, Pappe, Karton und Glas wird in vielen Kommunen nach dem Bringsystem organisiert. Alle anderen anfallenden Abfälle der Haushalte werden gewöhnlich nach dem Holsystem entsorgt.

3.2 Die Verpackungskosten

Benedikt soll vier Kinderfahrräder für den Versand für die Europarad N.V. in Belgien verpacken. Er findet leider für den Versand von Kinderfahrrädern keine passende Kartonage. Also benutzt er Kartonagen, die für den Versand von Herrenrädern gedacht sind. Damit die Fahrräder nicht beschädigt werden, umwickelt er jedes einzelne Fahrrad mit Luftpolsterfolie, die er mit Klebeband an den Fahrrädern befestigt. Die zu großen Kartonagen befüllt er zusätzlich mit Schaumstoffbeuteln, die eigentlich zum Versand von Tretlagern und Gangschaltungen verwendet werden. Die Kartonagen verklebt Benedikt sorgfältig mit Sicherheitssiegelband. Abschließend packt er die drei Kartonagen auf eine Palette, die er mit Stretchfolie umwickelt.

Als er nach drei Stunden Elke Lenkner seine Verpackung präsentiert und stolz erläutert, ist diese ein wenig überrascht.

Eine optimale Verpackung liegt im Interesse sowohl des Verkäufers als auch des Käufers. Der Verkäufer ist daran interessiert, dass das Packgut in einem ordnungsgemäßen Zustand beim Käufer eintrifft. Der Käufer möchte das erworbene Packgut ohne Beschädigungen erhalten. Nicht nur aus ökologischen Gründen sollte aber sparsam mit der Verpackung umgegangen werden. Jede Verpackung verursacht Kosten. Bei der Wahl der Verpackung sollte immer berücksichtigt werden, welche Kosten entstehen und wer die Kosten der Verpackung zu tragen hat.

3.2.1 Die Material-, Maschinen- und Personalkosten

Die Verpackungskosten lassen sich grob in drei Kategorien einteilen.

1. Die **Materialkosten** umfassen alle Kosten für Packmittel und Packhilfsmittel, die Kosten für die Lagerung und Bereitstellung sowie die Entsorgungskosten (sammeln, sortieren, recyceln) von Packmaterialien.
2. Die **Maschinenkosten** umfassen die Anschaffungskosten für Verpackungsmaschinen und Hilfsgeräte wie z. B. Gabelstapler, die Kosten für die Abnutzung und Instandhaltung der Maschinen und Arbeitsmittel sowie die Kosten für Energie und Raumnutzung.
3. Die **Personalkosten** umfassen alle Kosten, die rund um die Tätigkeit des Verpackens anfallen, dazu zählen auch die Personalkosten für die Verwaltung (z. B. für den Einkauf und die Lagerung), die Personalkosten für Reparatur und Reinigung von Packmaterialien sowie für die Entsorgung.

Die Top Bike GmbH erwirbt Kartonagen zu einem Preis von 1.200,00 €. Sie entsorgt monatlich im Wert von 250,00 € nicht mehr benötigtes oder wiederverwendbares Verpackungsmaterial. Die verwendeten Maschinen für die Verpackung und Entsorgung haben einen Anschaffungswert von insgesamt 12.500,00 € und können monatlich mit 100,00 € abgeschrieben werden. Die Lohnkosten für die Mitarbeiter betragen 2.500,00 € im Monat.

So liegen die Kosten der Verpackung der Top Bike GmbH monatlich bei 4.050,00 €. Diese muss die Top Bike GmbH bei der Kalkulation ihrer Verkaufspreise genauso berücksichtigen wie die Lagerkosten oder die Herstellungskosten der Fahrräder.

3.2.2 Wer trägt die Kosten der Verpackung?

Grundsätzlich regeln das **BGB** und das **HGB**, wer die Kosten der Verpackung trägt. Dabei wird unterschieden, wer die Kosten für Verkaufs- und Umverpackungen sowie die Kosten für Transport-/Versandverpackungen trägt.

Verkaufs- und Umverpackungen bestehen aus Packmittel, und Packhilfsmitteln. Sie schützen das Packgut vor Belastungen und/oder dienen zur Portionierung und Lagerung des Gutes. Laut der gesetzlichen Bestimmung trägt der **Verkäufer** die Kosten für Verkaufs- und Umverpackungen. Daher sind die Preise in den Verkaufspreis des Packgutes gewöhnlich einkalkuliert.

Alle Kosten für Transport-/Versandverpackungen (dazu zählen auch alle Hilfsmittel, die der Absicherung und dem Transportschutz dienen) trägt nach den gesetzlichen Vorgaben der Käufer. Dazu werden die Verpackungskosten auf den Rechnungen ausgewiesen.

§

§ 448 BGB Kosten der Übergabe und vergleichbare Kosten
(1) Der Verkäufer trägt die Kosten der Übergabe der Sache, der Käufer die Kosten der Abnahme und der Versendung der Sache […].

Die Ermittlung und Berechnung der Verpackungskosten
Für die Ermittlung des Preises von Gütern wird häufig das Gewicht verwendet. Da der Käufer nicht für die Verkaufs- und Umverpackung bezahlen muss, darf das Gewicht dieser Verpackung nicht mit berücksichtigt werden. Das Mitwiegen von Verkaufs- und Umverpackungen im Handel ist sogar unzulässig. Der Käufer soll nur für das eigentliche Gut bezahlen. Allerdings lassen sich Verkaufs- bzw. Umverpackung und Packgut häufig nicht so einfach voneinander trennen. Zur Preisermittlung helfen die Gewichtsangaben zum Gesamtgewicht (Bruttogewicht), zum Verpackungsgewicht (Taragewicht) und das Gewicht ohne die Verpackung (Nettogewicht).

Tara
Abzug

!

Bruttogewicht = Nettogewicht + Taragewicht
Nettogewicht = Bruttogewicht – Taragewicht

Sofern nichts anderes vereinbart wurde, gilt die gesetzliche Regelung des § 380 HGB: Der Käufer zahlt nicht für das Gesamtgewicht, sondern nur für das Nettogewicht. Der Verkäufer trägt die Kosten für die Verpackung.

§ **§ 380 (1) HGB**
Ist der Kaufpreis nach dem Gewichte der Ware zu berechnen, so kommt das Gewicht der Verpackung (Taragewicht) in Abzug, wenn nicht aus dem Vertrag [...] sich ein anderes ergibt.

Verkäufer und Käufer können jedoch auch andere Regelungen treffen. Dies muss aber im Kaufvertrag vermerkt werden. Die Vereinbarungen, die zwischen Verkäufer und Käufer getroffen werden können, sind „**Preis brutto einschließlich Verpackung**“, „**Preise netto einschließlich Verpackung**“ und „**Preis ausschließlich Verpackung**“.

Vertragliche Vereinbarung	Erläuterung	Beispiel
Preis brutto einschließlich Verpackung (= brutto für netto = bfn oder b/n)	Das Verpackungsgewicht wird wie Warengewicht behandelt. Die Verpackungskosten sind im Kaufpreis der Ware enthalten und werden in der Rechnung nicht extra ausgewiesen. Das Brutto entspricht somit dem Netto. Der Käufer zahlt die Verpackungskosten.	Die Top Bike GmbH bestellt 500 kg Graphitöl brutto für netto. Das Öl wird in Einwegkanistern zu je 5 kg geliefert. Ein Einwegkanister wiegt leer 500 g. Für 500 g Graphitöl werden 100 Kanister benötigt. Diese haben insgesamt ein Gewicht von 50 kg. Somit werden 550 kg geliefert. Ein Kilogramm kostet 4 €. Es müssen 2.200 € bezahlt werden.
Preis einschließlich Verpackung = Preis netto einschließlich Verpackung	Der Kaufpreis wird vom Nettogewicht der Ware berechnet. Die Verpackungskosten werden nicht gesondert in Rechnung gestellt. Der Verkäufer trägt die Verpackungskosten.	Die Top Bike GmbH kauft 500 kg Graphitöl in Einwegkanistern zu je 5 kg. Ein Einwegkanister wiegt leer 500 g. Ein Kilogramm kostet 4 €. Die Top Bike GmbH bezahlt 2.000 € für 500 kg Öl.
Preis ausschließlich Verpackung = Preis netto ausschließlich Verpackung	Dem Käufer werden die Kosten der Verpackung gesondert in Rechnung gestellt.	Die Top Bike GmbH kauft 500 kg Graphitöl in Einwegkanistern zu je 5 kg. Ein Einwegkanister wiegt leer 500 g. Ein Kilogramm kostet 4 €. Pro Einwegkanister wird der Top Bike GmbH ein Verpackungspreis von 1,50 € berechnet. Die Top Bike GmbH muss 2.150,00 € zahlen.

Der Verkäufer kann dem Käufer jedoch auch anbieten, die „**Verpackung leihweise**“ in Anspruch zu nehmen. Dabei zahlt der Käufer eine Pfandgebühr für die Verpackung und erhält diese ganz oder teilweise bei der Rückgabe der Verpackung zurück. Diese Form der Verpackungskosten wird üblicherweise bei Sonderverpackungen, Paletten, Behältern oder Fässern angeboten.

Die Top Bike GmbH kauft 500 kg Graphitöl. Der Lieferant stellt das Öl in Einwegkanistern zu je 5 kg zur Verfügung. 5 kg Graphitöl kosten netto 19,80 €. Jeweils 50 Kanister werden auf einer Mehrwegpalette geliefert. Für eine Mehrwegpalette werden 15,00 € Pfand berechnet. Der reine Kaufpreis beträgt demnach 1.980,00 €. Zusätzlich muss die Top Bike GmbH ein Pfand von 30,00 € bezahlen, das ihr bei der Rückgabe der Europaletten wieder gutgeschrieben wird.

3.2.3 Einsparmöglichkeiten bei Verpackungskosten

Einerseits stellen Verpackungen einen erheblichen Kostenfaktor dar. Andererseits müssen sie jedoch ihre Funktion erfüllen und den Belastungen standhalten, um das Packgut zu schützen. Hinsichtlich der Packstoffwahl, der Kosten für Packmittel und Packhilfsmittel, der Verpackungsgröße sowie der Kosten für die betriebseigenen Verpackungsstellen gibt es beträchtliche Preis- und Kostenunterschiede und entsprechende Einsparungsmöglichkeiten.

Oft werden dem Käufer verschiedene Arten der Transportverpackung vor Vertragsabschluss angeboten. Er kann nun wählen, welche Verpackung für seine Zwecke ausreichend ist. Allerdings sollte der Käufer nicht nur den Aspekt der Kosten berücksichtigen, sondern auch deren Nutzen.

Wird das Packgut durch eine unzureichende Verpackung beschädigt, entstehen Folgekosten durch die Nachbesserung bzw. Neulieferung des Gutes. Dadurch entstehen Mehrkosten im Transport. Eventuell kommt es sogar zu Produktionsausfällen. In solchen Fällen könnte ein Schadenersatz geltend gemacht werden.

Um eine geeignete, umweltgerechte und kostengünstige Verpackung zu finden, ist es unerlässlich, die Packstoffe, Packmittel, Packhilfsmittel und den Verpackungsvorgang im Einzelnen zu kennen.

Packstoffe
→ LF 6, Kap. 4

Packmittel
→ LF 6, Kap. 5

Packhilfsmittel
→ LF 6, Kap. 6

Tätigkeiten beim Verpacken
→ LF 6, Kap. 7

Optimierungsmöglichkeiten, um Verpackungskosten zu sparen:

- Materialkosten könnten durch Mehrwegverpackungen gespart werden.
- Verpackungsmaschinen oder Hilfsmittel könnten gemietet oder geleast statt gekauft werden.
- Wartungskosten für Verpackungsmaschinen oder Hilfsmittel könnten durch Wartungsverträge gesenkt werden.
- Personalkosten könnten durch eine bedarfsorientierte Auslastung des Personals gesenkt werden.
- Durch den Einsatz von modernen Maschinen, z. B. für die Verpackung und Kennzeichnung, könnten Personalkosten gesenkt werden.
- Durch Just-in-Time-Lieferungen für Packmittel und Packhilfsmittel könnten Lagerkosten für Verpackungen gesenkt werden.
- Entsorgungskosten könnten durch die Wahl des Verpackungsmaterials auf Recyclingfähigkeit gesenkt werden.

ALLES KLAR?

1 In vielen Unternehmen werden Umverpackungen, Transportverpackungen und Verkaufsverpackungen verwendet. Ordnen Sie die jeweiligen Begriffe den Beschreibungen zu.

Verpackung:
1 Umverpackung
2 Transportverpackung
3 Verkaufsverpackung

Beschreibung:
a Diese Verpackung soll den Diebstahl erschweren.
b Diese Verpackung dient dem sicheren Versand.
c Diese Verpackung entsorgt der Endverbraucher.
d Diese Verpackung kann eine Europalette sein.
e Diese Verpackung ist eine zusätzliche Verpackung, z. B. Müslitüte in einer Schachtel.
f Bei dieser Verpackung handelt es sich um Fässer und Kisten.
g Bei dieser Verpackung handelt es sich um eine zusätzliche Verpackung.

2 Wer übernimmt in der Regel die Kosten der Transportverpackung bei einem zweiseitigen Handelskauf?
a der Verkäufer
b der Spediteur
c der Käufer
d der Endverbraucher
e der Lieferant

3 Welche Kosten gehören nicht zu den Kosten der Verpackung?
a Materialkosten für die Verpackung
b Raumkosten für die Abteilung Verpackung
c Versandkosten für die Verpackung
d Lohnkosten für den Mitarbeiter aus der Abteilung Verpackung
e Wartungskosten für Verpackungsmaschinen

4 Was sagt die Klausel „brutto für netto“ über die Kosten der Verpackung aus?
a Der Käufer trägt die Kosten der Verpackung.
b Der Verkäufer trägt die Kosten der Verpackung.
c Die Kosten der Verpackung werden extra ausgewiesen.
d Ein Kilo Verpackung kostet genauso viel wie ein Kilo Packgut.
e Die Verpackung kostet nichts, da der Verkäufer diese bezahlt.

5 Die Anlieferung von Fahrradbekleidung erfolgt auf fünf Europaletten. Was geschieht nach der Anlieferung mit diesen Ladehilfsmitteln?
a Die Europaletten werden zum Lieferanten zurückgesandt.
b Die Europaletten werden sofort nach dem Abpacken dem Frachtführer übergeben.
c Die Europaletten sind Spezialpaletten und müssen gesondert gelagert werden.
d Die Europaletten können in den Palettenpool zurückgegeben werden.
e Die Europaletten werden nach dem Gebrauch fachgerecht entsorgt.

6 Welche Maßnahme trägt zur Abfallverringerung bei?
a Sie sammeln die gebrauchten Schachteln in einem Container.
b Sie achten auf eine sorgsame Mülltrennung.
c Sie lassen Europaletten statt Einwegpaletten verwenden.
d Sie entsorgen die benutzten Lackfässer über ein Unternehmen.
e Sie sammeln Kunststoffverpackungen in einem gesonderten Behälter.

4 Die Packstoffe

Björn Pecirep aus der Controlling-Abteilung prüft den Einsatz neuer Packstoffe für den Versand von besonders hochpreisigen Fahrrädern. Bislang wurden diese in Schachteln verpackt. Doch in der letzten Zeit ist es immer wieder zu Kundenbeschwerden gekommen, da die Verpackungen durch mechanische Belastungen beschädigt worden waren. Er setzt sich daher intensiv mit alternativen Packstoffen auseinander, um geeignete Transportverpackungen zu finden.

Je nach Packgut, den Beanspruchungen und den zu erfüllenden Funktionen der Verpackung eignen sich unterschiedliche Packstoffe und auch Bauweisen des Packmittels sowie des Packhilfsmittels, um das Packgut bestmöglich zu verpacken.

Funktionen der Verpackung
→ LF 6, Kap. 2.3

Packstoffe sind alle Werkstoffe, die sich zur Herstellung von Packmitteln und Packhilfsmitteln eignen. Sie lassen sich nach den verwendeten Rohstoffen unterscheiden:

- Holz
- Papier, Karton, Pappe
- Glas
- Metall
- Kunststoff
- organische Packstoffe
- textile Packstoffe
- Verbundstoffe

In den folgenden Unterkapiteln werden einige Packstoffe mit ihren wesentlichen verpackungsspezifischen Eigenschaften erläutert. In den beiden nachfolgenden Kapitel werden dann die einzelnen Packmittel und Packhilfsmittel genauer vorgestellt.

Packmittel
→ LF 6, Kap. 5

Packhilfsmittel
→ LF 6, Kap. 6

4.1 Holz

Holz ist ein nachwachsender Rohstoff des Waldes. Packmittel aus Holz werden daher auch als grüne Packmittel bezeichnet. Holz kann relativ einfach nach dem Gebrauch entsorgt werden. Da aber der Wald nicht nur als Holzlieferant, sondern für das ökologische Gleichgewicht Bedeutung hat, gelten dem Schutz und der Pflege des Waldbestandes die besondere Aufmerksamkeit und Verantwortung des Menschen.

Umwelt
→ LF 6, Kap. 3.1

Holz lässt sich in Weichholz und Hartholz unterscheiden. Zu den Weichhölzern gehören z. B. Erle, Fichte, Kiefer, Linde, Pappel, Tanne und Weide. Sie haben kein stabiles und widerstandsfähiges Kernholz wie Hartholz, wachsen aber schneller. Zu den Harthölzern gehören z. B. Ahorn, Birke, Buche, Eiche und Ulme. Eine Unterscheidung ist auch nach der Blattbildung in Nadelholz und Laubholz möglich.

FSC®

Produkte mit Forest Stewardship Council-Label stehen für die Nutzung der Wälder gemäß den sozialen, ökonomischen und ökologischen Bedürfnissen und für einen verantwortungsvollen Umgang mit Recyclingmaterialien

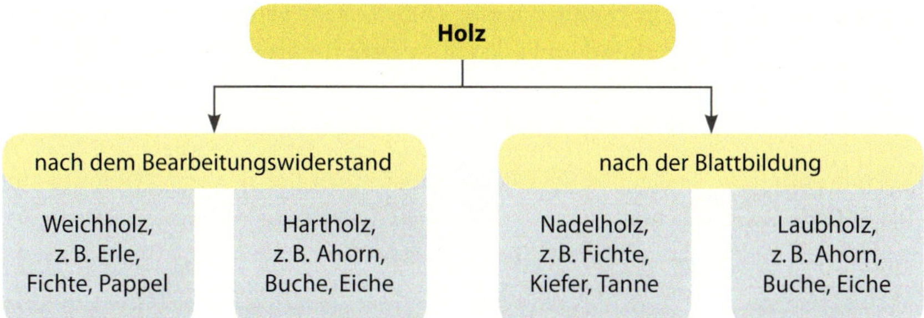

Die Stabilität eines Packmittels aus Holz bestimmt sich durch die Qualität der Holzverbindungen wie Klammern, Leimen, Nageln, Sägen und Schrauben. Holz passt sich in seinem Feuchtigkeitsgehalt dem Umgebungsklima an, es „arbeitet“: Es quillt z. B. auf oder kann Feuchtigkeit abgeben. Trockenes Holz macht das Packmittel leichter und erhöht die Festigkeit. Durch einen entsprechenden Anstrich der Oberfläche oder Imprägnierung kann es vor Feuchtigkeit und vor Schädlingsbefall geschützt werden.

Packmittel Palette
→ LF 6, Kap. 5.1

Die verarbeiteten Holzarten bestimmen die Eigenschaften des Packstoffes Holz. Nadelhölzer wie Fichte und Tanne gelten als relativ kostengünstig. Pappelholz wird für leichte Packmittel verwendet. Mechanisch beanspruchte Packmittel wie z. B. Paletten werden aus Rotbuchenholz gefertigt.

Packmittel Kiste
→ LF 6, Kap. 5.3

Verwendet werden fast alle Bestandteile des Holzes. **Vollholz** wird durch Längs- bzw. Querschnitte aus Rohholz (unbehandeltes Naturholz) gewonnen. Es wird häufig ohne besondere Behandlung direkt verwendet, z. B. für Transportpackungen wie z. B. Kisten, Verschläge, Steigen, Paletten und Fässer. Größere Holzstücke, die abfallen, werden verleimt und zu **Sperrholz** verarbeitet. **Holzspäne** werden gepresst und zu Holzwerkstoffen (Holzfaser- und Holzspanplatten) umgeformt.

Vollholz (Massivholz)

Sperrholz

Holzspäne

Aufgrund der Quarantänebestimmungen dürfen Packmittel aus Holz in einige Länder nicht ohne Weiteres eingeführt werden (z. B. Australien). Dies geschieht zum Schutz des einheimischen Waldbestandes, da die Gefahr besteht, dass sich im Holz Schädlinge befinden, die mit dem Packstoff exportiert werden. In einigen Ländern ist die Einfuhr von Holzpackmitteln verboten. Andere Länder fordern, dass die Packmittel vor der Einfuhr begast werden.

Wiederverwendung, Recycling und Entsorgung
→ LF 6, Kap. 3.1

Da Holz ein relativ kostengünstiger Packstoff ist, spielt die Wiederverwertung nur eine geringe Rolle. Allenfalls lassen sich Holzwerkstoffe aus Altholz herstellen. Da diese jedoch bereits in der Urproduktion anfallen, ist auch hier kein nötiger Kostendruck gegeben. Holz ist bestens zur energetischen Verwertung geeignet. Die Ressource Holz wird dadurch jedoch nicht geschont.

4.2 Papier, Karton und Pappe

Die am häufigsten benutzten Packstoffe in einem Lager sind Papier, Karton und Pappe. Die materielle Basis dieser Packstoffe bildet Holz. Papier, Karton und Pappe sind flächige Packstoffe, die aus vielen untereinander verfilzten, vorwiegend pflanzlichen Fasern und ergänzenden Stoffen bestehen.

Karton ist dicker als Papier und Pappe ist dicker als Karton. Papier, Karton und Pappe lassen sich nach dem Gewicht pro m^2 einteilen:

- Papier ($< 150\ g/m^2$)
- Karton ($150 - 500\ g/m^2$)
- Pappe ($> 500\ g/m^2$)

Nur im deutschsprachigen Raum wird der Begriff Karton genutzt. International wird nur nach Papier ($< 250\ g/m^2$) und Pappe ($> 250\ g/m^2$) unterschieden.

DIN 6730
Papier und Pappe – Begriffe

Papier ist ein flächiger, einlagiger Werkstoff, der sich wiederum nach dem Gewicht in Seidenpapier, Druckpapier und normales Packpapier unterteilen lässt. Papier wird vor allem für Packmittel (z. B. Beutel, Sack und Einschlag), für Packhilfsmittel (z. B. Etiketten, Beipackzettel, Klebestreifen und Banderolen) und zur Herstellung von Wellpappe genutzt.

Karton ist ebenfalls ein flächiger, aber mehrlagiger Werkstoff. Bei der Herstellung werden die Fasern der einzelnen Schichten miteinander verfilzt. Karton ist fester als Papier und kann ein Packgut in Form einer Schachtel gut vor mechanischer Belastung schützen.

Schachtel
→ LF 6, Kap. 5.2

Wellpappe besteht aus einer oder mehreren Lagen gewelltem Papier, das auf oder zwischen flache Lagen aus Papier und Karton geklebt wird. Die Anzahl der Lagen des gewellten Papiers bestimmt die Belastbarkeit und Tragfähigkeit. Je mehr Schichten eine Wellpappe aufweist, umso höher ist ihre Belastbarkeit. Wellpappe wird vorwiegend für Schachteln als Transportverpackung verwendet. Mehrwellige Wellpappe wird aber auch für schwere Güter eingesetzt.

DIN 55468
Packstoffe – Wellpappe

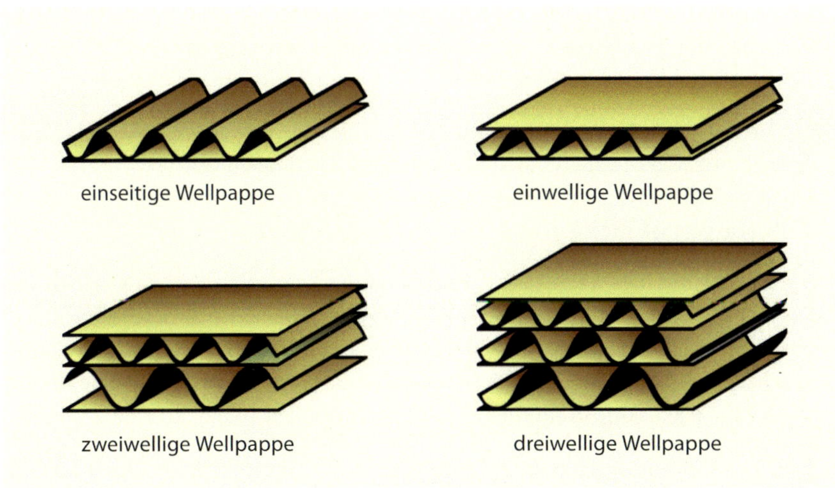

Vollpappe ist stabiler als Papier und Karton und hat keine Hohlräume wie Wellpappe. Sie wird als Packmittel für Transportverpackungen, wie Schachtel, Tray und Steige verwendet sowie als Packhilfsmittel, z. B. für den Kantenschutz.

Kantenschutz
→ LF 6, Kap. 6.2

Papier

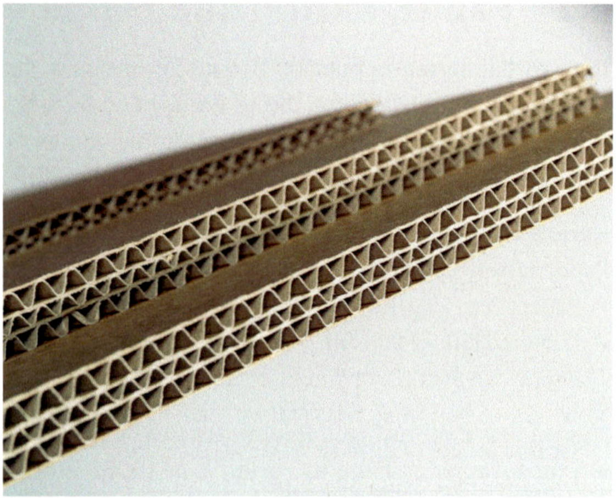

Wellpappe

Wiederverwendung, Recycling und Entsorgung
→ LF 6, Kap. 3.1

Die Wiederverwendung von Papier, Karton und Pappe ist aufgrund der Feuchtigkeitsaufnahme begrenzt. Sie werden daher meist als Einwegverpackungen eingesetzt. Allerdings werden einige Faltschachteln und Schachteln aus Wellpappe (sogenannte Kartonagen) als Transportverpackungen wiederverwendet.

Eine große Rolle spielt hingegen die Wiederverwertung (Recycling). Dazu ist eine möglichst sortenreine Erfassung der Stoffe Papier, Karton und Pappe notwendig. Alle Fremdstoffe müssen vor der Wiederverwertung beseitigt werden. Anschließend kann der Packstoff aufgeschwemmt und gereinigt werden, bevor er zu neuem Papier gepresst wird. Papierfasern lassen sich bis zu fünfmal recyceln, wobei für die Verpackung von Lebensmitteln kein recyceltes Papier eingesetzt wird.

Das Recycling-Logo RESY garantiert die stoffliche Wiederverwertung von Transport- und Umverpackungen aus Papier, Karton und Wellpappe.

Ist keine Wiederverwertung möglich, kann Papier verbrannt werden. In modernen Müllverbrennungsanlagen kann dabei Energie gewonnen werden. Allerdings ist die Energiegewinnung durch das Verbrennen von Papier eher gering.

Da der Herstellungsprozess von Papier, Karton und Pappe nicht sehr kostenintensiv ist und der Packstoff aus kostengünstigen Holzarten hergestellt wird, sind diese Packstoffe preiswert. Außerdem sind sie leicht. Allerdings muss bei ihrem Einsatz beachtet werden, dass sie teilweise wasser-, fett- und aromadurchlässig sind. Auch die teilweise geringe mechanische Festigkeit ist zu beachten.

Die Eigenschaften des Packstoffes können jedoch nach Qualität und Gehalt der Faserstoffe verbessert werden. So gibt es die Möglichkeit, diese Packstoffe durch Beschichten oder Imprägnieren feuchtigkeits- oder fettabweisend, ölfest, rutsch- und scheuerfest, schwer entflammbar, insektenabweisend und fäulnishemmend herzustellen. Auch eine Kombination mit Kunststoff ermöglicht eine erweiterte Anwendung.

Kunststoff
→ LF 6, Kap. 4.5

Diese Packstoffe sollen bei einer relativen Luftfeuchtigkeit zwischen 50 % und 55 % sowie einer Temperatur zwischen 18 °C und 23 °C ordnungsgemäß gelagert werden.

4.3 Glas

Mehrwegverpackungen
→ LF 6, Kap. 3.1.1

Glas wird häufig als Behälterglas eingesetzt und eignet sich gut für den Mehrwegeinsatz. Es ist ein Schmelzprodukt, welches völlig geruchs- und geschmacksneutral ist. Es ist absolut dicht in Bezug auf Aroma, Fett, Gas, Öl und Wasser. Es wird bevorzugt für Lebensmittel, pharmazeutische und andere chemische Güter verwendet. Glas ist weitgehend wärmebeständig und eignet sich deshalb als sterilisierbares Packmittel.

Packstoff Glas

Nachteilig ist die zum Teil geringe Festigkeit und in der Regel wird ein Verschließmittel wie z. B. Deckel oder Kappe benötigt. Glas hat ein hohes Gewicht. Es ist nur an wenigen Orten herstellbar und erfordert somit lange Transportwege.

Glas kann aufgrund seiner Temperaturunempfindlichkeit und Dichtheit besonders gut als Mehrwegverpackung wiederverwendet werden.

Die Wiederverwertung von Glas erfolgt über das Einschmelzen des Packstoffes. Dadurch sind erhebliche Einsparungen von Ressourcen wie Quarzsand möglich, da er bei der Wiederverwertung nicht mehr abgebaut werden muss. Je nach Glasfarbe, die durch das Einschmelzen entstehen soll, ist es jedoch notwendig, das Altglas sortenrein zu sammeln. Durch das Beimischen von Neuglas beim Einschmelzen ist die Wiederverwertung von Glas nahezu unbegrenzt möglich. Eine energetische Verwertung von Glas gibt es nicht.

Wiederverwendung, Recycling und Entsorgung
→ LF 6, Kap. 3.1

4.4 Metall

Der Name „Metall" (griech.: Grube) weißt darauf hin, dass sich der überwiegende Teil aller Metalle aus Erzen im Bergbau gewinnen lässt. Durch die Möglichkeit der Legierungsbildung werden immer neue metallische Werkstoffe hervorgebracht, die mit ihren Gebrauchs- und Verhaltenseigenschaften neue Anwendungsgebiete erschließen.

legierbar
geschmolzen mischbar

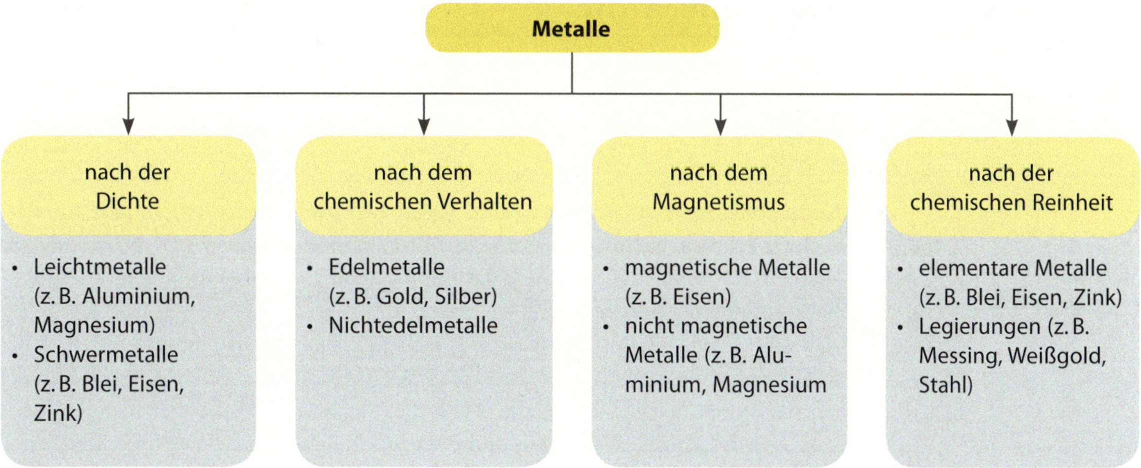

Stahlblech

Aluminium

Metall lässt sich gut formen, hat eine gute thermische und elektrische Leitfähigkeit sowie eine hohe Festigkeit und Härte. Außerdem ist es zum Teil sehr leicht und wasser-, gas-, fett-, aroma- und öldicht. Die meisten Metalle verändern durch Luftfeuchtigkeit ihre Oberfläche und werden allmählich verändert und zerstört (z. B. Rost). Metallschutzstoffe verhindern weitgehend diese Vorgänge.

Im Verpackungsbereich werden hauptsächlich Stahl (Stahlbleche) und Aluminium eingesetzt. Stahl wird aus Roheisen und Schrott in Stahlwerken hergestellt. Metalle werden zur Herstellung von Packmitteln wie z. B. Dosen, Eimer, Flaschen, Tuben und Fässer genutzt.

Die Nachfrage nach Stahl auf dem Weltmarkt ist in den vergangenen Jahren stark angestiegen. Daher hat Stahl zurzeit einen sehr hohen Preis. Aluminium wird durch ein Elektrolyseverfahren hergestellt, das sehr energieaufwendig und damit kostenintensiv ist.

Elektrolyse
Chemischer Prozess durch die Einwirkung von Strom

Die Wiederverwendung von Packmitteln aus den Packstoffen Metall und Aluminium ist nur bei Mehrwegbehältern sowie bei speziellen Dosen und Fässern vorgesehen. Aufgrund von schwer erkennbaren Beschädigungen und Rost sowie einem sehr aufwendigen Reinigungsprozess ist die Wiederverwendung nur begrenzt möglich und ebenfalls kostenintensiv.

Wiederverwendung, Recycling und Entsorgung → LF 6, Kap. 3.1

Das Recycling von Metall erfolgt durch Wiederverwertung. Eisenmetall lässt sich beliebig oft einschmelzen. Durch entsprechende Sortiermaschinen lässt sich Eisenmetall besonders gut sortenrein erfassen. Auch Aluminium lässt sich wie Eisenmetall einschmelzen und wiederverarbeiten. Spezielle Sortiermaschinen können Aluminiumverpackungen sortenrein erfassen. Durch die Wiederverwertung von Aluminium lässt sich der Rohstoff Bauxit einsparen. Eisenmetall und Aluminium können keiner energetischen Verwertung zugeführt werden.

4.5 Kunststoff

Ein sehr robuster und oft benutzter Packstoff ist Kunststoff. Er ist ein Erzeugnis der chemischen Industrie und wird aus den Rohstoffen Erdöl, Erdgas, Kohle und zunehmend auch aus nachwachsenden Naturstoffen wie Holz, Stärke und Zucker hergestellt.

Kunststoffe besitzen Gebrauchs- und Verarbeitungseigenschaften, die ihre Einsatzmöglichkeiten begünstigen. Sie sind formbar, einfärbbar, haben eine relativ hohe bis absolute Beständigkeit gegen Oxidation, Witterungseinflüsse und viele Chemikalien. Außerdem sind sie gering elektrisch und thermisch leitfähig. Dagegen wirkt sich ihre schwierige Abfallbeseitigung nachteilig aus. Kunststoffe sind meist gering wärmebeständig und teilweise brennbar. Bei Verbrennung fallen viele Schadstoffe an. Außerdem neigen sie zu elektrostatischer Aufladung. Im Vergleich zu den konkurrierenden Packstoffen Metall und Glas sind Kunststoffe erheblich leichter.

Tüten aus Kunststoff

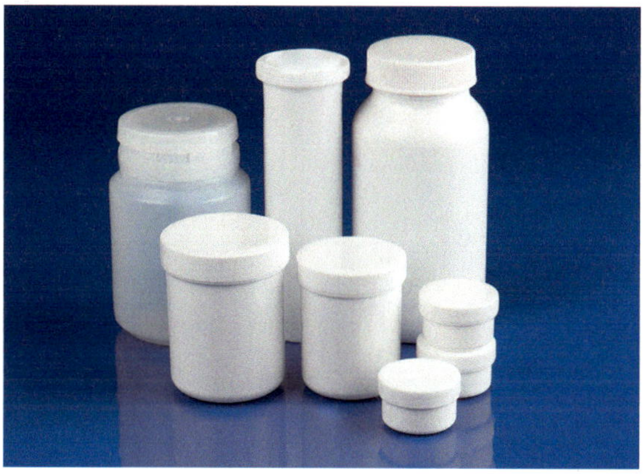

Behälter aus Kunststoff

Kunststoffe, die sich mittels Wärme beliebig oft formen lassen, werden **Thermoplaste** genannt. Kunststoffe, die nach einmaligem Formen formbeständig hart bleiben, heißen **Duroplaste**. Thermoplaste macht zurzeit im Verpackungsbereich mit ca. 90 % den Hauptanteil der eingesetzten Kunststoffe aus. So ergeben sich viele Gestaltungsmöglichkeiten.

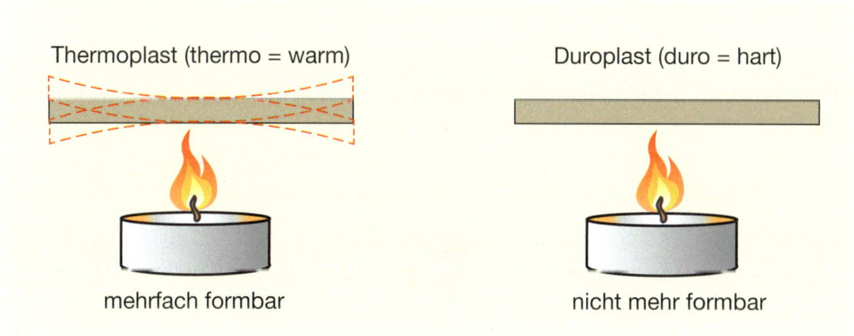

Kunststoffe finden vielseitige Anwendung wie z. B. als Becher, Beutel, Dose, Einschlag, Flasche, Tube, Tray, Fass, Kiste, Trommel, Sack und Palette. Sie können leicht gereinigt werden, sind von leichter bis mittelschwerer Qualität und für fast alle Güter einsetzbar. Im Gegensatz zu den Packmitteln aus Holz unterliegen sie keiner Einfuhrbeschränkung im Export.

Packmittel Kiste
→ LF 6, Kap. 5.3

Packmittel Palette
→ LF 6, Kap. 5.1

Kunststoffe können als Packhilfsmittel wiederverwendet werden. Nach Reinigung der Kunststoffverpackungen können diese mithilfe spezieller Anlagen sortiert werden. Dabei werden Fremdstoffe wie Metalle entfernt. Durch das Einschmelzen der Kunststoffe entsteht ein Granulat, aus dem die recycelten Kunststoffe hergestellt werden. Da eine Farbsortierung jedoch nicht gewährleistet werden kann, können aus eingeschmolzenen Kunststoffen nur neue Packmittel mit dunkleren Farbtönen entstehen. Sie werden vor allem im Nonfoodbereich für Baustoffe und im Landschaftsbau eingesetzt. Der Einsatz von wiederverwertetem Kunststoff, der mit Lebensmitteln in Kontakt kommen könnte, ist verboten.

Kunststoffe können für die energetische Verwertung verwendet werden. Durch das Verbrennen werden allerdings chemische Verbindungen freigesetzt. Die Verbrennungsanlagen müssen daher speziellen Anforderungen genügen.

Wiederverwendung, Recycling und Entsorgung
→ LF 6, Kap. 3.1

kompostierbarer Beutel

Kompostierbarkeits-zeichen

Wiederverwendung, Recycling und Entsorgung
→ LF 6, Kap. 3.1

4.6 Biologisch abbaubare Packstoffe

Biologisch abbaubare Packstoffe sind kompostierbar, das heißt, sie können durch Bakterien und Pilze abgebaut werden. Sie werden aus biologisch abbaubaren Kunststoffen gefertigt. Sie bestehen größtenteils aus nachwachsenden Rohstoffen wie Stärke und Cellulose.

Allerdings ist die Entwicklung solcher Packstoffe noch nicht weit genug vorangeschritten, um Kunststoffe zu ersetzen. An einer verbesserten Feuchtigkeitsbarriere und einem allgemein besseren Temperaturverhalten wird derzeit noch geforscht.

Eine Wiederverwertung von biologisch abbaubaren Packstoffen erübrigt sich, da sie sich in die Hauptbestandteile Kohlenstoffdioxid, Wasser und Biomasse auflösen.

4.7 Textile Packstoffe

Verpackungsmittel aus Textil bestehen aus unterschiedlichen textilen Stoffen wie Samt, Leinen, Baumwolle, Velours oder Hanf. Sie dienen dem Verpacken von Geschenken oder zur Aufbewahrung von kleineren Packgütern. Neben den anderen Packstoffen spielen Textilien jedoch keine große Rolle mehr. Textilien lassen sich in der Regel nur energetisch wiederverwerten.

4.8 Verbundstoffe

Verbundwerkstoffe bestehen aus mindestens zwei Schichten, die miteinander verklebt sind. Dabei handelt es sich meist um mehrschichtig aufgebaute Folien aus unterschiedlichen Materialien. Häufig werden diese zum Verpacken von Lebensmitteln eingesetzt. Die Trägerschicht gibt dem Verbundstoff die Festigkeit. Sie ist bedruckbar und hitzebeständig. Die Siegelschicht sorgt dafür, dass das Packgut vor Umwelteinflüssen geschützt und entsprechend verschlossen ist. Die Herstellungskosten von Verbundstoffen sind relativ gering.

Verbundstoffe müssen der energetischen Verwertung zugeführt werden. Verbünde von Kunststoffen und Aluminium mit Papier und Karton (Tetrapack) lassen sich durch unterschiedliche Verfahren wieder voneinander trennen und entsprechend verwerten. Der Aufwand hierfür ist jedoch hoch, sodass diese der energetischen Nutzung zugeführt werden. Viele Verbundstoffe lassen sich gar nicht mehr sortenrein trennen und müssen verbrannt werden.

Textiler Packstoff

Tetrapack

ALLES KLAR?

1 Als Packstoffe werden Packmittel und Packhilfsmittel hergestellt. Nennen Sie vier Packstoffe.

2 Was sagen diese folgenden Logos aus?

a FSC

b

3 Nennen Sie zwei besondere Merkmale von Holz.

4 Nennen Sie zwei besondere Merkmale von Papier, Karton und Pappe.

5 Wie lassen sich Papier, Karton und Pappe unterscheiden?

6 Welche der folgenden zwei Verpackungen dürfen mit dem RESY-Zeichen gekennzeichnet sein?
- **a** Transportverpackungen aus Kunststoff
- **b** Transportverpackungen aus Pappe
- **c** Umverpackungen aus Kunststoff
- **d** Umverpackungen aus Papier
- **e** Transportverpackungen aus Holz

7 Nennen Sie zwei besondere Merkmale von Glas.

8 Nennen Sie zwei besondere Merkmale von Metallen.

9 Welche der folgenden Eigenschaften wird nicht verwendet, um Metalle voneinander zu unterscheiden?
- **a** Aussehen
- **b** Gewicht
- **c** Eisengehalt
- **d** chemisches Verhalten
- **e** Dichte

10 Nennen Sie zwei besondere Merkmale von Kunststoffen.

11 Welche der folgenden Aussagen zu Verbundstoffen ist richtig?
- **a** Die Herstellungskosten sind hoch.
- **b** Verbünde von Kunststoffen und Aluminium mit Papier und Karton lassen sich sehr einfach voneinander trennen.
- **c** Aus Hygienegründen werden damit keine Lebensmittel verpackt.
- **d** Sie bestehen aus zwei oder mehr Schichten.

12 Welche Aussage zu biologische abbaubaren Packstoffen ist falsch?
- **a** Eine Wiederverwertung ist nicht vorgesehen.
- **b** Sie können durch Bakterien und Pilze abgebaut werden.
- **c** Sie können Kunststoffe ersetzen.
- **d** Sie bestehen aus nachwachsenden Rohstoffen.
- **e** An ihnen wird noch geforscht.

LS 42

5 Die Packmittel

- Die Fahrradfelgen des Lieferanten Schwalle KG werden in Holzkisten angeliefert. So sind die empfindlichen Felgen gegen mechanische Belastungen geschützt.

- Die isotonischen Getränke, die die Top Bike GmbH an ihre Kunden vertreibt, werden auf zuvor umreiften Paletten angeliefert.

- Fahrradsättel, die die Top Bike GmbH von der Tamino INC aus Japan erhält, werden in einem 40' Container versendet.

Packmittel nehmen das Packgut auf und tragen dazu bei, es lager-, transport- und verkaufsfähig zu machen.

Sie können z. B. unabhängig vom Packstoff und vom Einsatzbereich nach verschiedenen **Grundtypen** unterschieden werden.

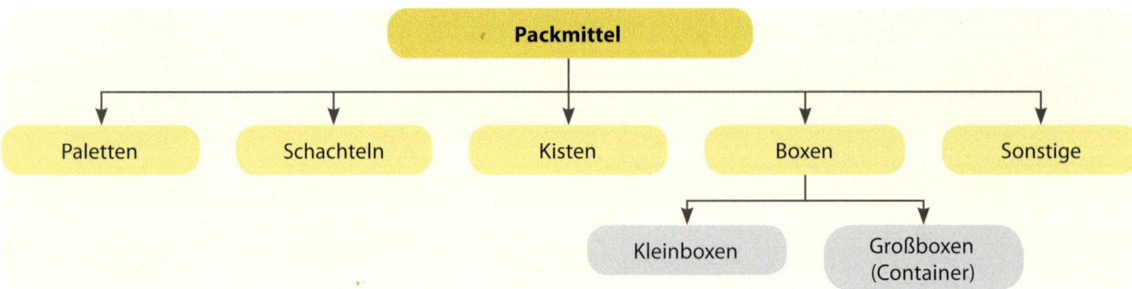

Unterscheidungen der Packmittel sind auch nach anderen Kriterien möglich, z. B. nach

Schachtel → LF 6, Kap. 5.2
Kiste → LF 6, Kap. 5.3
Behälter → LF 6, Kap. 5.4
sonstige Packmittel → LF 6, Kap. 5.5
Packstoffe → LF 6, Kap. 4

- der Stabilität des Packmittels in flexibles, formstabiles oder zerbrechliches Packmittel.
- der Häufigkeit der Nutzung in Einweg- und Mehrwegpackmittel.
- dem Eigentumsverhältnis in Leih- oder Pfandpackmittel.
- der Möglichkeit der Formänderung in volumenstabiles, zerlegbares, faltbares oder zusammenlegbares Packmittel.
- dem Volumen.

Packmittel können auch Förderhilfsmittel, Transporthilfsmittel, Lagerhilfsmittel oder Ladehilfsmittel sein. Die Palette erfüllt alle Funktionen und wird aus nahezu allen Packstoffen gefertigt. Der Container ist ein Packmittel und Transportmittel.

5.1 Die Palette

Paletten gehören zu den am häufigsten eingesetzten Lager-, Lade-, Transport- und Packmitteln. Sie besitzen Füße oder Kufen. Paletten lassen sich nach verschiedenen Kriterien unterscheiden:

- der Bauart (z. B. Flachpalette, Rungenpalette, Boxpalette)
- der Größe (z. B. Europalette, Düsseldorfer Palette, Industriepalette)
- dem verwendeten Packstoff (z. B. Holz, Pappe, Metall, Kunststoff)
- der Unterfahrbarkeit (Zweiwegepalette, Vierwegepalette)
- der Häufigkeit der Verwendung (Einwegpalette, Mehrwegpalette)

Die Bauart richtet sich nach den Gütern, die gelagert, geladen, transportiert oder verpackt werden sollen. Von **Flachpaletten** wird gesprochen, wenn eine Palette keinen Aufbau hat. Die gängigste Flachpalette ist die **Europalette** mit den Maßen 1.200 x 800 x 144 mm. Darüber hinaus gibt es noch weitere Palettengrößen. Die Übersicht zeigt die gängigsten.

Europalette
→ LF 1, Kap. 4.1.1
→ LF 4, Kap. 2

Palettenbezeichnung	Maße (L x B x H) in mm	Eigengewicht in kg	Tragfähigkeit in kg
(Standard-)Europalette (Euroflachpalette)	1.200 x 800 x 144	20–24	bis 2.000
Eurohalbpalette	800 x 600 x 144	10–12	bis 750
Euroviertelpalette	600 x 400 x 144	5–7	bis 750
Düsseldorfer Palette	800 x 600 x 160	10–12	bis 1.000
Industriepalette	1.200 x 1.000 x 144	22–28	sehr unterschiedlich
Großpalette	2.000 x 1.200 x 144 2.000 x 1.250 x 144	sehr unterschiedlich	sehr unterschiedlich

Der typische Aufbau einer Europalette

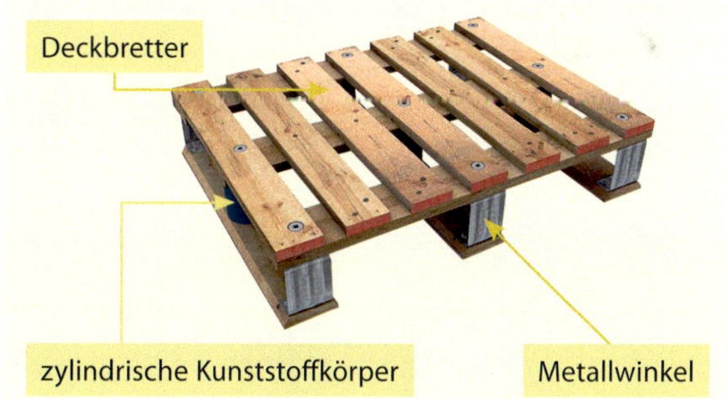

Der typische Aufbau einer Düsseldorfer Palette

In den meisten Fällen werden Paletten aus Holz gefertigt. Aus Pressholz wird die sogenannte **INKA-Palette** hergestellt. Dieser Name lässt sich vom Hersteller **In**sel**ka**mmer herleiten. Die INKA-Palette gibt es in verschiedenen Größen, ist relativ leicht und kann im leeren Zustand ineinandergestapelt werden. Sie ist jedoch bei Belastungen empfindlicher als eine Holzpalette. Allerdings hat sie gegenüber den Holzpaletten einen großen Vorteil: Bei Exporten müssen diese Paletten nicht hitzebehandelt oder begast werden, um Schädlinge abzutöten und um den Einfuhrbestimmungen der einzelnen Länder zu genügen. INKA-Paletten sind Einwegpaletten. Sie können aber durchaus mehrfach verwendet werden.

Quarantänebestimmungen für Holzpackmittel
→ LF 6, Kap. 4.1

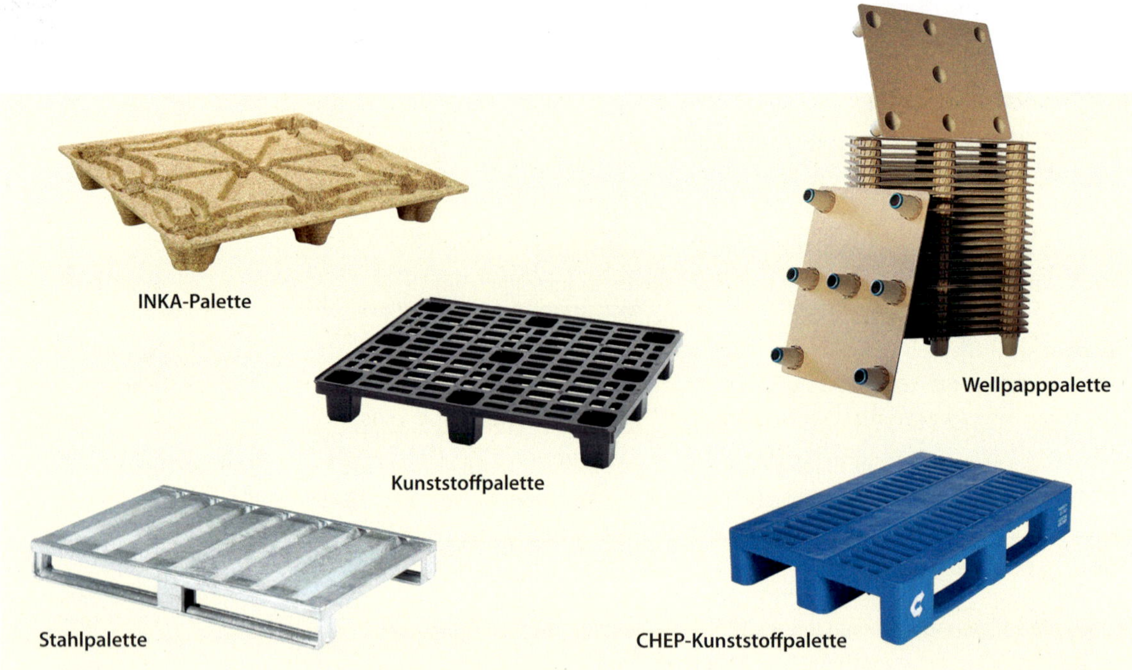

Es können aber auch andere Packstoffe verwendet werden. So gibt es z. B. **Paletten aus Wellpappe**. Es gibt sie in verschiedenen Größen. Sie haben ein geringes Gewicht und können im leeren Zustand ineinandergestapelt werden. In der Regel sind Wellpapppaletten Einwegpaletten und eignen sich gut für den Export. Nachteilig sind die geringe Haltbarkeit und Belastbarkeit gegenüber Holzpaletten.

Paletten aus Kunststoff gibt es auch in verschiedenen Größen und sowohl als Einweg- als auch als Mehrwegpalette. Sie sind witterungsbeständig und gut geeignet für Güter, die feucht oder nass gelagert werden müssen. Außerdem sind sie gewöhnlich beständig gegen Säuren, Öle und Lösungsmittel. Sie lassen sich gut reinigen und werden daher auch gerne in der Lebensmittelindustrie eingesetzt. Zu den Kunststoffpaletten gehören z. B. die **H1-Paletten** und **CHEP-Paletten,** die als Mehrwegpaletten genutzt werden.

Auch aus Metall gibt es Paletten. **Stahlpaletten** sind die stabilsten Paletten, sie haben eine sehr lange Lebensdauer. **Aluminiumpaletten** sind dagegen sehr leicht.

Fördermittel
→ LF 4, Kap. 3

Da Paletten unterfahrbar sind, können Fördermittel eingesetzt werden, um ein schnelles Be- und Entladen sowie Ein- und Auslagern zu ermöglichen. **Zweiwegepaletten** sind von zwei Seiten unterfahrbar, **Vierwegepaletten** hingegen von allen vier Seiten. Bei Vierwegepaletten sind die Bodenbretter oder Bodenplatten abgeschrägt, damit sie besser unterfahren werden können.

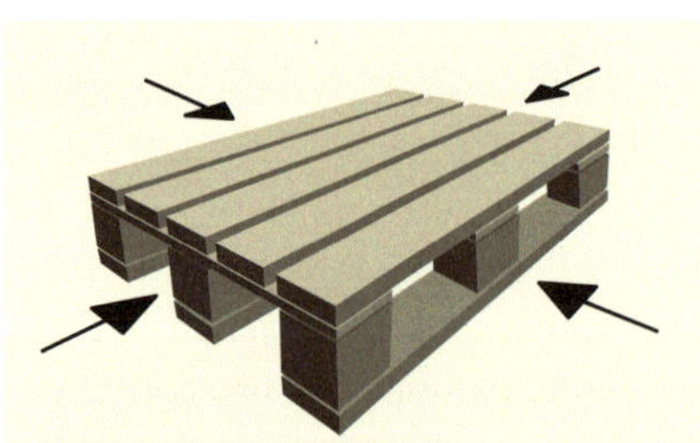

Vierwegepalette mit Füßen

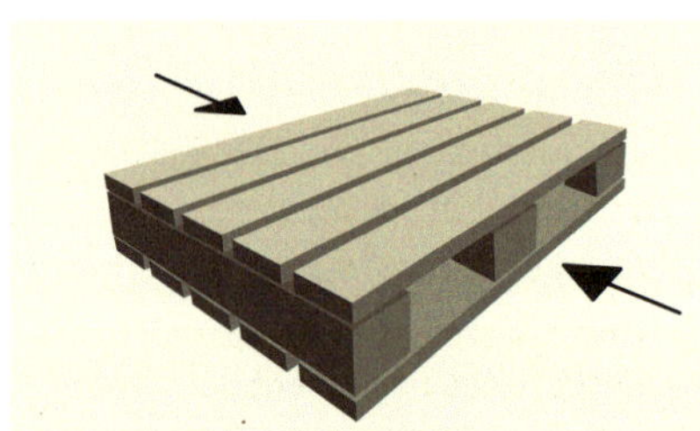

Zweiwegepalette mit Kufen

Paletten können auch aufgrund ihrer Verwendungshäufigkeit unterschieden werden. So sind Einwegpaletten und Mehrwegpaletten in der Verwendung. Die **Einwegpaletten** werden für den einmaligen Gebrauch hergestellt und sind gegenüber Belastungen anfälliger als Mehrwegpaletten. **Mehrwegpaletten** befinden sich in einem Mehrwegsystem. Der weltweit größte Tauschpool für Paletten ist der **Europalettenpool**, in dem Europaletten verwaltet werden. Spediteure oder Bahnunternehmen stellen ihre Europaletten den Mietern gegen ein geringes Entgelt zur Verfügung. Dafür garantieren sie die Reparatur und den kostenfreien Rücktransport.

Mehrwegsystem
Europalettenpool
→ LF 1, Kap. 4.1
→ LF 6, Kap. 3.1.3

Die Europalette ist UIC-genormt und entspricht den Bestimmungen der EPAL. Um die Paletten tauschbar zu machen, wurden von der EPAL eine Reihe von **Tauschkriterien** festgelegt. Wichtig sind hierbei die Kennzeichnungen auf der Palette, welche die Echtheit garantieren:

UIC
Internationaler Eisenbahnverband

EPAL
European Pallet Association e. V.

EPAL-Brandzeichnung auf dem linken Eckklotz

EUR-Brandzeichen auf dem rechten Eckklotz. Sollte es sich um eine reparierte Palette handeln, so ist sie rechts oberhalb des EUR-Kennzeichens mit einem Punkt markiert.

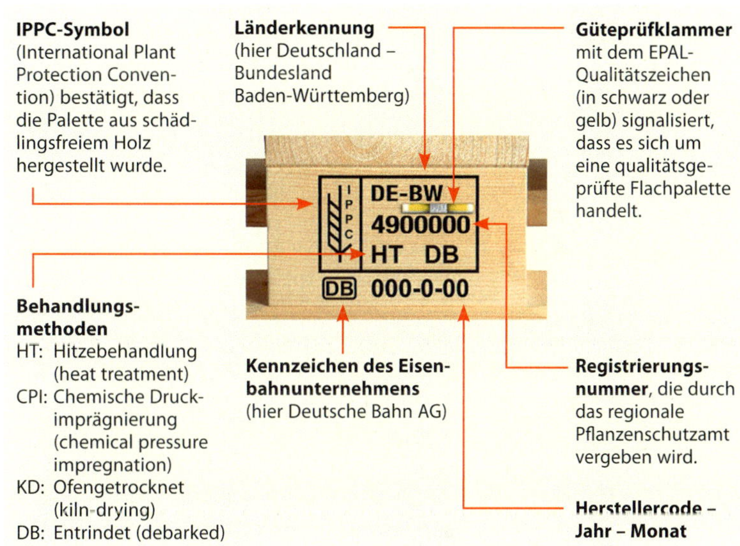

Kennzeichnung der Deutschen Bahn: Güteprüfklammer mit EPAL-Qualitätszeichen (in schwarz oder gelb) auf dem Mittelklotz

Paletten können mit verschiedenen Aufbauten ausgestattet werden. So lässt sich die Flachpalette von Rungenpaletten, Boxenpaletten und Palettentray unterscheiden.

Eine **Rungepalette** ist eine Flachpalette, an deren Ecken Posten (Rungen) angebracht sind. So bietet sie dem Packgut einen seitlichen Halt und ein druckfreies Stapeln ist möglich. Rungenpaletten eignen sich für große und sperrige Güter, die ein Behältervolumen überschreiten. Rungenpaletten sind in der Regel aus Metall.

In **Boxpaletten** werden gewöhnlich nicht stapelfähige Güter (z. B. Kleinteile) gelagert und verpackt. Es gibt sie in verschiedenen Größen und sie haben mindestens drei feste oder abnehmbare Seitenwände. Zu den Boxpaletten gehören die Vollwandpalette, die Palettenbox (Paloxen), die Gitterbox und Flachpaletten mit einem Aufsetzrahmen.

Rungenpalette

Vollwandpalette

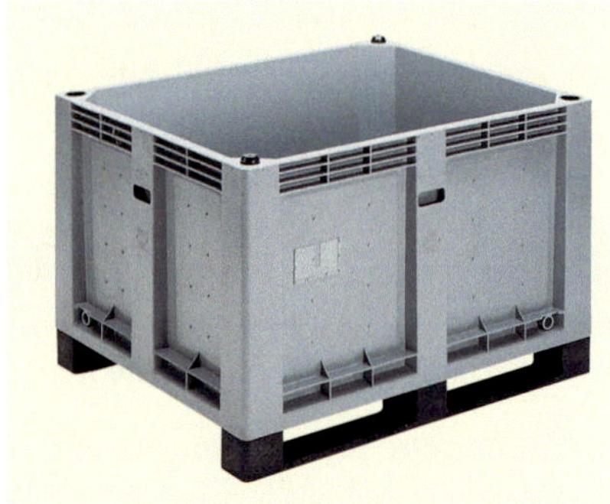

Palettenbox aus Kunststoff

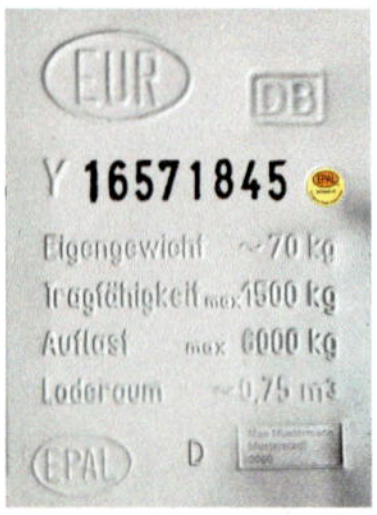

Aufschriftentafel der Eurogitterbox
Die Aufschriftentafel enthält neben technischen Informationen die Echtheitsmerkmale (EUR, Zeichen der Deutschen Bahn, Prüfsiegel) und eine Y-Nummer zur Identifizierung.

Kleincontainer
→ LF 6, Kap. 5.4

Vollwandpaletten werden aus Stahlblech hergestellt und werden auch **Stahlboxpaletten** genannt. Sie haben geschlossene Seitenwände und umschließen ihren Inhalt fest. Je nach Form sind Vollwandpaletten auch stapelbar. **Palettenboxen** werden auch **Paloxen** genannt. Sie können aus Kunststoff oder Holz bestehen. Die Seitenwände können Lüftungsschlitze haben, sodass sie sich gut für die Lagerung und den Versand von Obst und Gemüse eignen. Geschlossene Palettenboxen kommen auch bei der Aufbewahrung von Gefahrstoffen zum Einsatz, da durch ihren Aufbau ein Auslaufen von Flüssigkeiten verhindert wird.

Die **Gitterboxpalette** besteht aus einem Holzboden und an drei Seiten aus einem fest installierten Metallgitter. Die vordere Gitterwand ist abnehmbar. Gitterboxpaletten bieten den Gütern, die sich schwer stapeln lassen, einen seitlichen Halt und können mit einem Decker versehen auch als Kleincontainer eingesetzt werden. Sie werden in kleinen Unternehmen auch als Regaleinheit verwendet, um Regalkosten zu sparen. Die Eurogitterbox wird auch im Europalettenpool verwaltet.

Als Alternative zu den Gitterboxen gibt es für die Europalette auch faltbare **Aufsetzrahmen**, z. B. aus Holz. Sie sind der Palettengröße angepasst und können mehrfach übereinandergestapelt werden. Die Güter erhalten einen zusätzlichen Halt und durch ihre stabile Bauart können auf die Palette auch schwere Güter gelegt werden. Sie sind wiederverwendbar und können zusammengeklappt werden.

Das **Palettentray** ist ein Tablar oder eine Schale, das einen erhöhten Rand hat. Es kann genutzt werden, um einzelne Packgüter zu trennen, damit sie nicht aneinanderschlagen. In der Regel werden sie aus Kunststoff oder Wellpappe hergestellt.

Eurogitterbox (Außenmaße 1.240 x 835 x 970 mm)

Aufsetzrahmen

Palettentray

5.2 Die Schachtel

Umgangssprachlich werden Schachteln häufig als Karton bezeichnet. Allerdings handelt es sich bei Karton um den Packstoff und nicht um ein Packmittel. Schachteln sind die am häufigsten eingesetzten Packmittel. Sie bestehen aus Karton, Pappe oder Wellpappe und werden häufig flach zusammengelegt vom Hersteller geliefert. Es gibt Sie in vielen verschiedenen Konstruktionen und Größen. Genutzt werden sie für Stück- und Schüttgüter als Verbrauchs- sowie als Transportverpackung.

Packstoff
→ LF 6, Kap. 4

Die **Europäische Vereinigung der Wellpapphersteller** (FEFCO) und die **Europäische Organisation für Vollpappe** (ESBO) haben den sogenannten **FEFCO-Code** erarbeitet, der die Art der Schachtel, deren Gestaltung, die Maßangaben sowie Bestimmungen der Inneneinrichtung für Schachteln festlegt. Dieser Zahlencode ist international anerkannt und sprachunabhängig verständlich.

Nach der FEFCO gibt es folgende **Schachteltypen,** die in weitere Untertypen eingeteilt werden können:

- **Faltschachteln** sind meist aus einem Zuschnitt gefertigt, haben eine seitliche sogenannte Farbikkante. Diese wird geklebt, mit Draht geheftet oder durch Klebestreifen verbunden. Sie besitzt Deckel- und Bodenklappen.

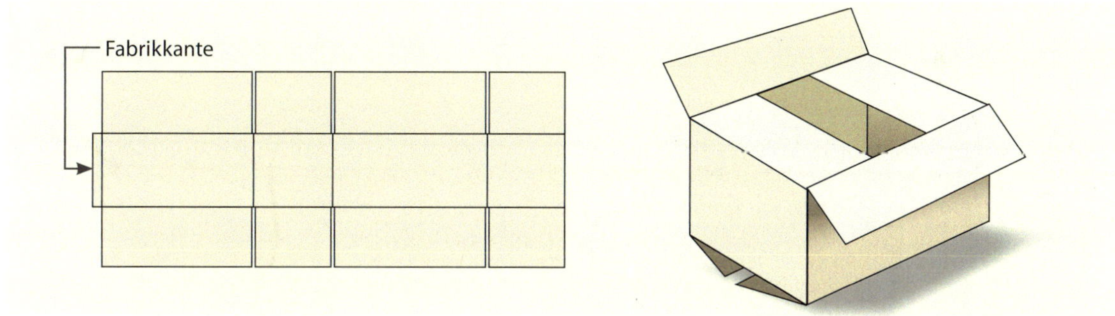

- **Deckel- oder Stülpschachteln** bestehen aus zwei oder mehreren Teilen. Der Deckel (Oberteil) wird über einen Boden (Unterteil) gestülpt.

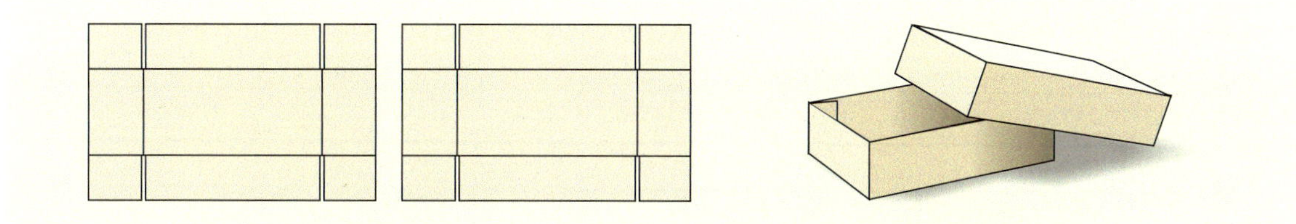

- **Falthüllen und Trays** werden häufig aus einem Zuschnitt hergestellt. Gewöhnlich müssen sie nicht geheftet oder geklebt, sondern lediglich gesteckt werden, um sie zu benutzen.

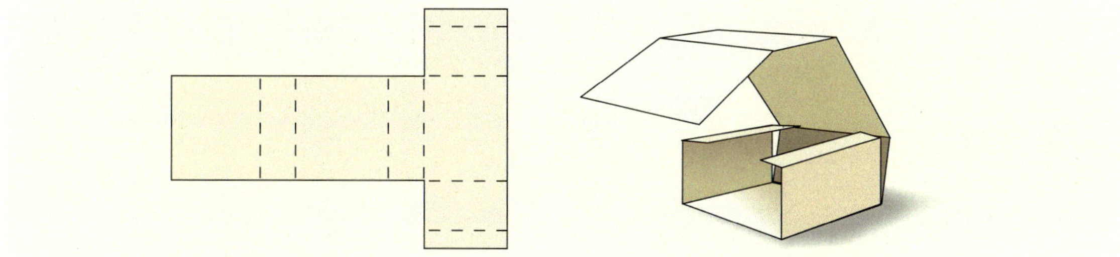

- **Schiebe- oder Gürtelschachteln** bestehen aus mehreren in verschiedenen Richtungen ineinanderschiebbaren Ringeinsätzen und Manschetten.

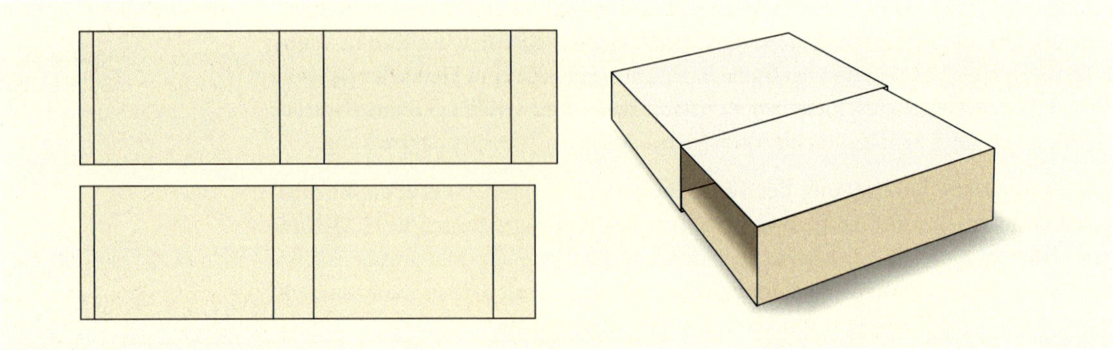

- **Formfeste Schachteln** bestehen gewöhnlich aus zwei Seitenteilen und einem Mittelteil, das Boden und Deckel bildet.

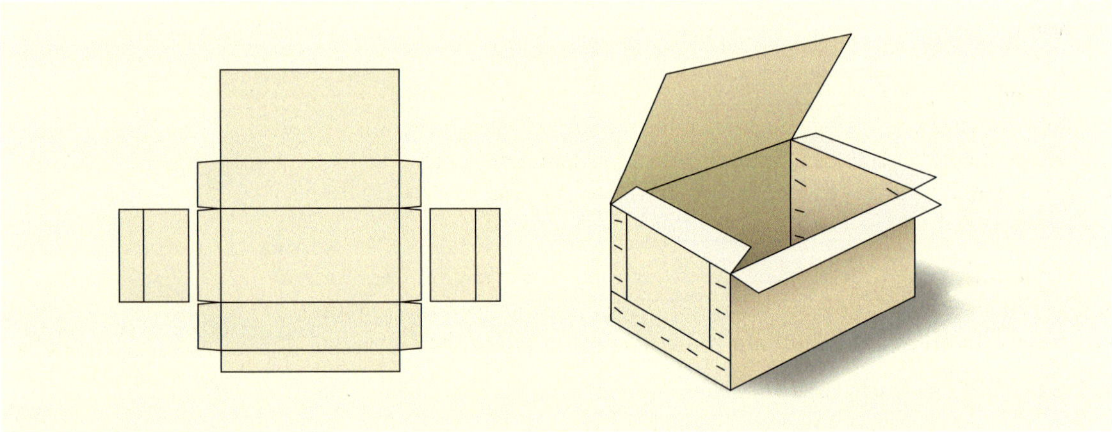

- **Fertig geklebte Schachteln** sind einteilige, faltbare Schachteln, die sich einfach aufrichten lassen.

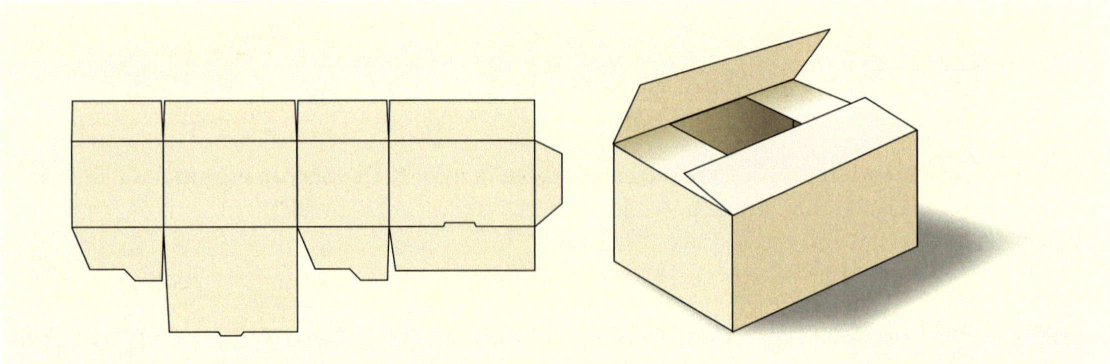

Quelle: FEFCO, Brüssel; www.fefco.org

5.3 Die Kiste

Kästen sind rechteckige, umschließende und stapelbare Packmittel, die keinen Deckel haben bzw. keinen Deckel, der fest mit dem Kasten verbunden ist. Sie werden aus Holz oder Kunststoff hergestellt und eignen sich zur Wiederverwendung und -verwertung. Sie können im Innenraum Einteilungen haben und mit Tragegriffen oder Greiflöchern ausgestattet sein. Kleinladungsträger (KLT) gehören ebenfalls zu den Kästen, können aber auch den Kleinbehältern zugeordnet werden.

Achtung:
Umgangssprachlich und von Herstellern werden Kasten und Kiste häufig gleichbedeutend benutzt.

Kleinbehälter
→ LF 6, Kap. 5.4

Flaschenkasten

Holzkasten

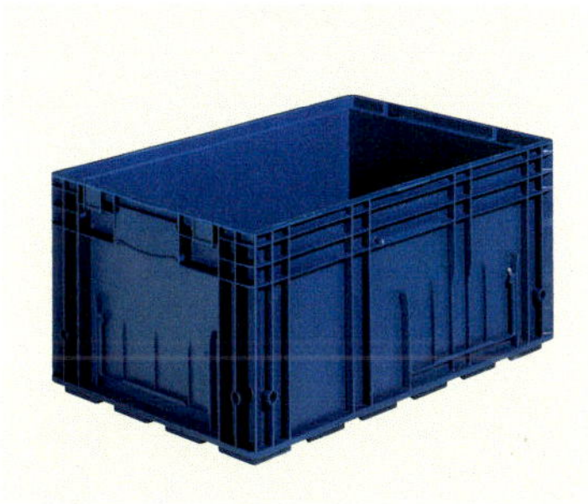

Kleinladungsträger (KLT)

Kisten sind Packmittel aus Holz. Sie haben einen Boden, zwei Seitenteile und zwei Kopfteile sowie einen Deckel, der fest mit den anderen Teilen verbunden ist. Sie haben eine hohe Stabilität und bieten dem Packgut somit einen optimalen Schutz. Es gibt Kisten, die sich falten lassen und wenig Raum einnehmen, wenn sie nicht genutzt werden.

Die Bauformen von Kisten richten sich oft nach ihrem Einsatzgebiet. Dadurch ist eine Beladung mit sperrigen und schweren Gütern meist problemlos möglich. Die nachfolgenden Grundbauformen von Kisten dürfen ein Bruttogewicht von 500 kg nicht übersteigen.

Quelle: Gesamtverband der deutschen Versicherungswirtschaft e.V. (GDV)

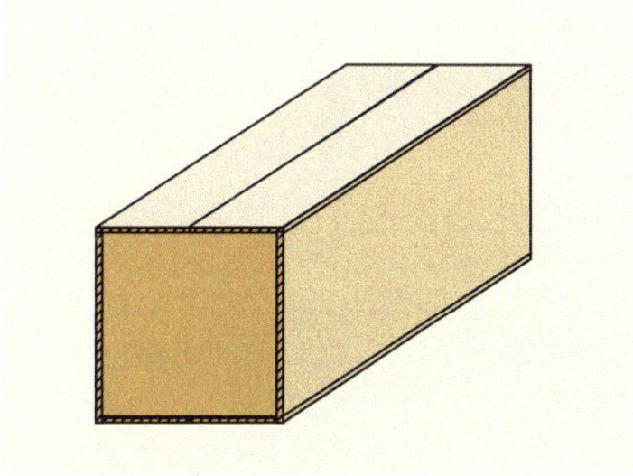

A1-Kiste ohne Leisten

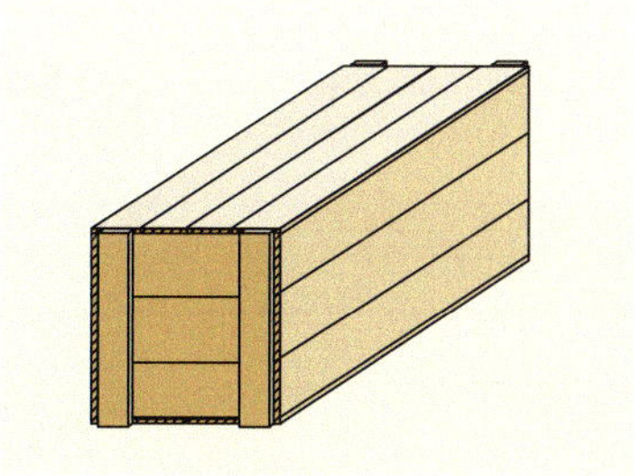

A2-Kiste mit Kopfleisten

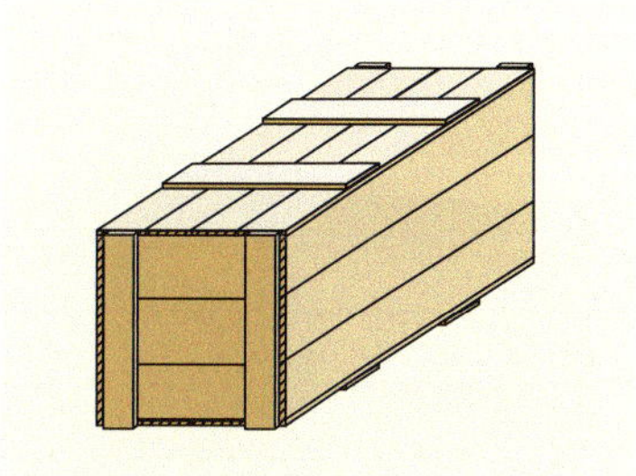

A3-Kiste mit Kopf-, Boden- und Deckelleisten

A4-Kiste mit Kopf- und Ringleiste

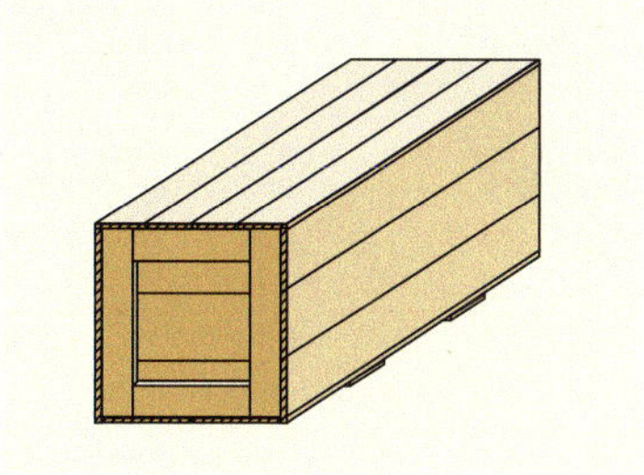

A5-Kiste mit Kopfkranzleisten

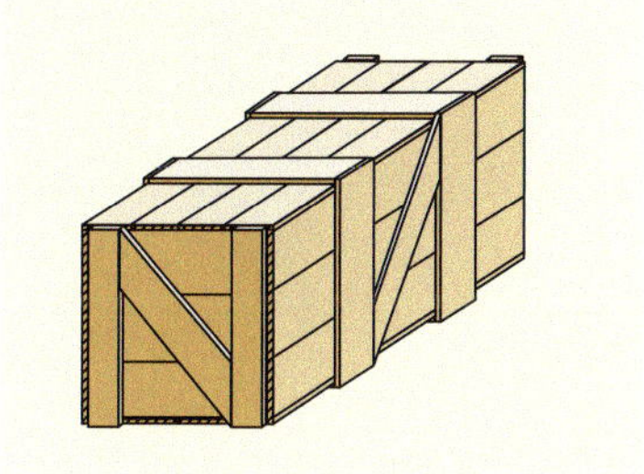

A6-Kiste mit Diagonal-, Kopf- und Ringleisten

Die Grundbauformen A1, A2 und A5 eignen sich für sogenannte **Seekisten**. Sie haben ihre Verstärkerleisten nur an den Stirnseiten oder innenliegend. Das ermöglicht eine bessere Stapelung und Ausnutzung der Laderäume auf Schiffen. Bei Luft- oder Seetransport werden die Frachtkosten neben dem Gewicht auch nach dem Rauminhalt berechnet. Lägen die Verstärkerleisten außerhalb der Kiste, wäre der Rauminhalt höher, da die Außenmaße zugrunde gelegt werden.

Frachtkosten
→ LF 9, Kap. 2

Rauminhalt
→ Anhang Mathe, Kap. 8

Flurförderzeuge
→ LF 4, Kap. 3.2.3

Inlandskisten (Grundbauformen A3, A4 und A6) haben zur Verstärkung Längsleisten. Diese werden auch Ringleisten genannt. Durch die Ringleisten ist ein Unterfahren der Kiste mit Flurförderzeugen möglich. Im Transportmittel wird für Inlandskisten mehr Raum benötigt als für Seekisten.

Werden bei der Herstellung von Kisten andere Packstoffe verwendet, z. B. Pappe, Wellpappe oder Metall, muss die Benennung Pappkiste, Wellpappkiste oder Metallkiste lauten.

Wellpappkisten gibt es in verschiedenen Ausführungen. Die Hersteller bieten sie z. B. unter dem Namen Paltainer, Welltainer, PAL-Box oder X-Ply an. Alle Wellpappfaltkisten können zusammengelegt werden und sparen so bei der Lagerung Platz. Sie lassen sich gut bedrucken und bekleben, so können verschiedene Informationen und Werbung aufgebracht werden. Sie besitzen im Gegensatz zu Kisten ein geringes Verpackungsgewicht, sind größtenteils wiederverwendbar, günstig in der Anschaffung, stabil und stapelbar. Aufgrund ihres Packstoffes können sie leicht recycelt werden. Allerdings sind sie witterungsempfindlich und können schneller kaputt gehen als Kisten.

Aluminiumkisten werden auch **Collico** genannt. Sie sind nach ihrem Hersteller benannt und eignen sich für wertvolle und empfindliche Güter, da sie verschlossen werden können. Collicos werden gemietet, sodass Anschaffungskosten entfallen. Die Monatsmiete fällt nur für die Dauer der Verwendung an.

Paltainer

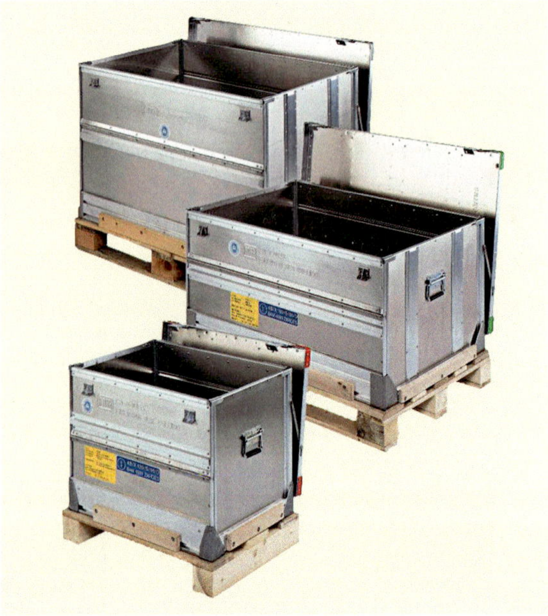

Collico

5.4 Die Kleinboxen

Kleinbehälter können aus Kunststoff oder Metall sein. Sie sind rechteckig und es gibt sie in vielen verschiedenen Ausführungen und Größen. Sie können z. B. faltbar, klappbar, stapelbar, nestbar, rollbar und mehrfach verwendbar sein. Es gibt sie mit oder ohne Deckel. Sie sind nicht unterfahrbar. Kleinbehälter dienen zum Transport und zur Lagerung von Schütt- und Stückgütern. Nachfolgend werden einige Kleinbehälter vorgestellt.

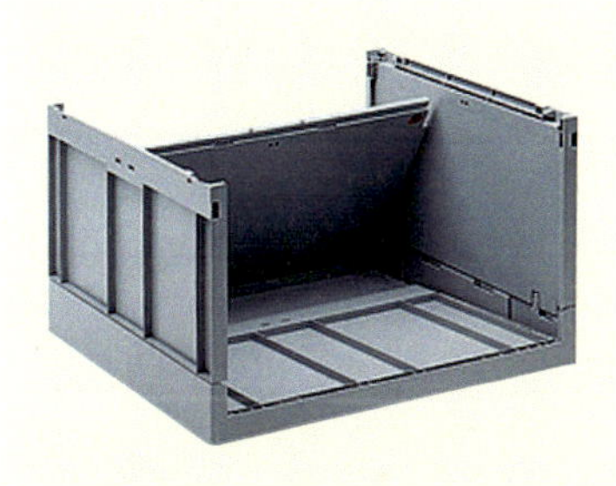

Faltbehälter

Klappbehälter

Stapelbare Behälter

Konischer Behälter mit Stapelbügel

Ineinandergestapelte Drehstapelbehälter

Aufeinandergestapelte Drehstapelbehälter

Faltbehälter können an den gegenüberliegenden Seiten eingeknickt (gefaltet) werden. Bei **Klappbehältern** werden die Seiten nach innen geklappt. Beide Behälter typen können platzsparend gelagert werden.

Stapelbare Behälter lassen sich im leeren wie auch im gefüllten Zustand übereinanderstapeln. Sie nehmen daher viel Raum ein, wenn sie ungefüllt gelagert oder transportiert werden.

Nestbare Behälter lassen sich hingegen im leeren Zustand ineinanderstapeln. Sie bilden dann im Grunde ein Nest und tragen daher die Bezeichnung nestbar. Es gibt konische Behälter und Drehstapelbehälter. Sie unterscheiden sich nach dem Prinzip des Ineinanderstapelns. **Konische Behälter**, wie z. B. Pappbecher lassen sich einfach ineinanderstapeln, da sie oben breite und länger sind als unten. Sollen sie übereinandergestapelt werden, benötigen sie einen Deckel oder einen Stapelbügel. **Drehstapelbehälter** können ebenfalls einfach ineinandergestapelt werden. Die Seitenwände besitzen allerdings verschiedene Wölbungen, sodass sie sich durch Drehung von 180° auch ohne Deckel übereinandergestapelt lassen. Die Wölbungen passen dann ineinander und der obere Behälter rutscht in den unteren.

Euro-Behälter gibt es in verschiedenen Größen. Sie sind so abgemessen, dass sie auf Europaletten gestapelt werden können.

5.5 Die Großboxen (Container)

Frachtcontainer
nachfolgend wird auch nur von Container gesprochen

Frachtcontainer sind große, stabile, quaderförmige Transportbehälter. Sie gehören zu den Großpackmitteln und werden vorwiegend zum Transport sowie zur Lagerung eingesetzt. Das Wort Container stammt aus dem Englischen und bedeutet Behälter. Zur gemeinsamen Beförderung können Container mehrere Güter unterschiedlicher Form und Größe aufnehmen. Sie werden aus Stahl hergestellt und manche haben einen Holzboden. Durch die robuste Bauweise sind eine unkomplizierte Handhabung, Stapelung und die wiederholte Verwendung möglich. Außerdem können einige Frachtcontainer sicher verschlossen werden. Sie können von Unternehmen gekauft oder von Speditionen, Reedereien, Bahnunternehmen und der Luftfrachtgesellschaft geliehen werden.

Verkehrsmittel
→ LF 9, Kap. 1

Es gibt Container in verschiedenen Formen und Funktionen. Ihre Größe ist meistens genormt. Durch internationale Standardmaße wird es möglich, dass eine einfache und schnelle Umladung von einem Verkehrsmittel (Schiff, Bahn, Lkw, Flugzeug) auf ein anderes möglich ist. Der Vorteil beim Einsatz von Containern besteht darin, dass mehrere Packstücke, die sich in dem Container befinden, durch einen einzigen Vorgang gleichzeitig umgeladen werden können. Die Beförderung von Gütern kann so rationalisiert werden, die Handlungskosten sowie die Be- und Entladezeiten sinken.

5.5.1 Containergrößen

nichtmetrische Maße
→ Anhang Mathe, Kap. 2

Foot (engl., Fuß)
Abkürzung: ft oder '
1 ft = 30,48 cm
Inch (engl., Zoll)
Abkürzung: in oder "
1 ft = 12 in
1 in = 2,54 cm

Als Längenmaß für Container dient die englische Maßeinheit Foot (Plural: feet). Für die Umrechnung in metrische Maßeinheiten gilt: 1 ft = 30,48 cm. Eine Untereinheit des Foot ist das Inch (im Deutschen Zoll). Es gilt: 1 ft = 12 Inch und 1 Inch = 2,54 cm.

Die gebräuchlichsten Containergrößen sind der **20-Fuß-Container** und der **40-Fuß-Container**. 20-Fuß-Container werden auch Twenty-Foot-Equivalent-Unit, abgekürzt **TEU**, genannt. 40-Fuß-Container heißen Forty-Foot-Equivalent-Unit, kurz **FEU**.

→ Ein Containerschiff mit einer Ladekapazität von 3.000 TEU kann 3.000 Standardcontainer mit einer Länge von 20 ft transportieren.

Diese Standardcontainer wurden von der **International Organziation for Standardization (ISO)** genormt. Die Außenmaße sind in der ISO 668 festgelegt.

Container	Außenmaß (L x B x H) in m	Innenmaß (L x B x H) in m	Türöffnung (B x H) in m	Rauminhalt in m³	Gesamtgewicht in kg
20'-Container	6,058 x 2,438 x 2,591	5,867 x 2,330 x 2,350	2,343 x 2,280	33,081	24.000
40'-Container	12,192 x 2,438 x 2,591	11,998 x 2,330 x 2,350	2,343 x 2,280	67,342	30.480
Diese Abmessungen variieren von Hersteller zu Hersteller um einige Millimeter. Sie orientieren sich aber alle an den genannten Angaben. Neben diesen Standardcontainern gibt es zahlreiche weitere Containergrößen, z. B. 10'-, 30'- und 45'-Container. Auch in der Höhe können sich Container unterscheiden.					

5.5.2 Container für verschiedene Transportwege

Eine weitere Unterscheidung der Container ist nach ihrem Einsatzgebiet möglich. Es gibt Überseecontainer, Binnencontainer und Luftfrachtcontainer. **Überseecontainer** werden auch **ISO-Container** genannt. Sie werden weltweit eingesetzt, z. B. im internationalen Verkehr mit Containerschiffen. Sie können bis zu neunfach übereinandergestapelt werden. Die Sicherung auf den Schiffen oder anderen Verkehrsmitteln erfolgt mit sogenannten **Twistlocks**. Diese werden in die Eckbeschläge des Containers eingesetzt und durch Drehung um 90° fest mit dem Transportmittel bzw. einem anderen Container verbunden.

Abmaße von Standardcontainern

Die ISO-Container sind nicht auf die europäischen Palettenmaße und die in Europa zulässige Lkw-Breite abgestimmt. Aufgrund dieser Nachteile wurde der **Binnencontainer** entwickelt, der in Europa eingesetzt wird. Es gibt ihn in 10, 20, 30 und 40 Fuß Länge und 2,5 m Breite. Dadurch kann die Ladefläche für Paletten gesteigert werden. Binnencontainer können allerdings nur dreifach gestapelt werden. Sie haben aber die gleichen Eckbeschläge wie ISO-Container. So wird sichergestellt, dass die Umschlagmittel (Containerstapler und -kräne), die für ISO-Container verwendet werden, ebenfalls genutzt werden können. Die Binnencontainer werden in Deutschland jedoch immer stärker von den Wechselaufbauten verdrängt.

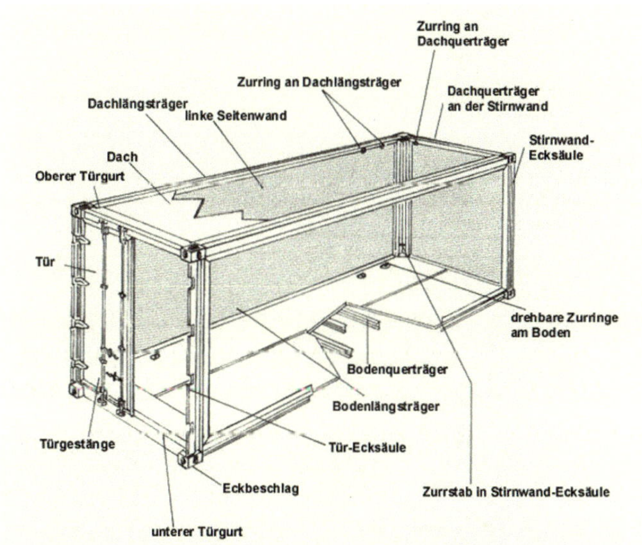

Bauteile eines Containers

Da ISO-Container und Binnencontainer nicht die zulässigen Längenmaße europäischer Lkws ausnutzen, wurden **Wechselaufbauten** entwickelt. Sie werden je nach Ausgestaltung auch Wechselbrücken, Wechselbehälter oder Wechselkoffer genannt. Im Gegensatz zu den Binnencontainern verfügen Wechselaufbauten über einklappbare Stützen (Beine). Diese machen es möglich, dass ein Wechselaufbau beladen werden kann und dann auf dem Containersammelplatz abgestellt wird. Beim Abholen durch einen Lkw ist ein schnelles Aufnehmen des Wechselaufbaus ohne weitere Hilfsmittel möglich. Im Normalfall können Wechselaufbauten jedoch nicht gestapelt werden. Die genormten und gängigsten Längen (Außenmaße) der Wechselaufbauten sind 7,15 m, 7,45 m und 7,82 m. Ihre Breite beträgt 2,55 m und die Höhe 2,67 m.

Vergleich der maximalen Palettenaufnahme von ISO Container, Binnencontainer und Wechselbehälter
→ LF 8, Kap. 3.1.3

Container-Check beim Beladen
→ LF 6, Kap. 3.1.4

Wechselaufbau

Verladener Luftfrachtcontainer

Aufgrund der hohen Transportkosten und der geringen Ladekapazitäten soll der in Flugzeugen vorhandene Stauraum möglichst optimal ausgenutzt werden. Aus diesem Grund sind die Container, die im Luftverkehr verwendet werden, stark an das Verkehrsmittel angepasst. **Luftfrachtcontainer** sehen anders aus als alle bisherigen Container. Sie sind speziell an die Form von Flugzeugladeräumen angepasst. Es gibt sie für verschiedene Flugzeugtypen in unterschiedlichen Größen und Ausführungen. Sie bestehen meist aus einem Aluminiumaufbau in Kombination mit diversen Kunststoffen. Je nach Frachtgut können Luftfrachtcontainer genau wie die zuvor genannten Container ventiliert, klimatisiert oder isoliert sein. Luftfrachtcontainer werden im internationalen Versand als ULD-Container bezeichnet und sind von der IATA normiert.

ULD
Unit Load Devices

IATA
International Air Transport Assosiation = Internationale Flug-Transport-Vereinigung

Verschiedene Luftfrachtcontainer

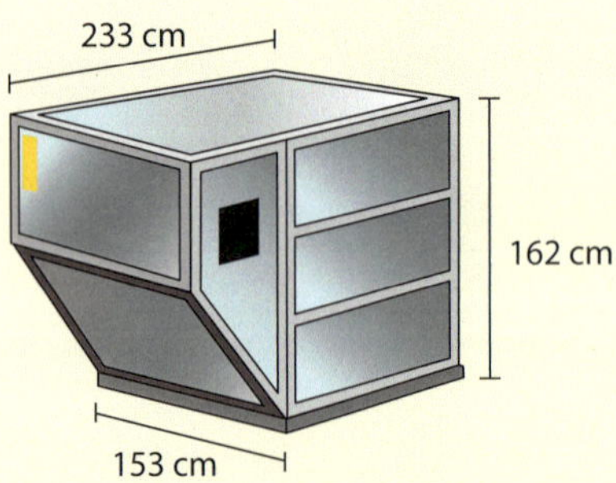

AKC Contoured Container

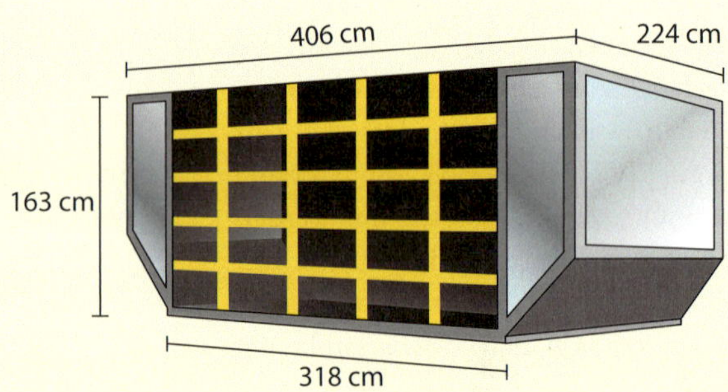

AAF Container

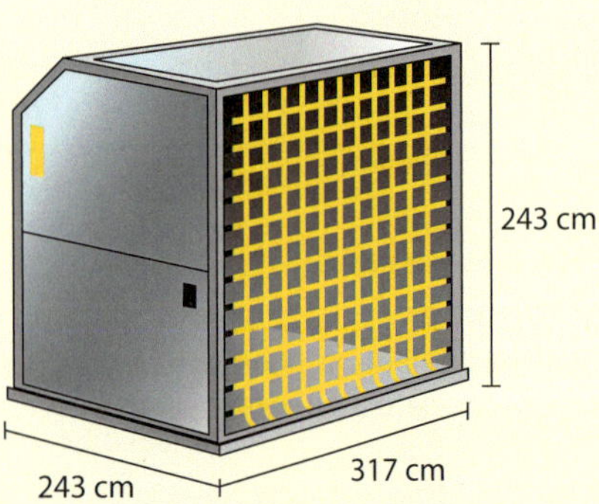

AMD Contoured Container

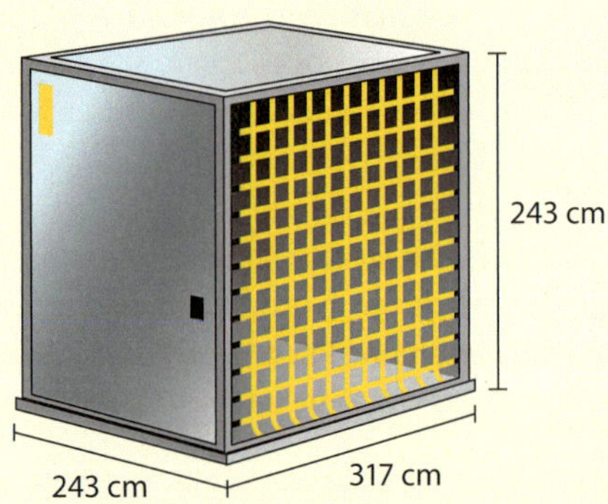

AMA Rectangular Container

5.5.3 Containerbauarten

Container können nicht nur nach ihrer Größe und ihrem Einsatzgebiet unterschieden werden, sondern auch nach ihrer Bauart.

Containerbezeichnung	Beschreibung
Standardcontainer 	Rundum geschlossene Box mit in der Regel einer, evtl. zwei Stirntüren. Sonderformen haben Seitentüren. Sie bestehen aus Stahl und haben manchmal einen Holzboden. Sie eignen sich für den Versand von trockenen Stückgütern.
Hard-Top-Container 	Dieser Container besitzt wie der Standardcontainer einen Fußboden und Stahlwände. Er hat allerdings ein abnehmbares Stahldach, das eine Be- und Entladung von oben, z. B. mit einem Kran, möglich macht. Die Ladung darf hier die Höhe des Containers überragen. Er ist dann nicht mehr stapelbar.
Open-Top–Container 	Dieser Container hat im Vergleich zum Hard-Top-Container ein abnehmbares Planedach.
High–Cube–Container 	Diese Container sind genauso beschaffen wie die Standardcontainer, jedoch sind sie höher als diese gebaut (9 ft 6 in). Sie eignen sich für den Transport von leichten und voluminösen sowie von Gütern mit Überhöhe bis maximal 2,70 m.
Ventilierter Container 	Dieser Container verfügt bei passiver Belüftung über Belüftungsschlitze in den Dachlängsträgern. Bei aktiver Belüftung wird der Container durch Ventilatoren belüftet. Er wird für Güter verwendet, die während des Transports belüftet werden müssen, z. B. Rohkaffee. Er wird deshalb auch als Kaffeecontainer bezeichnet.
Isolierter-Container 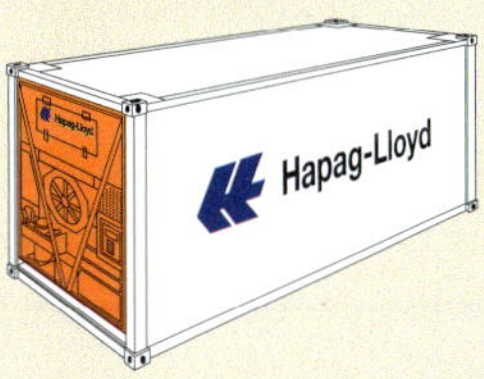	Diese Container können mit Heiz-, Kühl- oder Klimaanlagen ausgestattet sein. Somit bieten sie vielen Gütern eine optimale Versorgung, um die Ver- und Gebrauchseigenschaften zu erhalten. Sie eignen sich z. B. für Ost, Gemüse und Fleisch.

Containerbezeichnung	Beschreibung
Flat-Rack-Container 	Dieser Container besitzt nur eine Grundfläche aus Stahl sowie Front- und Heckwände. Durch den Verzicht von Seitenwänden können überbreite Ladungen aufgebracht werden, z. B. Verrohrungen für den Schachtbau.
Flatcontainer 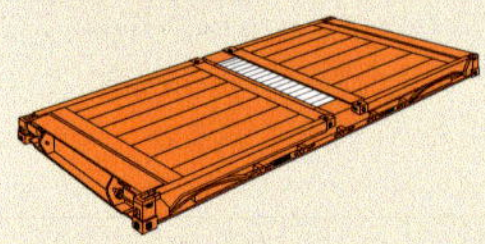	Dieser Container wird auch Plattform-Container genannt. Er besitzt keine Aufbauten wie z. B. der Flat-Rack-Container. Bei der Ladung von Gütern ist man hier bei Form und Größe der Ladung flexibler.
Bulk-Container 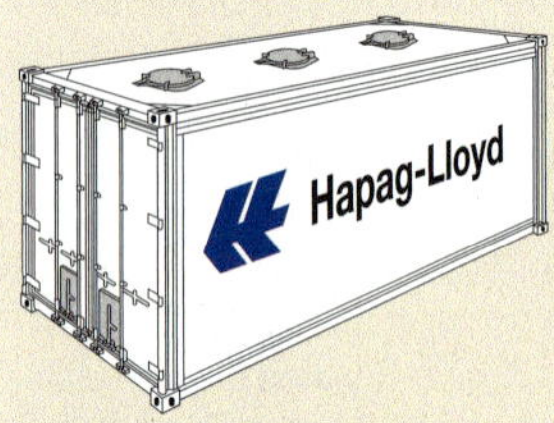	Diese Container haben im Dach bis zu drei Einfüllöffnungen, welche das Befüllen von oben mit Schüttgütern zulassen. An den Türen haben sie zwei Auslaufvorrichtungen für z. B. Getreide.
Intermediate-Bulk-Container 	Diese Container dienen ebenfalls der Aufnahme von flüssigen und rieselfähigen Stoffen, z. B. Chemikalien, pharmazeutische Produkte und Lebensmittel. Es gibt sie auch für den Transport von Gefahrstoffen und in den verschiedensten Ausführungen und Größen.
Tank-Container 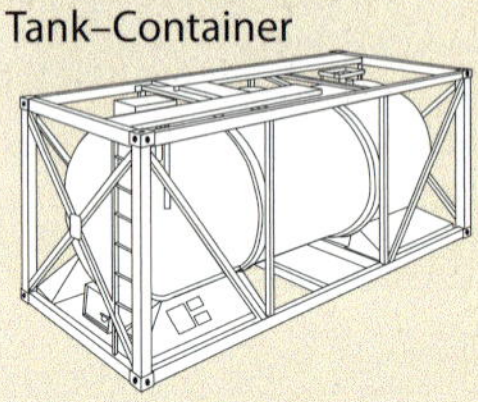	Dieser Container hat eine zylindrische Form, die mit einer Stahlkonstruktion mit ISO-Abmessungen umgeben ist. Er eignet sich besonders gut für die Aufnahme von flüssigen Schüttgütern und Gefahrstoffen der Klasse 3.

Gefahrstoffe
→ LF 6, Kap. 7.4

Gefahrgütertransport
→ LF 8, Kap. 7–10

5.5.4 Containermarkierungen

Eigentümerschlüssel — Registriernummer

Produktgruppenschlüssel — Prüfziffer

Jeder Container besitzt eine Markierung. Diese besteht aus vier Großbuchstaben und einer Seriennummer aus sechs Ziffern plus einer Kontrollziffer. Die ersten drei Buchstaben kennzeichnen den Eigentümer des Containers, der vierte den Typ. Die Buchstabenkombination für den Eigentümerschlüssel ist einmalig und muss beim Internationalen Büro für Container in Paris (Bureau International des Containers, BIC) registriert werden. Der vierte Buchstabe für den Typ ist bei allen Containern ein U.

Pound (engl., Pfund)
Abkürzung: lb
1 lb = 0,45359237 kg

In der Regel werden zusätzlich zu dem Identifizierungscode auch noch das maximale Gesamtgewicht, das Containergewicht (Tara) und das maximale Ladegewicht (Cargo) in kg und häufig zusätzlich in der angloamerikanischen Gewichtseinheit pound angegeben.

5.6 Sonstige Packmittel

In der Top Bike GmbH werden Lacke in Fässern angeliefert, da die Abnahmemenge groß ist. Handelt es sich um kleine Gebinde zur Ausbesserung, werden Lacke in Dosen mit je 850 ml bestellt. Die verwendeten Klebstoffe in der Fertigung werden in Kunststoffeimern geliefert. Die Fahrradbekleidung ist in Beutel verpackt.

Neben den bereits vorgestellten Packmitteltypen gibt es noch weitere, die sich nicht oder zum Teil nicht eindeutig in die oben dargestellten Grundtypen einordnen lassen. Dazu gehören z. B. Beutel, Dosen, Einschlag, Fässer, Flaschen, Steigen, Verschläge und Kantholzkonstruktionen.

Beutel

Sack

Netzbeutel

Beutel und Säcke

Beutel und Säcke werden zum Verpacken von Schüttgütern, für pastöse und flüssige Packgüter sowie für einzelne Stückgüter verwendet und sind ein kostengünstiges Packmittel. Sie werden aus flexiblen Packstoffen wie Papier, Textilien, Kunststoff- und Aluminiumfolien hergestellt und können gefaltet werden. In der Regel sind sie rechteckig und nur einmalig verwendbar. Beutel und Säcke können aus einer oder mehreren Lagen Packstoff bestehen, dadurch werden sie stabiler.

Packstoffe
→ LF 6, Kap. 4

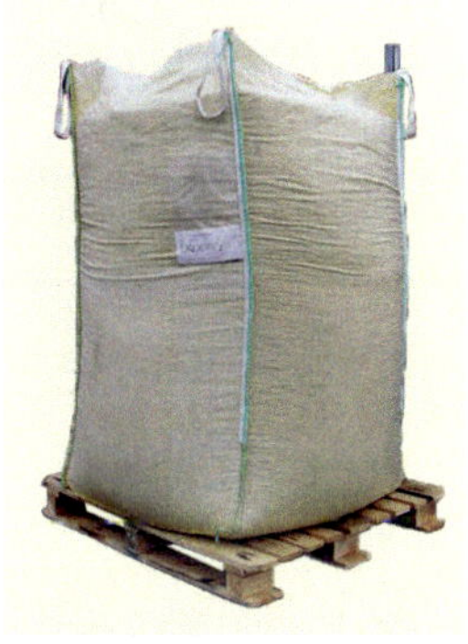

Big-Bag

Der Beutel ist kleiner als der Sack. Es wird von einem Beutel gesprochen, wenn dieser im gefalteten Zustand eine Fläche kleiner 2.700 cm² hat. Auch **Netze** (Netzbeutel) gehören zu den Beuteln, sie sind aus nichtvollflächigen Packstoffen hergestellt.

Ein wiederverwertbares Großpackmittel ist der **Big-Bag**. International gebräuchlich ist für diesen Sack die Abkürzung **FIBC** (Flexible Intermediate Bulk Container). Big-Bags bestehen aus Kunststoffgewebe und besitzen Henkel, sie können so vom Gabelstapler angehoben und transportiert werden. Sie besitzen eine Traglast bis 2 t.

Dosen

Dosen werden hauptsächlich zum Verpacken von pastösen und flüssigen Packgütern verwendet. Sie sind formstabil, in der Regel zylindrisch und können aus Glas, Aluminium, Weißblech oder Kartonverbundstoffen hergestellt werden. Eingesetzt werden Dosen bis zu einem Volumen von zehn Litern. Sie erfordern immer einen Deckel als Verschließmittel und sind gewöhnlich nur einmal verwendbar.

Einschlag

Der Einschlag ist ein flächiger Packstoffzuschnitt aus Papier oder Kunststoff, der Stückgüter umhüllt. In der Regel wird der Einschlag eng am Packgut angelegt. Handelt es sich aber um Schrumpffolie, kann diese locker anliegen, da durch das Schrumpfen das Packgut eng umhüllt wird.

Schrumpffolie
→ LF 6, Kap. 6.3

Fässer

Fässer sind bauchige, zylindrische und rollbare Packmittel, die verschlossen werden können. Sie eignen sich sowohl für flüssige als auch für feste Stoffe. Sie können auch für Gefahrstoffe geeignet sein. Hergestellt werden sie aus Kunststoff, Metall und selten aus Holz.

Gefahrstoffe
→ LF 6, Kap. 7.4

Flaschen

Flaschen werden für flüssige und pastöse Packgüter verwendet. Sie sind meist aus Glas oder Kunststoff. Es gibt sie aber auch aus Metall für unter Druck stehende bzw. druckverflüssigte Gase. Sie benötigen genauso wie Dosen ein Verschließmittel und eignen sich für die Einweg- und für die Mehrwegnutzung.

Dose aus Glas

Dose aus Blech

Dose aus Kartonverbundstoff

Kunststofffass

Stahlblechfass

Holzfass

Glasflaschen

Kunststoffflaschen

Metallflasche

Steige aus Kunststoff

Steige aus Holz

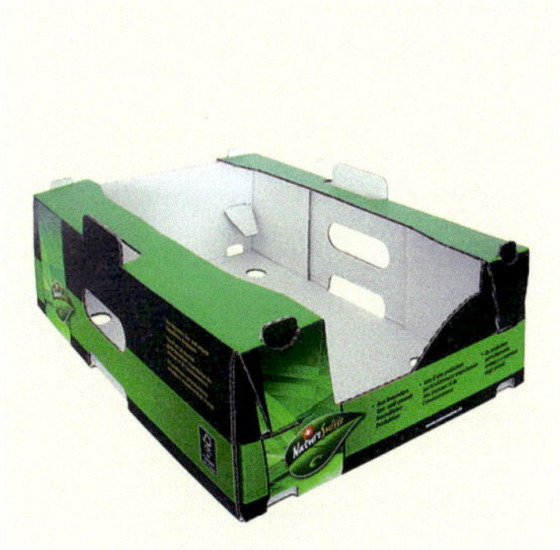

Steige aus Wellpappe

Steigen können aus Holz, Karton, Wellpappe oder Kunststoff hergestellt werden. Sie dienen in erster Linie dem Transport von leichten bis mittelschweren Gütern. Durch ihre Bauart lassen sie eine Einsichtnahme auf das Gut zu. Das Gut wird während des Transportes und der Lagerung ausreichend belüftet. Steigen sind gut geeignet für die Lagerung und den Transport von Obst, Gemüse und Pflanzen. Sie können gut auf Paletten gestapelt werden. Bestimmte Steigen eignen sich auch zur mehrmaligen Verwendung. Allerdings sind sie durch ihre Leichtbauweise nicht so stabil wie z. B. Kisten.

Steigen werden häufig auch Harass genannt.

Kiste
→ LF 6, Kap. 5.3

Der **Verschlag** ist eine offene Rahmenkonstruktion aus Holzbrettern. Er eignet sich als Packmittel für sperrige und sehr schwere Güter und ist relativ kostengünstig. Oft werden Verschläge als Einwegverpackungen für Glas-, Wand- oder Steinplatten, sanitäre Einrichtungen, Maschinenteile oder Kunstgegenstände genutzt. Auch hier ist eine Einsichtnahme auf das Gut ebenso möglich wie eine Belüftung.

Die **Kantholzkonstruktion** wird nicht als vorgefertigte Einheit verkauft, sondern jeder Ladung individuell angepasst. Sie eignet sich besonders gut für den Transport von schweren und sperrigen Gütern. Sie umschließt das Packgut nur teilweise. Dies macht eine zusätzliche Sicherung der Ladung nötig. Nach der Benutzung kann das Kantholz bis zur nächsten Verwendung aufbewahrt werden.

Verschlag

Kantholzkonstruktion

ALLES KLAR?

1 Sie sollen den Versand von Packstücken auf Europaletten vorbereiten. Die Packstücke sollen auf die Palettenmaße abgestimmt sein. Welche Palettenmaße sind für eine Euro-Flachpalette richtig?
- **a** Europaletten haben die Grundmaße 1.000 x 1.200 x 100 mm.
- **b** Europaletten haben die Grundmaße 1.200 x 1.200 x 140 mm.
- **c** Europaletten haben die Grundmaße 1.200 x 1.000 x 140 mm.
- **d** Europaletten haben die Grundmaße 1.200 x 800 x 140 mm.
- **e** Europaletten haben die Grundmaße 1.200 x 600 x 10 mm.

2 Die CHEP-Palette unterscheidet sich von anderen Flachpaletten. Welche Beschreibung ist hier richtig?
- **a** Die CHEP-Palette besteht aus Sperrholz.
- **b** Die CHEP-Palette besteht aus Weich- und Hartholzbrettern, Kunststoffstücken und Stahlwinkeln.
- **c** Die CHEP-Palette besteht aus Kunststoff.
- **d** Die CHEP-Palette besteht aus einer Kunststoff-Holz-Kombination.
- **e** Die CHEP-Palette besteht aus Metall.

3 Paletten werden aufgrund ihrer Einsetzbarkeit unterschieden. Welche besondere Aussage trifft auf eine Vierwegepalette zu?
- **a** Eine Vierwegepalette kann von allen vier Seiten beladen werden.
- **b** Eine Vierwegepalette kann von allen vier Seiten unterfahren werden.
- **c** Eine Vierwegepalette kann vierfach gestapelt werden.
- **d** Eine Vierwegepalette kann in alle vier Richtungen transportiert werden.
- **e** Eine Vierwegepalette kann von allen vier Seiten getragen werden.

4 Welche Aussagen zu Europalettenpool sind richtig?
- **a** mehrfach verwendbar
- **b** haben Aufsetzrahmen für den seitlichen Halt der Güter
- **c** können innerhalb des Pools getauscht werden
- **d** können gemietet werden

5 Welche der folgenden Aussagen treffen auf Aufsetzrahmen zu?
- **a** Aufsetzrahmen bilden mit der Palette zusammen eine Lager- und Versandeinheit.
- **b** Aufsetzrahmen sind Einwegpackmittel.
- **c** Aufsetzrahmen geben der Ware einen zusätzlichen Halt.
- **d** Aufsetzrahmen sind nur für sehr leichte Güter geeignet.
- **e** Aufsetzrahmen müssen nach dem Gebrauch gesondert entsorgt werden.

6 Welche der zwei folgenden Packmittel sind Mehrwegverpackungen?
- **a** Papiertüten
- **b** Holzkisten
- **c** Kunststoffbehälter
- **d** Plastiktüten
- **e** Styroporteilchen

7 Welcher der folgenden Typen ist kein Schachteltyp?
- **a** formfeste Schachtel
- **b** Deckelschachtel
- **c** Drehschachtel
- **d** fertig geklebte Schachtel
- **e** Faltschachtel

8 Was wird unter einem Welltainer verstanden?
- **a** eine Holzkiste mit den Abmaßen einer Palette
- **b** ein Wellpappbehälter, der auf einer Palette zusammenlegbar und durch Umreifung mit ihr verbunden ist
- **c** ein Wellpappcontainer mit Kunststoffstopfen
- **d** eine Wellpappfaltkiste auf Einwegpressholzpaletten
- **e** eine zusammenlegbare Holzkiste für den Überseetransport

ALLES KLAR?

9 Sie sollen Güter für den Überseetransport in einem Collico versandfertig verpacken. Was für ein Packmittel wählen Sie aus?
- **a** eine Holzkiste, die mit Teerpapier ausgelegt ist
- **b** eine Holzkiste mit innen liegenden Ringleisten
- **c** eine zusammenlegbare Holzkiste aus Sperrholz
- **d** eine zusammenlegbarer Behälter aus Kunststoff
- **e** eine zusammenlegbare Schachtel mit Kunststoffstopfen

10 Welchen Vorteil bietet der Collico gegenüber einer Faltschachtel?
- **a** Collicos können nur einmal eingesetzt werden.
- **b** Collicos können bei Speditionen ausgeliehen werden.
- **c** Collicos sind grüne Packmittel.
- **d** Collicos sind begrenzt stapelbar.

11 Welchen Vorteil haben Drehstapelbehälter gegenüber anderen Behältern?
- **a** Durch den Einsatz von Drehstapelbehältern kann das Leervolumen stark verringert werden.
- **b** Durch den Einsatz von Drehstapelbehältern wird das Leervolumen erhöht.
- **c** Drehstapelbehälter werden über einen Pool angeboten.
- **d** Durch die Verwendung von Drehstapelbehältern kann wertvolles Gut gesichert transportiert und gelagert werden.
- **e** Durch die einmalige Verwendung von Drehstapelbehältern kann der Behälter umweltgerecht entsorgt werden.

12 Welche Aussagen zum konischen Behälter sind richtig?
- **a** Ein konischer Behälter verjüngt sich nach oben hin.
- **b** Ein konischer Behälter lässt sich über eine Zahlenkombination verschließen.
- **c** Ein konischer Behälter ist ohne Hilfsmittel nicht stapelbar.
- **d** Ein konischer Behälter verjüngt sich nach unten hin.
- **e** Ein konischer Behälter kann nur für den Export eingesetzt werden.

13 Welche der folgenden Packmittel gehören zu den sogenannten grünen Packmitteln?
- **a** Kunststoff-Faltbox
- **b** Harras
- **c** Schachtel
- **d** Collico
- **e** Kantholzkonstruktion

14 Containergrößen werden in Fuß angegeben. Wie viele cm sind ein Fuß?
- **a** 20,35 cm
- **b** 38,47 cm
- **c** 28,48 cm
- **d** 30,48 cm
- **e** 30,58 cm

15 Container werden aufgrund ihres Einsatzgebietes unterschieden. Bei welchem Container handelt es sich nicht um einen Überseecontainer?
- **a** Container, die innerhalb der Landesgrenzen eingesetzt werden
- **b** Standartcontainer der Größe 20'
- **c** Kühlcontainer der Größe 40'
- **d** Container, die überwiegend im grenzüberschreitenden Verkehr eingesetzt werden
- **e** Wechselaufbau

16 Was ist unter einem Binnencontainer zu verstehen?
- **a** ein Kleinbehälter für die Lagerung in einem Unternehmen
- **b** ein Transportbehälter für den Überseeverkehr
- **c** ein Frachtcontainer für den Versand innerhalb der Landesgrenzen
- **d** ein Gitterboxbehälter für den Versand per Schiff
- **e** ein Frachtcontainer für den Versand per Express

17 Welche der folgenden Aussagen trifft auf Wechselaufbauten zu?
- **a** Wechselbrücken dienen dem Tausch von Containern bei der Anlieferung.
- **b** Wechselbrücken können selbstständig auf Stützen stehen.
- **c** Wechselbehälter werden ausschließlich im Schiffsverkehr eingesetzt.
- **d** Wechselkoffer werden ausschließlich im Luftfrachtverkehr eingesetzt.
- **e** Wechselbrücken sind verfahrbare Brücken über kleine Flüsse.

ALLES KLAR?

18 Welche Containerart eignet sich für den Versand von großen und sperrigen Gütern besonders gut?

a

d
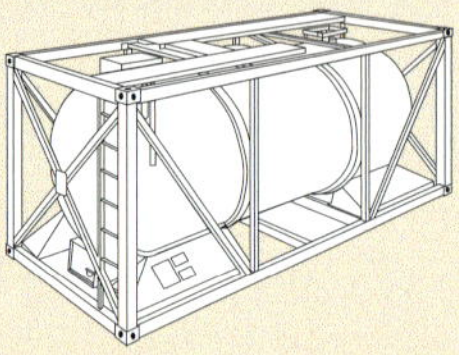

b

e

c
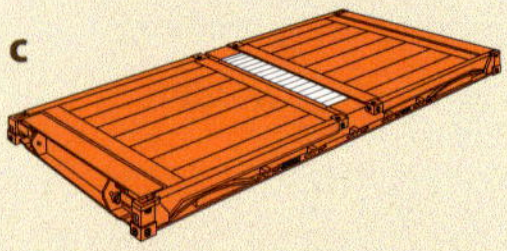

f

19 Ordnen Sie die Merkmale den jeweiligen Containerarten zu.

1 Er besitzt ein abnehmbares Dach.
2 Er besteht aus der Grundfläche sowie Front und Heckwand.
3 Er kann nur von oben befüllt werden.
4 Er verfügt über Belüftungsschlitze.
5 Er ist höher als ein Standardcontainer.

a High-Cube-Container
b ventilierter Container
c Open-Top-Container
d Flat-Rack-Container
e Bulk-Container

20 Container verfügen über sogenannte Twistlooks. Was ist das?

a Türverschlüsse
b Sicherheitskennzeichen
c Größenangaben
d feste Verbindungen der Containerecken
e spezielle Containerplomben

21 Ordnen Sie die folgenden Begriffe den richtigen Packmitteln zu.

a Wellpappcontainer
b Drehstapelbehälter
c Big-Bag
d Steige

1

3

2

4

22 Welche Packmittel können nicht für pastöse Packgüter verwendet werden?

a Flaschen
b Steigen
c Dosen
d Fässer
e Beutel

23 Ordnen Sie zu, wie die Packmittel ordnungsgemäß verwendet werden.

1 Euro-Palette
2 Obststeige
3 Leihfässer

a Rückgabe
b Tausch
c Wiederverwendung

6 Die Packhilfsmittel

Stefanie hat in ihrer Schachtel, die sie gerade gepackt hat, noch etwas Platz. Sie schaut sich an ihrem Packtisch um und sucht nach Sachen, die sie noch einbringen kann. Sie möchte verhindern, dass die Packgüter aneinanderschlagen. Da sie nichts findet, zerreißt sie eine Schachtel und nutzt diese zum Füllen. Frau Lenkner beobachte sie und erklärt ihr, dass es zum Füllen extra Füllmittel gibt, die sie zukünftig nutzen sollte. Außerdem erklärt sie, dass es beim Kunden keinen guten Eindruck macht, wenn eine zerrissene Schachtel zur Füllung der Packgüter benutzt wurde. Welche Packhilfsmittel gibt es?

Packtisch
→ LF 6, Kap. 7.1

Packhilfsmittel ergänzen die Verpackung. Sie dienen dem besonderen Schutz des Packgutes, dem Ausstopfen und Verschließen des Packmittels sowie der Information des Versandbeauftragten und des Empfängers des Packstückes.

Es gibt zahlreiche Packhilfsmittel. Sie sind abhängig von den unterschiedlichen Packmittel und Packgütern, haben verschiedene Funktionen und lassen sich in Gruppen unterteilen.

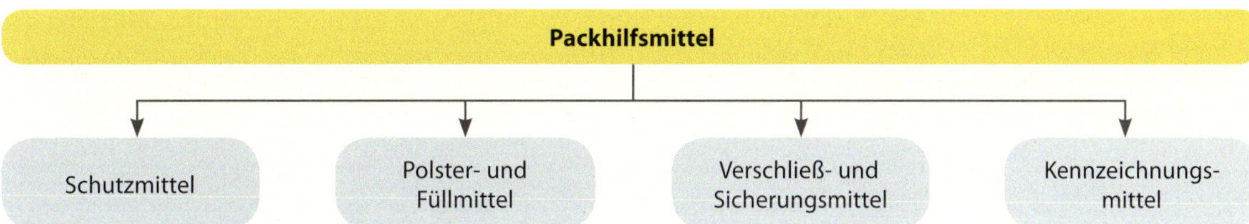

6.1 Die Schutzmittel

Schutzmittel sind Packhilfsmittel, die im Packmittel die Qualität des Packgutes sichern. Sie schützen vor Belastungen auf dem Transportweg und verhindern, dass Packstücke, z. B. durch Feuchtwerden oder Korrosion verderben. Zu den Schutzmitteln gehören z. B. Korrosionsschutzmittel, Trockenmittel, Schutzgase und Flammschutzmittel.

Korrosion
Zersetzung, Zerstörung (z. B. rosten)

Ölpapier ist Papier, das durch seine Beschichtung wasserabweisend ist. Es ist reißfest, elastisch und eignet sich besonders gut zum Versand von Bau- und Maschinenteilen. Ölpapier schützt vor Korrosion und Nässe.

Ölpapier

Teerpapier bzw. **Bitumenpapier** ist ein schweres Papier, da sich zwischen zwei Lagen Papier eine teerähnliche Schicht (Bitumenschicht) befindet. Es ist widerstandsfähiger als Ölpapier, hat eine hohe Wasserdichtigkeit und lässt Wasserdampf nur im geringen Maße durch. Dieses Papier wird daher häufig dazu genutzt, Schachteln oder Kisten für den Export auszuschlagen oder als Überzug von Verpackungen. Es eignet sich besonders für schwere, ölige und spitze Gegenstände.

Bitumen
braunschwarze, brennbare Kohlenwasserstoffgemische.

VCI-Papier

Flachbeutel aus VCI-Folie

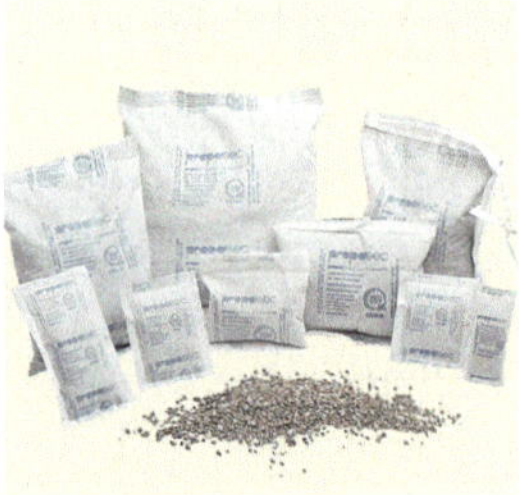

Trockenmittelbeutel

Vermiculite

VCI-Packhilfsmittel schützen Güter besonders sicher vor Korrosionen. VCI steht als Abkürzung für Volatile Corrosion Inhibitor und bedeutet so viel wie „flüchtiger Korrosions-Verhinderer". VCI-Papier, VCI-Folie, VCI-Pulver usw. dienen als Trägermaterial für Wirkstoffe (Inhibitoren), durch deren Anwesenheit die Korrosion vermieden wird. Nach dem Einschlagen, z. B. von Stahl, entwickelt sich ein Gas, welches sich wie eine Schutzschicht um das Packgut legt und es vor Feuchtigkeit schützt. Der VCI-Wirkstoff erreicht auch schwer zugängliche Stellen und dringt selbst in Hohlräume, Bohrungen und Innengewinde ein.

Trockenmittel, z. B. Kieselgel, Tonerde oder Blaugel, nehmen die Luftfeuchtigkeit in der Verpackung auf, sodass ein muffiger Geruch, Schimmelbildung, Korrosion und eine Qualitätsminderung durch Feuchtigkeit ausgeschlossen werden. Allerdings ist die Aufnahmefähigkeit von Trockenmitteln begrenzt, sodass das Packgut von einer wasserdampfdichten und verschweißten Sperrschicht (Klimaverpackung) eingeschlossen sein sollte. Dringt Feuchtigkeit in die Verpackung, ist das Trockenmittel irgendwann gesättigt und verliert seine Wirkung. Trockenmittelbeutel liegen häufig Elektrogeräten, Lebensmitteln, Pharmaprodukten, Textilien und Lederwaren bei.

Gefahrstoffe
→ LF 2, Kap. 6.3
→ LF 6, Kap. 7.4

Vermiculite ist ein reines Naturprodukt. Es bindet Flüssigkeiten wie z. B. Öle, Lacke, Kraftstoffe, Chemikalien, Säuren, Laugen und Lösungen und wird darum vor allem beim Verpacken von Gefahrstoff eingesetzt. Neben der hohen Saugkraft kann Vermiculite auch zur Polsterung genutzt werden. Außerdem ist es nicht brennbar, hat ein geringes Eigengewicht, eine geringe Wärmeleitung, ist unverderblich und gesundheitlich unbedenklich.

ESD
electro static discharge

Viele elektrische Komponenten, elektronische Bauteile und Platinen können durch elektrostatische Entladungen (kurz: ESD) beschädigt oder zerstört werden. Zum Schutz werden solche Güter in **antistatische (ableitende) Packhilfsmittel** verpackt. Antistatische Luftpolsterbeutel schützen aber nicht nur vor elektrostatischer Entladung, sondern auch vor Staub, wenn sie fest verschlossen werden. Es gibt auch antistatische Folien oder Schaumfolien.

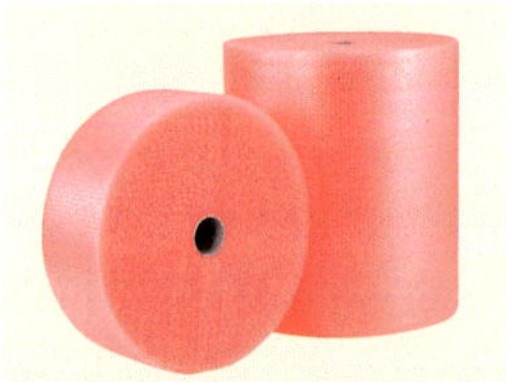

Antistatische Luftpolsterfolie

Symbol für eine ESD-Schutzkomponente

Gefahrenzeichen für ESD-gefährdete Bauteile

6.2 Die Polster- und Füllmittel

Polster- und Füllmittel sind Packhilfsmittel, die das Packgut vor mechanischen und nicht wie die Schutzmittel vor klimatischen Beanspruchungen absichern. **Polstermittel** umhüllen das Packgut und schützen die Oberflächen des Packgutes vor hervorragenden Teilen oder scharfen Kanten. **Füllmittel** füllen den leeren Raum im Packmittel aus. Polster- und Füllmittel können zum Teil auch zum Fixieren des Packgutes im Packmittel dienen. Allerdings sollte eine Fixierung mit losen Füllmitteln verhindert werden, da die Güter während des Transports leicht in Richtung Außenverpackung rutschen können. Polster- und Füllmittel sind in Bezug auf Werkstoffe, Gestaltung und Wirkungsweise sehr vielfältig und von Packgut und Packmittel abhängig. Nachfolgend werden einige Polster- und Füllmittel kurz vorgestellt.

mechanische Beanspruchung
→ LF 6, Kap. 2.2.1

Seidenpapier ist sehr weiches und dünnes Papier. Es dient zum Ausstopfen von Zwischenräumen, zum Einschlagen von sehr empfindlichen Gütern oder als Zwischenlage zum Schutz vor Oberflächenbeschädigungen. Beispielsweise werden Schuhe häufig in Seidenpapier eingeschlagen, so können sie nicht aneinanderreiben und bekommen keine Kratzer.

Das **Packpapier** ist stärker und reißfester als Seidenpapier. Es wird ebenfalls zum Ausstopfen, Einschlagen oder als Zwischenlage genutzt. Einwellige **Rollwellpappe** hat eine sehr hohe Polsterwirkung und ist noch robuster als Packpapier. Auch sie kann zum Ausstopfen, Einschlagen oder als Zwischenlage genutzt werden.

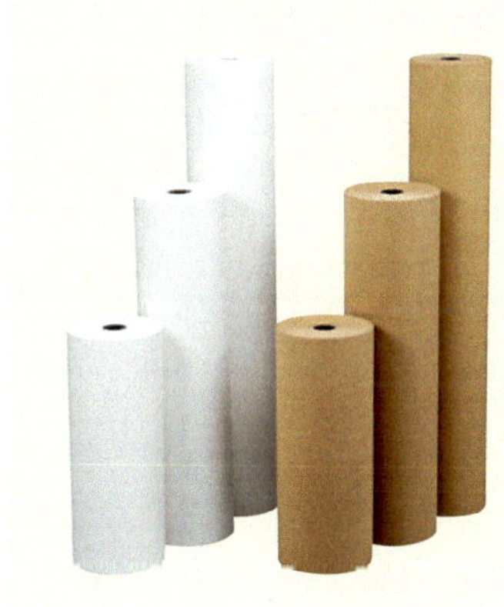
Packpaier

Rollwellpappe

Seidenpapier

Kleinnoppige Luftpolsterfolie

Luftpolsterfolie besteht zu 99 % aus Luft und zu 1 % aus Folie. Sie besteht aus mindestens zwei Schichten und die Luft wird in kleine Luftkammern gehalten. Es gibt sie mit unterschiedlichen Noppenhöhen und -durchmessern. Diese Folie schützt Güter vor Zerbrechen, Kratzern, Staub und Feuchtigkeit. Sie ist sehr leicht, 100 % recyclingfähig, flexibel, passt sich dem Packgut an und eignet sich für zerbrechliche sowie empfindliche Packgüter. Drei- oder mehrlagige Luftpolsterfolie ist robuster und auch für schwerere Güter geeignet. Allerdings kann sie durch scharfe Kanten und Spitzen zerstört werden. Sie gibt es als Rollen, Zuschnitt, Beutel, Schläuche und Polsterkissen. Außerdem gibt es auch antistatische Luftpolsterfolien.

Schaumfolie

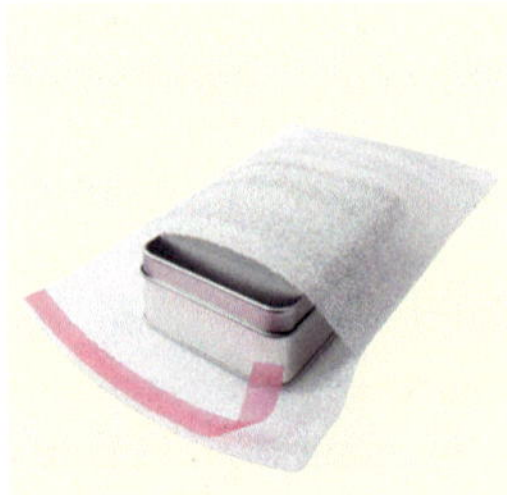

Schaumbeutel

Noppenschaumlage

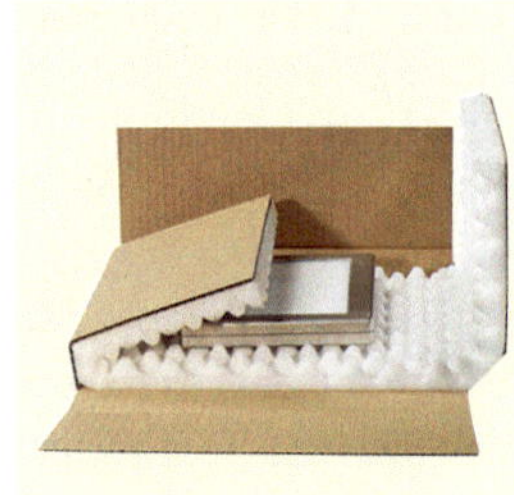

Fixierverpackung mit Noppenschaumpolster

Schaumstoff-Formteil

Verpackungsschaum

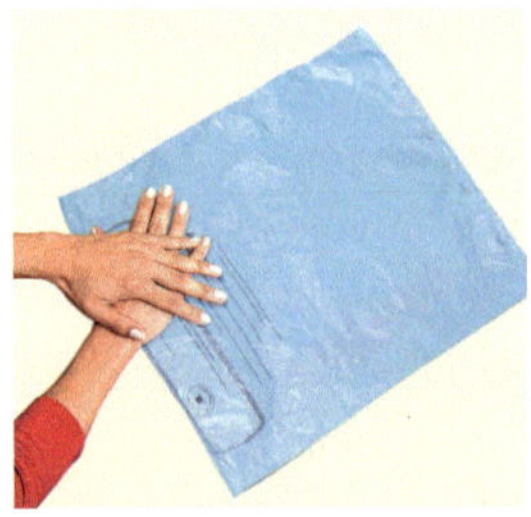

Durch Druck die Komponenten aktivieren …

Schaumpads

Kantenschutz aus Schaumstoff

Kantenschutz aus Plastik

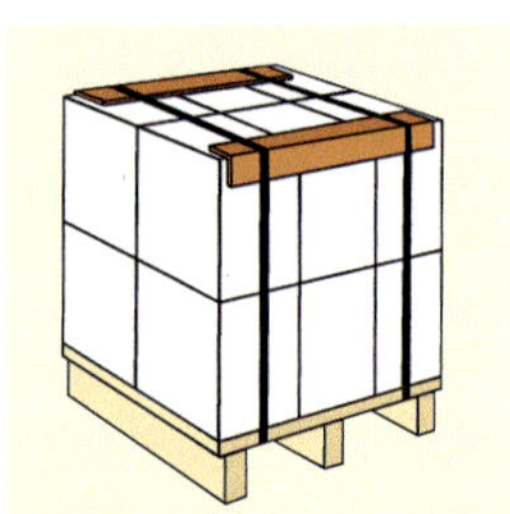

Kantenschutz beim Umreifen

Die **Schaumfolie** besteht aus einem sehr leichten Vlies. Sie wird wie die Luftpolsterfolie aus Folie und Luft hergestellt. Allerdings wird bei der Herstellung so viel Luft in die Folienmasse eingebracht, dass sie sehr elastisch, weich und staubfrei ist. Sie eignet sich zum Wickeln, Knüllen und Falten. Es gibt sie auch antistatisch.

In **Noppenschaumstoffe** kann das Packgut bis zu einem gewissen Grad einsinken, ohne, dass der Noppenschaum die Form verliert. Das Packgut wird vor dem Verrutschen im Karton geschützt und ist wiederverwendbar. Noppenschaumstoffe gibt es auch in Fixierverpackungen, sodass Polster- und Füllmaterial gespart werden kann. **Schaumstoff-Formteile** werden extra für Güter hergestellt, sodass das zu verpackende Gut genau hineinpasst.

Verpackungsschaum gibt es in Beuteln, die erst am Packplatz als Polster aktiviert werden. Es handelt sich hierbei um ein selbstformendes Füllmaterial, welches in einen Beutel eingebracht wurde. Dabei sind im Beutel zwei Komponenten enthalten, die sich miteinander vermischen und einen halbharten Schaum bilden. Die entstandenen Polster sind dann stoßfest, sehr leicht und passen sich der Oberfläche des Packguts an, sodass ein formstabiler Puffer gebildet wird. Verpackungsschaum eignet sich für schwere und unregelmäßig geformte Packgüter.

Schaumpads fixieren das Packgut in der Schachtel. Ein Verrutschen und Verkratzen der Güter ist nicht möglich. Sie können auch als Zwischenlage oder Abstandhalter genutzt werden.

Ein **Eck- und Kantenschutz** soll das Packgut nicht nur auf der Palette beim Umreifen schützen, sondern die einzelnen Packgüter sollen teilweise vor dem Aneinanderreiben geschützt werden. Eck- und Kantenschutz gibt es in verschiedenen Werkstoffen, z. B. aus Pappe, Wellpappe oder Schaumstoff.

Holzwolle ist ein Abfallprodukt aus der Holzverarbeitung. Hierbei handelt es sich um Holzspäne von 1 bis 10 mm Breite, 0,05 bis 0,4 mm Dicke und bis zu 50 cm Länge. Sie ist elastisch, druckdämpfend, antistatisch, sehr leicht, exportgeeignet und wird als Füllmittel genutzt. Sie kann wiederverwendet werden. Allerdings kann Holzwolle auch Feuchtigkeit aufnehmen und sie ist staubhaltig.

Papierwolle ist ebenso ein Abfallprodukt wie Holzwolle. Sie ist nichts weiter als geschreddertes Papier aus dem Aktenvernichter und hat die gleichen Eigenschaften wie Holzwolle, allerdings lassen sich diese noch nach der Papierart unterscheiden. So ist Druckpapier weich und nicht polsternd, Pergamentpapier dagegen hart und federnd. In bunten Farben wird Papierwolle auch zur Dekoration von Verpackungen genutzt.

Verpackungschips gibt es in vielen verschiedenen Formen und Größen sowie aus unterschiedlichen Materialien, wie z. B. Schaumstoff, Mais- oder Kartoffelstärke. Die Verpackungschips werden in verbleibende Zwischenräume von Schachteln geschüttet und wirken dort stoßdämpfend. Sie halten auch hohen Belastungen stand, nehmen schnell wieder ihre ursprüngliche Form an, sind sauber, leicht und antistatisch. Der bekannteste und gebräuchlichste Schaumstoff wird von BASF produziert und unter dem Warenzeichen **Styropor** vertrieben. Es gibt zum Füllen Styropor-Chips, aber auch Formteile, die speziell für das Packgut angefertigt werden. Alle heute am Markt verfügbaren Verpackungschips sind zu 100 % recyclingfähig. Chips aus Mais- und Kartoffelstärke sind sogar zu 100 % biologisch abbaubar.

Nicht direkt zu den Polster- und Füllmitteln gehören **Einsätze**. Sie werden auch als Gefache bezeichnet und sollen hier aber kurz erwähnt werden. Einsätze werden z. B. in Schachteln gesetzt, um Packgüter voneinander zu trennen und zu sichern. Sie sind gewöhnlich aus Pappe oder Kunststoffen.

Holzwolle

Papierwolle

Verpackungschips aus Maisstärke

Styropor als Kantenschutz

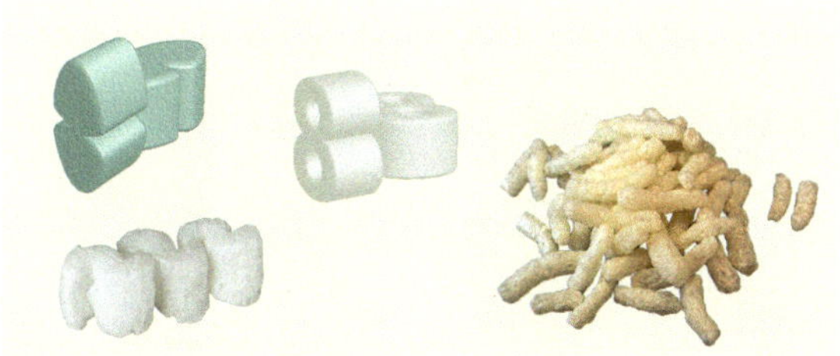

Verschiedene Verpackungschips

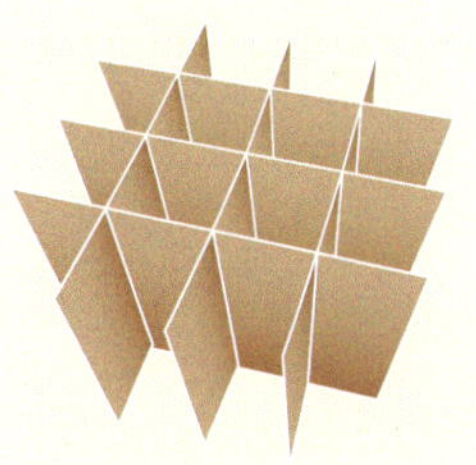

Einsatz aus Pappe (Gefache)

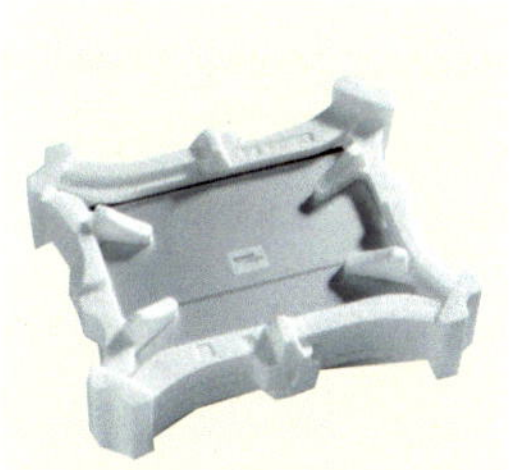

Styropor-Formteil für einen Laptop

6.3 Die Verschließ- und Sicherungsmittel

Verschließmittel sind Packhilfsmittel, die zum Verschließen eines Packmittels oder einer Verpackung benutzt werden. Sie dienen dazu, Verschlüsse zu fixieren und Packmittel abzudichten. **Sicherungsmittel** sind Packhilfsmittel, die die Unversehrtheit einer Verpackung garantieren sollen. Sie schützen vor unbefugten Zugriffen. Häufig erfüllen Verschließmittel auch die Aufgabe von Sicherungsmittel.

Verschließ- und Sicherungsmittel können aus verschiedenen Materialien bestehen und werden nach den Eigenschaften und der Beschaffenheit der Verpackung ausgewählt. Ebenso spielen das Gewicht und die Belastung der Verpackung bei der Auswahl eine wesentliche Rolle. Nachfolgend werden einige Verschließ- und Sicherungsmittel kurz vorgestellt.

Bindfaden, **Kordel** und **Schnur** gibt es aus Naturfasern (z. B. Hanf, Flachs, Sisalfasern) und Kunststoff (z. B. Nylon). Ihre Reißfestigkeit ist unterschiedlich und abhängig von der Stärke des Fadens. Die **Nylonschnur** besteht aus Kunststoff und hat eine hohe Wasserbeständigkeit. Nach dem Verknoten der beiden Enden kann die Nylonschnur durch Erwärmung zur Sicherheit verschweißt werden.

Verpackungen für Gefahrgüter → LF 6, Kap. 7.4

Packband (Klebeband) gehört zu den am häufigsten verwendeten Verschlussmitteln. Es ist sehr reißfest und in vielen verschiedenen Qualitäten und Größen mit unterschiedlicher Klebekraft vorhanden. Für schwere oder Gefahrgutschachteln muss fadenverstärktes Spezialband, sogenanntes **Filamentband**, zum Verschließen benutzt werden. **Nassklebbänder** sind gummiert. Sie entfalten ihre Klebekraft erst in Verbindung mit Hitze oder Wasser. Packband kann mit Werbeaufschriften oder Warnhinweisen bedruckt werden. Ist ein Packstück mit einem **Sicherheitssiegelband** verschlossen und wird dieses entfernt, bleibt z. B. ein Farbdruck „geöffnet-opened" auf dem Packstück sichtbar. Das lässt eine Öffnung durch Unbefugte sofort erkennen. Mit Handabrollern lässt sich Packband schnell und einfach nutzen.

Kordel aus Naturfaser

Polyenkordel

Packband

Filamentband

Nassklebeband

Sicherheitssiegelband

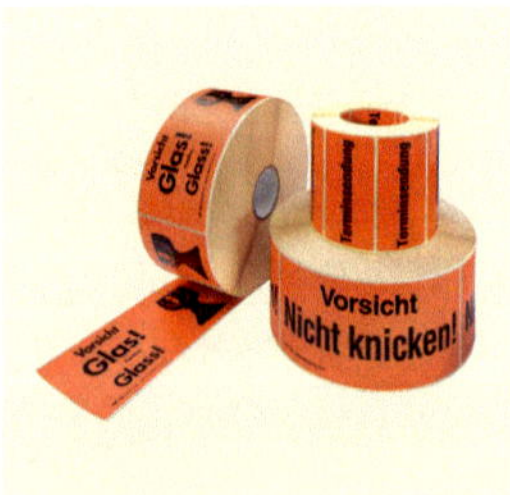

Packband mit Warenhinweisen

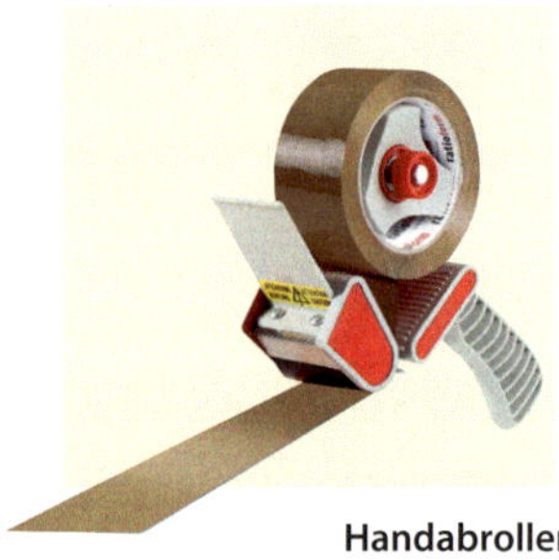

Handabroller

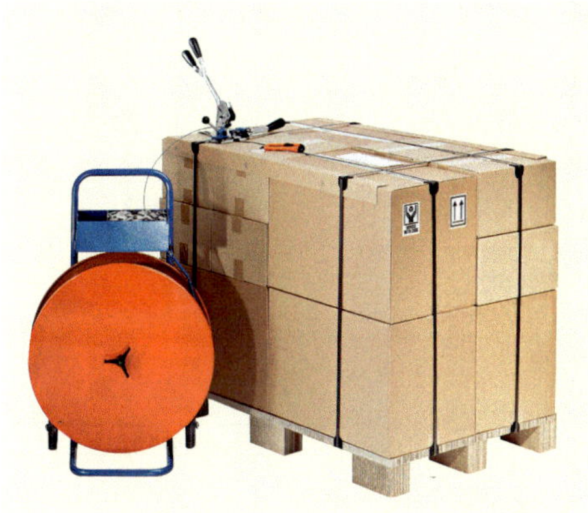

Kunststoffumreifung mit manuellem Arbeitsgerät

Textilumreifung

Umreifungsband kommt häufig zum Einsatz, wenn Ladeeinheiten mittels Paletten und Schachteln oder mehrere Packstücke gebündelt werden. Das Umreifen ist eine preiswerte Methode zum Verschließen und Sichern von Packstücken. Große und schwere Schachteln bekommen eine zusätzliche Sicherheit. Außerdem ist ein Zugriff von Unbefugten erschwert. Es gibt Umreifungsband aus Stahl, Textil und Kunststoff. Welches Umreifungsband genutzt wird, ist vor allem vom Gewicht des Packstückes abhängig.

Stahlband eignet sich zur Umreifung von sehr schweren, scharkantigen und runden Packstücken, wie z. B. Stein, Holz oder Metall. Stahlband ist sehr reißfest. Es ist in unterschiedlichen Beschichtungen erhältlich, u. a. rostfrei. Außerdem ist es gewachst, sodass der Kraftaufwand beim Spannen nicht zu hoch ist. **Textilband** zum Umreifen ist weich, flexibel, nachspannbar, reiß- und wetterfest. Es fixiert und bündelt z. B. Rohre, Metallteile oder Gestellen und Maschinen. **Kunststoffband** ist zum Umreifen von Paketen und zur Sicherung von Palettenladungen geeignet. In der Regel werden Kunststoffbänder aus zwei verschiedenen Kunststoffen gefertigt, die etwas andere Eigenschaften haben. Beispielsweise lässt bei Polyesterband die Spannung mit der Zeit nach.

Faustregel:
leichte Packgüter = Kunststoffbänder
schwere Packgüter = Stahlbänder

Zum Umreifen von Gegenständen, gibt es verschiedene Arbeitsmittel, z. B. manuelle, halbautomatische und automatische Umreifungsgeräte. Um ein Eindrücken der Packstücke zu vermeiden, sollte zusätzlich ein Eck- und Kantenschutz eingesetzt werden. Gegen den Zugriff durch Unbefugte kann die Umreifung noch mit einer Plombe gesichert werden.

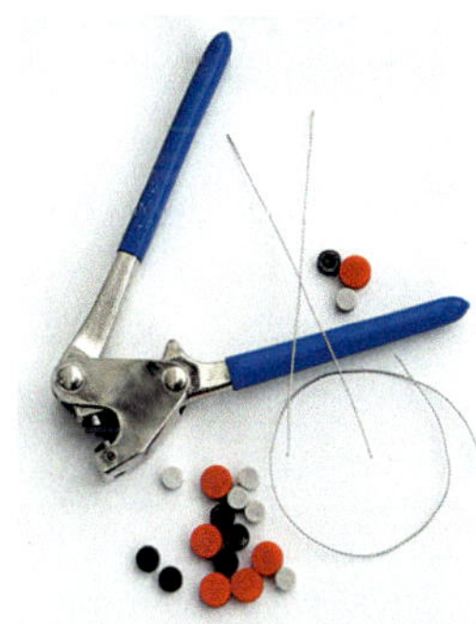

Kunststoffplombe mit Plombenzange

Plomben gehören zu den Sicherungsmitteln und werden am Verschluss eines Packmittels angebracht. Damit soll verhindert werden, dass Unbefugte Zugriff auf die Packgüter haben. Wird eine Verpackung geöffnet, muss zuvor die Plombe zerstört werden. So lässt sich sofort erkennen, ob jemand auf die Packgüter zugegriffen hat. Bei Bleiplomben wird der Plombendraht durch die Plombe gezogen und mit einer Zange zusammengedrückt. Die Plombierzange prägt dabei einen Stempel auf beide Seiten der Plombe. Aus Gründen der Arbeitssicherheit werden heute aber in der Regel Plomben aus Kunststoff und Weichaluminium benutzt.

Containerplombe

Manuelles Stretchen

Drehtellerschrumpfmaschine

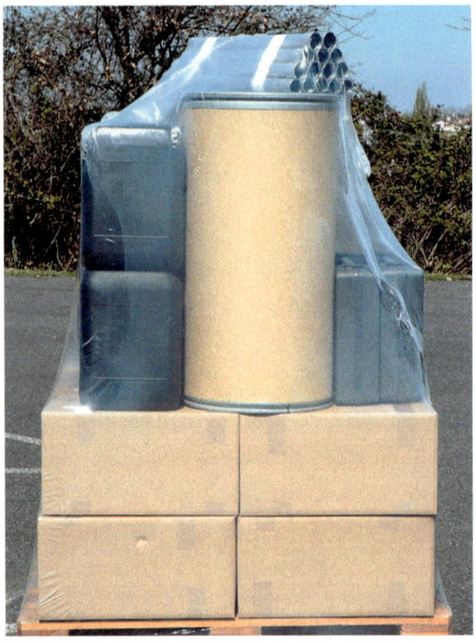

Umschrumpft mit einer Schrumpfhaube

Schrumpfen mit einem Handschrumpfgerät

Neben der Umreifung wird Stretchfolie oder Schrumpffolie verwendet, um Packmittel sicher zu umschließen und vor Zugriffen von Unbefugten zu schützen. Es gibt sie transparent und in verschiedenen Farben. **Stretchfolie** wird häufig für kleine und leichte Packstücke verwendet. Es können aber auch Paletten und uneinheitlich geformte Packstücke umwickelt werden. Sie ist dünn, sehr elastisch (dehnbar) und reißfest. Allerdings bietet sie keinen hundertprozentigen Schutz vor Witterungseinflüssen.

Schrumpffolie hingegen schützt vor Feuchtigkeit und Staub. Außerdem ist sie temperaturbeständiger als Stretchfolie. Sie ist robust, rutschfest, weich und geschrumpft sehr reißfest und durchstoßsicher. Sie wird über die Packstücke oder Ladeeinheiten gezogen und erwärmt. Beim Abkühlen zieht sie sich zusammen und legt sich eng um die Packstücke. Sie eignet sich für große, schwere und uneinheitlich geformte Packstücke.

6.4 Die Kennzeichnungsmittel

Kennzeichnungsmittel sind Packhilfsmittel, die hauptsächlich dazu dienen Informationen an den Versandbeauftragten sowie dem Empfänger des Packstückes zu übermitteln. Zu ihnen zählen alle Arten von Etiketten, Indikatoren und Dokumententaschen. Etiketten lassen sich nach ihren Aufgaben in Barcode-Etiketten, RFID-Etiketten, Sicherheitsetiketten und Gefahrenetiketten unterteilen.

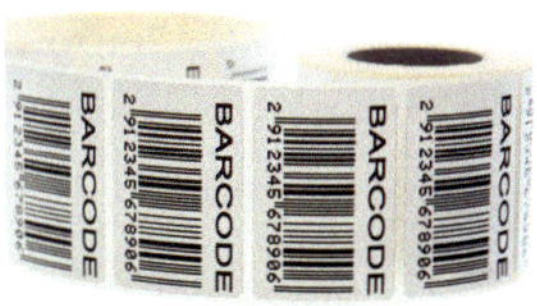

Barcode-Etikett

Etiketten

Barcode-Etiketten enthalten allgemeine Informationen zu den Inhalten der Verpackung und lassen sich durch schriftliche Informationen ergänzen. Sie können mit einem Etikettendrucker im Unternehmen selbst erstellt werden.

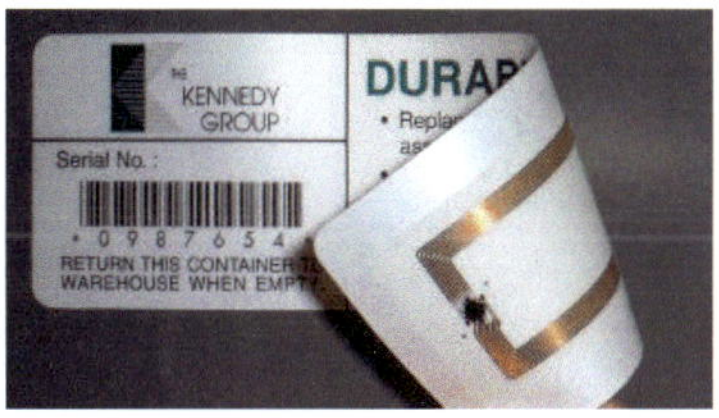

RFID-Etikette

RFID-Etiketten bieten dem Unternehmen einen Zugriff auf alle gespeicherten Daten zu dem Packgut. Im Gegensatz zu den Barcode-Etiketten können sie beschrieben werden. RFID-Etiketten besitzen einen Transponder, der durch ein Lesegerät ausgelesen werden kann. Dazu benötigt er keinen unmittelbaren Kontakt zum Lesegerät. Er kann direkt im Packgut verborgen sein, ohne gesehen zu werden.

Durch Zerstörung von **Sicherheitsetiketten** sieht man sofort, wenn eine Verpackung geöffnet wurde. Sicherheitsetiketten werden oft an teuren Gütern angebracht. **Warnetiketten** (auch Vorsichtszettel genannt) sollen Transportschäden vermeiden. Sie zeigen wichtige Hinweise, wie mit der Verpackung umzugehen ist. **Gefahrenetiketten** (auch Gefahrzettel genannt) sollen den Mitarbeiter über eine mögliche Gefahr beim Öffnen des Packstückes informieren. Sie entsprechen den internationalen Bestimmungen und müssen auf Packstücken, die gefährliche Güter beinhalten, angebracht werden.

Hinweise zur Handhabung von Packstücken
→ LF 1, Kap. 2.2.4
Gefahrstoffe
→ LF 2, Kap. 6.3
Gefahrstoffe verpacken
→ LF 6, Kap. 7.4

Sicherheitssiegeletikette

Gefahrenetiketten

Indikatoren

Um festzustellen, ob Packstücke richtig gelagert oder transportiert wurden, können verschiedene Indikatoren verwendet werden. Wenn sie auf den Packstücken angebracht werden, zeigen sie an, ob Packstücke ordnungsgemäß behandelt wurden. Hat sich ein Indikator z. B. von „weiß" nach „rot" verfärbt, ist also aktiv geworden, so kann davon ausgegangen werden, dass wichtige Handhabungshinweise nicht beachtet wurden. Fast alle Indikatoren arbeiten nach dem Farbprinzip. Sie verändern die Farbe des Indikators, wenn gegen die geltenden Lager- und Transportvorschriften verstoßen wurde. Im Überseetransport kommen häufig mehrere Indikatoren zum Einsatz.

Indikatoren reduzieren Transportschäden bzw. lassen Transportschäden rechtzeitig erkennen, sodass Kosten durch Reklamationen gesenkt werden können. Jeder Indikator besitzt eine Seriennummer, die eine eindeutige Zuordnung möglich macht und auf den Warenbegleitpapieren vermerkt wird. Es gibt z. B. Kipp-, Stoß-, Temperatur- und Feuchtigkeitsindikatoren in den verschiedensten Ausführungen.

Kippindikatoren zeigen an, ob ein Packstück nicht wie vorgeschrieben aufrecht transportiert, sondern um mehr als z. B. 80° gekippt wurde. Wird der Neigungswinkel überschritten, wird der Indikator ausgelöst und seine Verfärbung warnt vor eventuellen Schäden.

Nicht ausgelöst Ausgelöst

Dieser Kippindikator stellt fest, um wie viel Grad ein Packstück nach links oder rechts gekippt wurde.

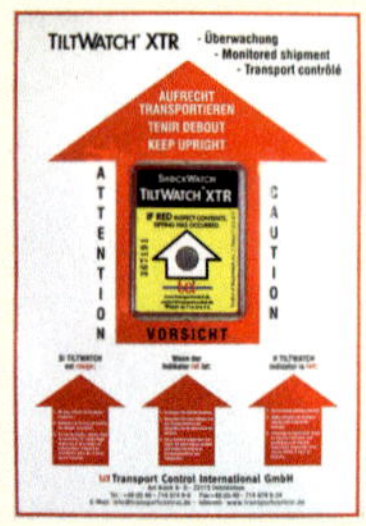

Warnaufkleber für Kippindikator

Stoßindikatoren zeigen an, ob ein Packstück zu stark gestoßen, erschüttert, beschleunigt oder fallen gelassen wurde. Die Indikatoren gibt es verschieden empfindlich, sodass sie auf unterschiedliche Gewichte und Volumen der Packstücke abgestimmt werden können.

Nicht ausgelöst Ausgelöst

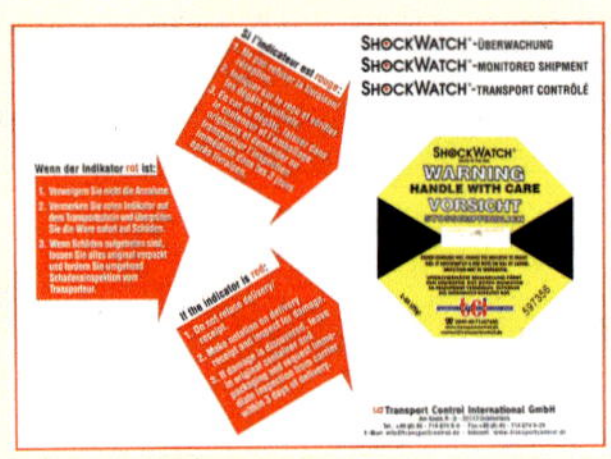

Warnaufkleber für Stoßindikator

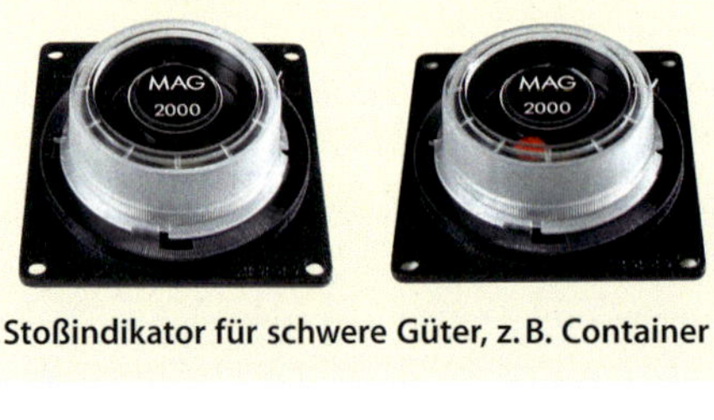

Stoßindikator für schwere Güter, z. B. Container

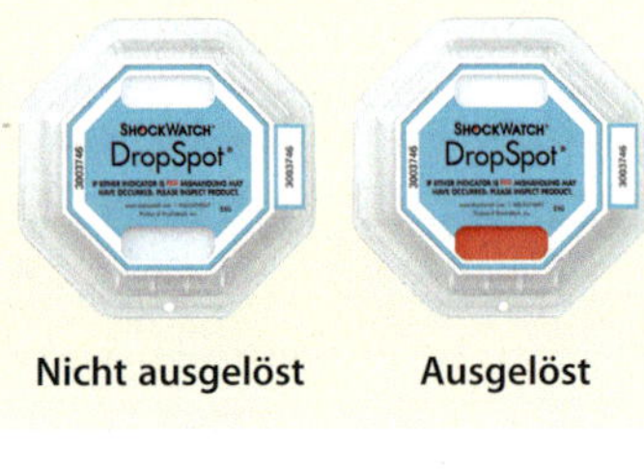

Nicht ausgelöst Ausgelöst

Temperaturindikatoren zeigen an, ob ein Packstück kritischen Temperaturen ausgesetzt wurde. Es gibt Indikatoren für frost- und wärmeempfindliche Packstücke. Manche Indikatoren können auch die Dauer der Temperaturüberschreitung anzeigen.

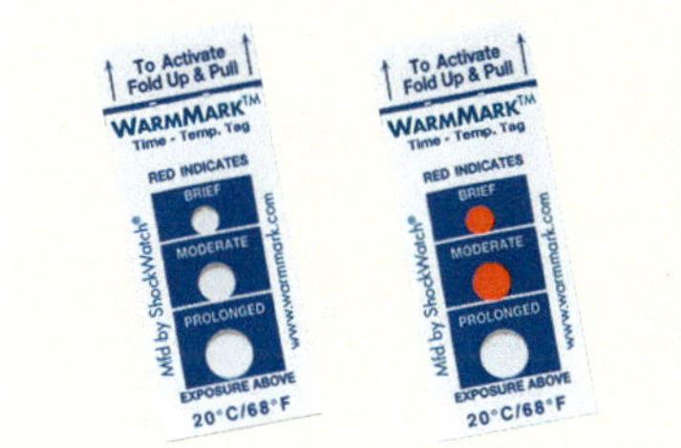

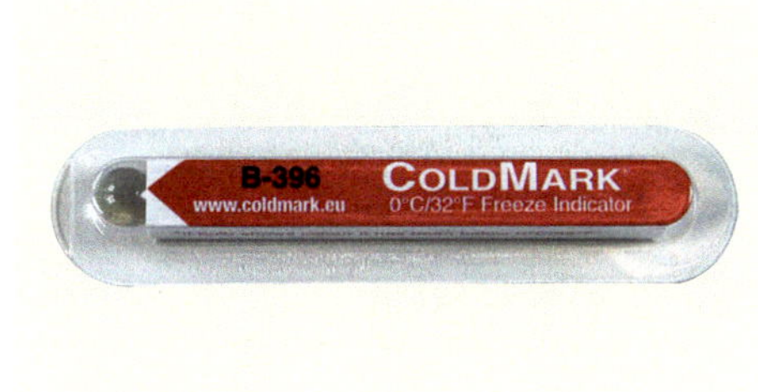

Nicht ausgelöst **Ausgelöst** **Nicht ausgelöst (bei Auslösung verfärbt sich die Kugel)**

Feuchtigkeitsindikatoren zeigen in Verbindung mit Trockenmitteln an, ob ein Packstück innerhalb der geschlossenen Verpackung (Sperrschicht) einer kritischen Feuchtigkeit ausgesetzt wurde. Sie bestehen aus einem saugfähigen Spezialpapier. Die Felder ändern je nach relativer Luftfeuchtigkeit ihre Farbe. Bei steigender Feuchtigkeit ändert sich die Farbe z. B. von blau nach rosa, bei sinkender erfolgt die Verfärbung umgekehrt.

Trockenmittel
→ LF 6, Kap. 6.1

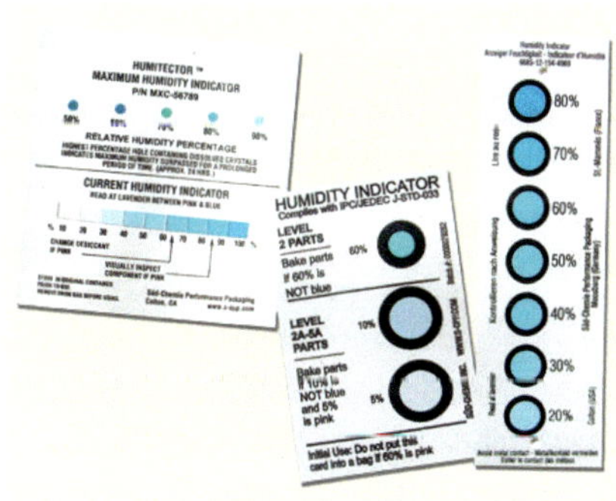

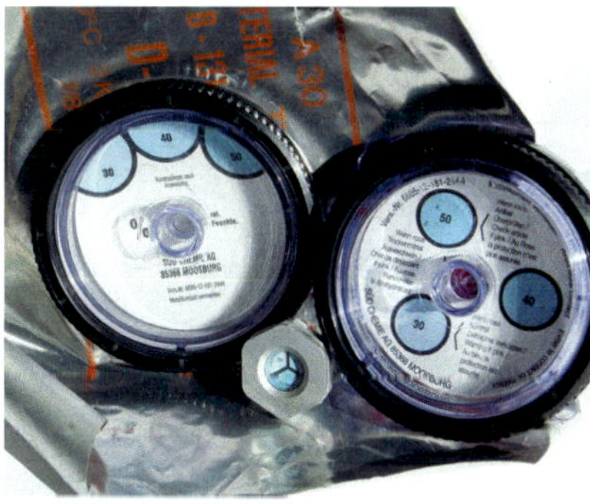

Feuchtigkeitsindikatoren (nicht ausgelöst)

Dokumententaschen

Dokumententaschen gibt es in den verschiedensten Ausführungen. Sie werden auch **Begleitpapiertaschen** oder **Kängurutaschen** genannt und außen auf dem Packmittel gut sichtbar angebracht. Sie dienen der Aufnahme von Rechnungen, Lieferscheinen, Zollpapieren und anderen Dokumenten und bieten einen guten Schutz für die Begleitpapiere gegen Verschmutzung, Beschädigung oder Nässe. Außerdem „verschwinden“ diese wichtigen Begleitpapiere nicht in der Innenverpackung.

internationale Versanddokumente
→ LF 9, Kap. 5.1

Verschiedene Begleitpapiertaschen

ALLES KLAR?

1 Nennen Sie zwei Funktionen von Packhilfsmitteln.

2 Welche Erklärung trifft auf Schutzmittel zu?
- **a** Sie sichern die Haltbarkeit des Packgutes.
- **b** Sie schützen vor mechanischen Beanspruchungen.
- **c** Durch Schutzmittel können Packgüter keine Kratzer bekommen.
- **d** Ein Beispiel für ein Schutzmittel ist Blumenerde.
- **e** Es gibt nur zwei Arten von Schutzmitteln.

3 Bei welchen der folgenden Aufzählungen handelt es sich ausschließlich um Schutzmittel?
- **a** Bitumenpapier, Ölpapier, VCI-Folienbeutel
- **b** Styroporchips, Kordel, Plombe
- **c** Seidenpapier, Folien , Klebeband
- **d** Umreifung, Bioflupis, Aufschäumung
- **e** VCI-Folie, Draht, Verpackungsschaum

4 Welche Aufgabe hat ein Trockenmittel?
- **a** Es soll Ungeziefer von der Ware fernhalten.
- **b** Es soll die Feuchtigkeit in der Verpackung herabsetzen und binden.
- **c** Es schützt das Packgut vor Verschmutzung.
- **d** Es bewahrt das Packgut vor Auskühlung.

5 Welche Aussage trifft auf Polstermittel zu?
- **a** Die Wirkungsweise ist sehr einseitig.
- **b** Sie sind Packmittel.
- **c** Sie füllen leere Räume in der Verpackung.
- **d** Sie schützen vor scharfen Kanten.

6 Bei welchem Packhilfsmittel handelt es sich um einen Füllstoff?
- **a** Bitumenpaier
- **b** Trockenmittel
- **c** Papierwolle
- **d** VCI-Papier

7 Sie bekommen die Anweisung, nur wiederverwertbare und wiederverwendbare Packmittel und Packhilfsmittel zu benutzen. Auf welchen Füllstoff sollten sie verzichten?
- **a** Holzwolle
- **b** Papierwolle
- **c** Wellpappe
- **d** Verpackungsschaum

8 Erklären Sie den Unterschied zwischen Verschließmittel und Sicherungsmittel.

9 Was ist der Unterschied zwischen Stretchen und Schrumpfen beim Einsatz von Folien?
- **a** Beim Stretchen wird die Folie erwärmt und beim Schrumpfen abgekühlt.
- **b** Beim Stretchen werden die Güter gestreckt und beim Schrumpfen gestaucht.
- **c** Beim Stretchen wird die Folie gedehnt und beim Schrumpfen erwärmt.
- **d** Beim Stretchen werden die Güter gestaucht und beim Schrumpfen gezogen.

10 Wozu dienen Kennzeichnungsmittel?

11 Wozu werden Indikatoren eingesetzt?

12 Welcher Indikator gehört zu welchem Beispiel?

- **1** Feuchtigkeitsindikator
- **2** Temperaturindikator
- **3** Kippindikator
- **4** Stoßindikator

- **a** Er gibt an, ob ein Packstück unzulässigerweise heruntergefallen ist.
- **b** Er gibt an, ob ein Packstück Temperaturen ausgesetzt war, die nicht zulässig waren.
- **c** Er gibt an, ob ein Packstück zu stark gekippt worden ist.
- **d** Er gibt an, ob ein Packstück einer zu hohen Luftfeuchtigkeit ausgesetzt wurde.

13 Ordnen Sie zu, wie die Packhilfsmittel ordnungsgemäß verwendet werden.

- **1** Stretchfolie
- **2** Papier

- **a** Entsorgung
- **b** Rückgabe
- **c** Recycling
- **d** Wiederverwendung

7 Die Tätigkeiten beim Verpacken

LS 44

Stefanie erhält den Auftrag, zehn Gangschaltungen für den Lkw-Versand an die Velo AG nach Zürich zu verpacken. Aus der Kommissionierzone erhält sie einen Kommissionierbehälter mit den zehn Gangschaltungen. Nachdem sich Stefanie mittlerweile gut mit Packmitteln und Packhilfsmitteln auskennt, nimmt sie die zehn Gangschaltungen und geht zu einem freien Packplatz. Sie überlegt genau, wie sie die Güter verpacken soll. Stefanie schreibt sich dazu noch einmal alle Fragen auf, die ihr wichtig erscheinen.

- Wie anfällig ist das Gut und welche Eigenschaften sind zu berücksichtigen?
- Wie und womit soll das Gut transportiert werden?
- Wohin wird das Gut versendet? Inland oder Ausland?
- Wie lange dauert der Transport?
- Welchen mechanischen Belastungen und Umwelteinflüssen ist das Gut ausgesetzt?
- Welche Funktionen soll die Verpackung erfüllen?
- Welche Transportvorschriften und Einfuhrbestimmungen gelten?
- Welche Packstoffe kommen infrage?
- Welche Packmittel sind für den Versand geeignet?
- Welche Packhilfsmittel schützen die Güter?
- Welche Gefahren gehen von dem zu verpackenden Gut aus?

Checkliste Transportverpackung → LF 6, Kap. 7.3

Der **Verpackungsvorgang** beginnt mit einem entsprechenden Auftrag für den Versand von Gütern. Die Güter werden hierzu meist aus der Kommissionierung übernommen. Daraufhin wird die Kommission mit dem Packauftrag verglichen und Gewicht und Größe der zu verpackenden Güter sowie deren Empfindlichkeit und Beschaffenheit ermittelt.

Abbildung zum Verpackungsvorgang → LF 6, Kap. 1

Im nächsten Arbeitsschritt muss geklärt werden, wer der Empfänger ist und ob bestimmte Einfuhrbestimmungen zu beachten sind. Sofern die Versandart noch nicht festgeschrieben wurde, ist diese ebenfalls zu klären. Jetzt kann das richtige Packmittel ausgewählt werden. Ist das Packmittel ausgewählt, kann das Packgut in das Packmittel eingebracht werden und die Tätigkeit des Verpackens beginnt. Notwendige Packhilfsmittel sind ebenfalls in das Packmittel einzubringen. Danach wird das Packmittel verschlossen und gesichert. Das Bruttogewicht wird mittels einer Waage ermittelt, um das Gewicht der Verpackung zu ermitteln. Abschließend ist die Packung zu kennzeichnen und zu etikettieren. Ist dies alles geschehen, kann das Packstück zum Versand freigegeben werden.

Güter versenden → LF 9

Packmittel → LF 6, Kap. 5

Packhilfsmittel → LF 6, Kap. 6

7.1 Das manuelle und automatische Verpacken

In einem Lager wird das Verpacken manuell oder automatisch durchgeführt. Während bei der **automatischen Verpackung** große Teile oder sogar die kompletten Arbeiten von Maschinen übernommen werden, geschieht die manuelle Verpackung durch die Arbeitskräfte.

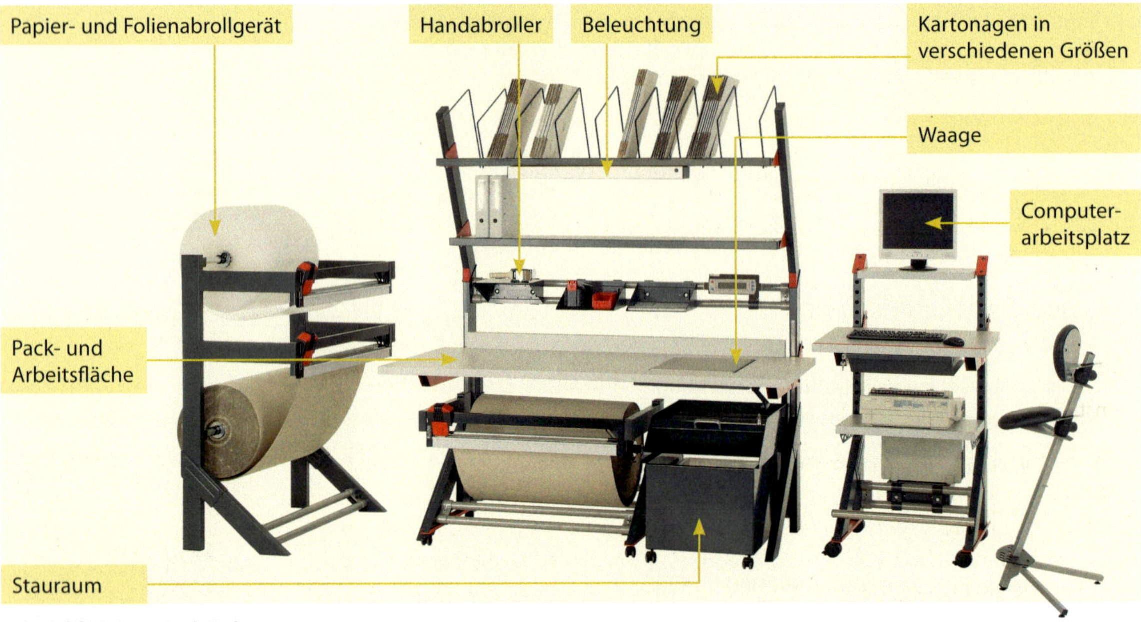

Beispiel für einen Packtisch

Arbeitsmittel
→ LF 3, Kap. 1

Werden Güter **manuell verpackt**, ist ein ergonomisch eingerichteter **Packtisch** nötig, um die Arbeit zu erleichtern und Haltungsschäden der Arbeitskräfte zu vermeiden. Hierbei sind besonders die Körpermaße, die Arbeitshaltung, die aufzubringenden Körperkräfte und die Bewegungsabläufe der Arbeitskräfte zu berücksichtigen. Ein Packtisch sollte übersichtlich und dem Arbeitsfluss entsprechend angeordnet sein sowie über eine große Arbeitsplatte verfügen. Der Verpackungsprozess wird auch optimiert, wenn verschiedene Packmittel, Packhilfsmittel und entsprechende Arbeitsmittel (z. B. Cuttermesser, Klebeband, Scanner und Scheren) bereitliegen. Um einem Ermüden der Arbeitskräfte vorzubeugen, sollte die Arbeitsumgebung, in der verpackt wird, ein gutes Klima haben und ausreichend beleuchtet sein. Außerdem sollten die Arbeitskräfte für die Arbeitsabläufe geschult bzw. eingewiesen werden. Am Packtisch können z. B. auch Arbeitsanweisungen und technische Unterlagen für die Arbeitskräfte bereitgestellt werden. Wie ein Packplatz letztlich aufgebaut ist, richtet sich nach dem Verpackungsaufwand in einem Unternehmen.

➔ Stefanie beginnt mit der Verpackungstätigkeit am Packtisch. Zunächst misst und wiegt sie die Verkaufsverpackungen der zehn Gangschaltungen. Sie ermittelt, dass eine Verkaufsverpackung die Maße 20 x 30 x 20 cm hat. Anhand des Lieferscheins stellt Stefanie fest, dass ein Gangschaltungsset 180,00 € kostet. Außerdem weiß sie, dass die Bauteile stoßempfindlich sind, daher verwendet sie Luftpolsterfolie als Polstermittel. In einem Handbuch findet Stefanie den Hinweis, dass die Schweiz keine besonderen Anforderungen an die Verpackung stellt. Bei den Gangschaltungen handelt es sich um Metallteile mit einer Kunststoffummantelung, Zahnräder und Schaltteile. Sie verschließt das Packstück mit einem Klebeband.

7.2 Das Verschließen von Packstücken

Schachteln können auf unterschiedliche Weise mit **Klebeband** verschlossen werden. Je nach Schachtelart und Gewicht des Packgutes bieten sich die folgenden drei Möglichkeiten an, die Verpackung manuell richtig zu verschließen.

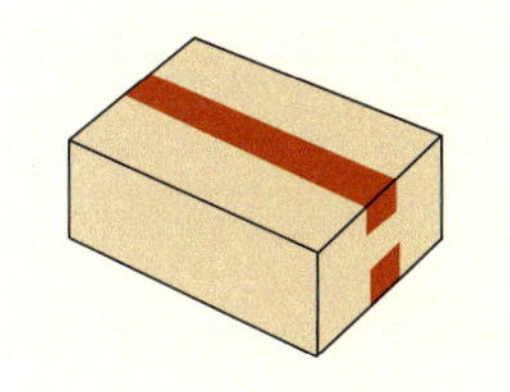

Deckel-/Bodenverschluss (2-Streifenverschluss)

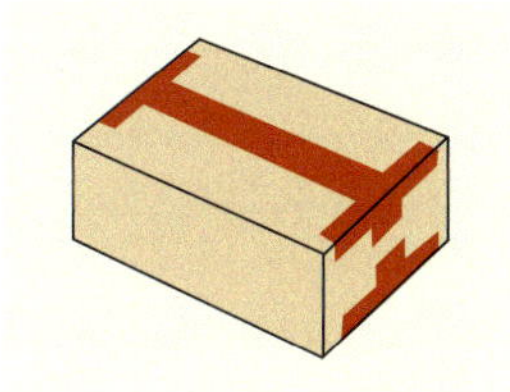

Doppel-L-Verschluss (einfacher 6-Streifenverschluss)

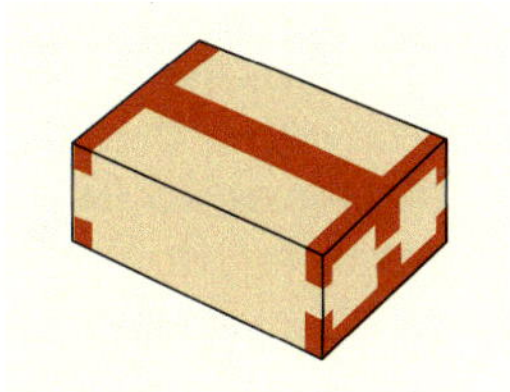

Doppel-T-Verschluss (geschlossener 6-Streifenverschluss)

Eine Alternative zum Verschließen mit Klebeband sind **Bindfäden** und **Kordeln**. Das Verschließen mit Bindfäden und Kordeln ist jedoch bei vielen Paketdiensten mittlerweile verboten, da sich das Packstück in den Sortiermaschinen der KEP-Dienstleister verhaken könnte.

KEP-Dienstleister
→ LF 9, Kap. 1.2.5

Eine weitere Möglichkeit, eine Kartonage zu verschließen, ist die Verwendung von **Heftklammern**. Mit einem Kartonverschlusshefter werden die Heftklammern in den Karton des Packmittels getackert. Die Heftklammern werden im Karton umgebogen, sodass es nicht zu Beschädigungen des Packgutes kommt. Heftklammern lösen sich nicht selbstständig und halten so größeren Belastungen stand als z. B. Klebeband.

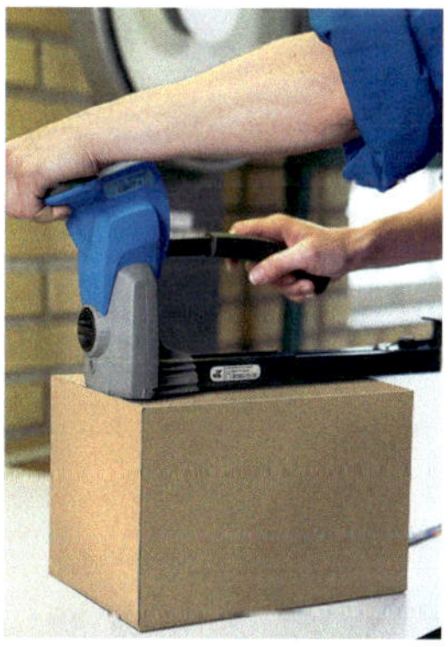

Kartonverschlusshefter

Zum Verschließen von Verpackungen gibt es auch Maschinen. Mit **Kartonverschließmaschinen** für Klebeband oder auch Schmelzkleber (Hotmelt-Kleber) können in kurzer Zeit Schachteln verschlossen werden. Der sogenannte Hotmelt wird in automatischen Verpackungsmaschinen auf die Klebespalten der Schachtel aufgebracht. Durch das Abkühlen des Klebers ist die Schachtel dann verschlossen. Hotmelt-Kleber ist günstiger als Klebeband.

Für besonders große Verpackungen bieten sich weitere Verschließtechniken an. Diese kommen auch zum Einsatz, wenn mehrere Verpackungen zu einem Packstück zusammengefasst werden.

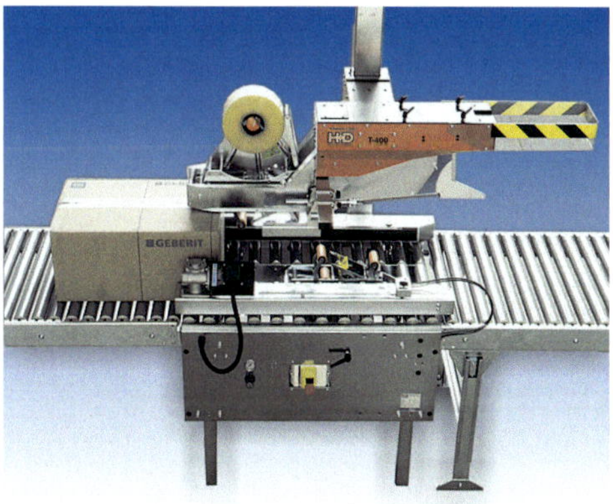

Kartonverschließmaschine mit Klebeband

Kartonverschließmaschine mit Hotmelt

Kurzfristig erhält die Top Bike GmbH von der Velo AG noch einen weiteren Auftrag. 20 Satteltaschen-Sets der Eigenmarke Rainbest sollen möglichst noch mit der Lieferung der Gangschaltungen versendet werden. In der Kommissionierabteilung wird der Auftrag sofort bearbeitet und zur Versandabteilung gebracht. Stefanie soll die Fahrradtaschen verpacken und an die Velo AG senden. Sie wählt als Packmittel zwei Kartonagen. Als Trockenmittel nutzt sie Kieselgel. Anschließend verschließt sie die Kartonagen mit Klebeband und stellt sie auf eine Europalette. Doch für den Versand reicht das noch nicht aus. Die Verpackungen müssen auf der Palette gesichert werden, damit ein transportfähiges Packstück entsteht.

Werden mehrere Schachteln auf Flachpaletten ohne seitlichen Halt zu einem Packstück gestapelt, ist darauf zu achten, dass nichts über den Palettenrand hinausragt. Die Verpackungen auf den Flachpaletten müssen im Gegensatz zu den Rungen- oder Gitterboxpaletten besonders gesichert werden. Wenn möglich sollte eine **Verbundstapelung** beim Palettenaufbau gewählt werden. Die einzelnen Packstücke werden versetzt gestapelt und sind so miteinander verzahnt. Dadurch wird ein stabiler Zusammenhalt der Schachteln erreicht. Ist dies jedoch aufgrund der Abmaße der zu lagernden Packstücke nicht möglich, wird in Säulen (Linien) gestapelt. Bei der **Säulenstapelung** steigt das Risiko, dass die Packstücke auseinanderfallen.

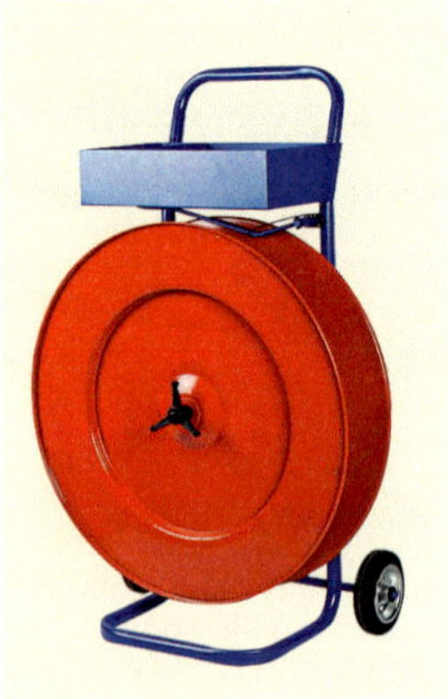

Abroller für Umreifungsband

Verbundstapelung

Säulenstapelung

Egal, ob Paletten im Verbund oder als Säule gestapelt werden, die Stapel müssen zusätzlich gesichert werden. Die **Palettensicherung** dient dem sicheren Lagern und Transportieren. Zusätzlich werden die Packgüter z. B. vor klimatischen Einflüssen und vor Diebstahl oder Manipulation geschützt. Die Palettensicherung kann durch Umreifen mit Umreifband oder Umhüllungen mit Schrumpf- oder Stretchfolie erfolgen.

Halbautomatische Palettenumreifung

Umreifungen eignen sich besonders für Packstücke, die auf einer Palette zusammengefasst werden. Aber auch Schachteln mit schweren Packgütern, die bereits mit Klebeband oder Heftklammern gesichert sind, werden umreift. Das Umreifungsband wird von einem Abroller (Bandrolliermaschine) gezogen und um das Packstück geschlungen. Mittels eines Hebels wird dann die nötige Spannung des Umreifungsbandes erzeugt und die beiden Enden je nach Materialart verstanzt, verödet, verschweißt oder mit Hülsen verplomb. Auch diese Tätigkeiten können von vollautomatischen Umreifungsmaschinen übernommen werden.

Mobiler Palettenwicklerroboter

Halbautomatischer Palettenwickler

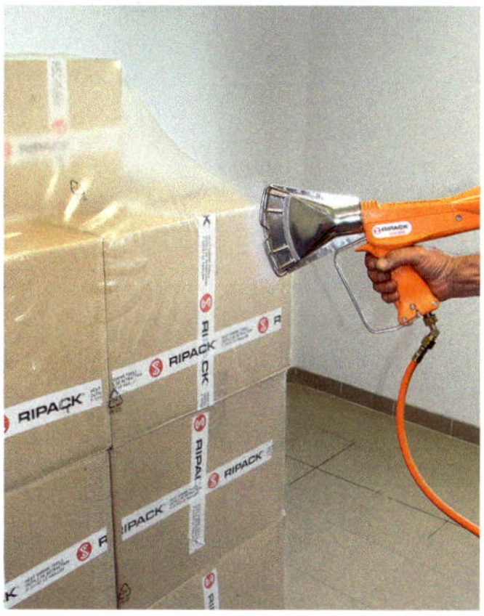

Manuelles Schrumpfen

Beim **Stretchen** wird die Palette in eine stark gespannte/gedehnte Folie eingewickelt. Der Folienanfang wird an der Ladeeinheit befestigt. Beim manuellen Stretchen läuft dann eine Arbeitskraft mit einem Handabrollgerät so lange um die Palette, bis die Folie die Güter ausreichend und sicher umschließt. Beim automatischen Stretchen wird das Packgut z. B. auf einen Drehteller gestellt. Anschließend werden die Anzahl der Wicklungen und die Drehgeschwindigkeit eingestellt. Nachdem die Stretchfolie an der Palette befestigt wurde, dreht sich das Packgut in die Stretchfolie ein.

Beim **Schrumpfen** wird eine Schrumpfhaube oder Schrumpffolie über das Packgut gezogen und anschließend mit einem Schweißgerät erwärmt. Beim manuellen Einschrumpfen besteht die Gefahr, dass die Heißsiegelzange zu lange auf eine Stelle gehalten wird. So kann ein Loch in der Folie entstehen. Außerdem muss darauf geachtet werden, dass die Zange beim Arbeiten sehr heiß wird. Es besteht Verbrennungsgefahr.

7.3 Packstücke für den Versand vorbereiten

Stefanie bringt auf den Kartonagen der Gangschaltungen das Symbol für „Zerbrechliches Gut“ und auf den Kartonagen für die Fahrradtaschen das Symbol „Vor Nässe schützen“ an. Sie hat der Buchhaltung gemeldet, dass sie eine Europalette zur Velo AG sendet, und die Palette mit den Packstücken gewogen, um das Taragewicht festzustellen. Die Buchhaltung erstellt mit Stefanies übermittelten Daten den endgültigen Lieferschein. Dieser wird in die Versandabteilung gesendet und dort ausgedruckt. Zusammen mit weiteren Versanddokumenten steckt Stefanie diese in eine Begleitpapiertasche und klebt sie an ein Packstück. Zuletzt nutzt sie Stretchfolie, um die Packstücke auf der Palette zu sichern. Mithilfe einer Checkliste kontrolliert Stefanie ihre Transportverpackung noch einmal genau.

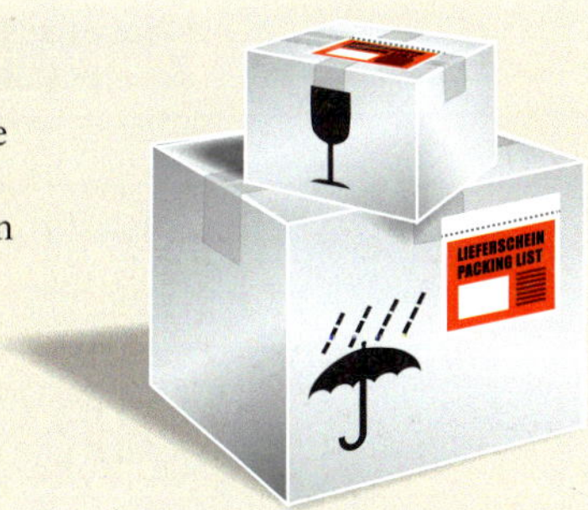

Die Verpackung muss gewogen werden, um das Bruttogewicht zu ermitteln. Mit dem Beifügen der ergänzten Lieferdokumente wird das Packstück versandfertig. Die Begleitpapiere wie z. B. Lieferschein, Zollpapiere, Garantieurkunden, Packlisten werden in eine Begleitpapiertasche gesteckt und an einem der Packstücke angebracht. Schließlich ist das Packgut versandbereit.

Güter versenden
→ LF 9

Wie gut ist meine Transportverpackung zum Verpacken?

Komplettverpackung

- Gibt es möglicherweise eine maßgeschneiderte Verpackung für das Packgut, die keine zusätzlichen Materialien erfordert?

Umverpackung

- Entspricht die Qualität der Schachtel dem Gewicht der zu verpackenden Güter?
- Wurde die Schachtelgröße so gewählt, dass genügend Platz für eine ausreichende, aber auch nicht überdimensionierte Polsterung ist?
- Ist die Umverpackung stapelfähig?

Füllen, Polstern, Schützen

- Entspricht die Polsterung in Härte und Qualität der Empfindlichkeit des Gutes?
- Ist die Fixierung des Packgutes innerhalb der Außenverpackung ausreichend?
- Ist die Innenverpackung so stabil, dass sie auch Stapeldruck aushält?
- Ist das Packgut nach allen sechs Seiten ausreichend fixiert, gepolstert und geschützt?
- Gibt es noch Spielraum zwischen Packgut, Innenverpackung und Umverpackung?
- Gibt es bei mehreren empfindlichen Packgütern genügend Trennelemente?

Verschlussmittel

- Ist das Paket ausreichend verschlossen?
- Für leichte Packgüter ein leichter Verschluss, am besten PVC-Packband mit Doppelt-T-Verschluss.
- Schwere Güter zusätzlich klammern oder umreifen.
- Ist das Umreifungsband so angelegt, dass die Schachtel nicht eingeschnitten wird?
- Ist Kantenschutz erforderlich?
- Entspricht der Verschluss dem Inhalt Ihres Paketes?

Adressierung und Kennzeichnung

- Ist die Anschrift vollständig? (Bitte kein Postfach!)
- Falls erforderlich: Ist das Paket mit den entsprechenden Hinweisen für besondere Handhabung gekennzeichnet? (z. B.: Nicht stürzen, Bruchgefahr, Gefahrgut, Vor Nässe schützen)
- Ist der Artikel-Barcode (Identitätscode) vorhanden?
- Ist die Dokumententasche vorhanden?
- Sind alle vom Versandpartner geforderten Etiketten vorhanden?

Handhabungssymbole
→ LF 1, Kap. 2.2.4

Quelle: nach www.ratioform.de

7.4 Pflichten beim Verpacken gefährlicher Güter

LS 45

Carola Friese, Sicherheitsbeauftragte und Beauftragte für den Gefahrstoffumgang in der Top Bike GmbH, unterrichtet Stefanie über den Umgang mit gefährlichen Stoffen und die Verpackung solcher Stoffe. In der Top Bike GmbH kommt es immer mal wieder vor, dass Gefahrstoffe versendet werden müssen. So bittet die Lackiererei darum, vier Kanister falsch bestelltes Aceton an den Lieferanten zurückzusenden. Bevor Stefanie diese Arbeit erledigen darf, muss sie jedoch unbedingt von Carola Friese in den Umgang mit gefährlichen Stoffen eingewiesen werden.

Aceton
Gefahrengutklasse: 3,
Verpackungsgruppe: II
→ LF 6, Kap. 7.4.1 und 7.4.2

Alle Beschäftigten, die mit Gefahrstoffen in Berührung kommen, müssen Zugang zum Gefahrstoffverzeichnis und den entsprechenden **Sicherheitsdatenblättern** sowie zur entsprechenden **Betriebsanweisung** haben. Außerdem muss der Arbeitgeber sicherstellen, dass die Beschäftigten mindestens einmal jährlich über alle auftretenden Gefährdungen und entsprechenden Schutzmaßnahmen mündlich unterwiesen werden. Darüber hinaus muss der Arbeitgeber eine **allgemeine arbeitsmedizinische Beratung** durchführen und dokumentieren.

Gefahrstoffe
→ LF 2, Kap. 6.3

Werdende Mütter und jugendliche Arbeitnehmer dürfen grundsätzlich nicht mit Gefahrstoffen in Berührung kommen. Lediglich für jugendliche Auszubildende (mind. 16 Jahre) gilt eine Ausnahme. Die Tätigkeit muss allerdings zum Zweck der Berufsausbildung erfolgen und die Jugendlichen müssen bei ihrer Tätigkeit ständig durch fachkundige volljährige Mitarbeiter beaufsichtigt werden. Ergeben sich bei Arbeitnehmern, die mit Gefahrstoffen umgehen, gesundheitliche Probleme, sind sie unverzüglich von ihrem Arbeitsplatz abzuziehen und mit einer anderen Tätigkeit zu beschäftigen. Aus diesem Grund stehen solche Arbeitnehmer unter ständiger gesundheitlicher Kontrolle des Betriebsarztes.

7.4.1 Die Gefahrgutklassen

DV 10

Carola Friese erklärt Stefanie, dass für gefährliche Stoffe nur Gefahrgutverpackungen genutzt werden dürfen. Stefanie kennt die Gefahrenpiktogramme und ihre Bedeutung, aber warum heißt es plötzlich Gefahrgut? Carola Friese erklärt, dass nun gefährliche Stoffe versendet werden sollen, sodass es sich um Gefahrgüter handelt. Aber Stefanie ist noch nicht ganz klar, was der Unterschied zwischen Gefahrstoffen und Gefahrgütern ist.

Gefahrenpiktogramme (GHS)
→ LF 2, Kap. 6.3.1

Das Gefahrstoffrecht regelt das Inverkehrbringen von gefährlichen Gütern **(Gefahrstoffen)** sowie deren Handhabung im Unternehmen, das Gefahrgutrecht hingegen den Transport von gefährlichen Gütern **(Gefahrgut)** auf öffentlichen Verkehrswegen.

Gefahrgutrecht
→ LF 8, Kap. 7.1.2

Gefährliche Güter werden von der UN nummeriert (UN-Gefahrstoffnummer) und nach ihrer Hauptgefahr in neun **Gefahrgutklassen** eingeteilt. Jede Gefahrgutklasse kann darüber hinaus noch in weitere Unterklassen und Verträglichkeitsgruppen gegliedert werden.

UN
Vereinte Nationen

Gefahrgutklasse mit Gefahrgutsymbol	Gefahrgutbezeichnung	Beispiele	Ungefähre Entsprechung Gefahrenpiktogramm (GHR)
 Klasse 1	explosive Stoffe und Gegenstände mit Explosionsstoff	Schwarzpulver, Sprengstoff, Patronen, Feuerwerkskörper, Airbags	
 Klasse 2.1	entzündbare und brennbare Gase	Propangas, Deospray	
 Klasse 2.2	nicht entzündbare und brennbare Gase (nicht giftig)	Sauerstoff	
 Klasse 2.3	giftige Gase	Chlorgas	
 Klasse 3	entzündbare flüsige Stoffe	Dieselkraftstoff, Benzin, Lackfarbe, Klebstoffe, Parfümerieerzeugnisse	
 Klasse 4.1	entzündbare feste Stoffe selbstzersetzliche Stoffe und desensibilisierte explosive feste Stoffe	Schwefel, Aluminiumpulver	
 Klasse 4.2	selbstentzündliche Stoffe	Kohle, Phosphor (weiß oder gelb), Bohr-, Fräs-, Drehspäne	
 Klasse 4.3	Stoffe, die in Berührung mit Wasser entzündbare Gase entwickeln	Zinkpulver, Calciumcarbid, Aluminiumcarbid, Natriumbatterien oder -zellen	
 Klasse 5.1	entzündend (oxidierend) wirkende Stoffe	Wasserstoffperoxid, Chlorsäure, Lösungen von Ammoniumnitrat, Nitrate, Nitrite	
 Klasse 5.2	organische Peroxide	Peroxyessigsäure, Dibernsteinsäureperoxid	 
 Klasse 6.1	giftige Stoffe	Quecksilberverbindungen, Arsen, Mittel zur Schädlingsbekämpfung	
 Klasse 6.2	ansteckungsgefährliche Stoffe	klinischer Abfall, biologische Stoffe	kein entsprechendes Symbol
 Klasse 7	radioaktive Stoffe	Uran, Strontium 60, Cobalt	kein entsprechendes Symbol
 Klasse 8	ätzende Stoffe	Schwefelsäure, Salpetersäure, Brom, Buttersäure, Reinigungsmittel	
 Klasse 9	verschiedene gefährliche Stoffe und Gegenstände	Lithiumbatterien, verflüssigtes Metall, Asbest	kein entsprechendes Symbol

Zusätzlich zu den Gefahrgutsymbolen gibt es eine Kennzeichnung für in erwärmtem (heißem) Zustand transportierte Materialien. Damit sind Stoffe gemeint, die auf dem Transport erwärmt transportiert werden. Außerdem gibt es ein Symbol für umweltgefährdende Stoffe. Es entspricht dem Gefahrstoffsymbol „Umwelt" und dient als zusätzliche Kennzeichnung, wenn das Versandstück mehr als 5 l bzw. 5 kg eines umweltgefährdenden Gutes in einer Einzelverpackung oder bei einer zusammengesetzten Verpackung in der Innenverpackung beinhaltet.

Zusammengesetzte Verpackung
besteht aus einer oder mehreren Innenverpackungen und einer Außenverpackung, z. B. Flasche in einer Schachtel

Erwärmt transportierte Stoffe

Umweltgefährdende Stoffe

7.4.2 Die Auswahl der Verpackungen für gefährliche Güter

Da von gefährlichen Stoffen Gefahren für Mensch, Tier und Umwelt ausgehen können, git, dass das Gut sicher verpackt wird und das Packstück mit entsprechenden Symbolen zu kennzeichnen ist. Die Verpackung muss gegen den Inhalt beständig, fest und stark sowie mit dichten Verschlüssen ausgestattet sein. Je gefährlicher ein Stoff ist, desto höher sind auch die Anforderungen an die Verpackung.

Nicht jedes Packmittel kann darum für jeden Gefahrstoff eingesetzt werden. Gefahrgutverpackungen müssen vom **Bundesamt für Materialforschung (BAM)** entsprechend zugelassen sein. Das BAM prüft, ob die Verpackung in ihrer Bauweise und Beschaffenheit den Anforderungen des Gefahrgutes entspricht. Zugelassene Verpackungen für Gefahrstoffe erhalten eine **UN-Bauartzulassung.** Diese Bauartzulassung ist ein Code aus Ziffern und Buchstaben, an dem verschiedene Kriterien der Verpackung abgelesen werden können. Anhand der UN-Bauartzulassung lässt sich z. B. das Packmittel, der Packstoff, der Verpackungstyp und ob sich die Verpackung für feste oder flüssige Stoffe eignet, ablesen.

Packmittel	Packstoff	Verpackungstyp	Eignung
1 Fass **2** offen (ehemals Holzfass) **3** Kanister **4** Kiste/Schachtel **5** Sack **6** Kombinationsverpackung **0** Feinblechverpackungen **13** Großpackmittel/IBC flexibel **50** starre Großverpackung	**A** Stahl **B** Aluminium **C** Naturholz **D** Sperrholz **F** Holzfaserwerkstoff **G** Pappe **H** Kunststoff **L** Textilgewebe **M** Papier, mehrlagig **N** Metall (außer Stahl und Aluminium) **P** Glas, Porzellan, Steinzeug	**1** nicht abnehmbare Deckel **2** abnehmbarer Deckel	**S** Solid: nur für feste Stoffe **L** Liquid: nur für flüssige Stoffe

Im **„Verzeichnis der gefährlichen Güter"** vom **ADR** sind alle gefährlichen Güter und Stoffe mit ihren speziellen Arbeits- und Transportanforderungen aufgelistet. In dieser Liste wird jedem Gefahrgut auch eine **Verpackungsgruppe** zugeordnet, die sich ebenfalls in der UN-Bauartzulassung ablesen lässt.

ADR
Europäisches Übereinkommen über die internationale Beförderung gefährlicher Güter auf der Straße
→ LF 8, Kap. 7.1.2

Verzeichnis der gefährlichen Güter
→ LF 8, Kap. 8.1

Gefährlichkeit der Stoffe	Verpackungsgruppe	Kennzeichnung der Verpackung
sehr gefährliche Stoffe	I	X
Stoffe mittlerer Gefährlichkeit	II	Y
Stoffe geringer Gefährlichkeit	III	Z

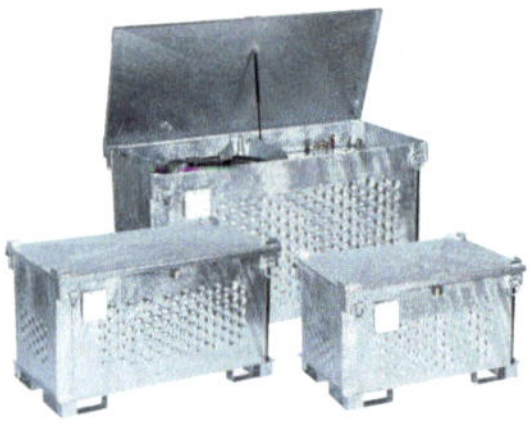

Transportbox für „feste Stoffe oder Innenverpackungen" für Verpackungsgruppen I, II und III

➔ Die Codierung auf einem Packmittel aus Holz sieht wie folgt aus:

UN	Symbol der Vereinten Nationen
4	Kiste
C	Naturholz
1	abnehmbarer Deckel
/Y	Verpackungsgruppe II
41	maximales Bruttogewicht des Packstückes in kg
/S	fester Stoff
/97	Herstellungsjahr der Verpackung
/D	Zulassungsland Deutschland
/BAM	Zulassungsstelle
4921-	Zulassungsnummer
LG	Hersteller

ungeprüfte Innenverpackung + geprüfte Außenverpackung = zusammengesetzte Verpackung

Im ADR werden außerdem zwischen zusammengesetzten Verpackungen und Umverpackungen unterschieden. **Zusammengesetzte Verpackungen** bestehen aus einer oder mehreren Innenverpackungen, die in eine Außenverpackung eingesetzt sein müssen. Die Außenverpackung benötigt im Gegensatz zur **Innenverpackung** keine UN-Bauartnummer. Die **Umverpackung** ist eine Umschließung, die für die Aufnahme von einem oder mehreren Versandstücke verwendet wird, z. B. umschrumpfen.

7.4.3 Die Verpackung von gefährlichen Gütern kennzeichnen

➔ Stefanie verpackt zusammen mit Carola Friese Gefahrstoff. Sie wollen die falsch bestellte Acetonlösung aus der Lackiererei an den Lieferanten zurücksenden. Sie müssen die Verpackung auch entsprechend kennzeichnen. So wird sichergestellt, dass Personen, die nicht wissen, was sich in der Verpackung befindet, geschützt werden. Beim Verpacken erklärt Carola Friese Stefanie auch noch einige andere Verpackungsvorschriften.

Beim Verpacken von gefährlichen Stoffen gelten u. a. folgende **Verpackungsvorschriften**:

- Verpackungen müssen Stöße und Belastungen standhalten und so verschlossen sein, dass vom Inhalt nichts nach außen gelangt.
- Verpackungen dürfen durch das gefährliche Gut nicht angegriffen werden.
- Verpackungen für flüssige Stoffe dürfen nicht bis zum Rand gefüllt werden, sodass ein Ausdehnen bei Wärme noch möglich ist.
- Innenverpackungen, die sich in einer Außenverpackung befinden, dürfen nicht zerbrechen oder durchlöchert werden können.
- Gefährliche Güter dürfen nicht mit gefährlichen Gütern oder anderen Gütern in dieselbe Außenverpackung gepackt werden, wenn sie miteinander reagieren (**Zusammenpackverbot**), z. B. entzündbar oder ätzende wirken. Im „Verzeichnis der gefährlichen Güter" des ADR gibt es zu jedem aufgeführten Stoff Hinweise zum Zusammenpacken.

Güter zusammenladen → LF 8, Kap. 8.1

Achtung: Zusammenpacken darf nicht mit Zusammenladen verwechselt werden. In eine Umverpackung werden Güter zusammengeladen und nicht zusammengepackt.

Gesetzliche Grundlage zur Kennzeichnung von Verpackungen ist unter anderem das Handelsgesetzbuch.

> **§ 411 HGB Verpackung. Kennzeichnung** §
> Der Absender hat das Gut [...] so zu verpacken, dass es vor Verlust und Beschädigung geschützt ist und dass auch dem Frachtführer keine Schäden entstehen. Der Absender hat das Gut ferner [...] zu kennzeichnen.

Ist ein gefährlicher Stoff erst einmal verpackt, lässt sich nicht mehr erkennen, welche Gefahren von dem Stoff ausgehen. Es ist daher wichtig, dass das Packstück entsprechend gekennzeichnet wird. Eine Kennzeichnung erfolgt aber auch in den Begleitpapieren (z. B. Frachtbrief), wo die Ware genau erklärt ist, und auf dem jeweiligen Transportmittel auf orangefarbenen Warntafeln.

Gefahrgüter transportieren
→ LF 8, Kap. 7 – 10

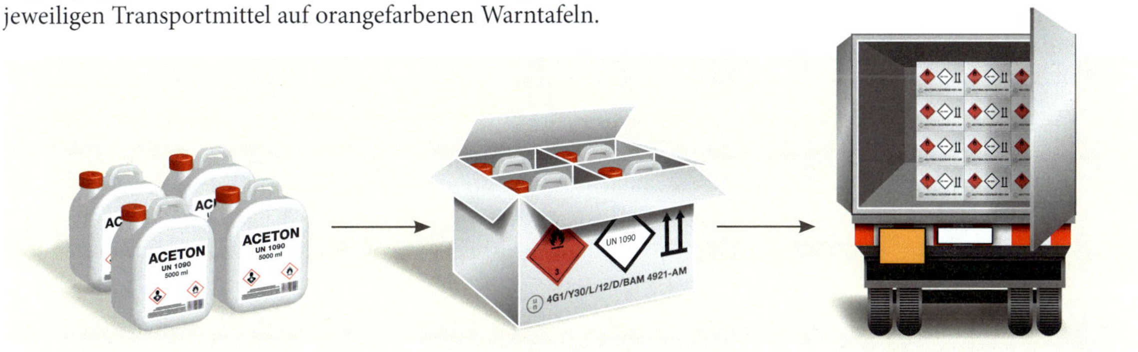

Kennzeichnung nach GHS **Kennzeichnung nach ADR** **Kennzeichnung nach ADR**

Beim Verpacken müssen folgende **Kennzeichnungen** nach ADR auf die Versandstücke angebracht werden:

- Jedes Versandstück muss deutlich und dauerhaft mit der **UN-Nummer** (Buchstaben „UN" und vierstellige Ziffer) des gefährlichen Gutes versehen werden. Für die Gefahrgutklassen 1, 2 und 7 sind zusätzlich die offiziellen Benennungen auf dem Versandstück anzugeben.
- Zusätzlich müssen auf jedem Versandstück alle erforderlichen **Gefahrzettel** vollständig sichtbar und auf derselben Fläche angebracht werden. Ein seitliches Anbringen ist vorteilhaft, da die Gefahrzettel sonst verdeckt werden könnten.
- Handelt es sich bei den Verpackungen um zusammengesetzte Verpackungen mit Innenverpackungen, die flüssige Stoffe enthalten, um Einzelverpackungen mit Lüftungseinrichtungen oder um Behältern mit tiefgekühlten verflüssigten Gasen, dann müssen auf zwei gegenüberliegenden Seiten **Aufrichtungspfeile** angebracht werden. Auf diese Handhabungssymbole kann aber z. B. verzichtet werden, wenn es sich um Gegenstände handelt die in jeder Lage dicht sind oder es sich um zusammengesetzte Verpackungen mit dicht verschlossenen Innenverpackungen (jeweils max. 500 ml) handelt.
- Versandstücke mit umweltgefährdenden Stoffen müssen mit dem Symbol für **umweltgefährdende Stoffe** gekennzeichnet werden, wenn das Versandstück mehr als 5 l bzw. 5 kg eines umweltgefährdendes Gefahrgutes in einer Einzelverpackung oder bei einer zusammengesetzten Verpackung in der Innenverpackung beinhaltet.
- Zusätzlich können noch die entsprechenden Handhabungssymbole angebracht werden. Dieses ist keine Muss-Bestimmung.

Gefahrgutsymbole
→ LF 6, Kap. 7.4.1

Aufrichtungspfeile

begrenzte Mengen befördern
→ LF 8, Kap. 10.2

Symbol für umweltgefährdende Stoffe
→ LF 6, Kap. 7.4.1

Handhabungssymbole
→ LF 1, Kap. 2.2.4

LQ-Aufkleber (noch bis 30.06.2015 gültig)

LQ = Limited Quantity = begrenzte Menge

UN-Nummern

Die UN-Nummer wird auch als Stoffnummer bezeichnet und gilt weltweit. Sie wird durch ein Expertenteam der Vereinten Nationen vergeben. Die UN-Nummer ist eine vierstellige Zahl. Sie bezeichnet nicht nur eine einzelne chemische Verbindung, sondern kann auch Stoffgruppen benennen. Für jeden gefährlichen Stoff gibt es eine eindeutige Kennung, sodass eine Identifizierung jederzeit möglich ist. Bei Unfällen gibt sie den Rettungskräften, der Polizei und Feuerwehr Auskunft, um welchen Stoff es sich handelt, sodass diese geeignete Maßnahmen ergreifen können. UN-Nummern werden in Form von rautenförmigen Etiketten auf dem Packstück angebracht. Standardmäßig hat die Raute eine Seitenlänge von 10 cm. Wenn in einem Versandstück mehrere Stoffe mit verschiedenen UN-Nummern enthalten sind, müssen alle UN-Nummern in die Raute passen.

Aufkleber für begrenzte Menge für den Transport auf der Straße

Gefahrenzettel

Der Hinweis auf den gefährlichen Stoff in der Verpackung erfolgt über Gefahrenzettel, welche die verschiedenen Gefahrgutklassen symbolisieren. Der Gefahrenzettel muss rautenförmig sein und eine Seitelänge von 10 cm haben. Die Größe und die auffälligen Farben der Gefahrenzettel ermöglichen es, auch aus der Entfernung die Gefahr zu erkennen. Sie können neben dem Gefahrgutklassesymbol auch mit zusätzlichem Text versehen werden. Auf allen Umverpackungen von Gefahrgütern müssen Gefahrenzettel deutlich sichtbar angebracht werden. Bei Großverpackungen muss die Kennzeichnung auf zwei gegenüberliegenden Seiten angebracht sein.

Aufkleber für begrenzte Menge für den Transport in der Luft

Gefahrgutklassen
→ LF 6, Kap. 7.4.1

Kleine Mengen gefährlicher Güter, sogenannte **begrenzte Mengen**, dürfen unter vereinfachten Bedingungen befördert werden. Die gefährlichen Güter müssen aber trotzdem klassifiziert (UN-Nummer) und in bauartengeprüfte Verpackungen eingebracht werden. Die höchstzulässige Menge ist aus dem „Verzeichnis der gefährlichen Güter“ abzulesen. Das Versandstück darf 30 kg (brutto) für zusammengesetzte Verpackungen nicht überschreiten und muss mit einem Aufkleber „begrenzte Menge“ versehen werden. Auf Umverpackungen müssen ebenfalls alle erforderlichen Kennzeichnungen angebracht werden.

7.4.4 Die abschließenden Tätigkeiten

Nach dem Verschließen und Kennzeichnen der Verpackung bzw. des Packstücks sollte die Vollständigkeit der Kennzeichnung noch einmal mithilfe einer Checkliste überprüft werden.

Checkliste für die Transportverpackung
→ LF 6, Kap. 7.3

Mit der Hilfe von Carola Friese hat Stefanie ihr erstes Gefahrengut versandfertig verpackt und gekennzeichnet.

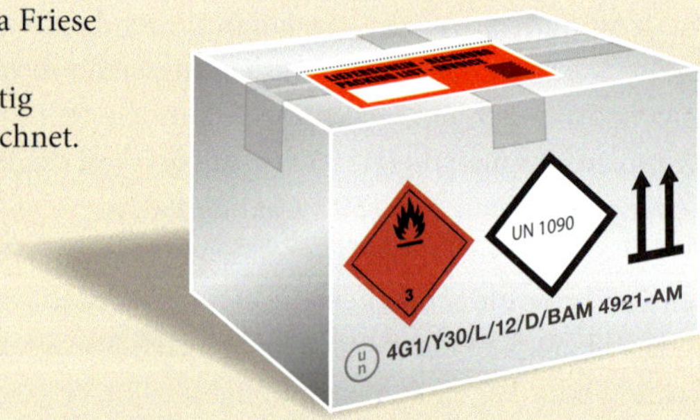

ALLES KLAR?

1 Wann darf ein Jugendlicher mit Gefahrgütern im Unternehmen umgehen?
- **a** Wenn er 18 Jahre alt ist und beaufsichtigt wird.
- **b** Wenn er 16 Jahre alt ist und das schon einmal getan hat.
- **c** Wenn er einen Gabelstaplerschein besitzt und einen Auftrag dafür hat.
- **d** Wenn er 16 Jahre alt ist und es dem Erreichen des Ausbildungszieles dient.
- **e** Wenn der Vorarbeiter den Auftrag dazu erteilt.

2 Warum ist die Kennzeichnung von Versandstücken mit gefährlichen Stoffen unbedingt erforderlich?

3 Beim Versenden von Gütern werden Gefahrenzettel genutzt. So kann jeder erkennen, welche Gefahr vom Packgut ausgehen kann. Ordnen Sie die Kennzeichnungen den jeweiligen Gefahrenzetteln zu.

- **1** radioaktive Stoffe
- **2** endzündbare feste Stoffe
- **3** oxidierend wirkende Stoffe
- **4** sonstige gefährliche Stoffe

a

b

c
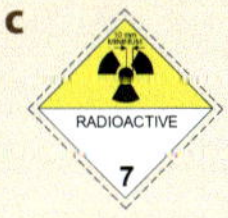

d

4 Wodurch lassen sich die Gefahrenklassen auf Lackdosen eindeutig und unverwechselbar kennzeichnen?
- **a** durch ein Gefahrenkennzeichen
- **b** durch die UN-Nummer
- **c** durch eine orangefarbene Warntafel
- **d** durch die Zulassungsnummer des Packmittels
- **e** durch einen Gefahrenzettel

5 Verpackungen für gefährliche Güter werden in Verpackungsgruppen eingeteilt und dementsprechend gekennzeichnet. Welche Verpackungsgruppe gehört zu welcher Kennzeichnung?

1 I	**a** Y
2 II	**b** Z
3 III	**c** X

6 Aus der Codierung von Packmitteln lassen sich die Bauarten der Packmittel herleiten. Ordnen Sie die Ziffern 1, 3, 4, 5, 6, 0, 13, 50 zu:
- **a** Großpackmittel/IBC flexibel
- **b** Sack
- **c** Fass
- **d** Feinblechverpackungen
- **e** Kiste/Schachtel
- **f** starre Großverpackung
- **g** Kombinationsverpackung
- **h** Kanister

7 Aus der Codierung von Packmitteln lassen sich die Packstoffe der Packmittel herleiten. Ordnen Sie die Ziffern A, B, C, D, F, G, H, L, M, N, P zu:
- **a** Metall
- **b** Kunststoff
- **c** Glas, Porzellan, Steinzeug
- **d** Holzfaserwerkstoff
- **e** Papier, mehrlagig
- **f** Stahl
- **g** Naturholz
- **h** Textilgewebe
- **i** Pappe
- **j** Aluminium
- **k** Sperrholz

8 Erklären Sie die folgende Codierung auf der Verpackung.
UN 3B2 /Y20 /F /07 /D /BAM 4921-LG

9 Sie sollen Gefahrgüter in Ihrem Unternehmen verpacken. Bringen Sie die einzelnen Arbeitsschritte in die richtige Reihenfolge.
- **a** Kartonage verschließen und kennzeichnen
- **b** Packmittel auswählen
- **c** Packmittel auf die UN-Bauartzulassung überprüfen
- **d** Packgut identifizieren und klassifizieren
- **e** Gefahrstoff einbringen und auf die Füllstandsanzeige achten

8 English exercises

Exercises 1

Identify the different types of container in these photos using the names in the box.

bulk container   flat rack container   reefer
standard container   tank container

Exercise 2

Today you are responsible for packing mountain bike ordered by an important Spanish customer. The mountain bikes should reach their destination in good condition. So make sure that the packaging protects the mountain bikes from damage.

a Match these German words (1–10) with their English equivalents (a–j).

1	Schienennetz	**A**	shipping label
2	Güterzug	**B**	palletizer
3	Verpackungsbereich	**C**	free space
4	Kartonaufrichter	**D**	shipping area
5	Freiraum	**E**	plastic strap
6	Versandetikett	**F**	railway network
7	Kunststoff-Folie	**G**	packaging area
8	Palettierer	**H**	freight train
9	Kunstoffband	**I**	case erector
10	Versandbereich	**J**	plastic film

! *pack* ▶ verb
packaging ▶ noun

b Put the description of the packing process (a–h) into the correct order.

Exercise 3

a As you know, there are different types of external packaging. Work with a partner and match the illustrations of different types of external packaging (A–F) with the descriptions (1–6) below.

1 bale: bulky goods, wrapped in plastic or sacking and secured with plastic straps	**2 drum:** a round plastic or metal container for transporting liquids and dry chemicals
3 barrel: a container made of wood for transporting wines and spirits	**4 box:** the most widespread form of packaging
5 sack: used to transport grains and small, loose goods	**6 crate:** a robust "closed" wooden box or a wooden "skeleton" framework

b Explain which type of external packaging would be suitable for the mountain bikes.

c Halit Gülec, one of the warehouse keepers, asks you to pack the goods below. Explain which type of external packaging would be suitable for these goods:

1. paint
2. air pumps
3. expensive dynamo-powered bicycle lights
4. bicycle cover
5. polystyrene chips

d Work in small groups. Give a presentation on the types of internal packaging below. Include the following:

- a description of the packaging
- the function and special features of the packaging
- what type of Top Bike GmbH goods it might be used for

e Look at the illustration and explain how the wheel rim bracket is packed and the function of the packaging. Use the useful terms and phrases box for help.

Exercise 4

Have you ever packed goods at your company? Describe the packing process.

Packing and packaging

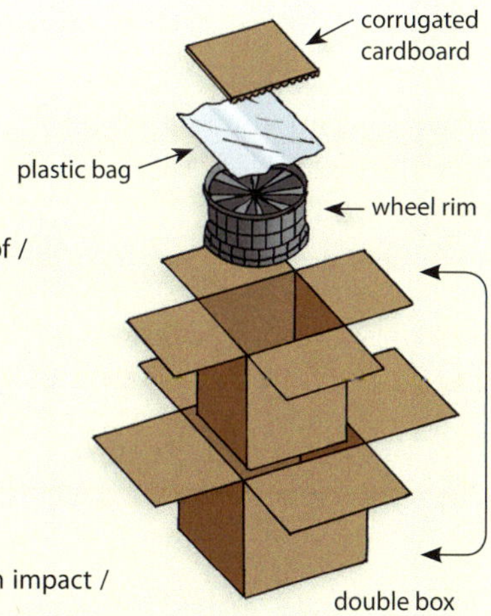

Description

The ... fits inside / on top of / into the ...
The ... slots into the ...
The ... is filled up with ...
The ... is covered by / with a / the ...
The ... is closed / sealed ...

Function of packaging

The ... protects the ... from impact / dirt / ...
The ... keeps the ... secure / dry ...
The ... stops the ... moving around.
The ... is designed to absorb vibrations / moisture / shock / ...
Packaging prevents damage from handling / ...

7

Touren planen

- Wirtschaftsgeografische Grundlagen
- Die Verkehrswege
- Die Tourenplanung
- Standortwahl
- English exercises

BRAZIL
BRAZIL
!!!
?
AAAAAAAAAAAAAAAAA
?
CHILE
CHILE
PERU
BOLIVIA
BRAZIL

LS 46

1 Wirtschaftsgeografische Grundlagen

Stefanie Köhler ist im Rahmen ihrer Ausbildung ins Warenausgangslager versetzt worden. Dort ist sie unter anderem für den Versand der fertig montierten Fahrräder an die Kunden und für die Planung der entsprechenden Touren zuständig. Heute sollen Lieferungen nach Berlin, Neuss und Dresden verschickt werden. Stefanie beschließt, sich erst mal einen Überblick zu verschaffen, wo die Kunden der Top Bike GmbH ihren Sitz haben. Dazu nimmt sie einen Atlas zur Hand, um ihre irgendwann in der Schule erworbenen Geografiekenntnisse aufzufrischen.

Ein wichtiges Hilfsmittel, um sich auf Landkarten zu orientieren und die Position eines Ortes zu bestimmen, sind **Längen- und Breitengrade**. Die Längengrade verlaufen in nordsüdlicher Richtung um die Erde und durchschneiden dabei die beiden Pole. Insgesamt gibt es 180 Längengrade. Ein halber Längenkreis, also die direkte Strecke zwischen Nordpol und Südpol bezeichnet man als Meridian. Der **Nullmeridian** verläuft genau durch Greenwich, einen Stadtteil von London. Die Meridiane, die östlich von diesem Nullmeridian verlaufen, werden aufsteigend bis 180° gezählt und zusätzlich mit einem O (für Ost) versehen. Die Meridiane, die westlich des Nullmeridians verlaufen, werden ebenfalls aufsteigend bis 180° gezählt und mit einem W für West gekennzeichnet. Die Längengrade 180° W und 180° O sind identisch und verlaufen in unmittelbarer Nähe der Datumsgrenze.

Die **Breitengrade** verlaufen in westöstlicher Richtung um die Erde. Der **Äquator** ist der längste Breitengrad und wird mit 0° bezeichnet. Die nördlichen Breitengrade werden aufsteigend vom Äquator aus bis 90° N gezählt, die südlichen Breitengrade entsprechend bis 90° S. Die Top Bike GmbH aus Regensburg liegt also auf 12° O 49° N.

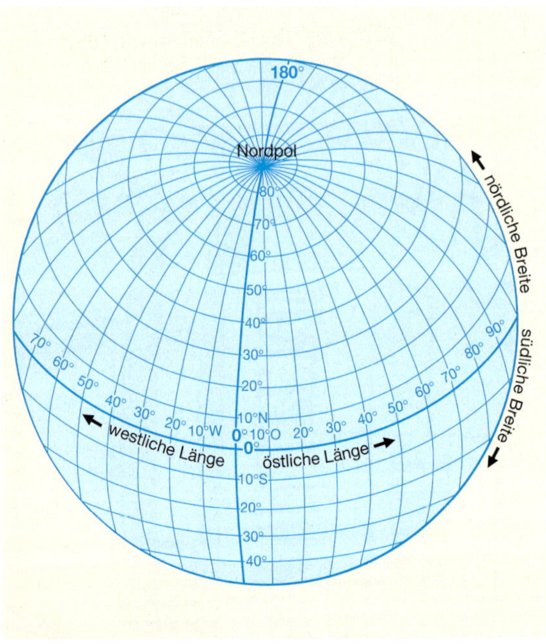

Das Gradnetz der Erde

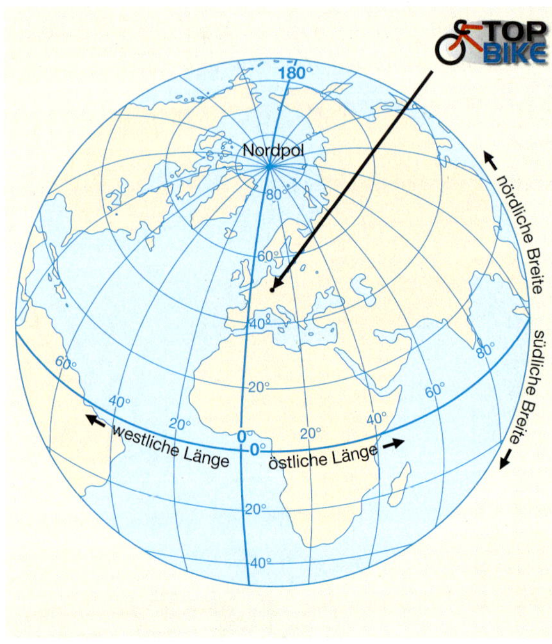

Die Erdkugel

Ähnlich wie die Längengrade verlaufen die **Zeitzonen**. Insbesondere bei Geschäftsbeziehungen ins weiter entfernte Ausland ist es sinnvoll, sich über die Zeitzone zu informieren, um sicherzugehen, zu welcher Uhrzeit die Geschäftspartner dort erreicht werden können.

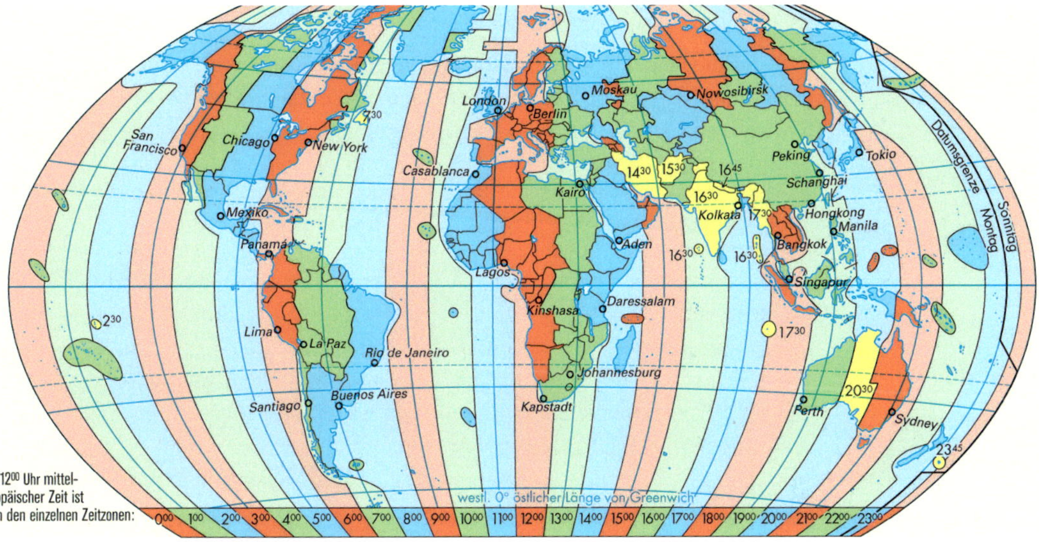

Zeitzonen

Je nach Bedarf kann man auf unterschiedliche Arten von Landkarten zurückgreifen. Zwei wichtige Arten von Karten sind **physische Karten,** auf denen vor allem die Beschaffenheit der Landschaft abgebildet ist, und **politische Karten,** die die politischen Gegebenheiten einer Region wie z. B. Landesgrenzen und Verwaltungsbezirke zeigen.

Neben physischen und politischen Karten gibt es u. a. noch die sogenannten **thematischen Karten**. Diese zeigen z. B. Verkehrswege, Bebauung, Bodenschätze oder industrielle Nutzung einer Region.

Karten sind im Normalfall mit einem **Maßstab** versehen, an dem man erkennen kann, wie stark die Karte die abgebildete Region verkleinert darstellt. Dieser Maßstab hilft, die Entfernung zwischen zwei Orten abzuschätzen.

Kartenmaßstab	großer Maßstab	je kleiner die Maßstabszahl, desto geringer die Verkleinerung
1 : 1000	↓	
1 : 25.000		
1 : 50.000		
1 : 100.000		je größer die Maßstabszahl, desto stärker die Verkleinerung
1 : 500.000		
1 : 1.000.000	kleiner Maßstab	

Physische, politische und thematische Karte (Ausschnitt, Maßstab 1 : 1.500.000)

1.1 Deutschland

Nun wendet sich Stefanie wieder den Kunden der Top Bike GmbH zu. Schnell erkennt sie, dass die meisten Kunden in Deutschland angesiedelt sind.

Aufgrund seiner hohen Einwohnerzahl (ca. 82 Millionen), seiner flächenmäßigen Ausdehnung und seiner zentralen Lage im Zentrum Europas ist Deutschland ein wichtiger internationaler Wirtschaftsstandort.

Deutschland: politische Gliederung

Bedeutende Wirtschaftsregionen in Deutschland

Berlin

Berlin ist die Hauptstadt und mit etwa 3,4 Millionen Einwohnern (Stand: 2011) auch die größte Stadt Deutschlands und eine der größten Städte Europas. Berlin ist außerdem ein eigenes Bundesland. Die Berliner Wirtschaft ist geprägt durch Handel und Dienstleistungen. Neben der Politik (z. B. Ministerien, Botschaften und Parteizentralen) sind Medien, Kultur und Tourismus wichtige Wirtschaftsfaktoren. Aufgrund seiner geografischen Lage relativ weit im Osten von Deutschland bestehen intensive Geschäftsbeziehungen zu den östlichen Nachbarländern wie z. B. Polen.

Berlin ist gut an den nationalen und internationalen Verkehr angeschlossen. Die Autobahn A10 umschließt Berlin und ist an Autobahnen in alle Richtungen angebunden. Berlin verfügt außerdem über mehrere Personen- und Güterbahnhöfe. Diese binden Berlin an die Schienen einer West-Ost-Achse von Paris nach Moskau und einer Nord-Süd-Achse von der Ostsee bis zur Adria bzw. dem Schwarzen Meer an. Berlin verfügt über einen internationalen Flughafen mit Frachtterminals. Schließlich sind noch die Binnengewässer Spree und Havel mit ihren entsprechenden Terminals zu erwähnen, über die Güter per Binnenschiff transportiert werden können.

Frachtterminal
Anlage, in der Fracht zu Transportzwecken ein-, aus- oder umgeladen wird

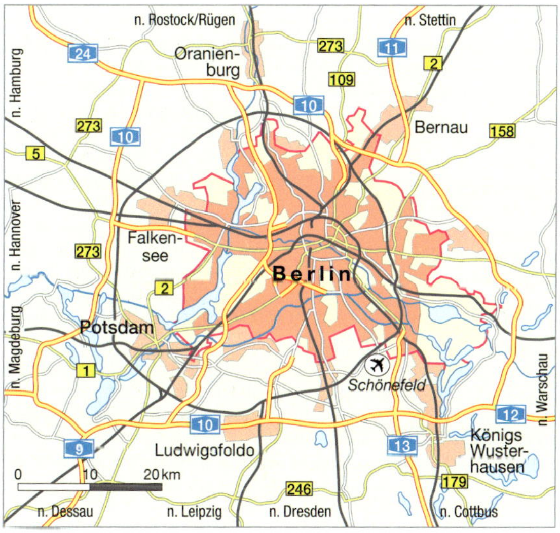

Verkehrswege in Berlin und Umland

Großraum Hamburg

Hamburg ist mit etwa 1,8 Millionen Einwohnern die zweitgrößte Stadt Deutschlands und gleichzeitig ein eigenes Bundesland. Die Stadt zählt zu den wichtigsten Industriestandorten Deutschlands. Die Wirtschaft der Hansestadt ist geprägt durch Industrie, Handel und Dienstleistungen, wobei hier Verkehr und Logistik, insbesondere im Bereich der Seeschifffahrt, eine herausragende Stellung einnehmen.

Hamburg verfügt über den größten Seehafen Deutschlands, der, nach Rotterdam, gleichzeitig der zweitgrößte Containerhafen Europas ist. Über die Elbe ist Hamburg auch an das Binnenwasserstraßennetz Deutschlands angeschlossen. Hamburg ist außerdem mit mehreren Autobahnen an das deutsche und europäische Autobahnnetz angebunden. Gleichzeitig ist Hamburg ein wichtiger Eisenbahnknotenpunkt für ganz Nordeuropa und verfügt über einen der größten Flughäfen in Deutschland.

Der Hamburger Hafen

Ruhrgebiet

Das Ruhrgebiet liegt in Nordrhein-Westfalen und ist mit etwa 5 Millionen Einwohnern zurzeit das größte Ballungsgebiet in Deutschland. Bedeutende Städte in dieser Region sind Bochum, Essen, Duisburg, Gelsenkirchen, Oberhausen und Dortmund.

Das Ruhrgebiet wurde lange Zeit geprägt durch den Bergbau sowie durch Stahlproduktion und -verarbeitung, womit es erheblich zum Wohlstand Deutschlands beigetragen hat. Bedingt durch den Niedergang dieser Industriezweige seit den 1960er Jahren war und ist ein Strukturwandel unumgänglich. Zukunftsträchtige Industriezweige wie Informations- und Kommunikationstechnologien werden gefördert. Auch der Dienstleistungssektor befindet sich im Wachstum. Schließlich soll das Ruhrgebiet als Standort für Forschung, Entwicklung und Wissenschaft gefördert werden.

Autobahnnetz
→ LF 7, Kap. 2

Aufgrund seiner zentralen Lage innerhalb von Deutschland ist das Ruhrgebiet ausgezeichnet an die verschiedenen Verkehrswege angeschlossen. So durchqueren derzeit zehn Autobahnen das Ruhrgebiet, darunter die wichtigen Nord-Süd-Achsen A1 und A3 sowie die wichtige Ost-West-Achse A2. Außerdem verfügt das Ruhrgebiet über einige internationale Flughäfen und Bahnhöfe. Schließlich sind die Binnengewässer, insbesondere die Kanäle zu erwähnen, z. B. der Rhein-Herne-Kanal, der Wesel-Datteln-Kanal, der Datteln-Hamm-Kanal und der Dortmund-Ems-Kanal. Mit Duisburg verfügt das Ruhrgebiet über den größten Binnenhafen Europas.

Rheinland

Auch das Rheinland liegt in Nordrhein-Westfalen und schließt sich im Südwesten an das Ruhrgebiet an. Prägende Städte sind Köln und Düsseldorf. Diese sind gekennzeichnet durch Handel, Dienstleistungen und in geringerem Maße auch durch Industrie, wobei hier Pharmazie und Automobilbau hervorzuheben sind. Köln hat sich als Medienstadt etabliert und ist Hauptsitz vieler deutscher Versicherungen. Düsseldorf ist einer der wichtigsten deutschen Standorte für Mode. In beiden Städten finden große Messen statt. Neben Köln und Düsseldorf ist Bonn als Standort großer Unternehmen wie z. B. der Deutschen Post AG und der Telekom AG erwähnenswert.

Hub (engl.)
Nabe, hier: Drehkreuz
→ LF 7, Kap. 3.4

Neben einer guten Anbindung an das deutsche Autobahnen- und Schienennetz ist der Rhein als bedeutende Verkehrsader zu erwähnen. Er verbindet das Rheinland flussaufwärts mit Süddeutschland bis zur Schweiz und flussabwärts über das angeschlossene Kanalnetz mit Belgien und den Niederlanden und den entsprechenden Hochseehäfen. Köln und Düsseldorf verfügen über internationale Flughäfen, wobei der Flughafen Köln-Bonn der drittgrößte Frachtflughafen in Deutschland ist und von verschiedenen Kurier- und Expressdienstleistern als Hub genutzt wird.

Das CentrO in Oberhausen, Europas größtes Einkaufszentrum

Modenschau auf der Modemesse IGEDO in Düsseldorf

Region Frankfurt am Main

Die Stadt Frankfurt am Main liegt in Hessen und hat knapp 700.000 Einwohner. Sie ist das bedeutendste Finanzzentrum in Deutschland, was nicht zuletzt der hier angesiedelten Frankfurter Börse zu verdanken ist. Fast alle deutschen und europäischen sowie viele weitere internationale Banken sind hier vertreten. Daneben ist Frankfurt Sitz der Europäischen Zentralbank (EZB), der deutschen Bundesbank und außerdem ein wesentlicher Messestandort. Viele große Unternehmen haben hier ihren Sitz.

Frankfurt liegt an der A3, hat einen großen Fernbahnhof und ist durch die direkte Lage am Main auch an das deutsche Binnengewässernetz angeschlossen. Wichtigster Verkehrsfaktor für Frankfurt ist sein internationaler Flughafen. Er ist der drittgrößte Flughafen und der größte Frachtflughafen Europas.

Der Eurotower der EZB in Frankfurt

Region Stuttgart

Stuttgart liegt in Baden-Württemberg und umfasst mitsamt der zugehörigen Region etwa 2,7 Millionen Einwohner. Stuttgart ist geprägt durch zahlreiche mittelständische Unternehmen, von denen viele Zuliefererbetriebe der im Umfeld angesiedelten Automobil- und Maschinenbau-Branchen sind. Außerdem ist die Region Stuttgart Standort etlicher Banken und Versicherungen sowie von Bauunternehmen.

Stuttgart ist an die Autobahn A8 angeschlossen und verfügt über einen internationalen Flughafen. Für den Güterverkehr besonders bedeutend ist der moderne Containerbahnhof Kornwestheim. Mit dem Binnenhafen Stuttgart steht ein moderner trimodaler Verkehrsknotenpunkt (Binnenschifffahrt, Schiene, Straße) zur Verfügung.

Im Binnenhafen Stuttgart treffen drei verschiedene Verkehrsträger aufeinander

Großraum München

München liegt in Bayern und damit im Süden von Deutschland. Im Großraum München leben ca. 2,6 Millionen Menschen. München ist Sitz von sieben der insgesamt 30 im Deutschen Aktienindex (DAX) gelisteten Unternehmen. Gleichzeitig ist München ein Zentrum für Verlage, für die Filmindustrie und Unternehmen der Biotechnologie. München ist außerdem ein wichtiger Messestandort.

München ist durch viele Autobahnen an das deutsche und europäische Autobahnnetz angeschlossen. München hat einen modernen Flughafen für Passagiere und Frachtgüter und ist durch seine zentrale Lage in Süddeutschland ein wichtiger Knotenpunkt im Schienenverkehr. Eine Anbindung an das Binnenwasserstraßennetz ist jedoch nicht vorhanden.

Zum Münchener Oktoberfest kommen Besucher aus aller Welt

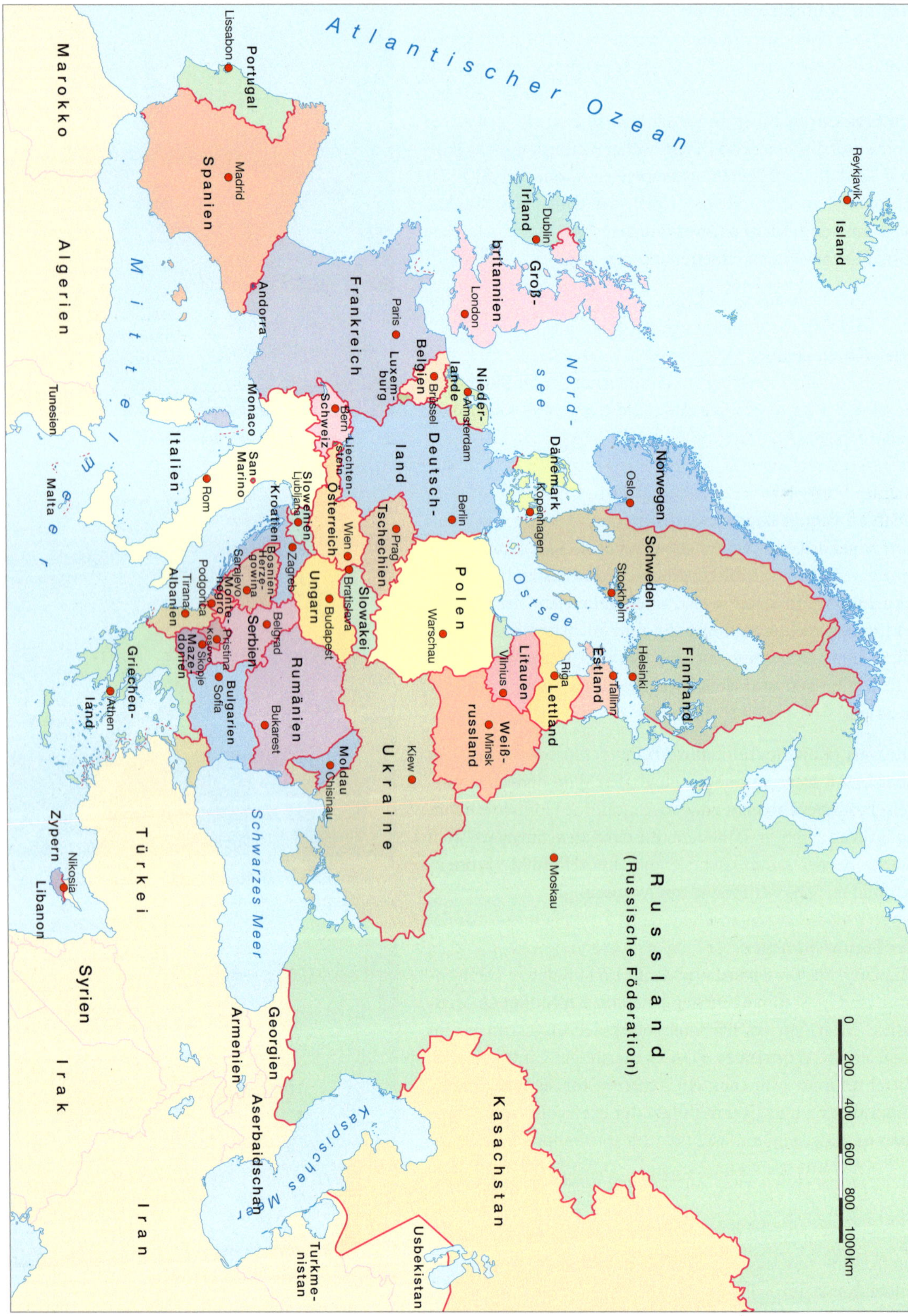

Europa: politische Gliederung

1.2 Europa

Nachdem Stefanie in den ersten Tagen viele Versandaufträge zu Kunden in Deutschland bearbeitet hat, erhält sie einen Auftrag für einen Kunden in Antwerpen. Auch hier muss sie sich erst einmal klarmachen, wo dieser Kunde überhaupt seinen Sitz hat.

Bedeutende Wirtschaftsregionen in Europa

Die folgende Auswahl bedeutender Regionen innerhalb der EU erhebt keinen Anspruch auf Vollständigkeit. Auswahlkriterien sind neben der wirtschaftlichen Bedeutung auch die Rolle als Nachbarregion und als Handelspartner Deutschlands.

Deutschlands Handelspartner
→ Anhang WiSo, Kap. 4.1

Paris/Ile-de-France

Frankreich ist der wichtigste Handelspartner Deutschlands weltweit. Im Großraum Paris, auch Ile-de-France genannt, leben etwa 11 Millionen Menschen. Es ist das bedeutendste Wirtschaftszentrum Frankreichs und eines der wichtigsten Wirtschaftszentren Europas. Neben internationalen Konzernen gibt es eine Vielzahl von kleinen und mittleren Unternehmen, von denen viele dem Dienstleistungssektor zuzuordnen sind.

Der internationale Flughafen Charles-de-Gaulle-Roissy ist der größte Frachtflughafen Europas. Daneben steht mit dem Flughafen Orly ein weiterer Frachtflughafen zur Verfügung. Beide Flughäfen sind auch Passagierflughäfen. Nach Duisburg verfügt die Region Paris über den zweitgrößten Binnenhafen Europas. Außerdem ist Paris der Knotenpunkt des französischen Schienen- und Autobahnnetzes.

Die Benelux-Staaten

Belgien, Niederlande, Luxemburg

Die drei eigenständigen Staaten Belgien, Niederlande und Luxemburg bilden eine enge wirtschaftliche Einheit und werden deshalb oft als „Benelux"-Länder zusammengefasst. Sie liegen an der westlichen deutschen Grenze und sind für Deutschland sowohl wichtige Handelspartner als auch Transitländer für den europäischen und weltweiten Handel. In allen drei Ländern ist der Dienstleistungssektor sehr bedeutend, jeweils insbesondere Handel, Transport und Logistik. Die Niederlande verfügen darüber hinaus über große Erdgasvorkommen in der Nordsee und über eine besonders effiziente Landwirtschaft. Luxemburg hat sich als internationales Finanzzentrum etabliert und konnte damit die Rückgänge aus der Schwerindustrie, mit der das Land Mitte des vorigen Jahrhunderts seinen Wohlstand begründet hat, weitestgehend auffangen.

Mit Amsterdam, Rotterdam und Antwerpen liegen drei der weltweit größten Seehäfen in dieser Region, die über den Rhein und verschiedene Kanäle mit dem europäischen Binnenwasserstraßennetz verbunden sind. Außerdem sind sie an gut ausgebaute Schienen- und Autobahnnetze angeschlossen. Der Amsterdamer Flughafen Schiphol ist nach London, Frankfurt und Paris der viertgrößte Frachtflughafen in Europa.

Antwerpen ist ein internationales Handelszentrum für Diamanten.

Doppeldeckerbus in London

Großraum London

Auch Großbritannien ist ein wichtiger Handelspartner Deutschlands. Die größte und wirtschaftlich einflussreichste Region ist der Großraum London, in dem etwa 8,2 Millionen Menschen leben. London ist ein bedeutendes Handels- und Finanzzentrum weltweit und verfügt über die drittgrößte Börse der Welt. Viele nationale und internationale Banken haben hier ihren Sitz. Daneben sind Tourismus und Medien von Bedeutung. Im Bereich Industrie dominieren Hightech und Pharmazie.

Durch die Insellage Großbritanniens ist der Großraum London vor allem auf dem Luftweg an den internationalen Handel angeschlossen. Die Region verfügt über fünf internationale Flughäfen. Der Passagier- und Frachtflughafen Heathrow verfügt über das nach Frankfurt am Main zweitgrößte Luftfrachtzentrum Europas. Der Londoner Hafen hat im Vergleich zu anderen britischen Häfen an Bedeutung eingebüßt, allerdings ist ein großer Containerhafen in Planung. London ist außerdem an das britische Autobahnen- und Schienennetz angeschlossen.

Brennerpass

Gütertransport über die Alpen → LF 7, Kap. 2.1

Alpenraum

Der Alpenraum ist eine zentral gelegene europäische Region im gleichnamigen Gebirge. Sie umfasst Teile der Länder Frankreich, Italien, Schweiz, Liechtenstein, Österreich, Slowenien und Deutschland. Die Landwirtschaft spielt in dieser Region nach wie vor eine Rolle, im Wesentlichen lebt der Alpenraum aber vom Tourismus. Interessant ist der Alpenraum aufgrund seiner geografischen Lage in der Mitte Europas. Viele Verbindungen zwischen den europäischen Ländern führen über die Alpen. Dabei ist das Gebirge ein natürliches Hindernis, das nur durch Tunnel oder Gebirgspässe überwunden werden kann.

Die MOE-Staaten

MOE-Staaten

Die Abkürzung MOE steht für „mittel- und osteuropäische“ Staaten. Dazu zählen Estland, Lettland, Litauen, Ungarn, Tschechien, Slowakei, Polen, Slowenien, Kroatien, Bulgarien und Rumänien. Es handelt sich um eine sehr große Gruppe von Ländern, die sich politisch und wirtschaftlich zum Teil stark voneinander unterscheiden. Allen Ländern ist jedoch gemeinsam, dass es sich um ehemalige „Ostblockstaaten“ handelt. Erst Anfang der 1990er Jahre wurden diese Länder demokratisch und die Wirtschaft liberalisiert, was ihnen den Zugang in die Europäische Union und den Kontakt mit westlichen Handelspartnern ermöglichte.

Wichtige Frachtflughäfen gibt es in Warschau, Prag, Bukarest und Sofia. Seehäfen finden sich an der Ostsee, an der Adria und am Schwarzen Meer. Binnenschifffahrt findet vor allem auf der Oder, der Donau und dem Donau-Schwarzmeer-Kanal statt. Außerdem sind die MOE-Staaten an das europäische Autobahnen- und Schienennetz angebunden. Um den voraussichtlich noch deutlich steigenden Handel bewältigen zu können, sind weitere Investitionen in den Ausbau der Verkehrsinfrastruktur erforderlich.

1.3 Die Welt

Nachdem Stefanie sich mit den europäischen Ländern vertraut gemacht hat, möchte sie es ganz genau wissen. Beim Stöbern im Internet fällt ihr die deutsche Außenhandelsstatistik in die Hände. Dass neben den europäischen Ländern die USA ein wichtiger Handelspartner Deutschlands sind, hatte sie schon vorher gewusst. Auch Japan und China überraschen sie nicht. Aber Länder wie Indien, Russland und Brasilien? Sie macht sich erst mal schlau.

Bedeutende Wirtschaftsregionen in der Welt

Natürlich können hier nicht alle Wirtschaftszentren weltweit beschrieben werden. Neben den „klassischen" Zentren USA und Japan wurden die „BRIC"-Staaten ausgewählt, die schon jetzt wichtige Wirtschaftszentren sind und deren Bedeutung für den deutschen Markt in der Zukunft wahrscheinlich noch steigen wird. Aufgrund ihrer hohen Wachstumsraten sehen einige Prognosen diese Länder bis 2050 als die wirtschaftlich einflussreichsten Länder weltweit.

„BRIC"-Staaten
Brasilien, Russland, Indien und China

USA

Die Vereinigten Staaten von Amerika liegen auf dem nordamerikanischen Kontinent und werden von zwei Weltmeeren (Atlantik im Osten und Pazifik im Westen) begrenzt. Das Land gliedert sich in 50 Bundesstaaten, die Hauptstadt ist Washington. Die Vereinigten Staaten sind sowohl flächenmäßig als auch nach Einwohnern das drittgrößte Land der Erde. Nach wie vor nehmen die USA eine herausragende Stellung in der Weltwirtschaft ein. Die nationale Währung, der US-Dollar, ist weltweite Leitwährung. Ungefähr ¾ des Bruttoinlandsproduktes werden im Bereich der Dienstleistungen erwirtschaftet, die Industrie steuert inzwischen nur noch etwa ⅕ zum Bruttoinlandsprodukt bei. Die Wirtschaft der USA wird vor allem durch städtische Ballungsgebiete bestimmt, wobei die größten Ballungszentren die Großräume New York, Los Angeles, Chicago und Dallas sind.

St.-Lorenz-Seeweg
→ LF 7, Kap. 2.3

Das Verkehrsnetz des Landes ist auf die städtischen Ballungsgebiete ausgerichtet. Sie sind alle sehr gut an Straßen und Schienen angeschlossen und mit Flughäfen ausgestattet. Güter werden vor allem per Lkw und Eisenbahn transportiert, in geringerem Maße auch per Binnenschiff und über Pipelines. Große Seehäfen befinden sich in Boston, Chicago, New York, Houston, Los Angeles, San Francisco und Seattle. Der St.-Lorenz-Seeweg zählt zu den weltweit wichtigsten Binnenwasserstraßen.

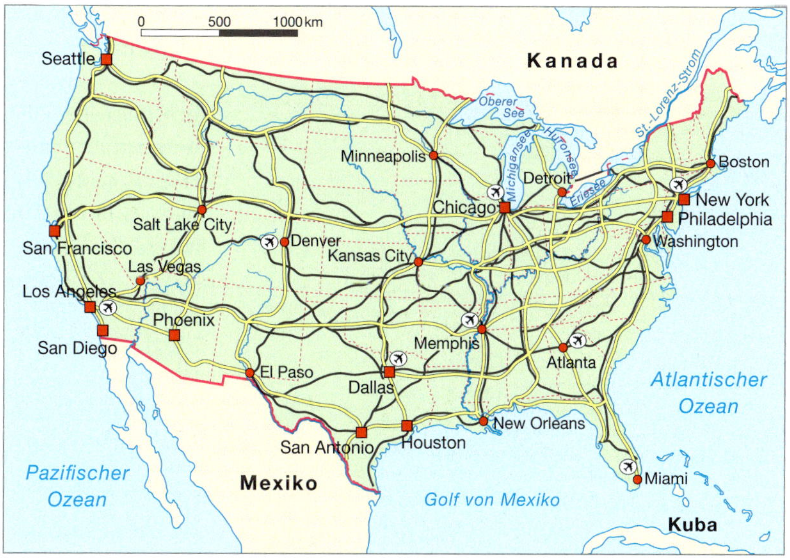

Große Ballungszentren in den USA

Japan

Südamerika mit Brasilien

Die Skyline von Tokio

Japan

Japan besteht aus einer Inselkette an der Ostküste Asiens. Die Hauptinseln heißen Hokkaido, Honshu, Kyushu und Shikoku. Dazu kommen kleinere Inseln. Auf den vier Hauptinseln lebt der Großteil der japanischen Bevölkerung. Hauptstadt und größtes städtisches Ballungsgebiet ist Tokio mit etwa 9 Millionen Einwohnern. Weitere Zentren sind Yokohama, Osaka und Nagoya. Nachdem die japanische Industrie insbesondere in der Automobilbranche und der Unterhaltungselektronik zu den wichtigsten weltweit gehört hat, ist ihre Bedeutung in den letzten Jahren zurückgegangen.

Wegen der Insellage muss der internationale Frachtverkehr per Luft- und Seefracht abgewickelt werden. Diese Verkehrswege werden auch für den inner-japanischen Warentransport genutzt. Wichtige internationale Flughäfen finden sich in Tokio, Kansai und Chubu. Die größten Seehäfen liegen in Chiba, Hiroshima und Kawasaki.

Brasilien

Brasilien liegt auf dem südamerikanischen Kontinent. Hier leben etwa 195 Millionen Einwohner, die Hauptstadt heißt Brasilia. Brasilien gehört zu den sogenannten „BRIC"-Staaten (Brasilien, Russland, Indien und China). Die brasilianische Volkswirtschaft wächst im weltweiten Vergleich sehr schnell. Für Investoren und Handelspartner ist Brasilien aufgrund seiner reichen Rohstoffvorkommen (z. B. Eisen) und als Verbindung in den lateinamerikanischen Markt interessant. Regionale Zentren finden sich im Großraum Sao Paolo, Rio de Janeiro und Belo Horizonte.

Der brasilianische Güterverkehr wird vor allem per Lkw und per Schiff abgewickelt. Große Häfen sind Belem, Fortaleza, Santos und Imbituba.

Russland

Die Russische Föderation ist das flächenmäßig größte Land der Erde und erstreckt sich über die beiden Kontinente Europa und Asien. Hauptstadt und gleichzeitig größte Metropole mit etwas über 10 Millionen Einwohnern ist Moskau. Eine weitere wichtige Stadt ist Sankt Petersburg. In der russischen Volkswirtschaft sind die Sektoren Rohstoffe und Energie besonders hervorzuheben. Russland verfügt über große Vorräte an Erdöl und Erdgas. Etwa 2/3 der russischen Exporte fallen in diesen Bereich. Dazu kommen Rohstoffe wie Metalle, Kohle und Uran. Im Bereich der Industrie sind Automobil- und Maschinenbau zu erwähnen.

Bau der Gas-Pipeline in Sachalin an der Ostküste Russlands

Der Warentransport findet auf allen Verkehrswegen statt. Das Straßennetz ist entsprechend der Landesgröße sehr groß, allerdings sind nicht alle Straßen befestigt. Zu Autobahnen ausgebaute Straßen finden sich vor allem in der Nähe der großen Städte. Neben dem öffentlichen Eisenbahnnetz gibt es viele Industriestrecken, die nicht öffentlich sind. Aufgrund der vielen Flüsse ist das Binnenschiff in Russland ein wichtiges Verkehrsmittel. Wegen der Größe des Landes müssen viele Güter auch per Luftfracht transportiert werden. Russland hat nur wenige Seehäfen, weil Russland nur an wenigen Stellen an ein offenes Meer grenzt.

Erdöl- und Erdgasvorkommen in Russland

Indien

Indien liegt in Südasien auf dem indischen Subkontinent und hat 1,2 Milliarden Einwohner. Hauptstadt ist Neu-Delhi, in dessen Großraum etwa 17 Millionen Menschen leben. Weitere Zentren sind Mumbai (Bombay) mit etwa 20 Millionen Einwohnern im Einzugsbereich, Bangalore, einem großen Zentrum für Informationstechnologie, und Kolkata (Kalkutta). Prägende indische Wirtschaftszweige sind neben der Informationstechnologie (Hard- und Software) die Textilindustrie sowie Pharmazie und Biotechnologie. Während Indien in zukunftsträchtigen Wirtschaftszweigen bereits weltweite Bedeutung erlangt hat, ist die Infrastruktur in vielen Bereichen, so auch in der Energieversorgung und dem Transportwesen, veraltet und muss in den kommenden Jahren erneuert werden. Außerdem gibt es staatliche Eingriffe wie z. B. lange bürokratische Genehmigungsverfahren und den besonderen Schutz von Staatsbetrieben, die die aufstrebende Wirtschaft behindern.

Die indische Eisenbahn transportiert täglich über 13 Mio. Fahrgäste

70 % des Güterverkehrs in Indien werden über die Straße abgewickelt. Wachsende Bedeutung gewinnt der Luftfrachtverkehr mit den Drehkreuzen Delhi, Mumbai, Kolkata und Chennai. Die Flughäfen sind aufgrund ihrer Größe dem Passagier- und Frachtaufkommen jedoch kaum noch gewachsen. Beim internationalen Frachtverkehr nimmt der Seetransport eine wichtige Rolle ein. Indien verfügt über zwölf große Seehäfen, die wichtigsten sind Visakhapatnam, Kolkata, Chennai, Kandla und Mumbai. Die indische Eisenbahn ist mit mehr als einer Million Arbeitnehmern derzeit der größte Arbeitgeber der Welt.

China

Die Volksrepublik China mit ihrer Hauptstadt Peking liegt in Asien. Hier leben derzeit ca. 1,34 Milliarden Menschen. Obwohl noch viele Menschen auf dem Land leben, ist ein starker Trend zur Verstädterung zu erkennen. In den zehn größten Ballungsgebieten leben insgesamt etwa 80 Millionen Menschen. Die größten städtischen Ballungsgebiete sind Chonqing mit 28 Millionen Einwohnern, Shanghai mit knapp 18 Millionen Einwohnern, Peking, Shenzhen und Hongkong. Die chinesische Wirtschaft wächst nach verschiedenen wirtschaftlichen Reformen sehr schnell. So wurde China der größte Getreideproduzent der Welt. Wichtige Industriezweige sind Textil- und Bekleidung, Konsumgüter, EDV, Nachrichten- und Elektrotechnik. Die chinesische Wirtschaft ist außerdem gekennzeichnet durch niedrige Löhne und eine enorme Binnennachfrage aufgrund der hohen Bevölkerungszahl.

Konsumgüter
Güter, die von Haushalten nachgefragt werden

Binnennachfrage
Nachfrage aus dem eigenen Land

Derzeit wird das Infrastrukturnetz in allen Bereichen ausgebaut, um die vorhandenen und im Entstehen begriffenen Wirtschaftszentren miteinander zu verbinden. Schwerpunkte sind das Autobahn- und das Schienennetz. Zurzeit ist die Schifffahrt der wichtigste Transportweg für Frachtgüter. Dabei übertrifft der Transport entlang der Küste den auf den Binnenwasserstraßen noch deutlich. Der Außenhandel wird im Wesentlichen über die chinesischen Seehäfen abgewickelt, wobei die Containerhäfen Dalian, Guangzhou, Ningbo, Qindao, Shanghai, Shenzhen und Xiamen von besonderer Bedeutung sind. Die Frachtflughäfen von Shanghai, Hongkong und Peking gehören zu den Flughäfen mit dem größten Frachtumschlag weltweit.

Indien und China

ALLES KLAR?

1 Ordnen Sie die regionalen Wirtschaftszentren aufsteigend von Süd nach Nord.
1 Hamburg
2 Berlin
3 München
4 Ruhrgebiet
5 Frankfurt/Main
6 Rheinland
7 Stuttgart

2 Nennen Sie die Bundesländer, in denen sich die deutschen Wirtschaftszentren befinden.

3 Welcher der folgenden Standorte hat keinen direkten Anschluss an das Binnengewässernetz?
a Ruhrgebiet
b Berlin
c Frankfurt/Main
d München
e Hamburg

4 Wahr oder falsch?
a Hamburg verfügt über den größten Containerhafen Europas.
b Frankfurt/M. verfügt über den größten Frachtflughafen Europas.
c Im Ruhrgebiet leben ca. 6 Millionen Einwohner.
d Der Containerbahnhof „Kornwestheim“ liegt in Nordrhein-Westfalen.

5 Geben Sie zu folgenden Regionen die dazugehörigen Länder an:
a Benelux-Länder
b Ile-de-France
c MOE-Staaten
d Alpenraum

6 Welches Land gehört nicht zum Alpenraum?
a Österreich
b Schweiz
c Slowakei
d Italien
e Frankreich

7 An welche Meere grenzen die MOE-Staaten?

8 Nennen Sie die wichtigsten Wirtschaftszweige in den Benelux-Ländern.

9 Nennen Sie die vier wichtigsten Frachtflughäfen Europas.

10 Ordnen Sie die folgenden Länder den Hauptstädten und Kontinenten (Mehrfachnennung möglich) zu.
a Brasilien
b China
c Indien
d Japan
e Russland
f USA

Hauptstädte:
1 Brasilia
2 Moskau
3 Neu-Delhi
4 Peking
5 Tokio
6 Washington

Kontinente:
Asien
Europa
Nordamerika
Südamerika

11 Ordnen Sie von der Datumsgrenze aus folgende Metropolen von Osten nach Westen:
1 Chicago
2 Mumbai
3 Tokio
4 Rio de Janeiro
5 Moskau

2 Die Verkehrswege

Nach dem Auftritt der Top Bike GmbH auf einer bedeutenden Fahrradmesse erhält das Unternehmen zunehmend Aufträge von Neukunden aus ganz Deutschland. Heute sollen z. B. Aufträge an Kunden in Duisburg, Saarbrücken und Leipzig versendet werden. Stefanie Köhler überlegt, auf welchen Wegen die Ware jeweils zu den Kunden transportiert werden kann.

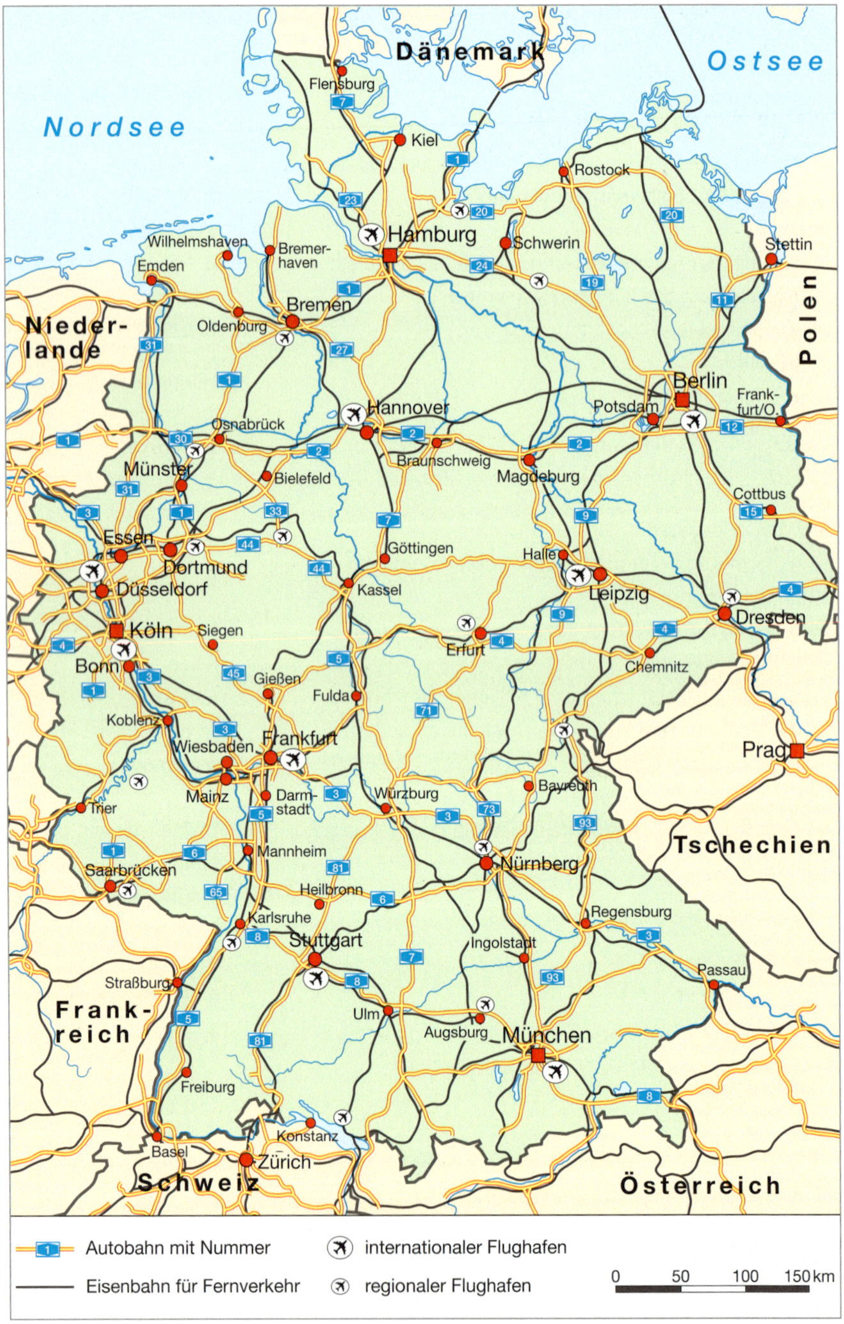

Verkehrswege in Deutschland

2.1 Die Straßen

Straßen sind aufgrund des immensen Transportvolumens, das über sie abgewickelt wird, nach wie vor die wichtigsten Verkehrswege innerhalb Deutschlands. Das deutsche Straßennetz gliedert sich in fünf Kategorien:

- Bundesautobahnen
- Bundesstraßen
- Landstraßen
- Kreisstraßen
- Gemeindestraßen

Transportvolumen
Menge der Güter, die transportiert werden

Die blauen Autobahnschilder enthalten die Nummer der Autobahn und Hinweise auf Autobahnkreuze und Abfahrten.

Von allen Straßen haben die Bundesautobahnen für den Güterverkehr die größte Bedeutung. In Deutschland sind sie durch die blaue Beschilderung zu erkennen.

Nummerierung der Autobahnen
Die Nummerierung der Autobahnen folgt zwei Grundprinzipien:

Geografischer Verlauf: Autobahnen mit geraden Nummern verlaufen zwischen Osten und Westen, während Autobahnen mit ungeraden Nummern zwischen Norden und Süden verlaufen. Je niedriger eine gerade Autobahnnummer ist, desto weiter liegt sie im Norden, je niedriger eine ungerade Nummer ist, desto weiter liegt sie im Westen Deutschlands. Eine Ausnahme ist die Autobahn A10, die ringförmig um Berlin verläuft.

Landesweite Bedeutung/Länge: Einstellige Autobahnnummern deuten auf wichtige und lange Autobahnen hin. Sie stellen das Autobahngrundnetz dar und verbinden große Städte innerhalb Deutschlands. Zweistellige Autobahnnummern weisen auf überregionale Autobahnen hin, es handelt sich hierbei um Durchgangs- und Verbindungsautobahnen. Dreistellige Autobahnnummern bezeichnen relativ kurze, regionale Autobahnen.

Wichtige Autobahnen in Deutschland

Nr.	Streckenverlauf
A1	Oldenburg (Holstein) – Hamburg – Bremen – Münster – Köln – Saarbrücken
A2	Duisburg – Gelsenkirchen – Recklinghausen – Dortmund – Bielefeld – Hannover – Braunschweig – Magdeburg – Berlin
A3	Elten – Oberhausen – Duisburg – Düsseldorf – Köln – Frankfurt/M. – Würzburg – Nürnberg – Regensburg – Passau
A4	Aachen – Köln – Olpe – (Unterbrechung) – Kirchheim – Eisenach – Erfurt – Jena – Chemnitz – Dresden – Bautzen – Görlitz
A5	Hattenbach – Gießen – Frankfurt/M. – Darmstadt – Weinheim – Heidelberg – Karlsruhe – Offenburg – Freiburg
A6	Saarbrücken – Kaiserslautern – Mannheim – Heilbronn – Feuchtwangen – Nürnberg – Amberg
A7	Ellund – Hamburg – Hannover – Kassel – Bad Hersfeld – Fulda – Feuchtwangen – Ulm – Kempten
A8	Saarlouis – Pirmasens – (Unterbrechung) – Karlsruhe – Stuttgart – Ulm – Augsburg – München – Inntal
A9	Berlin – Dessau – Hermsdorf – Hof – Bayreuth – Nürnberg – Ingolstadt – München
A10	Berliner Autobahnring

Vignette
zeitbezogene Plakette, die zur Straßennutzung berechtigt

Maut
Gebühr, die für die Nutzung bestimmter Straßen erhoben wird

Europastraßen

Einige deutsche Autobahnen sind in das Netz der Europastraßen eingegliedert. Die Europastraßen sind durch eine weiße Zahl auf grünem Grund gekennzeichnet und führen durch mehrere europäische Länder. Deutschland ist durch verschiedene Europastraßen mit fast allen europäischen Ländern verbunden. Die meisten Europastraßen sind gebührenpflichtig, entweder durch den Erwerb einer Vignette oder durch die Zahlung einer Maut.

Streckennetz der Europastraßen

Um einige europäische Länder auf dem Straßenweg zu erreichen, müssen **natürliche Hindernisse** überwunden werden. Dazu zwei Beispiele:

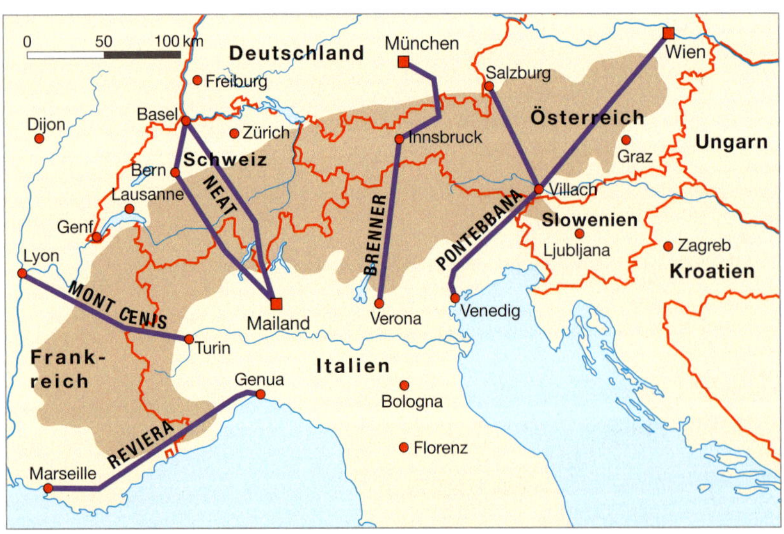

Wege über die Alpen

Transport über die Alpen

Um Güter zwischen Nordeuropa und Italien zu transportieren, geht kein Weg an den Alpen vorbei. Es gibt eine Reihe von Transitrouten durch die Alpen, die entweder über Pässe oder durch Tunnel führen und die fast alle mautpflichtig sind. In der Schweiz enstehen derzeit im Rahmen der NEAT (Neue Eisenbahn-Alpentransversale) zwei neue Eisenbahntunnel, von denen der Gotthardbasistunnel mit 57 km der längste Tunnel der Welt sein wird.

Eine Alternative zum reinen Straßentransport bietet die **„rollende Landstraße"** (RoLa). Hierbei werden komplette Lkw auf Güterzüge verladen und auf bestimmten Streckenabschnitten transportiert. Man nennt diese Transportvariante auch **kombinierten Verkehr**. Beim Transport durch die Alpen bietet die rollende Landstraße verschiedene Vorteile: Der Transport ist vergleichsweise schnell, die Fahrzeit gilt als Ruhezeit für den Lkw-Fahrer, sodass dieser, sobald der Lkw vom Güterzug entladen wurde, die Fahrt ohne Unterbrechung fortsetzen kann. Schließlich entlastet die rollende Landstraße die Umwelt in den Transitländern (insbesondere in Österreich und in der Schweiz).

Rollende Landstraße

Insellage Großbritanniens

Um Großbritannien und Irland zu erreichen, müssen aufgrund der **Insellage** entweder Fähren oder der Eurotunnel genutzt werden. Es gibt Fährverbindungen zwischen Großbritannien und verschiedenen Ländern auf dem europäischen Festland. Der Lkw wird auf die Fähre gefahren und verlässt sie im Zielhafen. Es handelt sich um eine vergleichsweise preiswerte Transportmöglichkeit, allerdings dauert die Überfahrt je nach Strecke lange. Alternativ können Lkw durch den Eurotunnel nach Großbritannien transportiert werden. Die Lkw werden auf spezielle Züge gefahren und in weniger als einer Stunde von Calais in Frankreich nach Dover in Großbritannien bzw. zurück transportiert. Der Transport durch den Eurotunnel ist deutlich teurer als der auf einer Fähre. Um unnötige Standzeiten zu verhindern, ist eine frühzeitige Buchung für beide Transportvarianten sinnvoll.

Im Hafen von Dover

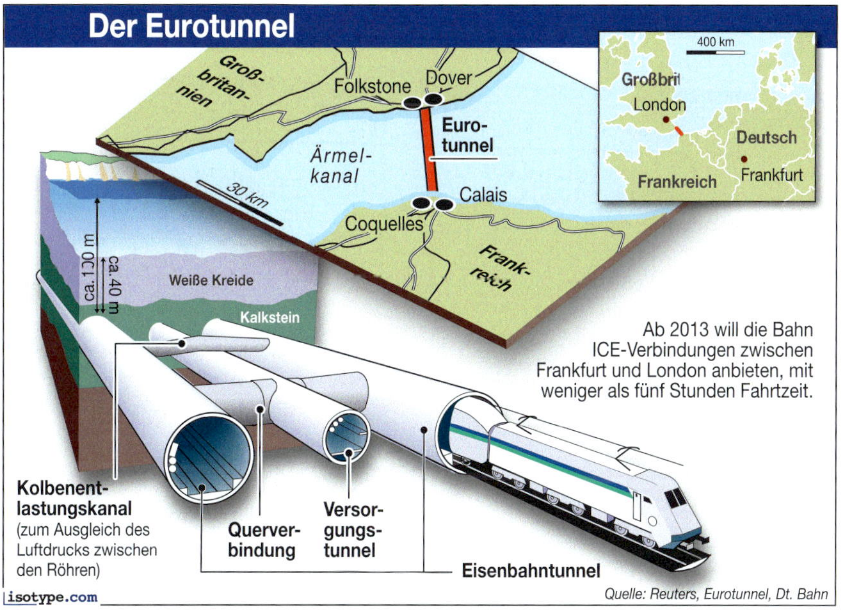

2.2 Die Schienen

Schienengüterverkehr
→ LF 9, Kap. 1.3

Das öffentlich zugängliche **Schienennetz in Deutschland** erstreckt sich über etwa 34.000 km (Stand: 2010). Es wird unter dem Dach der Deutschen Bahn AG von der DB Netz AG betrieben. Hinzu kommen ca. 4.000 km stillgelegte Gleise und Schienen von privaten Bahnen. Auf dem deutschen Schienennetz fahren Personen- und Güterzüge. Aufgrund vergleichsweise geringer Investitionen in die Infrastruktur beträgt die Auslastung auf manchen Streckenabschnitten bereits an die 100 %, sodass zukünftig mit Engpässen gerechnet werden muss. Außerdem wurden seit der Privatisierung der Deutschen Bundesbahn und der Umwandlung in die Deutsche Bahn AG im Jahr 1994 viele Streckenabschnitte stillgelegt, sodass nicht mehr alle Orte in Deutschland per Bahn erreicht werden können.

Wichtige Verkehrsknotenpunkte im deutschen Güterverkehr sind in Hamburg, Mannheim, Köln-Gremberg, München, Nürnberg, Halle/Saale, Hagen-Vorhalle und Hannover-Seelze. Hier werden Güterzüge zusammengestellt und auf den Weg gebracht.

Schienenwege weltweit

Während das Verkehrsaufkommen im Schienengüterverkehr in Deutschland noch deutlich hinter dem Straßengüterverkehr zurückliegt und der Transport auf der Schiene in einigen europäischen Ländern sogar seit Jahren rückläufig ist, nimmt er im weltweiten Vergleich eine herausragende Stellung ein. Dies gilt vor allem für Länder mit großer Fläche. Hierunter fallen z. B. die USA, Russland und Australien.

Das **Schienennetz in den USA** wird von verschiedenen privaten Anbietern betrieben. Wichtige Verbindungen durchqueren den nordamerikanischen Kontinent von Norden nach Süden (z. B. von Boston nach Florida) und von Osten nach Westen (z. B. von New York nach San Francisco). Der Schienentransport beschleunigt den Güterverkehr im Vergleich zum Seeschiff erheblich.

Die **Transsibirische Eisenbahn** (Transsib), die quer durch Russland verläuft und Europa und Ostasien auf dem Schienenweg verbindet, ist ebenfalls eine Möglichkeit, den Güterverkehr auf dieser Strecke im Vergleich zum Schiff deutlich zu beschleunigen.

Verlauf der Transsibirischen Eisenbahn

2.3 Die Binnenwasserstraßen

Deutschland verfügt über ein über 7.350 km langes Binnenwasserstraßennetz. Dieses verbindet wichtige Wirtschaftsstandorte untereinander und darüber hinaus die Seehäfen mit dem Hinterland. Grundsätzlich unterscheidet man Flüsse, die natürlichen Ursprungs sind, und Kanäle, die vom Menschen gebaut wurden. Die längsten und damit für den Binnenverkehr wichtigsten Flüsse in Deutschland sind Elbe, Rhein, Weser, Main und Mosel. Bedeutende Kanäle sind u. a. der Mittellandkanal, der Dortmund-Ems-Kanal, der Main-Donau-Kanal und der Elbe-Seitenkanal. Die größten deutschen Binnenhäfen sind in Duisburg, Köln, Hamburg und Mannheim zu finden.

Binnenschifffahrt
→ LF 9, Kap. 1.4

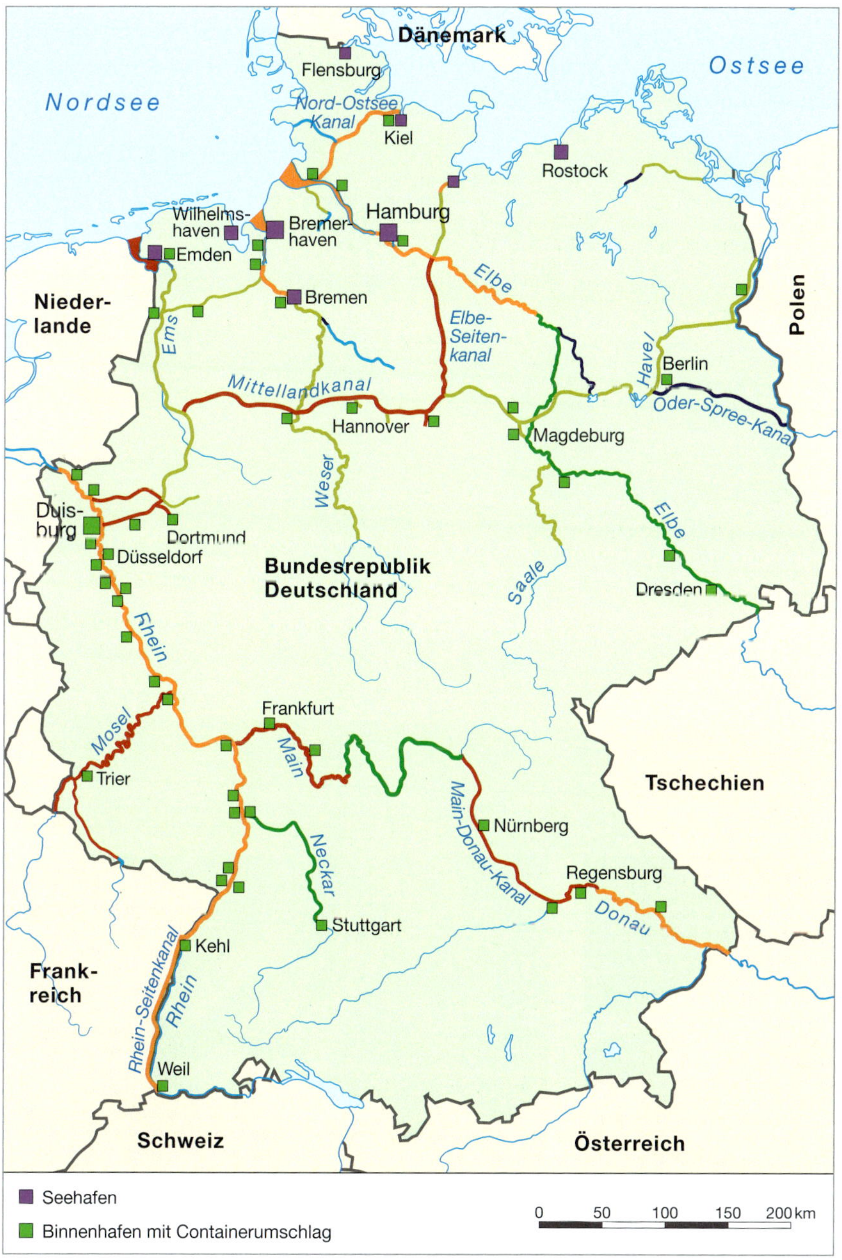

Binnenwasserstraßen in Deutschland

Hinweis:
Die Wasser- und Schifffahrtsverwaltung wird derzeit reformiert. Damit ist voraussichtlich auch eine Änderung der Netzkategorisierung für die Binnenwasserstraßen verbunden. Aktuelle Informationen zum Klassifizierungssystem finden Sie z. B. unter www.elwis.de
→ Daten und Fakten
→ Klassifizierung

Klassifizierung der deutschen Binnenwasserstraßen

Schubverband
Kombination aus Schubschiff und mehreren Einheiten ohne eigenen Antrieb, die durch das Schubschiff bewegt werden

Tiefgang
Tiefe, die ein Schiff unter der Wasseroberfläche in das Wasser hineinragt

Transportmittel in der Binnenschifffahrt
→ LF 9, Kap. 1.4.1

Die deutschen Binnenwasserstraßen sind klassifiziert. Von der jeweiligen Klasse ist abhängig, welche Schiffe bzw. Schubverbände eine Binnenwasserstraße befahren dürfen. Die Klassifizierung ist notwendig, weil Flüsse und Kanäle unterschiedlich breit und tief sind. Außerdem gibt es natürliche Kurven, Verengungen, Sandbänke usw. Ein kleineres Transportschiff kann auch auf schmaleren Flüssen und Kanälen gefahrlos fahren, ohne aufzulaufen oder „anzuecken". Größere Transportschiffe und Schubverbände dagegen können nicht auf allen Wasserstraßen fahren, da viele Flüsse zu schmal und für den größeren Tiefgang der Schiffe auch zu flach sind.

Die Tabelle gibt einen Überblick über die Klassifizierung der Binnenwasserstraßen in Deutschland. Während z. B. auf der Weser ein Transportschiff maximal 85 m lang, 9,5 m breit sein und einen Tiefgang von bis zu 2,5 m haben darf, sind auf Teilen des Rheins Schubverbände erlaubt, die bis zu sechs Einheiten (Leichtern) ohne eigenen Antrieb umfassen und eine Gesamtlänge von bis zu 280 m aufweisen dürfen.

Klassifizierte Binnenwasserstraßen

Grafisches Symbol auf der Karte	Klasse der Binnenwasserstraße	**Motorschiffe und Schleppkrähne** Typ des Schiffes: Allgemeine Merkmale					**Schubverbände** Art des Schubverbandes: Allgemeine Merkmale					Brückendurchfahrtshöhe
		Bezeichnung	Länge L (m)	Breite B (m)	Tiefgang d (m)	Tonnage T (t)	Formation	Länge L (m)	Breite B (m)	Tiefgang d (m)	Tonnage T (t)	
	I	Penische Westlich der Elbe	38,5	5,05	1,8–2,2	250–400						4,0
		Gross Finow Östlich der Elbe	41	4,7	1,4	180						3,0
	II	Kempenaar Westlich der Elbe	50–55	6,6	2,5	400–650						4,0–5,0
		BM-500 Östlich der Elbe	57	7,5–9,0	1,6	500–630						3,0
	III	Gustav Koenigs Westlich der Elbe	67–80	8,2	2,5	650–1000						4,0–5,0
		Östlich der Elbe	67–70	8,2–9,0	1,6–2,0	470–700		118–132	8,2–9,0	1,6–2,0	1000–1200	4,0
	IV	Johann Welker	80–85	9,5	2,5	1000–1500		85	9,5	2,52–2,8	1250–1450	5,25 od. 7,0
	Va	Große Rheinschiffe	95–100	11,4	2,5–2,8	1500–3000		95–110	11,4	2,5–4,5	1600–3000	5,25 od. 7,0 od.
	Vb							172–185	11,4	2,5–4,5	3200–6000	9,1
	VIa							95–110	22,8	2,5–4,5	3200–6000	7,0 od. 9,1
	VIb		140	15	3,9			185–195	22,8	2,5–4,5	6400–12000	
	VIc							270–280 195–200	22,8 33,0–34,2	2,5–4,5	9600–18000	9,1

Wasserstraßenkreuz bei Magdeburg

Schubverband auf dem Rhein

Schiffshebewerk Niederfinow (Brandenburg)

Schleuse im Binnenhafen in Duisburg

Der Transport auf Binnengewässern erfolgt entweder in der Richtung von der Quelle zur Mündung (talwärts) oder umgekehrt (bergwärts). Dabei sind in der Regel Höhenunterschiede zu überwinden, was mit **Schleusen und Schiffshebewerken** bewerkstelligt wird. Außerdem müssen natürliche Einflüsse wie Hoch- und Niedrigwasser sowie im Winter die Vereisung der Schifffahrtsstraßen berücksichtigt werden.

Binnenwasserstraßen weltweit

Zu den wichtigsten Binnenwasserstraßen weltweit gehören
- der **Sankt-Lorenz-Seeweg**, der verschiedene große kanadische und US-amerikanische Städte mit dem atlantischen Ozean verbindet;
- der **Jangtsekiang**, der Shanghai an der Ostküste Chinas mit dem chinesischen Hinterland verbindet.

Der Sankt-Lorenz-Seeweg in den USA

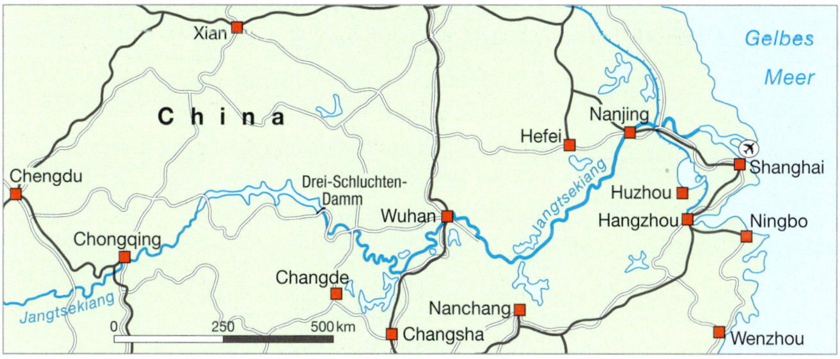

Der Jangtsekiang in China

2.4 Die Seewege

Seeschifffahrt
→ LF 9, Kap. 1.5

Seeschiffe fahren im Gegensatz zu Binnenschiffen auf dem Meer. Sie ermöglichen den Transport großer Gütermengen von einem Kontinent zum anderen und verbinden die großen Wirtschaftszentren in Europa, Nordamerika und Ostasien miteinander. Die größten Seehäfen weltweit sind in Rotterdam, Shanghai und Singapur. Deutsche Seehäfen befinden sich in Hamburg, Bremen und Rostock. In Deutschland liegt außerdem der auch für Seeschiffe befahrbare Nord-Ostsee-Kanal zwischen Brunsbüttel und Kiel, der die Nordsee mit den Ostseehäfen verbindet.

Die Seeschifffahrt hat in den letzten Jahren immer weiter an Bedeutung gewonnen. Weltweit besonders wichtige und damit stark befahrene Seewege sind

- der **nordatlantische Seeweg** (verbindet Europa und Nordamerika),
- der **nordpazifische Seeweg** (verbindet Nordamerika und Ostasien),
- die **Suez-Indien-Route/Südasienroute** (verbindet Europa und Asien).

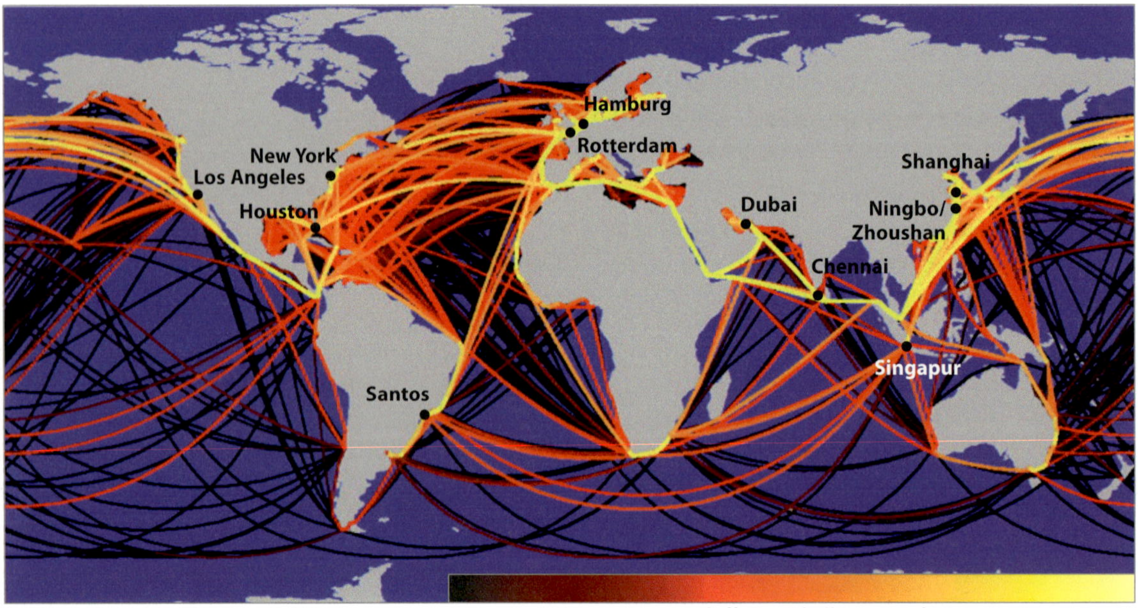

Wichtige Seewege und Seehäfen weltweit

Der Suez-Kanal (links) und der Panama-Kanal (rechts)

Von besonderer Bedeutung für die weltweite Seeschifffahrt sind zwei Kanäle:

- der **Suez-Kanal** in Ägypten verkürzt den Seeweg zwischen Europa und Asien;
- der **Panama-Kanal** in Mittelamerika verkürzt den Seeweg zwischen Europa und der amerikanischen Westküste, zwischen Ostasien und der amerikanischen Ostküste sowie zwischen amerikanischer Ost- und Westküste.

Diese Kanäle sind allerdings aufgrund ihrer Abmessungen nicht für besonders große Seeschiffe geeignet. Die Durchfahrt durch den Panama-Kanal ist kostenpflichtig.

2.5 Die Luftverkehrswege

Eine Alternative für Güter, die schnell über weite Strecken transportiert werden müssen, stellt der Transport auf dem Luftweg dar. Aufgrund des hohen Verkehrsaufkommens auf den vielbeflogenen Routen zwischen den Kontinenten wurden Luftstraßen eingerichtet. Hier erhalten die Flugzeuge von der zuständigen Leitstelle einen Korridor und eine Flughöhe zugeteilt, um Kollisionen zu vermeiden.

Luftfrachtverkehr
→ LF 9, Kap. 1.6

Bedeutende Flugrouten sind:
- die Nordatlantikroute (zwischen Europa und der nordamerikanischen Ostküste)
- die Südatlantikroute (zwischen Europa und Südamerika)
- die transamerikanische Ost-West-Route (zwischen der Ost- und der Westküste Nordamerikas)
- die Transpazifikroute (zwischen Amerika und Ostasien)
- die Südroute (zwischen Europa und Asien)
- die Nord-Süd-Linien (zwischen Europa und Afrika)

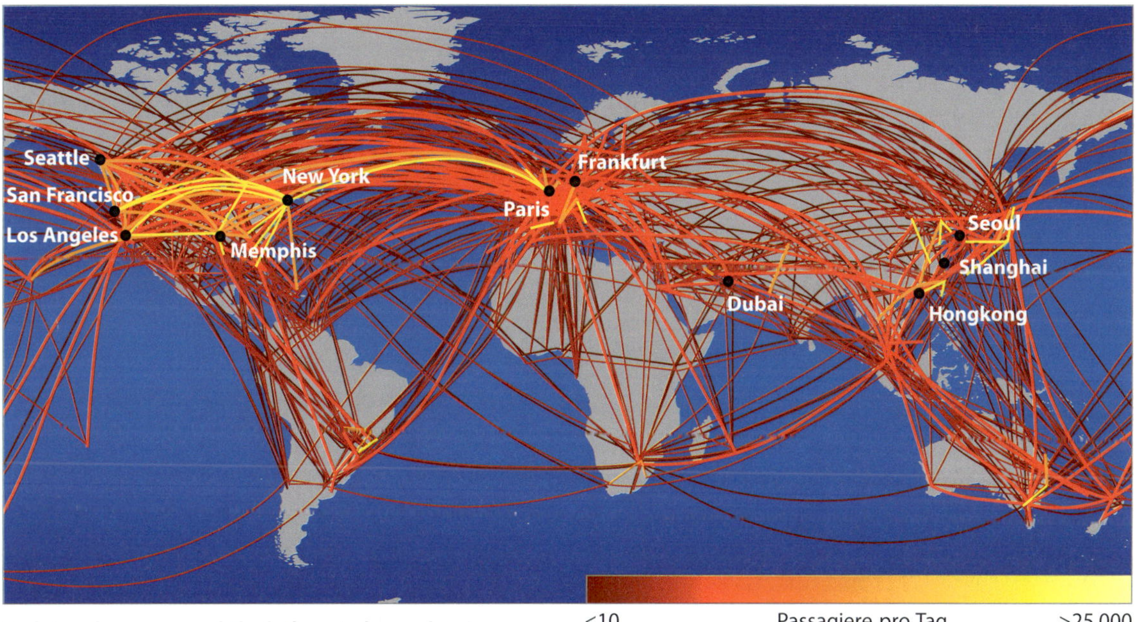

Wichtige Flugrouten und Flughäfen mit dem weltweit größten Frachtaufkommen

ALLES KLAR?

1 Welche der folgenden Autobahnen führt u.a. von Hannover nach Ulm?
a A1
b A2
c A7
d A8

2 Ordnen Sie die jeweilige Stadt der entsprechenden Autobahn zu:
1 A1
2 A3
3 A5
4 A7
5 A9

a Kassel
b Gießen
c Münster
d Dessau
e Oberhausen

3 Welche österreichische Stadt liegt an der Brennerroute?
a Salzburg
b Innsbruck
c Wien

4 Das deutsche Schiennetz beträgt derzeit ca.
a 25.000 km.
b 34.000 km.
c 43.000 km.

5 Der Eurotunnel verbindet:
a Portsmouth und Le Havre.
b Harwich und Hoek van Holland.
c Dover und Calais.

6 Ordnen Sie die Güterbahnhöfe Hamburg, Mannheim, Köln-Gremberg, München, Nürnberg, Halle/Saale, Hagen-Vorhalle und Hannover-Seelze von Norden nach Süden.

7 Ein Container soll per Binnenschiff transportiert werden. Nennen Sie die verschiedenen Flüsse und Kanäle, die befahren werden bei einem Transport von
a Bonn nach Berlin.
b Basel nach Passau.
c Bremen nach Dresden.

8 Wie hoch muss die Klassifizierung der Wasserstraße bei einem Schiff mit einer Tonnage von 3.200 t und einer Breite von 11,40 m mindestens sein?
a IV
b Va
c Vb
d VIa

9 Um Güter per Seeschiff auf dem kürzesten Weg von Shanghai nach Hamburg zu transportieren, durchquert das Schiff
a den Panama-Kanal
b den Suez-Kanal
c den Nord-Ostsee-Kanal

10 Ein Schiff auf dem Weg von New York nach Marseille fährt in der Regel auf der
a nordpazifischen Route.
b nordatlantischen Route.
c Suez-Indien-Route.

11 Ordnen Sie zu:
1 Luftfracht von Rio de Janeiro nach Paris
2 Luftfracht von Bangkok nach Los Angeles
3 Luftfracht von Johannesburg nach Köln
4 Luftfracht von Mumbai nach London

a Südroute
b Südatlantikroute
c Transpazifikroute
d Nord-Süd-Linie

3 Die Tourenplanung

LS 48

In der Top Bike Werke GmbH müssen heute Kunden in Ingolstadt, Freising und Landshut mit dem Lkw beliefert werden. Für den Fahrer stellt sich die Frage, welchen Kunden er zuerst beliefern soll und in welcher Reihenfolge dann die anderen Kunden abgearbeitet werden müssen. Grundsätzlich gilt es, eine Strecke zu wählen, die möglichst kurz ist und auf der die Tour schnell erledigt werden kann.

Die Tourenplanung beschäftigt sich mit zwei Teilaspekten. Zum einen müssen die Transportaufträge optimal auf die vorhandenen Fahrzeuge aufgeteilt werden. Der Fachbegriff hierfür lautet **„Clustering“**. Die Transportaufträge können nach verschiedenen Kriterien zusammengestellt werden, z. B. können mit einer Tour immer diejenigen Kunden angefahren werden, die ihren Sitz nahe beieinander haben. Bei der Beladung des Transportmittels ist darauf zu achten, dass Transportgüter, die beim ersten Kunden entladen werden sollen, zuletzt in das Transportmittel verladen werden (LIFO-Prinzip).

Cluster
engl. Anhäufung, Bündelung

LIFO
→ LF 2, Kap. 2.2

Außerdem muss eine sinnvolle Reihenfolge festgelegt werden, in der die Ziele einer Tour angefahren werden sollen. In der Fachsprache nennt man das **„Routing“**. Geläufiger sind die Begriffe „Routenplanung“ oder „Streckenplanung“.

Routenplanung
→ LF 7, Kap. 3.3

Grundsätzlich unterscheidet man **feste Touren**, bei denen die Strecke, die Empfänger und die Uhrzeiten immer gleich sind, und **Touren nach Bedarf** mit wechselnden Empfängern und Lieferzeiten.

3.1 Die Kriterien bei der Tourenplanung

Touren sollten grundsätzlich **ökonomisch**, d. h. so kostengünstig wie möglich geplant werden. Für den Transport mit dem Lkw bedeutet das beispielsweise, dass für eine Tour möglichst wenig Treibstoff verbraucht wird.

Bedeutend für die Tourenplanung ist außerdem, wie **schnell** die Güter transportiert werden sollen. So kann es bei verderblichen Gütern sinnvoll sein, eine kürzere Fahrtzeit bei höheren Kosten in Kauf zu nehmen, z. B. den Transport auf der Autobahn, obwohl dann eine Maut bezahlt werden muss.

Ein weiteres wichtiges Kriterium ist die **Termintreue**, d. h. wie termingenau die Güter beim Kunden angeliefert werden müssen und wie gering die Wahrscheinlichkeit ist, dass sich die Auslieferung durch äußere Einflüsse verzögert. Manche Kunden können nur zu bestimmten Zeiten, z. B. vormittags, beliefert werden. Als staugefährdet bekannte Strecken sollten dann nach Möglichkeit umfahren werden, um den Liefertermin einzuhalten.

Schließlich sind bei der Tourenplanung auch **ökologische** Gesichtspunkte zu beachten. Dies ist nicht nur aus der unternehmerischen Verantwortung gegenüber der Allgemeinheit zu begründen. Viele Verbraucher machen ihre Kaufentscheidungen zunehmend auch von ökologischen Aspekten abhängig, sodass sich hier ein Wettbewerbsvorteil gegenüber der Konkurrenz ergeben kann.

Routenplanung: In welcher Reihenfolge werden die Transportziele angefahren?

3.2 Die Restriktionen

Restriktionen
Einschränkungen

Bei der Tourenplanung sind verschiedene Restriktionen zu beachten. Betrachten wir zuerst die Restriktionen, die bei einer **Tour mit dem Lkw** auftauchen können. Es lassen sich vorhersehbare und nicht vorhersehbare Restriktionen unterscheiden.

Zu den vorhersehbaren und damit **planbaren Restriktionen** gehören:

- Art und Größe der Transportgüter: Abhängig von Abmessungen und Gewicht müssen die Güter evtl. mit Spezialfahrzeugen transportiert werden. Besondere Vorkehrungen sind bei Gefahrgütern zu treffen.
- Die Straßenfrequentierung: Bestimmte Strecken innerhalb Deutschlands und Europas werden besonders stark genutzt. Es besteht also ein erhöhtes Risiko, dass der Lkw im Stau steht.
- Baustellen: Auch hier besteht das Risiko von Staus.
- Lenkzeiten der Fahrers: Ein Fahrer darf pro Tag nur eine bestimmte Anzahl von Stunden hinter dem Lenkrad sitzen und muss in regelmäßigen Abständen Pausen einlegen.
- Zeitfenster des Kunden: Möglicherweise findet die Warenannahme dort nur zu bestimmten Uhrzeiten oder an bestimmten Wochentagen statt.
- Standzeiten beim Kunden: Es muss Zeit für das Entladen der Transportgüter und eine erste Begutachtung durch den Kunden (Wareneingangskontrolle) einkalkuliert werden.
- Wartungszeiten der Fahrzeuge: Ein Fahrzeug, das gewartet wird, steht nicht für Touren zur Verfügung.

Gefahrguttransport
→ LF 8, Kap. 7, 8

Arbeitszeit und Lenkzeit nach VO (EG) Nr. 561/2006 (Auszug)

- max. Tageslenkzeit: 9 Std./Tag
- max. zweimal wöchentlich: 10 Std./Tag
- max. Wochenlenkzeit: 56 Std.
- max. Gesamtlenkzeit über zwei Wochen: 90 Std.

Nach spätestens 4,5 Std. Lenkzeit mind. 45 Minuten Pause.

Zu den schwer bzw. gar **nicht vorhersehbaren** Restriktionen gehören:

- Unfälle und Pannen
- Ausfall des Fahrers, z. B. durch Krankheit
- kurzfristige Änderungen der Kundenwünsche

Bei der Planung von Touren, die nicht mit dem Lkw durchgeführt werden, sind weitere Restriktionen zu beachten.

Restriktionen nach gewähltem Verkehrsträger	
Transporte mit der Bahn	• Verspätungen aufgrund der hohen Auslastung des Schienennetzes und der Güterzüge • Entfernung vom Zielort, wenn dieser nicht in der Nähe eines Bahnhofes liegt • technische und wetterbedingte Einschränkungen, z. B. Signalstörungen, eingefrorene Weichen im Winter, Oberleitungsschäden nach Stürmen
Transporte mit dem Binnenschiff	• Entfernung vom Zielort, wenn dieser nicht in der Nähe eines Binnenhafens liegt • Schleusen • eingeschränkte Befahrbarkeit wegen Hoch- oder Niedrigwasser oder Vereisung im Winter
Transporte mit dem Seeschiff	• Entfernung vom Zielort, wenn dieser nicht in der Nähe eines Seehafens liegt • lange Wartezeiten vor den Kanälen • fehlender Tiefgang in einigen Gewässern und Häfen • Piraterie • Unwetter
Transporte mit dem Flugzeug	• Entfernung vom Zielort, wenn dieser nicht in der Nähe eines Flughafens liegt • Einschränkungen des Flugverkehrs wegen schlechten Wetters • Verspätungen aufgrund des hohen Flugaufkommens

3.3 Die Routenplanung

Für die Routenplanung gibt es verschiedene technische und nichttechnische Hilfsmittel. Ein klassisches Hilfsmittel war lange Zeit die Land- bzw. **Straßenkarte**. Diese zeigt alle Orte und die Straßen, die diese Orte verbinden. Sie reagiert aber nicht auf aktuelle Ereignisse wie Staus. Außerdem verliert sie relativ schnell an Aktualität.

Um eine Route zu planen, kann der Fahrer heute in der Regel auf ein **Navigationssystem** zurückgreifen. Hierbei handelt es sich um ein technisches System, das die aktuelle Position eines Fahrzeuges ermittelt (z. B. per Satellit) und mithilfe von einprogrammierten oder per Funk übermittelten Landkarten die optimale Route zu einem Ziel ermittelt. Moderne Navigationssysteme können aktuelle Verkehrsereignisse wie z. B. Staus oder Straßensperrungen in ihrer Routenplanung berücksichtigen und das Fahrzeug daran vorbeiführen. Steht dem Fahrer kein Navigationssystem zur Verfügung, kann er auf einen **Routenplaner** aus dem Internet zurückgreifen.

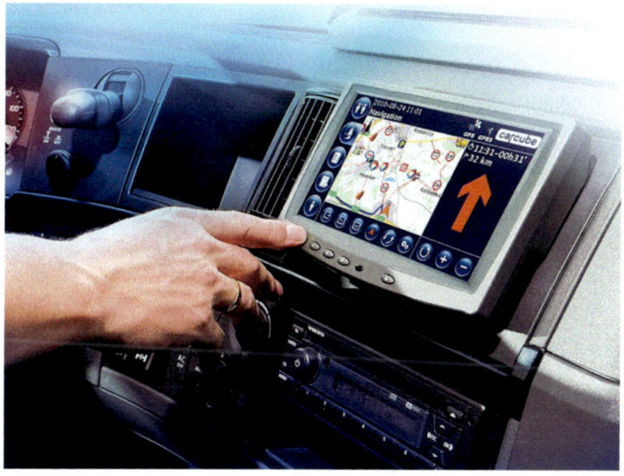

Navigationssystem an Bord eines Lkw

Karten, Routenplaner und Navigationssysteme sind sinnvolle Hilfsmittel, um eine Route zu planen. Für die Tourenplanung, die ja neben der reinen Routenplanung auch das Zusammenstellen der Fuhre umfasst, werden in der Regel jedoch komplexere Hilfsmittel genutzt. Es geht hier nicht nur um die Route zwischen zwei Standorten, sondern es gilt, Fuhren zusammenzufassen, auf die vorhandenen Fahrzeuge optimal aufzuteilen und dabei die oben beschriebenen Restriktionen bestmöglich zu berücksichtigen. Hierfür gibt es spezielle Computerprogramme. Diese ermitteln aus digitalem Straßennetz, Kunden- und Auftragsdatei sowie Fahrzeug- und Fahrerliste die optimalen Touren.

Für die Planung der Route zu den Kunden nach Ingolstadt, Freising und Landshut ermittelt der zuständige Mitarbeiter die einzelnen Entfernungen.

	Freising	Ingolstadt	Landshut	Regensburg
Freising	–	205 km	42 km	86 km
Ingolstadt	205 km	–	208 km	171 km
Landshut	42 km	208 km	–	64 km
Regensburg	86 km	171 km	64 km	–

Insgesamt sind sechs verschiedene Routen möglich, die alle in Regensburg bei der Top Bike GmbH beginnen und dort auch wieder enden:

1. Regensburg – Freising – Ingolstadt – Landshut – Regensburg (563 km)
2. Regensburg – Freising – Landshut – Ingolstadt – Regensburg (507 km)
3. Regensburg – Ingolstadt – Landshut – Freising – Regensburg (507 km)
4. Regensburg – Ingolstadt – Freising – Landshut – Regensburg (482 km)
5. Regensburg – Landshut – Freising – Ingolstadt – Regensburg (482 km)
6. Regensburg – Landshut – Ingolstadt – Freising – Regensburg (563 km)

Die Routen 4 und 5 sind am kürzesten. Auf einer dieser beiden Routen sollte die Auslieferung erfolgen.

3.4 Die Systeme der Güterbeförderung

KEP-Unternehmen
→ LF 9, Kap. 1.2.5

Sammelgutverkehr
→ LF 9, Kap. 1.2.4

Mit dem Warentransport beschäftigen sich verschiedene Branchen, auf deren Dienste ein Unternehmen zurückgreifen kann, wie z.B. Speditionen und Kurier- und Expressdienste. Aufgrund des hohen Transportaufkommens konnten und mussten diese Dienstleister im Laufe der Zeit verschiedene Systeme entwickeln, um ihre Tourenplanung zu optimieren.

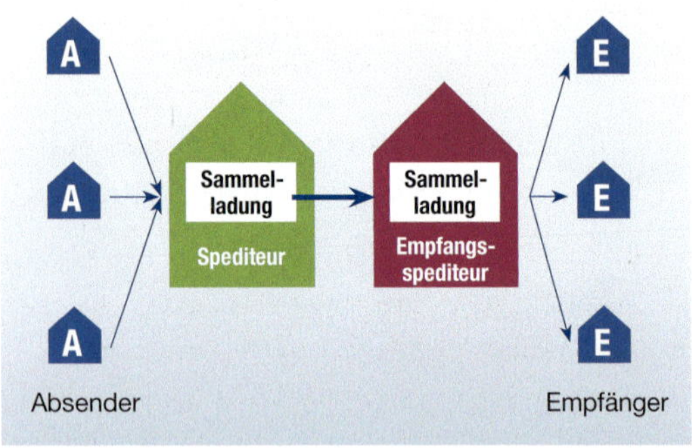

Sammelgutverkehr

Ein insbesondere im Straßenverkehr bei Speditionen verbreitetes System ist der **Sammelgutverkehr.** Hierbei stellt der Spediteur eine Ladung von verschiedenen Versendern und Empfängern zusammen und befördert sie entweder mit eigenen Fahrzeugen oder durch einen selbstständigen Frachtführer zu einem Empfangsspediteur. Dieser trennt die Sammelladungen wieder und sorgt für die Auslieferung an die jeweiligen Empfänger. Im Vergleich zur Stückgutbeförderung ist die Sammelladung eine kostengünstigere Alternative, da der Spediteur die gesamte Ladekapazität ausnutzen kann und die Kosteneinsparungen zum Teil an den Kunden weitergibt.

Treffen sich zwei Fahrzeuge aus verschiedenen Versendungsorten auf der Strecke und tauschen ihre Ladung aus, spricht man vom **Begegnungsverkehr.** Nach dem Austausch der Ladung fährt jedes Fahrzeug dann zurück an seinen ursprünglichen Standort. Dadurch verkürzen sich die Fahrzeiten für Fahrer und Fahrzeuge und es können Leerfahrten vermieden werden. Allerdings sind Zeit und Ort des Treffens genau zu planen, um überflüssige Standzeiten zu verhindern.

Hub and Spoke
engl. Nabe und Speiche

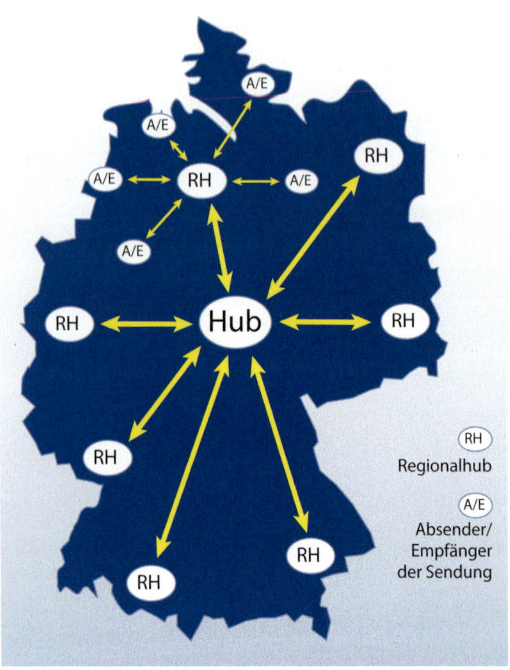

Hub-and-Spoke-System

Eine weitere Möglichkeit ist das **„Hub-and-Spoke"-System**. Bei diesem System sind nicht mehr alle möglichen Versand- und Empfangsorte direkt miteinander verknüpft, sondern alle Orte sind über verschiedene Regionalhubs mit einem Verteilzentrum verbunden. Dorthin werden alle anfallenden Transportgüter geschickt und von dort aus werden die Güter an ihre Bestimmungsorte weitergeliefert.

Dieses System ist von einer optimalen Verteilorganisation am zentralen Drehkreuz, dem „Hub", abhängig. Es bietet den Vorteil, dass deutlich weniger Strecken betrieben werden müssen als beim herkömmlichen Rastersystem, wo alle möglichen Versand- und Empfangsorte direkt miteinander verbunden sind. Dadurch verursacht dieses System auch geringere Kosten. Ein Nachteil des Hub-and-Spoke-Systems besteht allerdings darin, dass auch benachbarte Orte nur über den zentralen Hub miteinander verbunden sind, was zu längeren Auslieferungszeiten führen kann. Wichtige Verteilzentren in Deutschland sind z.B. Frankfurt/Main und Köln.

ALLES KLAR?

1 Unterscheiden Sie „Clustering" und „Routing".

2 Ordnen Sie zu, welches Kriterium jeweils mit den folgenden Maßnahmen erfüllt werden soll:

Maßnahmen:
- **a** Von verschiedenen möglichen Touren wird grundsätzlich die preiswerteste Tour gewählt.
- **b** Eine Auslieferung mit dem eigenen Fuhrpark findet erst statt, wenn der Lkw für die Tour auch komplett beladen werden kann.
- **c** Es werden möglichst immer Autobahnen bei der Auslieferung an weiter entfernte Orte genutzt.

Kriterien:
- **1** schnell und zuverlässig
- **2** ökonomisch
- **3** ökologisch

3 Entscheiden Sie, ob es sich um eine planbare oder um eine nicht planbare Restriktion handelt:
- **a** Unfall
- **b** Wartung des Fahrzeugs
- **c** Standzeit beim Kunden
- **d** Erkrankung eines Fahrers
- **e** Stau im Feierabendverkehr
- **f** Zeitfenster der Kunden
- **g** Fahrzeugpanne

4 Ordnen Sie die Restriktionen jeweils den folgenden Verkehrsträgern zu:

Verkehrsträger:
- **a** Eisenbahn
- **b** Flugzeug
- **c** Seeschiff
- **d** Binnenschiff

Restriktionen:
- **1** Niedrigwasser
- **2** Oberleitungsschaden
- **3** Piraterie
- **4** hohes Flugaufkommen

5 Beschreiben Sie die Funktion eines Navigationssystems.

6 Wie viele Touren sind möglich, wenn vom Standort Bonn aus Kunden in Königswinter, Siegburg und Meckenheim angefahren werden müssen? Notieren Sie die verschiedenen Möglichkeiten.

7 Ordnen Sie zu, um welches logistische System es sich in den folgenden Fällen handelt.

Fälle:
- **a** Ein Paketdienst transportiert alle Pakete, die am vorangegangenen Tag aus ganz Deutschland verschickt wurden, nach Frankfurt. Dort werden sie sortiert und an ihre Bestimmungsorte verschickt.
- **b** Ein Frachtführer fährt eine Lieferung aus München nach Hamburg bis Köln. Dort trifft er auf einen Hamburger Frachtführer, der mit ihm zusammenarbeitet. Die beiden tauschen ihre Ladung aus, jeder fährt an seinen Ursprungsort zurück und liefert die Ladung dort aus.
- **c** Ein Spediteur fasst Transportaufträge verschiedener Kunden zu einer Fuhre zusammen. Am Zielort verteilt er die einzelnen Transportaufträge an die entsprechenden Empfänger.

Logistische Systeme:
- **1** Sammelladungsverkehr
- **2** Begegnungsverkehr
- **3** Hub and Spoke

LS 49

4 Standortwahl

Standort
Ort der gewerblichen Niederlassung eines Betriebs

Standortfaktor
Tatbestand, der für die Wahl des Standortes ausschlaggebend ist

Der wirtschaftliche Erfolg eines Betriebes ist nicht nur von der unternehmerischen Leistungsfähigkeit abhängig. Unter anderem spielt auch ein günstiger Standort für den Erfolg eines Unternehmens eine nicht zu unterschätzende Rolle. Über die Wahl des Standortes entscheiden u. a. folgende **Standortfaktoren**:

- die Nähe zu Kunden und zu Lieferanten
- die Höhe der zu entrichtenden Steuern
- das Angebot an qualifizierten Fachkräften
- die Höhe der Lohnkosten
- die Inanspruchnahme staatlicher Fördermittel
- Umweltauflagen, die bei Produktion und Transport zu berücksichtigen sind

In den letzten Jahren ist viel über den „Standort Deutschland“ diskutiert worden. Es stellt sich die Frage, ob Deutschland im Hinblick auf diese Erfolgsfaktoren als möglicher Standort für ausländische Unternehmen interessant ist und warum viele deutsche Unternehmen ihren Standort im Ausland suchen, teilweise aber auch wieder nach Deutschland zurückkehren.

Für viele Industrie- und Handelsunternehmen spielt bei der Standortwahl die Entfernung zu den Kunden und zu den Lieferanten sowie die Möglichkeit, passend qualifizierte Arbeitskräfte zu finden, eine wichtige Rolle. Dies grenzt in der Regel die Standortmöglichkeiten stark ein. Für diese Unternehmen sind daher mehr die regionalen als die internationalen Unterschiede interessant.

➔ Die Top Bike GmbH hat ihren Sitz seit der Gründung in Regensburg. Für die dortige Ansiedlung des Unternehmenssitzes waren nicht nur wirtschaftliche, sondern auch persönliche Gründe ausschlaggebend: Herr John hatte dort seinen Wohnsitz. Bis heute hat sich dieser Standort jedoch als äußerst vorteilhaft erwiesen, da sich eine Reihe von Kunden im Umkreis befinden, ausgebildete Fachkräfte in ausreichender Menge zur Verfügung stehen und die Region gut an das Verkehrsnetz angeschlossen ist.

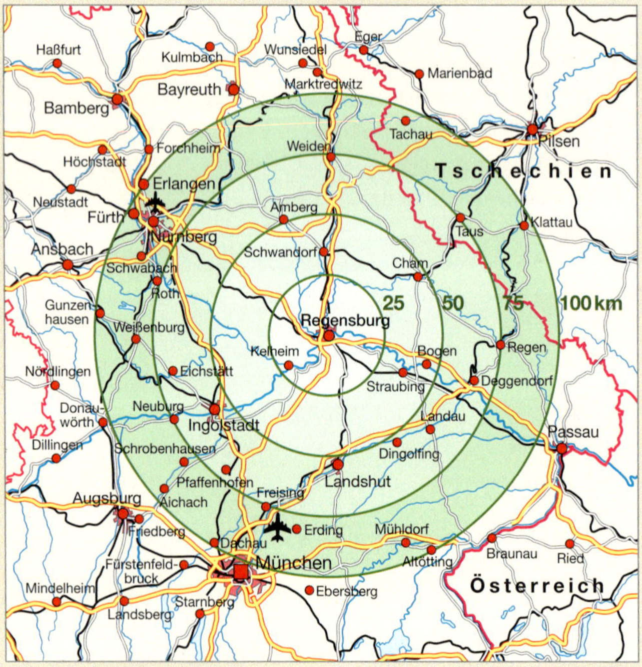

Die Standortwahl eines Unternehmens kann sich grundsätzlich an folgenden Kriterien orientieren:

Absatz
Die Orientierung an der Absatzmöglichkeit ist für viele Industrieunternehmen von zentraler Bedeutung. Die Nähe zu den Kunden sorgt für geringe Lieferkosten sowie für eine schnelle und pünktliche Lieferung, was im Sinne der Kundenorientierung einen Vorteil gegenüber der Konkurrenz bedeuten kann.

Beschaffung
Industrieunternehmen, die nahe bei den Beschaffungsmärkten angesiedelt sind, profitieren von schneller und zuverlässiger Lieferung der Rohstoffe, sodass die Produktionsprozesse reibungslos funktionieren können.

Verkehr
Eine Ausrichtung an verkehrsgünstigen Gegebenheiten ist für alle Unternehmen von zentraler Bedeutung. Es ist für sie wichtig, ihre Rohstoffe und Waren schnell und günstig zu beschaffen und ebenso schnell und günstig abzusetzen.

Arbeitskräfte und Lohnhöhe
Unternehmen sind in der Regel auf gut ausgebildete Fachkräfte angewiesen, insbesondere wenn komplexe Produktionsprozesse durchgeführt werden. Die Arbeitskräfte müssen so nah am Standort des Unternehmens leben, dass sie den täglichen Weg zur Arbeit problemlos bewältigen können. Gleichzeitig ist es aus Sicht des Unternehmens wünschenswert, vor allem gering qualifizierte Arbeitnehmer zu möglichst niedrigen Löhnen beschäftigen zu können, um die Produktionskosten gering zu halten.

Staatliche Rahmenbedingungen
Der Staat hat auf verschiedene Arten Einfluss auf die Attraktivität eines Standortes. Er legt z. B. die Höhe der Besteuerung fest bzw. zahlt möglicherweise in weniger attraktiven Gegenden Subventionen. Außerdem bestimmt er die Regeln für Genehmigungsverfahren, die zugig oder eher bürokratisch und zeitaufwendig abgewickelt werden können.

Subvention
zweckgebundene staatliche Unterstützungszahlung an Unternehmen

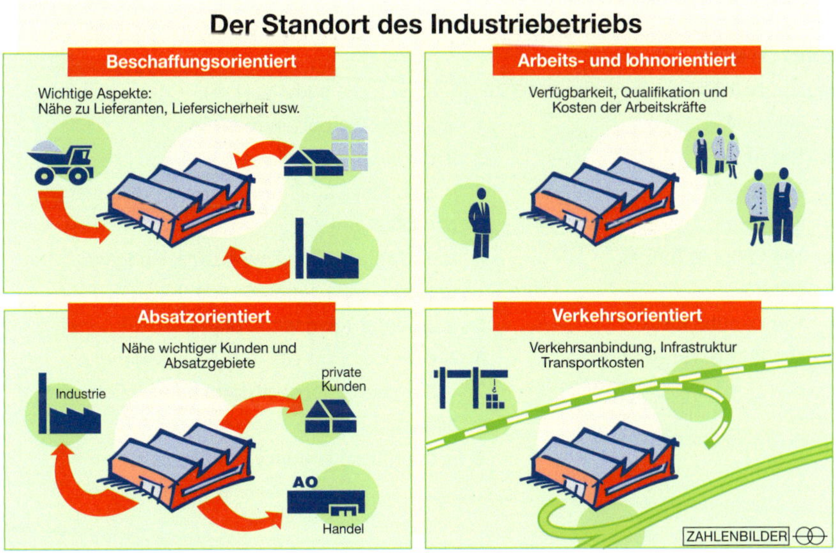

5 English exercises

Exercise 1

Getting to know Europe

A large majority of consignments transported from Germany by road or rail have European destinations. It is therefore important to know the names of the European countries and where they are.

Some European countries:

Austria	Denmark	Ireland	Poland	Switzerland
Belarus	Estonia	Italy	Romania	The Netherlands
Belgium	Finland	Latvia	Russia	Turkey
Croatia	Greece	Lithuania	Slovakia	UK
	Hungary	Norway	Spain	Ukraine

a Look at the map on page 180. Ask and answer questions about the map of Europe. Look at the speech bubbles and useful vocabulary box for help.

> **!** ~~The~~ Turkey
> ~~The~~ Switzerland

Where's …?

It's beside/ between …

It's north/south/ east/west of …

What are …'s neighbours?

b Name the 27 member states of the EU.

c Identify these international vehicle signs.

A **CZ** **GBZ** **P** **SK**

CH **E** **L** **PL**

Exercise 2

Match the beginnings of the sentences (a–h) with the endings (1–8).

a Reykjavík
b The rupiah
c Görlitz
d Rotterdam
e The Channel Tunnel
f CGN
g The Danube River
h The Port of Houston

1 is a large sea port in the USA.
2 is the capital of Iceland.
3 is an undersea rail tunnel between France and Great Britain.
4 runs through Germany, Austria, Hungary, Croatia, Serbia, Romania and Bulgaria.
5 is a border town with Poland.
6 is a famous port city in the Netherlands.
7 is the international airport code for Cologne's airport.
8 is the official currency of Indonesia.

Exercise 3

As you know, Top Bike GmbH receives several goods from foreign suppliers.

a Look at Top Bike's suppliers list and write down the countries where the companies are located.

b Copy and complete the mind map below in your exercise book. Find the information you need on the internet.

c Present your mind map in your class.

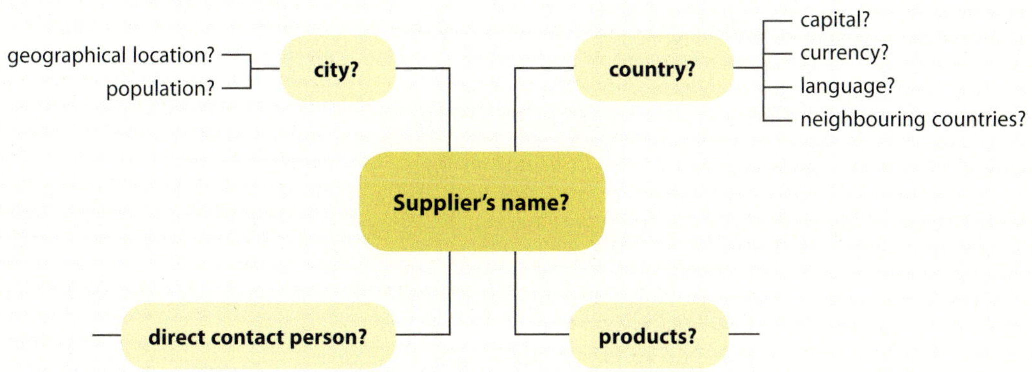

Excercise 4

Planning the route

Your colleague Nancy Schneider asks you to call John Shanks, who works at the British haulage company Watson & Nichols. You should ask John for an offer for shipping 200 mountain bikes to a new customer in the centre of Eastbourne. The total weight of the consignment is approximately 2 tonnes. The mountain bikes should be delivered by 10.00 a.m. on Thursday, 10 January at the latest. The consignment should be picked up from Top Bike GmbH.

a What factors and potential problems should you consider when planning a route? With a partner, draw a mind map. Then present your findings to the class.

b Work in a group and organize the transport of the shipment. The following tasks will help you to structure your project:

1. Work out the most direct route from Regensburg to the nearest port.
2. Choose a ferry route to Great Britain.
3. Look at a map of the UK and choose a route from the port of discharge to the city centre in Eastbourne.
4. Write an essay about organizing transport of this shipment. (At least 150 words.)

c You find out that the ferry staff at your chosen port in the UK is currently on strike. Plan an alternative route for the consignment.

8

Güter verladen

- Die rechtlichen Grundlagen und verantwortlichen Personen
- Die Verladeeinrichtungen und die Unfallverhütung
- Die Grundlagen der Beladung
- Die auf die Ladung wirkenden Kräfte
- Die Sicherungstechniken
- Die Ladungssicherungsmittel
- Die Grundlagen des Gefahrguttransports
- Die Dokumentation des Gefahrguttransports
- Die Kennzeichnung der Beförderungsmittel
- Die Freistellungen von den Vorschriften des ADR
- English exercises

PAUSE
RÜTTEL
ÄCHTZ!
SCHIEB!
ZERR!!
TATAAA!
?

LS 50

1 Die rechtlichen Grundlagen und verantwortlichen Personen

Spedition
→ LF 1, Kap. 2.1.2

Nachdem Karsten bereits die Warenannahme kennengelernt hat, ist er heute den ersten Tag im Warenausgang tätig. Er hat schon von den anderen Auszubildenden gehört, dass es hier durchaus mal etwas hektisch zugehen kann. Wenn die Spedition die bestellten Fahrräder für den Transport zu den Kunden abholt, herrscht häufig Zeitdruck, da die Beladung des Lkw zügig erfolgen muss. Auch heute muss es schnell gehen. Aber kaum steht der Lkw an der Laderampe, steigt der Fahrer aus und gibt Herrn Weller, mit dem Karsten zusammen die Beladung vornehmen soll, Bescheid, dass er erst einmal einen Kaffee trinken geht. Karsten ist verblüfft. „Das ist sein Lkw. Er ist doch verpflichtet, beim Beladen zu helfen. Oder?"

Am Ladevorgang sowie dem Transport von Gütern sind in der Regel verschiedene Personen beteiligt, denen unterschiedliche Verantwortlichkeiten zufallen. Damit die Abgrenzungen der Verantwortlichkeiten klar sind, müssen im Vorfeld stets verschiedene Fragen beantwortet werden, z. B.:

- Wer entscheidet, welcher Lkw für den Transport herangezogen wird?
- Wer ist für das Beladen des Lkw zuständig?
- Wer muss die geladenen Güter sichern?
- Wer muss die Güter beim Empfänger entladen?

Die Beantwortung dieser Fragen hat der Gesetzgeber übernommen. Er definiert im Handelsgesetzbuch (HGB), der Straßenverkehrsordnung (StVO) und der Straßenverkehrszulassungsverordnung (StVZO) die Verantwortlichkeiten der beteiligten Personen. Besonders wichtig ist in diesem Zusammenhang die Unterscheidung von Beförderungs-, Betriebs- und Verkehrssicherheit.

1.1 Die Beförderungssicherheit gemäß § 412 HGB

§ 412 HGB
Verladen und Entladen
→ LF 1, Kap. 2.1.2

Frachtführer, Absender
→ LF 1, Kap. 2.1.2

Verpackung
→ LF 6

Ladungssicherungsmittel
→ LF 8, Kap. 6

Der Fahrer als Angestellter und Erfüllungsgehilfe des Frachtführers ist zur Be- und Entladung des Beförderungsmittels nicht verpflichtet. Nachdem der Frachtführer dem **Absender** das Transportfahrzeug mit den Ladungssicherungsmitteln zur Verfügung gestellt hat, ist dieser für die **beförderungssichere Be- und Entladung verantwortlich**. Zur Beförderungssicherheit gehören der Einsatz einer dem Transportweg angepassten Verpackung, das Heranbringen des Ladeguts an das Transportfahrzeug sowie das Absetzen auf der Ladefläche sowie die anschließende Stapelung und Sicherung mittels Ladungssicherungsmitteln.

Beförderungssicherheit bedeutet, dass das Ladegut bei einem normalen Beförderungsverlauf, aber auch in Extremsituationen, wie z. B. bei einer Notbremsung oder einem Ausweichmanöver, so auf der Ladefläche befestigt sein muss, dass es nicht um- bzw. herabfallen kann oder verschoben wird.

Durch den Einsatz einer geeigneten Verpackung sowie entsprechender Ladungssicherungsmittel soll das Ladegut dem Empfänger unbeschädigt übergeben werden können. Ist dies nicht der Fall, muss der Absender für den Schaden haften.

1.2 Die Betriebssicherheit gemäß § 412 HGB

Laut Handelsgesetzbuch ist der **Frachtführer für die betriebssichere Verladung verantwortlich**. Er stellt ein geeignetes Fahrzeug zur Verfügung, welches unter Berücksichtigung der Art der Beladung auf der gesamten Fahrstrecke jeder Verkehrssituation standhalten muss.

Frachtführer
→ LF 1, Kap. 2.1.2

!

Betriebssicherheit bedeutet, dass das Ladegut ordnungsgemäß geschützt sowie gesichert ist und dass während des Transports keine Gefahren für andere entstehen, z. B. für andere Verkehrsteilnehmer.

Im Besonderen ist dabei zu beachten, dass
- die zulässige Nutzlast des Fahrzeugs einzuhalten ist, sodass es zu keiner Überladung kommt.
- es zu keinem Stabilitätsverlust bzw. einer verminderten Lenkfähigkeit des Fahrzeugs aufgrund einer falschen Lastverteilung kommt, z. B. durch einseitige Stauung.
- dass die Ladung nicht über die Fahrzeugabmessungen herausragt.

Nutzlast
→ LF 2, Kap. 4.1.3

Lastverteilungsplan
→ LF 8, Kap. 3.2

Der Absender ist verantwortlich für …	Der Frachtführer ist verantwortlich für …
• die Auswahl einer geeigneten Verpackung • das Heranbringen des Ladeguts an das Transportfahrzeug und Absetzen auf der Ladefläche • die Stapelung • die Ladungssicherung mithilfe von Ladungssicherungsmitteln (Zurrgurte usw.)	• das Bereitstellen eines für den jeweiligen Transport geeigneten Fahrzeugs • die Einhaltung der zulässigen Nutzlast • die Einhaltung der Lastverteilung • die Einhaltung der Fahrzeugabmessungen

Das Handelsgesetzbuch regelt somit den zivilrechtlichen Bereich der Ladungssicherung für den Fall, dass Transportschäden an der Ladung auftreten.

Zivilrecht
wird auch Privatrecht oder bürgerliches Recht genannt
→ Anhang WiSo, Bd. 1, Kap. 4

1.3 Die Verkehrssicherheit gemäß § 22 StVO

Da der Gütertransport in der Regel auf öffentlichen Straßen stattfindet, sind neben dem HGB weitere rechtliche Regelungen zu beachten. So gelten auch StVO und StVZO. Der § 22 StVO präzisiert beispielsweise das verkehrssichere Verstauen der Ladung, damit es zu keiner mangelhaften Ladungssicherung kommt.

§

§ 22 StVO Ladung
(1) Die Ladung einschließlich Geräte zur Ladungssicherung sowie Ladeeinrichtungen sind so zu verstauen und zu sichern, dass sie selbst bei Vollbremsung oder plötzlicher Ausweichbewegung nicht verrutschen, umfallen, hin- und herrollen, herabfallen oder vermeidbaren Lärm erzeugen können. Dabei sind die anerkannten Regeln der Technik zu beachten. (…)

Der in § 22 StVO enthaltene Hinweis auf „die anerkannten Regeln der Technik" bezieht sich in erster Linie auf die VDI-Richtlinien, wie z. B. die VDI-Richtlinie 2700 „Ladungssicherung auf Straßenfahrzeugen", sowie DIN- und EN-Normen.

VDI
Verein Deutscher Ingenieure

EN
Europäische Normen

DIN
Deutsches Institut für Normung e.V.

1.4 Die verantwortlichen Personen bei der Ladungssicherung gemäß StVO und StVZO

Nachdem Karsten und Herr Weller mit der Beladung des Lkw fertig sind, überlegt Karsten, ob sich der Fahrer nach der Kaffeepause einfach wieder ans Steuer setzen und losfahren kann oder noch einen Blick auf die Ladung werfen muss. Zudem beschäftigt es Karsten, ob er heute an seinem ersten Tag bei der Verladung der Güter auch alles richtig gemacht hat. Was wäre, wenn er und Herr Weller z. B. bei der Lastverteilung einen Fehler gemacht haben und der Lkw dadurch einen Unfall verursacht? Könnten Herr Weller und er zur Verantwortung gezogen werden?

Laut HGB liegt die Verantwortung bei der Ladungssicherung beim Absender und dem Frachtführer. In der beruflichen Praxis wird diese Verantwortung jedoch häufig auf andere Personen übertragen. Insbesondere die StVO und die StVZO regeln die Verantwortlichkeiten des Verladers, des Fahrers und des Fahrzeughalters.

1.4.1 Der Verlader

Der leitende Verlader ist laut § 22 StVO für die Ladungssicherung verantwortlich und somit für die ordnungsgemäße Verstauung der Ladung.

Unter dem **leitenden Verlader** ist der „Leiter der Ladearbeiten“ bzw. der „Verladeverantwortliche“ zu verstehen, der eigenverantwortlich Entscheidungen treffen darf. Existiert hierzu keine arbeitsvertragliche Regelung, geht die Verantwortung für die Ladungssicherung auf den Vorgesetzten oder sogar auf die Geschäftsleitung über.

Werden die Sicherungsmaßnahmen nicht durch den Verlader selbst, sondern durch den Fahrer durchgeführt, hat der Verlader diese jedoch zu überprüfen und dem Fahrer gegebenenfalls Anweisungen im Hinblick auf die richtige Ladungssicherung zu geben. Es ist nicht möglich, die Verantwortung ganz auf den Fahrer zu übertragen. Laut Gesetz ist der Verlader zur Ladungssicherung verpflichtet.

1.4.2 Der Fahrer

Die Verantwortung der betriebssicheren Verladung wird häufig auf den Fahrer als Erfüllungsgehilfen des Frachtführers übertragen. Er ist somit dazu verpflichtet, vor Fahrtantritt die Ladungssicherung und die Lastverteilung zu überprüfen, auch dann, wenn er bei der Beladung persönlich nicht anwesend war. Erkennt er bei der Kontrolle der Betriebssicherheit einen Mangel, der sich auf die Beförderungssicherheit auswirken kann, so hat er den Absender darauf hinzuweisen, damit dieser den Fehler beheben kann. Andernfalls kann der Transport abgelehnt werden. Während der Fahrt muss der Fahrer die Ladung überwachen, insbesondere wenn sich Verkehrssituationen ergeben haben, die starkes Bremsen oder ein Ausweichmanöver notwendig machten. Nach einer Teilentladung muss die geänderte Lastverteilung berücksichtigt und die Ladungssicherung gegebenenfalls erneuert werden (§§ 22, 23 StVO).

Mithilfe des Fahrers beim Be- und Entladen
Obwohl der Fahrer laut HGB nicht zum Be- und Entladen verpflichtet ist, kommt es dennoch häufig vor, dass er zum Beispiel aus Gefälligkeit und nach Aufforderung unter Aufsicht des Absenders bei der Beladung hilft. In diesem Fall handelt er als Erfüllungsgehilfe des Absenders. Ein auftretender Schaden muss vom Absender getragen werden.

Es gibt weitere Ausgangssituationen, bei denen der Fahrer/Frachtführer auf eigene Initiative oder nach Aufforderung bei der Verladung tätig werden kann, obwohl dies gesetzlich oder vertraglich anders geregelt ist. In diesen Fällen müssen Gerichte feststellen, wer für die Leitung des Be- und Entladens die Verantwortung trug und somit haftet.

1.4.3 Der Fahrzeughalter

Der **Fahrzeughalter** ist derjenige, der ein Fahrzeug auf eigene Rechnung in Gebrauch hat, für alle Kosten im Zusammenhang mit der Unterhaltung aufkommt (z. B. Kfz-Steuern) und über die Verwendung des Fahrzeugs bestimmt. Er kann der Zulassungsbescheinigung Teil 1 oder Teil 2 entnommen werden.

Je nach Transportgut hat der Fahrzeughalter ein geeignetes Fahrzeug zur Verfügung zu stellen. Für dieses Fahrzeug muss er ausgebildete Fahrzeugführer einsetzen, die in der Lage sind, die Ladungssicherungsmaßnahmen ordnungsgemäß durchzuführen.

Der Fahrer ist vom Fahrzeughalter über Besonderheiten des Transports, z. B. über Gefahren, zu informieren. Weiterhin stellt der Halter die Ausrüstung in Form von funktionstüchtigen und vorschriftsmäßigen Ladungssicherungsmitteln (§§ 30, 31 StVZO).

Ladungssicherungsmittel
→ LF 8, Kap. 6

Der Fahrzeughalter ist dazu verpflichtet, in regelmäßigen Abständen Kontrollen vorzunehmen. Dazu reicht eine Inaugenscheinnahme. Die Überprüfungspflicht kann auch übertragen werden, z. B. auf den Fuhrparkleiter.

1.4.4 Die sonstigen vertraglichen Regelungen

Unabhängig von den gesetzlichen Vorschriften können vertraglich andere Verantwortlichkeiten geregelt werden. So kann beispielsweise vereinbart werden, dass der Frachtführer bzw. Fahrer nicht nur für die betriebssichere, sondern auch für die beförderungssichere Verladung verantwortlich ist.

Doch egal, wer für die jeweiligen Tätigkeiten die Verantwortung trägt, letztlich müssen alle am Ladevorgang beteiligten Personen sicherstellen, dass die Güter nach den geltenden Vorschriften verladen werden. Dazu wiederum sind weitere Kenntnisse notwendig.

Wie diese erforderlichen Inhalte miteinander zusammenhängen und aufeinander aufbauen, können Sie der folgenden Übersicht entnehmen.

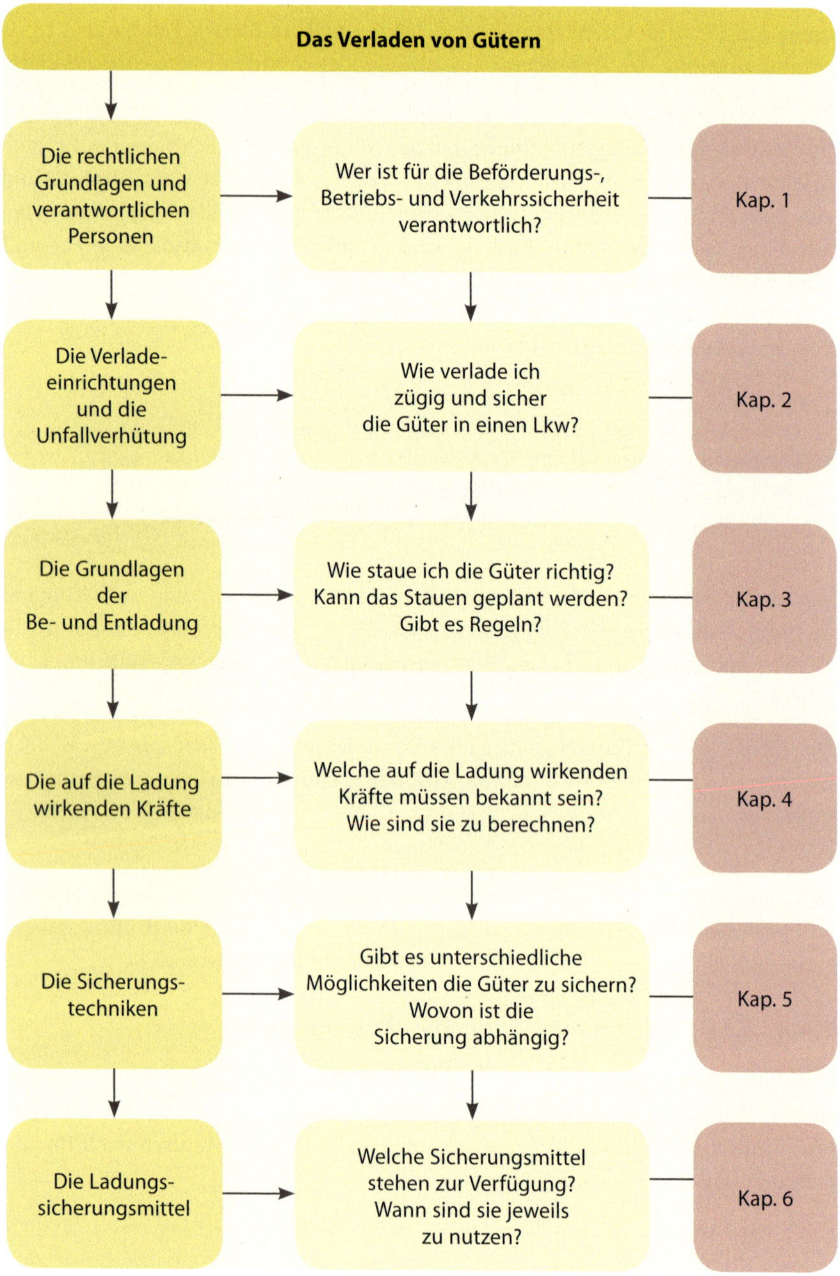

ALLES KLAR?

1 Erklären Sie kurz die Begriffe „Beförderungs- und Betriebssicherheit" gemäß § 412 HGB, indem Sie auf die einzelnen Verantwortlichkeiten des Absenders und des Frachtführers eingehen.

2 Ein Lkw soll mit Kundenaufträgen beladen werden. Der Leiter des Warenausgangs der Top Bike GmbH, Herr Klein, bittet den Lkw-Fahrer bei der Beladung der Warenausgänge behilflich zu sein. Dabei fällt dem Lkw-Fahrer eine Schachtel mit dem City Bike CTBW 2603 unglücklich zu Boden, sodass der Rahmen beschädigt wird.

a Wer haftet für den entstandenen Schaden?

1 Absender
2 Frachtführer
3 Fahrzeughalter
4 Verlader
5 Empfänger

b Begründen Sie kurz Ihre Antwort zu Aufgabe a.

3 Was bedeutet der Begriff „Verkehrssicherheit"? Erklären Sie ihn, indem Sie die Begriffe Betriebs- und Beförderungssicherheit berücksichtigen.

4 Richtig oder falsch? Nehmen Sie kurz mündlich Stellung zu der jeweiligen Aussage. Bei falschen oder unvollständigen Angaben korrigieren bzw. ergänzen Sie die Ausführungen.

a Die einzige Pflicht des Fahrzeughalters laut Straßenverkehrsordnung ist es, ein geeignetes Fahrzeug zur Verfügung zu stellen.

b Laut Straßenverkehrsordnung ist der Fahrer dazu verpflichtet, vor Fahrtantritt die Ladungssicherung und die Lastverteilung zu überprüfen.

c Laut § 22 STVO ist lediglich der Fahrer für die Ladungssicherung der Ladegüter verantwortlich.

d Der Fahrer ist gesetzlich zur Be- und Entladung seines Lkw verpflichtet.

5 Welche Maßnahmen muss ein Lkw-Fahrer nach einer Teilentladung durchführen?

2 Die Verladeeinrichtungen und die Unfallverhütung

Um den Ladevorgang zu vereinfachen, hat die Top Bike GmbH sowohl im Wareneingang als auch im Warenausgang jeweils eine Betonladerampe am Gebäude. Benedikt, der zurzeit im Warenausgang bei Herrn Klein eingesetzt ist, verlädt Güter für einen Kundenauftrag der „Zweiradhandelsgesellschaft GmbH" in Berlin. Als Hilfsmittel benutzt er eine Verladebrücke, die er zwischen die Rampe und den Lkw gelegt hat. Plötzlich hört sein Kollege Herr Klein ihn schmerzhaft aufschreien. Er eilt zu Benedikt und sieht, dass dieser von der Rampe gestürzt ist. Welche Verladeeinrichtungen verringern die Gefährdung der Mitarbeiter? Durch welche Sicherheitsvorkehrungen hätte der Unfall vermieden werden können?

Güterumschlag → LF 1, Kap. 2.2.2

innerbetrieblicher Materialfluss → LF 4, Kap. 1

Der Ladevorgang umfasst das Be- und Entladen von Transportmitteln. Damit er reibungslos ablaufen kann, müssen sowohl der Arbeitsablauf als auch die mit ihm verbundenen Aufgaben klar definiert sowie verteilt sein. Ist dies nicht der Fall, kann es zu Störungen an den Schnittstellen zwischen dem inner- und außerbetrieblichen Materialfluss kommen, die z. B. zu nicht termingerechten Warenlieferungen führen können.

Beim Ladevorgang kommen daher verschiedene Hilfsmittel zum Einsatz. Besonders wichtig sind dabei die sogenannten **Verladeeinrichtungen**, die das Be- und Entladen nicht nur unterstützen, sondern auch der Sicherheit und somit der Unfallverhütung dienen.

Transportable Ladebrücke

2.1 Die statischen und dynamischen Verladeeinrichtungen

In vielen Betrieben sind Verladeeinrichtungen wichtige Hilfsmittel bei der Be- und Entladung von Fahrzeugen. Sie dienen sowohl als Verkehrswege, vorübergehender Abstellplatz sowie Arbeitsplatz, z. B. für Kontrollarbeiten. Verladeeinrichtungen müssen stets so beschaffen sein, dass keine Gefährdungen für die Mitarbeiter entstehen.

Häufig kommt es bei der Warenanlieferung an den Laderampen zu Warte- und Standzeiten der Lkw. Mithilfe von leistungsfähigen Verladeeinrichtungen können die Abläufe verbessert und die Effizienz der Be- und Entladung gesteigert werden.

Eine **Ladebrücke** hilft den Mitarbeitern beispielsweise beim Entladen eines Lkw an der Laderampe. Sie wird zwischen der Rampe und der Ladefläche des Lkw platziert. Güter können somit per Sackkarre oder Handgabelhubwagen entladen werden.

Ladebrücke
→ LF 8, Kap. 2.1.2

Grundsätzlich erfolgt eine Unterscheidung in statische und dynamische Verladeeinrichtungen.

Verladeeinrichtungen

Statische (ortsfeste) Verladeeinrichtungen	Dynamische (ortsveränderliche) Verladeeinrichtungen
Statische (ortsfeste) Verladeeinrichtungen können an keinen anderen Ort bewegt werden bzw. sind ein Teil des Gebäudes. Beispiele: • Laderampe • Verladehubtisch • Sektionaltore • automatische Be- und Entladungssysteme • Krananlagen	**Dynamische (ortsveränderliche) Verladeeinrichtungen** können an einen anderen Ort bewegt werden. Beispiele: • Ladebrücken • mobile Laderampen • Ladeplattformen • Auffahrkeile • mobile Krananlagen

2.1.1 Die statischen (ortsfesten) Verladeeinrichtungen

Die wohl bekannteste statische Verladeeinrichtung ist die **Laderampe**. Sie besteht aus Beton, befindet sich entweder außerhalb oder innerhalb des Lagers und ist Teil des Gebäudes. Lkw fahren seitlich (Seitenverladung) oder rückwärts (Heckverladung) an sie heran. Die Laderampe bietet eine gute Zugänglichkeit für Personen und Flurförderzeuge, wie z. B. Gabelstapler.

Flurförderzeuge
→ LF 4, Kap. 3.2.3

Laderampe

Bei einem **Verladehubtisch** kann eine Plattform auf und ab bewegt werden. Somit ist ein waagerechter Höhenausgleich zwischen der Laderampe, dem Hofniveau und der Lkw-Ladefläche möglich. Die Höhenverstellbarkeit gewährleistet ein direktes, schnelles und sicheres Arbeiten beim Ladevorgang.

Verladehubtisch

Scherenhubtisch (Verladehubtisch)

Sektionaltore mit Fenstern und Verladewetterschutz

Automatisches Be- und Entladesystem

Sektionaltore bestehen aus Stahl-Sandwich-Paneelen (Sektionen). Durch ihre wärme- und schalldämmenden Eigenschaften schützen sie sowohl die Mitarbeiter als auch die Güter. Sektionaltore können durch Fenster, Türen oder einen Verladewetterschutz erweitert werden. Bei der Nutzung eines Verladewetterschutzes entsteht eine überdachte Verbindung zwischen der Ladezone und dem Lkw. Das Fahrzeug kann rückwärts in den Verladewetterschutz einfahren und der Ladevorgang kann, von äußeren Einflüssen geschützt, vorgenommen werden. Sektionaltore werden in der Logistik-Praxis auch als **Andockstellen** bezeichnet.

Automatische Be- und Entladesysteme sind besonders effizient, benötigen allerdings zwei Komponenten: eine feste Anlage, die im Bereich der Ladezone steht, und eine, die in die Ladefläche eines Lkw eingebaut ist. Beim Ladevorgang fährt der Lkw rückwärts direkt an die feste Anlage heran. Durch die Verbindung beider Anlagen entsteht eine ebene Fläche, die als Lastenträger dient. Über diese können dann die Güter mit einer großen Zeitersparnis umgeschlagen werden.

Europaletten
→ LF 1, Kap. 4.1.1

Bei automatischen Be- und Entladesystemen gibt es unterschiedliche technische Varianten. Kommen in einem Betrieb beispielsweise überwiegend Europaletten zum Einsatz, kann ein sogenanntes Skatesystem genutzt werden.

Krane
→ LF 4, Kap. 3.2.2

Krananlagen werden unter anderem zur Be- und Entladung von Fahrzeugen mit schweren, großen und sperrigen Gütern verwendet. Die Verladung erfolgt von oben. In großen Seehäfen, wie z. B. Rotterdam, sind riesige Krananlagen anzutreffen, mit denen ganze Container bewegt werden können.

Skatesystem

Containerkran

2.1.2 Die dynamischen (ortsveränderlichen) Verladeeinrichtungen

Ladebrücken kommen dann zum Einsatz, wenn geringe Höhenunterschiede sowie Abstände zwischen der Ladefläche eines Lkw und der Laderampe überwunden werden müssen. Es gibt verschiedene Ausführungen, wie z. B. transportable Ladebleche oder elektrohydraulische Ladebrücken mit Führungsschienen (ohne Führungsschiene handelt es sich um eine statische Verladeeinrichtung).

Auch **mobile Laderampen** dienen dazu, Höhenunterschiede auszugleichen. Sie ermöglichen es, dass z. B. die Güter beim Ladevorgang zwischen dem Straßenniveau und der Ladefläche eines Lkw oder der Laderampe umgeschlagen werden können.

Ladeplattformen sind in der Regel mobile Plattformen. Sie ermöglichen das Be- und Entladen des Fahrzeugs an einer geeigneten Stelle. Es gibt auch ortsunveränderliche Ausführungen. **Auffahrkeile** ermöglichen eine Höhenanpassung, wenn die Rampe zu hoch für die anfahrenden Fahrzeuge ist. Dazu werden sie z. B. so vor einer Laderampe platziert, dass der Anhänger eines Lkw rückwärts auf sie herauffahren kann.

Mobile Krananlagen können ihren Standort verändern und werden zur Be- und Entladung von Fahrzeugen mit schweren, großen und sperrigen Gütern verwendet. Der Ladevorgang erfolgt von oben.

Wichtig: Dynamische und statische Krananlagen dürfen nur von Personen mit einer entsprechenden Ausbildung geführt werden. → LF 4, Kap. 3.2.2

Ladebrücke mit Führungsschiene

Mobile Laderampe

Mobile Ladeplattform

Auffahrkeile

Mobile Krananlage

2.2 Die Unfallverhütung am Beispiel „Arbeiten auf einer Laderampe“

Beim Arbeiten mit den unterschiedlichen Verladeeinrichtungen sind immer die jeweiligen Sicherheitsvorschriften zu beachten, um Unfälle zu vermeiden. Verladeeinrichtungen können allerdings nur dann sicher genutzt werden, wenn die Mitarbeiter zuvor eine entsprechende Unterweisung erhalten haben und ihnen die Sicherheitsvorschriften somit bekannt sind. Das Nutzen von z. B. mobilen Krananlagen ist hingegen ausschließlich geschulten und geprüften Mitarbeitern zu gestatten.

Welche Voraussetzungen im Umgang mit den jeweiligen Verladeeinrichtungen zu erfüllen sind, muss im Einzelfall geprüft werden. Da das Arbeiten auf einer Laderampe für die meisten Auszubildenden zur täglichen Routine gehört, soll an diesem Beispiel exemplarisch die Unfallverhütung näher betrachtet werden.

2.2.1 Die Gefahren beim Arbeiten auf einer Laderampe

Beim Arbeiten auf einer Laderampe können eine Reihe von Gefährdungen auftreten. Zu den wesentlichen Gefahrenquellen zählen:

- gefährliche Einengung der Verkehrsflächen durch Zwischenlagerung des Ladegutes auf der Rampe (z. B. zum Kontrollieren, Sortieren, Umpacken)
- Lade-, Rangier- und Transportvorgänge (insbesondere unmittelbar an der Rampenkante)
- rutschige Verkehrswege durch Verschmutzungen oder Witterungseinflüsse
- bauliche Mängel an den Rampenabgängen sowie Nichtbenutzung der Abgänge durch die Beschäftigten
- fehlende Absturzsicherungen
- zu geringe Ausleuchtung des Verkehrsweges „Laderampe“
- technische Mängel oder sicherheitswidrige Nutzung von Einrichtungen zum Be- und Entladen, z. B. Ladebrücken, Ladebleche, Hebebühnen und Hubladebühnen
- mangelhafte Sicherung des Lieferfahrzeuges gegen Wegrollen oder -fahren
- fehlende Einweisung des Lieferfahrzeugs beim Rückwärtsfahren

Verkehrswege → LF 2, Kap. 2.6

Quelle: BGHW (BGHW-Kompakt 5: Arbeiten auf Laderampen)

Entwicklung der Unfallzahlen im Lager in Deutschland

Meldepflichtige Abeitsunfälle im Betrieb (Hauptfunktionen Lagerung sowie Be- und Entladung)	2005	2006	2007	2008	2009	Insgesamt
Aufprallen auf/gegen ortsfesten Gegenstand	24.373	23.036	22.480	24.099	23.431	117.419
Getroffen/Zusammenstoss mit sich bewegendem Gegenstand	23.306	23.051	23.121	24.007	20.705	114.191
Kontakt mit scharfem, spitzem, hartem, rauem Gegenstand	11.182	11.944	9.995	9.839	9.566	52.526
(Ein-)geklemmt, (ein-)gequetscht, zerquetscht werden usw.	10.142	9.401	10.323	11.267	8.936	50.069
Akute körperliche oder seelische Überlastung	9.065	9.536	10.261	11.516	11.027	51.405
Sonstiges	1.558	1.659	1.346	1.518	1.446	7.527
Gesamt	79.626	78.627	77.526	82.246	75.112	393.137

Quelle: Statistik – Makrodaten, Arbeits- und Schülerunfälle, Deutsche Gesetzliche Unfallversicherung (DGUV)

2.2.2 Die Sicherheitsmaßnahmen beim Arbeiten auf einer Laderampe

Um ein sicheres Arbeiten zu gewährleisten, muss der Unternehmer bzw. der für die Laderampe verantwortliche Mitarbeiter dafür sorgen, dass die erforderlichen Maßnahmen eingehalten werden.

Rampenbreite
Die Laderampe soll auf die Abmessungen der Transportmittel und der Ladung abgestimmt sein.

Rutschhemmung
Die Laderampe muss durch entsprechende Reinigung und Pflege rutschfrei sein. Die Mitarbeiter entfernen umgehend ausgelaufene Flüssigkeiten und Abfälle. Kommt es durch Schnee und Eis zu Gefährdungen, so sind geeignete Maßnahmen, wie z. B. ein Streudienst, erforderlich.

Rampenabgänge
Auf- und Abgänge mit Handlauf und trittsicherem Bodenbelag ermöglichen ein sicheres Betreten und Verlassen der Laderampe.

Absturzsicherungen
Laderampen von mehr als 1,00 m Höhe sollen in den Bereichen, die keine ständigen Be- und Entladestellen sind, Absturzsicherungen wie z. B. Gitterstäbe aufweisen.

Einrichtungen zum Be- und Entladen
Um den Abstand zwischen der Laderampe und der Ladefläche eines Lieferfahrzeuges zu überbrücken bzw. eine Höhendifferenz auszugleichen, müssen z. B. Ladebrücken oder Ladebleche bereitgestellt werden. Diese müssen ausreichend breit und mit einer Sicherung gegen das Verrutschen ausgestattet sein. Bei Hebebühnen sind die Absturzstellen zwischen Laderampenebene und der abgesenkten Hebebühnenplattform z. B. durch ein an der Hebebühne angebrachtes Geländer zu sichern.

Sicherungsmaßnahmen beim Einweisen sowie Be- und Entladen von Lieferfahrzeugen
Die einweisende Person darf sich nur im Sichtbereich des Fahrzeugführers bewegen, muss eine Warnweste tragen und soll die Handsignale für das Einweisen von Fahrzeugen beherrschen. Außerdem darf die Person während der Einweisung keine weitere Tätigkeit ausführen.

Beim Be- und Entladen sind die Fahrzeuge mit Radkeilen gegen ein Verrollen zu sichern. Unerwartetes An- bzw. Wegfahren kann durch mechanische Blockiersysteme, wie z. B. an der Rampe angebrachte Haken, verhindert werden.

DIN 75031
Nutzkraftwagen und Anhängefahrzeuge – Rangier-Warneinrichtungen, Anforderungen und Prüfung

Technische Maßnahmen zur Minimierung der Unfallgefahren

Um die Unfallgefahren zu reduzieren, können z. B. Kamera-Monitorsysteme, Abschrankungen des Gefahrenbereichs oder auch Rangier-Warneinrichtungen nach DIN 75031 zum Einsatz kommen.

Beleuchtung

Um auf der Laderampe Unfälle zu vermeiden, ist für eine ausreichende sowie blendfreie Beleuchtung zu sorgen.

Quelle: nach BGHW (BGHW-Kompakt 5: Arbeiten auf Laderampen)

Unterweisung und Überwachung des sicherheitsgerechten Verhaltens

Jeder Vorgesetzte hat dafür zu sorgen, dass alle Arbeiten unter Beachtung der Schutzmaßnahmen durchgeführt werden, um Unfällen vorzubeugen. Um dieses Ziel zu erreichen, ist es auch seine Pflicht, seine Mitarbeiter hinsichtlich der möglichen Gefahren und Schutzmaßnahmen zu unterweisen.

Prüfliste für sicherheitsgerechtes Verhalten auf Laderampen

- ☑ Wird der Verkehrsweg „Laderampe" in der erforderlichen, ggf. gekennzeichneten Breite freigehalten?
- ☑ Ist der Verkehrsweg „Laderampe" frei von Stolper-, Sturz- und Rutschgefahren (Kunststofffolien, Bandverschnürungen u. Ä.)?
- ☑ Werden Lade-, Rangier- und Transporttätigkeiten unmittelbar an der Rampenkante vermieden?
- ☑ Werden von den Mitarbeitern auf der Laderampe die persönlichen Schutzausrüstungen benutzt (Sicherheitsschuhe, Schutzhandschuhe usw.)?
- ☑ Werden abgeräumte Paletten nur liegend abgelegt?
- ☑ Werden von den Beschäftigten immer die vorhandenen Treppen bzw. Schrägrampen benutzt?

Quelle: BGHW (BGHW-Kompakt 5: Arbeiten auf Laderampen)

Betriebsanweisung
→ LF 1, Kap. 5.1.4

2.2.3 Die Betriebsanweisung als Hilfsmittel der Unterweisung

Vor der Aufnahme der Tätigkeit und danach in regelmäßigen Abständen, mindestens jedoch einmal jährlich, müssen die Mitarbeiter, die auf einer Laderampe arbeiten, eine Unterweisung erhalten. Sie beinhaltet alle Aspekte über die möglichen Gefahren sowie über die vom Betrieb getroffenen Schutzmaßnahmen. Die Unterweisung muss immer dokumentiert werden.

Arbeitsschutzgesetz
→ LF 1, Kap. 5.2.5

§

§ 12 ArbSchG Unterweisung

(1) Der Arbeitgeber hat die Beschäftigten über Sicherheit und Gesundheitsschutz bei der Arbeit während ihrer Arbeitszeit ausreichend und angemessen zu unterweisen. Die Unterweisung umfasst Anweisungen und Erläuterungen, die eigens auf den Arbeitsplatz oder den Aufgabenbereich der Beschäftigten ausgerichtet sind. Die Unterweisung muss bei der Einstellung, bei Veränderungen im Aufgabenbereich, der Einführung neuer Arbeitsmittel oder einer neuen Technologie vor Aufnahme der Tätigkeit der Beschäftigten erfolgen. Die Unterweisung muss an die Gefährdungsentwicklung angepasst sein und erforderlichenfalls regelmäßig wiederholt werden. (…)

Als wichtiges Hilfsmittel für die Unterweisung dienen die Betriebsanweisungen. Nachfolgend ist als Beispiel eine Betriebsanweisung zum „Betrieb von Ladebrücken zum Be- und Entladen von Fahrzeugen" abgebildet:

Betriebsanweisungen
→ LF 1, Kap. 5.1.4

Betriebsanweisung

Betrieb von Ladebrücken zum Be- und Entladen von Fahrzeugen

1. Anwendungsbereich

Betrieb von fest mit dem Gebäude verbundenen Ladebrücken, die zum Ausgleich von Höhenunterschieden und zum Überbrücken von Abständen zwischen Laderampen und Ladeflächen dienen. Ladebrücken können kraftbetrieben oder handbetätigt sein.

2. Gefahren für Mensch und Umwelt

- Abstürzen bei geöffnetem Rolltor und nicht angedocktem Fahrzeug oder Wechselbrücke.
- Abstürzen von Personen oder Flurförderzeugen durch nicht gegen Wegrollen gesichertes Fahrzeug.
- Stürzen zwischen Ladebrücken und Ladeflächen durch nicht bestimmungsgemäß aufgelegte Ladebrücke.
- Seitliches Abstürzen von der Ladebordwand, wenn diese auf die Ladebrücke aufgelegt ist.
- Stolpern und Umknicken durch Höhenunterschied zwischen angehobener oder absenkter Ladebrücke und den angrenzenden Verkehrsflächen.
- Umstürzen von Flurförderzeugen durch Höhenunterschied zwischen angehobener oder abgesenkter Ladebrücke und den angrenzenden Verkehrsflächen.
- Getroffen werden von herunterrutschenden und herabfallenden Ladungsteilen vom Flurförderzeug.

3. Schutzmaßnahmen und Verhaltensregeln

- Nur regelmäßig geprüfte Ladebrücken benutzen.
- Ladebrücke nicht überlasten.
- Rolltor schließen, wenn sich kein Fahrzeug/Wechselbehälter an der Ladebrücke befindet.
- Ladebordwand absenken und unter der Ladebrücke positionieren.
- Fahrzeug mittels Feststellbremse gegen Wegrollen sichern.
- Vor dem Befahren mit kraftbetriebenen Flurförderzeugen das Fahrzeug mittels Feststellbremse und beidseitig angelegten Unterlegkeilen gegen Wegrollen sichern.
- Ladebrücke bestimmungsgemäß auf Ladefläche auflegen.
- Lose Ladungsteile beim Transportieren mittels Fluförderzeugen form- und kraftschlüssig gegen Herabfallen sichern.
- Steuerplatz der kraftbetriebenen Ladebrücke freihalten.
- Nach dem Be- und Entladen die Ladebrücke in Ruhestellung bringen.

4. Verhalten bei Störungen

Bei Mängeln, die die Sicherheit beeinträchtigen (z. B. fehlende seitliche Sicherungsbleche, unbeabsichtigtes Absenken, beschädigte Klapplippen), Ladebrücke stillsetzen und Vorgesetzten oder Aufsichtführenden informieren.

5. Verhalten bei Unfällen, Erste Hilfe

- Ladebrücken stillsetzen.
- Gegenbewegung nur einleiten, wenn Verletzter gefahrlos befreit werden kann.
- Lebensrettende Sofortmaßnahmen durchführen (z. B. starke Blutung stillen).
- Möglichst gleichzeitig Unfall melden (Tel.: …), Ersthelfer (Name, Tel.: …) informieren.
- Erste Hilfe leisten (z. B. Blutungen stillen, ggf. Schocklage, bei Bewusstlosen Puls und Atmung kontrollieren, stabile Seitenlage auf Decke).
- Verletzten beruhigen, ggf. gegen Wärmeverlust eindecken, bis zum Eintreffen professioneller Hilfe dabeibleiben.

6. Instandhaltung

- Instandhaltungsarbeiten dürfen nur von fachkundigen Personen ausgeführt werden.
- Kontroll-/Reinigungsarbeiten dürfen nur bei still gesetzter sowie gegen irrtümliches bzw. unbefugtes Ingangsetzen gesicherter Ladebrücke ausgefüllt werden.

Quelle: BGHW (Merkblatt M 74, Ausgabe 08.2010)

ALLES KLAR?

1 Benennen Sie die folgenden Verladeeinrichtungen.

a

b

c

d

e

f

g

h

2 Nennen Sie drei Rampenarten, die beim Wareneingang und -ausgang zum Einsatz kommen können.

3 Welche der Aussagen ist richtig und welche falsch?

a Auf Laderampen können grundsätzlich keine Unfälle entstehen.

b Unfälle entstehen auf Laderampen durch fehlende Absturzsicherungen.

c Die Transportfahrzeuge müssen an der Laderampe mit Radkeilen gesichert werden.

d Ein Handlauf bei Auf- und Abgängen an der Rampe ist nicht notwendig.

e Es muss darauf geachtet werden, dass die Rampe rutschfrei ist.

f Eine Unterweisung der Mitarbeiter muss mindestens zweimal im Jahr stattfinden.

ALLES KLAR?

g Es gibt nur dynamische Verladeeinrichtungen.

h Statisch bedeutet, dass die Verladeeinrichtungen an einen anderen Ort bewegt werden können.

i Verladebrücken können je nach Ausführung sowohl zu den statischen als auch dynamischen Verladeeinrichtungen gezählt werden.

j Auffahrkeile gehören zu den statischen Verladeeinrichtungen.

4 Erklären Sie den Unterschied zwischen statischen und dynamischen Verladeeinrichtungen.

5 Entscheiden Sie sich, ob es sich in den folgenden Beispielen um statische oder dynamische Verladeeinrichtungen handelt. Manche Beispiele können je nach Ausführung sowohl statische als auch dynamische Verladeeinrichtungen sein.

a Ladebrücke

b Sektionaltor

c Hubtisch

d Krananlage

e Ladeplattform

f Auffahrkeile

6 Sie sind für die Beladung eines Lkw zuständig. Der Lkw steht an der Rampe und die Ladebrucke Ist an der Ladefläche des Lkw angebracht. Welche drei Aspekte sind zur Verhütung von Unfällen an Laderampen zu berücksichtigen?

a Länge des Lkw beachten

b Breite des Lkw beachten

c Nutzlast des Lkw beachten

d Radkeil unter den Lkw-Reifen legen

e Tragfähigkeit der Ladebrücke beachten

f Unversehrtheit der Ware prüfen

g Laderampe von ausgelaufenen Flüssigkeiten befreien

h Absturzsicherungen nicht an die Abgänge der Rampe anbringen

7 Beim Arbeiten auf Laderampen können vermehrt Unfälle geschehen, wenn die Bestimmungen zur Arbeitssicherheit nicht beachtet werden.

a Nennen Sie drei mögliche Verletzungsgefahren für die Mitarbeiter an der Laderampe.

b Benennen Sie vier der folgenden Warnzeichen, die auf die genannten Verletzungsgefahren hinweisen (siehe Band 1, LF 1, Kap. 5.1.2).

8 Welche der folgenden Aussagen ist richtig? Zur Beantwortung der Frage dient Ihnen die Betriebsanweisung „Betrieb von Ladebrücken zum Be- und Entladen von Fahrzeugen" als Hilfsmittel (siehe Kap. 2.2.3).

a Gefahren für Mensch und Umwelt werden in der Betriebsanweisung nicht genannt.

b Bei fehlenden seitlichen Sicherungsblechen müssen die Arbeiten auf der Ladebrücke mit erhöhter Aufmerksamkeit durchgeführt werden.

c Ladebrücken können mit beliebigem Gewicht belastet werden.

d Ladebrücken sind immer kraftbetrieben.

e Ladebrücken dürfen nur benutzt werden, wenn sie regelmäßig geprüft werden.

3 Die Grundlagen der Beladung

Packstücke
→ LF 6, Kap. 1

Stefanie und Karsten erhalten von Herrn Klein erstmalig den Auftrag, einen kompletten Lkw mit Packstücken aus verschiedenen Kundenbestellungen zu beladen. Die bestellten Artikel sind schon verpackt und stehen auf der Laderampe bereit. Als sie mit der Beladung beginnen wollen, sind sich Stefanie und Karsten jedoch nicht einig, wie sie nun am besten vorgehen sollen. Stefanie wendet sich daher an Herrn Klein. „Herr Klein, wir brauchen Ihre Hilfe. Gibt es bei der Beladung Besonderheiten, die wir beachten müssen? Womit sollen wir beginnen? Welche Packstücke sollen wo angeordnet werden?"

Verkehrsmittel
→ LF 9, Kap. 1

Auch hier greift das ökonomische Prinzip (Maximalprinzip): Ein vorhandener Laderaum sollte mit möglichst vielen Packstücken ausgefüllt werden.

Die Beladung eines Verkehrsmittels, z. B. eines Lkw, sollte wohldurchdacht sein und nicht „aus dem Bauch heraus" erfolgen. Wird der vorhandene Stauraum nicht optimal ausgenutzt, können beispielsweise unnötige Kosten entstehen, wenn durch die Wahl eines anderen Vorgehens noch weitere Packstücke hätten untergebracht werden können. Außerdem gehört zu einer durchdachten Beladung auch grundsätzlich das Berücksichtigen von Beförderungs-, Betriebs- und Verkehrssicherheit. Und letztlich darf nicht vergessen werden, dass die Entladung sicher sowie zeitsparend ablaufen muss.

Verlader
→ LF 8, Kap. 1.4.1

Ladehilfsmittel
→ LF 4, Kap. 2

Container
→ LF 6, Kap. 5.5

Damit alle genannten Aspekte ihre Berücksichtigung finden, muss der Verlader bei der Anordnung der zu verladenden Güter verschiedene Vorgaben im Hinblick auf das **Stauen** beachten. Zudem sind die Eigenheiten der jeweiligen Ladehilfsmittel zu beachten. So ist z. B. bei der Containerbeladung auch ein verstärktes Augenmerk auf die vor- und nachbereitenden Tätigkeiten zu legen.

Lastverteilungsplan
→ LF 8, Kap. 3.2

Damit das jeweils für den Transport gewählte Verkehrsmittel während der Fahrt nicht an Stabilität verliert, muss bei jeder Beladung darauf geachtet werden, dass die vorgeschriebene Lastverteilung gemäß Lastverteilungsplan eingehalten wird. Bei einem Lkw ist in diesem Zusammenhang beispielsweise auf die zulässige Nutzlast, die zulässige Achslast und den Schwerpunkt zu achten.

Durch das Beladen eines Lkw verändert sich der Fahrzeugschwerpunkt, was Auswirkungen auf das Fahrverhalten hat. Der Lastverteilungsplan stellt dabei u. a. sicher, dass sich der Gesamtschwerpunkt in der Mitte des Fahrzeugs befindet.

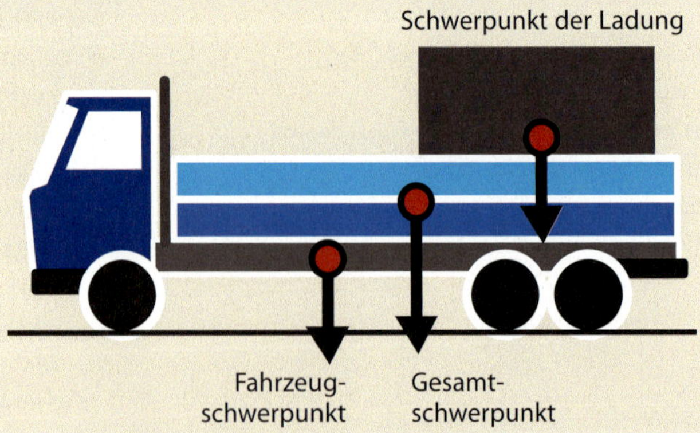

3.1 Das Stauen

Das Anordnen von Packstücken in Laderäumen bzw. auf Ladeflächen unter Beachtung der jeweils zulässigen Belastungsgrenzen sowie der Stauregeln wird **Stauen** genannt.

Voraussetzungen zur Erleichterung des Stauens
Das ordnungsgemäße Stauen und Sichern wird erleichtert, wenn die verschiedenen Eigenschaften der Ladegüter berücksichtigt werden.

Sind beispielsweise die **Maße der Packmittel** aufeinander abgestimmt, so wird ein lückenloses Stauen vereinfacht. Zudem können die Ladegüter in diesem Fall **sicher gestapelt** werden. Allerdings setzt die Stapelbarkeit auch **stand- und druckfeste Oberflächen und Kanten** der Packstücke voraus. Insbesondere die Kanten werden beim Niederzurren stark beansprucht.

Packmittel → LF 6, Kap. 5

Niederzurren → LF 8, Kap. 5.1

Idealerweise sind die Maße der Packmittel auch auf die **Innenmaße des Transportmittels abgestimmt**, z. B. auf die eines Binnencontainers.

Binnencontainer → LF 6, Kap. 5.5

Ein Binnencontainer hat eine Größe (Innenmaß) von 12,00 m x 2,44 m.
Er verfügt über 28 Europaletten- oder 22 Industriepaletten-Stellplätze.

Europalette → LF 6, Kap. 5.1
Industriepalette → LF 6, Kap. 5.1

Grundsätzlich ist der **Einsatz von unterfahrbaren Ladungsträgern**, z. B. von Europaletten, sehr hilfreich. Sie können leicht mit Flurförderzeugen, wie z. B. einem Hubwagen, bewegt werden.

Flurförderzeuge → LF 4, Kap. 3.2.3

Damit die Ladegüter sicher stehen und nicht versehentlich umkippen können, sollten sie eine **große Standfläche** haben. Der **Schwerpunkt des Ladeguts** sollte nach Möglichkeit tief und mittig liegen, um eine Kippgefahr zu vermindern. Die Kennzeichnung des Schwerpunktes eines Ladeguts ist immer dann sinnvoll, wenn der Schwerpunkt nicht mittig liegt.

Schwerpunkt eines Körpers → LF 4, Kap. 3.2.3

Hier ist das Stapeln der Ladegüter möglich.

Einsatz von unterfahrbaren Ladungsträgern

3.1.1 Die Stauregeln

Bei der Stauung einer Ladung gibt es verschiedene Regeln zu beachten, die bei der Stauplanung unbedingt berücksichtigt werden sollten. Hier einige Beispiele:

Verpackung → LF 6

LIFO-Prinzip → LF 2, Kap. 2.2

Zusammenladeverbot → LF 8, Kap. 8.1

Lastverteilungsplan → LF 8, Kap. 3.2

lotrecht
Das Gut steht senkrecht auf dem Untergrund, z. B. der Ladefläche eines Lkw.

Stauregeln zur Beladung	• Verwenden Sie für den Transport der Güter eine geeignete Verpackung, damit diese unbeschädigt beim Empfänger ankommen. • Falls erforderlich, beachten Sie die vorgegebene Reihenfolge der Güter bei der Beladung. Um eine schnelle Entladung zu gewährleisten, sollte die Beladung nach dem LIFO-Prinzip erfolgen. • Zum Schutz von Personen und der transportierten Güter müssen Sie verhindern, dass z. B. beim Öffnen von Ladetüren oder -bordwänden Güter kippen und herunterfallen können. Deswegen sollten Sie die Ladetüren und -bordwände nicht belasten. • Streben Sie eine lückenlose Verstauung an. Allerdings sind Freiräume unter Umständen nicht zu vermeiden, sodass diese mit Stauhilfsmitteln, wie z. B. Stausäcken, Trennwänden oder Holzkonstruktionen, ausgefüllt werden sollten. • Beachten Sie die Eigenschaften der Güter. Stauen Sie die folgenden Güter niemals gemeinsam: – stauberzeugende Güter, wie z. B. Mehl, mit staubempfindlichen Gütern, wie z. B. Elektronikgeräten, – geruchsempfindliche Güter, wie z. B. Textilien, mit geruchserzeugenden Gütern, wie z. B. Käse, – feuchtigkeitsempfindliche Güter, wie z. B. elektronische Maschinen, mit feuchtigkeitsabgebenden Gütern, wie z. B. verschiedenem Gemüse, – weiche und empfindliche Güter, wie z. B. Kunststoffsäcke, mit scharfkantigen Gütern, z. B. Stahlrohren. • Verladen Sie, je nach Vorschrift, bestimmte Gefahrgüter nicht zusammen, um chemische Reaktionen zu vermeiden.
Stauregeln zur Lastverteilung	• Beginnen Sie mit der Beladung an der Stirnwand. Platzieren Sie dort schwerere Güter, um die Lenkstabilität nicht negativ zu beeinflussen. Berücksichtigen Sie dabei immer den für das Fahrzeug ermittelten Lastverteilungsplan. • Legen Sie bei der Stauung den Gesamtschwerpunkt so fest, dass dieser möglichst niedrig und über der Längsmittellinie positioniert ist, um einseitige Belastungen zu vermeiden. • Beachten Sie das zulässige Gesamtgewicht, die zulässige Nutzlast und den Lastverteilungsplan des Fahrzeugs.
Stauregeln zum Stapeln bzw. Anordnen der Ladegüter	• Ordnen Sie schwere, standfeste und stabile Güter unten an. Leichte und empfindliche Güter oder Güter in flexiblen Verpackungen stapeln Sie darüber. Stapeln Sie jedoch nichts auf zerbrechlichen Artikeln. • Vermeiden Sie bei einer Stapelung, z. B. durch eine blockweise Umreifung, dass sich die oberen Güter beim Transport verschieben können. • Beachten Sie die maximal zulässige Anzahl von Packstücken, die gestapelt werden dürfen. • Stapeln Sie lotrecht. • Bringen Sie die Güter standfest auf die Ladefläche, sodass sie auch ohne Zurrmittel nicht umfallen. Dies ist z. B. bei einer Teilentladung von Bedeutung, wenn Sicherungsmittel gelöst werden.

Stauregeln zum Stapeln bzw. Anordnen der Ladegüter (Fortsetzung)	• Füllen Sie möglichst den gesamten Laderaum formschlüssig aus, bevor Sie stapeln und ggf. Laderaum frei bleibt. • Stapeln Sie Säcke im Verbund, um eine bessere Standfestigkeit zu erreichen. • Stapeln Sie Fässer u. Ä. stehend, um ein mögliches Wegrollen zu verhindern.
Stauregeln zum Einsatz von Sicherungsmitteln	• Nach dem Beladen und Stauen sowie nach einer Teilentladung sichern Sie die Ladung. Nutzen Sie dazu am besten Zurrmittel, die nicht sprunghaft, sondern langsam ihre Spannkraft beim Öffnen wieder verlieren.

Formschlüssige Verladung (ohne Ladelücken)

Fehlt eine standfeste Oberfläche, sollte nicht gestapelt werden.

3.1.2 Der Stauplan

> Der **Stauplan** zeigt die optimale Anordnung der zu verladenden Güter im Laderaum. Dabei soll der zur Verfügung stehende Stauraum so ausgenutzt werden, dass im Idealfall nach der Beladung keine Freiräume mehr vorhanden sind. Ziel ist es u. a., die Transportkosten zu senken. **!**

Für die Stauplanung ist es wichtig, die Stauregeln zu berücksichtigen. Außerdem müssen weitere festgelegte Bedingungen erfüllt werden, wie z. B. das Unterbringen einer kompletten Kundenbestellung auf einem Fahrzeug.

Um einen Stauplan erstellen zu können, werden die genauen Maße und Gewichte der zu befördernden Güter – inklusive ihrer Verpackungen – benötigt. Anschließend wird geprüft, wie viele dieser Güter z. B. auf die Ladefläche eines Lkw aufgebracht werden können. Dabei werden die Innenmaße (Länge, Breite, Höhe) und die zulässige Nutzlast des Transportmittels zugrunde gelegt.

Maße und Gewichte
→ Anhang Fachrechnen, Kap. 1 und 2

Aus dem Gefühl heraus erstellte Staupläne führen häufig nicht zu zufriedenstellenden Resultaten, sodass in Logistikunternehmen immer häufiger computergestützte Programme eingesetzt werden, die die Vorgaben berücksichtigen, wie z. B. die Abmessungen des Laderaumes sowie der Ladegüter, die Ladereihenfolge, die Gewichts- und Schwerpunktverteilung, und daraus einen optimierten Stauplan erstellen.

Als Grundlage für den Stauplan kann auf die Ladeliste zurückgegriffen werden. Sie bietet eine Übersicht zu allen Ladegütern.

1. Bekannt sind die Anzahl und die Maße der zu verladenden Güter.

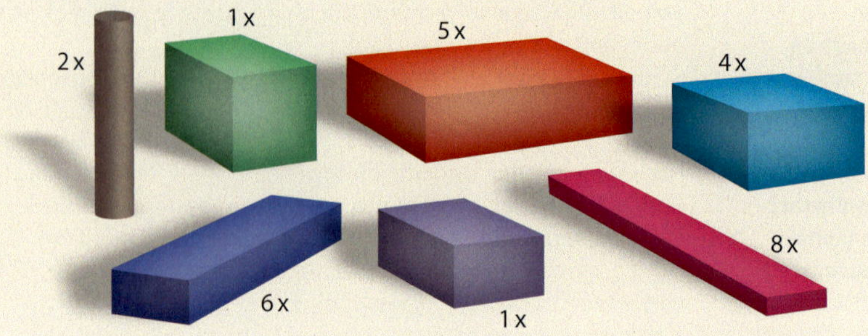

2. Mithilfe eines Computerprogramms wird für die zu ladenden Güter ein optimierter Stauplan erstellt.

Vorteile eines Stauplans

- Er nutzt den Stauraum des Transportmittels bestmöglich aus.
- Bereits vor Beginn der Beladung wissen der Verlader und der Fahrzeughalter, welche Stauhilfsmittel und welche Sicherungsmittel in welchen Mengen benötigt werden.
- Das Beladen wird durch das Festlegen der Ladeplätze im Stauplan beschleunigt, weil das Finden der optimalen Platzierung der Güter und somit das Ausprobieren entfällt.
- Das Entladen wird vereinfacht, weil das LIFO-Prinzip Anwendung findet und bei einer Teilentladung keine Zeit für das Umstellen der als Nächstes zu entladenden Güter benötigt wird. Dieser Punkt ist im Hinblick auf die Tourenplanung besonders wichtig.

Verlader
→ LF 8, Kap. 1.4.1

Tourenplanung
→ LF 7, Kap. 3

3.1.3 Die Berechnung der optimalen Stauvariante

Die Spedition der Top Bike GmbH setzt bei Lieferungen nach Italien vorwiegend einen Sattelauflieger (Mega-Trailer) mit folgenden Innenmaßen ein:
Länge = 13,60 m
Breite = 2,48 m
Höhe = 3,00 m

Susanne erhält die Aufgabe, zu berechnen, wie viele Europaletten mit Fahrradzubehör auf dem Sattelauflieger maximal geladen werden können, wenn die beladenen Paletten eine Höhe von insgesamt 1,40 m aufweisen und gestapelt werden können. Sie soll dazu einen Stauplan zeichnen und berechnen, wie viel Laderaum ungenutzt bleibt, wenn der Lkw mit der größtmöglichen Palettenanzahl beladen wird.

Europalette
Länge: 1,20 m
Breite: 0,80 m
Höhe: 0,14 m

Für die Berechnung ergeben sich 2 Varianten.

Stauvariante 1 (Paletten stehen längs):

Länge: $\frac{13{,}6\text{ m}}{1{,}20\text{ m}} = 11{,}33 = 11$ Paletten

Breite: $\frac{2{,}48\text{ m}}{0{,}80\text{ m}} = 3{,}1 = 3$ Paletten

Höhe: $\frac{3{,}00\text{ m}}{1{,}40\text{ m}} = 2{,}14 = 2$ Paletten

Beachten Sie, dass bei der Berechnung nur ganze Paletten berücksichtigt werden.

Daraus folgt: $11 \cdot 3 \cdot 2$ = Es können 66 Paletten geladen werden.

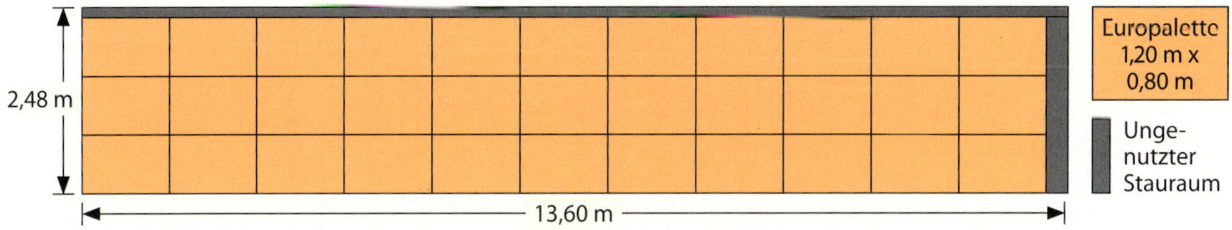

Der Mega-Trailer, beladen nach der Variante 1 (Ansicht von oben).

Stauvariante 2 (Paletten stehen quer):

Länge: $\frac{13{,}6\text{ m}}{0{,}80\text{ m}} = 17$ Paletten

Breite: $\frac{2{,}48\text{ m}}{1{,}20\text{ m}} = 2{,}07 = 2$ Paletten

Höhe: $\frac{3{,}00\text{ m}}{1{,}40\text{ m}} = 2{,}14 = 2$ Paletten

Daraus folgt: $17 \cdot 2 \cdot 2$ = Es können 68 Paletten geladen werden.

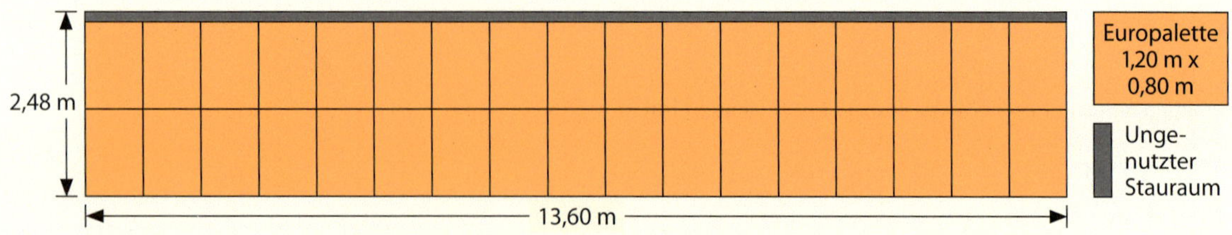

Der Mega-Trailer, beladen nach der Variante 2 (Ansicht von oben).

Für das Beladen des Sattelaufliegers sollte also die Stauvariante 2 genutzt werden, weil dabei zwei Paletten mehr in den Lkw geladen werden können.

Container
→ LF 6, Kap. 5.5

Es ist hilfreich, sich vor Beginn des Stauens einen Überblick darüber zu verschaffen, welche Ladehilfs- und Verkehrsmittel zum Einsatz kommen werden. Da Container beispielsweise genormt sind, sind die Innenmaße bekannt. Somit steht die maximale Palettenanzahl, die verladen werden kann, schon fest.

Die folgende Tabelle stellt einige Ladehilfs- und Verkehrsmittel gegenüber:

		Außenmaße (in mm)		**Innenmaße (in mm)**		**Maximale Palettenanzahl**	
		Länge	**Breite**	**Länge**	**Breite**	**800 x 1.200 mm (Europalette)**	**1.000 x 1.200 mm (Industriepalette)**
ISO-Container	40'	12.192	2.438	11.998	2.330	24	21
	20'	6.058	2.438	5.867	2.330	11	10
Binnencontainer	40'	12.192	2.500	12.000	2.440	28	22
	20'	6.058	2.500	5.900	2.440	14	10
Wechselbehälter	C715	7.150	2.550	7.050	2.490	17	14
	C745	7.450	2.550	7.350	2.490	18	14
	C782	7.820	2.550	7.700	2.490	19	14
Lkw-Anhänger		8.300	2.550	8.200	2.470	20	16
Lkw-Sattelanhänger		13.690	2.550	13.620	2.470	34	26

Quelle: nach Ihme, J., Logistik im Automobilbau, 1. Auflage 2006, S. 46

Ungenutzter Stauraum

Auch wenn die Stauvariante gewählt wird, mit der die maximale Anzahl an Paletten verladen werden kann, bleibt dennoch ein häufig ungenutzter Stauraum frei.

In unserem Beispiel kann der Sattelauflieger des Lkw mit maximal 68 Paletten beladen werden. Wie viel Stauraum bleibt aber in diesem Fall ungenutzt?

Berechnung des gesamten Stauvolumens des Mega-Trailers:

$13{,}6\ m \cdot 2{,}48\ m \cdot 3\ m = 101{,}184\ m^3$

Berechnung des benötigten Stauvolumens für die Paletten:

$1{,}20\ m \cdot 0{,}80\ m \cdot 1{,}40\ m = 1{,}344\ m^3$ pro Palette

$1{,}344\ m^3 \cdot 68$ Paletten $= 91{,}392\ m^3$

Daraus folgt:

$101{,}184\ m^3 - 91{,}392\ m^3 = 9{,}792\ m^3$

Trotz der Wahl von Stauvariante 2 bleiben bei dieser Ladung 9,792 m³ ungenutzt. Derjenige Teil des verbleibenden Freiraums, der vor, hinter sowie neben der Ladung entsteht, muss mit Stauhilfsmitteln, wie z. B. Stausäcken, ausgefüllt werden.

Stauhilfsmittel
→ LF 8, Kap. 6.3

Das Beispiel zeigt, dass selbst einfache Berechnungen einen gewissen Aufwand erfordern. Haben die Ladegüter jedoch unterschiedliche Größen und sind zudem noch andere Stauregeln zu berücksichtigen, z. B. ein Verbot der Stapelung bei bestimmten Gütern, wird die Berechnung schnell sehr kompliziert.

Die Stauprogramme der Logistikunternehmen sind in der Lage, alle erforderlichen Kriterien zu berücksichtigen und auf dieser Grundlage die optimale Stauvariante zu errechnen.

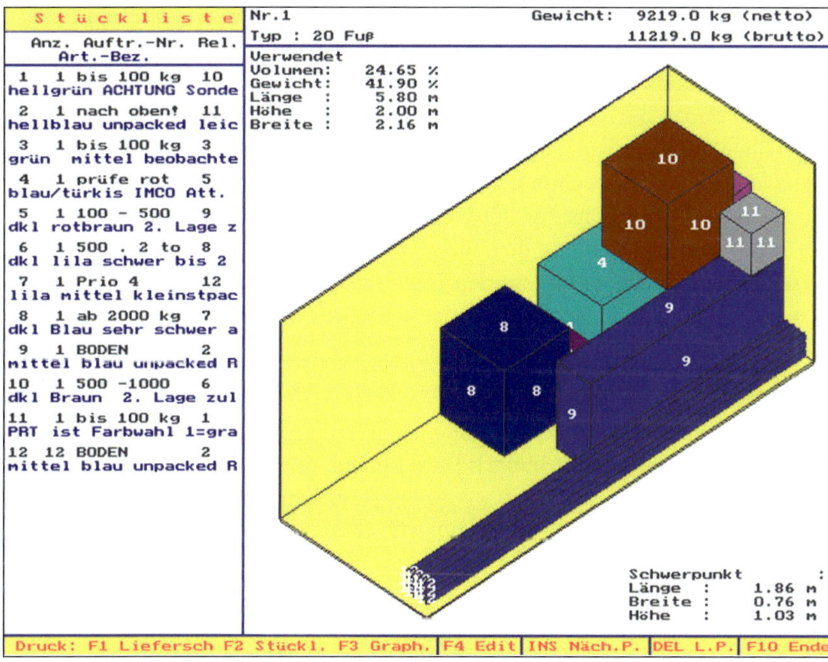

Beispiel für einen am Computer entstandenen Stauplan (inkl. Volumen- und Gewichtsangabe)

3.1.4 Die Besonderheiten beim Verwenden eines Containers – Der Container-Check

Susanne soll Herrn Weller bei der Beladung eines Binnencontainers helfen. Der durch die Spedition angelieferte Container weist allerdings schon viele Gebrauchsspuren auf. Seine Seitenwände sind eingedellt, haben Risse und rostige Stellen. Susanne wundert sich, dass dieser Container noch im Einsatz ist, und fragt sich, ob der Kundenauftrag damit wohl unversehrt ankommt. Sie erkundigt sich bei Herrn Weller, ob es wirklich sinnvoll ist, diesen Container zu beladen. Herr Weller erklärt ihr daraufhin, dass sie zunächst einen Außen- und Innencheck am Container vornehmen werden, und übergibt Susanne eine Checkliste, auf der die zu prüfenden Punkte vermerkt sind.

Ein **Container** ist ein genormter Transportbehälter, welcher dauerhaft im Güterverkehr eingesetzt wird. Er kann von einem auf ein anderes Verkehrsmittel umgeladen werden, z. B. von einem Schienen- auf ein Straßenfahrzeug.

Container
→ LF 6, Kap. 5.5

Vor dem Gebrauch eines Containers sollte ein Sicherheitscheck vorgenommen werden. Damit wird sichergestellt, dass durch den Container keine Gefährdung entsteht und die Güter unbeschädigt bei dem Empfänger ankommen. Um z. B. im Falle einer Beschädigung der Güter einen Nachweis hinsichtlich der erfolgten Kontrollen zu haben, sollte der Sicherheitscheck immer dokumentiert werden.

Sicherheitscheck vor der Beladung

Außencheck	Innencheck

↓

Sicherheitscheck nach der Beladung

Der Außencheck

Vor dem Beladen des Containers erfolgt zunächst eine Prüfung von außen. Hierzu sollte eine Checkliste benutzt werden, auf der die zu prüfenden Aspekte vermerkt sind. Der Außencheck beginnt mit der Begutachtung der Schweißnähte, der Träger, der Pfosten und Beschläge. Es dürfen keine Löcher, Verformungen oder Risse in den Wänden, dem Dach und den Türen vorhanden sein. Bei den Türen sollte die Verschlusseinrichtung geprüft werden. Weiterhin ist darauf zu achten, dass die Zulassungsschilder vorhanden sind und alte Aufkleber entfernt wurden.

Beispiel für eine Außencheckliste

- ☑ Ist der Rahmen (Pfosten, Beschläge, Längs- und Querträger) frei von Mängeln?
- ☑ Die Wände, der Boden und das Dach sind frei von Verformungen, Rissen oder Löchern?
- ☑ Das Dach weist keine Beschädigungen auf und die Verriegelung lässt sich leicht öffnen (gilt z. B. bei Hardtop-Containern)?
- ☑ Die Türen sind gebrauchsfähig und verschließbar?
- ☑ Wurden alle Schilder der letzten Ladung entfernt (z. B. Warntafeln)?
- ☑ Ist ein CSC-Zulassungsschild vorhanden? (Wird der Container im internationalen Verkehr eingesetzt, muss ein CSC-Zulassungsschild [CSC – International Convention for Safe Containers = Internationales Übereinkommen über sichere Container] existieren.)

CSC-Zulassungsschild
→ LF 8, Kap. 3.1.4

Der Innencheck

Neben einem Außencheck sollte auch immer ein Innencheck vorgenommen werden. Beim Innencheck wird auf die Beschaffenheit der Wände, des Daches und des Fußbodens geachtet. Es wird z. B. kontrolliert, ob keine Nägel oder andere Gegenstände herausragen. Ob die vorhandenen Ladungssicherungsmittel in einem einwandfreien Zustand sind, ist ebenfalls von großer Wichtigkeit. Der Container sollte sauber, trocken und geruchsneutral sein, damit die eigene Ladung keinen Schaden nimmt.

Ein wesentlicher Bestandteil ist die Prüfung der Wasserdichtigkeit. Dies kann z. B. geschehen, indem sich ein Mitarbeiter in den Container stellt und ein anderer die Türen schließt. Wenn kein Licht in den Container einfällt, kann davon ausgegangen werden, dass er wasserdicht ist.

Beispiel für eine Innencheckliste

- ☑ Die Innenwände, der Boden und die Decke sind frei von Deformierungen?
- ☑ Sind alle Nägel o. Ä. entfernt worden, die die Ladung beschädigen könnten?
- ☑ Sind die vorhandenen Zurrpunkte und -mittel in einem guten und gebrauchsfähigen Zustand?
- ☑ Ist der Container ohne Ladungsrückstände, d. h. sauber und geruchsneutral, übergeben worden?
- ☑ Wurden evtl. Feuchtigkeitsrückstände entfernt, sodass der Container trocken ist? (Dies ist notwendig, um Korrosionsschäden bzw. Schäden, die durch Feuchtigkeit verursacht werden können, vorzubeugen.)
- ☑ Ist der Container wasserdicht?

Wurde ein Innen- sowie Außencheck durchgeführt und zeigt sich, dass der Container nicht beladen werden kann, weil er im Außen- und/oder im Innenbereich erhebliche Mängel aufweist, muss von der zuständigen Spedition ein Austausch des Containers vorgenommen werden. Erst wenn sichergestellt ist, dass der neue Container keine Mängel aufweist, kann mit der Beladung begonnen werden.

Der Check nach der Beladung

Ist der Container beladen, muss ein abschließender Check vorgenommen werden. Es ist zu prüfen, ob die Beladung gleichmäßig erfolgt ist. Die Nutzlasten und das Gesamtgewicht sind dabei zu beachten. Auch die Ladungssicherung ist noch einmal zu prüfen: Wurden z. B. geladene Fässer stehend gestaut? Ist eine Kopie der Kolliliste innen gut sichtbar angebracht, falls eine zolltechnische Behandlung erforderlich ist? Auch bei den Türen und der Dachabdeckung ist noch einmal zu prüfen, ob sie sorgfältig verschlossen sind und die Verschlüsse durch Plomben, falls diese vorgeschrieben sind, gesichert wurden. Sollte es außerdem notwendig sein, muss die Kühltemperatur eingestellt und der Container von außen beschildert werden. Ist dies alles geschehen, kann der Container auf seine Reise gehen.

Die Kolliliste gibt eine Übersicht zu den Packstücken und den Inhalten.

Plomben
→ LF 6, Kap. 6.3

Beispiel für eine Checkliste nach der Beladung

- ☑ Wurde der Container so beladen, dass er den Transportbelastungen standhält, und wurden die Stauregeln berücksichtigt?
- ☑ Wurden die Türen und die Dachabdeckung ordnungsgemäß verschlossen?
- ☑ Wurde für evtl. Zollkontrollen an der Innenseite des Containers die Kolliliste in kopierter Form gut sichtbar angebracht?
- ☑ Falls Holz als Verpackungsmaterial o. Ä. verwendet wurde, ist für die Quarantänebestimmungen des Empfängerlandes ggf. ein Pflanzengesundheitszeugnis bzw. der Nachweis über die Holzbehandlung gut sichtbar im Container angebracht?
- ☑ Wurden alle alten Aufkleber entfernt?
- ☑ Wurden zur Diebstahlsicherung Plomben und Siegel eingesetzt?
- ☑ Wurde die Siegelnummer notiert?
- ☑ Wurden bei Opentop-Containern die Planen korrekt befestigt und gegebenenfalls zollsicher verschlossen?
- ☑ Wurde die Kühltemperatur bei Kühlcontainern richtig eingestellt?

Plomben kommen auch als Zollverschluss (Zollplombe) zum Einsatz.

Selbstverständlich gelten auch bei der Beladung eines Containers die Stauregeln. Darüber hinaus ist u. a. zu beachten, dass der Boden und die Wände von Containern nicht für schwere punktuelle Belastungen ausgelegt sind. Die Gewichtsverteilung sollte also möglichst gleichmäßig erfolgen. Bei der Bodenbelastung kann die Auflagefläche beispielsweise durch den Einsatz von Holzbalken, die als Unterlage dienen, vergrößert werden. Dadurch wird das Gewicht besser verteilt. Die Nennbelastung der Stirnwände beträgt in der Regel 40 % der Nutzlast, während die Seitenwände mit maximal 60 % der Nutzlast belastet werden dürfen.

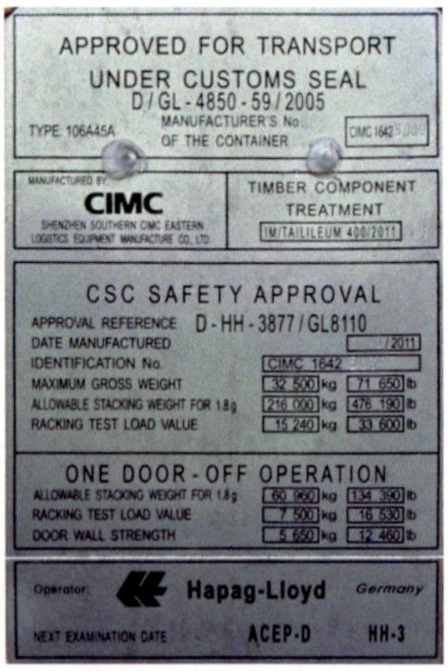

Das CSC-Zulassungsschild

Das CSC-Zulassungsschild ist der Nachweis über die technischen Anforderungen des Containers. Hierbei handelt es sich um die Normung eines jeden Containers, die das Ziel hat, einen höheren Grad an Sicherheit zu erreichen.

Die Angaben auf dem Schild müssen mindestens in englischer oder französischer Sprache erfolgen. Es ist eine Mindestgröße von 200 mm x 100 mm in Form eines dauerhaften, nicht rostenden, feuerfesten Rechtecks anzubringen, auf dem die folgenden Angaben enthalten sein müssen:

Angabe	Bedeutung
CSC Safety Approval	CSC-Sicherheitszulassung
Approval Reference	das Land, in dem die Zulassung erfolgte; als Zulassungskennzeichen werden die Kennzeichen verwendet, die im internationalen Straßenverkehr für die Angabe des Zulassungslandes benutzt werden
Date Manufactured	Herstellungsdatum des Containers
Identification No.	Herstelleridentifizierungsnummer des Containers
Maximum Gross Weight	höchstes zulässiges Bruttogewicht (kg und lbs)
Allowable Stacking Weight for 1,8 G	zulässiges Stapelungsgewicht bei 1,8 G Erdbeschleunigung in kg und lbs
Racking Test Load Value	Belastungswert bei der Querverwindungsprüfung
Next Examination Date	hier ist bei neuen Containern ein Freiraum für das erste Datum der Instandhaltungsprüfung; diese ist erstmalig fünf Jahre nach Herstellung vorzunehmen; bei allen älteren Containern wird dort das nächste Prüfdatum eingetragen; die Überprüfung erfolgt dann spätestens wieder innerhalb von 24 Monaten

Die ACEP-Teilnahme

Der Containereigentümer kann alternativ am **ACEP** teilnehmen (ACEP = Approved Continuous Examination Program). Er muss sich dafür bei der zuständigen Stelle registrieren lassen. ACEP ist ein Reparatur- und Wartungssystem mit laufenden Überprüfungen und Mängelbeseitigungen, die der Containereigentümer eigenverantwortlich organisieren muss.

In der Regel werden die Kontrollen von den gleichen Institutionen vorgenommen, die auch Nicht-ACEP-Teilnehmer prüfen. Allerdings erfolgt die Kontrolle nicht mehr in den starr vorgeschriebenen Zeitintervallen, sondern lediglich regelmäßig.

Dennoch wird durch diese permanenten Kontrollen sichergestellt, dass aufgetretene Mängel schnell entdeckt und beseitigt werden können. Bei Teilnahme am ACEP-Programm müssen die Daten der nächsten Instandhaltungsprüfung nicht auf der CSC-Plakette eingetragen werden.

Die für die ACEP-Teilnahme zuständige Behörde in Hamburg ist das Amt für Arbeitsschutz. Dieses hat der Reederei Hapag Lloyd eine Zulassung für die Teilnahme am ACEP-Programm erteilt. Der Container erhält im Rahmen der ACEP-Genehmigung einen ACEP-**Sticker**, der auf oder in unmittelbarer Nähe der CSC-Plakette befestigt wird. Dem Sticker kann z. B. die **Ländercodierung** (D für Deutschland), das **Bundesland** (HH für Hamburg) und ein **Firmenkürzel** (die „3“ für Hapag Lloyd) entnommen werden.

3.2 Die Planung der Lastverteilung

Karsten wäre heute an der Laderampe fast Zeuge eines Unfalls geworden. Ein Lkw der Spedition, der einen Kundenauftrag abholen sollte, bog auf den Werkshof der Top Bike GmbH ein. Sehr zügig fuhr er weiter in Richtung Laderampe. Doch offensichtlich hatte der Fahrer Probleme, das Fahrzeug abzubremsen. Obwohl er der Rampe immer näher kam, verringerte sich seine Geschwindigkeit nur langsam. Mit einer Notbremsung brachte er den Lkw glücklicherweise dann aber doch noch zum Stehen. Der Fahrer stieg etwas benommen aus dem Fahrzeug aus. „Das war knapp. Fast hätte ich die Rampe erwischt“, stammelte er. Dann wendete er sich an Herrn Weller: „Seit der letzten Beladung greifen die Bremsen nicht mehr richtig. Mit der Lastverteilung scheint etwas nicht zu stimmen. Ich prüfe daher erst einmal den Lastverteilungsplan, bevor ich eure Ladung aufnehme.“ Da ein Lastverteilungsplan ganz offensichtlich wichtig für die Beladung ist, lässt sich Karsten von Herrn Weller am Nachmittag genau erklären, wie ein Lastverteilungsplan aussieht und was damit überprüft werden kann.

Wird ein Fahrzeug beladen, darf die zulässige Nutzlast, also das maximal zulässige Gesamtladungsgewicht, nicht überschritten werden. Ebenso muss zur Gewährleistung der Verkehrssicherheit berücksichtigt werden, dass beim Stauen auf die vorgegebene Verteilung der zu ladenden Güter auf der Ladefläche geachtet werden muss.

Der **Lastverteilungsplan** gibt an, in welchen Bereichen der Gesamtschwerpunkt der Ladung bei angegebenem Gesamtladungsgewicht auf der Ladefläche liegen darf.

Die Ladegüter müssen daher stets so auf der Ladefläche angeordnet werden, dass ihr Gesamtgewicht und der Gesamtschwerpunkt innerhalb des im Lastverteilungsplan erstellten Profils des Fahrzeugs liegen.

BG Verkehr
Berufsgenossenschaft für Transport und Verkehrswirtschaft

VDI 2700, Blatt 4
Ladungssicherung auf Straßenfahrzeugen – Lastverteilungsplan

Stauregeln
→ LF 8, Kap. 3.1.1

In der Praxis ist ein Lastverteilungsplan leider immer noch selten für das eingesetzte Fahrzeug vorhanden. Die BG Verkehr bietet jedoch eine CD-ROM an, deren Programm Lastverteilungspläne für jeden Lkw auf Grundlage der VDI 2700, Blatt 4 errechnen und anfertigen kann.

Laut VDI 2700, Blatt 4 werden beim Lastverteilungsplan die folgenden Punkte berücksichtigt:

- Das maximal zulässige Gesamtladungsgewicht (zulässige Nutzlast) des Fahrzeugs sowie die zulässigen Vorder- und Hinterachslasten dürfen nicht überschritten werden, da ansonsten Schäden an Reifen und Achsen auftreten können und das Fahrverhalten beeinträchtigt werden kann.
- Ebenso darf die Mindestachslast der Vorderachse (Lenkachse) nicht unterschritten werden, weil dadurch die Bodenhaftung verloren gehen kann und die Lenkfähigkeit eingeschränkt wird.
- Auch die Mindestachslast der Hinterachse darf nicht unterschritten werden, da ansonsten die Bremsfähigkeit des Fahrzeugs negativ beeinflusst wird.

! Der **Schwerpunkt der Gesamtladung** sollte möglichst über der Längsmittellinie des Transportmittels liegen und so niedrig wie möglich gehalten werden, um die Kippgefahr zu minimieren.

Hier ein Beispiel für einen Lastverteilungsplan:

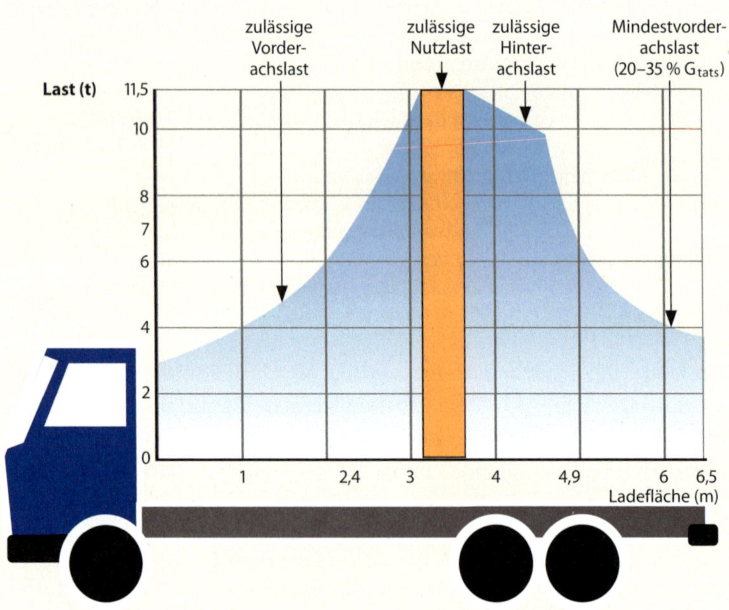

Wie wird ein Lastverteilungsplan gelesen?
Im vorliegenden Beispiel beträgt die zulässige Nutzlast 11,5 t. Die Ladefläche hat eine Länge von 6,5 m. Bei einer Beladung von 11,5 t muss der Schwerpunkt der Ladung mit einem Abstand von 3,2–3,6 m von der Stirnseite des Lkw positioniert werden.

Wird der Lkw dagegen mit einer Masse von 10 t beladen, muss sich der Schwerpunkt der Ladung in einem Abstand von 2,9 – 4,3 m zur Lkw-Stirnseite befinden.

Anders ausgedrückt:
Liegt der Schwerpunkt der Ladung in einem Bereich zwischen 2,9 m und 4,3 m zur Lkw-Stirnwand, darf maximal eine Ladung von 10 t transportiert werden.

Wie erfolgt die Berechnung des Gesamtschwerpunktes beim Transport verschiedener Teilladungen?
Oft wird, z. B. auf einem Transportfahrzeug, nicht nur ein Ladungsteil transportiert, sondern mehrere. Hier muss der Gesamtschwerpunkt der verschiedenen Ladungsgüter anhand der folgenden Formel ermittelt werden:

!

Gesamtschwerpunkt $S_{ges} = \frac{(m_1 \cdot S_1) + (m_2 \cdot S_2) + (m_3 \cdot S_3)}{m_1 + m_2 + m_3}$

S_{ges}	Abstand des Gesamtschwerpunktes aller Teilladungen von der Fahrzeugstirnwand (in m)
m_1	Gewicht der ersten Teilladung (in kg oder t)
m_2	Gewicht der zweiten Teilladung (in kg oder t)
m_3	Gewicht der dritten Teilladung (in kg oder t)
S_1	Abstand des Schwerpunktes der ersten Teilladung von der Fahrzeugstirnwand (in m)
S_2	Abstand des Schwerpunktes der zweiten Teilladung von der Fahrzeugstirnwand (in m)
S_3	Abstand des Schwerpunktes der dritten Teilladung von der Fahrzeugstirnwand (in m)

Susanne erhält den Auftrag, einen Kundenauftrag zusammenzustellen, der aus drei verschiedenen Packstücken besteht. Zudem hat Herr Weller ihr aufgetragen, dass sie die Gesamtschwerpunktlage der drei Teilladungen berechnen soll.
Zur besseren Übersicht erstellt Susanne zuerst einmal die folgende Tabelle:

Gesamtladung	**Teilladung 1 (grün)**	**Teilladung 2 (gelb)**	**Teilladung 3 (rot)**
Gewicht	1,5 t	2 t	2,5 t
Länge des Ladegutes	1 m	2 m	3 m
Schwerpunktlage	0,5 m	1 m	1,5 m
Abstand des Schwerpunktes von der Fahrzeug-stirnwand	0,5 m	2 m (Länge der Teilladung 1 + Strecke bis zur Schwerpunktlage der Teilladung 2)	4,5 m Länge der Teilladungen 1 und 2 + Strecke bis zur Schwerpunktlage der Teilladung 3)

Die Farben beziehen sich auf die Darstellungen auf der folgenden Seite.

Gesamtschwerpunkt $S_{ges} = \frac{(m_1 \cdot S_1) + (m_2 \cdot S_2) + (m_3 \cdot S_3)}{m_1 + m_2 + m_3}$

Gesamtschwerpunkt $S_{ges} = \frac{(1{,}5\ t \cdot 0{,}5\ m) + (2\ t \cdot 2\ m) + (2{,}5\ t \cdot 4{,}5\ m)}{1{,}5\ t + 2\ t + 2{,}5\ t}$

Gesamtschwerpunkt $S_{ges} = 2{,}666\ m \approx 2{,}67\ m$

Der Gesamtschwerpunkt der drei Teilladungen liegt bei 2,67 m Abstand von der Fahrzeugstirnwand.

Ob die Beladung nun vorgenommen werden kann, muss allerdings noch einmal geprüft werden. Dazu ist es erforderlich, den Lastverteilungsplan des zu beladenden Lkw einzusehen. Liegt die errechnete Gesamtschwerpunktlage innerhalb der Lastverteilungskurve, kann mit der Beladung begonnen werden.

In unserem Beispiel weist der Lkw die folgende Lastverteilungskurve auf:

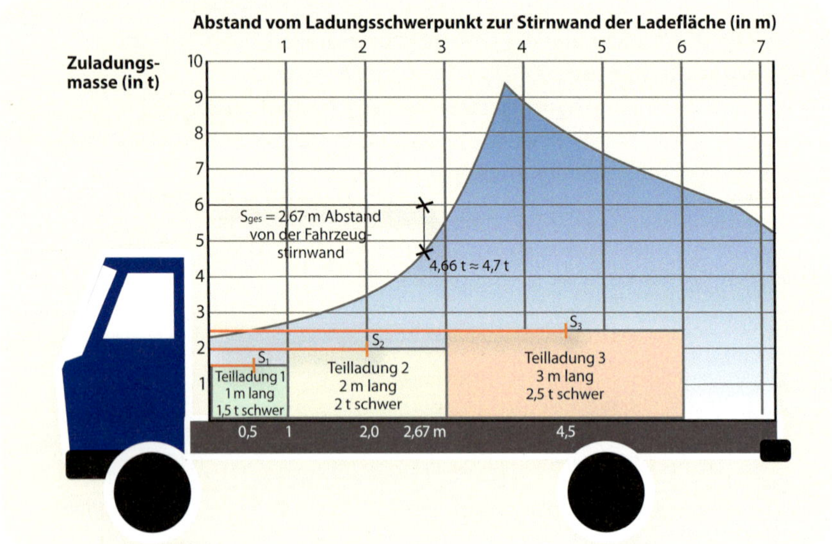

Dem Lastverteilungsplan ist zu entnehmen, dass der errechnete Abstand von 2,67 m von der Stirnseite nicht innerhalb der Lastverteilungskurve (blauer Bereich) liegt – bei einem beladenen Gesamtgewicht von 6 t. Bei einem Abstand des Gesamtschwerpunktes von 2,67 m von der Stirnwand könnten maximal 4,7 t Gesamtgewicht transportiert werden.

Um das Problem zu lösen, kann die Beladungsreihenfolge der einzelnen Teilladungen geändert werden. Die Teilladungen 1 und 3 tauschen ihre Beladungspositionen auf dem Lkw.

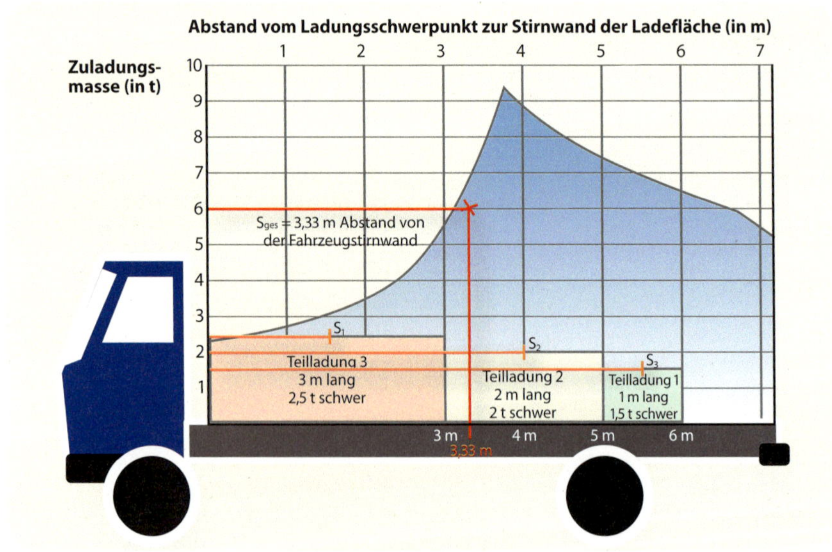

Susanne vertauscht die Beladungspositionen der Teilladungen 1 und 3. Anschließend berechnet sie den Gesamtschwerpunkt neu.

Gesamtladung	Teilladung 1 (rot)	Teilladung 2 (gelb)	Teilladung 3 (grün)
Gewicht	2,5 t	2 t	1,5 t
Länge des Ladegutes	3 m	2 m	1 m
Schwerpunktlage	1,5 m	1 m	0,5 m
Abstand des Schwerpunktes von der Fahrzeug-stirnwand	1,5 m	4 m (Länge der Teilladung 1 + Strecke bis zur Schwerpunktlage der Teilladung 2)	5,5 m Länge der Teilladungen 1 und 2 + Strecke bis zur Schwerpunktlage der Teilladung 3)

Gesamtschwerpunkt $S_{ges} = \frac{(m_1 \cdot S_1) + (m_2 \cdot S_2) + (m_3 \cdot S_3)}{m_1 + m_2 + m_3}$

Gesamtschwerpunkt $S_{ges} = \frac{(2{,}5\ t \cdot 1{,}5\ m) + (2\ t \cdot 4\ m) + (1{,}5\ t \cdot 5{,}5\ m)}{2{,}5\ t + 2\ t + 1{,}5\ t}$

Gesamtschwerpunkt $S_{ges} = 3{,}333\ m \approx 3{,}33\ m$

Der Gesamtschwerpunkt der drei Teilladungen liegt nun bei 3,33 m Abstand von der Fahrzeugstirnwand.

Bei einem Gesamtladegewicht von 6 t befindet sich die Schwerpunktlage von 3,33 m Abstand von der Stirnwand innerhalb des im Lastverteilungsplan festgelegten Bereichs (vgl. blauen Bereich). Der LKW kann so beladen werden.

3.3 Die Folgen eines fehlerhaften Beladens

Karsten zappt durch das Abendprogramm und bleibt bei den Nachrichten hängen. Heute am frühen Nachmittag gab es unweit der Top Bike GmbH einen schweren Unfall auf der Autobahn, der durch einen Lkw verursacht wurde. Zwar gab es glücklicherweise keine Schwerverletzten, dennoch ist ein erheblicher Sachschaden entstanden. Der Sprecher der Polizei gab an, dass die Ladung des Lkw nicht gesichert war und er zudem die zulässige Nutzlast erheblich überschritten hatte.

Das fehlerhafte Beladen und die mangelhafte Ladungssicherung sind schätzungsweise für 20–25 % der Verkehrsunfälle im Güterkraftverkehr die Unfallursache. Wie bereits einführend in diesem Lernfeld dargestellt wurde, tragen für das Verladen und die Ladungssicherung verschiedene Personen die Verantwortung: der Fahrer, der Verlader, der Absender, der Frachtführer sowie der Fahrzeughalter.

Verlust der Ladung bei einem Unfall

Die Gründe für eine fehlerhafte Beladung sowie eine mangelhafte Ladungssicherung können vielfältig sein, z. B.:

- nicht ausreichend qualifizierte Mitarbeiter
- das Fehlen eines Stauplans
- Zeitdruck
- fehlende Ladungssicherungsmittel

Ein Unfall durch mangelnde Ladungssicherung kann nicht nur für den Verursacher Folgen haben.

Allerdings gibt es keinen Grund, der die Risiken rechtfertigt, die aus einer nicht fachgerechten Beladung und Ladungssicherung entstehen können.

Der Kreis der Betroffenen und die Folgen für diese können sehr unterschiedlich sein. Neben den an der Beladung und Ladungssicherung Beteiligten können auch die Verkehrsteilnehmer und die Einsatzkräfte der Feuerwehr und Polizei in Mitleidenschaft gezogen werden, wenn es z. B. zu einem schweren Unfall mit Personenschäden kommt. Darüber hinaus sollte nicht vergessen werden, dass es auch zu erheblichen Umweltschäden kommen kann.

Betroffene	Auswirkungen
Beteiligte an der Ladungssicherung (Fahrer, Verlader, Absender, Frachtführer und Fahrzeughalter)	• Untersagung der Weiterfahrt bis zur ordnungsgemäßen Sicherung der Ladung • Bußgeld • Punkte in Flensburg • Ärger mit Kunden (was zum Kundenverlust führen kann) • Imageverlust • Konventionalstrafen • Beschädigung bzw. Verlust der Ware • Schadensersatzansprüche Dritter nach BGB • bei schweren Verkehrsunfällen: – Verletzung des Fahrers – Tod des Fahrers – Strafanzeige mit Geld- oder Freiheitsstrafe bei Verletzung oder Tötung von anderen Verkehrsteilnehmern
Verkehrsteilnehmer	• u. U. Verletzung von Verkehrsteilnehmern • u. U. Krankenhausaufenthalt der verletzten Verkehrsteilnehmer • Schadensersatzansprüche der Verkehrsteilnehmer an die Unfallverursacher • Wartezeiten durch Staus aufgrund des Unfalls
Einsatzkräfte (Feuerwehr und Polizei)	• Einsatz von Feuerwehr, Krankenwagen bzw. Ärzten und der Polizei • Entstehung von Kosten
Umwelt	• Kontaminierung von Pflanzen, Flüssen, Grundwasser usw. (speziell bei Gefahrgutunfällen) • Zerstörung von Leitplanken, Zäunen usw.

ALLES KLAR?

1 Sie sollen einen Lkw mit verschiedenen Kundenbestellungen beladen. Es handelt sich dabei sowohl um Fahrräder als auch um Fahrradzubehör. Die Fahrtroute des Lkw steht bereits fest. Nennen Sie fünf Stauregeln, die Sie bei der Beladung des Lkw beachten sollten.

2 Was ist ein Stauplan?
- **a** Erklären Sie den Begriff.
- **b** Begründen Sie die Notwendigkeit eines Stauplans.

3 Sie sollen einen Container mit einem Kundenauftrag beladen. Welche Prüfungen nehmen Sie vor und nach der Beladung des Containers vor? Nennen Sie mindestens jeweils fünf Aspekte.

4 Was tun Sie, wenn sich nach der Prüfung zeigt, dass der Container erhebliche Mängel aufzeigt?

5 Errechnen Sie den Gesamtschwerpunkt der folgenden drei Teilladungen anhand der Ihnen bekannten Formel. Die Beladungsreihenfolge beginnt mit Teilladung 1 an der Stirnwand. Anschließend werden die Teilladung 2 und 3 verladen. Notieren Sie zu Ihrem Ergebnis einen Antwortsatz.

Gesamtladung	Teilladung 1	Teilladung 2	Teilladung 3
Gewicht	3,5 t	4 t	2 t
Länge des Ladeguts	2 m	4,4 m	1,2 m
Schwerpunktlage	1 m	2,2 m	0,6 m
Abstand des Schwerpunktes von der Fahrzeugstirnwand	1 m	4,2 m	7 m

6 Sie errechnen den Gesamtschwerpunkt von zwei Teilladungen.
- **a** Bei einem Gesamtgewicht von 7 t befindet er sich bei 4 m Abstand zur Lkw-Stirnseite. Ist dies mit dem Lastverteilungsplan (vgl. S. 238) vereinbar? Begründen Sie Ihre Antwort.
- **b** Bei einem Gesamtgewicht von 8 t befindet er sich bei 5 m Abstand zur Lkw-Stirnseite. Ist dies mit dem Lastverteilungsplan (vgl. S. 238) vereinbar? Begründen Sie Ihre Antwort.

7 Für einen Kundenauftrag soll eine Wechselbrücke mit den Innenmaßen 7,28 m x 2,48 m x 2,56 m mit Eurohalbpaletten (600 mm x 800 mm) beladen werden. Die Höhe der Beladung je Palette beträgt 856 mm (exklusive Palette). Wie viele Eurohalbpaletten können maximal auf die Wechselbrücke geladen werden?

8 Die Top Bike GmbH möchte an einen Kunden Fahrradzubehör in Eurogitterboxpaletten versenden. Dafür steht ein Lkw mit den Innenmaßen 7,7 m x 2,48 m x 3 m bereit, der beladen werden soll.
- **a** Wie viele Eurogitterboxpaletten passen maximal in den Lkw?
- **b** Wie viel Stauraum (in m^3) bleibt frei, der gegebenenfalls für weitere kleine Packstücke genutzt werden könnte?

4 Die auf die Ladung wirkenden Kräfte

Als Karsten heute mit der Arbeit anfängt, bekommt er mit, wie sich Herr Klein und Herr Weller sehr intensiv unterhalten. Dabei fallen die Worte „Unfall" und „Ladung verloren". Später am Vormittag fragt Karsten Herrn Klein, ob etwas passiert sei. „Ja, leider. Einer der Lkw hatte gestern einen Unfall. Er hatte Fahrräder geladen und war auf dem Weg nach Köln. Auf der Autobahn musste er bei voller Fahrt einem Auto ausweichen und anschließend eine Vollbremsung machen. Dabei ist die Ladung durch die Seitenwand gebrochen. Auch wenn es kein schönes Beispiel ist, du siehst aber, welche enormen Kräfte auf die Ladung einwirken können. Berücksichtige das immer bei der Beladung und Sicherung."

Ladungssicherung
→ § 22 StVO

Auf die Ladung und das Fahrzeug wirken während der Fahrt Kräfte durch das Beschleunigen, Bremsen oder Kurvenfahren ein. Die Ladung muss dabei immer so gesichert und verstaut sein, dass sie selbst bei einer Vollbremsung oder einem plötzlichen Ausweichmanöver nicht verrutscht, umfällt, hin- und herrollt, herabfällt oder vermeidbaren Lärm erzeugt.

Eine schlecht gesicherte Ladung kann in einer Extremsituation zum Umkippen des Lkw führen.

Bei der Ladungssicherung wird diesen Kräften durch den Fahrzeugaufbau und durch die Sicherungsmittel entgegengewirkt. Sind die Güter mangelhaft gesichert, so können diese beispielsweise in einer Extremsituation die Seitenwand des Lkw durchbrechen oder aber im schlimmsten Fall dafür sorgen, dass der gesamte Lkw umkippt.

Für eine ausreichende Ladungssicherung ist es daher grundlegend, auch die auftretenden Kräfte zu kennen und sie berechnen zu können.

4.1 Die Gewichtskraft (F_G)

Wird von der Gewichtskraft (F_G) gesprochen, so ist die Kraft gemeint, die eine Masse senkrecht auf einen Untergrund drückt, also beispielsweise eine Ladung auf die Ladefläche eines Lkw. Die Höhe der Kraft hängt von der Masse (dem Gewicht) und der Erdbeschleunigung (g) ab. Die Kraft wird in N (Newton) bzw. daN (Dekanewton) angegeben. 10 N entsprechen 1 daN.

Gewichtskraft (F_G) $= m \cdot g$

m = Masse in kg (z. B. der Ladung)
g = Erdbeschleunigung; diese beträgt 9,81 m/s^2

(Bei der Berechnung darf bei der Erdbeschleunigung mit einem aufgerundeten Wert von 10 m/s^2 gerechnet werden.)

Die Ladung eines Lkw hat eine Masse von 500 kg.
Berechnen Sie die Gewichtskraft.

$F_G = m \cdot g = 500\ \text{kg} \cdot 10\ \text{m/s}^2 = 5.000\ \text{N} = 500\ \text{daN}$

Die Ladung wird mit einer Kraft von 500 daN auf die Ladefläche gedrückt.

Merke: 1 kg ≈ 1 daN (gilt überall auf der Erdoberfläche)

4.2 Die Massenkraft (F_M)

Eine Masse (z. B. eine Ladung auf der Ladefläche eines Lkw) möchte immer ihre Bewegungsrichtung und ihren Bewegungszustand beibehalten, in dem sie sich befindet. Kommt es zu einer Änderung, so entwickelt die Masse eine Kraft, die Massenkraft (F_M). Der Grund für das Auftreten dieser Kraft ist die Trägheit der Masse. Es wird dabei auch von Trägheitskraft (beim Bremsen oder Beschleunigen) oder Fliehkraft (beim Fahren einer Kurve) gesprochen.

Bremsen
Beim Bremsen wird die Ladung nach vorne geschoben. Die Massenkraft liegt in diesem Fall bei 80 % (= 0,8) des Ladungsgewichtes.

Massenkraft (F_M) = $0{,}8 \cdot F_G$

0,8 = Beschleunigungsbeiwert
F_G = Gewichtskraft

Die Ladung eines Lkw hat ein Gewicht von 500 kg. Er fährt geradeaus.
Die Ladung ist nicht gesichert. Plötzlich muss der Lkw bremsen.
Berechnen Sie die Massenkraft.

$F_M = 0{,}8 \cdot 500\ \text{daN} = 400\ \text{daN}$

Die Ladung wird mit einer Kraft von 400 daN (≈ 400 kg) nach vorne geschoben.

Beschleunigen
Beim Beschleunigen wird die Ladung nach hinten geschoben. Die Massenkraft liegt in diesem Fall bei 50 % (= 0,5) des Ladungsgewichtes.

Massenkraft (F_M) = 0,5 · F_G

0,5 = Beschleunigungsbeiwert
F_G = Gewichtskraft

Die Ladung eines Lkw hat ein Gewicht von 500 kg. Er fährt geradeaus und beschleunigt stark. Die Ladung ist nicht gesichert.
Berechnen Sie die Massenkraft.

$F_M = 0{,}5 \cdot 500$ daN = 250 daN

Die Ladung wird mit einer Kraft von 250 daN (≈ 250 kg) nach hinten geschoben.

Kurvenfahren

Beim Fahren einer Rechtskurve wird die Ladung nach links und bei einer Linkskurve nach rechts geschoben. Die Massenkraft beträgt 50 % (= 0,5) des Ladungsgewichtes.

Massenkraft (F_M) = 0,5 · F_G

0,5 = Beschleunigungsbeiwert
F_G = Gewichtskraft

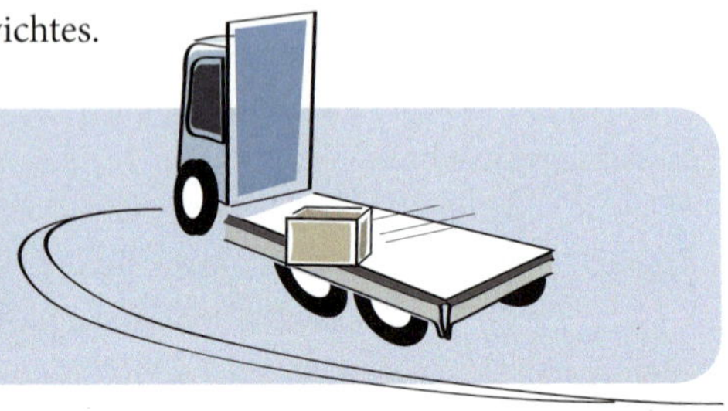

Die Ladung eines Lkw hat ein Gewicht von 500 kg. Er durchfährt eine Rechtskurve mit hoher Geschwindigkeit. Die Ladung ist nicht gesichert.
Berechnen Sie die Massenkraft.

$F_M = 0{,}5 \cdot 500$ daN = 250 daN

Die Ladung wird mit einer Kraft von 250 daN (≈ 250 kg) nach links geschoben.

Allerdings kommen bei einer Kurvenfahrt weitere Einflussgrößen zum Tragen. Dabei handelt es sich um die Geschwindigkeit, die Größe der Masse und den Kurvenradius. In diesem Fall wird auch von der Fliehkraft (F_Z) bzw. Zentrifugalkraft gesprochen.

Einflussgrößen auf die Fliehkraft	
Geschwindigkeit	Erhöht sich die Geschwindigkeit, so nimmt die Fliehkraft im Quadrat zu.
Größe der Masse	Vergrößert sich die Masse, so nimmt die Fliehkraft zu.
Kurvenradius	Verkleinert sich der Kurvenradius, so nimmt die Fliehkraft zu (Voraussetzung: konstante Geschwindigkeit).

Die Wirkung von Gewichtskraft und Massenkräften

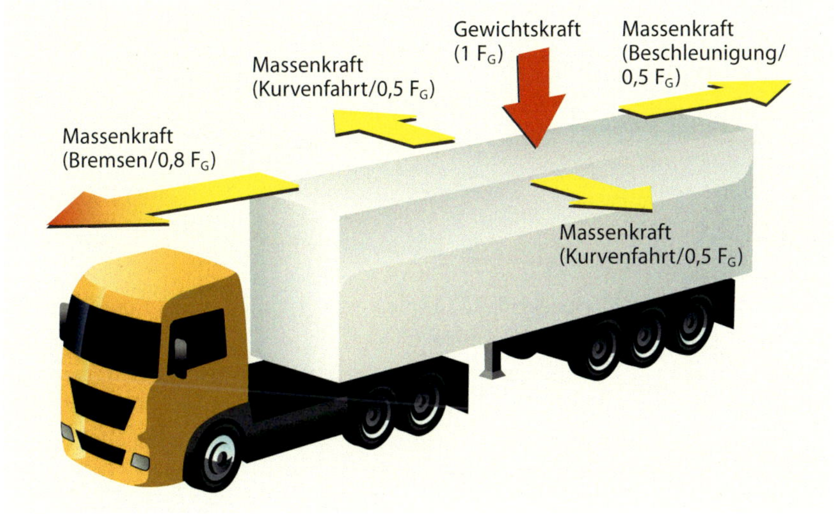

4.3 Die Reibungskraft (F_R)

Die Reibungskraft (F_R) wirkt einer Verschiebung der Ladung auf der Ladefläche entgegen und unterstützt somit die Ladungssicherung. Durch die unterschiedlichen Oberflächenstrukturen findet eine **Mikroverzahnung** zwischen Ladung und Ladefläche statt, da keine Ladung bzw. Ladefläche absolut glatt ist. Diese Mikroverzahnung ist umso größer, je rauer die Oberflächen sind. Die Stärke der Verzahnung wird durch den Gleitreibbeiwert μ (ausgesprochen „mü“) zum Ausdruck gebracht. Weiterhin ist die Reibungskraft abhängig von der Gewichtskraft.

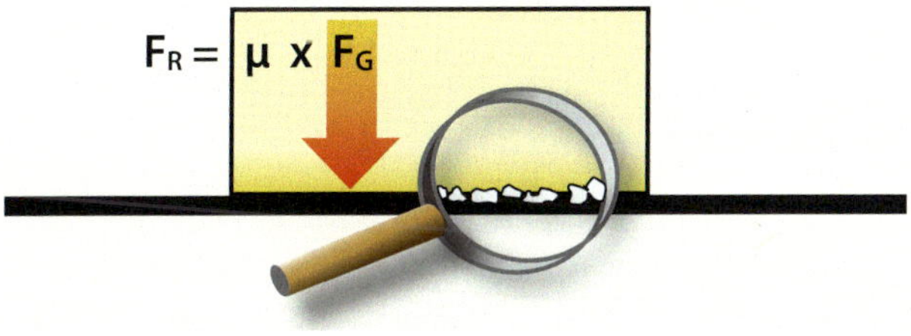

Ein Gleitreibbeiwert μ von 0,2 bedeutet, dass eine Kraft von 200 daN (≈ 200 kg) aufgebracht werden muss, um eine Ladung von 1.000 kg auf der Ladefläche zu verschieben

Auch der Oberflächenzustand (nass, trocken oder fettig) beeinflusst die Höhe des Gleitreibbeiwerts μ. Bei der Berechnung der Reibungskraft sollte im Zweifelsfall immer der geringere μ-Wert verwendet werden.

Das Gewicht der Ladung sowie die Größe der Auflagefläche sind für die Bestimmung des Gleitreibbeiwertes unwichtig.

Gleitreibbeiwert nach VDI 2700

Zustand	Trocken	Nass	Fettig
Materialpaarung		Gleitreibbeiwert μ	
Holz/Holz	0,20 – 0,50	0,20 – 0,25	0,05 – 0,15
Metall/Holz	0,20 – 0,50	0,20 – 0,25	0,02 – 0,10
Metall/Metall	0,10 – 0,25	0,10 – 0,20	0,01 – 0,10
Beton/Holz	0,30 – 0,60	0,30 – 0,50	0,10 – 0,20

Quelle: VDI 2700

Der Gleitreibbeiwert ist entscheidend für die Reibungskraft. Je größer der Gleitreibbeiwert μ, desto größer die Reibungskraft und desto weniger muss die Ladung zusätzlich gegen ein Verrutschen gesichert werden. Den höchsten Gleitreibbeiwert erhält man durch die Verwendung von Antirutschmatten. Er kann in diesem Fall bis zu 0,6 betragen, ist aber von der Leistungsfähigkeit und dem aktuellen technischen Zustand der Antirutschmatte abhängig.

Reibungskraft (F_R) $= \mu \cdot F_G$

μ = Gleitreibbeiwert
F_G = Gewichtskraft

Die Ladung eines Lkw hat ein Gewicht von 500 kg. Die Oberfläche der Ladung ist aus Metall. Die Ladefläche des Lkw ist ebenfalls aus Metall und trocken. Berechnen Sie die Reibungskraft F_R.

$F_R = 0{,}1 \cdot 500$ daN $= 50$ daN

Durch die Reibungskraft werden 50 daN (≈ 50 kg) gesichert.

4.4 Die Sicherungskraft (F_S)

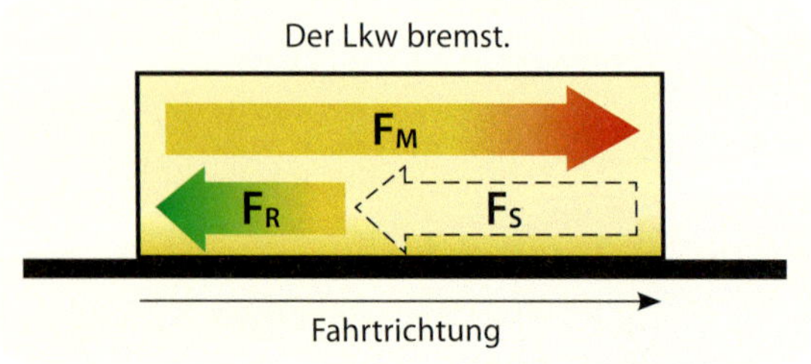

Die Sicherungskraft ist die Kraft, die zusätzlich zur Reibungskraft aufgebracht werden muss, damit die Ladung in Position gehalten wird und nicht aufgrund der Massenkraft ins Rutschen gerät. Die Sicherungskraft wird durch den Einsatz von Sicherungsmitteln und durch den Fahrzeugaufbau aufgebracht.

Sicherungskraft (F_S) $= F_M - F_R$

F_M = Massenkraft
F_R = Reibungskraft

Ein Lkw bremst. Seine Ladung hat ein Gewicht von 500 kg und wird mit einer Massenkraft von 400 daN nach vorne geschoben. Die Reibungskraft beträgt 50 daN. Berechnen Sie die Sicherungskraft.

F_s = 400 daN – 50 daN = 350 daN

50 daN (≈ 50 kg) werden durch die Reibungskraft gesichert. 350 daN (≈ 350 kg) müssen zusätzlich, z. B. durch Zurrmittel oder den Fahrzeugaufbau, gesichert werden.

4.5 Die Kippsicherheit

Bei der Ladungssicherung ist nicht nur die Rutschgefahr, sondern auch die Kippgefahr der Ladegüter zu berücksichtigen. Ob ein Ladegut kippsicher bzw. standfest ist, hängt von der Höhe des Schwerpunktes (h_s) und vom Abstand des Schwerpunktes von der Kippkante des Ladeguts (b_s) ab.

Umgekippte Ladung

Ein Ladegut ist kippsicher, wenn der Abstand zur Kippkante (b_s) geteilt durch die Höhe des Schwerpunktes (h_s), also $\frac{b_s}{h_s}$
- nach vorne größer 0,8,
- nach hinten größer 0,5 und
- zur Seite größer 0,7

ist.

Eine Schachtel mit einem Fahrrad hat folgende Maße:

Länge: 1,20 m
Breite: 0,24 m
Höhe: 0,80 m

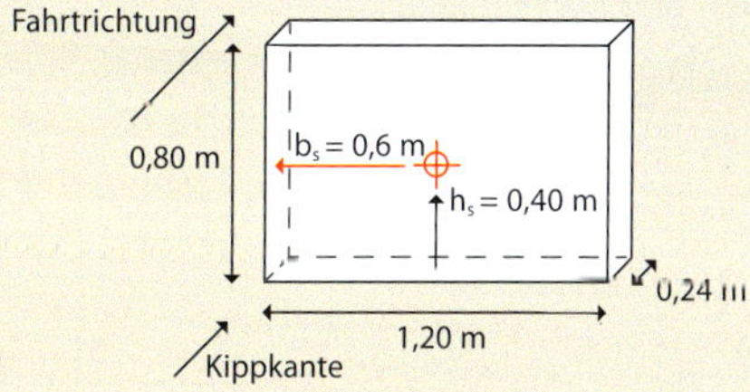

Der Schwerpunkt liegt in der Mitte.
Ist die Schachtel zur Seite standsicher?

Höhe des Schwerpunktes (h_s) = 0,4 m

Abstand des Schwerpunktes von der Kippkante des Ladegutes (b_s) = 0,6 m

Ein Ladegut ist kippsicher, wenn $\frac{b_s}{h_s} > 0{,}7$ ist.

Im vorliegenden Fall: $\frac{b_s}{h_s} = 1{,}5 > 0{,}7$

Die Schachtel ist stand- bzw. kippsicher.

- Zur Seite ist ein Wankfaktor von 0,2 zu berücksichtigen, sodass der seitliche Wert von 0,5 (siehe Massenkraft) auf 0,7 erhöht wird.
- Liegt der Schwerpunkt nicht mittig, ist das Schwerpunktzeichen anzubringen und zu beachten.

ALLES KLAR?

1 Mangelnde Ladungssicherung ist häufig Ursache für Transportschäden. Zu selten machen sich die verantwortlichen Personen wie Verlader, Frachtführer und Fahrer Gedanken über die physikalischen Kräfte, die beim Transport auf die Ladung wirken oder von der Ladung ausgehen. Welche Kräfte treten in den verschiedenen Situationen beim Transport auf?

2 Erklären Sie, was man unter Masse und Gewichtskraft eines Körpers versteht.

3 Mit welcher Gewichtskraft in Newton (N) drückt eine 200 kg schwere Palette auf die Ladefläche, wenn die Erdbeschleunigung ca. 10 m/s² beträgt?

4 Eine Ladung hat die Masse von 2,8 t. Berechnen Sie die Gewichtskraft in N und daN (Dekanewton).

5 Wie stark wirkt sich die Massenkraft beim Anfahren, Bremsen oder in Kurven auf das Ladungsgewicht aus?

6 Welcher Zusammenhang besteht bei der Massenkraft zwischen Masse, Geschwindigkeit und Kurvenradius? Stellen Sie den nachfolgenden Satz richtig.
„Je größer/kleiner die Masse und Geschwindigkeit und je größer/kleiner der Radius der Straßenkurve, desto größer ist die Fliehkraft/Trägheitskraft."

7 Erklären Sie, was unter der Reibungskraft zu verstehen ist.

8 Das Gewicht einer Holzkiste beträgt 3.500 kg. Der Lkw bremst. Die Ladefläche ist aus Metall. Beide Oberflächen sind trocken. Der geringste Gleitreibbeiwert (s. Tabelle Kap. 4.3) wird verwendet.

- **a** Wie groß ist die Gewichtskraft F_G in Newton und Dekanewton?
- **b** Wie groß ist die Massenkraft F_M in Dekanewton?
- **c** Wie groß ist die Reibungskraft F_R in Dekanewton?
- **d** Wie groß wäre die Reibungskraft F_R in Dekanewton, wenn eine Antirutschmatte mit dem Gleitreibbeiwert $\mu = 0{,}6$ verwendet wird?

9 Wie wird die Kraft genannt, die neben der Sicherungskraft das Verrutschen der Ladung, z. B. beim Bremsen, mit verhindert?

10 Nach welcher Formel errechnet sich die Sicherungskraft?

11 Das Gewicht der Ladung beträgt 2,5 Tonnen. Bei einer Vollbremsung wirkt eine Massenkraft von 80 % des Ladungsgewichts. Der Gleitreibbeiwert μ beträgt 0,4.

- **a** Wie groß ist die Massenkraft in Dekanewton, mit der das Ladungsgut nach vorne geschoben wird?
- **b** Wie groß ist die Reibungskraft in Dekanewton?
- **c** Wie groß muss die Sicherungskraft sein, damit das Ladungsgut nicht verrutscht?

12 Wovon hängt es ab, ob ein Ladungsgut während des Transports nach vorne, zur Seite oder nach hinten kippt?

13 Ein Ladegut hat folgende Maße:
Länge: 2,5 m
Breite: 2,0 m
Höhe: 1,9 m
Ist das Ladegut nach vorne (in Pfeilrichtung) kippgefährdet?

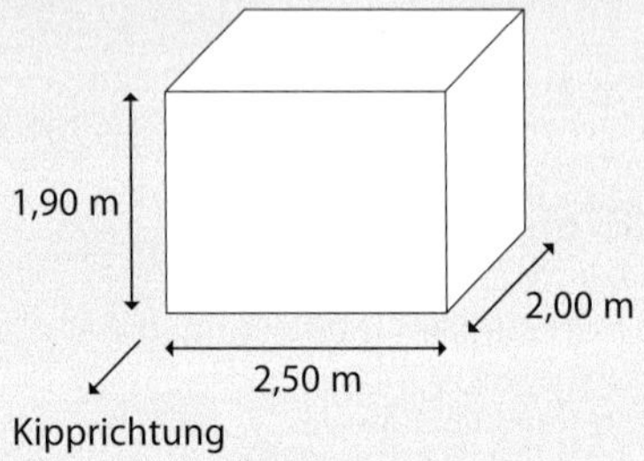

5 Die Sicherungstechniken

LS 54

In den letzten Wochen ist es bei der Top Bike GmbH leider immer wieder passiert, dass die bestellten Güter beschädigt bei den Kunden angekommen sind. Schuld daran war in erster Linie die mangelhafte Sicherung der Ladung. Herr Klein hält es daher für erforderlich, die Mitarbeiter noch einmal genau zu unterweisen, damit zukünftig keine unnötigen Kosten mehr durch schlecht gesicherte Ladegüter entstehen. Er beginnt heute mit den Sicherungstechniken.

Wie Kapitel 4 bereits gezeigt hat, wirken auf die Ladungsgüter verschiedene Kräfte. Durch eine nicht fachgerechte Ladungssicherung kann es daher zu Beschädigungen an den Gütern oder sogar zu schwerwiegenden Verkehrsunfällen kommen. Grundsätzlich gibt es drei Möglichkeiten, die Ladungsgüter zu sichern. Dabei handelt es sich um die

Die auf die Ladung wirkenden Kräfte → LF 8, Kap. 4

- kraftschlüssige Ladungssicherung (Niederzurren),
- formschlüssige Ladungssicherung (lückenlose Verstauung, Direktzurren) und
- kombinierte Ladungssicherung (Kombination aus kraft- und formschlüssigen Verfahren).

Welche Ladungssicherungsart zum Einsatz kommt, hängt u. a. von dem jeweiligen Ladungsgut ab.

5.1 Die kraftschlüssige Ladungssicherung (Niederzurren)

Beim Niederzurren werden über das zu sichernde Ladungsgut Zurrmittel gelegt, z. B. Zurrgurte. Diese Zurrmittel werden in den Zurrpunkten der Ladefläche befestigt und anschließend vorgespannt. Das Vorspannen erfolgt mithilfe von Ratschen. Dabei sollten sich die Ratschen abwechselnd auf der rechten bzw. linken Seite befinden, damit eine optimale Vorspannkraft erreicht wird. An den Auflageflächen des Gurtes auf dem Ladungsgut entstehen Reibungsverluste, somit wird auf der der Ratsche gegenüberliegenden Seite eine geringere Vorspannkraft erreicht.

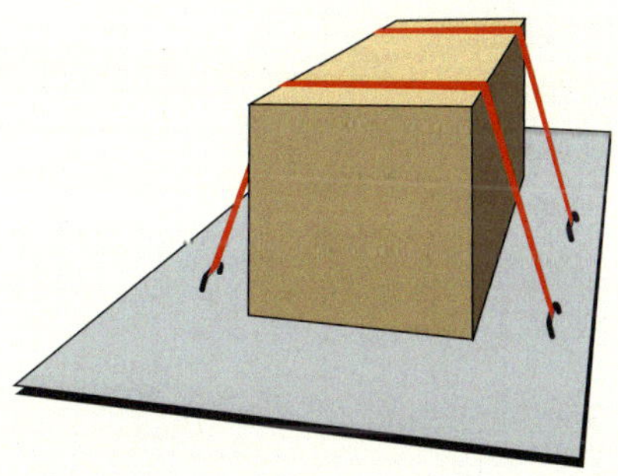

Zurrmittel → LF 8, Kap. 6.1

Durch das Niederzurren wird das Ladungsgut auf die Ladefläche gepresst. Dadurch erhöht sich die Verzahnung (Mikroverzahnung) zwischen dem Ladungsgut und der Ladungsfläche. Der Gleitreibbeiwert und die Reibungskraft steigen.

Mikroverzahnung → LF 8, Kap. 4.3

Ziel der **kraftschlüssigen Ladungssicherung** ist es, die Reibung zwischen dem Ladungsgut und der Ladefläche soweit zu erhöhen, dass sie mindestens so groß ist wie die Massenkraft. Damit ist die Ladung gegen ein Verrutschen gesichert.

Die Kraft, die über das Zurrmittel auf die Ladung wirkt und somit entscheidend für das Niederzurren ist, ist die sogenannte **Vorspannkraft (S_{TF})**. Sie kann dem Etikett des verwendeten Zurrmittels entnommen werden. Eine weitere wichtige Rolle spielt in diesem Zusammenhang der Zurrwinkel α.

Der **Zurrwinkel α** wird in der Senkrechten zwischen der Ladefläche und dem Zurrmittel gemessen. Er beeinflusst die wirksame Vorspannkraft des verwendeten Zurrmittels folgendermaßen:

Zurrwinkel α	Auswirkungen auf die Vorspannkraft des Zurrmittels
90° bis minimal 83°	optimal bzw. akzeptabel
unter 83°	Sinuswert bei der Berechnung berücksichtigen
unter 30°	beim Niederzurren vermeiden

Der Zurrwinkel α kann mithilfe eines Zurrwinkelmessers ermittelt werden.

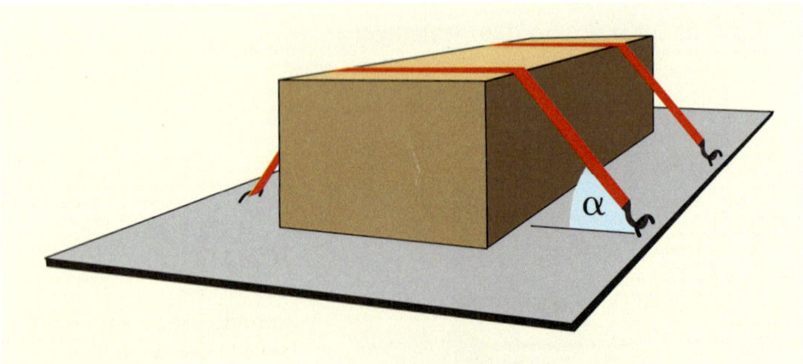

Zurrwinkel α

Zurrwinkelmesser

Die Berechnung der Vorspannkraft (F_V) beim Niederzurren erfolgt anhand der folgenden Formel:

$$\textbf{Vorspannkraft } (F_V) = \frac{c - \mu}{\mu} \cdot \frac{F_G}{1{,}5}$$

F_V = Vorspannkraft für die Sicherung der gesamten Ladung
c = Beschleunigungsbeiwert (0,8 nach vorne, 0,5 zur Seite und nach hinten)
μ = Gleitreibbeiwert
F_G = Gewichtskraft
1,5 = festgelegter Wert gemäß DIN EN 12195-1
(Auf der Seite von der Ratsche wirken 100 % der Kraft. Durch den Reibungsverlust wirken auf der gegenüberliegenden Seite nur noch 50 %. Insgesamt sind dies 150 % bzw. 1,5.)

DIN EN 12195-1
Ladungssicherungseinrichtungen auf Straßenfahrzeugen

Bei der Nutzung der Formel ist darauf zu achten, dass der Zurrwinkel mindestens 83° beträgt. Ist der Zurrwinkel kleiner, so muss die Formel mit einem Sinuswert ergänzt werden.

Die Lackieranlage der Top Bike GmbH ist defekt. Alle dringend benötigten Ersatzteile werden in einer Metallkiste per Lkw geliefert. Die Ladung hat ein Gewicht von 3 t. Der Lkw muss an einer roten Ampel stark bremsen. Bei einem Gleitreibbeiwert von 0,25 ist die folgende Vorspannkraft erforderlich:

$$F_V = \frac{c - \mu}{\mu} \cdot \frac{F_G}{1{,}5}$$

$$F_V = \frac{0{,}8 - 0{,}25}{0{,}25} \cdot \frac{3.000\ \text{daN}}{1{,}5} = 4.400\ \text{daN}$$

Die aufzubringende Vorspannkraft liegt in dem Beispiel bei 4.400 daN. Nun muss berechnet werden, wie viele Zurrmittel, z. B. Zurrgurte, gebraucht werden.

Die Metallkiste mit den Ersatzteilen für die Lackieranlage wird durch Zurrgurte gesichert. Ein Zurrgurt bringt eine Vorspannkraft von 500 daN auf.

$$\frac{4.400\ \text{daN}}{500} = 8{,}8$$

Weist das Ergebnis Nachkommastellen aus, so ist nur die erste Stelle nach dem Komma wichtig. Steht hier eine 2 oder eine höhere Zahl, wird aufgerundet.
In dem Beispiel müssten also zur Sicherung der Ladung 9 Zurrgurte angebracht werden.

Tabellen zur Berechnung der Zurrmittelanzahl

In der Praxis wird die Anzahl der einzusetzenden Zurrmittel nicht immer errechnet. Häufig wird auf Tabellen zurückgegriffen, aus denen die erforderliche Anzahl an Zurrmitteln abgelesen werden kann. Diese Tabellen enthalten Zahlenwerte, die sich jedoch nur auf einen eingeschränkten Gleitreibbeiwert und Zurrwinkel beschränken. Die Anwendung der Tabellen erfolgt in mehreren Schritten:

Hinweis:
Das Nutzen der Tabellen kann nur eine Hilfestellung sein, da sie nur wenige Zurrwinkel enthalten und sich bei der Vorspannkraft des Zurrmittels auf wenige Werte beschränken.

1. Feststellen, ob die Ladung nach vorne, hinten bzw. zur Seite zu sichern ist

↓

2. Festellen des Gleitreibbeiwerts

↓

3. Messen des Zurrwinkels α

↓

4. Feststellen der Vorspannkraft (S_{TF}) des verwendeten Zurrmittels

↓

5. Heraussuchen des entsprechenden Feldes in der Tabelle

↓

6. Multiplizieren der Zahl mit dem Ladungsgewicht in Tonnen

↓

7. Aufrunden des Ergebnisses auf eine ganze Zahl (entspricht der Anzahl der erforderlichen Zurrmittel)

Quelle: nach Lampen, A., Ladungssicherung – Leitfaden für die Praxis, 9. Auflage 2011, S. 194

Tabelle 1: Sicherung bei Ladelücken nach vorn (80 % des Ladungsgewichtes)

Gleitreibbeiwert μ →		μ = 0,1	μ = 0,2	μ = 0,3	μ = 0,4	μ = 0,5	μ = 0,6
Zurrwinkel α	**Vorspannkraft S_{FT} laut Etikett**	**Anzahl der erforderlichen Zurrmittel pro 1.000 kg Ladungsgewicht (Werte gerundet)**					
90°	250 daN	18,7	8,0	4,4	2,7	1,6	0,9
90°	500 daN	9,3	4,0	2,2	1,3	0,8	0,4
90°	1.000 daN	4,7	2,0	1,1	0,7	0,4	0,2
60°	250 daN	21,5	9,2	5,1	3,1	1,8	1,0
60°	500 daN	10,7	4,6	2,6	1,5	0,9	0,5
60°	1.000 daN	5,4	2,3	1,3	0,8	0,5	0,3
30°	250 daN	37,3	16,0	8,9	5,3	3,6	1,8
30°	500 daN	18,7	8,0	4,4	2,7	1,6	0,9
30°	1.000 daN	9,3	4,0	2,2	1,3	0,8	0,4

90° – optimale Ausnutzung der Vorspannkraft

60° – verringerte Ausnutzung der Vorspannkraft

30° – schlechte Ausnutzung der Vorspannkraft

Tabelle 2: Sicherung bei Ladelücken zur Seite und nach hinten

Gleitreibbeiwert μ →		μ = 0,1	μ = 0,2	μ = 0,3	μ = 0,4	μ = 0,5	μ = 0,6
Zurrwinkel α	**Vorspannkraft S_{FT} laut Etikett**	**Anzahl der erforderlichen Zurrmittel pro 1.000 kg Ladungsgewicht (Werte gerundet)**					
90°	250 daN	10,7	4,0	1,8	0,7	–*	–*
90°	500 daN	5,3	2,0	0,9	0,3	–*	–*
90°	1.000 daN	2,7	1,0	0,4	0,2	–*	–*
60°	250 daN	12,3	4,6	2,0	0,8	–*	–*
60°	500 daN	6,1	2,3	1,0	0,4	–*	–*
60°	1.000 daN	3,1	1,1	0,5	0,2	–*	–*
30°	250 daN	21,3	8,0	3,6	1,3	–*	–*
30°	500 daN	10,7	4,0	1,8	0,7	–*	–*
30°	1.000 daN	5,3	2,0	0,9	0,3	–*	–*

* Rechnerisch ist keine kraftschlüssige Ladungssicherung mehr erforderlich. Die Ladung muss aber noch gegen „Wandern" auf der Ladungsfläche fixiert werden.

Quelle: Lampen, A., Ladungssicherung – Leitfaden für die Praxis, 9. Auflage 2011, S. 195

Die Lackieranlage der Top Bike GmbH ist defekt. Alle dringend benötigten Ersatzteile werden in einer Metallkiste per Lkw geliefert. Die Ladung hat ein Gewicht von 3 t. Der Lkw muss an einer roten Ampel stark bremsen. Der Gleitreibbeiwert beträgt 0,2 und der Zurrwinkel 60°. Jeder Zurrgurt bringt eine Vorspannkraft von 500 daN auf. Daraus ergibt sich:

$4{,}6 \cdot 3 = 13{,}8$

Zur Ladungssicherung nach vorn werden 14 Zurrgurte benötigt.

Beim Niederzurren ist grundsätzlich zu beachten:
- Unstabile Güter, wie z. B. palettierte und übereinandergestapelte Säcke, lassen sich nicht durch Niederzurren sichern.
- Die Zurrmittel dürfen die Ladung nicht beschädigen.
- Alle Teile der Ladung müssen durch Zurrmittel fixiert werden.

Hier ist eine Sicherung der Ladung nicht möglich.

Durch den falschen Einsatz von Zurrmitteln wird die Ladung beschädigt.

5.2 Die formschlüssige Ladungssicherung

Neben den kraftschlüssigen Verfahren gibt es das Prinzip der **formschlüssigen Ladungssicherung**. Hierbei handelt es sich um das
- lückenlose Verstauen und
- Direktzurren.

5.2.1 Das lückenlose Verstauen

Bei der **lückenlosen Verstauung** wird das Ladegut direkt an die Laderaumbegrenzungen (Stirn-, Seiten- sowie Rückwand) angelegt. Wichtig dabei ist, dass keine Lücken vorhanden sind (= formschlüssig). Die Laderaumbegrenzungen sind dafür verantwortlich, dass die Güter nicht verrutschen. Ist die gesamte Ladefläche ausgefüllt, so ist in der Regel die Ladungssicherung erfüllt.

Folgende Voraussetzungen müssen für das lückenlose Verstauen erfüllt sein:
1. Die Laderaumbegrenzungen (Stirn-, Seiten- und Rückwand) müssen ausreichend stabil und unbeschädigt sein.
2. In der DIN EN 12642 wird die Stabilität der Fahrzeugaufbauten geregelt. In ihr wird festgelegt, welchen Kräften die Stirn, die Seiten- und die Rückwand standhalten müssen, ohne Verformungen bzw. Beschädigungen aufzuweisen.

DIN EN 12642 regelt die Stabilität von Fahrzeugaufbauten.

Code L regelt die Mindestaufbaufestigkeiten.
5 t ≈ 5.000 daN
3,1 t ≈ 3.100 daN

Der bei der Seitenwand angegebene Wert bezieht sich auf den Kofferaufbau. Weitere Varianten sind anhand der folgenden Lkw-Beispiele dargestellt und können der DIN EN 12642 (Ziffer 5.2) entnommen werden.

Ein Sattelanhänger wird mit einem Sattelschlepper verbunden und verlagert sein Gewicht teilweise auf die Achsen des Sattelschleppers.

Ein Kofferaufbau hat feste Bordwände, z. B. aus Aluminium.

Ein Hamburger Verdeck ist gekennzeichnet durch ein Plangestell (Spriegel), auf dem die Lkw-Plane aufliegt.

!

Belastungswerte laut DIN EN 12642 (Code L)	
Stirnwand	40 % der Nutzlast, max. 5 t
Rückwand	25 % der Nutzlast, max. 3,1 t
Seitenwand	30 % der Nutzlast

Belastbarkeit der Stirnwand eines Sattelanhängers

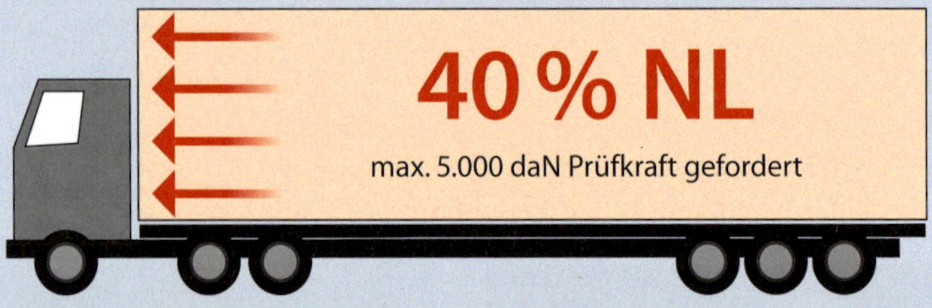

Belastbarkeit der Rückwand eines Sattelanhängers

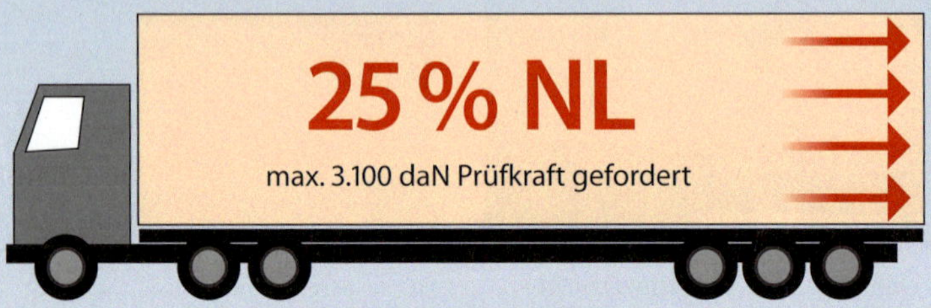

Belastbarkeit der Seitenwand eines Sattelanhängers mit einem Kofferaufbau

Belastbarkeit der Seitenwand eines Sattelanhängers mit einem Hamburger Verdeck

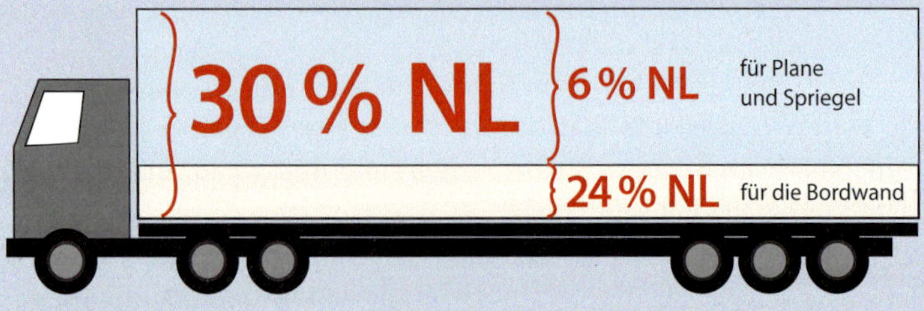

Belastbarkeit der Seitenwand eines Sattelanhängers als Standard-Curtainsider

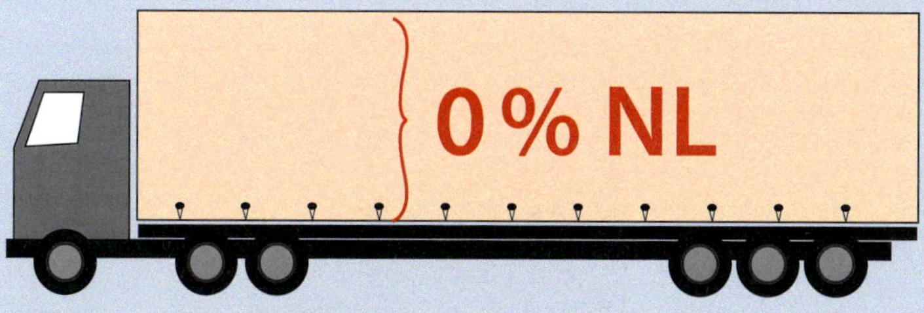

Bei einem Curtainsider können die seitlichen Planen verschoben werden (wie eine Gardine).

Quelle: Lampen, A., Ladungssicherung – Leitfaden für die Praxis, 9. Auflage 2011, S. 62 ff.

Ein Lkw mit einem Kofferaufbau fährt auf der Bundesstraße 16 von Ingolstadt nach Regensburg zur Top Bike GmbH. Er hat die Ladung mit einem Gewicht von 4.000 kg lückenlos verstaut. Der Lkw muss an einer Ampel stark abbremsen. Ist die Laderaumbegrenzung (Stirnwand) zur Ladungssicherung ausreichend, wenn ein Gleitreibbeiwert von $\mu = 0{,}1$ angenommen wird und das Fahrzeug eine Nutzlast von 7.000 daN aufweist?

$F_M = 0{,}8 \cdot F_G = 0{,}8 \cdot 4.000\ \text{daN} = 3.200\ \text{daN}$
$F_R = \mu \cdot F_G \quad = 0{,}1 \cdot 4.000\ \text{daN} = 400\ \text{daN}$

$F_M - F_R = 2.800\ \text{daN}$

Es sind noch 2.800 daN abzusichern.

Durch die Stirnwand aufgenommene Kräfte (40 % der Nutzlast):
$0{,}4 \cdot 7.000\ \text{daN} = 2.800\ \text{daN}$

Daraus folgt:
$2.800\ \text{daN} - 2.800\ \text{daN} = 0\ \text{daN}$

Die Ladungssicherung durch die Stirnwand ist somit erfüllt.

Neben den in der DIN EN 12642 (Code L) geregelten Mindestaufbaufestigkeiten weist der Code XL verstärkte Aufbaufestigkeiten aus, die höheren Belastungen standhalten müssen.

Belastungswerte laut DIN EN 12642 (Code XL)	
Stirnwand	50 % der Nutzlast
Rückwand	30 % der Nutzlast
Seitenwand	40 % der Nutzlast

Belastbarkeit des verstärkten Fahrzeugaufbaus eines Curtainsiders (laut Code XL)

Quelle: Lampen, A., Ladungssicherung – Leitfaden für die Praxis, 9. Auflage 2011, S. 67

Hilfsmittel zur Ladungssicherung
→ LF 8, Kap. 6.3

Grundsätzlich ist beim lückenlosen Verstauen darauf zu achten, dass zwischen den einzelnen Gütern keine Ladelücken entstehen. Falls Ladelücken vorhanden sind, können diese beispielsweise durch Stausäcke oder Paletten ausgefüllt werden. Zudem dienen Spannklötze und Keile dazu, das Ladegut an Lochschienen zu befestigen.

Einsatz von Stausäcken

Einsatz von Ladebalken bei Teilladungen

Einsatz von arretierbaren Sicherungskeilen

Ladungssicherung durch Zurrgurte (Direkt-/Diagonalzurren)

5.2.2 Das Direktzurren

> **!** Beim **Direktzurren** werden die Zurrmittel in den Zurrpunkten auf der Ladefläche und direkt am Ladungsgut befestigt. Die Zurrmittel werden leicht vorgespannt. Das Direktzurren kommt meist bei mittelschweren bis schweren Ladegütern zum Einsatz.

Die Zurrmittel halten das Ladegut an der Position. Das ist erforderlich, sobald sich das Ladegut aufgrund eines Brems- oder Beschleunigungsvorgangs oder des Fahrens einer Kurve in Bewegung setzen will. Es handelt sich um eine formschlüssige Ladungssicherung, weil die Zurrmittel die Laderaumbegrenzung ersetzen.

Beim Direktzurren werden drei Möglichkeiten unterschieden:
- Schrägzurren
- Diagonalzurren
- Schlingenzurren

Das Schrägzurren
Beim Schrägzurren kommen mindestens acht Zurrmittel zum Einsatz (pro Ecke zwei Zurrmittel). Diese werden so zwischen dem Ladegut und der Ladefläche gespannt, dass sich ein rechter Winkel (β = 90°) zu den vier Rädern der Ladefläche ergibt.

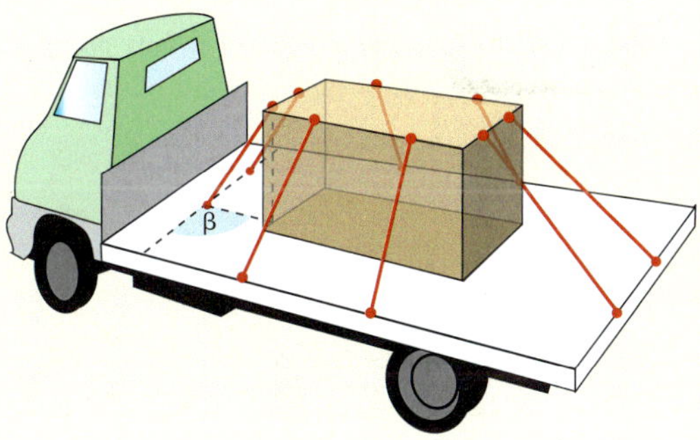

Die Anzahl der Zurrmittel ist abhängig vom Ladungsgewicht, vom Gleitreibbeiwert, vom Zurrwinkel α und von der zulässigen Zurrkraft laut Etikett.

Das Diagonalzurren
Beim Diagonalzurren werden die Zurrmittel nicht im rechten Winkel gespannt. Das Spannen erfolgt diagonal von den Ecken des Ladungsgutes zu den Zurrpunkten der Ladefläche. Auf diese Art wird jede Ecke des Ladegutes durch ein Zurrmittel gesichert. Es kommen somit mindestens vier Zurrmittel zum Einsatz.

Es gibt die folgenden Varianten des Diagonalzurrens:
1. Variante

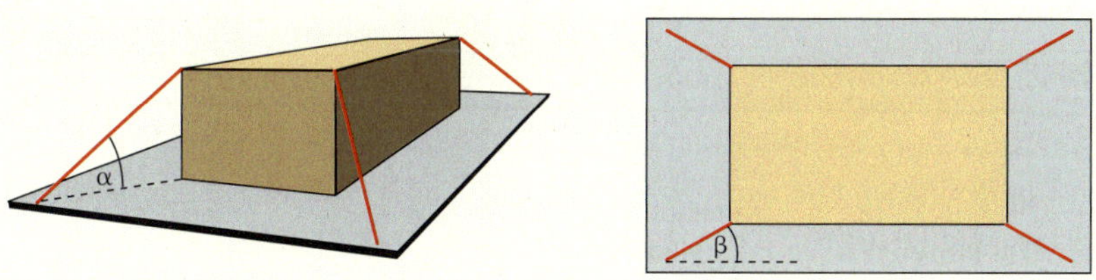

2. Variante

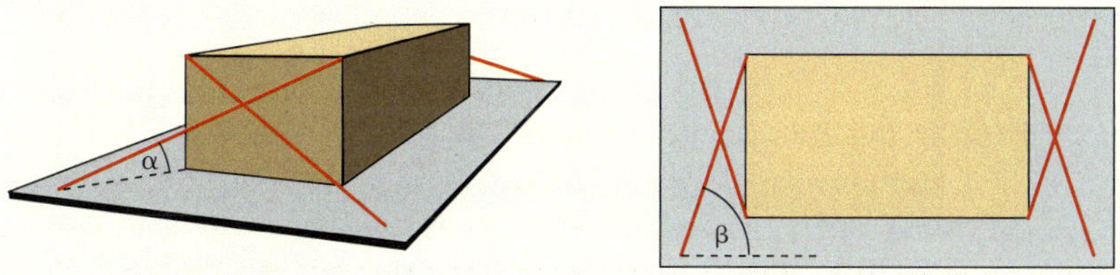

Die Varianten 1 und 2 sind kombinierbar.

3. Variante

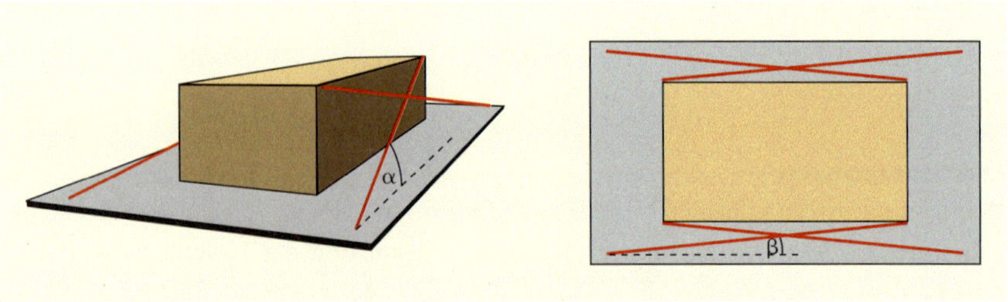

Beim Diagonalzurren sind die Winkel α und β besonders wichtig. Für den Winkel α wird ein Bereich von ca. 30° und für den Winkel β eine Bereich von 20° bis 45° empfohlen, damit die höchste Sicherungskraft erreicht wird.

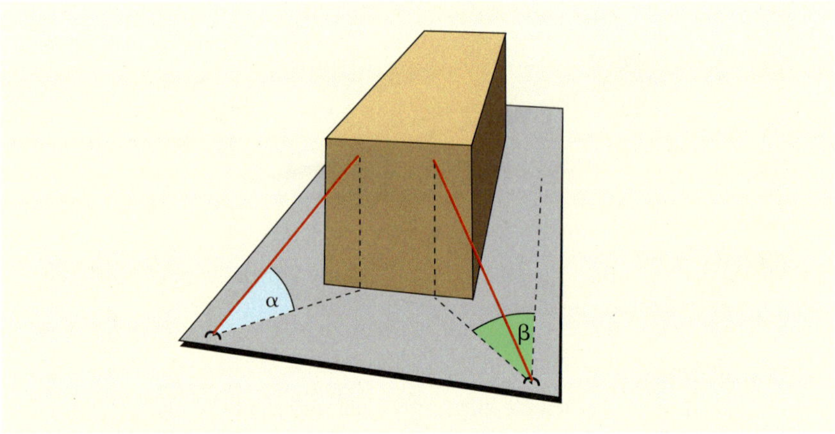

Die Anzahl der Zurrmittel ist abhängig vom Ladungsgewicht, vom Gleitreibbeiwert, von den Zurrwinkeln α und β und von der zulässigen Zurrkraft laut Etikett.

Das Schlingenzurren

Beim Schlingenzurren wird unterschieden in die Kopf- und Seitenschlinge. Die Kopfschlinge (Kopflasching) ist ein Ersatz für die Stirn- bzw. Rückwand. Sie kommt zum Einsatz, wenn keine Zurrpunkte vorhanden sind, z.B. für das Diagonalzurren, oder das Ladungsgut nicht direkt an der Stirn- bzw. Rückwand platziert werden kann, da es ansonsten Probleme mit der Lastverteilung geben würde. Die Ladung muss zu den Seiten und nach hinten bzw. nach vorne vor einem Verrutschen gesichert werden.

Folgende Möglichkeiten der Kopfschlinge gibt es:

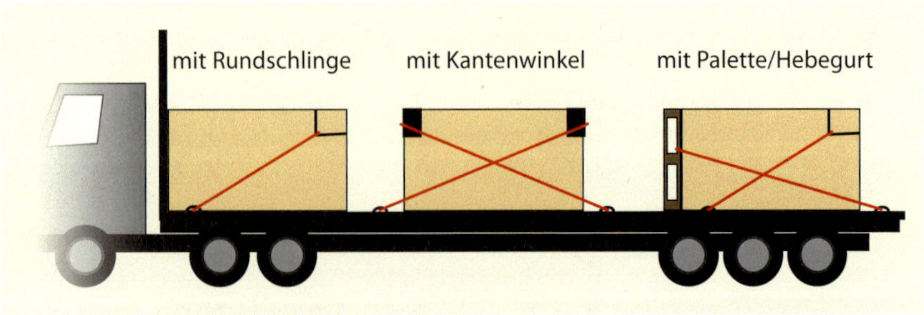

Das Anbringen einer Kopfschlinge kann erfolgen
- in Fahrtrichtung,
- entgegen der Fahrtrichtung sowie
- in und entgegen der Fahrtrichtung.

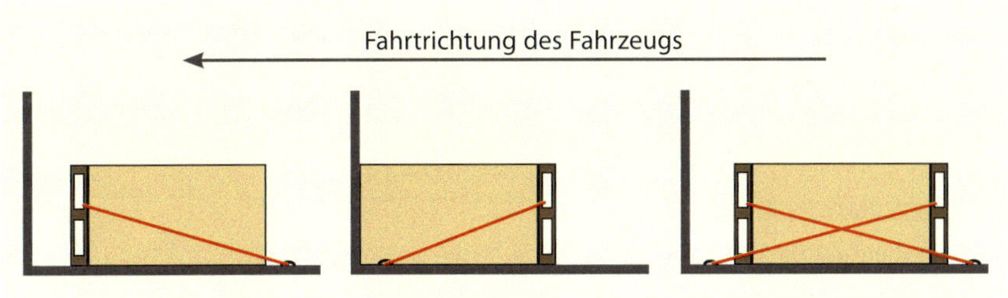

Die Seitenschlinge ist ein Ersatz für die Seitenwand des Transportmittels. Bei der Seitenschlinge wird das Zurrmittel in einen Zurrpunkt eingehängt. Anschließend läuft das Zurrmittel um das Ladegut herum und wird auf der gleichen Seite an einem anderen Zurrpunkt eingehängt. Es ist zu beachten, dass mindestens drei Seitenschlingen (also drei Zurrmittel) notwendig sind, um das Ladegut vor einem Verrutschen zu sichern.

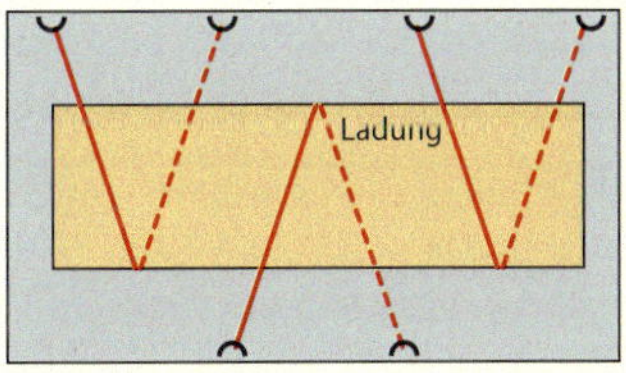

Richtig

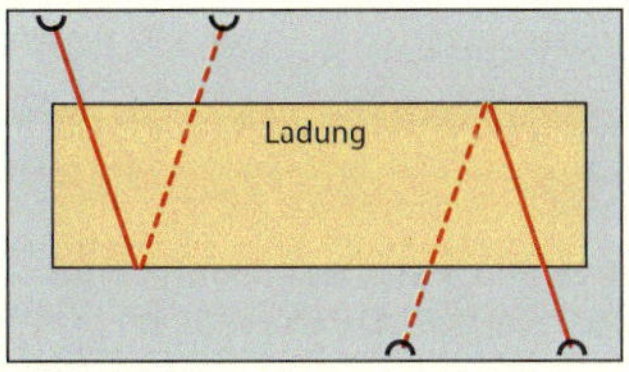

Falsch

Die Anzahl der Zurrmittel ist abhängig vom Ladungsgewicht, vom Gleitreibbeiwert und von der zulässigen Zurrkraft laut Etikett.

Eine Berechnung der Sicherungskraft bzw. der Anzahl der Zurrmittel erfolgt an dieser Stelle nicht, da die Berechnungen Sinus- und Kosinusfunktionen enthalten und nicht prüfungsrelevant sind.

5.3 Die kombinierte Ladungssicherung

Bei der kombinierten Ladungssicherung werden verschiedene Sicherungsmethoden zusammen angewandt. Dies ist oft die beste und sicherste Methode der Ladungssicherung. So kann ein Ladungsgut beispielsweise durch eine Kombination aus Niederzurren und Diagonalzurren oder Niederzurren und einer Kopfschlinge gesichert werden.

Niederzurren und Diagonalzurren

Niederzurren und Kopfschlinge

ALLES KLAR?

1 Eine Ladung kann kraftschlüssig gesichert werden.
- **a** Wie kann die kraftschlüssige Ladungssicherung noch genannt werden?
- **b** Erklären Sie kurz die Wirkungsweise der kraftschlüssigen Ladungssicherung.

2 Die Größe des Zurrwinkels α ist für die Vorspannkraft der Zurrmittel entscheidend. Bei welchem Zurrwinkel α wird eine optimale Vorspannkraft erreicht?
- **a** Der Zurrwinkel α beträgt 0°.
- **b** Der Zurrwinkel α beträgt 30°.
- **c** Der Zurrwinkel α beträgt 45°.
- **d** Der Zurrwinkel α beträgt 60°
- **e** Der Zurrwinkel α beträgt 90°.

3 Ein Lkw befördert eine Ladung mit einem Gewicht von 2.000 kg. Er ist gezwungen, eine Vollbremsung vorzunehmen. Der Gleitreibbeiwert beträgt 0,2. Berechnen Sie die aufzuwendende Vorspannkraft, damit die Ladung nicht verrutscht.

4 Nennen Sie die verschiedenen Möglichkeiten der formschlüssigen Ladungssicherung.

5 In einen Container werden Schachteln und Fässer verladen. Dabei ergibt sich das folgende Bild:

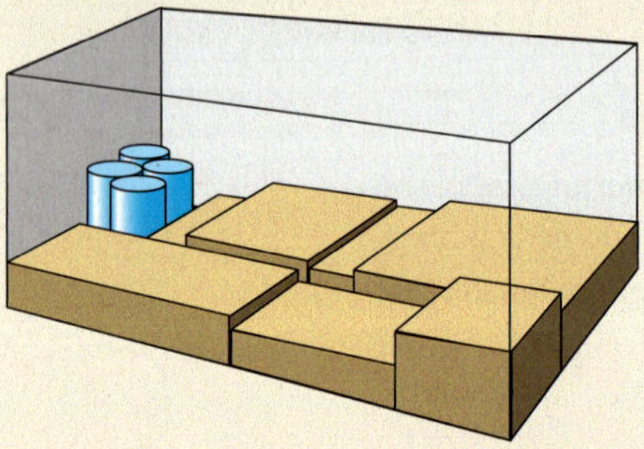

- **a** Wie wird die abgebildete Form der Ladungssicherung genannt?
- **b** Erklären Sie diese Art der Ladungssicherung.

6 Welcher Belastung muss die Rückwand eines Kofferaufbaus gemäß DIN EN 12642 (Code L) standhalten?
- **a** 40 % der Nutzlast
- **b** 40 % der Gewichtskraft
- **c** 25 % der Gewichtskraft
- **d** 30 % der Nutzlast
- **e** max. 3,1 t

7 Welcher Belastung muss die Stirnwand eines Kofferaufbaus gemäß DIN EN 12642 (Code L) standhalten?
- **a** 40 % der Nutzlast
- **b** 40 % der Gewichtskraft
- **c** 25 % der Nutzlast
- **d** 25 % der Gewichtskraft
- **e** 30 % der Nutzlast

8 Berechnen Sie, welche Belastung die Stirnwand gemäß DIN EN 12642 (Code L) aufnehmen muss, ohne dass Verformungen entstehen. Die Nutzlast beträgt 8.000 kg.

9 Berechnen Sie, welche Belastung die Rückwand gemäß DIN EN 12642 (Code L) aufnehmen muss, ohne dass Verformungen entstehen. Das Gewicht der Ladung beträgt 3.500 kg, die Nutzlast 10.000 kg.

10 Welche der folgenden Ladungssicherungsart gehört nicht zum Direktzurren?
- **a** Schrägzurren
- **b** Diagonalzurren
- **c** Schlingenzurren
- **d** Kopflasching
- **e** lückenlose Verstauung

11 Welche Belastung muss die Seitenwand eines Standard-Curtainsiders gemäß DIN EN 12642 aufnehmen?
- **a** 0 % der Nutzlast
- **b** 40 % der Nutzlast
- **c** 40 % der Gewichtskraft
- **d** 25 % der Nutzlast
- **e** 30 % der Nutzlast

ALLES KLAR?

12 Beim Direktzurren werden drei Möglichkeiten unterschieden.

a Nennen Sie die drei Möglichkeiten.
b Welche Form des Direktzurrens wird in der unteren Abbildung dargestellt?
c Erklären Sie die dargestellte Möglichkeit.

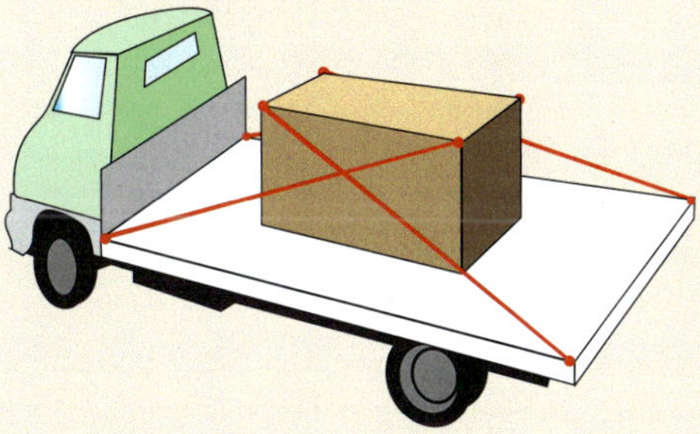

13 Welche Form der Ladungssicherung ist nachfolgend abgebildet?

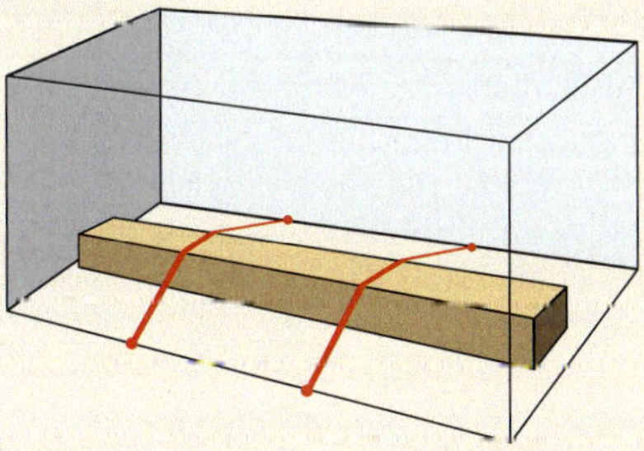

a Schrägzurren
b Diagonalzurren
c Schlingenzurren
d Niederzurren
e kombinierte Ladungssicherung

14 Welche Form der Ladungssicherung ist abgebildet?

a Schrägzurren
b Diagonalzurren
c Schlingenzurren
d Niederzurren
e kombinierte Ladungssicherung

15 Welche Form der Ladungssicherung ist abgebildet?

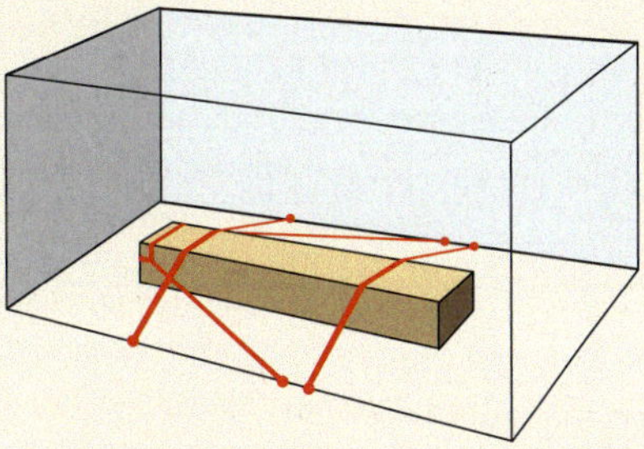

a Schrägzurren
b Diagonalzurren
c Schlingenzurren
d Niederzurren
e kombinierte Ladungssicherung

16 Welcher Fehler wurde bei den folgenden Ladungssicherungen gemacht?

a

b

6 Die Ladungssicherungsmittel

Kommissionierung → LF 5, Kap. 1

Benedikt soll heute Morgen als Erstes zusammen mit Herrn Meyer eine Kommission verladen und sichern. Als der Lkw da ist und sie beginnen wollen, kommt es zu einem Streitgespräch zwischen Herrn Meyer und dem Fahrer. „Sie wollen mir doch nicht wirklich erzählen, dass zur Sicherung der Ladung nur diese alten Seile vorhanden sind." „Doch", entgegnet der Fahrer, „und bis jetzt hat es auch immer problemlos geklappt." „Kommt nicht infrage", stellt Herr Meyer klar. Nach einem Telefonat mit der Spedition bittet Herr Meyer Benedikt: „Da keine vernünftigen Sicherungsmittel das sind, werden wir aushelfen und sie der Spedition in Rechnung stellen. Gehe doch mal ins Lager und hole ein paar Zurrgurte. Außerdem wären auch einige Stausäcke hilfreich. Du weißt doch, wo die Sachen sind und wie sie aussehen, oder?"

6.1 Die Zurrmittel

In diesem Kapitel werden die verschiedenen Sicherungsmittel näher betrachtet, die für eine umfassende Ladungssicherung zur Verfügung stehen. Dazu gehören Zurrmittel, fixierende Einrichtungen sowie Hilfsmittel.

Kennzeichnung eines Zurrgurts → LF 8, Kap. 6.1.1

Zu den **Zurrmitteln** zählen Zurrgurte, Zurrketten und Zurrdrahtseile. Es wird nachfolgend gezeigt, wie sie aussehen und aus welchen Elementen sie bestehen. Allen Zurrmitteln ist gleich, dass sie über ein lesbares Etikett verfügen müssen, welches Auskunft über die jeweiligen Eigenschaften gibt. Festgelegt ist weiterhin, unter welchen Umständen die Sicherungsmittel nicht mehr benutzt werden dürfen.

Fixierende Einrichtungen → LF 8, Kap. 6.2

Zu den **fixierenden Einrichtungen** gehören die Bauteile des Transportmittels, an denen im Laderaum die Zurrmittel oder Hilfsmittel befestigt werden können.

Hilfsmittel → LF 8, Kap. 6.3

Bei den **Hilfsmitteln** handelt es sich um die Elemente, die die Ladegüter zusätzlich gegen das Bewegen absichern und sie somit vor Beschädigungen schützen.

6.1.1 Die Zurrgurte

Am häufigsten kommen bei der Ladungssicherung Zurrgurte zum Einsatz. Hierbei handelt es sich um Gurtbänder, die aus unterschiedlichen Chemiefasern (z. B. Polyester, Polypropylen) gefertigt sind und aus vier wesentlichen Elementen bestehen:

Spannmittel	Das Spannmittel ist ein Gurtband. Es wird um das Ladegut gelegt und hält es.
Spannelement	Durch das Spannelement bekommt das Gurtband seine Spannung. Am gebräuchlichsten ist hier eine Ratsche. Möglich sind aber auch Winden, die am Fahrzeugaufbau fest angebracht sind, oder Gurtbandklemmen, die allerdings nur zur Sicherung leichter Ladegüter geeignet sind.
Verbindungselement	Das Verbindungselement dient zur Befestigung. Häufig kommt hier ein Haken zum Einsatz.
Etikett	Enthält laut DIN EN 12195-2 verschiedene Angaben (z. B. Hersteller und Kraft des Zurrmittels). Bei zweiteiligen Zurrgurten müssen das Festende und das Losende über eine Kennzeichnung verfügen.

Eine Unterscheidung von Zurrgurten kann hinsichtlich ihres Aufbaus erfolgen, der aus einem oder zwei Teilen bestehen kann.

Der **einteilige Zurrgurt** verfügt in seiner gebräuchlichsten Variante nur über ein Gurtband und eine Ratsche. In der Regel kommt er bei der Umreifung von Ladungsgütern zum Einsatz. Hierbei wird das Spannmittel um das komplette Ladungsgut gelegt, dann in das Spannelement eingeführt und gespannt. Sofern bei einem einteiligen Zurrgurt an den Enden Verbindungselemente, z. B. in Form von Haken, eingearbeitet wurden, kann er auch zum Direktzurren eingesetzt werden.

Direktzurren
→ LF 8, Kap. 5.2.2

Einteiliger Zurrgurt (geschlossen)

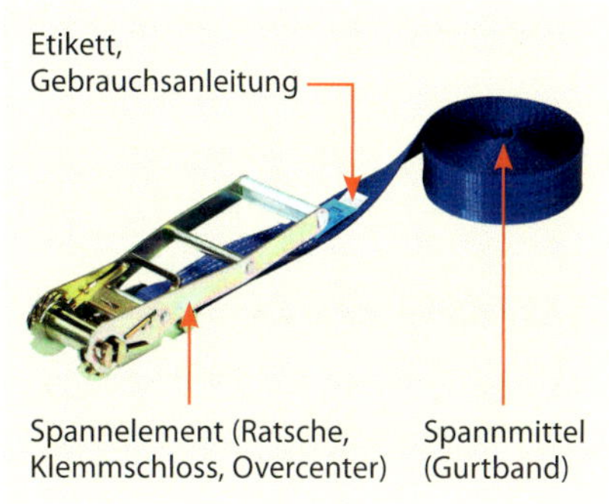

Elemente eines einteiligen Zurrgurtes

Überwiegend zum Einsatz kommt jedoch der **zweiteilige Zurrgurt**. Er besteht aus einem langen Losende und einem kürzeren Festende. Zweiteilige Zurrgurte werden hauptsächlich beim Niederzurren sowie beim Direktzurren im geraden Zug eingesetzt.

Beim Niederzurren wird das Losende auf der einen Seite in einen Zurrpunkt eingehakt und über das Ladungsgut gelegt. Auf der gegenüberliegenden Seite befindet sich das Festende, das ebenfalls in einen Zurrpunkt eingehakt ist. Anschließend wird das Spannmittel in das Spannelement des Festendes eingeführt und gespannt.

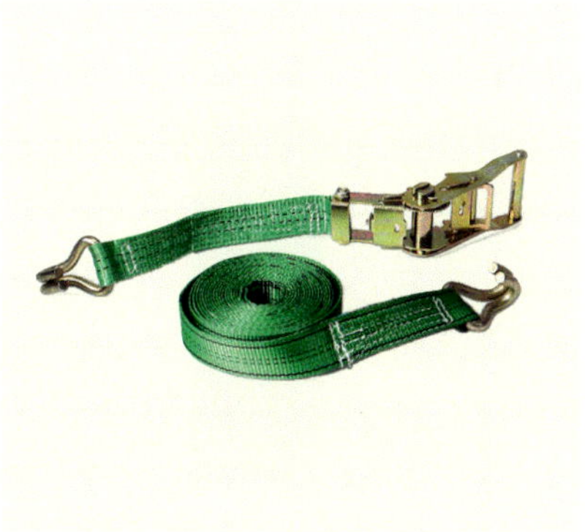

Zweiteiliger Zurrgurt: Festende (oben), Losende (unten)

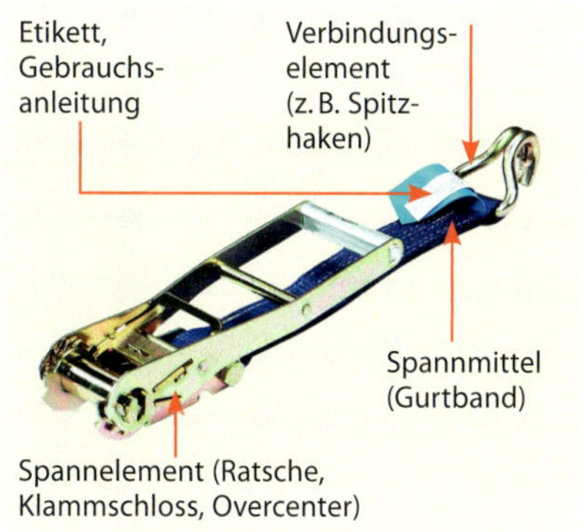

Elemente des Festendes

Zurrgurte sind mit Lang- und Kurzhebelratschen erhältlich. Die Langhebelratsche kann eine etwa doppelt so hohe Vorspannkraft wie die Kurzhebelratsche aufbringen. Dies hat den Vorteil, dass weniger Zurrgurte zur Ladungssicherung erforderlich sind. Gleichzeitig bedeutet dies auch eine Zeitersparnis beim Sichern und Entsichern der Ladungsgüter.

Beim Umgang mit Zurrgurten sollten Sie stets auf die folgenden Punkte achten:

- Benutzen Sie keine beschädigten Zurrgurte.
- Überprüfen Sie mit einer Sichtprüfung vor und nach jeder Verwendung die Zurrgurte auf mögliche Beschädigungen. Bei Bedarf, jedoch mindestens einmal pro Jahr, sollte ein Sachverständiger eine Überprüfung auf Beschädigungen vornehmen.
- Benutzen Sie nur Zurrgurte mit gut lesbarem Kennzeichnungsetikett.
- Halten Sie sich an die auf dem Kennzeichnungsetikett angegebene höchstzulässige Zurrkraft, damit Schäden vermieden werden.
- Setzen Sie auf dem Zurrgurt keine Lasten ab.
- Spannen Sie die Zurrgurte nicht über scharfe Kanten.
- Benutzen Sie Kantenschoner.
- Spannen Sie die Zurrgurte nicht über raue Oberflächen, da dies Abrieb erzeugt. Nutzen Sie zur Schonung Schutzüberzüge.
- Knoten Sie die Zurrgurte nicht.
- Bringen Sie die Zurrgurte gleichmäßig auf der zu sichernden Ladung an.
- Verwenden Sie keine Zurrgurte zum Heben von Lasten.
- Achten Sie beim Anlegen der Zurrgurte darauf, dass sie nicht verdreht werden.
- Nur Zurrgurte mit Etiketten zur Identifizierung dürfen instand gesetzt werden. Lassen Sie dies durch den Hersteller vornehmen. Nur er ist dazu berechtigt.
- Überprüfen Sie, bevor Sie die Zurrgurte lösen, ob die Ladung auch ohne Zurrmittel nicht kippt bzw. fällt.

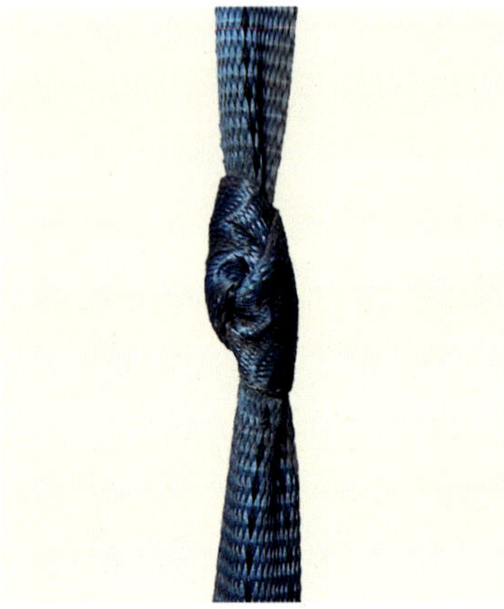

Ein Knoten im Zurrgurt ist nicht erlaubt.

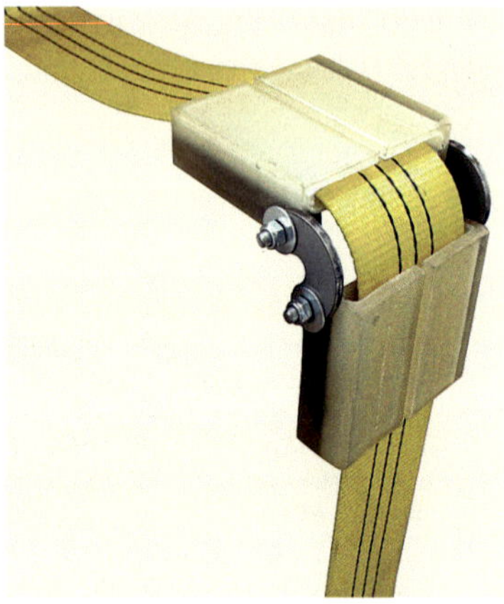

Schutz gegen scharfe Kanten

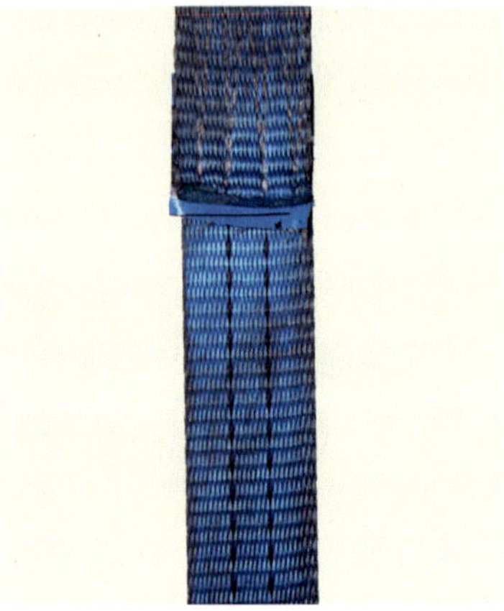

Hier fehlt das Kennzeichnungsetikett.

Kennzeichnung eines Zurrgurtes

Ein wesentlicher Bestandteil eines Zurrgurtes ist seine Kennzeichnung. Anhand eines Etiketts erhält der Nutzer beispielsweise Auskunft über den Lieferanten bzw. Hersteller, die Länge des Gurtbandes und die Zurrkraft. Wichtig ist, dass das Etikett lesbar sein muss. Ist dies nicht der Fall oder verfügt der Zurrgurt über keine entsprechende Kennzeichnung, so darf er nicht verwendet werden.

Auf dem Etikett eines Zurrgurts müssen die folgenden Angaben vorhanden sein:

1. Name oder Kennzeichen des Lieferanten oder Herstellers und Rückverfolgbarkeitscode des Herstellers
2. Hinweis zur Verwendung
3. Normale Handkraft (S_{HF} = Standard Hand Force): 50 daN – Kraftaufwand, der am Hebel mit einer Hand zum Betätigen der Ratsche aufgewendet werden muss
4. Normale Vorspannkraft (S_{TF} = Standard Tension Force): Kraft, die nach Betätigung der Ratsche als Vorspannkraft in das Gurtband eingeleitet wird
5. Zurrkraft (LC = Lashing Capacity = Leistungsfähigkeit): Kraft, die im geraden Zug (Schräg- und Diagonalzurren) maximal in einen Zurrgurt eingebracht werden darf, ohne dass dieser reißt; bei Umreifung (Schlingenzurren) kann der Wert verdoppelt werden
6. Angaben über den verwendeten Werkstoff, evtl. mit Kürzel (z. B. PES = Polyester)
7. Prozentuale Angabe der max. Dehnung bei größtmöglicher zulässiger Zurrkraft (LC)
8. Länge des Gurtbandes in Metern
9. Fertigungsdatum
10. Nummer und Teil der europäischen Norm – EN 12195-2

Ablegereife eines Zurrgurtes

Die folgenden Gründe führen u. a. dazu, dass Zurrgurte nicht mehr verwendet werden dürfen:

Schäden am Spannmittel (Gurtband)	Schäden am Spannelement (Ratsche)	Schäden am Verbindungselement (Haken)
• Risse • Garnbrüche • Einkerbungen in den Fasern oder Nähten • Einschnitte von mehr als 10 % an der Webkante • Verformungen des Gurtes durch Wärmeeinwirkungen (z. B. starke Reibung) • Beschädigungen durch den Einfluss aggressiver Stoffe (z. B. Chemikalien) • das Kennzeichnungsetikett fehlt oder ist nicht mehr lesbar	• Risse • Brüche • Korrosionserscheinungen • Verformungen	• Risse • Brüche • Korrosionserscheinungen • Verformungen: Aufbiegen des Hakenmauls um mehr als 5 %

Ablegereife
Das Zurrmittel weist starke Verschleißerscheinungen auf und darf nicht mehr benutzt werden. Die Verschleißgrenzen sind beschrieben in der DIN EN 12195 2-4 sowie der Richtlinie VDI 2700 Blatt 3.1.

Ablagereife durch Einkerbungen in den Fasern

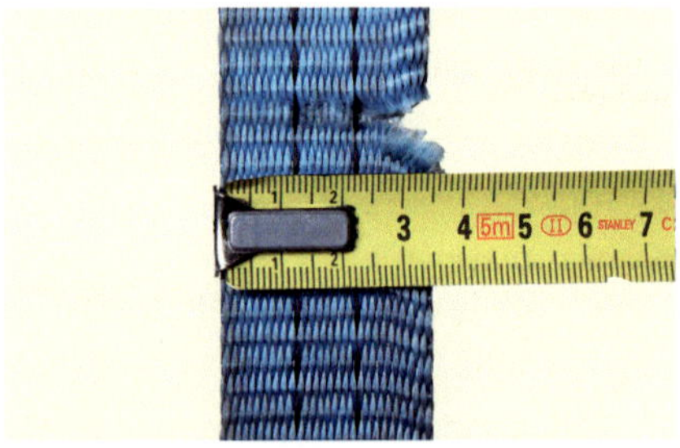

Ablegereife durch Riss im Zurrgurt

Ablegereife durch Verformung der Ratsche

6.1.2 Die Zurrketten

Güteklassen geben die Leistungsfähigkeit an

Zurrketten werden aus Rundstahl hergestellt, der mindestens die Güteklasse 8 erfüllt. Im Gegensatz zu Zurrgurten werden sie zum Diagonal- und Schrägzurren schwerer Güter verwendet. Je größer die Nenndicke einer Kette, desto höher ist die zugelassene Belastung in Dekanewton. Auch Zurrketten bestehen aus vier wesentlichen Elementen:

Spannmittel	Hierbei handelt es sich um eine Rundstahlkette.
Spannelement	Durch das Spannelement (z. B. ein Ratschenspanner) bekommt die Rundstahlkette ihre Spannung.
Verbindungselement	Das Verbindungselement dient zur Befestigung. Häufig kommt hier ein Haken zum Einsatz.
Etikett	Enthält laut DIN EN 12195-3 verschiedene Angaben (z. B. Hersteller und Kraft des Zurrmittels).

Leistungsfähigkeit von Zurrketten

Ø Kettenglied (Nenndicke) für Ketten der Güteklassen 8 und 10	**Zulässige Zugkraft in daN für Ketten der Güteklasse 8**	**Zulässige Zugkraft in daN für Ketten der Güteklasse 10**
6 mm	2.000 daN	3.000 daN
8 mm	4.000 daN	5.000 daN
10 mm	6.300 daN	8.000 daN
13 mm	10.000 daN	13.000 daN
16 mm	16.000 daN	20.000 daN

Quelle:
DIN EN 12195, Teil 3 für Ketten der Güteklasse 8;
Fa. RUD für Ketten der Sondergüte Güteklasse 8

Zurrketten, die zur Ladungssicherung genutzt werden, haben folgenden Aufbau:

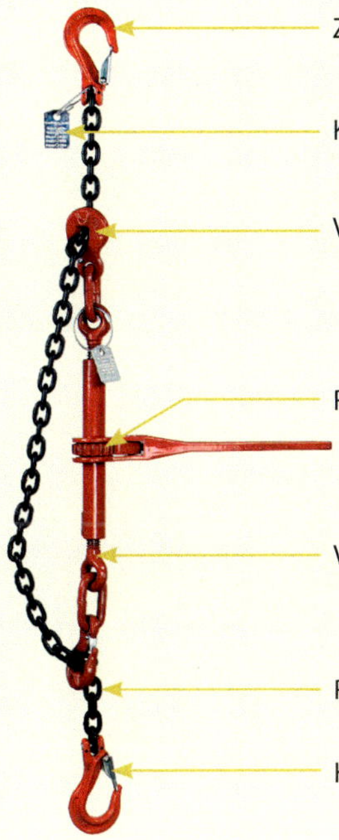

Als Spannelemente werden bei Zurrketten meistens Spindelspanner in Form von Ratschen- oder Knebelspannern benutzt. In ihrem Inneren befindet sich ein Gewinde, welches der Längenveränderung der Kette dient. Durch die Gewindeübersetzung lassen sich beim Niederzurren recht hohe Vorspannkräfte erzielen.

Die Längenanpassung ist zu unterscheiden von der sogenannten „Verkürzungsklaue“ (Verkürzungsteil), welche die Kette auf die erforderliche Sicherungslänge einstellt, bevor sie durch die Gewindebewegung gespannt wird.

Beim Umgang mit Zurrketten sollten Sie stets auf die folgenden Punkte achten:

- Benutzen Sie keine beschädigten Ketten, die bereits ablegereif sind.
- Setzen Sie nur Ketten ein, die einen unbeschädigten und gut lesbaren Anhänger zur Kennzeichnung aufweisen.
- Achten Sie darauf, dass keine scharfen Kanten des Ladegutes die Kette beschädigen oder Verformungen hervorrufen. Ebenso erzeugen raue Oberflächen Abrieb an der Kette. Setzen Sie Kantenschoner bzw. Schutzüberzüge ein.
- Knoten und verbinden Sie die Ketten nicht mit Schrauben oder Bolzen. Diese Art der Verwendung ist nicht erlaubt.
- Werfen Sie die Zurrketten nicht von der Ladefläche, um Verformungen und Beschädigungen zu vermeiden.
- Überprüfen Sie, ob die Verkürzungsklaue eine Sicherung aufweist, damit sie sich nicht selbstständig lösen kann.
- Beachten Sie die auf dem Kennzeichnungsanhänger angegebenen Hinweise.

Kennzeichnung einer Zurrkette

Auch eine Zurrkette besitzt eine Kennzeichnung. Anders als bei einem Zurrgurt, kann der Anhänger eine besondere Form aufweisen, sodass er gleichzeitig als Prüfschablone für die Einzelglieder der Kette dienen kann. Durch seine Auskerbungen können dann Verschleißgrenzen an der Kette festgestellt werden.

Zurrkettenetikett (Vorderseite)

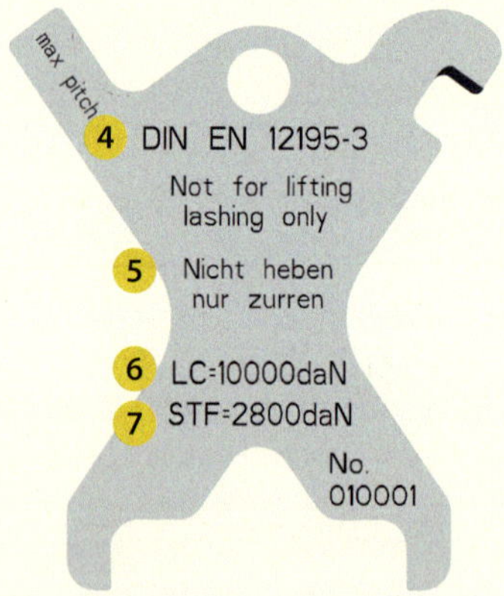

Zurrkettenetikett (Rückseite)

Zurrkettenetikett als Prüfschablone

1. Name oder Kennzeichen des Lieferanten oder Herstellers und Rückverfolgbarkeitscode des Herstellers
2. Kettennenndicke
3. Termin für die nächste Prüfung
4. Nummer und Teil der europäischen Norm – EN 12 195-3
5. Hinweis zur Verwendung
6. Zurrkraft (LC) in daN
7. Spannkraft (S_{TF}) in daN, die nach Betätigung des Spannelements als Vorspannkraft in die Kette eingeleitet wird

Hinweis: Bei Mehrzweck-Ratschzügen gelten weitere Bestimmungen.

Ablegereife einer Zurrkette

Die folgenden Gründe führen u. a. dazu, dass Zurrketten nicht mehr verwendet werden dürfen:

Schäden am Spannmittel (Kette)	**Schäden am Spannelement (Ratsche)**	**Schäden am Verbindungselement (Haken)**
• Oberflächenrisse • sichtbare Verformungen • Ausdehnung des Kettengliedes von mehr als 3 % • Verschleiß ist größer als 10 % der Nenndicke	• Abnutzung ist bis 5 % des Materialquerschnitts akzeptierbar • Korrosionszeichen • Risse • grobe Verformungen	• Abnutzung ist bis 5 % des Materialquerschnitts akzeptierbar • Korrosionszeichen • Risse • Verformungen: Aufweitung des Hakenmauls um mehr als 10 %

6.1.3 Die Zurrdrahtseile

Bei Zurrdrahtseilen wird als Spannmittel ein Drahtseil verwendet. Weiterhin kommen Zurrwinden als Spannelement und Haken als Verbindungselement zum Einsatz.

Spannmittel	Hierbei handelt es sich um ein Drahtseil.
Spannelement	Durch das Spannelement (z. B. eine Seilwinde) bekommt das Drahtseil seine Spannung.
Verbindungselement	Das Verbindungselement dient zur Befestigung. Häufig kommt hier ein Haken zum Einsatz.
Etikett	Enthält laut DIN EN 12195-4 verschiedene Angaben (z. B. Hersteller und Kraft des Zurrmittels).

Zurrdrahtseile, die zur Ladungssicherung genutzt werden, können folgenden untenstehende Aufbau haben (hier ein Zurrdrahtseil mit Haken).

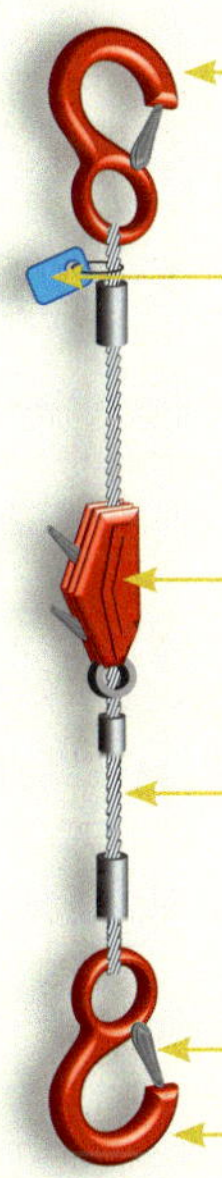

Dieses Zurrmittel wird auf Straßenverkehrsfahrzeugen seltener gebraucht. Zurrdrahtseile sind stärker belastbar als Zurrgurte und eignen sich daher besser für schwere Güter. Kommen sie zur Anwendung, werden sie häufig in Kombination mit Seilwinden, die fest am Fahrzeug montiert sind, verwendet. Hier liegt auch ihr größter Schwachpunkt. Das eine Seilende sollte stets stramm aufgewickelt werden. Allerdings gelingt das kaum. Somit entsteht oft eine zu lockere Aufwicklung, was dazu führt, dass sich während des Transports die Spannung des Seils weiter löst. Das Ladungsgut ist somit nicht mehr optimal gesichert.

Die Leistungsfähigkeit eines Zurrdrahtseiles hängt von dem Nenndurchmesser des Drahtseiles ab. Die sich daraus ergebende zulässige Zugkraft ist dem Kennzeichnungsanhänger zu entnehmen.

Die Hinweise zum Umgang mit Zurrdrahtseilen und die Angaben auf dem Kennzeichnungsanhänger sind mit denen von Zurrketten vergleichbar.

Ablegereife eines Zurrdrahtseiles

Die folgenden Gründe führen u. a. dazu, dass Zurrdrahtseile nicht mehr verwendet werden dürfen:

Schäden am Spannmittel (Drahtseil)	Schäden am Spannelement (Seilzug)	Schäden am Verbindungselement (Haken)
• Verschleiß durch Abrieb, der größer als 10 % ist • starke Rostbildung • Drahtbruch • starke Knicke • Quetschungen und Zusammendrücken des Seils von mehr als 15 % der Nenndicke • Beschädigungen einer Pressklemme	• Risse • grobe Verformungen • starke Korrosion • Abnutzung, die den Materialquerschnitt mehr als 5 % mindert	• Risse • grobe Verformungen • starke Korrosion • Abnutzung, die den Materialquerschnitt mehr als 5 % mindert • Verformungen: Aufweitung des Hakenmauls um mehr als 10 %

6.2 Die fixierenden Einrichtungen zur Ladungssicherung

! Unter **fixierenden Einrichtungen** werden Komponenten verstanden, die auf der Ladefläche montiert oder Teil des Fahrzeugaufbaus sind. Sie dienen zur direkten Fixierung der Ladung und zur Befestigung von Zurrmitteln.

Beispiele für fixierende Ladungssicherungseinrichtungen sind
- Zurrpunkte,
- Lochschienen,
- Ankerschienen,
- Zahnleisten,
- Coilmulden sowie
- Rungen.

Die Zurrpunkte

DIN EN 12640
Mindestanforderungen für Zurrpunkte an Nutzfahrzeugen

Seit 2001 gibt es die DIN EN 12640. Dort wird der Zurrpunkt als eine Vorrichtung zur direkten Befestigung eines Zurrmittels am Transportfahrzeug beschrieben. Diese europäische Norm gilt für Lkw, Anhänger und Sattelanhänger mit einem zulässigen Gesamtgewicht von mehr als 3,5 t. Eine Ausnahme stellen Fahrzeuge für den Transport von Schüttgütern dar (Fahrzeuge mit Kippbrücken).

Schwerlast-Zurringe eines Multilock-Außenrahmens

Die **Anforderungen an Zurrpunkte** sind vielfältig. So muss beispielsweise bei einer runden Innenfläche der Durchmesser mindestens 40 mm betragen. Oder sind die Zurrpunkte direkt in der Ladefläche montiert, dürfen sie bei Nichtgebrauch nicht über die Ladeflächenebene nach oben herausragen.

Die Belastbarkeit der Zurrpunkte

Zulässige Zugkraft von Zurrpunkten	
Fahrzeuge mit einem zGG von über 3,5 t bis einschließlich 7,5 t	800 daN
Fahrzeuge mit einem zGG von über 7,5 t bis einschließlich 12 t	1.000 daN
Fahrzeuge mit einem zGG von über 7,5 t	2.000 daN
Zurrpunkte in der Stirnwand	1.000 daN

zGG
zulässiges Gesamtgewicht

Kennzeichnung der Belastbarkeit von Zurrpunkten:

Auf der Ladefläche eines Lkw muss beispielsweise ein Aufkleber angebracht sein, der über die Belastbarkeit der Zurrpunkte Auskunft gibt.

Die **Anzahl der erforderlichen Zurrpunkte** hängt von der Länge der Ladefläche ab. Dabei sind verschiedene Bestimmungen zu berücksichtigen, z. B.:

- Der Abstand eines an der Längsseite angebrachten Zurrpunktes zur Stirnwand und zum Heck muss jeweils mindestens 500 mm betragen.
- An den Längsseiten beträgt der Abstand maximal 1.200 mm zwischen den einzelnen Zurrpunkten (einzige Ausnahme: an den Achsen einmal 1.500 mm).
- An der Stirnwand befinden sich mindestens 2 Zurrpunkte.

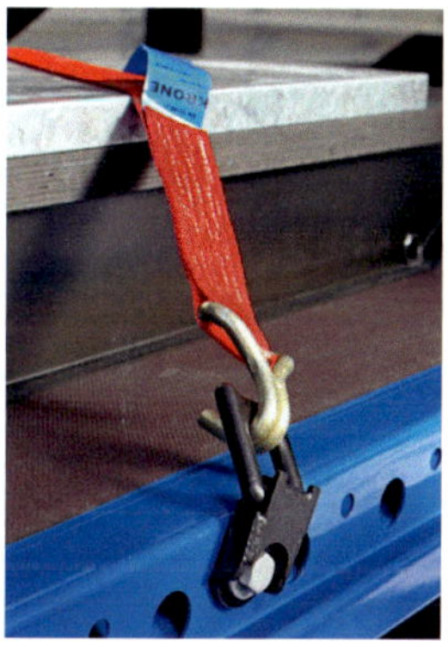

Zurrpunkt aus Stahl zum Nachrüsten

Die Lochschienen

Bei Lochschienen handelt es sich um Metallprofile, die auf der Ladefläche eingelassen sind. Diese können verschiedene Ladehilfsmittel, wie z. B. Spannkeile, aufnehmen, die wiederum die Ladung sichern. Ziel ist es, einen Formschluss der Ladeguter zu erreichen.

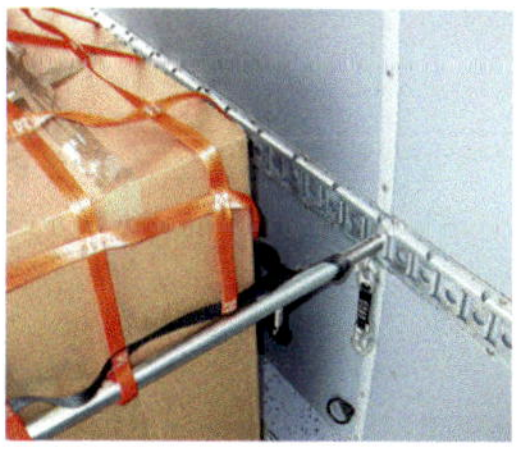

Lochschiene mit Teleskopsperrstange

Die Ankerschienen

Hier werden Metallprofile in die Wände des Fahrzeugaufbaus eingelassen. In diesen können Ladungssicherungshilfsmittel, wie z. B. Ladebalken, Trennwände, Sperrbalken oder -stangen sowie Zurrgurte, befestigt werden. Ziel ist es auch hier, durch die Minimierung der Beweglichkeit des Ladeguts einen Formschluss zu erreichen. Durch die Flexibilität ist nahezu an jeder beliebigen Stelle im Laderaum ein Formschluss möglich.

Die Zahnleisten

Zahnleisten werden für einen sicheren Langholztransport eingesetzt. Es handelt sich um Schienen aus Stahl, die auf dem Querträger zwischen den Rungen befestigt sind. Diese Schienen haben mindestens 20 mm hohe griffige Zahnleisten. Sie dringen in das Holz ein und bewirken somit eine formschlüssige Verbindung zwischen Fahrzeug und Langholz. Die Sicherung muss allerdings noch durch Zurrmittel ergänzt werden.

Zwischenwandverschluss und Ankerschiene mit Sperrstange

Coilmulde mit Ladegut

Coilmulde mit Abdeckung

Die Coilmulden

In die Ladefläche wird eine Vertiefung (Mulde) in Form einer Wanne eingelassen. Sie wird meist in Längsrichtung zur Fahrzeugachse angeordnet. Dort können rollenförmige Ladegüter platziert werden. Die Mulden können zusätzlich mit rutschhemmenden Materialien ausgelegt werden. Zur weiteren Ladungssicherung gegen Kippen, Rutschen oder Wegrollen sind insbesondere bei größeren, schwereren Ladegütern in Rollenform Zurrmittel und/oder Rungen als Ladegestell zusätzlich erforderlich.

Bei Nichtbenutzung können die Coilmulden abgedeckt werden und es entsteht eine ebene Ladefläche, die gegebenenfalls nur eingeschränkt belastet werden kann.

Die Rungen

Bei Rungen handelt es sich um Begrenzungen der Ladefläche bei Straßenfahrzeugen mit Pritschenaufbau. Meist sind sie an den äußeren Längsträgern der Ladeflächen angeordnet. Rungen können auch als sogenannte Einsteckrungen genutzt werden. In diesem Fall befinden sich Aufnahmeflächen für Rungen an allen Kanten oder in der Mitte der Ladefläche, in die die Rungen bei Bedarf gesteckt werden. Weiterhin gibt es teleskopierbare Rungen, die ausgezogen werden können. Rungen haben die Funktion der formschlüssigen Sicherung der Ladegüter.

6.3 Die Hilfsmittel zur Ladungssicherung

! Zur Unterstützung der Ladungssicherung gibt es verschiedene **Hilfsmittel**, die ergänzend dazu dienen, die Ladegüter auf der Ladefläche vor Verrutschen und Kippen zu sichern.

Beispiele für Hilfsmittel zur Ladungssicherung sind:
- Trennwände, -gitter und -netze
- Zwischenwandverschlüsse
- Klemmbalken
- Stausäcke
- Netze und Planen
- rutschhemmende Hilfsmittel

Trennwände, -gitter und -netze

Sie können in den Anker- sowie Lochschienen befestigt werden und haben die Aufgabe, den Laderaum zu unterteilen. Durch diese Unterteilung wird eine formschlüssige Verladung mehrerer Teilladungen ermöglicht.

Die Zwischenwandverschlüsse

Bei einem Zwischenwandverschluss handelt es sich um eine verstellbare Metallbalken, der an den Enden mit Spannverschlüssen versehen ist. Er wird auf die Fahrzeugbreite angepasst und an der Bordwand verriegelt, sodass die Ladung formschlüssig gesichert ist.

Die Klemmbalken

Sie werden in Lkw mit einem festen Aufbau verwendet. Sie können zwischen die Wände geklemmt werden. Grundsätzlich ist es möglich, Klemmbalken an fast allen Stellen auf der Ladefläche einzusetzen.

Zwischenwandverschluss

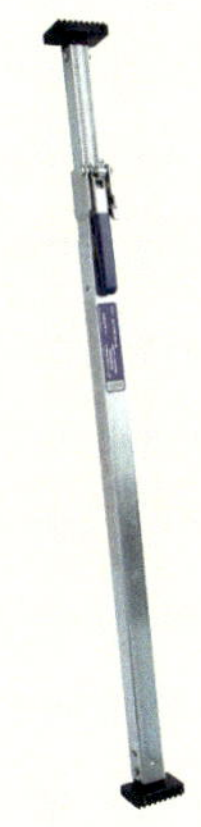

Klemmbalken

Die Stausäcke

Sie bestehen aus einem sehr strapazierfähigen Plastiksack, der außen von mehreren Papierlagen umhüllt ist. Vor ihrem Einsatz werden sie mit Druckluft an einer Ladestelle gefüllt. Stausäcke halten eine Belastung von 18–45 t aus. Sie sind in unterschiedlichen Größen erhältlich und je nach Ausfertigung für den ein- oder mehrmaligen Gebrauch ausgelegt.

Holzpaletten/Holzbalken

Holzpaletten werden vorwiegend zum Ausfüllen von Zwischenräumen eingesetzt. Auch gezimmerte Kantholzkonstruktionen kommen zu diesem Zweck zum Einsatz.

Netze und Planen

Netze und Planen sind flexibel und werden häufig auf Fahrzeugen mit offenen Ladeflächen eingesetzt. Dort sollen sie vor allem lose Kleinteile, mittelschwere Güter oder Schüttgüter vor dem Verwehen durch den Fahrtwind schützen.

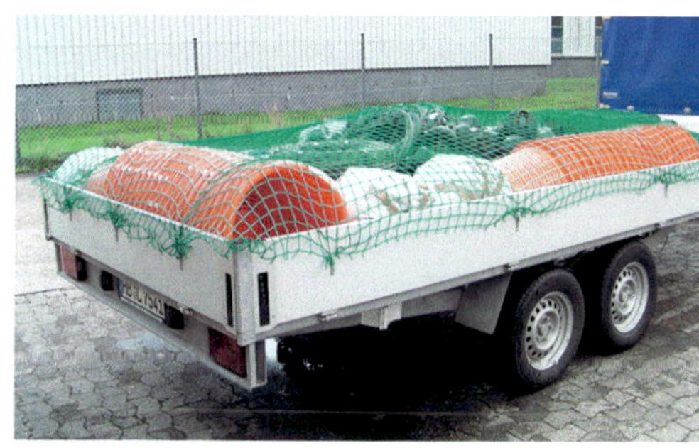

Netz als Hilfsmittel zur Ladungssicherung

Die rutschhemmenden Hilfsmittel

Häufig kommen rutschhemmende Hilfsmittel bei der Ladungssicherung zum Einsatz. In der Regel handelt es sich hierbei um Matten, die auch als „Antirutschmatten" bezeichnet werden, obwohl sie das Wegrutschen der auf ihr stehenden Ladegüter nicht verhindern. Durch den Einsatz dieser rutschhemmenden Matten wird lediglich die Reibung zwischen Ladefläche und Ladegut erhöht, was das Verrutschen der Ladung erschwert. Eine alleinige Sicherung durch rutschhemmende Materialien ist somit nicht ausreichend.

Antirutschmatten als Hilfsmittel zur Ladungssicherung

Die rutschhemmenden Sicherungsmittel werden aus unterschiedlichen Werkstoffen (z.B. Kunststoff, mit Bindemittel gepresstes Gummigranulat, vulkanisiertes Gummi) hergestellt. Sie sind als Voll- oder Gittermaterial in Matten oder Abschnitten zu erwerben. Weiterhin gibt es sie als selbsthaftende Beschichtung für eine Ladefläche.

Die Dicke des rutschhemmenden Materials wird je nach Gewicht des Ladegutes ausgewählt.

ALLES KLAR?

1 Nennen Sie drei Zurrmittel.

2 Ein Zurrgurt hat seine Ablegereife erreicht.
  a Was ist damit gemeint?
  b Welche Normen und Richtlinien sind hierfür ausschlaggebend?
  c Welche Elemente können betroffen sein?
  d Nennen Sie zu jedem Element zwei Beispiele.

3 Beim Umgang mit einem Zurrgurt sollten Sie auf verschiedene Punkte achten. Nennen Sie fünf.

4 Welche Angaben befinden sich auf dem Kennzeichnungsetikett einer Zurrkette?

5 Welche Besonderheit kann das Kennzeichnungsetikett einer Zurrkette haben?

6 Nennen Sie drei fixierende Einrichtungen zur Ladungssicherung.

7 Welche zwei Vorrichtungen gehören nicht zu den fixierenden Einrichtungen zur Ladungssicherung?
  a Lochschienen
  b Ankerschienen
  c Rungen
  d Zwischenwandverschlüsse
  e Klemmbalken
  f Coilmulden

8 Sie beladen einen Lkw. Die Zurrmittel werden in die Zurrpunkte eingehakt. Wo können Sie etwas über die Belastbarkeit der Zurrpunkte in Erfahrung bringen?

9 Sie sollen bei der Sicherung einer Lkw-Ladung mithelfen und Hilfsmittel zur Ladungssicherung verwenden. Beschreiben Sie fünf Hilfsmittel zur Ladungssicherung.

10 Richtig oder falsch? Überprüfen Sie die folgenden Aussagen und korrigieren Sie die falschen, indem Sie die Aussage korrekt formulieren.
  a Ein Zurrgurt besteht aus zwei wesentlichen Teilen – der Ratsche als Spannelement und dem Gurtband als Spannmittel.
  b Je kleiner die Nenndicke einer Zurrkette, desto geringer ist die zugelassene Belastung in daN.
  c In einem Zurrpunkt darf nur ein Zurrgurt befestigt werden.
  d Zurrgurte dürfen nicht zum Heben von Lasten verwendet werden.
  e Die Zurrkraft ist der Kraftaufwand, der am Hebel mit einer Hand zum Betätigen der Ratsche aufgewendet werden muss.
  f Die Vorspannkraft ist die Kraft, die im geraden Zug maximal in einen Zurrgurt eingebracht werden darf, ohne dass dieser reißt.
  g Zurrketten mit Oberflächenrissen dürfen nicht mehr benutzt werden.
  h Reparaturen an Zurrgurten dürfen von jeder Werkstatt vorgenommen werden
  i Ein einteiliger Zurrgurt besteht meist nur aus einem Gurtband und einer Ratsche. Er wird in der Regel zur Umreifung von Ladungsgütern verwendet.
  j Zurrgurte mit Kurzhebelratschen haben den Vorteil, dass weniger Zurrgurte zur Ladungssicherung notwendig sind. Dies bedeutet gleichzeitig eine Zeitersparnis beim Sichern und Entsichern der Ladegüter.

7 Die Grundlagen des Gefahrguttransports

Karsten ist auch heute wieder mit der Beladung von Lkw beschäftigt. Während er seine Arbeit erledigt, fällt ihm ein Lkw auf, der auf dem Hof der Top Bike GmbH steht. An dem Fahrzeug sind verschiedene Schilder und Kennzeichnungen angebracht. Er weiß zwar, dass der Lkw Gefahrgüter transportiert, dennoch interessiert es ihn, was genau die einzelnen Schilder und Kennzeichnungen aussagen. Er wendet sich daher an Herrn Klein. „Richtig, Karsten, bei dem Lkw handelt es sich um einen Gefahrguttransport. Allerdings beschränkt sich das Thema nicht nur auf irgendwelche Schilder. Du solltest daher erst einmal einige Grundlagen wissen, insbesondere welche besonderen Gesetze und Verordnungen bei einem Gefahrguttransport beachtet werden müssen."

Gefahrenkennzeichnung bei einem Lkw

7.1 Gesetze und Verordnungen

Der Transport von gefährlichen Gütern gehört heute zum täglichen Straßenbild. Dennoch muss hier mit einer besonderen Vorsicht zu Werk gegangen werden, um Menschen und Umwelt vor möglichen Schäden zu schützen und die öffentliche Sicherheit nicht zu gefährden. Aus diesen Gründen wurden besondere Gesetze und Verordnungen erlassen, die Gefahrguttransporte regeln.

7.1.1 Gefährliche Güter und Gefahrgutbeförderung

Gefährliche Güter

Was „gefährliche Güter" sind, definiert das Gesetz über die Beförderung gefährlicher Güter (Gefahrgutbeförderungsgesetz [GGBefG]). Hier heißt es:

Gefährliche Güter werden in Gefahrgutklassen eingeteilt.
→ LF 6, Kap. 7.4.1

§ 2 GGBefG Begriffsbestimmungen

(1) Gefährliche Güter im Sinne dieses Gesetzes sind Stoffe und Gegenstände, von denen aufgrund ihrer Natur, ihrer Eigenschaften oder ihres Zustandes im Zusammenhang mit der Beförderung Gefahren für die öffentliche Sicherheit oder Ordnung, insbesondere für die Allgemeinheit, für wichtige Gemeingüter, für Leben und Gesundheit von Menschen sowie für Tiere und Sachen ausgehen können. (…)

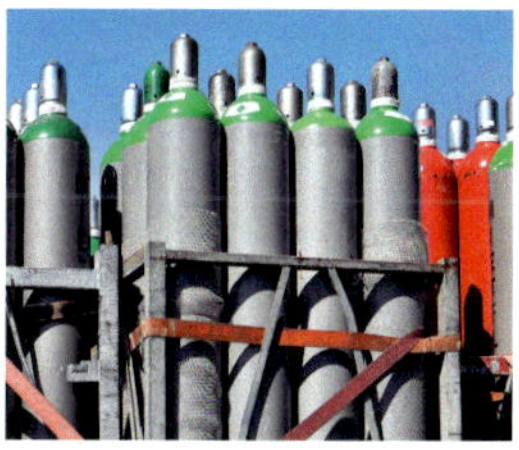

Gefährliche Güter

Gefahrgutbeförderung

Laut § 1 gilt das GGBefG für die Beförderung gefährlicher Güter mit Eisenbahn-, Magnetschwebebahn-, Straßen-, Wasser- und Luftfahrzeugen. Das Gesetz findet hingegen keine Anwendung bei der Beförderung von Gefahrstoffen innerhalb eines Betriebes oder mehrerer, miteinander verbundener Betriebsgelände (Industrieparks), in denen gefährliche Güter hergestellt, bearbeitet, verarbeitet, aufgearbeitet, gelagert, verwendet oder entsorgt werden, soweit sie auf einem abgeschlossenen Gelände stattfindet.

§ 1 GGBefG Geltungsbereich

§ 2 GGBefG Begriffsbestimmungen

Die Beförderung im Sinne des § 2 GGBefG umfasst nicht nur den Vorgang der Ortsveränderung, sondern auch die Übernahme und die Ablieferung des Gutes sowie zeitweilige Aufenthalte im Verlauf der Beförderung, Vorbereitungs- und Abschlusshandlungen (Ver- und Auspacken der Güter, Be- und Entladen), Herstellen, Einführen und Inverkehrbringen von Verpackungen, Beförderungsmitteln und Fahrzeugen für die Beförderung gefährlicher Güter, auch wenn diese Handlungen nicht vom Beförderer ausgeführt werden.

Unterscheidung Gefahrstoffe und Gefahrgüter
→ LF 6, Kap. 7.4.1

!

Von **Gefahrstoffen** wird gesprochen, wenn gefährliche Stoffe **innerbetrieblich** bearbeitet und bewegt werden.

Von **Gefahrgütern** wird gesprochen, wenn gefährliche Stoffe **außerbetrieblich** befördert werden.

7.1.2 Das nationale und internationale Gefahrgutrecht

Gefahrgüter werden nicht nur innerhalb der eigenen nationalen Grenzen bewegt. Durch den grenzüberschreitenden Verkehr ist es erforderlich, den Transport von gefährlichen Gütern auch international zu regeln. Einen Überblick zu den Regelungen und Vereinbarungen liefert die folgende Übersicht:

Verkehrsträger
→ LF 9, Kap. 1.1

IATA
→ LF 9, Kap. 1.6.2

Verkehrsträger	International	National
Straßenverkehr	ADR (Accord européen relatif au transport international des marchandises Dangereuses par Route) = Europäisches Übereinkommen über die internationale Beförderung gefährlicher Güter auf der Straße	GGVSEB (Gefahrgutverordnung Straße, Eisenbahn und Binnenschifffahrt)
Schienenverkehr	RID (Reglement concernant le transport international ferroviaire des marchandises dangereuses) = Regelung zur internationalen Beförderung gefährlicher Güter im Schienenverkehr	
Binnenschifffahrt	ADN (Accord européen relatif au transport international des marchandises dangereuses par voie de navigation intérieure) = Europäisches Übereinkommen über die Beförderung gefährlicher Güter auf Binnenwasserstraßen (ADNR: gilt nur für den Rhein)	
Seeschifffahrt	IMDG-Code (International Maritime Code for Dangerous Goods) = Internationaler Code für die Beförderung gefährlicher Güter mit Seeschiffen	GGVSee (Gefahrgutverordnung See)
Luftverkehr	IATA-DGR (International Air Transport Association – Dangerous Goods Regulations) = Vorschriften für die Beförderung gefährlicher Güter der IATA (= Internationaler Verband der Luftfahrtgesellschaft) ICAO-TI (International Civil Aviation Organisation – Technical Instructions for the Safe Transport of Dangerous Goods by Air) = Technische Anweisungen für die sichere Beförderung gefährlicher Güter im Luftverkehr der ICAO (= internationale Zivilluftfahrtorganisation)	

Wie die Tabelle zeigt, gibt es zu jedem Verkehrsträger spezielle nationale und internationale Regelungen und Vereinbarungen. Allen Gefahrgutvorschriften ist jedoch gemein, dass sie Regelungen zu den folgenden Punkten beinhalten:

Alle Gefahrgutvorschriften enthalten Regelungen über ...

- ... die Festlegung der gefährlichen Güter, die befördert werden dürfen.
- ... die Beachtung von Zusammenladeverboten.
- ... die Verpackung und Kennzeichnung.
- ... die Kennzeichnung, Beschaffenheit und Ausrüstung der Beförderungsmittel.
- ... die Pflichten der am Transport Beteiligten.
- ... die (teilweisen) Freistellungen von den Gefahrgutvorschriften.

Gefährliche Güter verpacken und kennzeichnen → LF 6, Kap. 7.4

7.1.3 Die Gefahrgutbeauftragtenverordnung (GbV)

Die Gefahrgutbeauftragtenverordnung (GbV) gilt für alle Unternehmen, die an der Beförderung gefährlicher Güter mit Straßen-, Eisenbahn-, Wasser- oder Luftfahrzeugen beteiligt sind. Sie gibt dabei auch vor, dass es in jedem dieser Unternehmen mindestens einen bestellten **Gefahrgutbeauftragten** (auch Sicherheitsberater genannt) geben muss. Die Bestellung des Gefahrgutbeauftragten hat schriftlich zu erfolgen, zum Beispiel durch eine Mitteilung des Arbeitgebers.

§ 3 GbV Bestellung von Gefahrgutbeauftragten

Voraussetzung für die Bestellung zum **Gefahrgutbeauftragten** sind grundsätzlich die Teilnahme an einer anerkannten Schulung und eine bestandene Prüfung. Der Schulungsnachweis gilt für fünf Jahre und kann anschließend jeweils um weitere fünf Jahre verlängert werden, sofern wieder eine Prüfung erfolgreich abgelegt wurde. Der Schulungsnachweis entfällt für den Verkehrsträger Luft, da in dem Bereich bereits umfangreiche Schulungs- und Prüfungspflichten bestehen.

Bei dem Gefahrgutbeauftragten kann es sich um einen Mitarbeiter des Unternehmens oder den Unternehmer selbst handeln. Auch die Bestellung einer Person, die nicht dem Unternehmen angehört, ist zulässig. Wichtig ist, dass der Gefahrgutbeauftragte in der Lage ist, seinen Pflichten uneingeschränkt nachzukommen.

§ 8 GbV Pflichten des Gefahrgutbeauftragten

Zu den Pflichten des Gefahrgutbeauftragten gehören z. B.

- die Überwachung der Einhaltung der Vorschriften für die Beförderung gefährlicher Güter,
- das Beraten des Unternehmens bei den Tätigkeiten, die im Zusammenhang mit der Beförderung gefährlicher Güter stehen,
- die Erstellung eines Jahresberichts für die Unternehmensleitung, der Auskunft über die Aktivitäten bei der Beförderung gefährlicher Güter gibt (Aufbewahrungsfrist: fünf Jahre),
- die Sicherstellung der Anfertigung eines Berichts bei einem Unfall mit Gefahrgut,
- die Überprüfung der Durchführung geeigneter Sofortmaßnahmen bei Unfällen oder Zwischenfällen mit Gefahrgut,
- die Sicherstellung geeigneter Maßnahmen zur Verhinderung von erneuten Zwischenfällen mit Gefahrgut sowie
- die Sicherstellung einer ausreichenden Schulung der betreffenden Arbeitnehmer.

Die Bestellung eines Gefahrgutbeauftragten ist allerdings nicht immer erforderlich. Sie entfällt in den folgenden Fällen:

§ 2 GbV Befreiungen	
Es ist kein Gefahrgutbeauftragter erforderlich, wenn …	• … die Beförderung gefährlicher Güter in sogenannten begrenzten Mengen erfolgt. • … die Beförderung gefährlicher Güter bis 50 Tonnen netto pro Jahr für den Eigenbedarf in Erfüllung betrieblicher Aufgaben erfolgt. • … die Unternehmen die gefährlichen Güter lediglich empfangen. • … die Unternehmen ausschließlich als Auftraggeber des Absenders an der Beförderung gefährlicher Güter in einer Menge von maximal 50 Tonnen netto pro Jahr beteiligt sind.

7.2 Die am Gefahrguttransport Beteiligten

Benedikt hilft heute an der Warenannahme aus, da einige Mitarbeiter im Urlaub sind. Die Top Bike GmbH erwartet von der Farbenfabriken Beyer AG mit Sitz in Leverkusen eine Bestellung: 500 Kanister Farbe mit der UN-Nr. 1263. Nachdem der Lkw an der Laderampe steht, beginnen Benedikt und Herr Grunat mit der Entladung. Allerdings stellen sie fest, dass nur 400 Kanister angeliefert wurden. Herr Grunat informiert den Fahrer und vermerkt alles in den Unterlagen. „Wissen Sie schon, wie das geschehen konnte?", fragt Benedikt Herrn Grunat. „Kann ich momentan nicht sagen. Ist vielleicht beim Verpacker oder dem Verlader passiert. An dem Transport von gefährlichen Gütern sind einige Personen und Unternehmen beteiligt. Ich gebe dir mal einen Überblick, wer in welcher Funktion beteiligt ist."

rechtliche Grundlagen und verantwortliche Personen
→ LF 8, Kap. 1

Am Anfang dieses Lernfeldes wurde erklärt, welche Personen am Ladevorgang beteiligt sind und welche Aufgaben ihnen zufallen. Grundlage hierfür sind das HGB, die StVO sowie die StVZO.

Die GGVSEB und das ADR regeln den nationalen bzw. internationalen Transport gefährlicher Güter. Dabei definieren sie auch die am Transport beteiligten Personen und Unternehmen sowie ihre Pflichten.

GGVSEB
= Verordnung über die innerstaatliche und grenzüberschreitende Beförderung gefährlicher Güter auf der Straße, mit Eisenbahnen und auf Binnengewässern (kurz: Gefahrgutverordnung Straße, Eisenbahn und Binnenschifffahrt)

ADR
= Europäisches Übereinkommen über die internationale Beförderung gefährlicher Güter auf der Straße

Absender	Absender ist das Unternehmen, das selbst oder für einen Dritten gefährliche Güter versendet. Erfolgt die Beförderung aufgrund eines Beförderungsvertrages, gilt als Absender der Absender gemäß diesem Vertrag.
Beförderer	Beförderer ist das Unternehmen, das die Beförderung mit oder ohne Beförderungsvertrag durchführt.
Befüller	Befüller ist das Unternehmen, welches die gefährlichen Güter in einen Tank oder in ein Fahrzeug bzw. Container für Güter in loser Schüttung einfüllt.
Verpacker	Verpacker ist das Unternehmen, das die gefährlichen Güter verpackt und gegebenenfalls die Versandstücke zur Beförderung vorbereitet.
Verlader	Verlader ist das Unternehmen, das die gefährlichen Güter in ein Fahrzeug verlädt.
Entlader	Entlader ist das Unternehmen, das z. B. verpackte gefährliche Güter aus- oder von einem Fahrzeug entlädt.
Fahrzeugführer	Fahrzeugführer ist, wer das Fahrzeug tatsächlich lenkt.
Empfänger	Empfänger ist das Unternehmen, das im Beförderungsvertrag als Empfänger genannt ist. Ist im Beförderungsvertrag ein Dritter angegeben, so gilt dieser als Empfänger. Erfolgt die Beförderung ohne Beförderungsvertrag, so ist Empfänger das Unternehmen, welches die gefährlichen Güter bei der Ankunft übernimmt.

Quelle: GGVSEB und ADR

Jeder der Beteiligten muss seine ihm zugewiesenen Aufgaben im Rahmen des Gefahrguttransportes erfüllen. Ziel dabei ist es, allen vorhersehbaren Gefahren entgegenzuwirken und entsprechende Vorkehrungen zu treffen, damit Schadensfälle verhindert bzw. eingetretene Schadensfolgen möglichst gering gehalten werden können (Sicherheitspflichten der Beteiligten). Zu beachten ist, dass nicht alle hier genannten Personen auch immer an einem Gefahrguttransport beteiligt sind. Vielmehr hängt dies von der Art des Gefahrguts und von den Vertragsbedingungen ab.

Zu den Aufgaben des Beförderers gemäß ADR gehört es z. B.
- eine Prüfung vorzunehmen, dass die gefährlichen Güter für eine Beförderung zugelassen sind,
- eine Sichtprüfung vorzunehmen, um festzustellen, ob das Fahrzeug und die Ladung keine Mängel, Undichtheiten oder Risse aufweisen, und
- sicherzustellen, dass das Fahrzeug nicht überladen ist.

Da der Transport von Gefahrgütern immer mit Risiken verbunden ist, muss er sorgfältig vorbereitet und durchgeführt werden. Die am Gefahrguttransport Beteiligten sollten sich stets bewusst sein, dass z. B. Unfälle schwerwiegende Folgen für Menschen und Umwelt mit sich führen können. Um dies zu gewährleisten, sind regelmäßig Schulungen und Unterweisungen durchzuführen.

Damit klar ist, welche Kenntnisse erforderlich sind und was bei einem Gefahrguttransport insbesondere zu beachten ist, gibt die Darstellung einen Überblick zu den folgenden Inhalten:

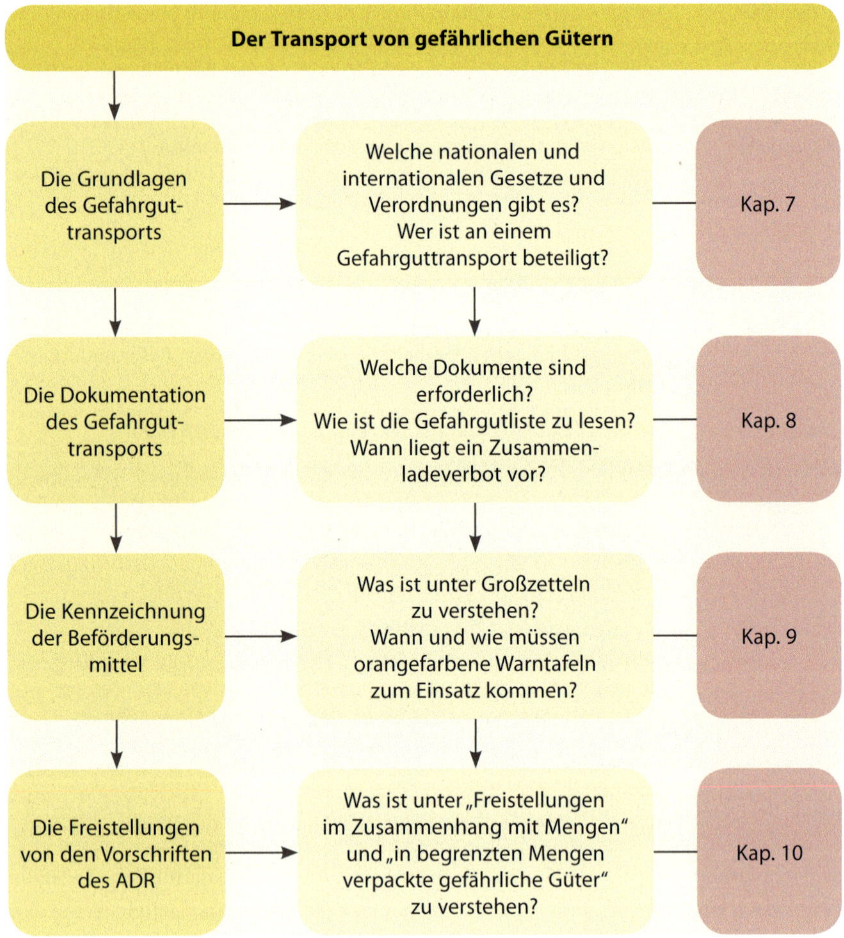

ALLES KLAR?

1 Für welche Verkehrsmittel gilt das Gesetz über die Beförderung gefährlicher Güter?

2 Wann findet das Gesetz über die Beförderung gefährlicher Güter keine Anwendung?

3 Erklären Sie den Unterschied zwischen den Begriffen „Gefahrstoff" und „Gefahrgut".

4 Gefährliche Güter sind Stoffe und Gegenstände, von denen bei der Beförderung Gefahren ausgehen können. Wen können diese Gefahren betreffen?

5 Welche Bestandteile umfasst die Beförderung laut GGBefG?

6 Was wird unter „zeitweiligem Aufenthalt" verstanden?

7 Was bedeutet ADR?

8 Welche nationale und internationale Gefahrgutverordnung gilt für den Verkehrsträger Binnenschiff?

9 Für welche Verkehrsträger gilt die Gefahrgutverordnung?
- **a** GGVSEB
- **b** IATA-DGR
- **c** IMDG-Code

10 Weisen Sie die Begriffserklärungen den jeweiligen Abkürzungen zu.

Begriffserklärungen:
- **a** Internationaler Verband der Luftfahrtgesellschaften
- **b** Ordnung für die internationale Eisenbahnbeförderung gefährlicher Güter
- **c** Internationaler Code für die Beförderung gefährlicher Güter mit Seeschiffen
- **d** Gefahrgutverordnung Straße/Eisenbahn/Binnenschifffahrt
- **e** Europäisches Übereinkommen über die internationale Beförderung gefährlicher Güter auf Straßen

Abkürzungen:
- **1** GGVSEB
- **2** ADR
- **3** RID
- **4** IATA
- **5** IMDG-Code

11 Die Abkürzung der Gefahrgutvorschrift ADN steht für „Europäisches Übereinkommen über die internationale Beförderung gefährlicher Güter auf Binnenwasserstraßen". Wofür steht der Buchstabe R in der Abkürzung ADNR?

12 Zahlreiche nationale und internationale Verordnungen regeln die Gefahrgutbeförderung. Welche nationale Verordnung gilt für die Gefahrgutbeförderung bei der Seeschifffahrt?
- **a** GGVSEB
- **b** GGVSee
- **c** ADNR
- **d** ICAO-TI
- **e** IMDG-Code

13 Der Gefahrgutbeauftragte hat laut Gefahrgutbeauftragtenverordnung verschiedene Aufgaben zu erfüllen. Nennen Sie drei dieser Aufgaben.

14 Welche Voraussetzungen müssen gegeben sein, um die Aufgabe eines Gefahrgutbeauftragten zu erfüllen?

15 Unter bestimmten Voraussetzungen muss ein Unternehmen keinen Gefahrgutbeauftragten bestellen. Welche Voraussetzungen müssen vorliegen? Nennen Sie drei.

16 Wie wird der Gefahrgutbeauftragte noch genannt?
- **a** Sicherheitsbeauftragter
- **b** Sicherheitsberater
- **c** Gefahrgutberater
- **d** Sicherheitsbevollmächtigter
- **e** Gefahrgutbevollmächtigter

8 Die Dokumentation des Gefahrguttransports

Mark Helm ist als Lkw-Fahrer bei der Farbenfabriken Beyer AG angestellt. Da er über die entsprechenden Qualifikationen verfügt, transportiert er häufiger gefährliche Güter. Auch heute ist er wieder einmal mit einer Lieferung für die Top Bike GmbH unterwegs, als er auf der Autobahn in eine Polizeikontrolle kommt. „Wir führen eine Routinekontrolle durch. Ihre Papier bitte." Mark Helm gibt den Beamten alle erforderlichen Unterlagen, die er stets griffbereit im Handschuhfach hat. Nach ca. 20 Minuten sind die Beamten fertig. „Technisch ist alles einwandfrei. Allerdings gibt es bei den Begleitpapieren ein Problem. Wir vermissen Ihre ADR-Schulungsbescheinigung. Sie sollten doch wissen, dass Sie diese bei einem Gefahrguttransport immer mitführen müssen. Oder?"

Fehlende Begleitpapiere können bei einer Polizeikontrolle zu unangenehmen Strafen führen.

Der Transport von gefährlichen Gütern ist immer mit verschiedenen Risiken verbunden. Kommt es z. B. zu einem Unfall, so können erhebliche Gefahren für Mensch und Umwelt entstehen. Aus diesem Grund sind erhöhte Sicherheitsanforderungen bei Gefahrguttransporten erforderlich. Dazu gehört auch, dass anhand der entsprechenden Begleitpapiere jederzeit dokumentiert und somit belegt werden muss, dass der Transport vorschriftsmäßig abgewickelt wird. Zu diesen Begleitpapieren gehören

- das Beförderungspapier,
- die schriftlichen Weisungen,
- die ADR-Bescheinigung sowie
- der Lichtbildausweis.

Diese Dokumente müssen bei einem Gefahrguttransport immer mitgeführt werden. Andernfalls liegt ein Verstoß im Hinblick auf die Dokumentation vor.

Doch bevor der eigentliche Transport beginnt, gilt es zunächst zu klären, welche Güter transportiert werden. Wichtig ist hierbei, die Eigenheiten der zu befördernden Güter genauer zu betrachten. Als Hilfsmittel dafür kommt die Gefahrgutliste zur Anwendung, die u. a. Informationen zu den Eigenschaften und den Verpackungen der gefährlichen Güter gibt.

8.1 Die Gefahrgutliste und das Zusammenladeverbot

In der **Gefahrgutliste** sind alle Gefahrgüter enthalten. Güter, die hier nicht aufgeführt sind, werden nicht als Gefahrgut bezeichnet und können ohne Einhaltung der Gefahrgutvorschriften transportiert werden. Die tabellarische Übersicht enthält alle wichtigen Informationen, die beim Transport einzuhalten sind. Die folgende Übersicht gibt einen Überblick zu den Inhalten, die der Gefahrgutliste gemäß ADR entnommen werden können.

Vereinfachte Gefahrgutliste mit ausgewählten Gefahrgütern

UN-Nummer[1]	Benennung und Beschreibung[2]	Klasse[3]	Verpackungsgruppe[4]	Gefahrzettel[5]	Begrenzte und freigestellte Mengen[6]	Beförderungskategorie[7]	Nummer zur Kennzeichnung der Gefahr[8]
(1)	(2)	(3a)	(4)	(5)	(7a)	(15)	(20)
0333	FEUERWERKSKÖRPER	1		1	0	1	
0495	TREIBSTOFF, FLÜSSIG	1		1	0	1	
1203	BENZIN oder OTTOKRAFTSTOFF	3	II	3	1 L	2	33
1263	FARBE (einschließlich Farbe, Lack, Emaille, Beize, Schellack, Firnis, Politur, flüssiger Füllstoff und flüssige Lackrundlage) oder FARBZUBEHÖR-STOFFE (einschließlich Farbverdünnung und -lösemittel)	3	III	3	5 L	3	33
1306	HOLZSCHUTZMITTEL, FLÜSSIG	3	III	3	5 L	3	30
1454	CALCIUMNITRAT	5.1	III	5.1	5 kg	3	50
1784	HEXYLTRICHLORSILAN	8	II	8	0	2	X80
2417	CARBONYLFLUORID	2		2.3 + 8	0	1	268
2923	ÄTZENDER FESTER STOFF, GIFTIG, N.A.G.	8	II	8 + 6.1	1 kg	2	86
3373	BIOLOGISCHER STOFF, KATEGORIE B	6.2		6.2	0		606

Quelle: ADR, Kap. 3.2.1

[1] festgelegte Gefahrgutnummer
[2] Name in Großbuchstaben und gegebenenfalls Beschreibung des Gefahrenguts
[3] Zuordnung zu den Gefahrgutklassen 1 bis 9
[4] Zuordnung zur Verpackungsgruppe I, II oder III
[5] vorgeschriebene Gefahrzettel
[6] Freistellung von den Vorschriften des ADR bei Beförderung von in begrenzten Mengen verpackter gefährlicher Güter
[7] Freistellung von den Vorschriften des ADR, sofern nur bestimmte Mengen je Beförderungseinheit transportiert werden
[8] obere Nummer auf der orangefarbenen Warntafel; auch als Gefahrnummer oder Kemler-Zahl bezeichnet

Sollen mehrere unterschiedliche Gefahrgüter zusammen auf einem Lkw oder in einem Container transportiert werden, ist nun noch zu prüfen, ob dies auch zulässig ist oder ob es ein **Zusammenladeverbot** gibt. Ausschlaggebend hierfür sind die in der Gefahrgutliste ausgewiesenen Gefahrzettelzuordnungen der einzelnen Gefahrgüter.

Gefahrgüter mit unterschiedlichen Gefahrzetteln dürfen nur dann zusammen geladen werden, wenn dies gemäß der folgenden ADR-Tabelle erlaubt ist.

Gefahrzettel	**1**	**1.4**	**1.5**	**1.6**	**2.1, 2.2, 2.3**	**3**	**4.1**	**4.1 + 1**	**4.2**	**4.3**	**5.1**	**5.2**	**5.2 + 1**	**6.1**	**6.2**	**7A, 7B, 7C**	**8**	**9**
1											d)							b)
1.4	siehe Tabelle Verträglichkeitsgruppen				a)	a)	a)		a)	a)	a)	a)		a)	a)	a)	a)	a), b), c)
1.5																		b)
1.6																		b)
2.1, 2.2, 2.3		a)			X	X	X		X	X	X	X		X	X	X	X	X
3		a)			X	X	X		X	X	X	X		X	X	X	X	X
4.1		a)			X	X	X		X	X	X	X		X	X	X	X	X
4.1 + 1								X										
4.2		a)			X	X	X		X	X	X	X		X	X	X	X	X
4.3		a)			X	X	X		X	X	X	X		X	X	X	X	X
5.1	d)	a)			X	X	X		X	X	X	X		X	X	X	X	X
5.2		a)			X	X	X		X	X	X	X	X	X	X	X	X	X
5.2 + 1												X	X					
6.1		a)			X	X	X		X	X	X	X		X	X	X	X	X
6.2		a)			X	X	X		X	X	X	X		X	X	X	X	X
7A, 7B, 7C		a)			X	X	X		X	X	X	X		X	X	X	X	X
8		a)			X	X	X		X	X	X	X		X	X	X	X	X
9		a), b), c)	b)	b)	X	X	X		X	X	X	X		X	X	X	X	X

Quelle: ADR, Kap. 7.5.2.1

Hinweise zur Tabelle:

- Ein X weist darauf hin, dass die Zusammenladung erlaubt ist.
- Die Buchstaben a, b, c und d weisen darauf hin, dass es Einschränkungen bei der Zusammenladung gibt. Weiterführende Informationen entnehmen Sie bitte direkt aus der ADR.
- Eine leere Zelle weist auf ein Zusammenladeverbot hin.

Wie der Tabelle für die Zusammenladung entnommen werden kann, gibt es Ausnahmen für die Güter der Klasse 1 (1, 1.4, 1.5 und 1.6). Bei diesen Gütern ist zu klären, zu welcher Verträglichkeitsgruppe sie gehören. Werden sie unterschiedlichen Verträglichkeitsgruppen zugeordnet, ist eine Zusammenladung nur erlaubt, wenn dies in der folgenden Tabelle ausgewiesen ist.

Verträglickeits-gruppen	**A**	**B**	**C**	**D**	**E**	**F**	**G**	**H**	**J**	**L**	**N**	**S**
A	X											
B		X		a)								X
C			X	X	X		X				b), c)	X
D		a)	X	X	X		X				b), c)	X
E			X	X	X		X				b), c)	X
F						X						X
G			X	X	X		X					X
H								X				X
J									X			X
L										d)		
N			b), c)	b), c)	b), c)						b)	X
S		X	X	X	X	X	X	X	X		X	X

Quelle: ADR, Kap. 7.5.2.2

Hinweise zur Tabelle:

- Ein X weist darauf hin, dass die Zusammenladung erlaubt ist.
- Die Buchstaben a, b, c und d weisen darauf hin, dass es Einschränkungen bei der Zusammenladung gibt. Weiterführende Informationen entnehmen Sie bitte direkt aus der ADR.
- Eine leere Zelle weist auf ein Zusammenladeverbot hin.

Hier einige Beispiele zu den Verträglichkeitsgruppen:

Verträglickeits-gruppe	**Beschreibung**
A	Zündstoff
B	Gegenstand mit Zündstoff und weniger als zwei wirksamen Sicherungsvorrichtungen. Eingeschlossen sind einige Gegenstände, wie Sprengkapseln, Zündeinrichtungen für Sprengungen und Anzündhütchen, selbst wenn diese keinen Zündstoff enthalten.
C	Treibstoff oder anderer deflagrierender explosiver Stoff oder Gegenstand mit solchem explosiven Stoff
D	Detonierender explosiver Stoff oder Schwarzpulver oder Gegenstand mit detonierendem explosivem Stoff, jeweils ohne Zündmittel und ohne treibende Ladung, oder Gegenstand mit Zündstoff mit mindestens zwei wirksamen Sicherungsvorrichtungen

Der Verlader und der Fahrzeugführer müssen die Vorschriften über das Zusammenladeverbot beachten.

Quelle: ADR, Kap. 2.2.1.1.6

8.2 Das Beförderungspapier

Jeder Fahrer eines Gefahrguttransportes muss ein Beförderungspapier mit sich führen. Im Hinblick auf das Aussehen bzw. die Form des Beförderungspapiers gibt es keine Vorgaben. Ein Begleitpapier, wie z. B. der Frachtbrief, kann zu einem Beförderungspapier werden, wenn es folgende Angaben enthält:

UN-Nummer, der die Buchstaben „UN" vorangestellt sind	UN 1263
offizielle Benennung des Gutes für die Beförderung	FARBE
Nummer des Gefahrzettelmusters	3
die dem Stoff zugeordnete Verpackungsgruppe, der die Buchstaben „VG" vorangestellt sind	VG III
Anzahl und Beschreibung der Versandstücke	500 Kanister
Gesamtmenge jedes gefährlichen Gutes mit unterschiedlicher UN-Nummer, unterschiedlicher offizieller Benennung oder unterschiedlicher Verpackungsgruppe	5.000 Liter
Name und Anschrift des Absenders	Farbenfabriken Beyer AG Am Beyerwerk 144 51333 Leverkusen
Name und Anschrift des Empfängers	Top Bike GmbH Radweg 7 93053 Regensburg

Ausnahme siehe ADR

> **!** Die ersten 4 Angaben müssen immer in der hier dargestellten Reihenfolge aufgeführt sein, also z. B. UN 1263, FARBE, 3, VG III.

Vereinfachtes Muster eines Beförderungspapiers

Beförderungspapier ADR   Auftrags-Nr.:   Datum:

Absender:		Empfänger:	
Firma, Name:	Farbenfabriken Beyer AG	Firma, Name:	Top Bike GmbH
Straße und Nr.:	Am Beyerwerk 144	Straße und Nr.:	Radweg 7
PLZ-Ort:	51333 Leverkusen	PLZ-Ort:	93053 Regensburg

Zusatzinformationen:

☐ Gefahrgut gemäß Anlage (z. B. Shippers Declaration, IMO-Erklärung)

Anzahl	Verpackungsart und ggf. Code	UN-Nummer	Offzielle Benennung und ggf. technische Benennung wenn SV 274 angezeigt	Klasse*	VG	Brutto o. Netto in kg/Ltr.	Gesamtmenge
500	Kanister	UN 1263	FARBE, umweltgefährdend	3	III	10 L	5.000 L

☒ Achtung: Fahrzeug ist kennzeichnungspflichtig (Punkte in der Summe > 1.000)
☐ Achtung: Fahrzeug ist kennzeichnungspflichtig (keine Inanspruchnahme von Freistellungen)
☐ Beförderung nach Absatz 1.1.4.2.1 ADR

* bzw. Gefahrzettel

Der Fahrer/Beförderer wurde auf Gefahrgut hingewiesen und bestätigt, die schriftlichen Weisungen mitzuführen.

Datum Unterschrift Fahrer/Beförderer: ______________________ Aussteller: ______________________

8.3 Die schriftlichen Weisungen

Schriftliche Weisungen geben den Mitgliedern der Fahrzeugbesatzung Informationen über die Gefahreneigenschaften der transportierten gefährlichen Güter. Kommt es zu einer Notfallsituation, ist die Fahrzeugbesatzung in der Lage, die richtigen Maßnahmen zu ergreifen. Aus diesem Grund müssen sich die schriftlichen Weisungen an einer leicht zugänglichen Stelle in der Fahrzeugkabine befinden.

Der Beförderer hat vor Fahrtantritt die schriftlichen Weisungen an die Fahrzeugbesatzung auszuhändigen. Er muss sicherstellen, dass jedes Mitglied der Fahrzeugbesatzung diese versteht und richtig anwenden kann.

Die Mitglieder der Fahrzeugbesatzung haben die Pflicht, sich über die geladenen Güter zu informieren und die schriftlichen Weisungen zu lesen.

Neben diesen Weisungen, die die Maßnahmen bei einem Unfall oder Notfall näher erläutern, muss es eine weitere Übersicht mit zusätzlichen Hinweisen geben, die den Mitgliedern der Fahrzeugbesatzung Informationen zu den Gefahreneigenschaften der gefährlichen Güter liefern.

Damit die Maßnahmen bei einem Unfall oder Notfall umgesetzt werden können, muss jede Beförderungseinheit, die zum Transport gefährlicher Güter genutzt wird, gemäß ADR über eine Standard-Notfallausrüstung verfügen. Sie dient einerseits dem persönlichen Schutz der Mitglieder der Besatzung und anderseits dem allgemeinen Schutz aller weiteren Beteiligten und der Umwelt.

Neben dieser vorgeschriebenen Standard-Notfallausrüstung, die an Bord von jedem Beförderungsmittel vorhanden sein muss, das gefährliche Güter transportiert, richtet sich die weitere Ausstattung nach den Gefahrzettel-Nummern der geladenen Güter. Hierzu kann das Beförderungspapier genutzt werden, aus dem die Gefahrzettel-Nummern bestimmt werden können.

Weiterhin ist darauf zu achten, dass jede Beförderungseinrichtung mit mindestens einem tragbaren Feuerlöschgerät ausgestattet sein muss. Das erforderliche Fassungsvermögen der Feuerlöschgeräte richtet sich dabei nach der höchstzulässigen Masse der Beförderungseinheit.

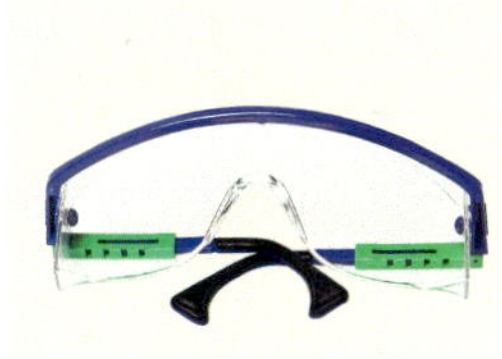

Schutzbrille (Standard)

Feuerlöschgerät (Standard)

Feuerlöschgerät für die Brandklassen A, B und C
→ LF 2, Kap. 6.4.1

Warnweste (Standard)

Beleuchtungsgerät (Standard)

Notfallfluchtmaske (abhängig von der Gefahrzettel-Nummer)

(Klapp-)Spaten/Schaufel (abhängig von der Gefahrzettel-Nummer)

8.4 Die ADR-Schulungsbescheinigung

Werden mittels eines Fahrzeuges gefährliche Güter transportiert, so muss der Fahrzeugführer über eine ADR-Schulungsbescheinigung verfügen. Dafür ist es nach ADR erforderlich, dass der Fahrzeugführer an einem entsprechenden Kurs teilnimmt. Die Ausstellung der ADR-Schulungsbescheinigung erfolgt nach dem Bestehen einer schriftlichen Prüfung durch die IHK.

Weitere Vorgaben sind dem ADR, Kap. 8.2.2.8.2 zu entnehmen.

Eine Verlängerung der fünf Jahre gültigen ADR-Schulungsbescheinigung ist nach dem Besuch eines Auffrischungskurses und dem Bestehen der Prüfung möglich.

8.5 Der Lichtbildausweis

Jedes Fahrzeugbesatzungsmitglied muss während der Beförderung einen Lichtbildausweis mitführen. Bei dem Lichtbildausweis muss es sich um ein amtliches Dokument handeln, wie z. B. einen Führerschein oder Personalausweis. Dies ist erforderlich, um eine eindeutige Identifizierung der Fahrzeugbesatzung zu gewährleisten. Ziel dieser Regelung ist es, den Diebstahl und Missbrauch gefährlicher Güter einzudämmen.

Weitere Begleitpapiere, wie z. B. eine Ausnahmegenehmigung nach § 5 GGVSEB oder eine Fahrwegbestimmung nach § 35 GGVSEB, sind unter Umständen mitzuführen.

8.6 Die Pflichten der Beteiligten

Wie in Kapitel 7.2 bereits dargestellt wurde, sind an einem Gefahrguttransport unterschiedliche Personen beteiligt. Welche Pflichten ihnen im Hinblick auf die Dokumentation zukommen, zeigt die folgende Tabelle:

Beteiligter	Pflichten
Absender	• hat den Beförderer auf das gefährliche Gut durch das Beförderungspapier schriftlich hinzuweisen • hat dafür zu sorgen, dass ein Beförderungspapier mitgegeben wird • muss eine Kopie des Beförderungspapiers mindestens drei Monate ab Ende der Beförderung aufbewahren • hat dafür zu sorgen, dass die erforderlichen Begleitpapiere dem Beförderungspapier beigelegt werden • hat dafür zu sorgen, dass Personen, die an der Beförderung gefährlicher Güter beteiligt sind, unterwiesen werden; die Unterlagen der Unterweisung müssen 5 Jahre aufbewahrt werden

Beteiligter	Pflichten
Beförderer	• darf die Sendung so lange nicht befördern, bis alle Vorschriften erfüllt sind • hat vor Fahrtantritt der Fahrzeugbesatzung die schriftlichen Weisungen zu übergeben, die jedes Mitglied der Fahrzeugbesatzung lesen und verstehen muss • hat dafür zu sorgen, dass die Begleitpapiere dem Fahrzeugführer vor Beförderungsbeginn übergeben werden • hat dafür zu sorgen, dass nur Fahrzeugführer mit gültiger ADR-Schulungsbescheinigung eingesetzt werden • muss eine Kopie des Beförderungspapiers mindestens drei Monate ab Ende der Beförderung aufbewahren • hat das Fahrzeug mit der Ausrüstung für den persönlichen und allgemeinen Schutz sowie den Feuerlöschgeräten auszurüsten • hat dafür zu sorgen, dass Personen, die an der Beförderung gefährlicher Güter beteiligt sind, unterwiesen werden; die Unterlagen der Unterweisung müssen fünf Jahre aufbewahrt werden
Verlader	• hat den Fahrzeugführer auf das gefährliche Gut durch das Beförderungspapier schriftlich hinzuweisen • hat dafür zu sorgen, dass Personen, die an der Beförderung gefährlicher Güter beteiligt sind, unterwiesen werden; die Unterlagen der Unterweisung müssen fünf Jahre aufbewahrt werden
Entlader	• muss sich anhand des Beförderungspapiers vergewissern, dass die richtigen Güter ausgeladen werden • hat die Großzettel und die orangefarbenen Warntafeln nach der Entladung zu entfernen • hat dafür zu sorgen, dass Personen, die an der Beförderung gefährlicher Güter beteiligt sind, unterwiesen werden; die Unterlagen der Unterweisung müssen fünf Jahre aufbewahrt werden
Fahrzeugführer	• muss die schriftlichen Weisungen beachten • hat während der Beförderung die Begleitpapiere, die ADR-Schulungsbescheinigung, die Feuerlöschgeräte und die Ausrüstungsgegenstände mitzuführen und auf Verlangen vorzuzeigen
Empfänger	• ist verpflichtet, die Annahme des Gutes nicht ohne zwingenden Grund zu verzögern • hat dafür zu sorgen, dass Personen, die an der Beförderung gefährlicher Güter beteiligt sind, unterwiesen werden; die Unterlagen der Unterweisung müssen fünf Jahre aufbewahrt werden

Quelle: GGVSEB und ADR

ALLES KLAR?

1 Was ist unter dem Begriff „Zusammenladung" zu verstehen?

2 Für den Transport gefährlicher Güter wird immer ein Beförderungspapier benötigt.
  - **a** Welche Bestandteile muss ein Beförderungspapier enthalten?
  - **b** Welche Reihenfolge muss beachtet werden?

3 Das Beförderungspapier muss für mindestens drei Monate aufbewahrt werden. Wer hat diese Pflicht? Nennen Sie die zwei richtigen Antworten.
  - **a** Absender
  - **b** Befüller
  - **c** Verlader
  - **d** Beförderer
  - **e** Empfänger
  - **f** Entlader
  - **g** Verpacker

4 Wie wird ein Frachtbrief zum Beförderungspapier?

5 Gemäß ADR müssen „schriftliche Weisungen" beim Gefahrguttransport mitgeführt werden. Was wird darunter verstanden?

6 Wo müssen sich die schriftlichen Weisungen während des Transportes befinden?
  - **a** an der Heckseite des Fahrzeugs
  - **b** in der Brieftasche des Fahrzeugführers
  - **c** bei den Unterlagen des Fahrzeughalters
  - **d** auf der Ladefläche
  - **e** an einer leicht zugänglichen Stelle

7 In welcher Sprache müssen die schriftlichen Weisungen mitgeführt werden?
  - **a** deutsch
  - **b** englisch
  - **c** französisch
  - **d** spanisch
  - **e** russisch
  - **f** polnisch
  - **g** in einer Sprache, die für jedes Fahrzeugbesatzungsmitglied verständlich ist

8 Nennen Sie drei Ausrüstungsgegenstände, die gemäß ADR an Bord eines Fahrzeugs vorhanden sein müssen.

9 Jeder Fahrer muss bei der Beförderung von Gefahrgut eine ADR-Schulungsbescheinigung mitführen.
  - **a** Was versteht man unter dieser Bescheinigung?
  - **b** Wie lange ist diese Bescheinigung gültig?
  - **c** Wie kann die Bescheinigung verlängert werden?
  - **d** Wer stellt die Bescheinigung aus?

10 Nennen Sie zwei weitere Begleitpapiere, die beim Gefahrguttransport zum Einsatz kommen können.

11 Sie sind im Warenausgang der Flamm GmbH beschäftigt. Sie erhalten den Auftrag, Feuerzeugbenzin aus den im Lager befindlichen Tanks für den Gefahrguttransport in Intermediate Bulk Container (IBC) abzufüllen und für den Versand bereitzustellen. Der Transport erfolgt per Lkw.
Welche Angaben sind für das Beförderungspapier nach den ADR-Bestimmungen notwendig, um das Feuerzeugbenzin zu transportieren?
  - **a** Gesamtmenge des gefährlichen Guts, Absender, Materialbezeichnung
  - **b** Absender, Empfänger, Lieferungsdatum
  - **c** Empfänger, Verpackung, Bestelldatum
  - **d** Absender, Materialnummer, Kommissionierer
  - **e** Bearbeiter, Verpackung, Materialbezeichnung

9 Die Kennzeichnung der Beförderungsmittel

LS 58

Die Top Bike GmbH hat vor einigen Tagen bei der Farbenfabrik Beyer AG eine größere Bestellung in Auftrag gegeben. Die Lieferung ist für heute angekündigt. Frau Schumann und Stefanie, die beide die Entladung übernehmen sollen, warten bereits auf den Lkw. Als das Fahrzeug kommt, stutzt Stefanie im ersten Moment: „Eigentlich kann es nicht der richtige Lkw sein. Der hier hat doch keine Gefahrgutkennzeichnungen." „Du hast recht, da hat jemand nicht aufgepasst. Am besten ist, du sagst dem Fahrer gleich Bescheid. Er hat noch weitere Bestellungen geladen. Wenn er unterwegs kontrolliert wird, kann das teuer werden. Weißt du eigentlich, welche Kennzeichnung an den Lkw gehört?"

9.1 Das Anbringen von Großzetteln (Placards) und orangefarbenen Warntafeln an Beförderungsmitteln

Auch gefährliche Stoffe werden in Verpackungen befördert. Damit klar ist, welche Gefahren vom Inhalt ausgehen können, müssen die Verpackungen außen eine Kennzeichnung erhalten. Versandstücke bzw. deren Umverpackungen werden daher mit schriftlichen Informationen gekennzeichnet und mit Gefahrzetteln bezettelt.

Güter verpacken
→ LF 6, Kap. 7.4

Werden die Güter nun z. B. in einen Lkw geladen, um sie an ihren Bestimmungsort zu bringen, gibt es ein Problem. Obwohl die vorgeschriebene Kennzeichnung der Güter auf der Verpackung vorgenommen wurde, ist es für eine außenstehende Person nicht mehr ersichtlich, um welche Gefahrgüter es sich handelt, wenn die Ladefläche des Lkw geschlossen ist.

Aus diesem Grund ist es erforderlich, dass auch die Beförderungsmittel eine entsprechende Kennzeichnung erhalten. Es muss sofort erkennbar sein, dass es sich um einen Gefahrguttransport handelt, damit beispielsweise Rettungskräfte bei einem Unfall die richtigen Maßnahmen ergreifen können. Für die Kennzeichnung werden **Großzettel (Placards)** und **orangefarbene Warntafeln** verwendet.

9.1.1 Die Großzettel (Placards)

Die Großzettel (auch Placards genannt) entsprechen in Farbe und Symbol den Gefahrzetteln, die direkt auf ein Versandstück geklebt werden. Allerdings müssen diese, damit sie auch deutlich ins Auge fallen, eine Mindestgröße von 250 mm x 250 mm aufweisen.

Gefahrzettel
→ LF 6, Kap. 7.4.3

An Fahrzeugen, in denen nur Versandstücke befördert werden, müssen grundsätzlich keine Großzettel angebracht werden. Ausnahme bilden Fahrzeuge, in denen Güter der Klasse 1 befördert werden. In diesem Fall sind an beiden Längsseiten und hinten am Fahrzeug Großzettel (laut Spalte 5 Gefahrzettel der Gefahrgutliste) anzubringen.

Mindestmaße eines Großzettels (Placard)

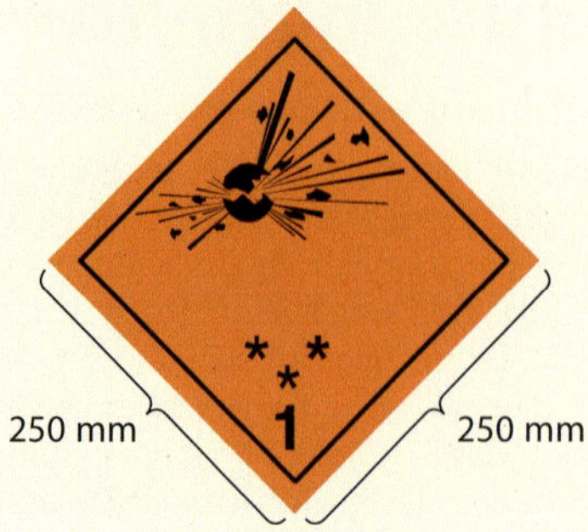

lose Schüttung bezeichnet den Transport von festen unverpackten Gütern

An Tankfahrzeugen und Fahrzeugen, die Güter in loser Schüttung befördern, sind Großzettel an beiden Längsseiten und hinten am Fahrzeug anzubringen. Ist mehr als ein Großzettel vorgeschrieben, so müssen diese nahe beieinander angebracht werden.

Fahrzeuge, in denen umweltgefährdende Stoffe befördert werden, müssen mit dem folgenden Großzettel versehen werden:	
Tankfahrzeuge, für die ein Kennzeichen für erwärmte Stoffe vorgeschrieben ist, müssen an den Längsseiten und hinten mit folgendem Symbol versehen werden:	

9.1.2 Die orangefarbene Warntafel

Neben der Verwendung von Großzetteln sind die Beförderungsmittel zusätzlich mit orangefarbenen Warntafeln zu versehen, damit diese als Gefahrguttransport erkennbar sind.

! Die **orangefarbene Warntafel** ist rechteckig und hat eine schwarze Umrandung. Je eine Warntafel muss vorn und hinten am Fahrzeug befestigt sein. Sie muss so beschaffen sein, dass sie nach einer 15-minütigen Feuereinwirkung noch lesbar ist, damit Rettungskräfte im Notfall entsprechende Maßnahmen einleiten können.

Maße einer orangefarbenen Warntafel:

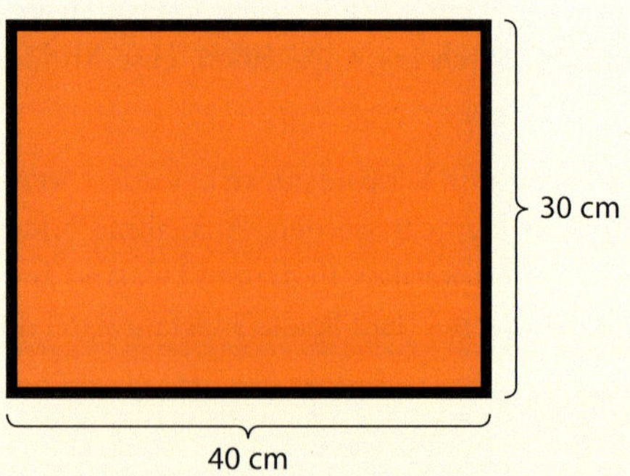

Orangefarbene Warntafeln mit Nummern müssen bei Tankfahrzeugen und Fahrzeugen, die Güter in loser Schüttung befördern, angebracht werden.

Beispiel für eine Kennzeichnung anhand von Farbe/Farbzubehörstoffen

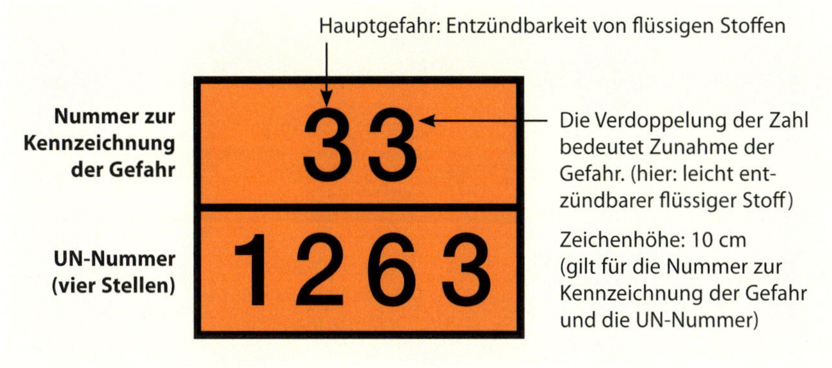

Die **Nummer zur Kennzeichnung der Gefahr** steht immer im oberen Teil der orangefarbenen Warntafel. Sie weist auf die Gefahr hin, die von dem transportierten Gefahrgut ausgeht, und ist immer nach folgender Systematik aufgebaut:

- Die Nummer zur Kennzeichnung der Gefahr besteht für die Stoffe der Klassen 2 bis 9 aus zwei oder drei Ziffern.
- Wird eine Ziffer verdoppelt, weist dies auf eine Zunahme der Gefahr hin.
- Wenn die Gefahr, die durch einen Stoff ausgeht, ausreichend durch eine Ziffer angegeben werden kann, wird dieser Ziffer eine 0 angefügt.
- Ein X vor der Ziffer bedeutet, dass der Stoff in gefährlicher Weise mit Wasser reagiert.

Statt Nummer zur Kennzeichnung der Gefahr wird häufig auch von Gefahrnummer oder Kemler-Zahl gesprochen.

Eine Ausnahme stellt die Klasse 1 (Explosivstoffe) dar.

Die einzelnen Ziffern weisen auf folgende Gefahren hin:

Nummer zur Kennzeichnung der Gefahr	Bedeutung
2	Entweichen von Gas durch Druck oder durch chemische Reaktion
3	Entzündbarkeit von flüssigen Stoffen (Dämpfen) und Gasen oder selbsterhitzungsfähiger flüssiger Stoff
4	Entzündbarkeit von festen Stoffen oder selbsterhitzungsfähiger fester Stoff
5	oxidierende (brandfördernde) Wirkung
6	Giftigkeit oder Ansteckungsgefahr
7	Radioaktivität
8	Ätzwirkung
9	Gefahr einer spontanen heftigen Reaktion

	Nummer zur Kennzeichnung der Gefahr								
	0	2	3	4	5	6	7	8	9
2	20	22	23		25	26			
3	30		33			36		38	39
4	40		43	44		46		48	
5	50				55	56		58	59
6	60		63	64	65	66		68	69
7	70							78	
8	80		83	84	85	86		88	89
9	90								99

z. B.
20 erstickendes Gas oder Gas, das keine Zusatzgefahr aufweist
22 tiefgekühlt verflüssigtes Gas, erstickend
23 entzündbares Gas
239 entzündbares Gas, das spontan zu einer heftigen Reaktion führen kann
60 giftiger oder schwach giftiger Stoff
66 sehr giftiger Stoff
68 giftiger Stoff, ätzend
69 giftiger oder schwach giftiger Stoff, der spontan zu einer heftigen Reaktion führen kann
90 umweltgefährdender Stoff – verschiedene gefährliche Stoffe
99 verschiedene gefährliche Stoffe in erwärmtem Zustand

Quelle: Süselbeck, Dr. G., Aufbaukurs ADR 2011 – Gefahrgut-Fahrerschulung, 11. Auflage 2011, S. 79

UN-Nummer
→ LF 6, Kap. 7.4.3

Gefahrgutliste
→ LF 8, Kap. 8.1

Im unteren Teil der orangefarbenen Warntafel steht die **UN-Nummer** (Stoffnummer). Diese vierstellige Nummer ist für jedes gefährliches Gut festgelegt und kann beispielsweise der Gefahrgutliste entnommen werden.

Die Nummer zur Kennzeichnung der Gefahr und die UN-Nummer müssen durch eine waagerechte schwarze Linie getrennt sein, die in der Mitte der orangefarbenen Warntafel verläuft.

Zur Kennzeichnung einer Beförderungseinheit, z. B. eines Lkw, die Gefahrgüter transportiert, sind zwei rechteckige, rückstrahlende und senkrecht anzubringende orangefarbene Warntafeln erforderlich. Eine Warntafel wird vorn und eine hinten befestigt. Es muss sichergestellt sein, dass sie Warntafeln deutlich sichtbar angebracht werden.

Im Hinblick auf die Beschriftung der Warntafeln mit der Nummer zur Kennzeichnung der Gefahr sowie der UN-Nummer gibt es in bestimmten Fällen allerdings auch Ausnahmen. Wird in der ADR-Gefahrgutliste in der Spalte „Nummer zur Kennzeichnung der Gefahr" eine Nummer genannt, so müssen bei Schüttgut- und Tankbeförderungen orangefarbene Tafeln angebracht werden. Allerdings bieten sich zwei Varianten an.

Variante 1:
Die orangefarbenen Warntafeln, die sich vorn und hinten am Beförderungsmittel befinden, müssen mit der Nummer zur Kennzeichnung der Gefahr und der UN-Nummer beschriftet sein. Seitlich kann auf das Anbringen der Warntafeln verzichtet werden.

Variante 2:
Sowohl vorn als auch hinten wird eine neutrale orangefarbene Warntafel angebracht. In diesem Fall sind die Warntafeln an den Seiten mit der Nummer zur Kennzeichnung der Gefahr und der UN-Nummer zu beschriften.

Wenn der Lkw kein Gefahrgut transportiert, müssen die orangefarbenen Tafeln entfernt oder komplett abgedeckt werden. Die Abdeckung muss eine 15-minütige Feuereinwirkung überstehen.

9.2 Die Pflichten der Beteiligten

Beteiligter	Pflichten
Absender	• muss sich vergewissern, dass die gefährlichen Güter klassifiziert und zur Beförderung zugelassen sind • hat dafür zu sorgen, dass Personen, die an der Beförderung gefährlicher Güter beteiligt sind, unterwiesen werden; die Unterlagen der Unterweisung müssen fünf Jahre aufbewahrt werden • hat dafür zu sorgen, dass ein Beförderungspapier mitgegeben wird
Beförderer	• rüstet das Fahrzeug mit Großzetteln und orangefarbenen Tafeln aus • hat dafür zu sorgen, dass Personen, die an der Beförderung gefährlicher Güter beteiligt sind, unterwiesen werden; die Unterlagen der Unterweisung müssen fünf Jahre aufbewahrt werden
Befüller	• hat dafür zu sorgen, dass die orangefarbenen Warntafeln und die vorgeschriebenen Großzettel (Placards) vorschriftsmäßig an den Tankfahrzeugen und Fahrzeugen mit loser Schüttung angebracht sind
Fahrzeugführer	• bringt die Großzettel und die orangefarbenen Warntafeln an • entfernt bzw. deckt die Großzettel und orangefarbenen Warntafeln bei leeren Transportmitteln ab
Entlader	• hat darauf zu achten, dass die Großzettel und die orangefarbenen Warntafeln nach der Entladung entfernt werden • hat dafür zu sorgen, dass Personen, die an der Beförderung gefährlicher Güter beteiligt sind, unterwiesen werden; die Unterlagen der Unterweisung müssen fünf Jahre aufbewahrt werden

Quelle: GGVSEB und ADR

ALLES KLAR?

1 Was ist unter einem Großzettel zu verstehen?

2 Welche Bedeutung haben diese Zeichen?

a

b

3 Gefahrguttransporter müssen mit Warntafeln ausgestattet sein.

a Welche Farbe haben die Warntafeln?

b Welche Bedeutung hat die obere Zahl?

c Welche Bedeutung hat die untere Zahl?

4 Ordnen Sie der Bedeutung jeweils die Nummer zur Kennzeichnung der Gefahr zu.

a Entzündbarkeit von flüssigen Stoffen (Dämpfen) und Gasen oder selbsterhitzungsfähiger flüssiger Stoff

b oxidierende (brandfördernde) Wirkung

c Radioaktivität

d Ätzwirkung

e gefährliche Reaktion mit Wasser

5 An einem Lkw sind orangefarbene Warntafeln anzubringen. Wo und wie viele?

a nur eine Warntafel vorn

b nur eine Warntafel hinten

c eine Warntafel vorn und eine Warntafel hinten

d die Entscheidung liegt beim Fahrzeugführer

6 Folgende Warntafel muss an einem Tanklastzug befestigt werden. An welchen Stellen?

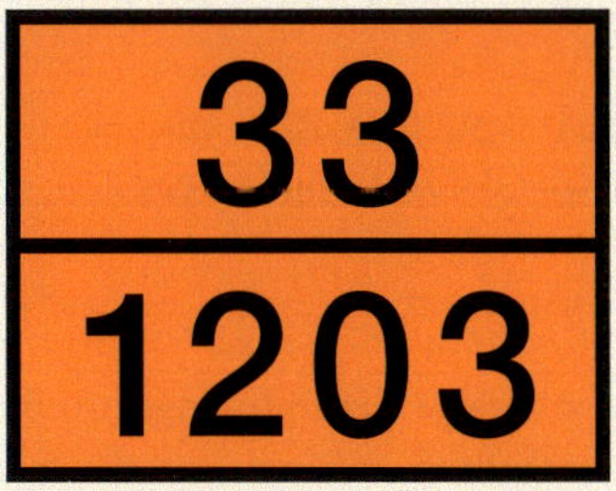

7 Zwei Gefahrguttransporter verlassen den Hof der KARO Spedition GmbH. Sie sind mit den folgenden Warnschildern gekennzeichnet. Welche konkrete Bedeutung haben die Zahlen?

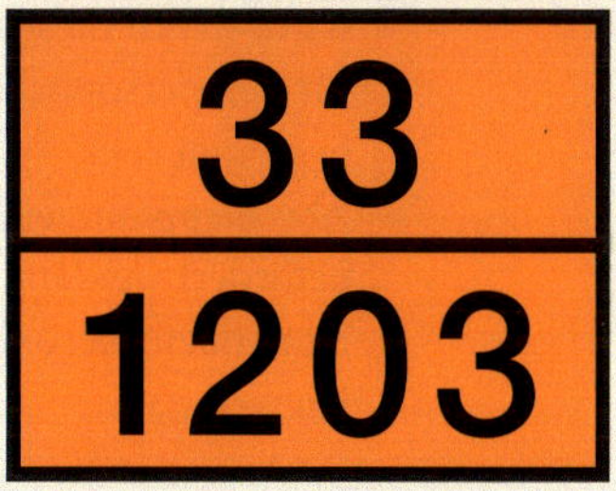

8 Der Fahrzeugführer bringt die Großzettel und die orangefarbenen Tafeln an. Um diese Tätigkeit durchzuführen, bekommt er folgende Informationen. Welche der Aussagen ist richtig?

a Der Befüller muss dem Fahrzeugführer das Beförderungspapier mitgeben.

b Der Absender hat dafür zu sorgen, dass ein Beförderungspapier mitgegeben wird.

c Der Beförderer muss die Nummer zur Kennzeichnung der Gefahr dem Fahrzeugführer vor Beförderungsbeginn mitteilen.

d Der Empfänger rüstet das Fahrzeug mit Großzetteln und orangefarbenen Tafeln aus.

LS 59

10 Die Freistellungen von den Vorschriften des ADR

Die Top Bike GmbH bestellt Farbe in 5-l-Kanistern bei der Farbenfabriken Beyer AG. Da die Farbe dringend benötigt wird, wird der Top Bike GmbH zugesagt, dass die Lieferung am nächsten Tag erfolgt. Als am nächsten Tag der Transporter, der die Farbe liefert, auf den Hof fährt, ist Benedikt, der die Lieferung entgegennehmen soll, doch etwas verwundert, da das Fahrzeug keine Kennzeichnung trägt. Er fragt sich, ob es vielleicht Ausnahmen gibt, bei denen die ADR-Vorschriften gar nicht oder nur teilweise zur Anwendung kommen.

Nicht alle Gefahrguttransporte unterliegen den Vorschriften des ADR. Zu diesen Ausnahmen zählen beispielsweise:

- Die Beförderung von gefährlichen Gütern, die von Privatpersonen durchgeführt wird, sofern diese einzelhandelsgerecht verpackt sind; weiterhin sollen die Güter für den persönlichen bzw. häuslichen Gebrauch oder für Freizeit und Sport bestimmt sein
- Abschleppfahrzeuge, auf denen Unfallfahrzeuge mit gefährlichen Gütern befördert werden
- Notfallbeförderungen zur Rettung menschlichen Lebens oder zum Schutz der Umwelt

Darüber hinaus werden im ADR Freistellungen genannt bei denen nur bestimmte Vorschriften zu beachten sind, wie z. B.:

- Freistellungen in Zusammenhang mit Mengen, die je Beförderungseinheit transportiert werden dürfen (ADR, Kap. 1.1.3.6)
- in begrenzten Mengen verpackte gefährliche Güter (ADR, Kap. 3.4)

10.1 Die Freistellungen im Zusammenhang mit Mengen, die je Beförderungseinheit befördert werden dürfen

Gefährliche Stoffe werden in Beförderungskategorien eingeteilt. Sie können aus der entsprechenden Spalte in der Gefahrgutliste abgelesen werden.

Gefahrgutliste → LF 8, Kap. 8.1

Die Top Bike GmbH bestellt 200 l Farbe mit der UN-Nr. 1263. Diese wird in einem Lkw transportiert. Laut Gefahrgutliste ist die Beförderungskategorie 3 angegeben.

Für jede Beförderungskategorie ist eine maximal zulässige Gesamtmenge pro Beförderungseinheit festgelegt. Wird diese nicht überschritten, müssen u. a. die folgenden ADR-Vorschriften nicht beachtet werden:

- Kennzeichnung mit Großzetteln und orangefarbenen Warntafeln
- Mitführung und Beachtung von schriftlichen Weisungen
- ADR-Schulungsbescheinigung des Fahrzeugführers

Befinden sich auf der Beförderungseinheit Güter derselben Beförderungskategorie, so kann aus der folgenden Tabelle (Spalte „Höchstzulässige Gesamtmenge je Beförderungseinheit“) die maximale Menge abgelesen werden.

Beförderungskategorie	Höchstzulässige Gesamtmenge je Beförderungseinheit	Faktor
0	0	–
1	20	50
2	333	3
3	1.000	1
4	unbegrenzt	0

Die höchstzulässige Gesamtmenge je Beförderungseinheit für die von der Top Bike GmbH bestellte Farbe mit der UN-Nr. 1263 und der Beförderungskategorie 3 beträgt laut Tabelle 1.000. Da die Bestellung nur über 200 l lautet, ist diese Lieferung von wesentlichen ADR-Vorschriften freigestellt.

Wenn allerdings auf einer Beförderungseinheit Güter verschiedener Beförderungskategorien transportiert werden, muss die Menge der einzelnen Güter mit dem Faktor laut Tabelle multipliziert werden. Sofern der berechnete Wert 1.000 nicht überschreitet, ist die Lieferung freigestellt.

UN-Nummer	Beförderungskategorie	Menge	Faktor	Menge · Faktor
2923	2	100 kg	3	300
2623	4	400 kg	0 (unbegrenzt transportierbar)	0
1263	3	200 l	1	200
3086	1	10 kg	50	500
			Summe	**1.000**

Wird eine gemeinsame Beförderung verschiedener Beförderungskategorien durchgeführt, muss das Beförderungspapier den berechneten Wert enthalten.

10.2 In begrenzten Mengen verpackte gefährliche Güter

Wird beim Transport eines gefährlichen Gutes eine bestimmte Menge nicht überschritten, müssen nur die folgenden Vorschriften beachtet werden:

- Klassifizierung des Gefahrgutes (UN-Nummer)
- Verwendung einer geeigneten Verpackung für das Gefahrgut
- Kennzeichnung der Umverpackung

bei Versandstücken → LF 6, Kap. 7.4.3

Die höchstzulässige Menge ist der ADR-Gefahrgutliste (Spalte „Begrenzte und freigestellte Mengen") zu entnehmen. Beachten Sie, dass für jedes Gefahrgut eine andere höchstzulässige Menge vorgeschrieben ist.

Werden gefährliche Güter in begrenzten Mengen mit einer Bruttomasse von über 8 t in einer Beförderungseinheit mit einer höchstzulässigen Gesamtmasse von über 12 t befördert, muss die Beförderungseinheit vorn und hinten folgendermaßen gekennzeichnet werden:

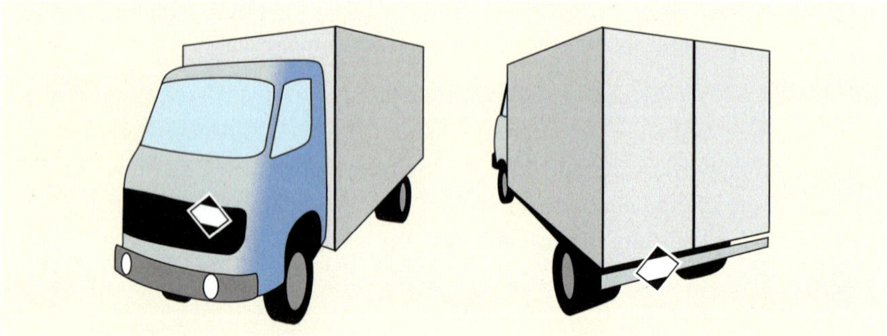

10.3 Die Pflichten der Beteiligten

Beteiligter	Pflichten
Absender	• muss den Beförderer vor der Beförderung in nachweisbarer Form über die Bruttomasse der so zu versendenden Güter informieren • muss dem Beförderer im Beförderungspapier einen allgemeinen Hinweis auf das in begrenzten Mengen verpackte gefährliche Gut geben • hat dafür zu sorgen, dass Personen, die an der Beförderung gefährlicher Güter beteiligt sind, unterwiesen werden; die Unterlagen der Unterweisung müssen fünf Jahre aufbewahrt werden
Verlader	• hat Sorge zu tragen, dass die Beförderungseinheit mit dem Kennzeichen für in begrenzten Mengen verpackte gefährliche Güter gekennzeichnet wird • muss dem Fahrzeugführer im Beförderungspapier einen allgemeinen Hinweis auf das in begrenzten Mengen verpackte gefährliche Gut geben • hat dafür zu sorgen, dass Personen, die an der Beförderung gefährlicher Güter beteiligt sind, unterwiesen werden; die Unterlagen der Unterweisung müssen fünf Jahre aufbewahrt werden
Beförderer	• darf die Sendung so lange nicht befördern, bis alle Vorschriften erfüllt sind • hat das Fahrzeug mit den erforderlichen Kennzeichen auszurüsten • hat dafür zu sorgen, dass Personen, die an der Beförderung gefährlicher Güter beteiligt sind, unterwiesen werden; die Unterlagen der Unterweisung müssen fünf Jahre aufbewahrt werden

Quelle: GGVSEB und ADR

ALLES KLAR?

1 Einige Gefahrguttransporte sind von bestimmten ADR-Vorschriften freigestellt. Nennen Sie zwei Beispiele.

2 Nennen Sie zwei Vorschriften, welche nicht beachtet werden müssen, wenn ein Gefahrguttransport unter die Freistellung im Zusammenhang mit begrenzten Mengen, die je Beförderungskategorie befördert werden dürfen, fällt.

3 Bestimmen Sie, ob die folgenden Gefahrguttransporte unter die Freistellung im Zusammenhang mit begrenzten Mengen, die je Beförderungskategorie befördert werden, fallen.

a Transport von 15 kg des Gefahrguts mit der UN-Nr. 3222
b Transport von 25 kg des Gefahrguts mit der UN-Nr. 3120
c Transport von 5 kg des Gefahrguts mit der UN-Nr. 1051
d Transport von 25 kg des Gefahrguts mit der UN-Nr. 1331
e Transport von 1.000 kg des Gefahrguts mit der UN-Nr. 3476
f Transport von 20 kg des Gefahrguts mit der UN-Nr. 3228 und 10 kg des Gefahrguts mit der UN-Nr. 3119
g Transport von 150 kg des Gefahrguts mit der UN-Nr. 2795 und 300 kg des Gefahrguts mit der UN-Nr. 3110

4 Welche Bedeutung hat dieses Kennzeichen?

5 Bestimmen Sie, wie viel Roherdöl (UN-Nr. 1267) in einem Versandstück befördert werden darf, damit die Sendung unter die Freistellung „in begrenzten Mengen verpackte gefährliche Güter“ fällt.

6 Die Versandstücke für einen Gefahrguttransport fallen unter die Freistellung „in begrenzten Mengen verpackte gefährliche Güter“. Wie ist der Lkw zu kennzeichnen, der die Versandstücke transportiert?

7 Welcher am Gefahrguttransport Beteiligte hat die Pflicht, den Beförderer vor der Beförderung in nachweisbarer Form über die Bruttomasse der zu versendenden Güter zu informieren?

a Frachtführer
b Beförderer
c Verlader
d Absender
e Verpacker

UN-Nummer	Klasse	Gefahrzettel	Begrenzte und freigestellte Mengen	Beförderungskategorie
3222	4.1	4.1 + 1	100 g	1
3120	5.2	5.2	0	1
1051	6.1	6.1 + 3	0	0
1331	4.1	4.1	5 kg	4
3476	4.3	4.3	500 ml oder 500 g	3
3228	4.1	4.1	500 g	2
3119	5.2	5.2	0	1
2795	8	8	1 L	3
3110	5.2	5.2	500 g	2
1267	3	3	500 ml	1

Verkürzter Auszug aus der Gefahrgutliste

11 English exercises

Exercise 1

a During the loading process, you often use the following words. Match these German words with their English equivalents.

1 consignor	**a** Verkehrssicherheit
2 driver	**b** Verlader
3 owner	**c** Fahrzeughalter
4 shipper	**d** beförderungssichere Verladung
5 safe loading	**e** Absender
6 loading with guaranteed transport	**f** Fahrer
7 road safety	**g** betriebssichere Verladung

b As you surely know, several people are involved in the loading and transport process. Say whether the sentences below are true or false. Correct the false sentences.

1) The owner is responsible for safe loading.
2) The driver must check the load distribution and the load securing.
3) Suitable vehicles must be provided by the owner, regardless of the type of goods.
4) The driver must not monitor the safety of the load during transport.
5) The owner is responsible for loading with guaranteed transport.
6) The shipper is obliged to secure the loading.

Exercise 2

When working on a loading ramp, you are exposed to numerous risks.

a Look at the list of risks below and match the words with the german description.

1 slippery ground	**a** bauliche Mängel einer Laderampe
2 narrow transport route	**b** fehlende Absturzsicherungen
3 structural defects	**c** enger Transportweg
4 lack of anti-drop safety facilities	**d** technisch mangelhafte Hebebühne
5 insufficient lighting	**e** rutschige Transportrampe
6 technical defects	**f** nicht gut beleuchtete Laderampe

b There are different types of safety measures to protect workers who work on a loading ramp (look at page 221). Explain in your own words how you can avoid the risks mentioned above.

Exercise 3

Due to a shortage of staff, you and the British trainee Tom Leonhard have to compile a stowage plan for loading a truck with EUR pallets. Unfortunately, Tom does not know the basic rules of compiling a stowage plan.

a Explain to Tom why it is necessary to observe the basic rules of compiling a stowage plan.

b Use the table below to make sentences describing these rules.

The payload	should be should not be	stowed on top.
The weight		observed.
The axle loads		stowed towards the front end wall.
Light goods		evenly distributed on the floor.
Heavy goods		exceeded.
Liquid goods		stowed on the floor.
Load limits		observed.

Exercise 4

Tom does not know the difference between dangerous materials and dangerous goods. Can you explain it to him?

Exercise 5

Sometimes it is necessary to appoint a dangerous goods commissioner. But why is it necessary? What are the responsibilities of this commissioner? Let's find it out!

a Copy and complete the following mind map. If you need help, look at page …

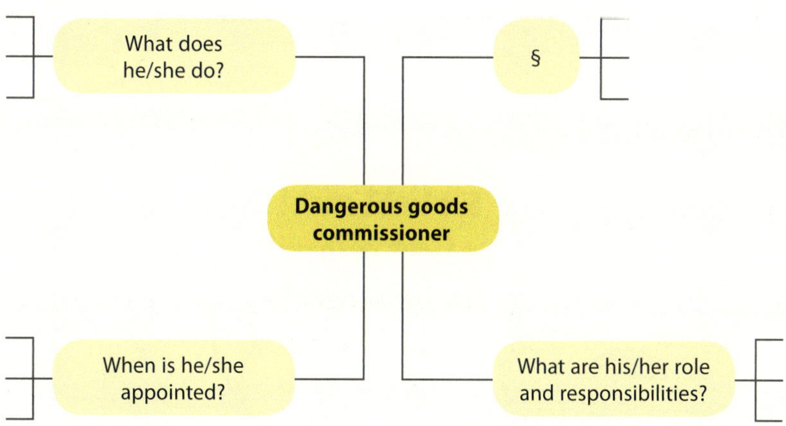

b Work in a group and give a presentation about the dangerous goods commissioner with the help of the mind map above.

9

Güter versenden

- Die Verkehrsmittel und die Verkehrsträger im Güterverkehr
- Die Frachtkosten im Güterverkehr ermitteln
- Der kombinierte Güterverkehr
- Rechte und Pflichten beim Gütertransport
- Güter in das Ausland versenden
- English exercises

SIE LIEBT MICH!
GRUMMEL
DU MUSST ZU IHR!
Bill of Lading
HAFEN
FORTSETZUNG FOLGT

LS 60 LS 61

1 Die Verkehrsmittel und die Verkehrsträger im Güterverkehr

Karsten Thieme arbeitet seit einigen Wochen im Warenausgang mit Frau Lenkner zusammen. Für den heutigen Tag hat Frau Lenkner ihm etwas „besonders Spannendes" versprochen.

„So, Herr Thieme, dann wollen wir mal unser neues Citybike in die USA verschicken. Darauf freue ich mich schon die ganze Woche, ich habe schon ewig kein Konnossement mehr ausgefüllt. Seefracht war mein Steckenpferd in der Fachschule, da können Sie heute einiges lernen!" Karsten ist wenig begeistert: Ein Konnossement, was soll das denn sein? Er hat immer gedacht, für den Versand füllt man einen Frachtbrief aus?

1.1 Die Grundbegriffe des Güterverkehrs

Verkehrsträger: Der Begriff fasst die Gesamtheit aller Betriebe einer Verkehrsart zusammen, nämlich den Straßengüterverkehr, den Schienengüterverkehr oder auch die See- oder Binnenschifffahrt und den Luftfrachtverkehr. Hiermit ist immer die Gesamtheit der Betriebe der einzelnen Verkehrsarten gemeint.

Verkehrswege: Die einzelnen Verkehrsträger nutzen unterschiedliche Verkehrswege, nämlich Straßen, Schienen, Flüsse, Kanäle, Meere, Luftkorridore usw. Verkehrswege sind entweder von Natur aus vorhanden oder entstehen aufgrund der Verkehrspolitik eines Staates. Hierzu zählen im weitesten Sinne auch die Pipelines, durch die Flüssigkeiten oder Gase geleitet werden.

Verkehrsmittel: Auf diesen Verkehrswegen bewegen sich unterschiedliche Transportmittel, Verkehrsmittel genannt. Hierzu gehören der Lastkraftwagen (Lkw), die Eisenbahn, das Binnenschiff, das Seeschiff und das Flugzeug.

Die Begriffe des Güterverkehrs

Verkehrsträger	Verkehrsweg	Verkehrsmittel
alle Verkehrsunternehmen, die mit einem Verkehrsmittel auf dem dazugehörigen Verkehrsweg Güter transportieren	Teil der Erdoberfläche, auf dem sich Verkehrsmittel bewegen können	Transportfahrzeug, das die zu transportierenden Güter aufnimmt
• Straßengüterverkehr • Schienengüterverkehr • Binnenschifffahrt • Seeschifffahrt • Luftfrachtverkehr	• Straßen • Schienen • Flüsse, Kanäle, Seen • Meere • Luftkorridore	• Lkw • Eisenbahn • Binnenschiff • Seeschiff • Flugzeug

Kapazität
Menge der Güter, die ein Verkehrsmittel aufnehmen kann

Frequenz
Häufigkeit, mit der eine bestimmte Verkehrsverbindung angesteuert wird

Jeder **Verkehrsträger** hat seine Besonderheiten und seine Vor- und Nachteile. Welcher Verkehrsträger zur Güterbeförderung im Einzelfall gewählt wird, hängt von verschiedenen Kriterien ab. Wichtig für die Beurteilung sind neben der Art und der Menge der Güter vor allem: Kapazität, Schnelligkeit, Netzdichte, Frequenz, Zuverlässigkeit (Termintreue), Sicherheit, Umweltverträglichkeit und Kosten.

1.2 Der Versand im Straßengüterverkehr

DV 11

Wie in der Tabelle unten zu sehen ist, wird mit Abstand der größte Anteil der Güter per Lkw über die Straße befördert. Bei der Auswahl des Verkehrsmittels spielen vor allem Kosten- und Leistungsaspekte eine Rolle. Diese erklären auch die nach wie vor bevorzugte Nutzung des Lkw für den Gütertransport.

Innerhalb Deutschlands verbindet das gut ausgebaute **Straßennetz** nahezu alle Orte miteinander. So können fast **alle Relationen** innerhalb Deutschlands durch den Straßengüterverkehr bedient werden, was eine hohe Flexibilität gewährleistet.

Darüber hinaus ist der Straßengüterverkehr für eine **Vielzahl von Güterarten** einsetzbar. Kleinere Sendungen an verschiedene Empfänger können zu sogenannten Sammelgutladungen zusammengefasst werden, größere Sendungen werden einzeln mit einem Lkw passender Größe und Nutzlast transportiert. Durch die verhältnismäßig **niedrigen Kosten** (z. B. im Vergleich zum Flugzeug) können auch geringwertigere Güter mit dem Lkw transportiert werden. Allerdings sind Lkw in Deutschland sowohl in ihren Abmessungen als auch in ihrem zulässigen Gesamtgewicht beschränkt, was dazu führt, dass einige Güter aufgrund ihrer Größe und ihres Gewichts nicht oder nur mit Ausnahmegenehmigungen per Lkw transportiert werden können.

Der zunehmende Straßengüterverkehr bringt auch Belastungen mit sich.

Relation
im Güterverkehr regelmäßig bediente Verkehrsverbindung zwischen zwei Orten

Sammelgutverkehr
→ LF 9, Kap. 1.2.4

Auf kurzen Relationen innerhalb Deutschlands und Europas handelt es sich beim Lkw zudem um ein **schnelles Verkehrsmittel**, welches Güter ohne Umwege vom Versender zum Empfänger befördern kann. Auch hier hat der Gesetzgeber allerdings gewisse Beschränkungen auferlegt. So besteht in Deutschland und in vielen anderen europäischen Ländern für den gewerblichen Straßengüterverkehr ein **Sonntags- und Feiertagsfahrverbot,** wodurch der Transport zeitlich eingeschränkt wird.

Der ständig wachsende Straßengüterverkehr ist jedoch nicht ganz unkritisch zu sehen. Der Transport auf der Straße verursacht durch Straßenbau und Reparaturen **hohe Kosten,** die mit Steuergeldern bezahlt werden und somit von der Allgemeinheit und nicht von den Verursachern getragen werden müssen. Staus, Umweltbelastungen durch Lärm und Abgase, Unfälle usw. sind weitere negative Auswirkungen für die Bevölkerung.

Beförderungsmengen im Güterverkehr (in 1.000 t)	**2009**	**2010**	**2011**
Straßenverkehr	3.094.200	3.120.200	3.369.000
Eisenbahnverkehr	312.087	355.715	374.737
Seeverkehr	259.445	272.868	292.788
Binnenschifffahrt	203.868	229.607	222.966
Luftverkehr	3.398	4.164	4.453

Quelle: Statistisches Bundesamt (Auszug); Stand: 2012

Ein Versuch, diese Kosten zumindest teilweise den tatsächlichen Verursachern zuzurechnen, ist die **Lkw-Maut.** Diese Gebühr wird in Deutschland für die Nutzung von Autobahnen und einigen vierspurigen Bundesstraßen erhoben.

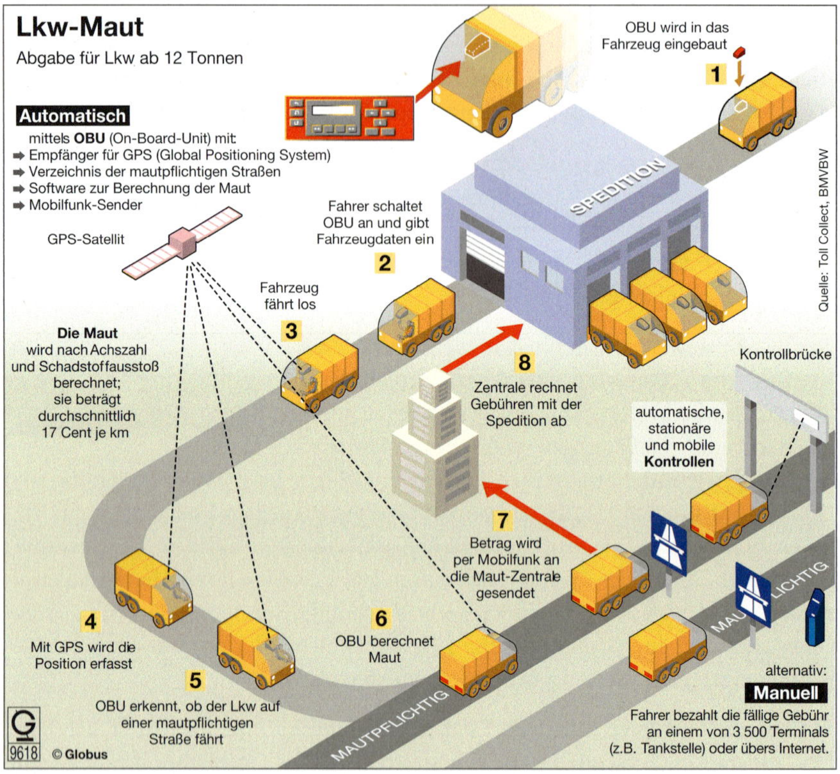

1.2.1 Die Transportmittel im Straßengüterverkehr

Im Straßengüterverkehr werden die Transporte durch Lastkraftwagen (Lkw) durchgeführt. Hierbei unterscheidet man Lkw, die über eine eigene Ladefläche verfügen, und **Fahrzeugkombinationen,** mit denen Güter nur zusammen mit einem Anhänger transportiert werden können.

Ein gängiges Kraftfahrzeug ist der **Sattelzug.** Dieser besteht aus einer Sattelzugmaschine und einem Sattelauflieger, der auf der Zugmaschine aufliegt und über eine durchgehende Ladefläche verfügt. Zugmaschine und Auflieger können leicht voneinander abgekoppelt werden, sodass die Zugmaschine anderweitig eingesetzt werden kann, während der Auflieger be- oder entladen wird.

Gliederzüge bestehen aus einer Zugmaschine und einem oder mehreren Anhängern. Diese Anhänger verfügen über eine eigene Vorderachse und liegen nicht auf der Zugmaschine auf. Eine besondere Form des Gliederzuges ist das **Wechselbrückenfahrzeug**. Hierbei befinden sich auf dem Anhänger Wechselbehälter oder Container, die komplett ausgetauscht werden können und so eine schnelle Verladung auf andere Verkehrsmittel (z. B. Bahn oder Schiff) ermöglichen.

Lkw können anhand ihrer **Abmessungen** (Höhe, Breite und Länge des Fahrzeuges insgesamt) unterschieden werden. Als **Ladevolumen** bezeichnet man das Volumen (Höhe x Breite x Länge) des Laderaumes.

Beim Gewicht des Lkw unterscheidet man zwischen dem **zulässigen Gesamtgewicht** und der **Nutzlast** (maximale Zuladung). Das zulässige Gesamtgewicht ist hierbei das Gewicht des Lkw und der Ladung insgesamt. Die Nutzlast ist das Gewicht, das als Ladung auf den Lkw maximal verladen werden darf.

Lkw sind in der Europäischen Union sowohl in ihren Abmessungen als auch in ihrem zulässigen Gesamtgewicht beschränkt. So dürfen innerhalb der EU ohne gesonderte Erlaubnis nur Fahrzeuge mit einer maximalen **Lastzuglänge von 18,75 m** und einer Breite von höchstens 2,55 m am Straßenverkehr teilnehmen. Das maximal zulässige **Gesamtgewicht**, also Fahrzeug plus Zuladung, beträgt 40 Tonnen. Dies entspricht einer maximalen Zuladung von 24–26 t je nach Fahrzeugtyp.

Die Begrenzungen für Fahrzeuge im Straßenverkehr finden sich in der Straßenverkehrszulassungsordnung (STVZO §§ 32, 34).

Lkw mit eigener Ladefläche

Sattelzugmaschine

Gliederzug

Wechselbrückenfahrzeuge mit Wechselbehältern

Kippfahrzeug mit Schüttgut

Tankfahrzeug

1.2.2 Die rechtlichen Rahmenbedingungen im nationalen Straßengüterverkehr

Die gesetzlichen Grundlagen des Straßengüterverkehrs in Deutschland sind im **Güterkraftverkehrsgesetz (GüKG)** geregelt, weshalb der gewerbliche Straßengüterverkehr oftmals auch einfach als **Güterkraftverkehr** bezeichnet wird.

Spediteur, Frachtfrührer → LF 9, Kap. 4

entgeltlich gegen Geld

Beim Güterkraftverkehr wird zwischen dem Werkverkehr und dem Transport durch Transporthelfer unterschieden. Beim **Werkverkehr** transportiert ein Unternehmen selbst Güter für eigene Zwecke (geschäftsmäßig). Der Gütertransport ist aber nicht der eigentliche Unternehmenszweck, sondern hat lediglich eine unterstützende Funktion. Ein **Transporthelfer** dagegen (z. B. ein Frachtführer oder Spediteur) organisiert Transporte für einen Auftraggeber und führt diese entgeltlich durch **(gewerblicher Güterkraftverkehr)**.

→ **Werkverkehr:** Die Top Bike GmbH setzt für den Transport einer Bestellung zum Kunden einen Lkw aus dem eigenen Fuhrpark und einen eigenen Fahrer ein. Der Unternehmenszweck der Top Bike GmbH besteht darin, Fahrräder zu produzieren und an die Kunden zu verkaufen. Der Gütertransport ist daher nur eine Hilfstätigkeit zur Unterstützung des Güterversands. Er wird als geschäftsmäßig bzw. als Werkverkehr bezeichnet.

§ **§ 1 GüKG Begriffsbestimmungen**
(1) Güterkraftverkehr ist die geschäftsmäßige oder entgeltliche Beförderung von Gütern mit Kraftfahrzeugen, die einschließlich Anhänger ein höheres zulässiges Gesamtgewicht als 3,5 Tonnen haben.

Die Einhaltung der Richtlinien im Straßengüterverkehr wird vom **Bundesamt für Güterverkehr (BAG)** überwacht. Das BAG leistet hierdurch u. a. einen wichtigen Beitrag zur Verkehrssicherheit auf deutschen Straßen.

Das Güterkraftverkehrsgesetz regelt also unter anderem, was Werkverkehr und was gewerblicher Güterkraftverkehr ist. Diese Klärung ist vor allem deshalb wichtig, weil der Gesetzgeber für den gewerblichen Güterkraftverkehr eine **Erlaubnis** vorsieht. Diese Erlaubnis wird bei Ersterteilung zunächst für 5 Jahre und danach in der Regel unbefristet erteilt. Außerdem ist der gewerbliche Güterkraftverkehr in Deutschland auch mit einer sogenannten **Gemeinschaftslizenz** möglich. Diese ist an die gleichen Voraussetzungen geknüpft wie die nationale Erlaubnis und kann Unternehmen in der EU, in Liechtenstein, Norwegen und Island erteilt werden. Außerdem gibt es auch noch bilaterale Abkommen, die zwischen zwei Ländern geschlossen werden. Sie regeln den gewerblichen Güterkraftverkehr zwischen EU-Staaten und Nicht-EU-Staaten. Transportiert ein ausländischer Frachtführer Güter innerhalb Deutschlands oder der EU, spricht man von **Kabotage**. Die nationale Erlaubnis wird nur Unternehmern erteilt, die folgende Bedingungen erfüllen:

Voraussetzungen für die Erlaubnis für den gewerblichen Güterkraftverkehr		
Der Unternehmer muss seinen Sitz im Inland haben.	Die Zugangsvoraussetzungen für die Ausübung des Berufes des Kraftverkehrsunternehmers müssen erfüllt sein.	
Voraussetzungen	persönliche Zuverlässigkeit	z. B. nicht erfüllt bei • rechtskräftiger Verurteilung wegen schwerer strafrechtlicher Verstöße • schwerwiegenden Verstößen gegen Vorschriften des GüKG, gegen arbeits- und sozialrechtliche Vorschriften oder Pflichten des Abgabenrechts
	finanzielle Leistungsfähigkeit	z. B. nicht erfüllt bei • erheblichen Rückständen an Steuern oder Sozialversicherungsbeiträgen • einem Eigenkapital unter 9.000,00 € für den ersten und je 5.000,00 € für jeden weiteren Lkw
	fachliche Eignung	Fachkundeprüfung oder gleichwertige Berufsabschlussprüfung

1.2.3 Der Frachtbrief im nationalen Straßengüterverkehr

Der Frachtbrief ist ein Dokument, das im Güterverkehr ausgestellt werden muss, wenn dies der Frachtführer vom Absender der Ware verlangt.

internationaler Frachtbrief nach CMR → LF 9, Kap. 5.1.1

Funktionen des Frachtbriefes	
Beweisurkunde	über den Inhalt und Abschluss des Beförderungsvertrages
Warenbegleitpapier	begleitet die Ware vom Abgangs- zum Bestimmungsort
Empfangsbestätigung	Empfänger bestätigt den Erhalt der Ware vom Frachtführer
Sperrpapier	Absender kann durch die Vorlage seines Originals die Sendung sperren, d. h. eine Auslieferung an den Empfänger verhindern

Frachtbrief für den gewerblichen Güterfrachtverkehr

Absender (Name, Anschrift) (1)	Frachtbrief für den gewerblichen Güterfrachtverkehr
Empfänger (Name, Anschrift) (2)	Frachtführer (Name, Anschrift) (3)
Meldeadresse	Nachfolgende Frachtführer
Übernahme des Gutes	Vorbehalte und Bemerkungen der Frachtführer (5)
Versandort (4)	
Beladestelle (4a)	
Ablieferung des Gutes	
Ort (6)	
Entladestelle (6a)	
Beigefügte Dokumente (7)	

Anzahl der Packstücke (8)	Zeichen und Nummern (9)	Art der Verpackung (10)	Bezeichnung des Gutes (11)	Bruttogewicht in kg (12)	Volumen in m³ (13)
			(14)		

Gefahrgut-Klassifikation		Nettomasse in kg/l	
UN-Nr.	Offizielle Benennung		
Verpackungsgruppe		Tunnelbeschränkungscode	

Weisungen des Absenders (Zoll- und sonstige amtliche Behandlung des Gutes) (15)

Nachnahme (16)		Besondere Vereinbarungen (18)
Frankatur (17)		

Ausgefertigt in	am	Gut empfangen am
Unterschrift und Stempel des Absenders	Unterschrift und Stempel des Frachtführers	Unterschrift und Stempel des Empfängers

(1) Derjenige, der den Frachtvertrag mit dem Frachtführer abschließt

(2) Derjenige, der die Ware erhalten soll (in der Regel der Käufer)

(3) Unternehmen, das den Transport der Ware durchführt

(4) Ort, an dem die Ware vom Frachtführer übernommen werden soll

(4a) Genaue Adresse der Übernahme

(5) Hier werden vom Frachtführer Abweichungen zwischen den Angaben des Frachtbriefes und den tatsächlich übernommenen Waren eingetragen (z. B. Schäden, andere Mengen).

(6) Ort, an dem die Ware vom Frachtführer an den Empfänger übergeben werden soll

(6a) Genaue Adresse der Übergabe

(7) Dokumente, die der Frachtführer vom Absender erhalten hat und an den Empfänger weitergibt

(8) – (13) Angaben zu den einzelnen Packstücken der Sendung

(14) Angaben zu gefährlichen Gütern

(15) Anweisungen des Absenders insbesondere zur zollrechtlichen Behandlung

(16) Geldbeträge, die der Frachtführer beim Empfänger im Auftrag des Versenders einziehen soll

(17) Hier wird vermerkt, wer die Gebühren für den Transport zu tragen hat.

(18) Besondere Vereinbarungen zum Transport (z. B. fester Liefertermin, gekühlter Transport, offener Lkw)

1.2.4 Der Sammelgutverkehr

Eine besondere Form des Straßengüterverkehrs ist der Sammelgutverkehr. Hierbei werden die Sendungen mehrerer Versender zu einer Sammelladung zusammengefasst und gemeinsam befördert. Transporte im Sammelgutverkehr können mit allen Verkehrsmitteln durchgeführt werden. Im Gegensatz zu den anderen Verkehrsträgern wird im Straßengüterverkehr jedoch nicht grundsätzlich als Sammelladung transportiert.

Der Sammelgutverkehr bietet sich immer dann an, wenn ein Versender keine ausreichend große Sendung für einen Lkw oder auch keine ausreichend große Sendung auf einer Relation hat und sich ein eigener Transport der Sendung nicht lohnen würde. In diesem Fall beauftragt der Versender einen Spediteur mit der Organisation des Transportes, welcher dann eine Sammelgutsendung von mehreren Versendern zusammenstellt.

Der Sammelgutverkehr besteht aus den folgenden drei Transportabschnitten:

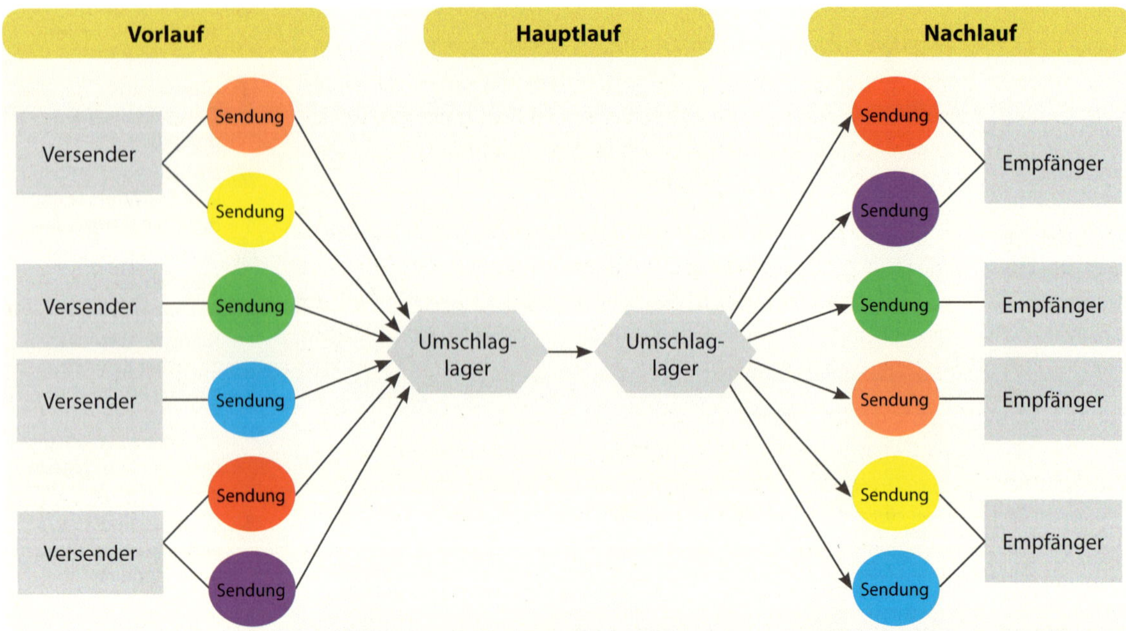

Transportablauf im Sammelgutverkehr	
Vorlauf	Im Vorlauf werden die Einzelsendungen bei den verschiedenen Versendern abgeholt.
Umschlag	Dann werden die Sendungen in einem Umschlaglager zu einer Sammelladung zusammengefasst. Dieses Umschlaglager befindet sich in der Regel in der Nähe der Versender.
Hauptlauf	Die Sammelladung wird zu einem Umschlaglager in der Nähe der Empfänger transportiert.
Umschlag	Die Sammelladung wird erneut sortiert, um den Empfängern zugestellt zu werden.
Nachlauf	Die Einzelsendungen werden den verschiedenen Empfängern zugestellt.

1.2.5 Die KEP-Unternehmen

KEP steht für Kurier-, Express- und Paketdienstleistungen. Diese Unternehmen bieten für kleine Sendungen Transporte im Straßengüterverkehr an.

Kurierdienste transportieren Sendungen ohne Umschlag vom Versender direkt zum Empfänger. Die Sendung wird während des gesamten Transports persönlich begleitet.

Kurierdienste bieten ihre Leistungen meist regional begrenzt oder nur innerstädtisch an. Die Fahrten sind auf Schnelligkeit und Flexibilität entsprechend den Kundenwünschen ausgerichtet. Dabei finden Fahrzeuge aller Art (Fahrräder, Motorräder, Pkw, Transporter, teilweise sogar Lkw) Verwendung. Transportiert werden die verschiedensten Güter wie z.B. Arzneimittel, Akten oder Kunstgegenstände, wobei es sich im Regelfall nicht um Palettenware handelt. Am Markt findet man eine große Vielfalt spezieller Serviceformen, die sich teilweise erheblich voneinander unterscheiden: Stadtkuriere, Fahrradkuriere, Stadtboten, Zustelldienste, Direktkuriere, Internationale Kuriere, Kuriertaxis, Overnight-Kuriere und Sameday-Kuriere.

Expressdienste sind Dienstleister, die sich durch die besonders schnelle und bevorzugte Behandlung der Sendung auszeichnen. Es werden feste, oftmals sogar garantierte Auslieferungstermine vereinbart. Im Gegensatz zu den Kurierdiensten erfolgt während des Transportes jedoch mindestens ein Umschlag und die Sendungen werden im Hauptlauf zu einer Sammelladung zusammengefasst.

Auch wenn die Expressdienstleister in aller Regel keine Gewichts- und Größenbeschränkungen vorgeben, liegen die Sendungen meistens im unteren Größen- und Gewichtsbereich. Je nach Anbieter können Expresssendungen weltweit innerhalb von 24 Stunden zugestellt werden, wobei national häufig der Lkw oder die Bahn, international das Flugzeug zum Einsatz kommen.

Paketdienste stellen wie die Expressdienste nicht direkt, sondern als Sammelladung mit mehreren Umschlägen innerhalb der Transportkette zu. Im Gegensatz zu den Expressdiensten geben sie für die Zustellung jedoch nur Zeitfenster vor und garantieren keine Auslieferungstermine. Dementsprechend haben Paketdienste oft längere Lieferzeiten als Expressdienste. Als Paket gilt in der Regel eine Sendung mit einem maximalen Gewicht von 31,5 kg und einem Gurtmaß von maximal 3 m (= 300 cm).

Unter Gurtmaß versteht man den größten Umfang eines Packstücks zuzüglich der längsten Seite.

!

Berechnung des Gurtmaßes
Ein Packstück hat die Maße 60 cm (Höhe) · 40 cm (Breite) · 30 cm (Länge).

Den größten Umfang hat das Paket genau da, wo ein „Gurt“ um die zwei längsten Seiten, hier also 60 und 40 cm, gespannt wird. Da der Gurt jeweils an zwei Seiten entlangläuft, müssen zur Berechnung des Umfangs die Seiten jeweils mal 2 genommen werden.

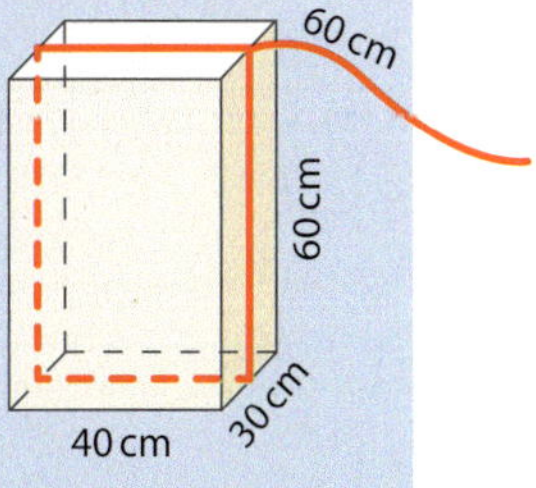

Umfang:	2 · 60 cm + 2 · 40 cm = 200 cm
+ längste Seite:	60 cm
= Gurtmaß:	260 cm

Das Packstück kann als Paket versendet werden, da sein Gurtmaß mit 2,6 m unter 3 m liegt.

Zusatzleistungen bei KEP-Diensten

Ähnlich wie Speditionen oder andere Transportunternehmen bieten auch KEP-Dienstleister diverse Zusatzleistungen an. Sie werden sowohl für den Versand von Briefen als auch für Päckchen und Pakete angeboten. Die Zusatzleistungen sind in aller Regel kostenpflichtig. Welche Kosten im Einzelfall entstehen, hängt vom jeweiligen KEP-Unternehmen ab. Zu den wichtigsten Zusatzleistungengehören das Einschreiben, die Nachnahme und die Infopost.

Frachtberechnung bei KEP-Unternehmen → LF 9, Kap. 2.1

Einschreiben weisen die Einreichung der Sendung durch den Absender nach. Hierbei erhält der Einreicher einen Beleg darüber, dass er die Sendung aufgegeben hat. Es gibt verschiedene Formen des Einschreibens:

- Beim **Einwurfeinschreiben** wird die Sendung beim Empfänger durch Einwurf in den Briefkasten oder das Postfach zugestellt.
- Beim **Einschreiben eigenhändig** darf das Einschreiben nur persönlich an den darauf genannten Empfänger ausgehändigt werden.
- Beim **Einschreiben mit Rückschein** erhält der Absender zusätzlich einen schriftlichen Nachweis über den Erhalt der Sendung durch den Empfänger.

Nachnahmesendungen dienen der Einziehung eines bestimmten Geldbetrages beim Empfänger. Hierbei wird im Vorhinein ein bestimmter Nachnahmebetrag festgelegt, der bei Auslieferung der Sendung vom Empfänger zu zahlen ist. Der KEP-Dienstleister überweist dann im Anschluss den eingezogenen Nachnahmebetrag an den Absender (den Begünstigten). Der Absender und Verkäufer der Sendung kann so sicherstellen, dass der Käufer bei Lieferung zahlt. Der Käufer und Empfänger der Sendung hat die Sicherheit, dass er die vereinbarte Leistung bei Zahlung auch erhält.

Bei **Briefdienstleistungen** sind zudem folgende Zusatzleistungen üblich:
Mit **Büchersendungen** können Bücher, Broschüren, Notenblätter oder Landkarten verschickt werden. Diese Sendungen werden in der Regel kostengünstiger versendet als vergleichbare Päckchen.
Mit der **Infopost** können mehrere Briefe mit gleichem Inhalt kostengünstig verschickt werden. Voraussetzung ist in der Regel, dass alle Sendungen den gleichen Inhalt sowie das gleiche Gewicht und Format haben. Außerdem sind festgelegte Mindestmengen einzuhalten und die Anschriften müssen maschinenlesbar sind. Teilweise müssen die Sendungen nach Postleitzahlengebieten vorsortiert sein, um zusätzliche Kosten zu vermeiden.

Außer den genannten gibt es noch viele weitere Zusatzleistungen, die von den KEP-Unternehmen unter unterschiedlichen Bezeichnungen angeboten werden.

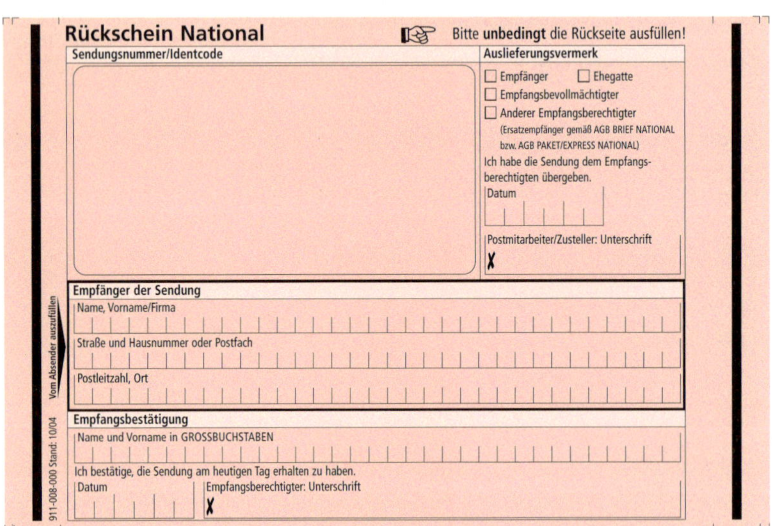

Rückschein National

Bitte **unbedingt** die Rückseite ausfüllen!

Sendungsnummer/Identcode

Auslieferungsvermerk
☐ Empfänger ☐ Ehegatte
☐ Empfangsbevollmächtigter
☐ Anderer Empfangsberechtigter
(Ersatzempfänger gemäß AGB BRIEF NATIONAL bzw. AGB PAKET/EXPRESS NATIONAL)
Ich habe die Sendung dem Empfangsberechtigten übergeben.
Datum
Postmitarbeiter/Zusteller: Unterschrift
X

Vom Absender auszufüllen
Empfänger der Sendung
Name, Vorname/Firma
Straße und Hausnummer oder Postfach
Postleitzahl, Ort

Empfangsbestätigung
Name und Vorname in GROSSBUCHSTABEN
Ich bestätige, die Sendung am heutigen Tag erhalten zu haben.
Datum
Empfangsberechtigter: Unterschrift
X

911-008-000 Stand: 10/04

Auf dem Rückschein bestätigt der Empfänger den Erhalt des Einschreibens (Muster der deutschen Post)

1.3 Der Versand im Schienengüterverkehr

Der zweitgrößte Anteil des Güterverkehrs wird in Deutschland über die Schiene und somit per Eisenbahn transportiert. Dies hat vor allem folgende Gründe: Zunächst ist die Eisenbahn eines der **umweltfreundlichsten** Verkehrsmittel, da sie sehr große Gütermengen transportieren kann. Ein einzelner Güterwagen hat eine Tragfähigkeit von 25–100 Tonnen, sodass ein Güterzug insgesamt zwischen 1.200 und 4.000 Tonnen transportieren kann. Im Vergleich hierzu erscheint die maximale Zuladung eines Lkw von 24–26 Tonnen sehr gering. Es ergibt sich eine sehr hohe Leistungsfähigkeit der Bahn beim Transport von **Massengütern** wie z. B. Erz oder Kohle.

Darüber hinaus ist die Bahn im **Direktverkehr schneller** als der Lkw. Dies setzt jedoch voraus, dass es eine direkte Schienenverbindung für die jeweilige Relation gibt. Existiert diese nicht, so ist die Bahn dem Lkw unter dem Zeitaspekt auf kürzeren Strecken unterlegen. Problematisch ist die relativ **geringe Schienennetzdichte:** Das deutsche Schienennetz ist mit ca. 38.000 km im Vergleich zum Straßennetz mit über 200.000 km relativ klein. Die Möglichkeiten des Direktverkehrs sind daher begrenzt. Im grenzüberschreitenden Güterverkehr ergeben sich außerdem Probleme durch uneinheitliche technische Bedingungen (z. B. unterschiedliche Spurweiten) innerhalb Europas.

Offene Wagen mit Schüttgut

Die für den Straßengüterverkehr geltenden Sonn- und Feiertagsverbote gelten für den Bahnverkehr nicht, sodass auch zu diesen Zeiten Güter mit der Bahn transportiert werden können. Darüber hinaus gehört die Bahn zu den **sichersten** Verkehrsmitteln, wodurch sie sich besonders gut für den Transport von Gefahrgütern eignet.

1.3.1 Die Transportmittel im Schienengüterverkehr

Flachwagen mit Containerladung

Im Schienenverkehr sind vor allem das Ladevolumen und die Tragfähigkeit der Güterwagen wichtig. Grundsätzlich unterscheidet man drei Typen von Güterwagen:

Offene Wagen verfügen über einen offenen, kastenförmigen Laderaum und sind in der Regel mit einem Holzfußboden und mit stählernen Wänden ausgestattet.

Gedeckte Wagen verfügen zusätzlich über ein Schiebe- oder Schwenkdach und/oder Schiebewände.

Flachwagen verfügen über einen flachen Boden und keine oder sehr niedrige Aufbauten. Sie sind u. a. für den Transport von Containern oder Wechselbehältern geeignet.

Tonnenwagen (Tankwagen)

Welche Art von Güterwagen eingesetzt wird, hängt von den zu transportierenden Gütern ab. So können in offenen Wagen nur witterungsunempfindliche Güter (z. B. Schüttgut) transportiert werden. Für den Transport von Pkw gibt es spezielle Autotransportwagen.

1.3.2 Die Beförderung im Schienengüterverkehr

Für die Beförderung im Schienengüterverkehr werden in aller Regel bereits vorab folgende Informationen benötigt:

- der Verladebahnhof
- der Verladetag
- die Anzahl und die Gattung der benötigten Güterwagen
- die Art des Ladegutes
- das Gewicht der Ladung bzw. die Anzahl, die Länge und das Gewicht der Packstücke
- der Empfangsbahnhof
- die Beförderungsart

Grundsätzlich unterscheidet man im Schienengüterverkehr drei Beförderungsarten. Beim **Ganzzugverkehr** ist die Ladung eines Versenders insgesamt so umfangreich, dass es sich lohnt, einen kompletten Güterzug einzusetzen. Die DB Schenker Rail bietet dazu beispielsweise folgende Produkte an:

DB Schenker Rail Deutschland AG
Tochterunternehmen der Deutschen Bahn AG, das für den Güterverkehr auf der Schiene zuständig ist

- **Plantrain** ist für Transporte gedacht, die regelmäßig in großen Mengen auf festgelegten Relationen stattfinden. Der Transportbedarf ist hierbei lange im Voraus planbar und daher günstiger als die anderen Produkte.
- **Variotrain** eignet sich ebenfalls für Transporte großer Gütermengen, die Transporte sind jedoch variabel planbar. Relationen, Verkehrstage und -zeiten werden im Voraus reserviert und bei Bedarf abgerufen.
- **Flextrain** ist für kurzfristige Transporte gedacht, bei denen Relationen, Transporttermine und -mengen flexibel festgelegt werden. In der Regel muss die Buchung jedoch mindestens 24 Stunden vor dem Zeitpunkt der Bereitstellung am Versandbahnhof feststehen.

Beim **Direktverkehr** handelt es sich um eine direkte Verbindung zwischen einem Versand- und einem Empfangsbahnhof. Dies lohnt sich jedoch nur auf Strecken, auf denen ein regelmäßiges und hohes Sendungsaufkommen liegt. Beim Direktverkehr werden im Gegensatz zum Ganzzugverkehr die Sendungen mehrerer Versender und Empfänger zusammengefasst.

Der **Einzelwagen oder Wagengruppenverkehr** schließlich ist für kleinere Sendungen auf verschiedenen Relationen gedacht. Hierbei werden die Güter während des Transports mindestens noch einmal umgeschlagen.

Ein **Frachtbrief** wie im Straßengüterverkehr ist im nationalen Schienengüterverkehr inzwischen nicht mehr üblich. Stattdessen werden die Daten meist direkt online in einer Eingabemaske erfasst. Die Stammdaten der einzelnen Absender müssen dabei nur einmal zentral hinterlegt werden, lediglich die spezifischen Auftragsdaten werden dann noch für jeden Transport einzeln erfasst. Trotz des Verzichts auf einen Frachtbrief sind in der Regel für den Versand folgende Mindestangaben erforderlich:

- Name des Absenders/Kunden
- Verladetag
- Verladestelle (Stellplatz des Güterwagens)
- Anzahl und Gattung der benötigten Güterwagen
- Bedingungen der Beförderung (Abmessungen, Gewicht, Anzahl)
- Empfangsbahnhof (ggf. Empfangsland mit Leitungsweg)

Ein Vorteil dieser Art der Erfassung ist unter anderem, dass die Sendungsverfolgung während des Transportes erheblich vereinfacht wird. Zudem wird die Bearbeitung des Auftrages beschleunigt.

Die **Abwicklung eines Schienengütertransportes** kann z. B. folgendermaßen ablaufen:

- Zum vereinbarten Zeitpunkt werden dem Absender die gewünschten Leerwagen an seinem Gleisanschluss oder an einem vereinbarten Freiladegleis zur Beladung bereitgestellt. Dieser Vorgang wird als **Leerwagengestellung** bezeichnet.
- Als Nächstes kann der Absender die bereitgestellten Wagen beladen.
- Nachdem die Wagen beladen sind, erteilt der Kunde den Abhol- bzw. Transportauftrag und übergibt Wagenliste und, sofern vorhanden, Frachtdokumente.
- Die Wagen des Absenders werden entweder direkt zum vom Kunden benannten Bestimmungsort transportiert oder – bei Einzelwagenverkehren – zuvor mit anderen Transporten kombiniert.
- Am Bestimmungsort werden die Wagen zur Entladung bereitgestellt. Auch hierbei ist auf die Einhaltung entsprechender Entladefristen zu achten.
- Nach der Entladung werden die leeren Wagen entweder abgeholt oder im Bedarfsfall gleich neu beladen.
- Zum Abschluss erhält der Absender eine detaillierte Rechnung über den erbrachten Transport und eventuell in Anspruch genommene Zusatzleistungen.

Ein weiteres Angebot der Deutschen Bahn ist der sogenannte **„ic:kurier"**. Kleine Sendungen werden per ICE oder IC transportiert und noch am selben Tag zugestellt. In der Regel wird die Sendung direkt am Bahnhof aufgegeben und vom Empfänger am Zielbahnhof entgegengenommen. Es können aber auch die Zusatzleistungen „Haus zu Haus", „Bahnhof zu Haus" oder „Haus zu Bahnhof" in Anspruch genommen werden. Das Transportgut darf bis zu 20 kg schwer sein. Die Größenbegrenzung liegt bei einem Meter (Länge) bzw. zwei Metern (Umfang).

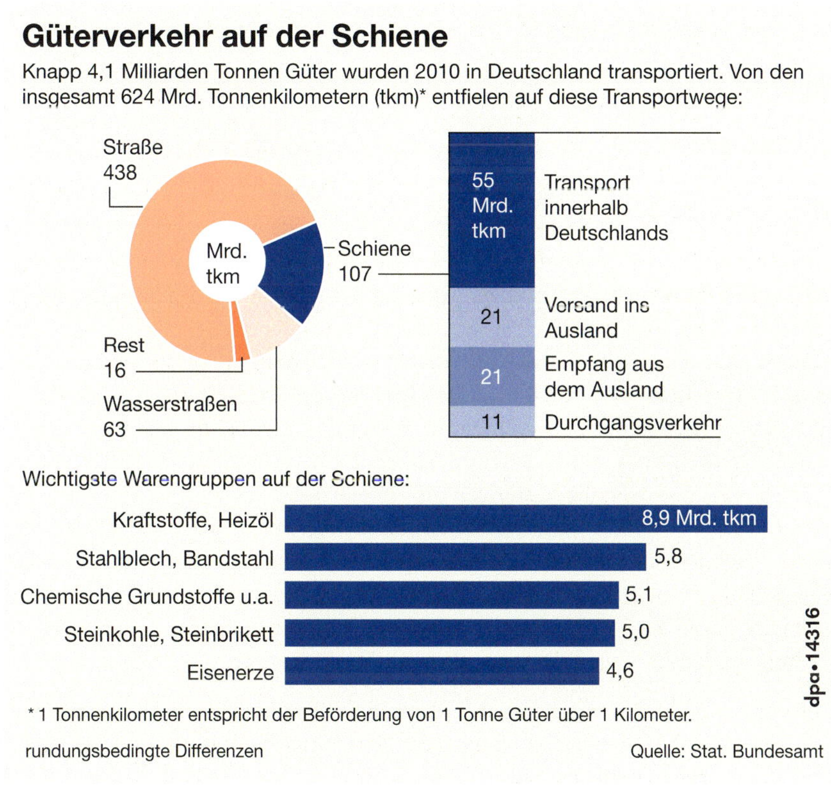

1.4 Der Versand in der Binnenschifffahrt

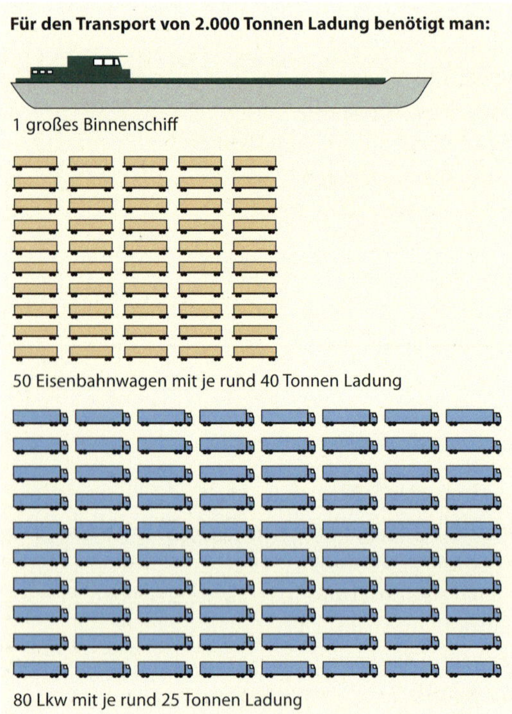

Auf das Binnenschiff entfällt im Verhältnis ein wesentlich kleinerer Anteil des Gütertransportes in Deutschland. Dies hat verschiedene Gründe. Zwar ist das Binnenschiff für Massen- und Schwergüter ein sehr **günstiges Transportmittel**, jedoch nimmt der Transport mit dem Binnenschiff relativ **viel Zeit** in Anspruch. Auch im Vergleich zum Schienengüterverkehr ist das Binnenschiff langsamer. Außerdem können sich die z.T. erheblichen Witterungsprobleme (z.B. Stürme, Vereisung, niedrige Wasserstände) negativ auf die **Termintreue** auswirken. Da sich das Binnenschiff aber vor allem für Massengüter eignet, spielt dies keine so bedeutende Rolle, wie es im ersten Augenblick scheint. Der Zeitfaktor kann beim Transport von Massengütern meist durch eine vorausschauende Planung ausgeglichen werden.

Darüber hinaus hat das Binnenschiff eine sehr **große Transportkapazität**, was sowohl das Volumen als auch das Gewicht angeht. Wie groß die Transportkapazität tatsächlich ist, veranschaulicht die nebenstehende Grafik.

Problematisch ist jedoch die **geringe Dichte des Transportnetzes** auch im Vergleich zur Eisenbahn. Das deutsche Binnenwasserstraßennetz ist lediglich rund 7.500 km lang. Dementsprechend können die wenigsten Transporte nur mit dem Binnenschiff erfolgen.

Klassifizierung der Binnenwasserstraßen
→ LF 7, Kap. 2.3

Der Transport mit dem Binnenschiff ist sehr energiesparend und damit **umweltfreundlich**, was zunehmend an Bedeutung gewinnt. Das Binnenschiff ist hierbei auch dem Schienenverkehr überlegen, da es eine geringere Lärmbelästigung sowie weniger Luftschadstoffe und Klimagase verursacht.

1.4.1 Die Transportmittel in der Binnenschifffahrt

Schubboot mit Schubleichter

Die Schiffe, die in der Binnenschifffahrt eingesetzt werden, sind stark an die Verkehrswege angepasst. Zu den Binnenwasserstraßen gehören Flüsse und Kanäle, die oftmals über eine relativ geringe Tiefe verfügen. Dementsprechend dürfen auch die Transportmittel keinen zu großen **Tiefgang** besitzen. Wie tief ein Schiff genau in das Wasser eintaucht, hängt aber auch vom Ladungsgewicht ab.

Zu den wichtigsten **Schiffstypen** gehören das Trockengüterschiff, das Tankschiff, Schubboote und Schubleichter.

Tankschiff

Trockengüterschiff mit Containerladung

Trockengüterschiff auf dem Mittellandkanal

Schubboote sind Motorgüterschiffe, die über keinen eigenen Laderaum verfügen. Sie dienen zum Schieben von sogenannten **Schubleichtern**, die keine eigene Motorisierung haben und lediglich die Ladung aufnehmen. Diese Verbindung von motorisierten Schubbooten und Schubleichtern nennt man **Schubverband**. Der Vorteil des Koppelverbandes ist, dass der Schubleichter entladen wird, während das Schubboot sofort wieder eingesetzt werden kann, sodass keine Ausfallzeiten entstehen. Heute geht die Anzahl von Schubbooten und Schubleichtern jedoch immer weiter zurück. Stattdessen werden vermehrt Boote mit eigener Motorisierung und Laderaum eingesetzt.

Bei den **Trockengüterschiffen** und **Tankschiffen** handelt es sich jeweils um Schiffe mit eigener Motorisierung. Die beiden Schiffstypen unterscheiden sich durch die unterschiedliche Art von Gütern, die mit ihnen transportiert werden. Auf den Trockengüterschiffen werden vorwiegend Massengüter wie Schüttgüter transportiert, Tankschiffe beinhalten flüssige Güter wie Erdöl.

1.4.2 Die Frachtpapiere in der Binnenschifffahrt

In der Binnenschifffahrt kann wahlweise ein Konnossement oder ein Frachtbrief ausgestellt werden. Das **Konnossement** in der Binnenschifffahrt ist in den Paragrafen 444–448 HGB geregelt und entspricht dem Konnossement in der Seeschifffahrt. Im Unterschied zum Frachtbrief handelt es sich beim Konnossement um ein Warenwertpapier. Das bedeutet, dass das Konnossement notwendig ist, um die Ware ausgehändigt zu bekommen. Der Frachtführer ist nur dann befugt, die Ware an den Empfänger auszuhändigen, wenn er im Gegenzug ein Original des Konnossements erhält.

Konnossement
→ LF 9, Kap. 1.5.2

Die Anforderungen an den **Frachtbrief** im Binnenschiffverkehr sind die gleichen wie im Straßengüterverkehr (§ 408 HGB).

Frachtbrief im Straßengüterverkehr
→ LF 9, Kap. 1.2.3

1.5 Der Versand in der Seeschifffahrt

Beim Seeschiff handelt es sich um ein Verkehrsmittel, das vor allem im internationalen Gütertransport eingesetzt wird und mit dem weite Strecken überbrückt werden. Daher tritt das Seeschiff vor allem in Konkurrenz zum Flugzeug im Luftverkehr.

Das Seeschiff hat mit über 100.000 t die größte **Transportkapazität** und ist damit allen anderen Verkehrmitteln gegenüber im Vorteil. Nachteilig – vor allem im Vergleich zum Flugzeug – sind die mangelnde **Schnelligkeit** und die geringere **Netzdichte**. Schon durch die geografischen Gegebenheiten, die Lage von Meeren und Seehäfen und die wesentlich geringere Anzahl an Seehäfen im Vergleich zu den Flughäfen ist das Seeschiff dem Flugzeug unterlegen. Gleiches gilt für die **Frequenz**, in der die einzelnen Relationen angesteuert werden.

Obwohl die Ankunftszeiten im Seeschiffverkehr nicht stundengenau angegeben werden können, ist die **Zuverlässigkeit** des Seeschiffverkehrs generell als hoch zu bezeichnen, auch wenn diese im Luftverkehr immer noch höher ist. Gleiches gilt für die **Sicherheit**. Auch wenn die Sicherheit in der Seeschifffahrt stetig zunimmt, reicht sie nicht an die Sicherheit im Luftverkehr heran.

Ein großer Vorteil des Seeschiffes sind die relativ geringen **Transportkosten**. Das Seeschiff ist in aller Regel günstiger als alle anderen Transportmittel. Es eignet sich somit vor allem für den Transport von großen Gütern oder großen Gütermengen über weite Strecken, vor allem wenn die Güterart keine hohen Transportkosten zulässt und die Sendung nicht an kurze Transportzeiten gebunden ist.

1.5.1 Die Transportmittel in der Seeschifffahrt

Im Güterfrachtverkehr werden vor allem zwei Schiffstypen unterschieden, das Trockenfrachtschiff und Tankschiffe zur Beförderung flüssiger Ladung. Bei den **Trockenfrachtschiffen** sind vor allem die **Containerschiffe** von Bedeutung. Diese laden ausschließlich oder zu großen Teilen genormte 20- oder 40-Fuß-Container. Dementsprechend wird ihr Ladevolumen auch in 20-Fuß-Containern (kurz TEU = Twenty foot equivalent unit) angegeben. Die modernsten Containerschiffe können dabei über 13.000 TEU, also 13.000 20-Fuß-Container, laden. Zum Vergleich: Ein Wechselbrücken-Lkw kann zwei dieser Standard-Container transportieren. Damit entspricht das Ladevolumen eines Containerschiffs dem von 6.500 Wechselbrücken-Lkw.

Container
→ LF 6, Kap. 5.5

Das Containerschiff „MSC Irene" hat ein Ladevolumen von 13.798 TEU.

Roll-on/Roll-off-Schiff (Ro-Ro-Schiff)

Tankschiff mit Schleppern

Weitere Trockenfrachtschifftypen sind **Roll-on/Roll-off-Schiffe**, die rollfähige Güter wie z. B. Pkw über eine Bug-, Heck- oder Seitenpforte aufnehmen können, oder auch **Massengutschiffe**, die für den Transport loser Massengüter geeignet sind.

Tankschiffe werden vor allem für den Transport von Rohöl eingesetzt. Kleinere Schiffe sind auch zur innereuropäischen Beförderung von Mineralöl oder chemischen Halbfertigprodukten z. B. über das Mittelmeer im Einsatz.

1.5.2 Das Konnossement in der Seeschifffahrt

Das Konnossement (englisch: **Bill of Lading**) ist ein vom Verfrachter (Frachtfrühret) ausgestelltes Transportdokument **(Ladeschein)**. Es handelt sich dabei um ein sogenanntes **Warenwertpapier:** Derjenige, der das Konnossement in Händen hält, kann auch die Herausgabe der entsprechenden Güter verlangen. Dies ermöglicht, dass die direkte Übergabe der Ware durch die bloße Übergabe der Papiere ersetzt werden kann. Statt die Ware körperlich an einen Dritten zu übergeben, kann der Inhaber des Konnossements auch das Konnossement selbst übergeben. Dadurch erlangt der Dritte dann das Recht, vom Besitzer der Ware die Herausgabe zu verlangen.

Wie die anderen Transportdokumente hat auch das Konnossement noch verschiedene weitere Funktionen.

Funktionen des Konnossements	
Beweisurkunde	über den Inhalt und Abschluss des Beförderungsvertrages
Begleitpapier	begleitet die Ware vom Abgangs- zum Bestimmungsort
Empfangs-bestätigung	Empfänger bestätigt den Erhalt der Ware vom Carrier (Verfrachter)
Wertpapier	Besitzer des Papiers hat einen Herausgabeanspruch für die Güter
Verfügungspapier	Besitzer kann mithilfe des Papiers über die Güter verfügen
Handelspapier	Besitzer kann auch das Konnossement weiterverkaufen, es ist also handelbar
Sicherungsmittel	Verkäufer kann das Konnossement so lange zurückbehalten, bis die Güter vom Käufer bezahlt wurden und das Konnossement erst dann an den Käufer weitergeben; sichert sich so gegen Zahlungsrisiken ab.

Reederei

BILL OF LADING

B/L No.

Shipper	Carrier (1)
(2)	Sea Cargo AG Hamburg
Consignee	
(3)	

Pre-carriage by		Place of receipt
Ocean Vessel	Voy. No.	Port of loading
(4)		(5)

Port of discharge	Place of delivery	Freight payable at	Number of Original
(6)			

Container identification numbers or marks and numbers	Number and kind of packages	Gross weight (kg)	Measurements (cbm)
(7)			

(8) Received in apparent good order and condition (unless otherwise noted herein) the total number of containers or other packages or units enumerated above stated by the Shipper to comprise the cargo specified above, for transportation subject to all the terms hereof from the place of receipt or the port of loading, whichever applicable, to the port of discharge or place of delivery, whichever applicable. In witness whereof two original Bills of Lading have been signed, if not otherwise stated above, one of which being accomplished the other to be void.

Total No. of containers received by the carrier	No. of originals
	(9)
Freight payable at	Place and date of issue
(10)	

Signature

(11)

Das Konnossement (Bill of Lading)

1. Carrier: Verfrachter; vergleichbar mit dem Frachtführer im Güterkraftverkehr
2. Shipper: Ablader (derjenige, der die Fracht an das Schiff anliefert; vergleichbar mit dem Absender im Güterkraftverkehr)
3. Consignee: Empfänger
4. Ocean Vessel: Name des Schiffes
5. Port of loading: Abladehafen
6. Port of discharge: Löschhafen
7. Angaben zur Sendung
8. Erklärung zur ordnungsgemäßen Übernahme
9. Zahl der ausgestellten Ausfertigungen
10. Bestimmungen über die Frachtkosten
11. Unterschrift des Verfrachters

1.6 Der Versand im Luftfrachtverkehr

Über größere Entfernungen ist das Flugzeug **schneller** als jedes andere Verkehrsmittel. Lediglich auf kurzen Distanzen, z. B. innerhalb Deutschlands, ist der Lkw teilweise schneller. Im Vergleich zum Seeschiff fällt dieser Vergleich noch viel deutlicher aus: Ein Flugzeug benötigt z. B. für die Strecke Hamburg–New York acht Stunden, ein Seeschiff etwa 10 Tage.

Auch was die **Sicherheit** angeht, ist das Flugzeug dem Seeschiff und anderen Transportmitteln überlegen. Die Unfallwahrscheinlichkeit ist sehr gering; durch direkte Verlademöglichkeiten und eine kurze Transportdauer ist auch die Diebstahlwahrscheinlichkeit niedriger als bei anderen Verkehrsmitteln. Darüber hinaus zeichnet sich der Luftfrachtverkehr durch eine hohe **Zuverlässigkeit** aus, es gibt nur wenige Ausfälle und Verspätungen.

Die **Frequenz**, mit der einzelne Relationen im Luftverkehr bedient werden, ist in aller Regel höher als in der Seeschifffahrt. Ein Vergleich mit dem Lkw, der Bahn oder auch dem Binnenschiff hat wenig Sinn, da es sich in aller Regel um ganz unterschiedliche Relationen handelt. Was die **Netzdichte** angeht, so ist das Flugzeug zwar dem Lkw oder der Bahn gegenüber im Nachteil, durch das immer dichter werdende Netz an Flughäfen jedoch gegenüber dem Seeschiff klar im Vorteil.

Vergleicht man die **Transportkapazitäten** des Flugzeuges mit denen des Seeschiffes, so ist das Flugzeug ganz klar im Nachteil. Großraumflugzeuge können zwar heutzutage bis zu 100 Tonnen Nutzlast befördern, im Vergleich zum Seeschiff mit bis zu 100.000 Tonnen ist das Ladevolumen jedoch sehr gering.

Auch im Hinblick auf die **Kosten** ist das Flugzeug dem Seeschiff unterlegen. Das Flugzeug verursacht im Vergleich zu allen anderen Verkehrsmitteln die höchsten Transportkosten je Tonne und zurückgelegtem Kilometer. Hauptursache hierfür ist der sehr hohe Energieverbrauch durch die hohe Geschwindigkeit bei relativ geringer Ladekapazität. Ein weiterer Nachteil des Flugzeuges ist die hohe **Umweltbelastung**. Auch hier ist das Seeschiff klar im Vorteil.

1.6.1 Die Transportmittel im Luftfrachtverkehr

Flugzeuge im Frachtverkehr lassen sich nach verschiedenen Kriterien unterscheiden. Nach der Flugentfernung unterscheidet man die Kategorien **Kurzstrecke** bis 2.500 km, **Mittelstrecke** bis 5.000 km und **Langstrecke** bis 15.000 km. Es gilt die Entfernung, die der jeweilige Flugzeugtyp zurücklegen kann, ohne zwischenlanden zu müssen. Flugzeugtypen werden außerdem unterteilt nach reinem Personentransport, reinem Frachttransport und gemischten Transporten.

Die **Ladekapazität** der einzelnen Flugzeugtypen ist sehr unterschiedlich und hängt unter anderem davon ab, ob es sich um reine Frachtflugzeuge oder gemischte Transporte handelt. Die maximalen Ladegewichte reichen je nach Flugzeugtyp von wenigen Tonnen bis zu maximal 250 Tonnen beim Flugzeugtyp Antonow An-225, dem derzeit größten Frachtflugzeug der Welt.

Die Antonow An-225 bei der Beladung

1.6.2 Internationale Organisationen im Luftfrachtverkehr

Der Luftfrachtverkehr ist stark organisiert, im Laufe der Zeit haben sich verschiedene internationale Organisationen entwickelt, die allgemeingültige Regelungen für den Luftverkehr oder speziell für den Luftfrachtverkehr vereinbaren. Hierbei sind vor allem die ICAO (**I**nternational **C**ivil **A**viation **O**rganisation) und die IATA (**I**nternational **A**ir **T**ransport **A**ssociation) zu nennen.

Die **ICAO** vertritt die Regierungen aller am internationalen Luftverkehr beteiligten und als ICAO-Mitglied zugelassenen Staaten. Zurzeit gehören ihr 191 Mitglieder an. Die Hauptaufgabe der ICAO ist ein sicherer und geordneter Ablauf der internationalen Zivilluftfahrt. Vor allem die Entwicklung von Flugzeugen, Flugstrecken und Flughäfen sowie anderer Luftverkehrseinrichtungen soll gefördert werden.

Logo der IATA (Internationale Flug-Transport-Vereinigung)

Die **IATA** ist die Interessenvereinigung der Luftverkehrsgesellschaften. Zurzeit gehören ihr ca. 240 Fluggesellschaften an, was etwa 85 % des weltweiten Luftverkehrs entspricht. Ziel der IATA ist es, einen sicheren, regelmäßigen und wirtschaftlichen Luftverkehr zu fördern. Dazu übernimmt sie u. a. die Aufgabe, Dokumente und Tarife zu vereinheitlichen. Eines dieser Dokumente ist der **Air-Waybill**, der Luftfrachtbrief.

Die IATA setzt zur Abwicklung des Luftfrachtverkehrs sogenannte **IATA-Agenten** ein. Das sind in der Regel Speditionen, die eine gesetzlich anerkannte Lizenz besitzen. Die IATA regelt die rechtlichen Beziehungen zwischen den Luftverkehrsgesellschaften und den IATA-Agenten und legt die Rechte und Pflichten der Vertragsparteien fest. Um als IATA-Agent zugelassen zu werden, müssen die Speditionen bestimmte Anforderungen erfüllen, z. B. ihre finanzielle Leistungsfähigkeit nachweisen.

1.6.3 Der Frachtbrief im Luftfrachtverkehr

Auch für den Luftfrachtverkehr gibt es einen eigenen Luftfrachtbrief. Dieser nennt sich **Air-Waybill (kurz AWB)**. Da es sich in aller Regel um internationale Transporte handelt, wird der Air-Waybill in Englisch ausgestellt. Der AWB besteht immer aus **drei Originalen**. Das erste Original erhält die Luftverkehrsgesellschaft (First Carrier), das zweite Original erhält der Empfänger (Consignee), das dritte Original bleibt beim Absender (Shipper). Der Hinweis **„not negotiable“** (nicht übertragbar) oben rechts auf dem Papier sagt aus, dass es sich beim AWB nicht um ein Warenwertpapier handelt. Die Übergabe des Papiers kann die Übergabe der Ware nicht ersetzen.

Funktionen des AWB	
Beweisurkunde	über den Inhalt und Abschluss des Beförderungsvertrages
Warenbegleitpapier	begleitet die Ware vom Abgangs- zum Bestimmungsflughafen
Empfangsbestätigung	bestätigt den Empfang der Ware durch die Luftverkehrsgesellschaft
Auslieferungsbestätigung	bestätigt die Auslieferung der Ware am Zielflughafen
Versicherungsnachweis	für den Abschluss einer Transportversicherung
Gestellungsverzeichnis	dient dem Zoll als Dokument für die Ausfuhrverzollung
Sperrpapier	Absender kann mit seinem Original die Güter sperren. Hierzu muss er das 3. Original vorlegen und kann so eine Auslieferung an den Empfänger verhindern

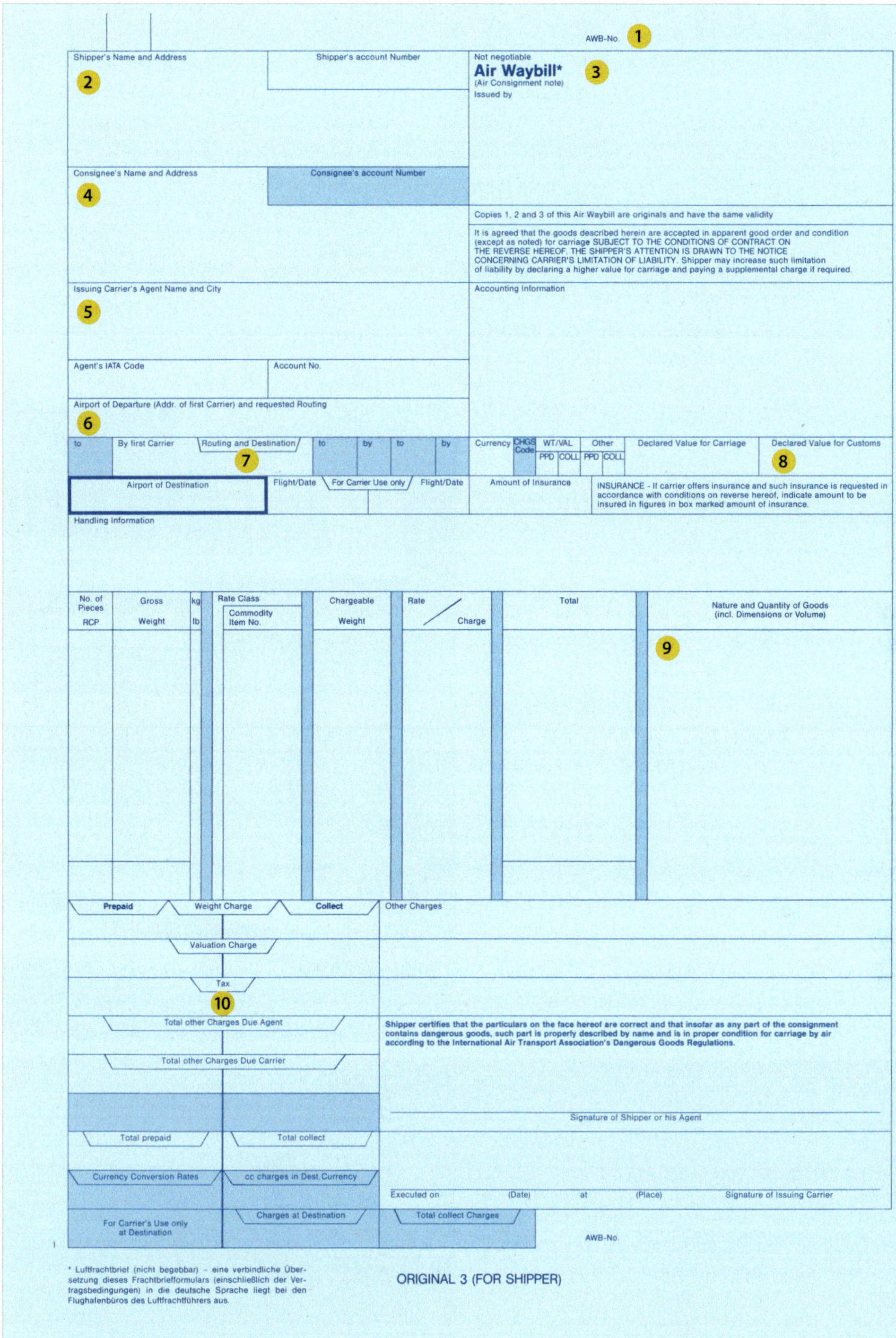
AWB-No. 1

Shipper's Name and Address 2
Shipper's account Number
Not negotiable
Air Waybill* 3
(Air Consignment note)
Issued by

Consignee's Name and Address 4
Consignee's account Number

Copies 1, 2 and 3 of this Air Waybill are originals and have the same validity

It is agreed that the goods described herein are accepted in apparent good order and condition (except as noted) for carriage SUBJECT TO THE CONDITIONS OF CONTRACT ON THE REVERSE HEREOF. THE SHIPPER'S ATTENTION IS DRAWN TO THE NOTICE CONCERNING CARRIER'S LIMITATION OF LIABILITY. Shipper may increase such limitation of liability by declaring a higher value for carriage and paying a supplemental charge if required.

Issuing Carrier's Agent Name and City 5
Accounting Information
Agent's IATA Code
Account No.
Airport of Departure (Addr. of first Carrier) and requested Routing 6

to | By first Carrier | Routing and Destination 7 | to | by | to | by | Currency | CHGS Code | WT/VAL PPD COLL | Other PPD COLL | Declared Value for Carriage | Declared Value for Customs 8

Airport of Destination | Flight/Date | For Carrier Use only | Flight/Date | Amount of Insurance | INSURANCE - If carrier offers insurance and such insurance is requested in accordance with conditions on reverse hereof, indicate amount to be insured in figures in box marked amount of insurance.

Handling Information

No. of Pieces RCP | Gross Weight | kg lb | Rate Class Commodity Item No. | Chargeable Weight | Rate / Charge | Total | Nature and Quantity of Goods (incl. Dimensions or Volume) 9

Prepaid | Weight Charge | Collect | Other Charges
Valuation Charge
Tax 10
Total other Charges Due Agent
Total other Charges Due Carrier

Shipper certifies that the particulars on the face hereof are correct and that insofar as any part of the consignment contains dangerous goods, such part is properly described by name and is in proper condition for carriage by air according to the International Air Transport Association's Dangerous Goods Regulations.

Signature of Shipper or his Agent

Total prepaid | Total collect
Currency Conversion Rates | cc charges in Dest. Currency
Executed on (Date) at (Place) Signature of Issuing Carrier
For Carrier's Use only at Destination | Charges at Destination | Total collect Charges
AWB-No.

* Luftfrachtbrief (nicht begebbar) – eine verbindliche Übersetzung dieses Frachtbriefformulars (einschließlich der Vertragsbedingungen) in die deutsche Sprache liegt bei den Flughafenbüros des Luftfrachtführers aus.

ORIGINAL 3 (FOR SHIPPER)

Der Luftfrachtbrief (Air-Waybill)

1 Air Waybill No.: Luftfrachtbriefnummer
2 Shipper: Absender
3 Luftfahrtgesellschaft
4 Consignee: Empfänger
5 Issuing Carrier: IATA Agent
6 Airport of Departure: Abflugort
7 Kurzinformationen zur Relation
8 Informationen zur Fracht- und Zollberechnung
9 Informationen zu den Gütern
10 Angaben zu Steuern und Gebühren

ALLES KLAR?

1 Entscheiden Sie in den folgenden Fällen, ob es sich um
1 einen Verkehrsträger,
2 einen Verkehrsweg,
3 ein Verkehrsmittel
handelt.

a Schiene
b Fluss
c Flugzeug
d Straßengüterverkehr
e Pipeline
f Luftkorridor
g Binnenschiff
h Luftfrachtverkehr

2 Übertragen Sie die folgende Tabelle in Ihre Unterlagen und nennen Sie zu den Verkehrsträgern jeweils den passenden Verkehrsweg und das passende Verkehrsmittel.

Verkehrsträger	Verkehrsweg	Verkehrsmittel
Seeschifffahrt		
Binnen-schifffahrt		
Schienengüter-verkehr		
Luftfracht-verkehr		
Straßengüter-verkehr		

3 Ordnen Sie die folgenden Erklärungen den jeweiligen Funktionen eines Frachtbriefes im Straßengüterverkehr zu.

Erklärungen:
a Nachweis über den Inhalt des Beförderungsvertrags
b Bestätigung über den Erhalt der Ware
c Dokument, das beim Transport der Waren mitgeführt wird
d Nachweis über den Abschluss eines Beförderungsvertrags
e Dokument, das die Auslieferung an den Empfänger verhindern kann

Funktionen:
1 Beweisurkunde
2 Warenbegleitpapier
3 Empfangsbestätigung
4 Sperrpapier

4 Welche Voraussetzungen gelten für die Erlaubnis für den gewerblichen Straßengüterverkehr?
a persönliche Zuverlässigkeit
b finanzielle Leistungsfähigkeit
c fachliche Eignung

5 Um welche Transportmittel des Straßengüterverkehrs handelt es sich bei den folgenden Bildern?

a

b

c

ALLES KLAR?

6 Unterscheiden Sie Kurier-, Express- und Paketdienste anhand der Zahl der Umschläge und entscheiden Sie, ob es sich um einen direkten Transport handelt.

7 Welcher der folgenden Vorteile trifft **nicht** auf den Schienengüterverkehr zu?
- **a** Es handelt sich um ein sehr umweltfreundliches Verkehrsmittel.
- **b** Es können besonders gut Massengüter transportiert werden.
- **c** Die Netzdichte ist im Gegensatz zum Straßenverkehr besonders hoch.
- **d** Im Direktverkehr ist die Bahn schneller als der Lkw.
- **e** Es handelt sich um ein besonders sicheres Transportmittel.

8 Nennen Sie die wichtigsten Schiffstypen in der Binnenschifffahrt.

9 Welche der folgenden Nachteile treffen **nicht** auf die Binnenschifffahrt zu?
- **a** Die Binnenschiffe sind im Vergleich zu anderen Verkehrsmitteln relativ langsam.
- **b** Binnenschiffe verursachen hohe Transportkosten.
- **c** Die Dichte der deutschen Binnenwasserstraßen ist im Vergleich zu anderen Verkehrsnetzen relativ gering.
- **d** Es handelt sich um ein Verkehrsmittel, das die Umwelt stark belastet.

10 Wie nennt man die zwei Schiffstypen, die jeweils flüssige oder feste Güter transportieren können?

11 Ordnen Sie die folgenden Erklärungen den jeweiligen Funktionen des Konnossements in der Seeschifffahrt zu.

Erklärungen:
- **a** Es ermöglicht dem Besitzer des Konnossements, über die Güter zu verfügen.
- **b** Das Papier kann weiterverkauft werden.
- **c** Es weist den Abschluss und den Inhalt des Beförderungsvertrages nach.
- **d** Es kann vom Verkäufer so lange einbehalten werden, bis der Käufer die Ware bezahlt hat.
- **e** Es begleitet die Sendung.
- **f** Mithilfe des Konnossements kann über die Güter verfügt werden.
- **g** Der Empfang der Ware wird auf dem Konnossement bestätigt.

Funktionen:
1. Beweisurkunde
2. Begleitpapier
3. Empfangsbestätigung
4. Wertpapier
5. Verfügungspapier
6. Handelspapier
7. Sicherungsmittel

12 Welche der folgenden Aussagen treffen auf den Luftfrachtverkehr zu?
- **a** Die Frequenz, mit der einzelne Relationen bedient werden ist in der Regel höher als in der Seeschifffahrt.
- **b** Die Kosten des Luftfrachtverkehrs sind durch die geringeren Transportzeiten niedriger als die des Seeschiffverkehrs.
- **c** Die Transportkapazitäten des Flugzeugs sind mit denen eines Trockengüterschiffes vergleichbar.
- **d** In punkto Sicherheit ist das Flugzeug allen anderen Verkehrsmitteln überlegen.
- **e** Die Umweltbelastung, die ein Transport mit dem Flugzeug verursacht, ist relativ hoch.

LS 62
LS 63

2 Die Frachtkosten im Güterverkehr ermitteln

Als Karsten heute zur Arbeit erscheint, ist Frau Lenkner bereits im Büro. „Guten Morgen, Frau Lenkner, Sie sind aber heute früh dran. Wollten Sie heute nicht später anfangen, nachdem Sie gestern schon so lange gearbeitet haben?" „Ach, hallo Herr Thieme. Eigentlich schon, aber im Moment ist so viel zu tun. – Aber wo Sie gerade da sind: Könnten Sie mir nicht ein paar von den inländischen Sendungen abnehmen? Sie müssten nur entscheiden, ob die mit dem Lkw oder mit der Bahn rausgehen sollen, und die Dokumente fertig machen." Karsten will diese Entscheidung eigentlich lieber nicht treffen, da er sich noch nicht so gut auskennt, aber da sieht er die dunklen Ringe unter Frau Lenkners Augen. Die muss ja wirklich erledigt sein. „Ja klar, Frau Lenkner, mache ich. Aber wie soll ich entscheiden, welches Verkehrsmittel wir einsetzen?" „Ach, das ist doch letzen Endes immer eine Kostenentscheidung. Prüfen Sie einfach, welche Alternative günstiger ist, zeitkritisch sind die Sendungen nicht."

Welche Frachtkosten für eine Sendung anfallen, hängt in erster Linie von der Wahl des Transportmittels, dem Gewicht der Sendung und dem Volumen ab. Im Folgenden werden die Frachtkosten daher abhängig vom jeweiligen Verkehrsmittel dargestellt.

2.1 Die Frachtberechnung im Straßengüterverkehr

Für die Abrechnung von Transportleistungen gibt es grundsätzlich zwei Möglichkeiten. Bei der sogenannten **Spedition zu festen Kosten** (§ 459 HGB) vereinbart der Versender mit dem Spediteur einen **Pauschalbetrag** für die gesamte Beförderung. Der Vorteil der Spedition zu festen Kosten ist für den Versender, dass er im Vorhinein alle Kosten kennt und entsprechend kalkulieren kann. Das Risiko, dass die Kosten im Nachhinein höher ausfallen als geplant, trägt dann der Spediteur. Diese Vereinbarung ist inzwischen allgemein üblich. Nur noch selten wird vereinbart, dass der Versender die Auslagen ersetzt, die dem Spediteur entstehen, und ihm zusätzlich eine Versendungsprovision für seine Leistung zahlt.

Welche Preise im Einzelnen für die Organisation des Transportes verlangt werden, hängt von der Spedition ab. In der Regel legen die Spediteure für die Berechnung Preise pro Tonne und gefahrenen Kilometern zugrunde.

Einflussfaktoren auf die Transportkosten	
Nach Gütern	**Nach Relation**
Gewicht	Entfernung
Volumen	Einsatzzeit des Fahrzeuges
Besonderheiten der Güter (Gefahrgut, Kühlgüter etc.)	Möglichkeit eines Transportes auf dem Rückweg
	Maut

Für die Abrechnung von Sammelgutverkehr gibt es eine Empfehlung des BSL. Faktisch stellt diese Empfehlung jedoch eher eine Preisobergrenze dar, die von den Speditionen in aller Regel unterschritten wird. Dieses Haus-Haus-Entgelt richtet sich nach dem Sendungsgewicht und den gefahrenen Kilometern. Darüber hinaus werden **Nebengebühren** für verschiedene Zusatzleistungen empfohlen. Die außerdem anfallenden **Mautgebühren** sind im Tarif für den Spediteursammelgutverkehr nicht enthalten und werden gesondert abgerechnet.

BSL
Bundesverband Spedition und Logistik

Haus-Haus-Entgelt
Gesamtpreis für die Beförderung von der Übernahme der Güter beim Versender bis zur Übergabe an den Empfänger

Haus-Haus-Entgelt
Auszug aus dem Tarif für den Spediteursammelgutverkehr des BSL

Entfernung in km	Gewicht in kg				
	1–50	51–100	101–200	201–300	301–400
	€	€	€	€	€
1–100	29,70	50,30	71,20	103,20	132,30
101–200	32,10	55,60	81,80	120,80	156,90
201–300	32,70	56,60	83,40	123,70	161,00
301–400	32,80	57,00	84,20	125,30	163,10
401–500	33,00	57,40	85,20	126,70	165,20
501–600	33,60	58,30	86,80	129,50	169,10
601–700	34,20	60,10	90,30	135,30	177,50
701–800	34,70	60,90	92,10	138,30	181,40
801–1.000	35,30	62,60	95,60	144,30	189,90

Nebengebühren
Auszug aus dem Tarif für den Spediteursammelgutverkehr des BSL

Gebühr für Versendernachnahmen	2 %, mindestens	15,30 €
Avisgebühren	pro Sendung	5,10 €
Zustellung an einem vorgeschriebenen Tag (Fixtag) nach Ablauf der Regellaufzeit		15,30 €
Wiegen von Gütern sowie Aufmessen von Sperrgütern nach Zeit und Aufwand	pro Sendung mindestens	2,60 €
Lagergeld für Güter normalen Umfangs pro Tag und 100 kg	mindestens	1,00 € 2,10 €
Rechnungserstellung für Unfrei-Empfänger, die nicht zur sofortigen Zahlung bereit sind, sowie für Dritte		6,10 €
Nachträgliche Verfügungen des Versenders (z. B. Änderungen der Frankatur) und Anweisungen des Empfängers	pro Sendung mindestens	5,10 €
Beschaffung eines Ablieferungsnachweises	mindestens	6,10 €
Palettentauschgebühr für • genormte* Flachpaletten genormte* Gitterboxpaletten * Die Normen für Abmessungen und Güte richten sich nach DIN	je Palette je Palette	2,60 € 10,20 €
Stand- und Wartezeiten von mehr als einer halben Stunde	je halbe Stunde	17,90 €

Berechnung der Transportkosten für eine Sendung im Sammelgutverkehr

Relation: Regensburg – Augsburg (Entfernung 147 km)
Sendung: 1 Palette Fahrradhelme, Gewicht 215 kg

Die Flachpalette, auf der sich die Sendung befindet, soll beim Empfänger getauscht werden. Zusätzlich soll eine Nachnahme von 3.995,00 € beim Empfänger eingezogen werden.

Ermittlung des Haus-Haus-Entgeltes laut Tabelle:		120,80 €
Nebengebühren:		
• Tauschgebühr für EUR-Flachpalette:	1 Stück · 2,60 € =	2,60 €
• Gebühr für Versendernachnahme (3.995,00 € · 2)/100 (da die Gebühr hier über 15,30 € liegt, werden 2 % berechnet)		= 79,90 €
• Maut		= 20,80 €
Transportkosten der Sendung (Summe):		**224,10 €**

Frachtberechnung bei KEP-Unternehmen

KEP-Unternehmen
→ LF 9, Kap. 1.2.5

Eine weitere Besonderheit bei der Frachtberechnung des Straßengüterverkehrs stellen die KEP-Dienste dar. Paketdienste bieten in der Regel stark standardisierte Produkte an. Hierbei werden jeweils ein Mindest- und ein Höchstmaß der Sendung und verschiedene Gewichtsklassen vorgegeben. Danach ermitteln sich dann die Transportkosten der Sendung. Auch hier werden Zusatzleistungen gesondert berechnet. Bei Paktsendungen gibt es in der Regel verschiedene Tarifzonen, die die Entfernung berücksichtigen. So gelten oftmals einheitliche Preise für den Versand innerhalb Deutschlands oder Europas.

Preistabelle eines KEP-Unternehmens

Gewicht	Preise
bis 2,5 kg	4,90 €
bis 12 kg	7,10 €
bis 20 kg	12,00 €
bis 31,5 kg	14,90 €

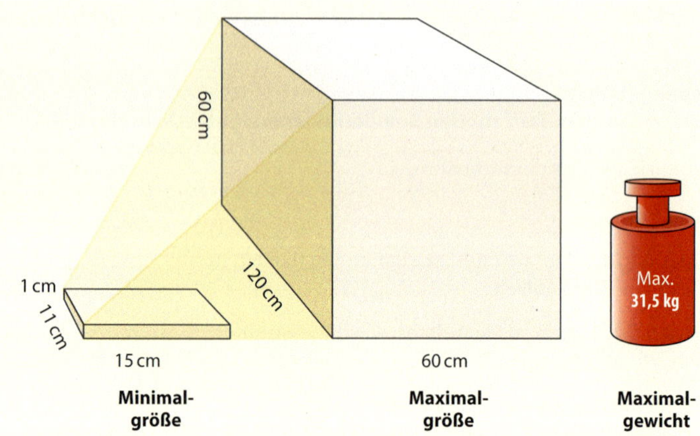

Ermittlung der Transportkosten eines KEP-Dienstleisters

Relation: Bonn – Berlin
Gewicht der Sendung: 25,00 kg
Maße der Sendung: 50 cm · 25 cm · 25 cm
Transportkosten laut Tabelle: 14,90 €

Zusatzleistungen
bei KEP-Unternehmen
→ LF 9, Kap. 1.2.5

Bei der Frachtermittlung ist zu beachten, dass sich die in den Tabellen angegebenen Preise durch Zusatzleistungen oder durch versteckte Zuschläge (z. B. Treibstoffzuschlag, Inselzuschlag, Außengebietszuschlag) erheblich erhöhen können.

Ermittlung des frachtpflichtigen Gewichtes

Sendungen mit einem geringen Gewicht können trotzdem ein großes Volumen haben und damit viel Transportraum benötigen. Würden solche Sendungen nur nach Gewicht abgerechnet werden, so wären sie für das Transportunternehmen sehr kostenintensiv. Bei Paketdienstleistungen gibt es daher in der Regel Maximalgrößen für die einzelnen Versandstücke. Bei Express- und Kurierdiensten ist dies zum Teil nicht der Fall. Um auch hier das Volumen der Sendung bei der Frachtberechnung berücksichtigen zu können, wird das Volumengewicht herangezogen.

Das **Volumengewicht** wird ermittelt, indem zunächst das Volumen der Sendung berechnet und im Anschluss durch einen festgelegten Faktor (hier 5.000) geteilt wird.

Volumen
→ Anhang Fachrechnen, Kap. 8.5

$$\textbf{Volumengewicht} = \frac{\text{maximale Länge} \cdot \text{maximale Breite} \cdot \text{maximale Höhe (in cm)}}{5.000}$$

Ist das Volumengewicht höher als das **tatsächliche Gewicht** in Kilogramm, wird zur Ermittlung der Fracht das Volumengewicht herangezogen. Das Gewicht, mit dessen Hilfe die Fracht ermittelt wird, nennt man **frachtpflichtiges Gewicht**.

Ermittlung des frachtpflichtigen Gewichts

1. Tatsächliches Gewicht in kg ermitteln (durch Wiegen)
2. Volumengewicht ermitteln: $\frac{\text{Länge} \cdot \text{Breite} \cdot \text{Höhe}}{5.000}$
3. Das frachtpflichtige Gewicht ist jeweils das höhere Gewicht.

Eine Expresssendung soll nach Gewicht abgerechnet werden.

1. Das tatsächliche Gewicht der Sendung (nach Waage) beträgt einschließlich Verpackung 23,5 kg.
2. Die Sendung ist 50 cm lang, 50 cm breit und 50 cm hoch.
   Volumengewicht:
   $\frac{(50\text{ cm} \cdot 50\text{ cm} \cdot 50\text{ cm})}{5.000} = 25\text{ kg}$
3. Das Volumengewicht von 25 kg ist höher als das tatsächliche Gewicht von 23,5 kg.

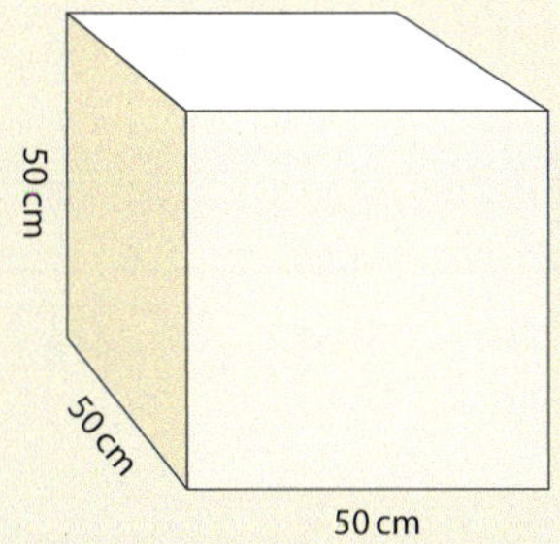

Das frachtpflichtige Gewicht beträgt also 25 kg.

Durch die Berücksichtigung des Volumengewichts wird sichergestellt, dass eine Sendung auch nach dem Raum, den sie beim Transport in Anspruch nimmt, bepreist werden kann. Auch im Luftfrachtverkehr wird häufig nach Volumengewicht abgerechnet, da hier der Frachtraum besonders knapp und daher teuer ist.

2.2 Die Frachtberechnung im Schienengüterverkehr

Auch im Schienengüterverkehr richtet sich die Höhe der Transportkosten nach der Entfernung und dem Sendungsgewicht. Zudem spielt das Transportmittel eine Rolle. So gibt es in der Regel unterschiedliche Preistabellen für den Transport mit verschiedenen Wagentypen, wobei die Preise z. B. abhängig sind von der Achsenzahl der Wagen oder ob es sich um offene oder verdeckte Wagen handelt.

Es wird außerdem unterschieden zwischen dem **Ganzzugverkehr,** bei dem die Sendung so umfangreich ist, dass ein ganzer Zug ausgelastet wird, und dem **Einzelwagentransport**, bei dem nur einzelne Wagen des Zuges ausgelastet werden. Die genauen Preise hängen vom jeweiligen Verkehrsanbieter ab. Individuelle Preisabsprachen mit den Kunden sind dabei durchaus üblich. Eine Frachttabelle kann z. B. folgendes Aussehen haben:

Preistabelle in € für Transporte in einem offenen zweiachsigen Wagen

Entfernung bis zu … km	Sendungsgewicht in Tonnen							
	bis 4,999	ab 5,000	ab 7,500	ab 10,000	ab 12,500	ab 15,000	ab 17,500 bis 20,000	für jede weitere Tonne
50	113	144	167	182	193	203	211	47
100	225	256	279	302	325	348	371	49
150	334	365	388	411	434	457	480	51
200	443	474	497	520	543	566	589	53
250	552	583	606	629	652	675	698	55
300	661	692	715	738	761	784	807	57
350	769	800	823	846	869	892	915	59
400	877	908	931	954	977	1.000	1.023	61
450	986	1.071	1.040	1.063	1.086	1.109	1.132	63
500	1.095	1.126	1.149	1.172	1.195	1.218	1.241	65
550	1.204	1.235	1.258	1.281	1.304	1.327	1.350	67
600	1.313	1.344	1.367	1.390	1.413	1.436	1.459	69
650	1.422	1.453	1.476	1.499	1.522	1.545	1.568	71
700	1.531	1.562	1.585	1.608	1.631	1.654	1.677	73
750	1.640	1.671	1.694	1.717	1.740	1.763	1.786	75
800	1.759	1.790	1.813	1.836	1.859	1.882	1.905	77
850	1.858	1.889	1.912	1.935	1.958	1.981	2.004	79
900	1.967	1.998	2.021	2.044	2.067	2.090	2.113	81
950	2.076	2.107	2.130	2.153	2.176	2.199	2.222	83
1.000	2.185	2.216	2.239	2.262	2.285	2.308	2.331	85

➔ **Ermittlung der Transportkosten für eine Sendung im Schienengüterverkehr**
Relation: Regensburg – Berlin (Entfernung: 496 km)
Sendung: 1 Wagen mit diversen Fahrradmodellen
Gewicht: 11,5 t
Fracht laut Tabelle: 1.172,00

ALLES KLAR?

1 Welche der folgenden Faktoren beeinflussen die Transportkosten in aller Regel **nicht**?

- **a** das Volumen der Güter
- **b** das Gewicht der Güter
- **c** privater oder gewerblicher Empfänger
- **d** die Einsatzzeit des Fahrzeuges
- **e** Mautkosten
- **f** saisonale Unterschiede
- **g** Besonderheiten der Güter

2 Welche der folgenden Gebühren sind keine Nebengebühren aus dem Tarif für den Spediteursammelgutverkehr?

- **a** Avisgebühren
- **b** Lagergeld
- **c** Ladungssicherungskosten
- **d** Palettentauschgebühr
- **e** Verpackungszuschlag
- **f** Stand- und Wartezeiten
- **g** Beschaffung eines Ablieferungsnachweises

3 Welche der folgenden Aussagen trifft **nicht** auf das Haus-Haus-Entgelt zu?

- **a** Es handelt sich um einen Gesamtpreis für die Beförderung von Gütern.
- **b** Der Preis berechnet sich nach der Entfernung und nach dem Gewicht der Sendung.
- **c** Die Maut ist im Haus-Haus-Entgelt bereits enthalten.
- **d** Zusätzlich können noch Nebengebühren anfallen.
- **e** Beim Haus-Haus-Entgelt handelt es sich um einen Preis, der von den Spediteuren nicht unterschritten werden darf.

4 Ermitteln Sie jeweils das Haus-Haus-Entgelt für die folgenden Sendungen. Nutzen Sie dazu die Tabelle des BSL von Seite 331.

- **a** Entfernung: 450 km; Gewicht: 120 kg
- **b** Entfernung: 57 km; Gewicht: 350 kg
- **c** Entfernung: 932 km; Gewicht: 90 kg
- **d** Entfernung: 207 km; Gewicht: 257 kg

5 Ermitteln Sie für die folgenden Sendungen jeweils die Frachtkosten im Schienengüterverkehr.
Nutzen Sie dazu die Frachttabelle auf Seite 334.

- **a** Gewicht: 11 Tonnen; Entfernung: 130 km
- **b** Gewicht: 1,5 Tonnen; Entfernung: 450 km
- **c** Gewicht: 31,5 Tonnen; Entfernung: 312 km
- **d** Gewicht: 0,3 Tonnen; Entfernung: 720 km

6 Ermitteln Sie für den folgenden Fall die Transportgebühren im Straßengüterverkehr.
Sendungsangaben: 2 Europaletten mit Fahrradhelmen und einem Gesamtgewicht von 350 kg.
Die Entfernung beträgt 745 km. Die Fracht trägt der Versender. Der Rechnungsbetrag von 1.116,00 € für die Waren soll beim Empfänger der Sendung bar eingezogen werden.

7 Ermitteln Sie jeweils die Kosten für den Versand einer Sendung mit einer Spedition und mit einem KEP Dienst.
Sendungsangaben: Maße 100 cm · 60 cm · 60 cm, Sendungsgewicht 25,00 kg. Die Entfernung beträgt 225 km.
Welches der beiden Angebote würden Sie wählen?

8 Ermitteln Sie für die folgende Sendung das Volumengewicht und das frachtpflichtige Gewicht.
Sendungsangaben: Maße 35 cm · 57 cm · 68 cm, tatsächliches Gewicht 43 kg.

LS 64

3 Der kombinierte Güterverkehr

Bei den meisten der Sendungen die Frau Lenkner an Karsten übertragen hat, konnte er sich inzwischen für ein Verkehrsmittel entscheiden. Er steht jedoch noch vor einem Problem, was die Bahntransporte angeht. Zwar verfügt die Top Bike GmbH über einen direkten Zugang zum Schienennetz, jedoch leider nicht alle ihrer Kunden. Daher fragt Karsten noch einmal bei Frau Lenkner nach: „Frau Lenkner, die Zustellung über den Schienengüterverkehr kommt doch nur für die Kunden infrage, die an das Schienennetz direkt angebunden sind. Bei den anderen muss ich die Kosten für den Versand mit der Bahn doch gar nicht prüfen, oder?" „Wie kommen Sie denn darauf? Das machen wir dann einfach mit dem kombinierten Güterverkehr, dann passt das schon. Wenn wir so die Versandkosten niedrig halten können, lohnt sich der Aufwand." „Ach so, ja, dann kümmere ich mich darum." Karsten ist ein wenig überfordert, was um alles in der Welt soll denn nun wieder der kombinierte Güterverkehr sein? Er dachte, er kennt alle Verkehrsmittel inzwischen.

Bisher sind wir im Straßengüterverkehr davon ausgegangen, dass der gesamte Transport mit nur einem Verkehrsträger durchgeführt werden kann. Auch wenn, wie im Sammelgutverkehr, zwischen verschiedenen Lkw gewechselt wird, bleibt das Verkehrsmittel Lkw im Prinzip erhalten. Dies funktioniert jedoch bei den anderen Verkehrsmitteln (Schiff, Bahn und Flugzeug) nur auf sehr wenigen Relationen. Um die Sendung vom Versender bis zum Empfänger transportieren zu können, müssen in der Regel verschiedene Verkehrsmittel eingesetzt werden.

Dieser Wechsel kann auf zwei Arten erfolgen. Bei der ersten Variante, werden die Güter komplett vom ersten Verkehrsmittel abgeladen und dann neu auf das nächste Verkehrsmittel verladen. Diese Variante nennt man **gebrochenen Verkehr**, die Güter werden hier komplett umgeschlagen. Der gebrochene Verkehr ist jedoch durch den Umschlag der Sendung sehr zeitaufwendig und arbeitsintensiv.

Gebrochener Verkehr ist die Verbindung von zwei oder mehr Verkehrsträgern innerhalb einer Transportkette, wenn die Güter zwischenzeitlich umgeladen werden.

Eleganter ist das Verladen des kompletten Transportbehälters, z. B. des Containers, von einem Verkehrsmittel auf ein anderes. Diese Variante nennt man **kombinierten Verkehr** (kurz **KV**).

Kombinierter Verkehr ist die Verbindung von zwei oder mehr Verkehrsträgern innerhalb einer Transportkette, ohne dass der Transportbehälter gewechselt wird.

Der kombinierte Güterverkehr bietet verschiedene **Vorteile**:

- Beim kombinierten Verkehr lassen sich die **Vorteile verschiedener Verkehrsträger** miteinander verbinden, wie z. B. der kostengünstige Transport mit dem Binnenschiff und das engmaschige Netz des Straßengüterverkehrs.
- Der **Umschlag** kann schneller und damit auch kostengünstiger erfolgen.
- Die **Sicherheit** der Güter gegenüber dem gebrochenen Verkehr wird erhöht, da das Gut in geschlossenen Behältern besser vor Witterungseinflüssen und Diebstahl geschützt ist und Beschädigungen während des Umschlages vermieden werden.
- Dadurch, dass der Transportbehälter in der Transportkette nicht gewechselt wird, können im Vergleich zum gebrochenen Verkehr **Verpackungskosten** eingespart werden.
- Da der kombinierte Verkehr oftmals eine Alternative zum reinen Transport im Straßengüterverkehr darstellt, wird der Güterverkehr von der Straße beispielsweise auf die Schiene umgeleitet. Dies führt zu einer **Entlastung des Straßennetzes**.

Funktionen der Verpackung
→ LF 6, Kap. 2.3

Im kombinierten Verkehr ist das **zulässige Gesamtgewicht für Lkw**, die lediglich für den Vor- oder Nachlauf zum oder vom nächstgelegenen Terminal genutzt werden, auf **44 Tonnen** erhöht. Hierbei handelt es sich um eine Erleichterung für den kombinierten Güterverkehr, der letztlich zur Entlastung des Straßennetzes führen soll.

zulässiges Gesamtgewicht im Straßengüterverkehr
→ LF 9, Kap. 1.2.1

Kombinierter Güterverkehr wird oftmals über sogenannte **Güterverkehrszentren (GVZ)** abgewickelt. GVZ dienen der Umladung von Gütern zwischen verschiedenen Verkehrsmitteln und dem Umschlag von Gütern. Hier treffen unterschiedliche Verkehrswege aufeinander, z. B. Straße, Schiene und Binnenwasserstraßen. GVZ liegen häufig in der Nähe von Ballungsräumen und ermöglichen einen unkomplizierten Wechsel zwischen verschiedenen Verkehrsmitteln.

Grundsätzlich sind beim kombinierten Verkehr nahezu alle Verkehrsträger miteinander kombinierbar. Besonders häufig sind jedoch **Kombinationen mit dem Straßengüterverkehr**, da vor allem der Vor- und Nachlauf meist nur per Lkw zu bewerkstelligen ist. Im Vor- und im Nachlauf müssen jedoch nicht zwangsläufig die gleichen Verkehrsmittel eingesetzt werden. Es sind auch weitere Kombinationen denkbar und üblich.

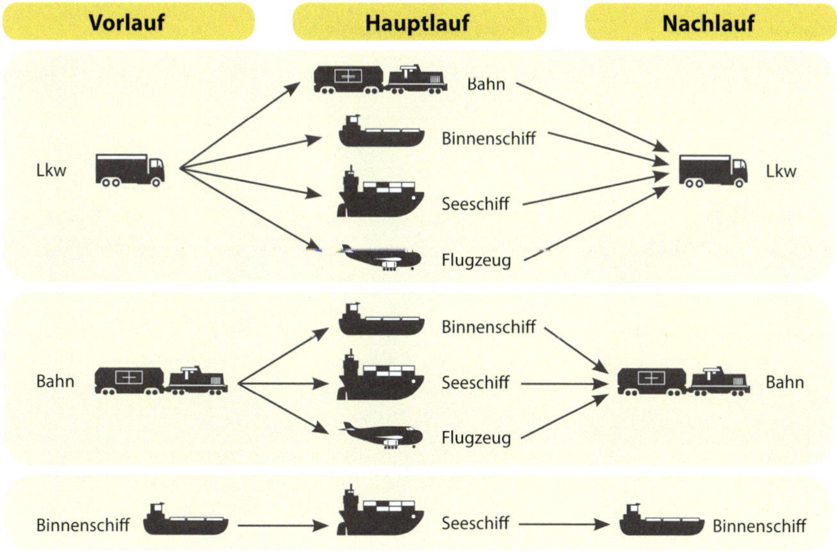

Der kombinierte Güterverkehr

3.1 Kombinierter Verkehr Straße und Schiene

Beim kombinierten Verkehr Straße und Schiene unterscheidet man grundsätzlich zwei Arten von Transporten: den unbegleiteten und den begleiteten Transport. Bei beiden Transportarten erfolgen in aller Regel der Vor- und der Nachlauf mit dem Lkw, der Hauptlauf erfolgt über die Schiene.

Beim **unbegleiteten Transport** werden lediglich die Ladeeinheiten, also z. B. die Wechselbehälter eines Lkw, für den Hauptlauf auf die Bahn umgeladen und dann für den Nachlauf wieder auf einen Wechselbrücken-Lkw zurückgeladen.

Beim **begleiteten Transport** wird der gesamte Lkw mit Zugmaschine für den Hauptlauf auf die Bahn verladen **(Huckepackverkehr)**. Auch der Fahrer des Lkw fährt im Zug mit. Dieser Verkehr wird auch als **rollende Landstraße** bezeichnet und hat den Vorteil, dass für den Nachlauf keine Zugmaschine samt Fahrer bereitgestellt werden muss.

Entscheidend dafür, ob es sich um einen begleiteten oder einen unbegleiteten Transport handelt, ist, ob das Motorfahrzeug im Hauptlauf über die Schiene mitgeführt wird.

Ein Container wird auf die Bahn verladen.

Umschlagbahnhof Köln-Eifeltor

Ein Sattelzug wird verladen.

Ein kompletter Lkw wird über die Schiene befördert.

3.1.1 Die Voraussetzungen für den kombinierten Verkehr Straße/Schiene

Voraussetzungen für den kombinierten Güterverkehr sind zum einen geeignete und genormte **Ladeeinheiten**, die von beiden Verkehrsträgern geladen werden können. Dies ist z. B. beim 20- oder 40-Fuß-Container oder bei Wechselbrücken der Fall. Sobald das Lademittel gewechselt werden muss, handelt es sich nicht mehr um kombinierten Verkehr, sondern um gebrochenen Verkehr.

Eine weitere Voraussetzung sind geeignete **Umschlagseinrichtungen**, auf denen die Ladeeinheit umgeladen werden kann. Bei Umschlagbahnhöfen für den Wechsel von der Straße auf die Schiene sind dies beispielsweise Portalkräne oder auch mobile Ladeeinheiten mit Spreader. Darüber hinaus müssen am Umschlagsort ausreichend **Stellplätze** für die Zwischenlagerung von Ladeeinheiten vorhanden sein. Diese müssen über eine geeignete Ausstattung wie z. B. Stromanschlüsse für temperaturgeführte Güter verfügen. Für den Umschlag von der Straße auf die Schiene sind solche Voraussetzungen an speziellen **Umschlagbahnhöfen** oder in Güterverkehrszentren verfügbar.

Portalkran
→ LF 4, Kap. 3.2

Spreader
Spezielles Hebezeug für den Containerumschlag. Spreader gibt es auch als Anbaugerät für einige Gabelstaplertypen.

Portalkran

Spreader

Güterverkehrszentrum Dörpen – Warenumschlag von der Straße auf die Schiene

3.1.2 Die Vorteile des kombinierten Verkehrs Straße/Schiene gegenüber dem reinen Straßenverkehr

Zunächst einmal bedeutet die Verlagerung des Güterverkehrs von der Straße auf die Schiene eine **Entlastung des Straßennetzes** mit den damit verbundenen Vorteilen (geringere Umweltbelastung durch Abgase und Lärm, geringere Kosten durch Straßenabnutzung, weniger Staugefahr). Zudem ist die Bahn **umweltfreundlicher** als der Lkw, da der Schadstoffausstoß erheblich geringer ist. Die Lieferzeiten sind **gut planbar**, der Bahnfahrplan kann in aller Regel gut eingehalten werden. Es müssen keine unvorhergesehenen Ereignisse wie Staus oder Umleitungen befürchtet werden.

Sowohl beim begleiteten als auch beim unbegleiteten Transport kann unter Umständen **Fahrpersonal** eingespart werden: Beim unbegleiteten Transport wird im Hauptlauf gar kein Fahrer für den Lkw benötigt. Beim begleiteten Transport entfällt ein zweiter Fahrer, der bei langen Strecken im Wechsel das Steuer übernehmen könnte. (Aufgrund der Lenk- und Ruhezeiten im europäischen Straßenverkehr können viele Strecken sonst nicht in der gewünschten Zeit bedient werden.) Je nach Strecke kann der Transport mit der Bahn im Einzelfall **kostengünstiger** sein als der reine Transport mit dem Lkw. Zudem profitiert man im Hauptlauf vom **geringeren Unfallrisiko** der Bahn gegenüber dem Lkw.

Lenk- und Ruhezeiten
→ LF 7, Kap. 3.2

3.2 Kombinierter Verkehr mit anderen Verkehrsträgern

Auch der kombinierte Verkehr **Straße/Binnengewässer**, also der kombinierte Verkehr mit Lkw und Binnenschiff, ist eine gängige Transportmöglichkeit. Die Vorteile decken sich mit denen des kombinierten Verkehrs Straße/Schiene. Auch hier ist sowohl ein unbegleiteter als auch ein begleiteter Verkehr möglich. Ein Großteil des kombinierten Verkehrs Straße/Wasser findet in Deutschland über den Rhein und die Donau statt. Beide Flüsse verfügen über eine ausreichende Anzahl von Umschlaghäfen, z. B. in Duisburg, Köln und Regensburg. Darüber hinaus kann die Binnenschifffahrt auch mit dem Schienengüterverkehr kombiniert werden **(Schiene/Binnengewässer)**. So kann z. B. im Hafen Köln-Niehl auch von der Bahn auf das Binnenschiff umgeladen werden. Dies erfolgt entweder im gebrochenen oder im kombinierten Verkehr, je nach Ladung.

Im kombinierten Verkehr **Straße/Seeweg** kommen in aller Regel nur Überseecontainer für den Transport infrage. Auch hier ist sowohl der begleitete als auch der unbegleitete Transport möglich.

Luftfrachtcontainer
→ LF 6, Kap. 5.5.2

Beim kombinierten Verkehr **Straße/Luft** ist vor allem zu beachten, dass die speziell angepassten Luftfrachtcontainer bereits auf der Straße eingesetzt werden müssen, um kombinierten Verkehr zu ermöglichen. Ist dies nicht möglich, handelt es sich um gebrochenen Verkehr.

Der kombinierte Verkehr Straße/Luft steht vor allem in Konkurrenz zum kombinierten Verkehr Straße/Seeweg. Ein reiner Transport über die Straße alleine ist in den meisten Fällen geografisch ausgeschlossen. Ob im Einzelfall das Seeschiff oder das Flugzeug zum Einsatz kommt, hängt in aller Regel von den beiden Faktoren Zeit und Kosten ab. Die speziellen Container, die im Luftfrachtverkehr eingesetzt werden, erschweren den kombinierten Verkehr jedoch, da sie größtenteils nicht mit dem Lkw kombinierbar sind. Bei den genormten 20- und 40-Fuß-Containern, die in der Seeschifffahrt eingesetzt werden, ist dies leichter möglich.

Container-Binnenhafen Köln-Niehl

Warenumschlag im Containerhafen Hamburg

Beladung eines Frachtflugzeugs mit speziellen Luftfrachtcontainern

ALLES KLAR?

1 Entscheiden Sie in den folgenden Fällen jeweils, ob es sich um gebrochenen oder kombinierten Verkehr handelt.
- **a** ein Wechselbehälter, der in einen Luftfrachtcontainer umgeladen werden muss
- **b** ein Lkw, der komplett auf die Eisenbahn verladen wird
- **c** eine Sendung Steinkohle, die von der Bahn auf ein Binnenschiff umgeladen wird
- **d** ein Wechselbehälter, der auf ein Trockengüterschiff verladen wird

2 Welche der folgenden Vorteile treffen auf den kombinierten Verkehr zu?
- **a** Es können Verpackungskosten eingespart werden, da die Transportbehälter nur selten gewechselt werden.
- **b** Der Umschlag kann schneller erfolgen.
- **c** Die Sicherheit während des Transportes wird erhöht, da das Gut im geschlossenen Container vor Diebstahl und anderen Schäden besser geschützt ist.
- **d** Nachteile einzelner Verkehrsmittel (z. B. hohe Transportkosten des Lkw) können durch andere Verkehrsmittel (z. B. niedrigere Transportkosten des Binnenschiffes) abgeschwächt werden.
- **e** Es erfolgen weniger Umschläge.

3 Welche der folgenden Beschreibungen trifft **nicht** auf Güterverkehrszentren (GVZ) zu?
- **a** In GVZ treffen verschiedene Verkehrswege aufeinander.
- **b** GVZ dienen der Umladung von Gütern zwischen verschiedenen Verkehrsmitteln.
- **c** GVZ betreffen nur den Wechsel zwischen Straße und Schiene.
- **d** In GVZ treffen verschiedene Verkehrsmittel aufeinander.
- **e** GVZ befinden sich häufig in der Nähe von Ballungsräumen.

4 Was versteht man unter der rollenden Landstraße?

5 Welche Voraussetzungen gibt es für den kombinierten Verkehr?

6 Welche der folgenden Vorteile treffen **nicht** auf den kombinierten Verkehr Straße/Schiene zu?
- **a** Das Schienennetz wird entlastet.
- **b** Es kann Fahrpersonal eingespart werden.
- **c** Die Lenk- und Ruhezeiten können besser eingehalten werden.
- **d** Die Transportzeiten sind flexibler.
- **e** Man profitiert im Hauptlauf vom geringeren Unfallrisiko der Eisenbahn.
- **f** Die Transportzeiten sind gut planbar.
- **g** Das Straßennetz wird entlastet.

7 Welche anderen Verkehrsträger lassen sich üblicherweise miteinander kombinieren?

8 Welche der folgenden Aussagen trifft jeweils auf
1 den begleiteten Transport
2 den unbegleiteten Transport
im kombinierten Güterverkehr Straße/Schiene zu?
- **a** Für den Nachlauf muss ein eigener Fahrer bereitgestellt werden.
- **b** Das Motorfahrzeug wird beim Transport über die Schiene mitgeführt.
- **c** Der Fahrer muss während des gesamten Transportes verfügbar sein.
- **d** Im Nachlauf muss die Sendung wieder auf einen Wechselbrücken-Lkw verladen werden.
- **e** Es handelt sich um Huckepackverkehr.
- **f** Es werden lediglich die Ladeeinheiten verladen.

4 Rechte und Pflichten beim Gütertransport

Stefanie Köhler soll heute die Frachtbriefe der bereits erledigten Sendungen an die Kunden der Top Bike GmbH bearbeiten. Die meisten Frachtbriefe sind unproblematisch. Einer der Frachtbriefe enthält jedoch den Vermerk: „Eine Palette fehlt.“ Es handelt sich um eine Sendung mit Sporträdern, die von einem Spediteur für die Top Bike GmbH organisiert wurde. Auf dem Frachtbrief steht jedoch neben dem Namen des Spediteurs der eines fremden Frachtführers, den Stefanie nicht kennt. Stefanie regt sich auf: „Wer hat denn nun die Palette verloren und wo ging sie verloren? Laut Unterlagen ist die Palette doch ordnungsgemäß verschickt worden. Und wer soll jetzt für den Schaden aufkommen?“

Die Rechte und vor allem die Pflichten von Frachtführer und Spediteur sind im Fracht- und Speditionsrecht des HGB (Handelsgesetzbuch) gesetzlich geregelt. Auch was genau ein Frachtführer ist und was ein Spediteur, wird darin festgelegt.

Ein **Spediteur** ist ein Unternehmer, der den Transport von Gütern organisiert, aber nicht zwangsläufig auch selbst durchführt. Derjenige, der den Transport durchführt, ist der **Frachtführer**. Führt der Spediteur Transporte selbst durch und handelt im sogenannten **Selbsteintritt**, so wird er selbst zum Frachtführer.

Im Zusammenhang mit dem Transport von Gütern werden zwischen dem Versender der Güter, dem Spediteur (Absender) und dem Frachtführer Verträge geschlossen, aus denen sich für die Beteiligten Rechte und Pflichten ergeben.

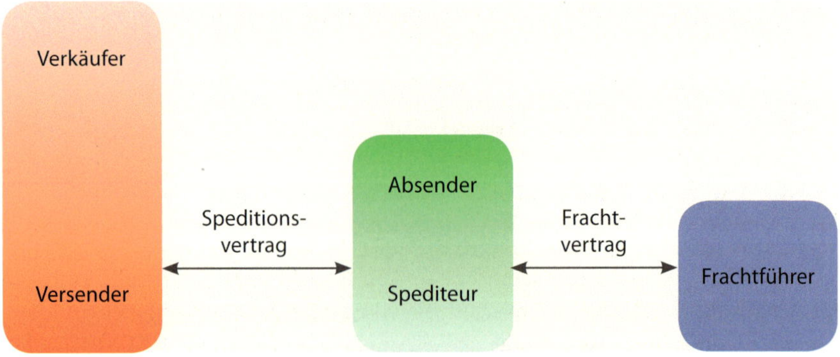

4.1 Rechte und Pflichten des Frachtführers

Die Rechte und die Pflichten des Frachtführers sind im Abschnitt „Frachtgeschäft“ des HGB in den Paragrafen 407–450 geregelt. Diese Paragrafen gelten für die gewerbliche Beförderung von Gütern in Deutschland, unabhängig vom gewählten Verkehrsträger. Private Transporte fallen nicht unter das HGB. Für den Transport von Umzugsgütern gilt der gesonderte Paragraf 451 HGB.

Frachtvertrag
→ LF 1, Kap. 2.1.2

4.1.1 Das Frachtgeschäft nach HGB

Zwischen dem Absender und dem Frachtführer wird ein Frachtvertrag über die Beförderung einer Sendung abgeschlossen. Der Absender ist hierbei der Auftraggeber des Frachtführers.

Pflichten des Frachtführers nach HGB

Paragraf im HGB	Titel	Inhalt
Hauptpflichten		
§ 407	Frachtvertrag	Transport der Sendung zum Bestimmungsort und Ablieferung an den Empfänger
		pflegliches Behandeln der Transportgüter
Nebenpflichten		
–	können sich aus vertraglichen Vereinbarungen ergeben	• Einziehen einer Nachnahme • besonderer Transport der Güter (z. B. gekühlt) • Ablieferung zu einem bestimmten Zeitpunkt oder in einem bestimmten Zeitraum • Benachrichtigungspflicht gegenüber dem Absender

Pflichten des Absenders nach HGB

Paragraf im HGB	Titel	Inhalt
§ 410	Gefährliche Güter	Wenn gefährliche Güter transportiert werden sollen, muss der Absender den Frachtführer schriftlich über die Art der Gefahr und die Vorsichtsmaßnahmen informieren, die zu ergreifen sind.
§ 411	Verpackung, Kennzeichnung	Der Absender hat das Gut so zu verpacken und zu kennzeichnen, dass es vor Verlust und Beschädigung geschützt ist und auch dem Frachtführer kein Schaden entsteht.
§ 412	Verladen und Entladen	Der Absender hat das Gut beförderungssicher zu laden, zu stauen und zu befestigen sowie zu entladen.
§ 413	Begleitpapiere	Der Absender hat dem Frachtführer die erforderlichen Begleitpapiere zur Verfügung zu stellen.
§§ 407, 420	Zahlung, Frachtberechnung	Die Fracht ist bei Ablieferung des Gutes zu zahlen.

4.1.2 Die Haftung des Frachtführers nach HGB

Der Frachtführer haftet nach § 425 HGB für alle Güter- und Verspätungsschäden, die in der Zeit von der Übernahme bis zur Ablieferung der Sendung entstehen. **Güterschäden** sind Schäden, die durch den Verlust oder die Beschädigung des Gutes entstehen. **Verspätungsschäden** entstehen durch Überschreitung der Lieferfrist.

Für Güterschäden gilt die sogenannte **Obhutshaftung**. Das heißt, der Frachtführer haftet für alle Schäden, die entstanden sind, während er oder sein beauftragter Erfüllungsgehilfe die Aufsicht über das Gut hatte. Die Haftung des Frachtführers ist jedoch in einigen Fällen **ausgeschlossen**.

Erfüllungsgehilfe
→ ALF 1, Kap. 2.2.2

Haftungsausschluss des Frachtführers		
Paragraf im HGB	**Titel**	**Inhalt**
§ 426	Haftungs-ausschluss	Der Frachtführer ist von der Haftung befreit, wenn er den Schaden auch bei größter Sorgfalt nicht hätte vermeiden können.
§ 427	Besondere Gründe für den Haftungs-ausschluss	… wenn der Schaden zurückzuführen ist auf • die vereinbarte oder übliche Verwendung von offenen Fahrzeugen oder Verladung auf Deck • ungenügende Verpackung durch den Absender • das Verladen oder Entladen des Gutes durch den Absender oder den Empfänger • die natürliche Beschaffenheit des Gutes, die besonders leicht zu Schäden führt (Bruch, Rost, innerer Verderb, Austrocknen usw.) • die ungenügende Kennzeichnung der Frachtstücke durch den Absender • die Beförderung lebender Tiere

Besonderer Haftungsausschlussgrund: Der Absender eines Porzellanservices hat dieses lediglich in einem Karton verpackt, ohne das Gut durch Packpapier oder Luftpolsterfolie zu schützen (ungenügende Verpackung durch den Absender). Zudem ist das Packstück nicht mit dem Hinweis „zerbrechlich" versehen worden (ungenügende Kennzeichnung der Packstücke durch den Absender). Das Packstück wird beim Transport beschädigt und das Porzellan zerbricht. In diesem Fall haftet der Frachtführer nicht für den entstandenen Schaden.

Die Haftung des Frachtführers ist außerdem der Höhe nach **beschränkt**.

Haftungsbeschränkung des Frachtführers	
Schadenart	**Maximale Haftung**
Güterschäden	8,33 SZR/kg Rohgewicht
Lieferfristüberschreitung (Verspätungsschaden)	3-facher Frachtbetrag

Der Frachtführer muss einen Schaden nur bis zum maximalen Haftungsbetrag ersetzen, auch wenn der tatsächliche Schaden höher ausfällt. Wichtig für die Ermittlung der Haftungsobergrenzen ist das sogenannte **Sonderziehungsrecht (SZR)**. Hierbei handelt es sich um eine künstliche Währung, für die der Internationale Währungsfond (IWF) täglich einen Wechselkurs zum Euro festlegt.

www.iwf.org

Wechselkurs
→ Anhang Fachrechnen, Kap. 5

Sonderziehungsrecht:
Am 18.04.2012 betrug der Wechselkurs für 1 SZR = 1,17564 €.

Um die tatsächliche Haftungssumme des Frachtführers zu berechnen, geht man in folgenden Schritten vor:

Ermittlung der Haftungssumme des Frachtführers

1. Wie hoch ist der entstandene Schaden?
2. Handelt es sich um einen Güterschaden oder einen Verspätungsschaden?
3. Wie hoch ist die maximale Haftung in diesem Schadenfall?
4. Mit welchem Betrag haftet der Frachtführer tatsächlich?

Zur Veranschaulichung dienen die folgenden zwei Beispiele:

Ermittlung der Haftungssumme des Frachtführers – Güterschaden

1. **Sendungsdaten**
   Rohgewicht: 260 kg
   Warenwert: 3.350,00 €
   1 SZR = 1,17564 €
2. **Schadenart**
   Die Sendung wurde während des Transportes vollständig zerstört. Es handelt sich also um einen Güterschaden in Höhe des gesamten Warenwertes von 3.350,00 €.
3. **Ermittlung der maximalen Haftung**
   260 kg · 8,33 SZR · 1,17564 €/SZR
   = 2.546,20 €
4. **Mit welchem Betrag haftet der Frachtführer?**
   Da die maximale Haftung geringer ist als der tatsächliche Schaden, wird nur die maximale Haftungssumme von 2.546,20 € ersetzt.

Die Gewichtsangaben beziehen sich immer auf das Rohgewicht (Bruttogewicht) der Sendung, also auf das Gewicht einschließlich Verpackung.

Güterschaden: Die Sendung wurde komplett zerstört.

Im folgenden Beispiel ist die Sendung zwar unbeschädigt, es liegt jedoch ein Verspätungsschaden vor.

Ermittlung der Haftungssumme des Frachtführers – Verspätungsschaden

1. **Sendungsdaten**
   Rohgewicht: 260 kg
   Fracht: 215,00 €
2. **Schadenart**
   Die Sendung wurde drei Tage zu spät abgeliefert. Hierdurch entstand dem Empfänger ein Schaden von 1.500,00 €, da die Ware mit diesem Gewinn weiterverkauft werden sollte und dies nun nicht mehr möglich ist.
3. **Ermittlung der maximalen Haftung**
   3 · 215,00 € = 645,00 €
4. **Mit welchem Betrag haftet der Frachtführer?**
   Da die maximale Haftung geringer ist als der tatsächliche Schaden, wird nur die maximale Haftungssumme von 645,00 € ersetzt.

4.2 Rechte und Pflichten des Spediteurs

Die Rechte und Pflichten des Spediteurs sind im Abschnitt „Speditionsgeschäft" des HGB in den Paragrafen 453–466 geregelt. Ergänzend hierzu hat der Deutsche Speditions- und Logistikverband (DSLV) die Allgemeinen Deutschen Spediteurbedingungen (ADSp) entwickelt, die als allgemeine Geschäftsbedingungen genutzt werden.

4.2.1 Das Speditionsgeschäft nach HGB

Zwischen dem Versender und dem Spediteur wird der **Speditionsvertrag** geschlossen. Der Versender ist hierbei der Auftraggeber des Spediteurs.

Pflichten des Spediteurs nach HGB		
Paragraf im HGB	**Titel**	**Inhalt**
Hauptpflichten		
§ 453	Speditionsvertrag	die Versendung eines Gutes zu besorgen (zu organisieren)
§ 454 (Abs. 1)	Besorgung der Versendung	• das Beförderungsmittel (Verkehrsmittel) und den Beförderungsweg (Verkehrsweg) zu bestimmen • das ausführende Unternehmen (Frachtführer) auszuwählen und diesem die erforderlichen Weisungen und Informationen zu erteilen • Schadenersatzansprüche des Versenders zu sichern
Nebenpflichten		
§ 454 (Abs. 2)	Sonstige vereinbarte Leistungen	• Versicherung des Gutes • Verpackung • Kennzeichnung • Zollbehandlung

Demgegenüber hat auch der Versender Pflichten, die aus dem Speditionsvertrag entstehen.

Pflichten des Versenders nach HGB		
Paragraf im HGB	**Titel**	**Inhalt**
Hauptpflichten		
§ 453	Speditionsvertrag	Zahlung der vereinbarten Vergütung
Nebenpflichten		
§ 455	Behandlung des Gutes, Begleitpapiere, Mitteilungs- und Auskunftspflichten	• Verpackung des Gutes (der Versender kann diese Pflicht durch vertragliche Vereinbarung auf den Spediteur übertragen) • erforderliche Urkunden zur Verfügung zu stellen • alle erforderlichen Auskünfte zu erteilen • bei Gefahrgut dem Spediteur rechtzeitig schriftlich die Art der Gefahr und die zu ergreifenden Vorsichtsmaßnahmen mitzuteilen

4.2.2 Die Haftung des Spediteurs nach HGB

Auch der Spediteur haftet nach § 461 HGB für alle Güterschäden, die während seiner Aufsicht oder der Aufsicht seines Erfüllungsgehilfen über das Gut entstanden sind **(Obhutshaftung)**. Für andere Schäden, z. B. Verspätungsschäden haftet der Spediteur nur dann, wenn er eine seiner Pflichten nach § 454 HGB verletzt hat.

Die Haftung nach HGB enthält nur wenige Einschränkungen, was für den Spediteur ein nicht unerhebliches Risiko darstellt. Daher hat er ein Interesse daran, die **Haftung einzuschränken**. Den Umfang der Haftung (also für welche Schäden gehaftet werden muss) darf der Spediteur allerdings nicht einschränken. Er darf aber die Höhe der Haftung beschränken. Dies tun Spediteure in aller Regel auch, meist über die Allgemeinen Deutschen Spediteurbedingungen (ADSp).

4.2.3 Die Haftung des Spediteurs nach den Allgemeinen Deutschen Spediteurbedingungen (ADSp)

Ergänzend zu den Regelungen des HGB wurden die ADSp entwickelt. Bei den ADSp handelt es sich um vorformulierte Vertragsbedingungen (allgemeine Geschäftsbedingungen), die Spediteure für alle Verträge, die mit ihnen abgeschlossen werden, als Vertragsgrundlage nutzen. Dies geschieht zum einen, um auch Einzelfälle abzudecken, die das HGB nicht ausdrücklich regelt, und zum anderen, um die Haftung für den Spediteur einzugrenzen. Die ADSp beinhalten u. a. Regelungen zum Inhalt von Speditionsverträgen, für besondere Güterarten (Gefahrgut), zur Verpackung von Gütern, zu den Kontrollpflichten des Spediteurs, zur Lagerung und zur Versicherung der Güter. Die Haftung des Spediteurs wird nach den ADSp **in der Höhe eingeschränkt**.

Haftungsbeschränkung des Spediteurs nach ADSp

Schadenart	Maximale Haftung	Haftungsgrenze je Schadenfall	Haftungsgrenze je Schadenereignis
Güterschäden	5,00 €/kg Rohgewicht	max. 1 Mio. €, mindestens jedoch 2 SZR/kg	max. 2 Mio. €, mindestens jedoch 2 SZR/kg
andere Schäden	3-facher Verlustbetrag	max. 100.000,00 €	

Tritt ein Schaden ein, so kann man zwischen dem Schadenfall und dem Schadenereignis unterscheiden. Der **Schadenfall** ist hierbei der Schaden, der dem einzelnen Versender an der Sendung entsteht. Das **Schadenereignis** ist der gesamte entstandene Schaden. Ein Schadenereignis kann somit mehrere Schadenfälle beinhalten.

Schadenereignis: Ein Lkw kippt auf einer Autobahnauffahrt um. Die Ladung wird vollständig beschädigt.
Schadenfall: 2 Paletten der Top Bike GmbH befinden sich auf dem Lkw und werden beschädigt.

Der **Verlustbetrag** ist der Betrag, der zu ersetzen ist, wenn die Sendung vollständig verloren gegangen wäre. Dieser muss zunächst ermittelt werden, wenn ein anderer Schaden als ein Güterschaden, z. B. ein Verspätungsschaden entsteht.

Um die tatsächliche Haftungssumme eines Spediteurs zu ermitteln, geht man in folgenden Schritten vor:

Ermittlung der Haftungssumme des Spediteurs

1. Wie hoch ist der entstandene Schaden?
2. Handelt es sich um einen Güterschaden oder einen anderen Schaden?
3. Wie hoch ist die maximale Haftung?
4. Wie hoch ist die Haftungsgrenze in diesem Schadenfall?
5. Mit welchem Betrag haftet der Spediteur tatsächlich?

Zur Veranschaulichung dienen die folgenden zwei Beispiele:

Ermittlung der Haftungssumme des Spediteurs – Güterschaden

1. **Sendungsdaten**
   Rohgewicht: 560 kg
   Warenwert: 1.350,00 €
2. **Schadenart**
   Die Sendung geht vollständig verloren. Es handelt sich um einen Güterschaden.
3. **Ermittlung der maximalen Haftung**
   560 kg · 5,00 €/kg = 2.800,00 €
4. **Ermittlung der Haftungsgrenze je Schadenfall**
   Da der Schaden unter 1 Mio. € liegt, ist die Haftungsgrenze unterschritten.
5. **Mit welchem Betrag haftet der Spediteur?**
   Da der tatsächliche Schaden (Warenwert) mit 1.350,00 € geringer ist als die maximale Haftung von 2.800,00 € und unter der Haftungsgrenze liegt, wird der gesamte Schaden in Höhe von 1.350,00 € ersetzt.

Im folgenden Beispiel liegt ein Verspätungsschaden (anderer Schaden) vor.

Ermittlung der Haftungssumme des Spediteurs – anderer Schaden

1. **Sendungsdaten**
   Rohgewicht: 560 kg
   Warenwert: 1.350,00 €
2. **Schadenart**
   Die Sendung trifft verspätet ein. Dadurch entsteht dem Empfänger ein Schaden von 9.500,00 €.
3. **Ermittlung der maximalen Haftung**
   Haftungsobergrenze (3-facher Verlustbetrag): 3 · 1.350,00 € = 4.050,00 €
4. **Ermittlung der Haftungsgrenze je Schadenfall**
   Da der Schaden unter 100.000,00 € liegt, ist die Haftungsgrenze unterschritten.
5. **Mit welchem Betrag haftet der Spediteur?**
   Da der tatsächliche Schaden mit 9.500,00 € höher ist als die maximale Haftung von 4.050,00 €, aber unter der Haftungsgrenze liegt, wird nur die maximale Haftung von 4.050,00 € ersetzt.

4.3 Den Güterversand versichern

LS 66

Stefanie Köhler ist immer noch mit den zurückkommenden Frachtbriefen beschäftigt. Diesmal hat sie jedoch einen besonders verzwickten Fall. Auf dem Frachtbrief ist vermerkt, dass eine Sendung im Umschlaglager des Spediteurs aufgrund eines Hochwassers vollständig zerstört wurde. Stefanie ist sich unsicher: Ist nicht die Haftung des Spediteurs in diesen Fällen ausgeschlossen? Wer kommt dann für den Schaden auf? Die Sendung hatte einen Gesamtwert von 15.000,00 €, das wäre für die Top Bike GmbH ein hoher finanzieller Verlust.

Nicht alle Schadenfälle werden in voller Höhe vom Spediteur oder vom Frachtführer übernommen. In solchen Fällen müssten Verkäufer oder Käufer für den Schaden selbst aufkommen, was hohe finanzielle Verluste bedeuten kann. Um gegen solche Schadenfälle abgesichert zu sein, ist es möglich, den Transport der Güter versichern zu lassen. Bei einigen Incoterms® ist der Abschluss einer solchen Versicherung sogar „automatisch“ vertraglich vereinbart.

Haftungsausschluss des Frachtführers
→ LF 9, Kap. 4.1.2

Haftungsausschluss des Spediteurs
→ LF 9, Kap. 4.2.3

Incoterms® 2010
Lieferbedingungen im internationalen Handelsverkehr
→ LF 9, Kap. 5.2

4.3.1 Was ist eine Versicherung?

Bei einer Versicherung überträgt der **Versicherungsnehmer** bestimmte Risiken (z. B. das Risiko, dass die Sendung während des Transports beschädigt wird) auf den **Versicherer** und zahlt hierfür eine festgelegte **Prämie**. Im Schadenfall übernimmt der Versicherer dann die Kosten für die Behebung des Schadens im Rahmen der vertraglichen Bedingungen.

Versicherungsnehmer
Top Bike GmbH
lässt bestimmte Güter gegen Risiken versichern

Versicherungsvertrag ↔

zahlt Prämie →

← übernimmt Kosten im Schadenfall

Versicherer
Bellianz AG
übernimmt das Risiko eines Schadens

Versicherungsnehmer und Versicherer

Wichtig ist hierbei, dass die Versicherungssumme und der Versicherungswert übereinstimmen. Ist dies nicht der Fall, können folgende Probleme auftreten:

- Die Versicherungssumme ist kleiner als der Versicherungswert. Es besteht eine **Unterversicherung,** der entstandene Schaden wird somit nur anteilig und nicht in voller Höhe übernommen.
- Die Versicherungssumme ist größer als der Versicherungswert. Es besteht eine **Überversicherung**. Auch bei einem Totalverlust wird nur maximal der entstandene Schaden ersetzt. Eine zu hoch gewählte Versicherungssumme führt deshalb in der Regel zu unnötig hohen Prämienzahlungen.

Versicherungssumme
der Wert, der bei Eintritt des Schadenfalles vom Versicherer ausgeschüttet wird

Versicherungswert
der maximal mögliche Wertverlust, der entstehen kann

Unterversicherung: Die Top Bike GmbH hat eine Sendung mit einem Warenwert von 40.000,00 € nur mit einer Versicherungssumme von 20.000,00 € versichern lassen.

Fall A: Die Sendung geht nun beim Transport vollständig verloren. In diesem Fall zahlt die Versicherung lediglich die vereinbarte Versicherungssumme von 20.000,00 €.

Fall B: Die Hälfte der Sendung wird beschädigt und der entstandene Schaden beträgt insgesamt 20.000,00 €. Auch hier wird nicht der gesamte Schaden erstattet, sondern die Erstattung erfolgt nur anteilig.
Da im vorliegenden Fall nur die Hälfte des Versicherungswertes versichert war, wird auch nur die Hälfte des entstandenen Schadens ersetzt, statt der Schadenssumme von 20.000,00 € also nur 10.000,00 €.

4.3.2 Die Transportversicherung

Bei der Transportversicherung handelt es sich in der Regel um einen Kombination von verschiedenen Versicherungen, die gemeinsam die Risiken des Transportes einer Sendung abdecken sollen.

Die Transportversicherung besteht gewöhnlich aus einer Kaskoversicherung, einer Kargoversicherung und einer Lagerversicherung. Bei der **Kaskoversicherung** handelt es sich um die Versicherung des Transportmittels. Bei der **Kargoversicherung** wird das zu transportierende Gut selbst versichert. Für den Fall, dass die Güter transport- oder dispositionsbedingt gelagert werden müssen (z. B. auf einem Umschlaglager), ist in der Regel auch eine **Lagerversicherung** mit eingeschlossen.

dispositionsbedingte Lagerung
Zwischenlagerung bis zur termingerechten Lieferung

Im Rahmen der Transportversicherung sind verschiedene Vertragsformen denkbar. Wenn nur ein einziger Transport versichert werden soll, wird eine Einzelversicherung **(Einzelpolice)** abgeschlossen. Hierbei wird der einzelne Transport separat versichert und abgerechnet. Sollen alle Transporte auf einmal abgesichert werden, wird eine laufende Versicherung **(Generalpolice)** abgeschlossen. Diese erfasst alle Transporte innerhalb einer bestimmten Laufzeit. In der Regel wird dabei zu günstigeren Prämien als bei der Einzelpolice versichert. Die dritte Möglichkeit ist eine Abschreibungsversicherung **(Abschreibepolice)**. Hierbei wird die Prämie für eine vereinbarte Gesamtversicherungssumme im Voraus gezahlt. Die Transporte sind dann so lange versichert, bis die Versicherungssumme erreicht wird.

Transport- und Lagerversicherung

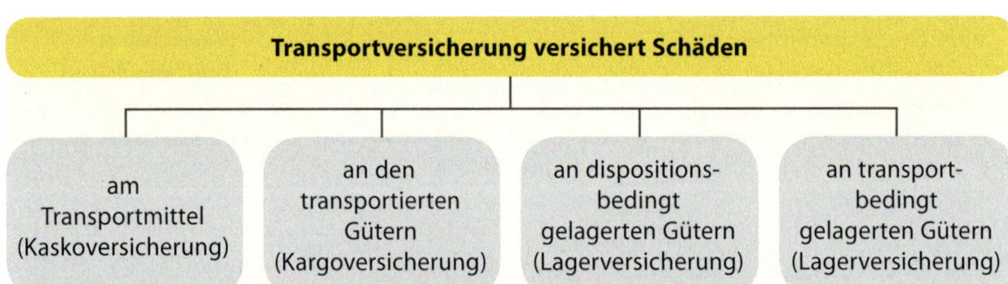

Eine Transportversicherung kann auch Risiken wie Raub, Diebstahl und Unterschlagung der Ware sowie Schäden, die durch höhere Gewalt entstehen, einschließen (Ausnahme: durch Kriegsgeschehen bedingte Schäden). Versichert werden in der Regel Risiken, die nicht durch die Haftung des Spediteurs gedeckt sind, oder Beträge, die über die maximale Haftung des Spediteurs hinausgehen.

Nicht versicherbar sind Risiken, die der Mensch durch sorgfältigeres Verhalten hätte ausschließen können, wie z. B. Schäden durch fehlende Verpackung, voraussehbarer Verderb der Ware oder Temperaturschwankungen.

Der Versicherungsnehmer muss dem Versicherer einen entstandenen Schaden melden. In der Regel erfolgt dies schriftlich mithilfe einer Schadenanzeige. Die Schadenanzeige enthält im Wesentlichen eine Beschreibung des Schadenereignisses sowie eine genaue Aufstellung der entstandenen Schäden.

Bellianz AG
Versicherungen

Lagerweg 17, 93047 Regensburg
Tel.: 0941 12345
Fax: 0941 12346

Schadenanzeige für Transportschäden

Bitte diese Schadenanzeige vollständig und richtig ausfüllen. Falsche oder unvollständige Angaben können zum Verlust des Versicherungsschutzes führen, auch wenn sie nicht in unlauterer Absicht gemacht wurden und uns keine Nachteile gebracht haben. Falls der Police das Merkblatt für den Schadenfall zugrunde liegt, müssen die darin enthaltenen Bestimmungen ebenfalls beachtet werden.

1. Versicherungsgesellschaft (Name und Anschrift)

1.1 Name: ____________ 1.2 Vertrags-Nr.: ____________

1.3 Schaden-Nr.: ____________

2. Versicherungsnehmer (Name und Anschrift)

____

3. Angaben zum Schadenereignis

3.1 Wo und wann kann eine Besichtigung erfolgen? (Bitte unbedingt angeben) ____________

3.2 Tag und Uhrzeit des Schadeneintritts: ____________

3.3 Ort des Schadeneintritts: ____________

3.4 Geschätzte Höhe des Schadens: € ____________

3.5 Wann haben Sie dem Schaden dem Vertreter oder der Geschäftsstelle der Gesellschaft gemeldet (Datum, Uhrzeit)? ____________

3.6 Wodurch entstand der Schaden und wie war sein Verlauf?

____

3.7 Haben Sie polizeiliche Anzeige erstattet? ◯ Ja ◯ Nein

3.8 Art der beförderten Güter (genaue Beschreibung):

____

3.9 Genaue Beschreibung der Verpackung („Handelsüblich" genügt nicht!):

____

3.10 Welche Transportsicherungen waren außer der Verpackung vorhanden?

____

3.11 Mit welchem Beförderungsmittel wurde der Transport durchgeführt?
◯ LKW ◯ PKW ◯ Bahn ◯ Post ◯ Binnenschiff ◯ Flugzeug

3.12 Für welche Gegenstände wird Ersatz beansprucht? Bitte angeben: Verlust oder Beschädigung

____

3.13 Was wurde zur Schadenminderung/-abwendung veranlasst?

____

Muster für eine Schadenanzeige (Auszug)

ALLES KLAR?

1 Bei welchem der folgenden Fälle handelt es sich um einen Selbsteintritt des Spediteurs?
- **a** Der Spediteur übernimmt die Organisation des Transportes selbst.
- **b** Der Spediteur übernimmt auch die Lagerhaltung der zu versendenden Güter.
- **c** Der Spediteur führt den Transport selbst durch.
- **d** Der Spediteur handelt als Absender der Güter.

2 Ordnen Sie die folgenden Tätigkeiten den jeweiligen Pflichten des Absenders nach HGB zu (Frachtgeschäft).

Tätigkeiten:
- **a** Zerbrechliche Güter werden mit entsprechenden Hinweisen versehen.
- **b** Der Absender verpflichtet den Empfänger der Sendung zur Entladung der Güter.
- **c** Die Güter werden beförderungssicher verstaut.
- **d** Der Absender händigt dem Frachtführer den Frachtbrief aus.
- **e** Güter werden mit entsprechenden Gefahrensymbolen versehen.
- **f** Der Empfänger zahlt an den Frachtführer die vereinbarte Fracht.
- **g** Der Absender schweißt die Paletten in Folie ein.
- **h** Im Frachtbrief wird vermerkt, dass es sich bei der Sendung um selbstentzündliche Stoffe handelt.

Pflichten nach HGB:
- **1** Gefährliche Güter (§ 410)
- **2** Verpackung, Kennzeichnung (§ 411)
- **3** Verladen und Entladen (§ 412)
- **4** Begleitpapiere (§ 413)
- **5** Zahlung und Frachtberechnung (§ 420)

3 Ordnen Sie die folgenden Schritte zur Ermittlung der Haftungssumme in der richtigen Reihenfolge an.
- **a** Ermittlung der maximalen Haftung
- **b** Bestimmung der Schadenart
- **c** Ermittlung des Haftungsbetrags
- **d** Ermittlung der Sendungsdaten

4 Entscheiden Sie in den folgenden Fällen jeweils, ob es sich um eine Haupt- oder eine Nebenpflicht des Spediteurs handelt.
- **a** die Versicherung des Gutes
- **b** die Bestimmung des Verkehrsweges
- **c** die Sicherung von Schadenersatzansprüchen des Versenders
- **d** die Vorbereitung der vom Zoll benötigten Papiere
- **e** die Auswahl des Frachtführers
- **f** die Organisation des Transportes
- **g** die Kennzeichnung der Güter
- **h** die Verpackung der Güter

5 Welche Nebenpflichten hat der Versender eines Gutes nach HGB?

6 Entscheiden Sie in den folgenden Fällen, ob es sich nach HGB
- **1** um eine Pflicht des Absenders,
- **2** um eine Pflicht des Versenders oder
- **3** um eine Pflicht von beiden

handelt.
- **a** Verpackung der Güter
- **b** Aushändigen der Begleitpapiere
- **c** Organisation des Transportes
- **d** Versicherung des Gutes
- **e** schriftliche Information, sofern es sich um Gefahrgut handelt

7 Bringen Sie die folgenden Schritte zur Ermittlung der Haftungssumme eines Güterschadens nach ADSp in die richtige Reihenfolge.
- **a** Die Haftungsgrenze je Schadenfall wird ermittelt.
- **b** Die Haftung des Spediteurs wird festgelegt.
- **c** Die Daten der Sendung werden aus dem Frachtbrief entnommen.
- **d** Es wird festgestellt, dass es sich um einen Güterschaden handelt.
- **e** Die maximale Haftungssumme wird ermittelt.

8 Erklären Sie kurz und in eigenen Worten, worum es sich bei der Versicherungssumme und dem Versicherungswert handelt und was hierbei eine Unter- oder Überversicherung ist.

5 Güter in das Ausland versenden

Susanne Manzke ist zurzeit in der Disposition eingesetzt und soll sich um den Güterversand zu neuen Kunden kümmern. Heute hat sie einen Auftrag von einem Kunden in Norwegen vorliegen. „Prima", denkt sich Susanne, „das ist ja in Europa, da muss ich nichts weiter beachten. Aber – Norwegen gehört ja gar nicht zur EU, oder?" Susanne ist verunsichert: Muss die Sendung jetzt vom Zoll behandelt werden oder nicht? Leider ist es doch nicht so einfach, wie sie zuerst gedacht hat.

Um den Versand von Gütern in das Ausland abwickeln zu können, muss zunächst geklärt werden, was hierbei überhaupt das Ausland ist. Europa wächst zunehmend zusammen und agiert in vielen wirtschaftlichen Fragen gemeinsam.

Die **Europäische Union (EU)** ist ein aus aktuell 27 europäischen Staaten bestehender Staatenbund. Gemeinsam mit Island, Norwegen und Liechtenstein bilden diese Länder den **Europäischen Wirtschaftsraum (EWR)**. Innerhalb des EWR ist für die Mitgliedsstaaten u. a. der freie Verkehr von Waren garantiert. Das bedeutet vor allem, dass die Zölle zwischen den einzelnen Mitgliedsstaaten abgeschafft wurden. Die Länder der Europäischen Union bilden außerdem noch eine **Zollunion**. Das bedeutet, dass gegenüber Ländern außerhalb des EWR einheitliche Außenzölle gelten.

Zölle
Abgaben, die bei der Einfuhr oder bei der Ausfuhr von Waren erhoben werden

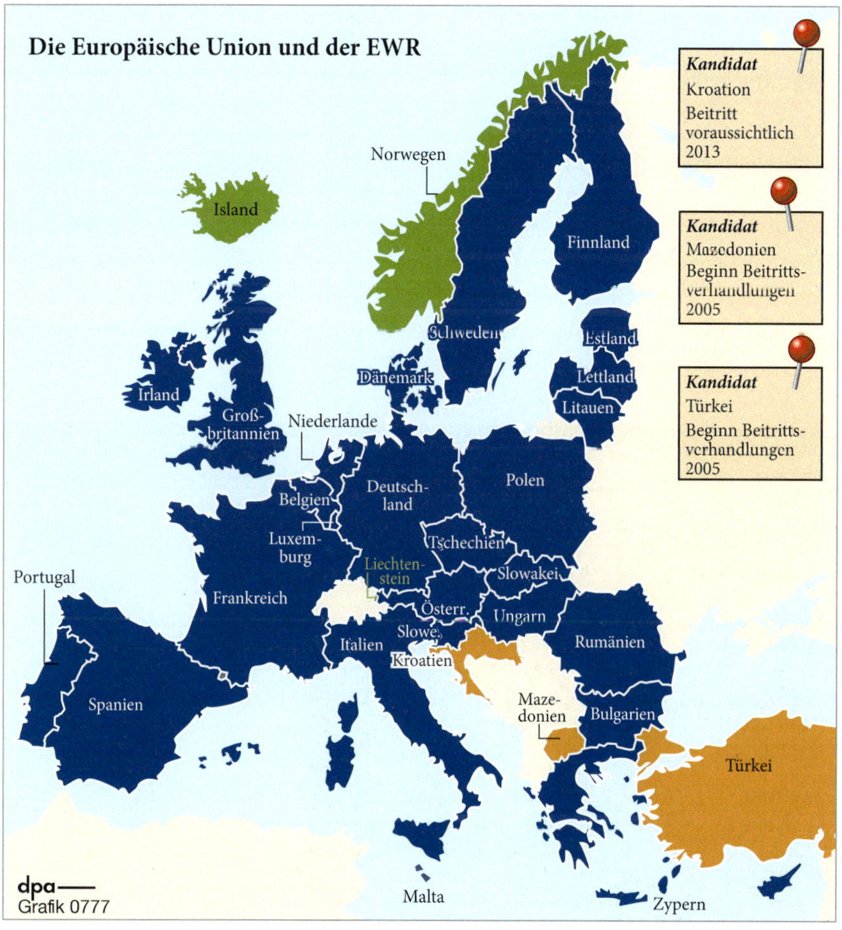

5.1 Dokumente im internationalen Güterverkehr

AWB
→ LF 9, Kap. 1.6.3

Konnossement
→ LF 9, Kap. 1.5.2

Im internationalen Güterverkehr gelten gesonderte Dokumente. So gibt es für den grenzüberschreitenden Straßen- und Schienengüterverkehr jeweils spezielle Frachtbriefe. Die Dokumente für den Luftfracht- und den Seeschiffverkehr, der Air Waybill und das Konnossement, sind grundsätzlich bereits internationale Dokumente, da diese Verkehre in aller Regel grenzüberschreitend sind.

CMR-Vertragsstaaten:

Albanien, Armenien, Aserbeidschan, Belgien, Bosnien-Herzegowina, Bulgarien, Dänemark, Deutschland, Estland, Finnland, Frankreich, Georgien, Griechenland, Großbritannien, Iran, Irland, Italien, Jordanien, Kasachstan, Kirgisistan, Kroatien, Lettland, Libanon, Litauen, Luxemburg, Malta, Marokko, Mazedonien, Moldawien, Mongolei, Montenegro, Niederlande, Norwegen, Österreich, Polen, Portugal, Rumänien, Russland, Schweden, Schweiz, Serbien, Slowenien, Slowakei, Spanien, Syrien, Tadschikistan, Tschechien, Tunesien, Turkmenistan, Türkei, Ukraine, Ungarn, Usbekistan, Weißrussland, Zypern

(Stand: Mai 2012)

5.1.1 Der CMR-Frachtbrief im Straßengüterverkehr

Beim CMR-Frachtbrief handelt es sich um einen Frachtbrief für den grenzüberschreitenden Straßengüterverkehr. Grundlage ist das Übereinkommen über den Beförderungsvertrag im internationalen Straßengüterverkehr (**C**onvention relative au contract de Transport International de **M**archandises par **R**oute, kurz CMR). Die **CMR** gilt für nahezu alle grenzüberschreitenden Gütertransporte auf europäischen Straßen. Sie regelt unter anderem die Pflichten des Frachtführers, die Haftung, die Verpackung und Lieferfristen.

Die CMR gelten immer dann, wenn
- es sich um gewerbsmäßige Gütertransporte auf der Straße handelt und
- der Übernahme- und der Ablieferungsort in zwei verschiedenen Staaten liegen und sich mindestens einer davon in einem Vertragsstaat befindet.

Die CMR gilt für die gesamte Beförderungsstrecke, auch wenn nur ein Teilabschnitt auf der Straße verläuft. Sie gilt immer auch für den inländischen Streckenteil.

Frachtbrief nach HGB
→ LF 9, Kap. 1.2.3

Das deutsche Frachtrecht nach HGB und die CMR ähneln sich stark. Auch der Frachtbrief nach CMR ist ähnlich aufgebaut wie üblicherweise die nationalen Frachtbriefe. Zusätzlich enthält er jedoch die Feldangaben in französischer Sprache und wahlweise auf deutsch oder englisch. Der CMR-Frachtbrief sieht zudem die Möglichkeit vor, die Transportkosten zwischen dem Versender und dem Empfänger aufzuteilen. Der CMR-Frachtbrief hat vier Ausfertigungen, von denen drei Originale sind. Das erste Original erhält der Absender, das zweite begleitet die Sendung, das dritte erhält der Frachtführer.

Im nationalen Güterverkehr trägt oftmals nur der Versender oder nur der Empfänger die Kosten für Fracht und Versicherung. Im internationalen Güterverkehr ist die Teilung der Kosten dagegen üblich. Möglichkeiten der Kostenteilung sind in den Incoterms® geregelt.

Incoterms®
→ LF 9, Kap. 5.2

Funktionen des CMR-Frachtbriefes	
Beweisurkunde (1. Original)	über den Inhalt und Abschluss des Beförderungsvertrages
Warenbegleitpapier (2. Original)	Frachtbrief begleitet die Ware vom Abgangs- zum Bestimmungsort
Empfangsbestätigung (3. Original)	Empfänger bestätigt den Erhalt der Ware
Auslieferungs-bestätigung (3. Original)	auf dem Frachtbrief wird die Auslieferung der Ware am Bestimmungsort bestätigt
Sperrpapier (1. Original)	Absender kann durch die Vorlage seines Originals die Sendung sperren, d. h. eine Auslieferung an den Empfänger verhindern

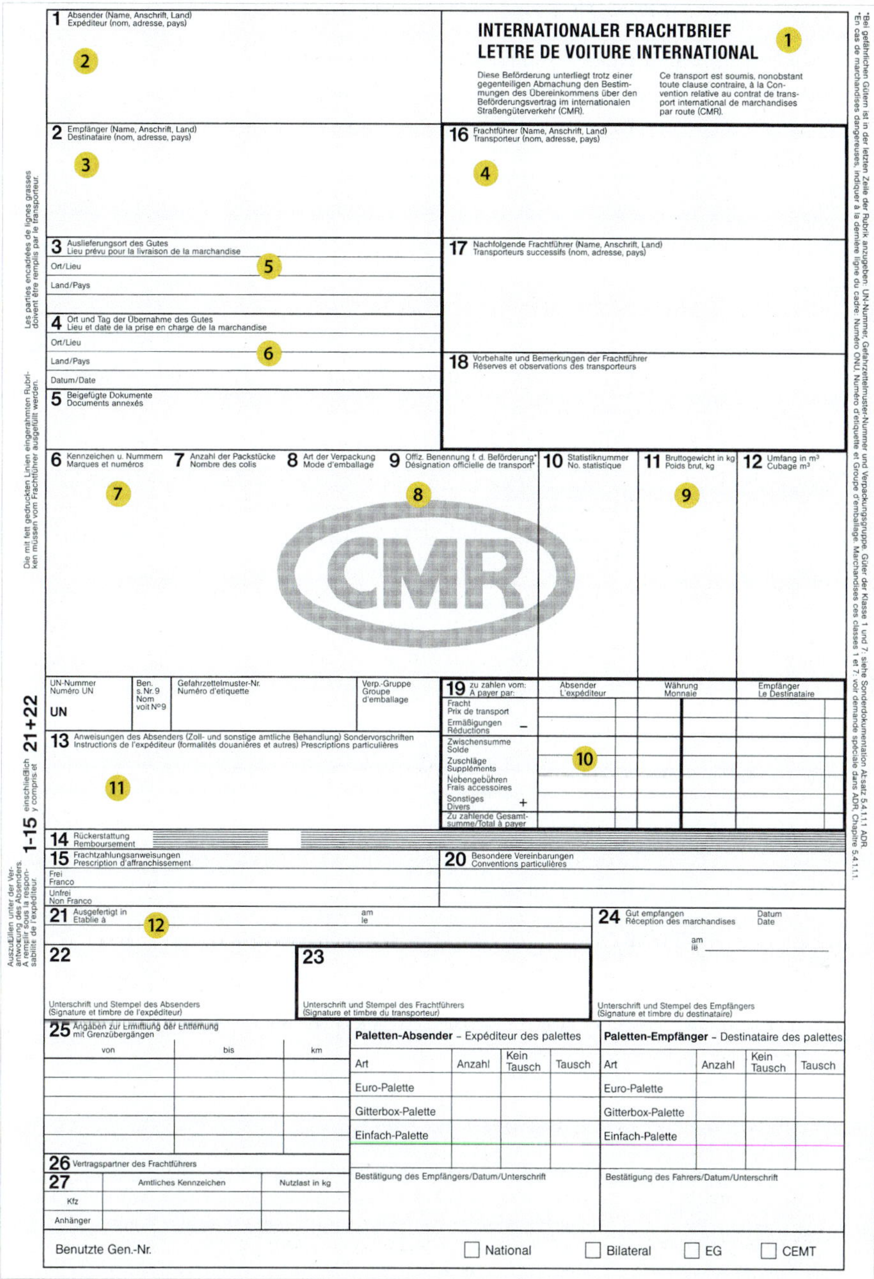

Mindestangaben im CMR-Frachtbrief

1. die Angabe, dass die Beförderung auch im Falle einer gegenteiligen Abmachung den Bestimmungen des CMR-Abkommens unterliegt
2. Name und Anschrift des Absenders
3. Name und Anschrift des Empfängers
4. Name und Anschrift des Frachtführers
5. Ort, der für die Ablieferung vorgesehen ist
6. Ort und Tag der Übernahme des Gutes
7. Anzahl, Zeichen und Nummern der Frachtstücke
8. die übliche Bezeichnung der Art des Gutes und die Art der Verpackung, bei gefährlichen Gütern ihre allgemein anerkannte Bezeichnung
9. Rohgewicht oder die anders angegebene Menge des Gutes
10. Höhe und Aufteilung der Transportkosten (Fracht, Nebengebühren, Zölle und andere Kosten, die vom Vertragsabschluss bis zur Ablieferung anfallen)
11. Weisungen für die Zoll- und sonstige amtliche Behandlung
12. Ort und Tag der Ausstellung

5.1.2 Der CIM-Frachtbrief im Schienengüterverkehr

Auch im internationalen Schienengüterverkehr gibt es ein gesondertes Übereinkommen (**Co**nvention relative aux **t**ransports **i**nternationaux **f**erroviaires, kurz **COTIF**), dem aktuell 47 Staaten beigetreten sind.

Das Abkommen enthält die **CIM** (Einheitliche Rechtsvorschriften für den Vertrag über die internationale Einsenbahnbeförderung von Gütern). Es gilt für alle Beförderungen auf der Schiene, wenn mindestens zwei der beigetretenen Staaten betroffen sind.

Ein internationaler Eisenbahntransport wird durch den **CIM-Frachtbrief** dokumentiert. Der CIM-Frachtbrief besteht aus fünf Blättern und ist während des Transportes zwingend mitzuführen. Seine Funktionen entsprechen denen des CMR-Frachtbriefes.

Funktionen des CIM-Frachtbriefes	
Beweisurkunde	über den Inhalt und Abschluss des Beförderungsvertrages
Warenbegleitpapier	Frachtbrief begleitet die Ware vom Abgangs- zum Bestimmungsort
Empfangsbestätigung	Empfänger bestätigt den Erhalt der Ware
Auslieferungs-bestätigung	auf dem Frachtbrief wird die Auslieferung der Ware am Bestimmungsort bestätigt
Sperrpapier	Absender kann durch die Vorlage seines Originals die Sendung sperren, d. h. eine Auslieferung an den Empfänger verhindern

Bestandteile des CIM-Frachtbriefes		
Blatt Nr.	**Bezeichnung**	**Funktion und Empfänger des Blattes**
1	Frachtbrief-original	begleitet die Sendung und wird dem Empfänger zusammen mit den Gütern ausgehändigt
2	Frachtkarte	dient den am Transport beteiligten Bahngesellschaften zur Abrechnung der Frachtkosten und begleitet die Ware bis zum Bestimmungsbahnhof
3	Empfangs-schein/ Zoll	dient der Verzollung der Sendung oder verbleibt beim Bestimmungsbahnhof, sofern keine Verzollung notwendig ist; der Empfänger bestätigt darauf den Erhalt der Ware
4	Frachtbrief-doppel	weist den Abschluss des Frachtvertrages nach und verbleibt beim Absender
5	Versandschein	weist den Abschluss des Frachtvertrages nach und verbleibt beim Versandbahnhof

SZR
→ LF 9, Kap. 4.1.1

Haftung: Die Bahngesellschaft haftet für den Verlust oder die Beschädigung der Transportgüter bis maximal 17 SZR pro kg. Die Haftung für Verspätungsschäden beträgt das Dreifache der Fracht, maximal 17 SZR pro kg.

Falls der Absender die Fracht sowie eventuelle Nebenkosten und Zölle übernimmt, muss er das im Frachtbrief vermerken. Im Einzelfall können für den Transport nach CIM noch weitere Dokumente vorgeschrieben sein.

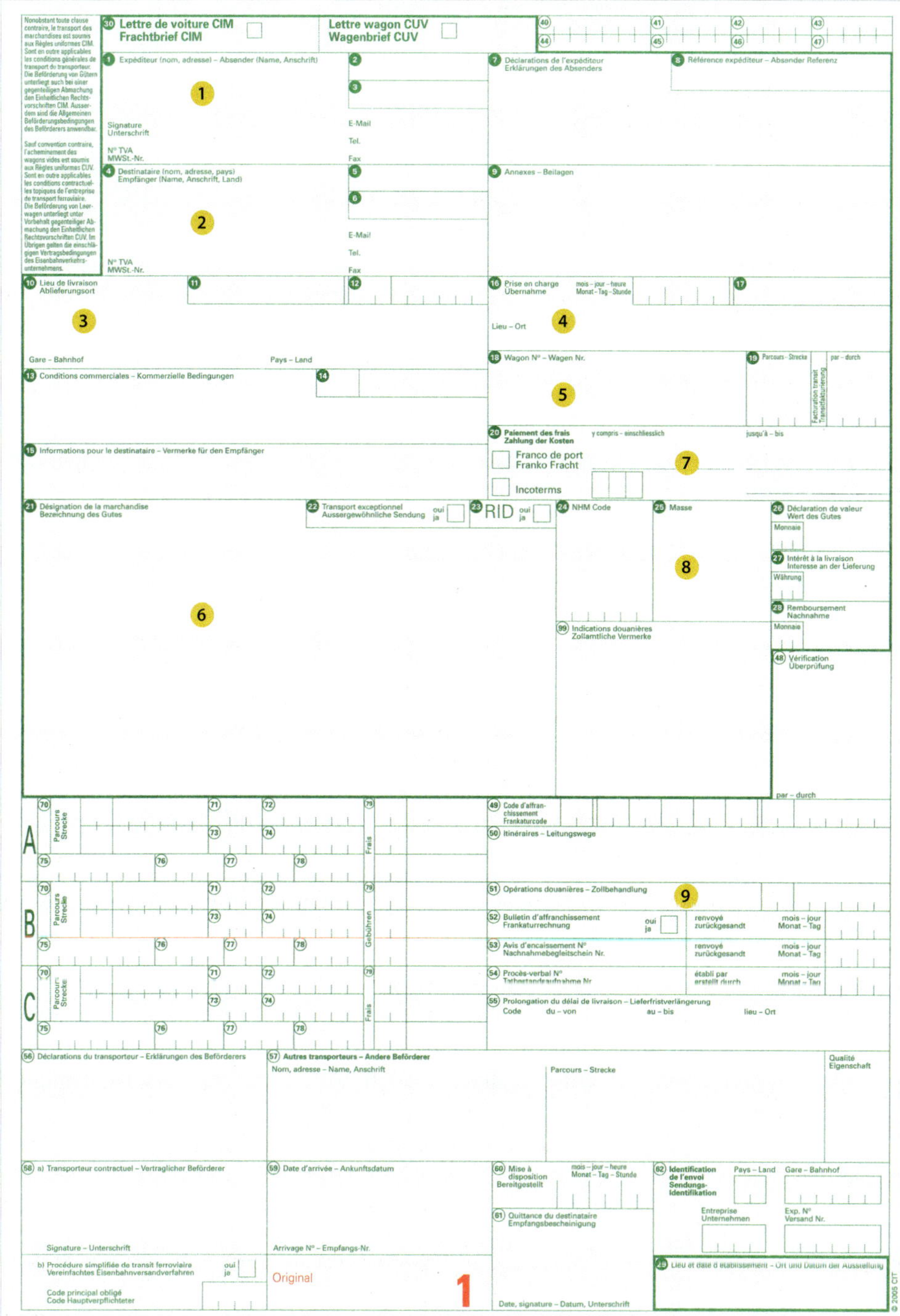

Mindestangaben im CIM-Frachtbrief

1. Name und die Anschrift des Absenders
2. Name und die Anschrift des Empfängers
3. Ablieferungsort inklusive Zielland und Bestimmungsbahnhof
4. Übernahmeort und -zeit
5. die Nummer des Wagens
6. Bezeichnung des Gutes, die Anzahl der Frachtstücke, die Art der Verpackung, Angaben zu Gefahrgütern
7. Fracht
8. die Masse oder eine ähnliche Angabe, die den für den Versandbahnhof geltenden Bestimmungen entspricht
9. Zollbehandlung

5.2 Die Incoterms® 2010

®International Chamber of Commerce (ICC) www.icc-deutschland.de

Bei internationalen Kaufverträgen haben die Geschäftspartner ihren Sitz in verschiedenen Ländern. Die Güter müssen häufig über lange Strecken und durch mehrere Staaten transportiert werden. Damit sind in der Regel höhere Transportkosten und ein größeres Transportrisiko im Vergleich zu einem Inlandsgeschäft verbunden. Deshalb haben hier vertragliche Vereinbarungen, z. B. zur Aufteilung der Transportkosten und zum Gefahrenübergang, eine besondere Bedeutung.

Die International Commercial Terms (Incoterms®) enthalten standardisierte Vereinbarungen für den internationalen Handel. Aktuell gültig sind die Incoterms® 2010, die insgesamt 11 Klauseln enthalten. In jeder dieser Klauseln wird ein bestimmter Ort festgelegt, bis zu dem der Verkäufer die Transportkosten trägt und ab dem der Käufer die Transportkosten übernimmt **(Kostenübergang)**. Desgleichen wird auch ein Ort festgelegt, an dem die Transportgefahren vom Verkäufer auf den Käufer übergehen. Dies bedeutet in der Praxis, dass der Verkäufer bis zu diesem Punkt die Transportversicherung übernimmt, ab diesem Punkt der Käufer **(Gefahrenübergang)**.

5.2.1 Die Klauseln im Einzelnen

Incoterms® für alle Transportarten: EXW, FCA, CPT, CIP, DAT, DAP, DDP

Incoterms® für den See- und Binnenschiffstransport: FAS, FOB, CFR, CIF

Allgemein gilt: Nur bei Klauseln, die das „I" für „Insurance" (Versicherung) enthalten, ist der Verkäufer verpflichtet, auf seine Kosten eine Transportversicherung zugunsten des Käufers abzuschließen.

EXW (Ex Works ...)
Der Verkäufer stellt die Ware am benannten Ort (Werk des Verkäufers) zur Verfügung. Damit gehen Kosten und Gefahr auf den Käufer über. Der Verkäufer hat zudem für eine geeignete Transportverpackung zu sorgen. Der Käufer hat für die Ausfuhrabwicklung zu sorgen, der Verkäufer muss ihn aber dabei unterstützen. Kosten, die dem Verkäufer hierbei entstehen, sind vom Käufer zu ersetzen. Eine Transportversicherung muss vom Verkäufer nach dieser Klausel nicht abgeschlossen werden, d. h., der Käufer kann selbst entscheiden, ob er das Transportrisiko versichern lassen will oder nicht.

FCA (Free Carrier ...)
Der Verkäufer trägt Kosten und Gefahr bis zum Frachtführer (Carrier) am benannten Ort.

- Falls der benannte Ort beim Verkäufer liegt (z. B. Warenausgangslager des Verkäufers), ist die Ware auf das Beförderungsmittel des Frachtführers zu verladen.
- Falls der benannte Ort nicht beim Verkäufer liegt, ist die Ware auf dem Beförderungsmittel des Verkäufers unentladen zur Verfügung zu stellen. Der Beförderungsvertrag für den Haupttransport ist vom Käufer abzuschließen.

CPT (Carriage paid to ...)
Der Verkäufer trägt alle Kosten bis zum benannten Bestimmungsort. Die Entladekosten im Bestimmungsort sind vom Verkäufer nur dann zu tragen, wenn das im Beförderungsvertrag vorgesehen ist. Der Verkäufer muss den Beförderungsvertrag abschließen. Die Gefahr geht mit Übergabe der Ware an den Frachtführer auf den Käufer über. Falls mehrere aufeinanderfolgende Frachtführer beteiligt sind, liegt der Gefahrenübergang beim ersten Frachtführer, wenn keine andere Vereinbarung getroffen wurde. Ist am Liefer- und/oder Bestimmungsort keine bestimmte Stelle vereinbart, kann der Verkäufer diese jeweils selbst auswählen, es sei denn, die Übergabestelle ergibt sich aus der Handelspraxis.

CIP (Carriage and Insurance paid to ...)
Diese Klausel entspricht CPT mit dem Unterschied, dass der Verkäufer eine Transportversicherung zugunsten des Käufers abschließen muss. Die Transportversicherung muss das Transportrisiko ab Gefahrenübergang auf den Käufer bis zum benannten Bestimmungsort decken.

DAT (Delivered at Terminal ...)
Der Verkäufer trägt Kosten und Gefahr, bis die Ware dem Käufer im benannten Terminal im Bestimmungshafen oder -ort zur Verfügung steht. Der Verkäufer ist damit auch für die Entladung vom ankommenden Beförderungsmittel zuständig. Mit „Terminal" können dabei verschiedener Orte gemeint sein, z. B. ein Kai, ein Containerdepot, ein Straßen-, Schienen- oder Luftfrachtterminal oder eine Lagerhalle. Die Klausel wird üblicherweise angewendet, wenn eine Ware in einer Terminalanlage ab- oder umgeladen wird und der Verkäufer bis dahin Kosten und Gefahr tragen soll. Der Beförderungsvertrag bis zum benannten Terminal ist vom Verkäufer abzuschließen.

DAP (Delivered at Place ...)
Der Verkäufer trägt Kosten und Gefahr, bis die Ware am benannten Bestimmungsort dem Käufer auf dem ankommenden Beförderungsmittel entladebereit zur Verfügung steht. Kosten und Gefahr der Entladung trägt der Käufer. Für den Abschluss des Beförderungsvertrages bis zum benannten Ort ist der Verkäufer zuständig. Die Klausel ist z. B. geeignet, wenn die Ware nach der Umladung in einem Terminal weitertransportiert wird und der Verkäufer auch für diese Transportstrecke Kosten und Gefahr tragen soll.

DDP (Delivered Duty paid ...)
Der Verkäufer trägt Kosten und Gefahr bis zum benannten Bestimmungsort, der sich immer im Einfuhrland befindet. Der Verkäufer muss die Ware auf dem ankommenden Beförderungsmittel unentladen zur Verfügung stellen. Außerdem ist der Verkäufer für die Einfuhrabwicklung zuständig und hat auch die Einfuhrabgaben zu zahlen. Der Beförderungsvertrag bis zum Bestimmungsort ist vom Verkäufer abzuschließen, eine Transportversicherung ist für den Käufer nicht erforderlich. Die Lieferbedingung DDP bedeutet für den Verkäufer eine Maximalverpflichtung.

FAS (Free alongside Ship ...)
Der Verkäufer trägt Kosten und Gefahr, bis die Ware an dem vom Käufer benannten Ladeplatz längsseits des Schiffes geliefert worden ist. Der Beförderungsvertrag für den Schiffstransport muss vom Käufer abgeschlossen werden.

FOB (Free on Board ...)
Der Verkäufer trägt Kosten und Gefahr, bis sich die Ware an Bord des Schiffes im Verschiffungshafen befindet. Die Staukosten innerhalb des Schiffes gehen zu Lasten des Käufers. Die Gefahr endet für den Verkäufer, wenn sich die Ware an Bord des Schiffes befindet, also auf den Schiffsplanken oder im Verladedeck abgesetzt wurde. Der Beförderungsvertrag für den Seetransport ist vom Käufer abzuschließen.

CFR (Cost and Freight ...)
Der Verkäufer trägt die Kosten bis zum benannten Bestimmungshafen. Falls die Entladekosten im Bestimmungshafen in den Frachtkosten enthalten sind, trägt sie der Verkäufer, ansonsten der Käufer. Der Verkäufer trägt die Gefahr, bis sich die Ware an Bord des Schiffes im Verschiffungshafen befindet. Den Beförderungsvertrag für den Schiffstransport muss der Verkäufer abschließen.

CIF (Cost, Insurance and Freight ...)
Diese Klausel entspricht der Klausel CFR mit dem Unterschied, dass der Verkäufer hier zusätzlich verpflichtet ist, zugunsten des Käufers eine Transportversicherung für den Schiffstransport abzuschließen.

5.2.2 Kostenteilung und Gefahrenübergang

Die folgende Übersicht zeigt beispielhaft die Verteilung von Kosten und Risiken zwischen Käufer und Verkäufer. Dabei wird davon ausgegangen, dass der Transport per Container erfolgt. Der Container wird beim Verkäufer be- und beim Käufer entladen. Für die Durchführung von An- und Abfuhr wird ein Frachtführer beauftragt. Bei den Klauseln DAP und DDP ist der benannte Ort das Eingangslager des Käufers. Für den Gefahrenübergang bestehen keine speziellen Vereinbarungen.

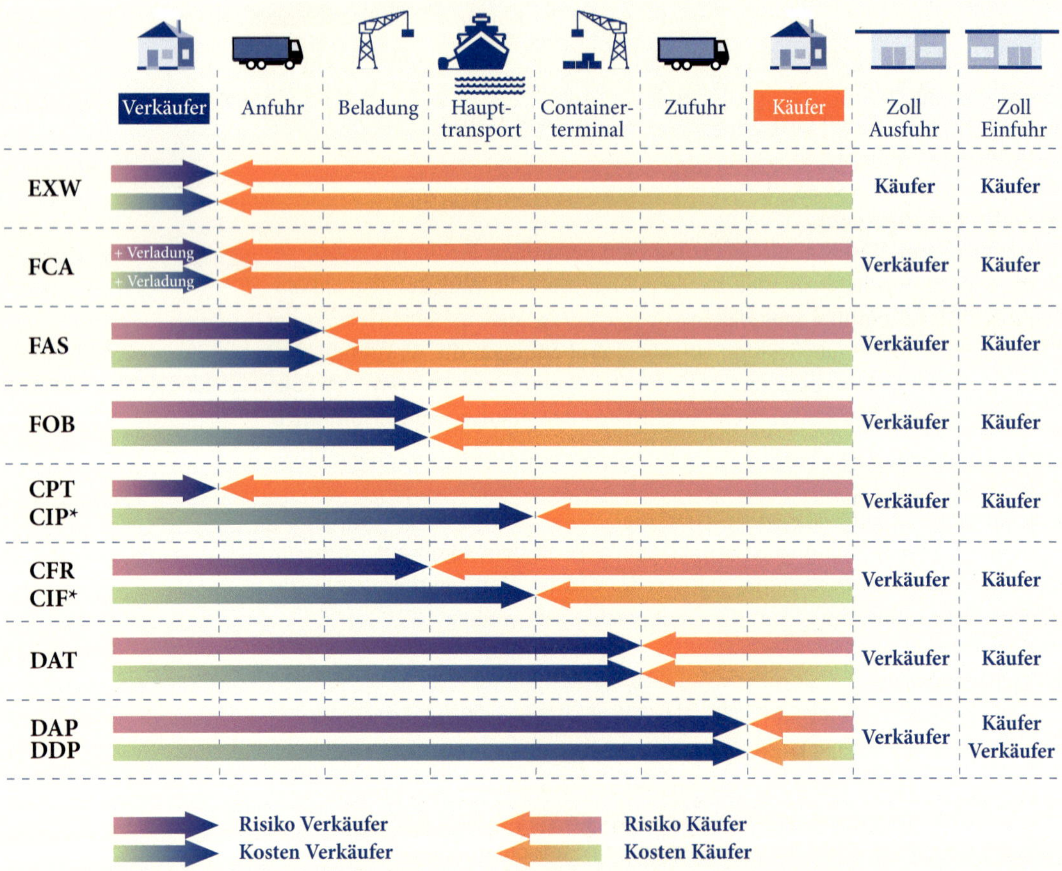

* Bei den Klauseln CIF und CIP muss der Verkäufer eine Transportversicherung zu Gunsten des Käufers abschließen.

Incoterms® 2010: Kostenteilung und Gefahrenübergang

5.3 Güter in das außereuropäische Ausland versenden

Deutschlands Außenhandel
→ Anhang WiSo, Kap. 4.1

Den Güterversand ins Ausland nennt man **Warenausfuhr** oder **Export** von Waren. Werden die Güter in einen Nicht-EU-Staat exportiert, verlassen sie außerdem das europäische Zollgebiet. Demgegenüber spricht man von einer **Wareneinfuhr** oder einem **Import** von Waren, wenn Güter aus dem Ausland nach Deutschland versendet werden.

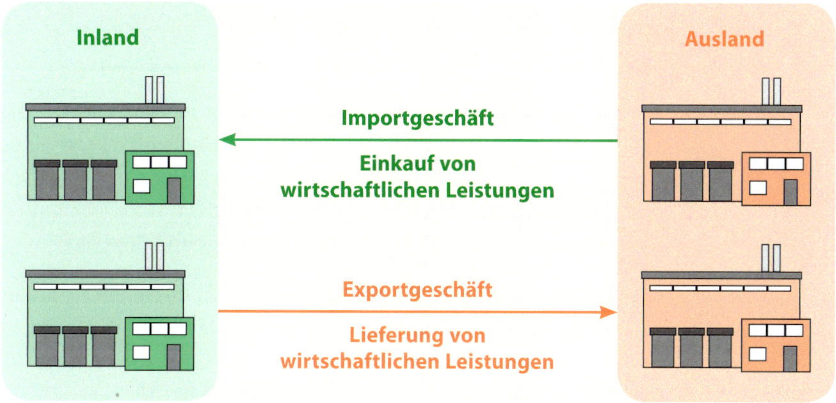

Die Ausfuhr von Gütern ist im **Außenwirtschaftsgesetz (AWG)** geregelt. Es gilt der Grundsatz, dass der Wirtschaftsverkehr mit dem Ausland frei ist. Ausnahmen und Beschränkungen sind nur dann erlaubt,
- wenn die Sicherheit der Bundesrepublik Deutschland,
- das friedliche Zusammenleben der Völker oder
- die auswärtigen Beziehungen Deutschlands

erheblich gestört oder gefährdet sind.

Dies ist vor allem dann der Fall, wenn Güter wie Waffen, Nuklearprodukte oder Güter zum Bau biochemischer Anlagen ins Ausland verkauft werden sollen. Neben den Beschränkungen des AWG können auch internationale Vereinbarungen (z. B. ein Handelsembargo gegen einen bestimmten Staat) den deutschen Außenhandel beschränken.

Die Ausfuhr von Waren muss grundsätzlich angemeldet werden. Hierzu dient die sogenannte **Ausfuhranmeldung (AA)**. Die Anmeldung dient der Überwachung des Warenverkehrs, der die EU verlässt, und der statistischen Erfassung des Warenverkehrs für die Außenhandelsstatistik. Darüber hinaus gilt die Ausfuhranmeldung als Nachweis für die Umsatzsteuerbefreiung.

Eine Ausfuhranmeldung ist erforderlich, wenn
- Güter aus der EU ausgeführt werden und
- der Wert der Güter über 1.000,00 € liegt.

Die Ausfuhranmeldung erfolgt heute in der Regel auf elektronischem Wege. Sollte dies nicht möglich sein, ist die Anmeldung auch über das sogenannte Einheitspapier für Ausfuhr und Sicherheit möglich.

Neben der Ausfuhranmeldung können noch weitere Dokumente für die Warenausfuhr benötigt werden.

Die **Handelsrechnung** ist ein Warenbegleitpapier und weist die Erfüllung des Kaufvertrages nach. Sie unterliegt keinen internationalen Vereinbarungen, jedoch haben viele Länder sehr genaue eigene Vorschriften, die bei der Erstellung unbedingt zu beachten sind. Die Handelsrechnung kann dazu verwendet werden, die Herkunft der Güter und den Zollwert im Importland zu ermitteln. Inhalte der Handelsrechnung sind

- Warenbezeichnung,
- Gewicht, Menge, Verpackung und Preise der Güter,
- Lieferbedingungen (z. B. Incoterms®),
- Vertragsbeteiligte,
- Fracht- und Versicherungskosten.

Versiegelung eines Lkw im TIR-Verfahren

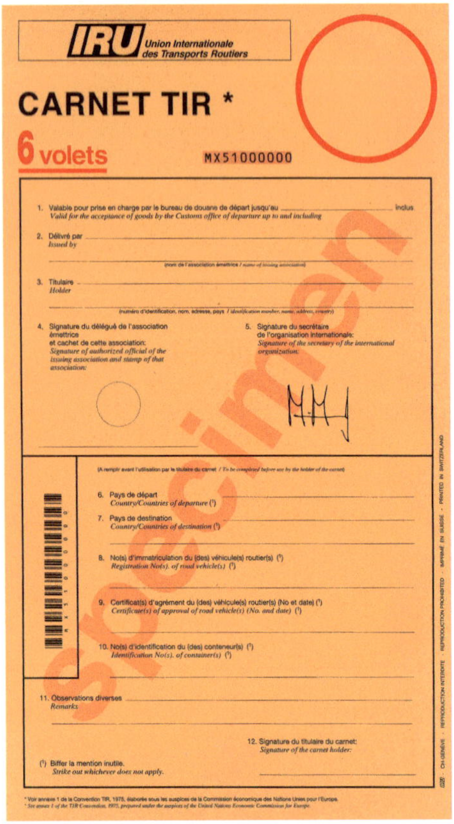

Muster für ein Carnet TIR

Ein weiteres Dokument im Außenhandel ist die **Zollfaktura**. Sie dient ebenfalls dazu, den Wert und die Herkunft eines Gutes nachzuweisen. Sie ist Grundlage für die Verzollung der Güter im Einfuhrland. Neben den in der Handelsrechnung genannten Angaben enthält sie zusätzlich das Ursprungsland des Gutes.

Der Ursprung der Güter kann alternativ auch durch ein separates **Ursprungszeugnis** nachgewiesen werden. Sind die Waren nicht vom Exporteur selbst erstellt worden, so kann dieser den Ursprung auch mit einer **Lieferantenerklärung** nachweisen.

Je nach Güterart kann auch eine **Ausfuhrgenehmigung** notwendig sein, die bei der Ausfuhr gemeinsam mit der Ausfuhranmeldung vorgelegt werden muss. Ausfuhrgenehmigungen sind z. B. für die Ausfuhr von Waren mit einem militärischen Verwendungszweck, für Bauteile von kerntechnischen Anlagen in bestimmte Länder oder auch für geschützte Tiere und Pflanzen notwendig. In Deutschland ist hierfür das **Bundesamt für Wirtschaft und Ausfuhrkontrolle (BAFA)** zuständig. Je nach Gütern, die exportiert werden sollen, können auch andere Stellen zuständig sein.

Das Carnet **TIR** (**T**ransport **I**nternational de Marchandises par la **R**oute) ist ein internationales Beförderungspapier im Straßengüterverkehr. Es handelt sich um ein Begleitscheinheft, das für jeden Grenzübergang jeweils ein Dokument für die Ein- und die Ausfuhr der Güter enthält.

Das TIR-Verfahren soll vor allem den Transit von Waren durch Drittländer vereinfachen. Das Transportmittel wird vom Zoll versiegelt und erst bei der Ankunft im Empfangsland wieder geöffnet. Somit muss die Sendung nicht bei jedem Grenzübergang erneut vom Zoll kontrolliert werden. Die Zollkontrolle, die im Abgangsland durchgeführt wird, wird hierbei von den Mitgliedsländern sowohl in den Transitländern (also in den Ländern, die durchfahren werden) als auch im Bestimmungsland anerkannt. Fahrzeuge, mit denen Transporte nach dem TIR-Verfahren durchgeführt werden, müssen auf der Rückseite mit einem blau-weißen TIR-Schild gekennzeichnet sein.

ALLES KLAR?

1 Welche der folgenden Länder sind nicht Mitglied der Europäischen Zollunion?

a Estland
b Irland
c Island
d Polen
e Schweiz
f Schweden
g Slowakei
h Serbien

2 Ordnen Sie die folgenden Funktionen des CMR-Frachtbriefes den Vorgängen zu.

1 Beweisurkunde
2 Warenbegleitpapier
3 Empfangsbestätigung
4 Auslieferungsbestätigung
5 Sperrpapier

a Der Empfänger unterzeichnet den Frachtbrief.
b Der Frachtführer übergibt den Frachtbrief an seinen Fahrer.
c Der Absender möchte die Auslieferung an den Empfänger verhindern.
d Der Absender möchte dem Empfänger den Abschluss des Frachtvertrages nachweisen.
e Der Frachtführer möchte gegenüber dem Absender die Ablieferung der Ware nachweisen.

3 Welche Ausfertigung des CIM-Frachtbriefes erfüllt jeweils die folgenden Funktionen?

a verbleibt beim Absender und weist den Abschluss des Frachtvertrages nach.
b wird dem Empfänger zusammen mit den Gütern ausgehändigt.
c bleibt beim Versandbahnhof und weist den Abschluss des Frachtvertrages nach.
d dient der Verzollung der Sendung.
e dient zur Abrechnung der Frachtkosten.

4 Entscheiden Sie für die folgenden Fälle, um welchen Incoterm® es sich jeweils handelt.

a Die Gefahr und die Kosten werden bis zum Frachtführer an einem benannten Bestimmungsort vom Verkäufer getragen. Die Klausel ist für alle Verkehrsträger anwendbar.
b Der Verkäufer trägt die Kosten bis zum Bestimmungshafen und ist zusätzlich verpflichtet, eine Transportversicherung zugunsten des Käufers abzuschließen.
c Der Verkäufer trägt Kosten und Gefahr, bis die Ware an dem vom Käufer benannten Bestimmungsort ist.
d Der Verkäufer stellt die Ware an seinem Werk zur Verfügung.

5 Ordnen Sie den folgenden Abkürzungen die jeweiligen Incoterms® zu.

1 EXW
2 FCA
3 CPT
4 CIP
5 DAT
6 DAP
7 DDP
8 FAS
9 FOB
10 CFR
11 CIF

a Fracht und Verzollung bezahlt
b Frei an Bord
c Kosten und Fracht
d Transport und Versicherung bezahlt bis
e Ab Werk
f Kosten, Versicherung und Fracht
g Frei Frachtführer
h Transport bezahlt bis
i Geliefert an bestimmten Ort
j Gliefert an Terminal
k Frei Längsseite Schiff

6 English exercises

Last week, Top Bike GmbH sent a trial order for 3,024 bicycle helmets to *Nanshan Hanliang Industry Ltd.*, a Chinese producer of bicycle components and accessories. *Nanshan Hanliang Industry Ltd.* is located in Shenzhen and offers the helmets cheaper than any other supplier so far.

Exercise 1

The helmets will be transported by truck from Shenzhen to Hong Kong and then shipped by sea from Hong Kong to Hamburg in a 40-ft container. Janet Wu works for the Chinese company and organizes the shipment to Hamburg. The day before the goods leave Hong Kong, Janet Wu writes an advice of dispatch to Eva Friede at Top Bike GmbH to tell her that the goods are on their way.

> An **advice of dispatch** gives details of the transport, the date of dispatch and the estimated date of arrival at the port of destination or the customer's premises. Nowadays, an advice of dispatch is usually sent as an email.

From: Janet Wu <janet.wu@nanshanindustry.com>
To: Eva Friede <eva.friede@top-bike-rgb.de>
cc: Martin Wong <martin.wong@nanshanindustry.com>
Subject: Order PO no. 4500117889

Dear Ms Friede,
This is to inform you that your order for … (1) cardboard boxes of … (2) left Hong Kong this morning (12 November) and has been loaded on board the … (3) (V. 34W45), a container ship. The number of your container is … (4).
The ship will sail from … (5) tomorrow morning (13 November). If there are no delays, the consignment will arrive at the CTA Terminal in … (6) 4 December.
We hope that the consignment arrives safely and on time.
If there are any problems, please get in touch with us ASAP.
Best wishes,
Janet Wu

> ! You can address all women as *Ms*, whether they are married or not.

a Complete Janet's email with information from the documents on the next page.

b What does the abbreviation "cc" stand for?

c What does the abbreviation "ASAP" stand for?

Exercise 2

1. Goods consigned from (Exporter's business name, address, country):
NANSHAN HANLIANG INDUSTRY LTD,
CHINA

Reference No.:
ZC1905/09/1175
GENERALIZED SYSTEM OF PREFERENCES
CERTIFICATE OF ORIGIN
(Combined declaration and certificate)
FORM A
Issued in THE PEOPLE'S REPUBLIC OF CHINA
(country)
See notes overleaf

2. Goods consigned to (Consignee's name, address, country):
Top Bike GmbH
Radweg 7
93053 Regensburg
Germany

3. Means of transport:
FROM SHENZHEN, CHINA TO HONG KONG
BY TRUCK ON/AFTER 10 NOV.,
THENCE TRANSHIPPED TO HAMBURG,
GERMANY BY SEA

4. For official use:
THIS IS TO CERTIFY THAT THE GOODS STATED IN THIS CERTIFICATE HAD NOT BEEN SUBJECTED TO ANY PROCESSING DURING THEIR STAY/TRANSHIPMENT IN HONG KONG.
SIGNATURE:
DATE:

5. Item number:	6. Marks and numbers of packages:	7. Number and kind of packages; description of goods:	8. Origin criterion (see notes overleaf):	9. Gross weight or other quantity:	10. Number and date of invoices:
1	Bicycle helmets black velvet 756 cardboard boxes; 3,024 PCS 4 PCS, PER MASTER CARTON	Bicycle helmets PO NO. 4500117889 ART NO. 4212281 Adult's helmets velvet black **Total:** SEVEN HUNDRED FIFTY-SIX (756) BOXES ONLY	"W" 95.03	3,024 PCS	0529/05 10 Nov. 20XX

11. Certification
It is hereby certified, on the basis of control carried out, that the declaration by the exporter is correct.

SHENZHEN 10 Nov. 20XX
Place and date, signature of authorized signatory

12. Declaration by the exporter
The undersigned hereby declares that the above details and statements are correct; that all the goods were produced in
CHINA
And that they comply with the origin requirements specified for those goods in the Generalized System or Preferences for goods exported to
GERMANY

NANSHAN HANLIANG INDUSTRY LTD
SHENZHEN, CHINA

Address: NANSHAN HANLIANG INDUSTRY LTD
ZIZHU ERDAO AVENUE 28
NANSHAN, SHENZHEN PROVINCE

Phone: 4970 7654 | Fax: 4970 7653

CHINA, 10 November, 20XX

COMMERCIAL INVOICE No.: N° 1870

Customer: Address:	Top Bike GmbH Radweg 7 93053 Regensburg Germany	Export NBR.	104/98
Sales Terms:		Contract NBR. Product:	Bicycle Helmets
Payment Terms:	L/C No. 2011F564821		
Purchase No.:		Export Licence No.:	027.545-5
Port of Loading:	HONG KONG	Country of Origin:	CHINA
Port of Destination:	HAMBURG	Shipping Line:	P&O
Transportation:	Container No. TRLU 6379265	Vessel:	P&O NEDLLOYD HOUTMAN
B/L Date:	10 November 20XX	Marks:	Bicycle Helmets black velvet 4 PCS, PER MASTER CARTON
Number and kind of packages:	756 cardboard boxes	Bill of Dispatch:	123457

a Use the internet to find out who usually issues the certificate of origin and what functions it has in international trade.

b Study the document and answer the following questions.
1. What do you think "4 PCS" means?
2. Where was this document issued?
3. Why would a certificate of origin be issued in this case?

c Identify the second document and explain what its function is.

Anhang

Wirtschafts- und Sozialkunde

Viele Themen des Anhangs Wirtschafts- und Sozialkunde (WiSo) helfen Ihnen, die Inhalte der Lernfelder 5 – 9 besser zu verstehen und einzuordnen. Darüber hinaus können Sie mit diesem Anhang Ihr Wissen vertiefen und erweitern. Auf der CD-ROM im Arbeitsbuch finden Sie dazu verschiedene Arbeitsblätter.

- Rechtliche Rahmenbedingungen unternehmerischen Handelns
- Rechtsformen von Unternehmen
- Der Euro – unser Zahlungsmittel
- Außenwirtschaft

1 Rechtliche Rahmenbedingungen unternehmerischen Handelns

Unter der Bezeichnung „Kaufmann“ versteht man im täglichen Sprachgebrauch Menschen, die eine kaufmännische Ausbildung absolviert haben oder im Handel tätig sind. Im juristischen Sinne ist dieser Begriff jedoch genau definiert. Wer Kaufmann ist, legt das **Handelsgesetzbuch (HGB)** in seinem ersten Paragrafen fest.

> **§**
>
> **§ 238 HGB**
> (1) Kaufmann im Sinne dieses Gesetzbuchs ist, wer ein Handelsgewerbe betreibt.
> (2) Handelsgewerbe ist jeder Gewerbebetrieb, es sei denn, dass das Unternehmen nach Art oder Umfang einen in kaufmännischer Weise eingerichteten Geschäftsbetrieb nicht erfordert.

Die Vorschriften des HGB sind nur für Kaufleute voll anwendbar. Die Anwendung des HGB hat u. a. Auswirkungen auf

- **Namensgebung** (Firma) des Unternehmens,
- die **Buchführungspflicht** und
- Abwicklung von **Kaufverträgen**.

Handelsregister
→ Anhang WiSo, Kap. 1.3

Kaufleute sind grundsätzlich verpflichtet, sich ins **Handelsregister** eintragen zu lassen. Außerdem gelten für sie bestimmte anerkannte Handelsbräuche, z. B. müssen sie dafür sorgen, dass ihnen schriftliche Mitteilungen auch bei Abwesenheit vom Geschäft (durch Urlaub, Krankheit usw.) zugestellt werden.

1.1 Kaufmannseigenschaften

Das HGB geht vom Begriff des **Handelsgewerbes** aus. Als Gewerbe wird danach jede erlaubte und fortgesetzte selbstständige Tätigkeit bezeichnet, die auf die Erzielung von Gewinn ausgerichtet ist. Der Begriff des Handelsgewerbes ist unabhängig von der Branche. Auch Handwerksunternehmen oder Hotels können Handelsgewerbe sein.

Führt der Gewerbetreibende außerdem einen „in kaufmännischer Weise eingerichteten Geschäftsbetrieb“, ist er **Istkaufmann** im Sinne des § 1 HGB. Ob ein solcher Geschäftsbetrieb vorliegt, muss im Einzelfall entschieden werden. Beurteilungskriterien sind u. a. die Höhe von Umsatz, Forderungen und Vermögen, die Mitarbeiterzahl sowie die Anzahl/Größe der Geschäftsräume.

Für ein Handelsgewerbe mit geringer Umsatzhöhe und nur einem Mitarbeiter ist z. B. kein kaufmännischer Geschäftsbetrieb erforderlich. Ein solches Handelsgewerbe fällt unter den Begriff **Kleingewerbe**. Aber auch der Betreiber eines Kleingewerbes kann den Status eines Kaufmannes erwerben, indem er sich freiwillig ins Handelsregister eintragen lässt. Er ist nach § 2 HGB ein so genannter **Kannkaufmann**.

Hat das Handelsgewerbe eine bestimmte Unternehmensform (Handels- und Kapitalgesellschaft) gelten ebenfalls die Bestimmungen des HGB. Die Betreiber dieser Handelsgewerbe sind gemäß § 6 HGB so genannte **Formkaufleute**.

Rechtsformen von Unternehmen → Anhang WiSo, Kap. 2

Kaufmannseigenschaften

Istkaufmann	Kannkaufmann	Formkaufmann
Kaufmann, weil kaufmännisch eingerichteter Geschäftsbetrieb	Kaufmann, weil Eintragung ins Handelsregister; die Eintragung ist freiwillig.	Kaufmann, weil Vorgabe durch Rechtsform, z. B. Kapitalgesellschaften, z. B. GmbH, AG
(HGB § 1)	(HGB §§ 2, 3)	(HGB § 6)

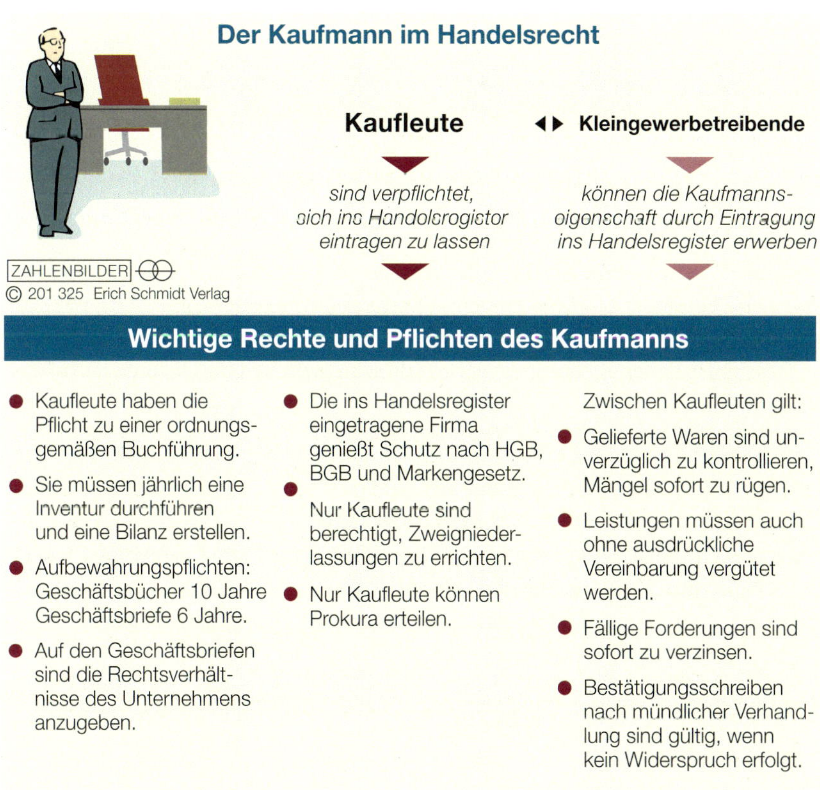

Prokura → Anhang WiSo, Kap. 1.4

1.2 Firma

§ 17 HGB
(1) Die Firma eines Kaufmanns **ist der Name**, unter dem er seine Geschäfte betreibt und die Unterschrift abgibt.
(2) Ein Kaufmann kann unter seiner Firma klagen und verklagt werden.

Kaufleute können eine Firma führen. Die Firmenführung ist jedoch auf den Geschäftsbetrieb beschränkt, sie wird nicht in den Pass oder Personalausweis eingetragen. Dagegen kann der Kaufmann, der für sein Unternehmen einen Dienstwagen unterhält, einen Kraftfahrzeugschein auf seine Firma ausstellen lassen.

Es werden folgende **Firmenarten** unterschieden:
- Personenfirma, bestehend aus einem oder mehreren Personennamen,
- Sachfirma, abgeleitet vom Unternehmensgegenstand,
- Fantasiefirma, häufig eine von Markennamen abgeleitete werbewirksame Bezeichnung,
- gemischte Firma, die sowohl Personennamen als auch den Unternehmensgegenstand enthält.

Rechtsformen → Anhang WiSo, Kap. 2

Die **Wahl der Firma** hängt von der Rechtsform ab. Bei Einzelunternehmen muss z. B. die Bezeichnung „eingetragener Kaufmann“ bzw. „eingetragene Kauffrau“ (e. K. oder e. Kfm. bzw. e. Kfr.) in der Firma enthalten sein. Dieser Zusatz ist auch auf Geschäftsbriefen, Visitenkarten, Katalogen usw. zu vermerken. Nichtkaufleute dürfen nur eine Geschäftsbezeichnung führen, z. B. „Zum Kölschhaus“.

Die Firma ist an bestimmte rechtliche Grundsätze gebunden. Dazu gehören:

Die Wahl der Firma hängt von der Rechtsform ab.

Firmenwahrheit und Firmenklarheit: Die Firma darf nicht irreführend sein. Sie muss den tatsächlichen Geschäfts- und Rechtsverhältnissen entsprechen. Dieser Grundsatz schützt die Geschäftspartner, denn die Rechtsform gibt Auskunft über die Größe und die Finanzkraft des Unternehmens sowie über die Haftungsverhältnisse.

Firmenausschließlichkeit: Das Unternehmen darf nicht die gleiche Bezeichnung tragen wie ein anderes Unternehmen am selben Ort. Bei der Eintragung ins Handelsregister wird dies geprüft. Auch dieser Grundsatz bedeutet eine Sicherheit für die Geschäftspartner, da er hilft, Verwechslungen zwischen den Firmen zu vermeiden.

Firmenbeständigkeit: Beim Wechsel des Betreibers (auch: Inhabers) darf die Firma weitergeführt werden. Hierbei muss jedoch im Zweifel die Firmenwahrheit beachtet werden, da sich durch einen Inhaberwechsel auch die Rechtsform ändern kann. Wenn z. B. ein Vater seine Tochter als Teilhaberin in die Firma aufnehmen möchte und sich dadurch die Rechtsform von einer Einzelunternehmung in eine OHG ändert, muss der Zusatz OHG aufgenommen werden. So müsste z. B. aus der Firma „Elektro Erich Karl e. K.“ dann „Elektro Erich Karl OHG“ werden.

Firmeneinheit: Ein Kaufmann darf für sein Handelsgewerbe nur eine Firma führen.

Firmenöffentlichkeit: Die Eintragung ins Handelsregister muss erfolgen, damit die Öffentlichkeit über die Gründung der Firma informiert wird.

1.3 Handelsregister

§ 29 HGB
Jeder Kaufmann ist verpflichtet, seine Firma und den Ort seiner Handelsniederlassung bei dem Gericht, in dessen Bezirk sich die Niederlassung befindet, zur Eintragung in das Handelsregister anzumelden; er hat seine Namensunterschrift unter Angabe der Firma zur Aufbewahrung bei dem Gericht zu zeichnen.

Kaufleute unterliegen in ihren Geschäften zum Teil anderen (strengeren) Vorschriften als Nichtkaufleute. Deshalb muss allen, die mit ihnen Geschäfte abschließen, bekannt sein, dass sie es mit Kaufleuten zu tun haben. Alle Tatsachen, die für die Geschäftspartner eines Kaufmannes rechtlich bedeutsam sein können, werden deshalb durch die **Eintragung ins Handelsregister** öffentlich.

Das Handelsregister ist ein beim Amtsgericht geführtes Verzeichnis aller Unternehmen. Es dient dem Zweck, die Öffentlichkeit zu informieren und zu schützen. Jedermann hat das Recht, das Register einzusehen. Die Eintragungen erfolgen auf Anmeldung des Kaufmanns mit öffentlicher Beglaubigung oder von Amts wegen (z. B. bei Eröffnung eines Insolvenzverfahrens). Das Gericht muss die Eintragungen online veröffentlichen.

Die Eintragung hat häufig nur eine **rechtsbezeugende (deklaratorische) Wirkung**, d. h., die ins Register aufgenommenen Tatsachen waren bereits vor dem Eintrag rechtsgültig und werden nun öffentlich bekannt gemacht. Dies ist z. B. beim Eintrag eines Istkaufmanns der Fall. Entsteht die Kaufmannseigenschaft jedoch – wie beim Kannkaufmann – erst durch den Registereintrag, hat dieser **rechtsbegründende (konstitutive) Wirkung**. Das Handelsregister genießt **öffentlichen Glauben**. Das Vertrauen auf seinen Inhalt ist geschützt. Solange eine Tatsache, die ins Register eingetragen werden müsste, noch nicht eingetragen ist, kann sie einem Dritten gegenüber nicht geltend gemacht werden.

1.4 Handlungsvollmacht und Prokura

Die Angestellten eines Handelsgewerbes handeln häufig stellvertretend für dieses. Bei der Stellvertretung werden Willenserklärungen in fremdem Namen abgegeben, so dass z. B. Kaufverträge auch ohne Anwesenheit des Unternehmers durch die Mitarbeiter abgeschlossen werden können. Dazu ist es jedoch notwendig, dass die Angestellten ausdrücklich eine entsprechende Vollmacht erhalten.

➔ Ein Auszubildender wird gebeten, ausnahmsweise Paketscheinformulare bei der nächstgelegenen Postfiliale zu besorgen, die dringend für den Versand im Unternehmen benötigt werden. Er handelt hier als Stellvertreter seines Ausbildungsunternehmens. Der Auszubildende erhält dazu eine Einzelvollmacht.

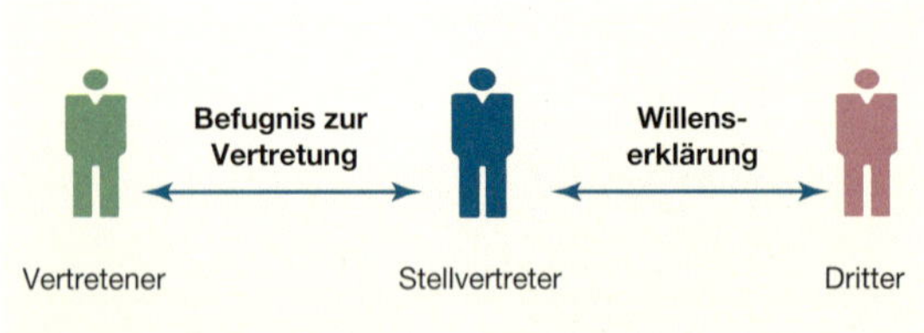

Die wichtigsten Vollmachten im Handelsrecht sind die Handlungsvollmacht und die Prokura. Prokuristen und Handlungsbevollmächtigte sind Stellvertreter eines Kaufmannes.

Die **Prokura** ist die umfassendste Vollmacht, die ein Kaufmann einem Angestellten erteilen kann. Durch die Erteilung der Prokura erhält der Prokurist nahezu die gleichen Befugnisse wie der Kaufmann selbst. Deshalb kann die Prokura auch nur vom Betreiber des Handelsgewerbes oder seinem gesetzlichen Vertreter und nur mittels ausdrücklicher Erklärung erteilt werden. Die Prokura ist im Handelsregister einzutragen. Der Prokurist ist zu **allen Arten** von gerichtlichen und außergerichtlichen Geschäften und Rechtshandlungen ermächtigt, die der Betrieb eines Handelsgewerbes mit sich bringt. Nicht ermächtigt ist er zu so genannten Grundlagengeschäften, also Geschäften, die den Bereich des Handelsgewerbes als solches betreffen.

Die Prokura kann vertraglich eingeschränkt werden. Zum Schutz von Dritten ist eine Beschränkung des Umfanges der Prokura dem Dritten gegenüber jedoch unwirksam.

Was darf ein Prokurist?

Der Prokurist ist ermächtigt	Der Prokurist ist nicht ermächtigt
• Personal einzustellen • Handlungsvollmachten zu erteilen • Kredite aufzunehmen und einzuräumen • Schenkungen zu machen und fremde Verbindlichkeiten zu übernehmen • Zweigniederlassungen zu eröffnen und zu schließen • Unternehmen und Beteiligungen zu erwerben • Grundstücke zu kaufen	• das Handelsgewerbe einzustellen oder zu veräußern • die Firma zu ändern • neue Gesellschafter aufzunehmen • Insolvenz anzumelden • Anmeldungen zum Handelsregister vorzunehmen • das Inventar und die Bilanz zu unterzeichnen • Grundstücke zu belasten oder zu veräußern (außer mit Sondervollmacht)

➔ Einem Prokuristen wird vom Kaufmann ausdrücklich die Vergabe von Krediten untersagt. Dennoch vergibt der Prokurist einen Kredit an einen Kunden. In diesem Falle haftet der Prokurist gegenüber dem Kaufmann, der Kunde hat aber einen rechtmäßigen Anspruch auf den Kredit, es sei denn, ihm war die Einschränkung der Prokura bekannt.

Arten von Prokura	
Einzelprokura	Berechtigung, die Vertretung alleine auszuüben
Filialprokura	Der Kaufmann kann die Prokura auf einen Filialbetrieb beschränken.
Gesamt-prokura	Prokura, die mehreren Personen gemeinschaftlich erteilt wird; kann nur von den Prokuristen gemeinsam ausgeübt werden

Geschäftsbriefe oder andere geschäftliche Unterlagen unterzeichnet der Prokurist üblicherweise mit der Abkürzung „ppa." (per procura) vor seinem Namen.

Handlungsvollmacht wird auch vom Kaufmann erteilt und bedarf keiner besonderen Form. Sie kann auch durch schlüssiges Verhalten (z. B. durch die Duldung von Handlungen) gegenüber dem Bevollmächtigten erfolgen. Die Handlungsvollmacht wird nicht ins Handelsregister eingetragen.

Der Umfang ist u. a. abhängig von der Art der Handlungsvollmacht und von der Festlegung durch den Kaufmann. Bei der **allgemeinen Handlungsvollmacht** ergeben sich gegenüber der Prokura folgende Unterschiede: Die allgemeine Handlungsvollmacht erstreckt sich auf alle Rechtsgeschäfte und Rechtshandlungen, die der Betrieb eines derartigen Handelsgewerbes **gewöhnlich** mit sich bringt. Der Handlungsbevollmächtigte ist somit nur zu gewöhnlichen (alltäglichen), branchenüblichen Geschäften ermächtigt, nicht wie der Prokurist zu Geschäften, die in irgendeinem Handelsgewerbe vorkommen können. Der Handlungsbevollmächtigte eines Einzelhandelsunternehmens darf z. B. keine Aktien kaufen, auch wenn ein großer Gewinn zu erwarten ist.

Bestimmte Rechtsgeschäfte bzw. Rechtshandlungen dürfen von einem Handlungsbevollmächtigten nur mit besonderer Ermächtigung des Kaufmanns durchgeführt werden. Dazu gehören die Aufnahme von Darlehen und die Prozessführung.

Arten von Vollmachten	
Einzel- oder Spezialvollmacht	Der Spezialbevollmächtigte ist zu einzelnen, konkret bestimmten Geschäften bevollmächtigt, z. B. Bevollmächtigung zum Kauf eines neuen Lkws.
Artvollmacht	Sie ermächtigt zur Vornahme von Geschäften einer bestimmten Art, z. B. Kassierer, Abteilungsleiter, Einkäufer.
allgemeine oder Generalvollmacht	Sie erstreckt sich auf alle gewöhnlichen Geschäfte und den gesamten Betrieb dieses Handelsgewerbe.

Der Handlungsbevollmächtigte unterschreibt üblicherweise mit „i. A." (im Auftrag) als Einzel oder Artbevollmächtigter bzw. mit „i. V." (in Vollmacht) oder „per" bei allgemeiner Handlungsvollmacht.

Es gibt noch eine weitere Regelung im Handelsrecht für Angestellte im Verkaufsraum oder Warenlager. Für Angestellte im Verkauf gilt auch **ohne entsprechende Vollmachterteilung**, dass sie zu Verkäufen und zur Empfangnahme (z. B. von Waren oder Geld) ermächtigt sind, die in einem derartigen Laden gewöhnlich vorkommen. Wenn jemand einen Verkaufsraum betritt und mit einer dort beschäftigten Person Geschäfte abschließt, wird im Namen des Unternehmens gehandelt. Bei unternehmensbezogenen Geschäften besteht grundsätzlich die Vermutung, dass der Handelnde für das Handelsgewerbe aufgetreten ist.

2 Rechtsformen von Unternehmen

Rechtsform die gesetzlichen Bedingungen, unter denen im Unternehmen gehandelt wird.

Für jeden Unternehmensgründer stellt sich die Frage, welche Rechtsform den Zielsetzungen seines Unternehmens am besten entspricht. Grundsätzlich hat er die Wahl zwischen verschiedenen gesetzlich festgeschriebenen Rechtsformen, neben denen in der Praxis weitere, vom Gesetzgeber zunächst gar nicht vorgesehene Mischformen entstanden sind.

Für die Wahl der Rechtsform gibt es keine Patentlösung. Jede Form hat Vor- und Nachteile und wirkt sich auf wichtige betriebswirtschaftliche Grundfragen aus, wie z. B. auf die

- Möglichkeiten der Kapitalbeschaffung,
- Geschäftsführung,
- Gewinn- und Verlustverteilung,
- Haftung,
- Besteuerung.

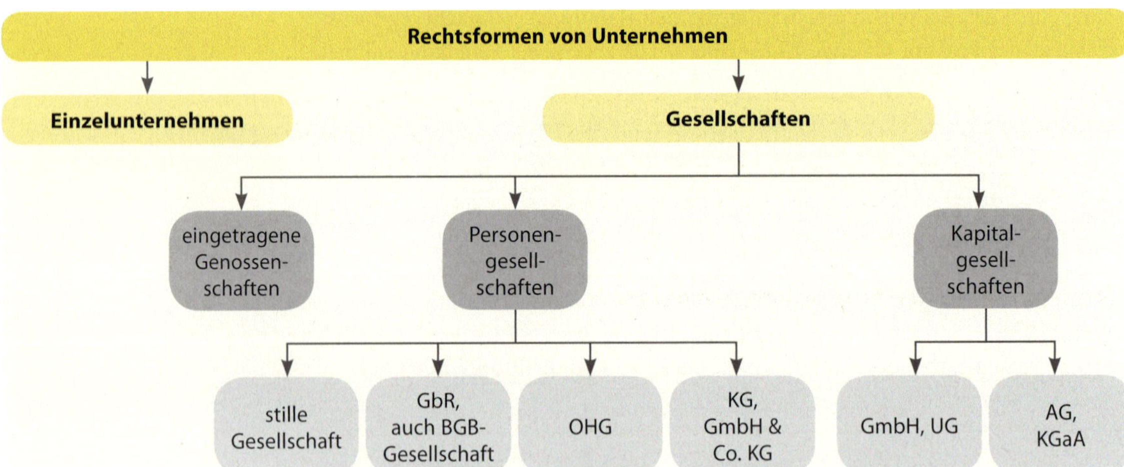

2.1 Einzelunternehmen

Das Einzelunternehmen ist eine besonders häufige Rechtsform. Die Gründung ist insoweit einfach, als das Einzelunternehmen nicht an eine bestimmte Form gebunden ist. Ist für das Unternehmen jedoch ein kaufmännischer Geschäftsbetrieb erforderlich, muss eine Eintragung ins Handelsregister vorgenommen werden.

Erich Karl ist in einem Elektrofachgeschäft beschäftigt und möchte sich selbstständig machen. Ein wesentlicher Grund dafür ist, dass er endlich sein „eigener Herr" sein will. Er rechnet zunächst mit Aufträgen von Privatkunden, denen er bereits bekannt ist. Die Verwaltungsarbeit wird seine Frau übernehmen; ein kleines Büro kann er im Haus einrichten, die Garage ist für den Anfang groß genug, um alle notwendigen Artikel lagern zu können. Der Kapitalbedarf zur Gründung des Unternehmens ist nicht sehr hoch. Ein gebrauchter Transporter als Fahrzeug ist schon vorhanden. Einen Namen für sein Unternehmen hat er auch schon: „Elektro Erich Karl e. K.".

Einerseits muss der Einzelunternehmer allein das Kapital zur Finanzierung des Unternehmens aufbringen, womit natürlich auch ein hohes finanzielles Risiko verbunden sein kann. Andererseits steht ihm dann auch der erzielte Gewinn allein zu. Die Führung des Unternehmens liegt allein in seiner Hand. Er trägt allein die Verantwortung gegenüber Mitarbeitern, Lieferanten und Kunden. Als Einzelunternehmer haftet er für alle Schulden des Unternehmens, und zwar unbegrenzt, also nicht nur mit dem Betriebsvermögen, sondern auch mit dem Privatvermögen.

Vor- und Nachteile des Einzelhandelsunternehmens	
Vorteile	**Nachteile**
• geringer Kapitalaufwand • alleinige Entscheidungsbefugnis • erwirtschafteter Gewinn muss nicht geteilt werden • einfache und kostengünstige Gründung	• unbeschränkte Haftung auch mit Privatvermögen • beschränktes Wachstum durch begrenzte Arbeitskraft und begrenzte Geldmittel (Kreditbasis) • persönlicher Ausfall (z. B. Krankheit) führt leicht zur Krise des Unternehmens

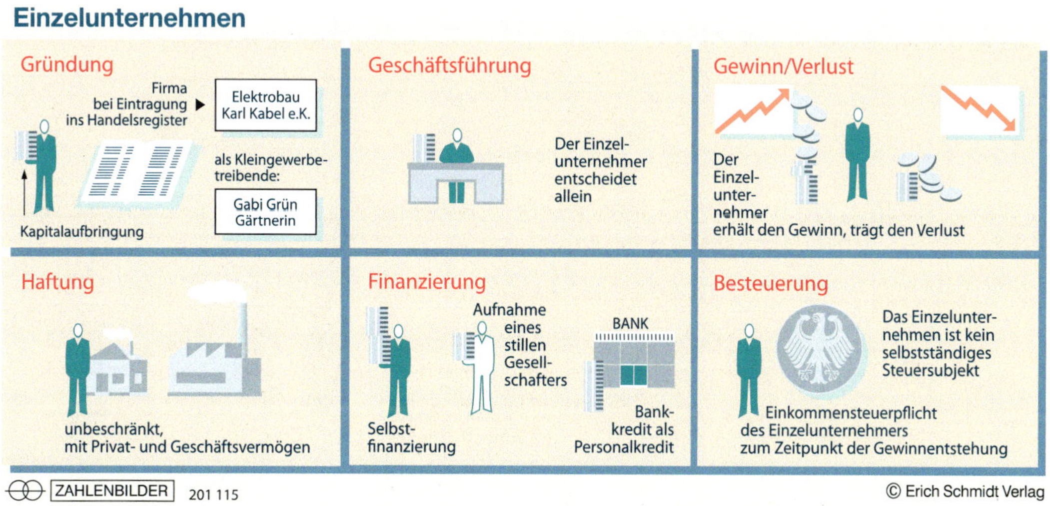

2.2 Personengesellschaften

Mit **Gesellschaft** wird eine **Vereinigung von natürlichen und/oder juristischen Personen** bezeichnet, die privatrechtsgeschäftlich ein gemeinsames Ziel verfolgen. Da heute auch eine GmbH oder AG von einer einzigen Person gegründet werden kann, ist diese Definition jedoch etwas offener zu sehen. Es gibt auch Personenvereinigungen, die dem öffentlichen Recht unterliegen. Dies sind z. B. Bund, Länder und Gemeinden, aber auch Anstalten des öffentlichen Rechts oder Stiftungen. Sie fallen nicht unter den Gesellschaftsbegriff.

Charakteristisch für **Personengesellschaften** ist es, dass die handelnden Personen natürliche Personen sind und auch mit ihrem Privatvermögen haften. Einige ausgewählte Personengesellschaften werden im Folgenden näher betrachtet.

2.2.1 Stille Gesellschaft

Als Erich Karl seinem Cousin Wilfried von dem Vorhaben erzählt, einen eigenen Betrieb zu gründen, zeigt dieser sich sehr interessiert und überzeugt von Erichs Geschäftsidee. Wilfried möchte Erich gern unterstützen, indem er sich ohne großes Aufsehen mit einer Kapitaleinlage von 20.000 Euro am neuen Unternehmen beteiligt.

Werden einem Einzelunternehmen von einem Außenstehenden zusätzliche finanzielle Mittel zur Verfügung gestellt, ohne dass diese Person nach außen in Erscheinung treten will (sie also z. B. keinerlei Führungs- oder Weisungsbefugnisse beansprucht), dann spricht man von einer stillen Gesellschaft. Im Gesellschaftsvertrag kann geregelt werden, ob und in welcher Höhe ein stiller Gesellschafter an einem Verlust beteiligt sein soll. Ihm steht jedoch eine Gewinnbeteiligung zu.

Firma
Name, unter dem das Geschäft eines Kaufmanns betrieben wird.
→ Anhang WiSo, Kap. 1.2

Ein stiller Gesellschafter wird nicht ins Handelsregister eingetragen, die Firma des Unternehmens ändert sich durch seinen Beitritt nicht. Sind beispielsweise über Banken bzw. Kreditinstitute keine finanziellen Mittel für ein Einzelunternehmen zu erhalten, so kann eine stille Gesellschaft durchaus vorteilhaft sein.

Stille Gesellschaft

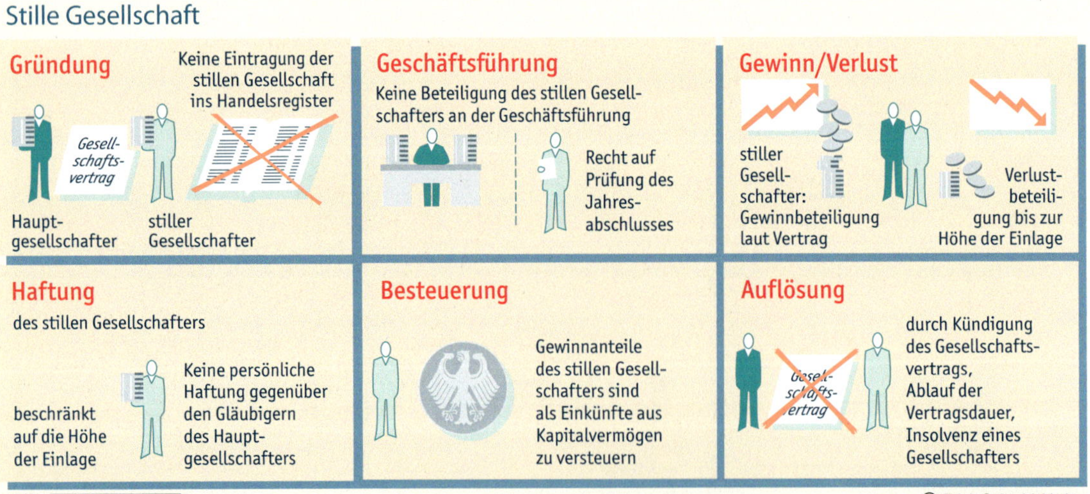

ZAHLENBILDER 201 120

2.2.2 Gesellschaft bürgerlichen Rechts (GbR)

Die GbR muss aus mindestens zwei Gesellschaftern bestehen, die auch formlos einen Gesellschaftervertrag schließen können, mit dem sie sich gegenseitig verpflichten, die Erreichung eines gemeinsamen Zieles zu fördern. Ziel kann z. B. ein gemeinsamer Geschäftsbetrieb – mit Ausnahme eines Handelsgewerbes sein, d. h., die Gesellschafter einer GbR (z. B. einer Anwaltskanzlei) dürfen keine Kaufleute im Sinne des HGB sein. Daher erklärt sich auch der Name der Gesellschaft: Für sie gelten nur die Vorschriften des Bürgerlichen Gesetzbuches (BGB).

Die GbR ist ein Zusammenschluss von Kleingewerbetreibenden oder auch Freiberuflern (Ärzte, Anwälte, Künstler).

Jeder Gesellschafter muss einen Beitrag leisten. Das können Geld- oder Arbeitsleistungen, aber auch die Einbringung von Kunden oder Know-how sein. Falls nichts Abweichendes vereinbart wird, haben die Gesellschafter gleiche Beiträge zu leisten und deshalb auch gleichen Anteil an Gewinn und Verlust.

Die Beiträge und die durch die Geschäftsführung erworbenen Gegenstände werden gemeinschaftliches Vermögen der Gesellschafter (Gesellschaftsvermögen). Haben die Gesellschafter vertraglich keine speziellen Abmachungen getroffen, dann steht ihnen die Geschäftsführung gemeinschaftlich zu (Grundsatz der Einstimmigkeit). Grundsätzlich haften die Gesellschafter auch mit ihrem Privatvermögen.

2.2.3 Offene Handelsgesellschaft (OHG)

Die offene Handelsgesellschaft ist eine Personengesellschaft, deren Zweck auf den Betrieb eines Handelsgewerbes unter gemeinschaftlicher Firma gerichtet ist. Charakteristisch an dieser Rechtsform ist, dass bei keinem der Gesellschafter die Haftung gegenüber den Gesellschaftsgläubigern beschränkt ist.

Die Gläubiger können sowohl auf das Geschäfts- als auch auf das Privatvermögen zurückgreifen (unbeschränkt). Die Gläubiger können zur Befriedung ihrer Forderungen an einen beliebigen Gesellschafter herantreten (unmittelbar). Hieraus erklärt sich auch der Name: Die OHG ist „offen", weil der Zugriff der Gläubiger auf das Vermögen der Gesellschafter offen ist. Insofern besteht auch eine enge Bindung der Gesellschafter, denn alle haben für das Handeln der jeweils anderen solidarisch einzustehen.

Erich Karl hat mit seinen Erwartungen recht behalten. Sein Geschäft läuft glänzend – für ihn und seine Frau alleine bald schon zu gut. Nun erhält er das Angebot, die Elektroinstallationen für ein Geschäftszentrum vorzunehmen. Für diesen Großauftrag ist eine Aufstockung des Personals notwendig; außerdem reicht jetzt sein Wohnhaus nicht mehr für die Büro- und Lagerräume aus. Er benötigt einen größeren Fuhrpark und erheblich mehr Geräte und Werkzeuge. Dies kann Herr Karl mit seinen bisherigen Möglichkeiten nicht realisieren – vor allem deshalb, weil keine Bank bereit ist, den dafür notwendigen Kredit zur Verfügung zu stellen. Anna Moser, eine ehemalige Kollegin, wäre bereit, als Teilhaberin in das Unternehmen einzusteigen. Herrn Karl ist das recht, zumal Frau Moser über einiges Kapital verfügt, das sie in das Unternehmen einbringen könnte.

ELEKTRO ERICH KARL OHG

Die **Gründung** der OHG vollzieht sich in zwei Stufen: dem Abschluss eines Gesellschaftervertrages und der Anmeldung zum Handelsregister. Der Gesellschaftervertrag ist ohne Einhaltung einer bestimmten Form möglich, d. h., man muss ihn in der Regel nicht notariell beurkunden lassen. Zuständig für die Anmeldung zum Handelsregister ist das Gericht, in dessen Bezirk die Gesellschaft ihren Sitz hat.

Alle Gesellschafter sind zur Geschäftsführung berechtigt bzw. verpflichtet. Anders als bei der GbR geht das Gesetz bei der OHG von einer **Einzelgeschäftsführungsbefugnis** aus, d. h., jeder Gesellschafter ist berechtigt, allein zu handeln. Soll das anders sein, so können die Gesellschafter in ihren Vertrag aufnehmen, dass nur zusammen gehandelt werden kann. Bei dieser so genannten **Gesamtgeschäftsführungsbefugnis** bedarf es dann für jedes Geschäft der Zustimmung aller.

Für die Verbindlichkeiten der OHG haften die Gesellschafter sowohl mit dem Gesellschaftsvermögen als auch persönlich. Selbst nach dem Ausscheiden eines Gesellschafters aus der OHG besteht auch später noch eine so genannte **Nachhaftung**. Vorteil dieser vollen Haftung ist jedoch, dass dadurch meist eine größere Kreditwürdigkeit bei Banken und Kreditinstituten besteht.

Häufig ist ein erhöhter Kapitalbedarf der Grund für die Bildung einer OHG. Aber auch bei der Fortsetzung eines Einzelunternehmens durch eine Erbengemeinschaft wird diese Rechtsform oft gewählt, wenn z. B. ein Einzelunternehmer aus Altersgründen die Geschäftsführung seinen Kindern übertragen will.

2.2.4 Kommanditgesellschaft (KG)

Bei der Kommanditgesellschaft ist die **Haftung** eines oder mehrerer Gesellschafter auf den Betrag ihrer Vermögenseinlage beschränkt (**Kommanditist**), während mindestens ein Gesellschafter unbeschränkt haftet (**Komplementär**). Die Höhe der Haftsumme der Kommanditisten ist ins Handelsregister einzutragen. Ist die Einlage vom Kommanditisten vollständig bezahlt, dann kann er auch nicht mehr persönlich für die Verbindlichkeiten der Gesellschaft haftbar gemacht werden.

Die **Gründung** der KG vollzieht sich nach den gleichen rechtlichen Schritten wie bei der OHG. Die Kommanditisten sind von der Geschäftsführung ausgeschlossen und grundsätzlich auch nicht zu einer Vertretung der Gesellschaft nach außen ermächtigt. Dem Kommanditisten kann aber Prokura erteilt werden.

Prokura
→ Anhang WiSo, Kap. 1.4

Kommanditisten haben ein Widerspruchsrecht bei außergewöhnlichen Geschäften, ein Recht auf Einsicht in die Geschäftsbücher und ein Recht auf den vertraglich vereinbarten Gewinnanteil. Der Komplementär einer KG kann auch eine juristische Person, z. B. eine GmbH, sein. Die Rechtsform ist dann die **GmbH & Co. KG**. Bei dieser Rechtsform ist eine Vermischung zweier Grundtypen erfolgt. Wichtig ist, dass es sich dabei insgesamt um eine Personengesellschaft und nicht um eine Kapitalgesellschaft handelt. Damit beschränkt sich die Haftung auf das Kapital der GmbH.

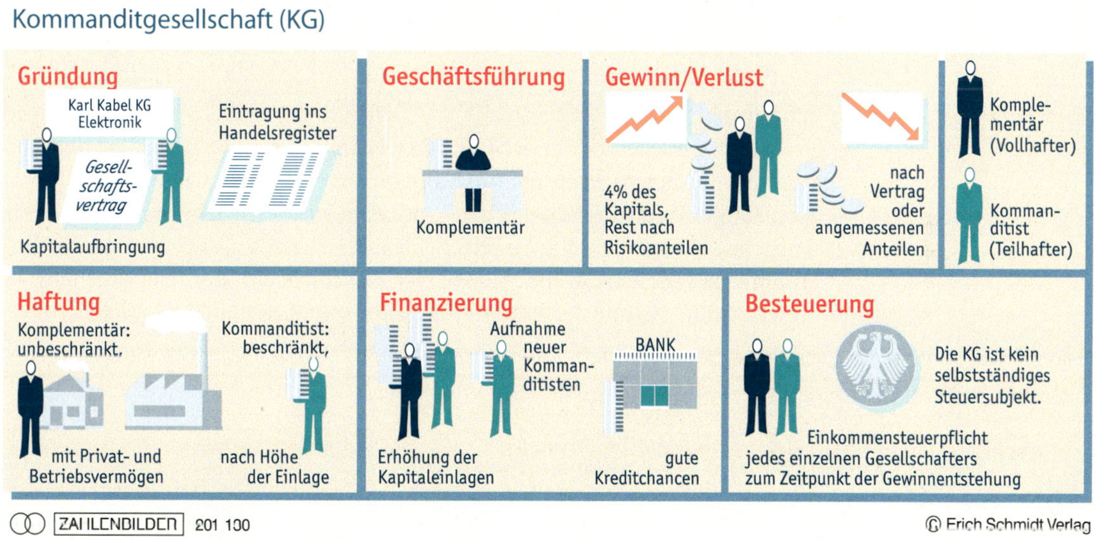

2.3 Kapitalgesellschaften

Kapitalgesellschaften sind juristische Personen und damit selbst rechtsfähig. Im Gegensatz zu den Personengesellschaften, wo Eigenkapitalgeber (Gesellschafter) und Geschäftsführer normalerweise identisch sind, liegen Eigentum und Unternehmensführung bei Kapitalgesellschaften in der Regel nicht beieinander. Normalerweise beschränkt sich der Einfluss der Gesellschafter auf ihr Stimmrecht in der Gesellschafterversammlung, ihr Risiko beschränkt auf die geleistete Kapitaleinlage.

2.3.1 Gesellschaft mit beschränkter Haftung (GmbH)

Die GmbH ist eine Kapitalgesellschaft, deren Gesellschafter sich an dem in Stammeinlagen zerlegten Stammkapital beteiligt haben, ohne persönlich für die Verbindlichkeiten der Gesellschaft zu haften. Die Gläubiger können sich mit ihren Forderungen nur an das Gesellschaftsvermögen, nicht aber an die Gesellschafter halten. Im Gesellschaftsvertrag kann jedoch eine beschränkte oder unbeschränkte Nachschusspflicht vereinbart werden. Mit einer Nachschusspflicht verpflichtet sich der Gesellschafter, unter bestimmten Voraussetzungen weitere Geldleistungen an die Gesellschaft zu erbringen.

Die **Gründung** einer GmbH ist schwieriger als die Gründung einer Personengesellschaft, da der Gesellschaftervertrag der notariellen Form bedarf. Da die Zahl der Gesellschafter nicht vorgeschrieben ist, kann die GmbH auch von nur einer Person errichtet werden (**Einmann-GmbH**). Bei der Gründung wird ein **Stammkapital** in Höhe von mindestens 25.000 Euro vorausgesetzt. Auf dieses Kapital muss jeder Gesellschafter eine Stammeinlage von mindestens 100 Euro zahlen. Die Einlagen können in Form von Geld- oder Sachleistungen erbracht werden. Bei Sachleistungen muss der Gegenstand (z. B. ein Fahrzeug oder ein Kopierer) und der hierfür veranschlagte Betrag im Gesellschaftsvertrag festgesetzt werden. Um die GmbH beim Handelsregister anmelden zu können, muss auf jede Stammeinlage mindestens ein Viertel gezahlt und dabei insgesamt mindestens die Hälfte des Stammkapitals angesammelt worden sein (also mindestens 12.500 Euro). Sachleistungen müssen voll erbracht werden.

Um handeln zu können, bedarf es bei der GmbH verschiedener **Organe**. Das sind im Wesentlichen ein oder mehrere **Geschäftsführer** und die **Gesellschafterversammlung**. Letztere wird von der Geschäftsführung einberufen und entscheidet unter anderem über die Verwendung des Gewinnes sowie die Bestellung und Abberufung von Geschäftsführern und Prokuristen. Hat die GmbH mehr als 500 Beschäftigte, ist die Einrichtung eines Aufsichtsrates gesetzlich vorgeschrieben. Der Aufsichtsrat setzt sich aus Vertretern der Gesellschafter und der Arbeitnehmer zusammen. Seine Aufgabe besteht hauptsächlich in der Überwachung der Geschäftsführung und der Prüfung von Jahresabschluss und Lagebericht.

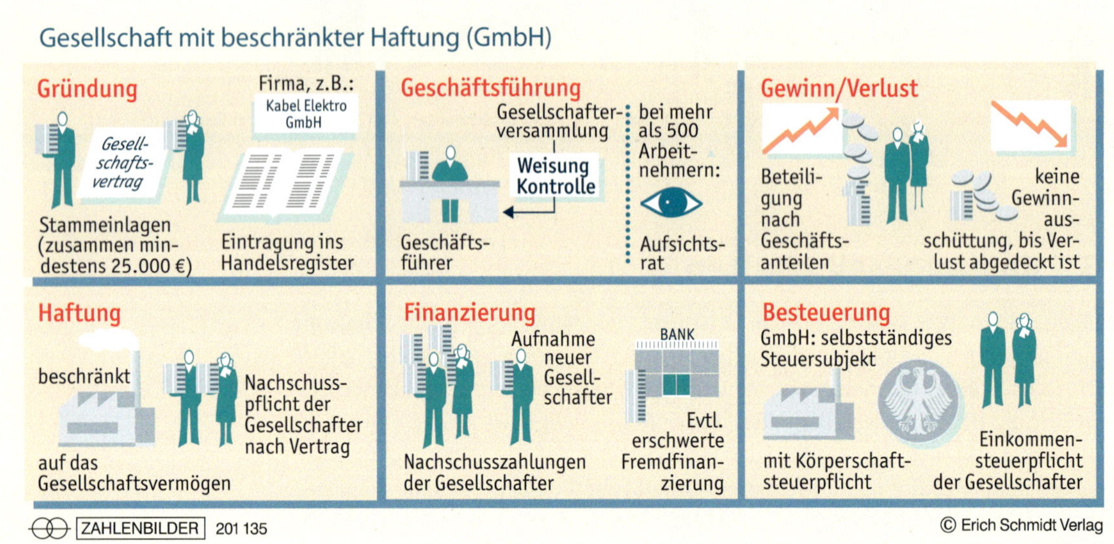

Eine Sonderform der GmbH ist die **haftungsbeschränkte Unternehmergesellschaft (UG)**. Sie ist eine Einstiegsvariante der GmbH ohne eine bestimmtes Mindeststammkapital. Zur Gründung reicht 1 Euro. Man spricht daher auch manchmal von einer 1-Euro-GmbH oder Mini-GmbH. Allerdings darf die UG ihre Gewinne nicht voll ausschütten, sondern muss einen Teil zur Ansparung des Stammkapitals der normalen GmbH nutzen.

In der GmbH-Reform Ende 2008 ging es auch um die Erleichterung von Unternehmensgründungen im Wettbewerb mit den Mitgliedstaaten der Europäischen Union, denn in vielen Mitgliedstaaten der Europäischen Union werden geringere Anforderungen an die Gründungsformalitäten und die Aufbringung des Mindeststammkapitals gestellt.

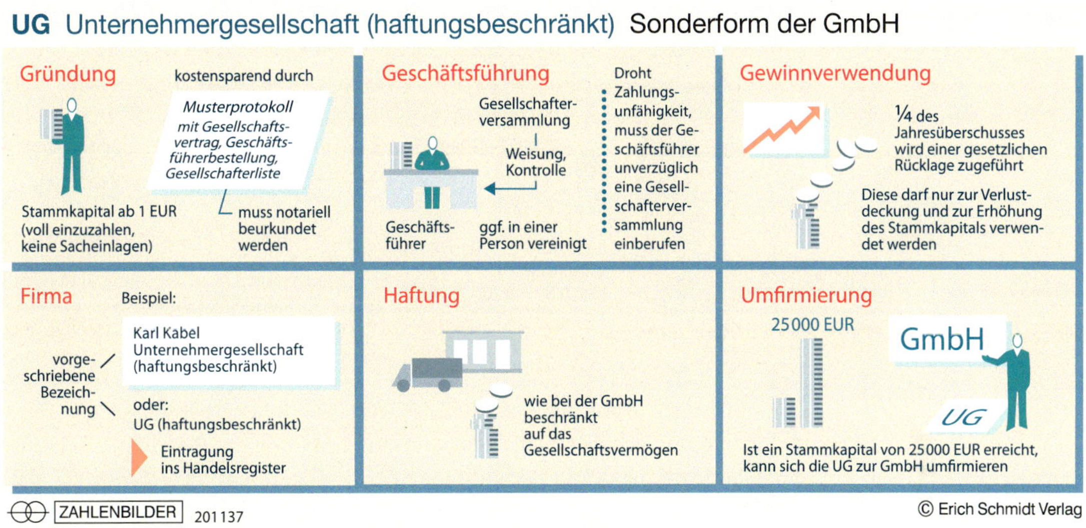

2.3.2 Aktiengesellschaft (AG)

Auch die Aktiengesellschaft ist eine Kapitalgesellschaft, also eine juristische Person. Das Grundkapital dieser Gesellschaft in Höhe von mindestens 50.000 Euro ist in **Aktien** zerlegt. Jeder Kapitalanteil ist damit als Wertpapier verbrieft und dem Kapitalmarkt zugänglich. Die Aktien von börsennotierten AGs werden an der Börse gehandelt.

Die **Gründung** der AG erfolgt durch eine oder mehrere Personen. Bei der Feststellung des Gesellschaftsvertrages ist notarielle Beurkundung erforderlich. Die Gesellschafter (Aktionäre) übernehmen die Aktien gegen Zahlung einer Einlage. Sie werden am Gewinn der AG durch eine so genannte Dividende beteiligt. Die Dividende ist ein Betrag, der sich aus der Höhe eines bestimmten Prozentsatzes vom Bilanzgewinn pro Aktie ergibt. Die Haftung ist bei der AG auf das Gesellschaftsvermögen beschränkt.

Der Vorstand, der Aufsichtsrat und die Hauptversammlung bilden die **Organe** der AG. Die AG wird gerichtlich und außergerichtlich durch den **Vorstand** vertreten, der auch zur Geschäftsführung befugt ist. Dabei ist er an keinerlei Weisungen des Aufsichtsrates oder der Hauptversammlung gebunden. Der Vorstand wird vom Aufsichtsrat bestimmt. Gibt es mehrere Vorstandsmitglieder, handeln diese in der Regel gemeinschaftlich (Gesamtgeschäftsführungsbefugnis).

Der **Aufsichtsrat** besteht aus mindestens drei Mitgliedern und wird von der Hauptversammlung alle vier Jahre zu zwei Dritteln gewählt. Wählbar sind nur natürliche Personen, die nicht dem Vorstand angehören und nicht leitende Angestellte der AG sind.

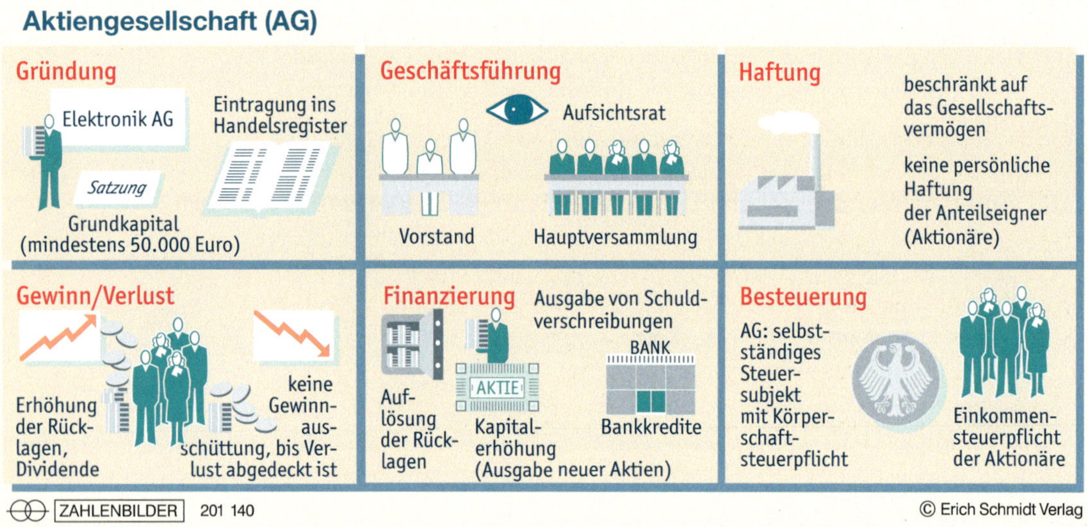

Mindestens ein Drittel des Aufsichtsrates wird gemäß Betriebsverfassungsgesetz von Arbeitnehmern gebildet. Seine Hauptaufgabe besteht in der Bestellung, Abberufung und Überwachung des Vorstandes sowie der Festlegung der Unternehmenspolitik.

Die **Hauptversammlung** wird regelmäßig einmal im Jahr vom Vorstand einberufen. Die Aktionäre beschließen unter anderem über Bestellung und Entlastung des Vorstandes und des Aufsichtsrates. Bei der Beschlussfassung hat jeder Aktionär ein Stimmrecht pro Aktie. In der Regel gilt für Beschlüsse der Hauptversammlung die einfache Stimmenmehrheit, für Entscheidungen von besonderer Tragweite (z. B. Satzungsänderungen oder Kapitalbeschaffung) bedarf es jedoch einer so genannten qualifizierten Mehrheit von 75 % des bei der Beschlussfassung vertretenen Grundkapitals.

Hauptversammlung einer Aktiengesellschaft

2.4 Eingetragene Genossenschaften (eG)

Eine **Genossenschaft** ist ein Zusammenschluss von natürlichen und juristischen Personen, die gemeinsam ein Unternehmen betreiben. Das Ziel der unternehmerischen Tätigkeit liegt nicht die Gewinnerzielung zu Grunde sondern Leitideen wie Mitgliederförderung, Selbsthilfe, Selbstverantwortung und Selbstverwaltung und das Prinzip der Identität von Entscheidungsträger, Geschäftspartner und Kapitalgeber zu Grunde. In einer Genossenschaft schließen sich Personen zusammen, die gleiche oder ähnliche wirtschaftliche, soziale oder kulturelle Interessen gemeinsam verfolgen. Die eingetragene Genossenschaft ist eine juristische Person und nach § 17 GenG Formkaufmann im Sinne des Handelsrechts. Eine eG muss aus mindestens drei Mitgliedern bestehen, die sich eine Satzung geben. Der Eintrag erfolgt im Genossenschaftsregister des zuständigen Amtsgerichts.

Die Haftung in einer eG beschränkt sich auf das Vermögen der eG.

Greenpeace Energy, eingetragene Genossenschaft, die derzeit (2010) 18.000 Mitgliedern gehört. Neben dem Verkauf von Ökostrom baut die Genossenschaft Kraftwerke zur Stromgewinnung aus Erneuerbaren Energien wie Wind und Sonne.

die tageszeitung, eingetragene Genossenschaft seit 1991. Ihre Mitglieder sind überzeugt, dass diese Tageszeitung wegen ihrer ökonomischen Unabhängigkeit den gewünschten Freiraum in der Berichterstattung bewahren kann.

Marktgenossenschaft der Naturland-Bauern e. G., Erzeugergemeinschaft, die sich für die Vermarktung von Öko-Produkten an den Lebensmitteleinzelhandel stark macht. Diese Genossenschaft stellt die Verbindung zwischen Bio-Höfen und Handel her.

GREENPEACE ENERGY Energie-Genossenschaft aus Überzeugung.

www.greenpeace-energy.de
www.taz.de
www.marktgenossenschaft.de

die tageszeitung

Marktgenossenschaft der Naturland-Bauern e. G. Natürlich leben, die Natur leben lassen

3 Der Euro – unser Zahlungsmittel

3.1 Euroland – Wirtschafts- und Währungsunion

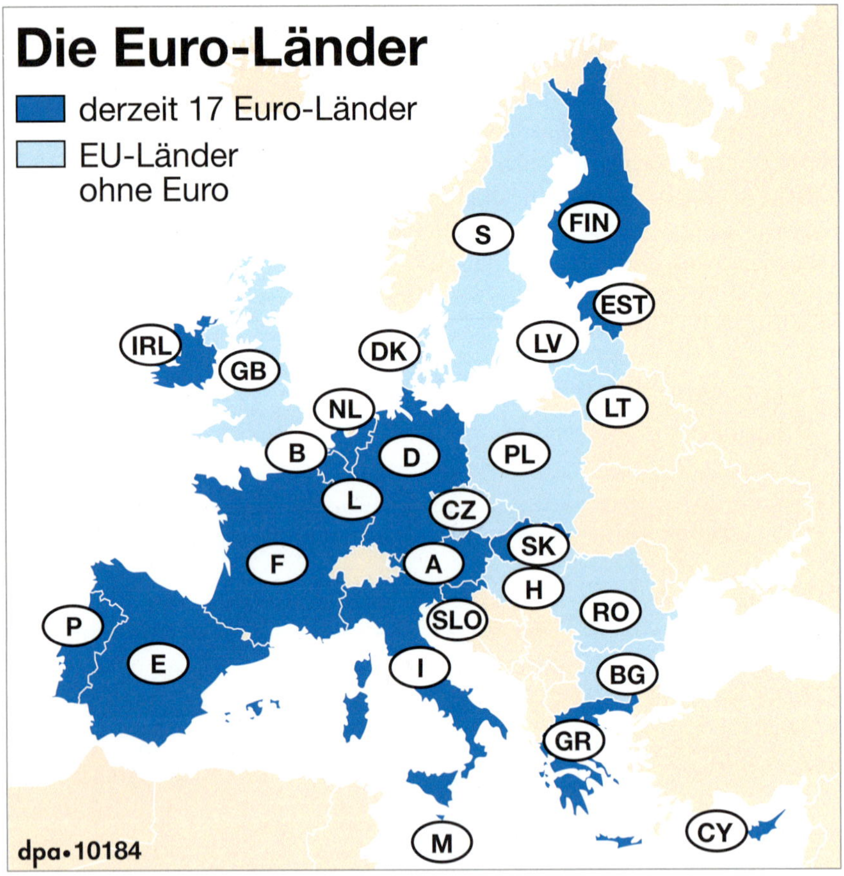

EU-Binnenmarkt – Voraussetzung für Währungsunion

Der **EU-Binnenmarkt** soll dazu beitragen, dass Europa weiterhin ein ernst zu nehmender weltwirtschaftlicher Konkurrent bleibt. Wie so oft, gelang es auch in diesem Fall nicht sofort, alle nationalen Interessen in einem Kompromiss zu vereinen. Erst als die beiden Wirtschaftsmächte USA und Japan Ende der 1980er Jahre die europäische Wirtschaft stärker unter Druck setzten, erhielt das Streben nach wirtschaftlicher Einheit die entscheidenden Impulse, sodass die Bestimmungen – die **vier Freiheiten** – für den Binnenmarkt 1993 in Kraft traten.

Wirtschafts- und Währungsunion – Basis für die Euro-Einführung

Mit Beginn der dritten Stufe der europäischen Wirtschafts- und Währungsunion (WWU) im Januar 1999 bereiteten sich zwölf EU-Staaten auf die Einführung der europäischen **Gemeinschaftswährung** vor. Zunächst wurde der Euro nur als reine Rechengröße im Handel zwischen den Geldinstituten eingesetzt.

Aufnahmekriterien bzw. Konvergenz zur Währungsunion
- Teilnahme am „Europäischen Wechselkursmechanismus"
- Erfüllung der Konvergenz- bzw. Stabilitätskriterien laut Vertrag von Maastricht

Damit ein Staat in die Währungsunion aufgenommen werden und den Euro als offizielles Zahlungsmittel einführen kann, muss er die Aufnahmekriterien bzw. Konvergenzkriterien erfüllen.

Der Euro in Form von Münzen und Scheinen löste im Jahr 2002 die D-Mark als Zahlungsmittel ab. Die langjährigen EU-Staaten Großbritannien, Dänemark und Schweden lehnen die Teilnahme an der Währungsunion ab.

Das Eurogebiet der 17 WWU-Staaten zählt aufgrund der Bevölkerungszahl weltweit zu den größten Wirtschaftsräumen. Mit den seit 2004 neu beigetretenen EU-Staaten und deren angestrebter Mitgliedschaft in der Währungsunion erlangt dieser Wirtschaftsraum währungspolitisch eine noch größere Bedeutung.

WWU-Stabilitätskriterien

Die neuen EU-Mitgliedsstaaten müssen der Währungsunion beitreten und den Euro einführen, sofern folgende Konvergenzkriterien erfüllt sind:

- **Stabiles Preisniveau,** d.h.: Die Inflationsrate darf nicht um mehr als 1,5 Prozentpunkte über dem Durchschnitt der drei preisstabilsten WWU-Staaten liegen.
- **Geringe Staatsschulden**, d.h.: Die Schulden der Staats- und Kommunalhaushalte dürfen höchstens 60 Prozent des Bruttoinlandsprodukts betragen. Bei höheren Schulden besteht die Gefahr steigender Zinsen und Inflation.
- **Stabiles Zinsniveau**, d.h.: Der Marktzins für langfristige Staatsanleihen (= Kredite, welche Staat und Kommunen z.B. bei Sparern bzw. deren Geldinstituten über „Bundesschatzbriefe" oder „Kommunalobligationen" aufnehmen) darf maximal um zwei Prozentpunkte über dem Durchschnitt der drei zinsstabilsten Länder liegen.
- **Haushaltsdisziplin**, d.h.: Die Neuverschuldung des Staatshaushaltes darf maximal drei Prozent des Bruttoinlandsproduktes betragen.
- **Stabile Wechselkurse**, d.h.: Der Wechselkurs der Landeswährung eines Beitrittskandidaten darf gegenüber dem Euro nur in einer engen Bandbreite schwanken.

Geprüft wird die Erfüllung der Beitrittskriterien von der Europäischen Zentralbank und anhand der Konvergenzberichte, wobei der Europäische Rat über die WWU Aufnahme der Euro-Kandidaten entscheidet. Die Überprüfung selbst und die technische Umsetzung der Euro-Einführung benötigen Zeit, sodass zwischen EU- und WWU-Aufnahme mehrere Jahre liegen können.

Alle Euro-Staaten müssen insbesondere die Grenzwerte für die Neuverschuldung auch weiterhin einhalten. Überschreitet ein Staat diesen Wert, so greift ein abgestuftes Sanktionssystem der Europäischen Kommission, angefangen von Ermahnungen bis hin zur vorübergehenden zinslosen Hinterlegung eines Eurobetrags oder auch zur Zahlung einer Geldstrafe.

3.2 Der Euro – sein Binnen- und Außenwert

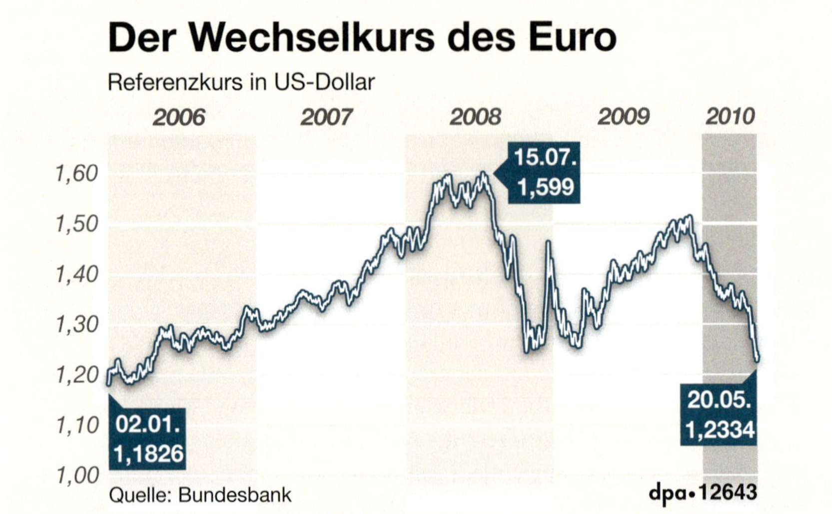

Inflation
Nachfrage steigt,
Preise steigen,
Geldwert sinkt

Deflation
Nachfrage sinkt, Preise sinken,
Unternehmensgewinne sinken,
Arbeitslosigkeit steigt,
Kaufkraft sinkt,
Nachfrage sinkt noch mehr

Euro – sein Binnenwert beeinflusst die Nachfrage

Das allgemeine Preisniveau für Güter und Dienstleistungen wird mit dem **Preisindex** für die Lebenshaltungskosten ermittelt:

- Der Preisindex steigt, wenn das Preisniveau gestiegen ist. Man erhält dann z. B. für 100 Euro weniger Waren; der Wert des Euro ist gesunken. Es liegt eine Preissteigerung und somit eine Inflation vor.
- Der Preisindex ist konstant, wenn man z. B. für 100 Euro über einen längeren Zeitraum gleich viel Waren erhält. Der Geldwert ist dabei stabil geblieben.

Vom **Geldwert** einer Währungseinheit ist die **Kaufkraft** des einzelnen Verbrauchers und einer ganzen Volkswirtschaft zu unterscheiden.

Das verfügbare Nettoeinkommen eines Arbeitnehmers spiegelt dessen **Kaufkraft** wider, da es – sofern nicht ein Teil des Einkommens gespart wird – als Nachfrage auf unterschiedlichen Märkten wirksam wird. Steigt das jährliche Nettoeinkommen weniger stark an als das Preisniveau, liegt ein Kaufkraftrückgang vor. Die geringere Nachfrage führt meist zu sinkenden Preisen. Hält dieser Preisrückgang über einen langen Zeitraum an, so liegt eine Deflation vor:

Merkmale des Geldwertes

Inflation	Deflation
• Preise steigen rasch, Löhne und sonstige Einkommen steigen langsam und zeitversetzt. • Prozentuale Zinserträge auf Sparguthaben sind geringer als die Preissteigerungsrate. • Sachanlagen verlieren weniger an Wert als Geldanlagen. • Lohnerhöhungen zum Ausgleich der Preissteigerung führen wegen der Steuerprogression und Sozialabgaben zu gering steigenden Nettolöhnen.	• Anhaltende Preisrückgänge führen bei Unternehmen zu sinkenden Gewinnen. • Steigende Arbeitslosigkeit bewirkt sinkende Einkommen und zurückgehende Nachfrage. • Aktien verlieren an Wert, Produktionsrückgang drückt die Kurse. • Sachvermögen verlieren wegen geringer Nachfrage an Wert. • Geringe Nachfrage lässt die Preise sinken; dies erhöht den Kostendruck in den Unternehmen. Die Arbeitslosigkeit steigt weiter.

- Viele Unternehmen sind nicht mehr konkurrenzfähig, da sie das Absinken des Preisniveaus nicht mit einer kostengünstigeren Produktion ausgleichen können.
- Rückgang der Produktion führt unweigerlich zur Entlassung von Arbeitskräften. Das Volkseinkommen und die Kaufkraft sinken, die Nachfrage nach Konsum- und Investitionsgütern geht noch stärker zurück.

Eine derartige Wirtschaftsphase wird gefährlicher eingeschätzt als eine Inflation. Insbesondere auch deshalb, weil das Zutrauen der Bevölkerung in Staat und Wirtschaft verloren geht.

Aufwertung (= starker Euro) und Abwertung (= schwacher Euro)

Wirtschaftliche Folgen von Kursveränderungen	Starker Euro	Schwacher Euro
1 Deutsche Erzeugnisse werden im Dollarraum …	teurer	billiger
2 Exportvolumen von deutschen Waren nach USA …	sinkt	steigt
3 Für US-Bürger wird der Urlaub in Deutschland …	teurer	billiger
4 Waren aus dem Dollarraum werden im Inland …	billiger	teurer
5 Importvolumen Deutschlands aus den USA …	steigt	sinkt
6 Für Deutsche wird der Aufenthalt in den USA …	billiger	teurer
7 Die Öleinfuhren aus den OPEC-Staaten werden …	billiger	teurer

Euro – sein Außenwert beeinflusst Import und Export

Der Außenwert einer Währung wird durch seinen Wechselkurs gegenüber einer Fremdwährung ausgedrückt. Der **Wechselkurs** gibt die Menge ausländischer Geldeinheiten an, die man für einen Euro erhält (z. B. für 1 Euro 1,25 US-Dollar).

Bei freien Wechselkursen verändert sich der Währungskurs laufend; er ergibt sich aus Angebot und Nachfrage der Währungen auf den Devisenmärkten sowie durch Wirtschaftswachstum, Import, Export, Zinsniveau, Staatsverschuldung und Arbeitslosigkeit. Bei einem starken Euro (=Aufwertung des Euro) verteuern sich deutsche Produkte im Ausland. Bei einem schwachen Euro (=Abwertung des Euro) verteuern sich die nach Deutschland importierten Produkte (z. B. Rohöl).

Währungsrechnen
→ Anhang Fachrechnen, Kap. 5

Währungspolitische Ausgangssituation:
Angenommener Wechselkurs: 1 € = 1 US$

Aufwertung des Euro	Abwertung des Euro
Devisenkurs des US$ steigt, **1 € = 1,10 US$.**	Devisenkurs des US$ sinkt, **1 € = 0,90 US$.**

Währungspolitische Folgen für den Wechselkurs (Devisenkurs)

Fall I: Ein deutsches Auto kostet 20 000 € und somit vor der Wechselkursänderung 20 000 US$. Zu diesem Preis wird das Fahrzeug auf dem amerikanischen Markt angeboten.

Nach der Aufwertung zahlt der US-Bürger 22 000 US$.	**Nach der Abwertung** zahlt der US-Bürger 18 000 US$.

Fall II: Ein amerikanischer Veranstalter bietet eine Urlaubsreise von Deutschland in die USA für 4000 US$ und somit vor der Wechselkursänderung für 4000 € an. Der deutsche Urlauber muss den Preis in Dollar bezahlen.

Nach der Aufwertung zahlt der Bundesbürger 3636 €.	**Nach der Abwertung** zahlt der Bundesbürger 4444 €.

4 Außenwirtschaft

4.1 Deutschlands Außenhandel

Produktivität
gefertigte Stückzahl pro Fertigungsstunde

Außenhandelsüberschuss
liegt dann vor, wenn der Wert der Exporte größer als der Wert der Importe ist

Zahlungsbilanz
erfasst den Austausch von v. a. Waren, Dienstleistungen und Kapital mit dem Ausland

Deutschlands Import- und Exportabhängigkeit

Deutschland ist wegen geringer Rohstoffvorkommen und aus Gründen begrenzter landwirtschaftlicher Möglichkeiten (Klimazone, Bodennutzung) auf die **Einfuhr** bestimmter Rohstoffe und Fertigprodukte angewiesen, z. B. Rohöl, Erze, Zitrusfrüchte, Genussmittel wie Tee und Kaffee. Ferner werden Waren eingeführt, die ausländische Produzenten kostengünstiger anbieten können, z. B. Textilien, Spielwaren sowie Produkte der Unterhaltungselektronik.

Alle Industriestaaten fertigen aufgrund ihrer hohen Produktivität mehr Güter, als auf den heimischen Märkten nachgefragt werden. Diese Mehrproduktion wird ins Ausland exportiert. Zu den hauptsächlichen **Ausfuhrgütern** Deutschlands zählen Fahrzeuge, Maschinen, Fertigungsanlagen sowie chemische und elektrotechnische Produkte. Die wichtigsten Abnehmer der deutschen Erzeugnisse sind die Staaten der Europäischen Währungsunion und Osteuropas.

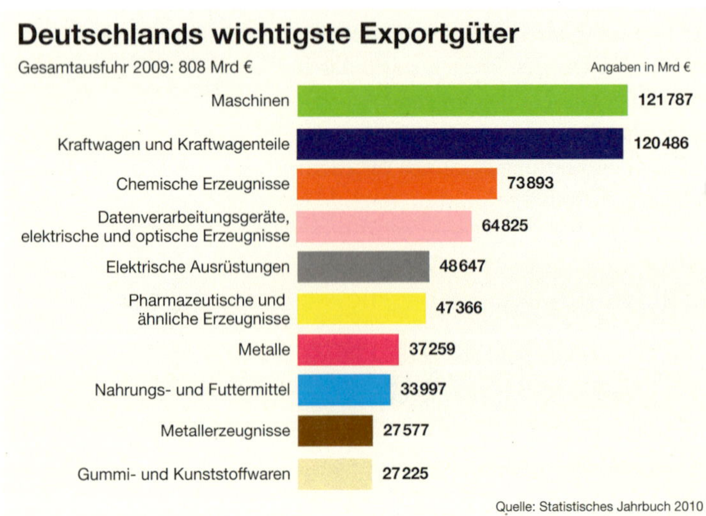

Der deutsche Außenhandel weist seit Jahren einen Außenhandelsüberschuss aus, da überwiegend Produkte mit hohem Technologie- und Qualitätsstandard exportiert werden. Sollte sich dieser Handelsüberschuss wegen eines massiven Nachfragerückgangs des Auslands nach deutschen Produkten oder wegen eines stark ansteigenden Euro-Kurses in ein **Außenhandelsdefizit** umkehren, so kann dies zu Produktionseinbrüchen in den stark exportabhängigen Wirtschaftszweigen und zu steigender Arbeitslosigkeit im Inland führen. Die Folge ist ein Konjunkturabschwung.

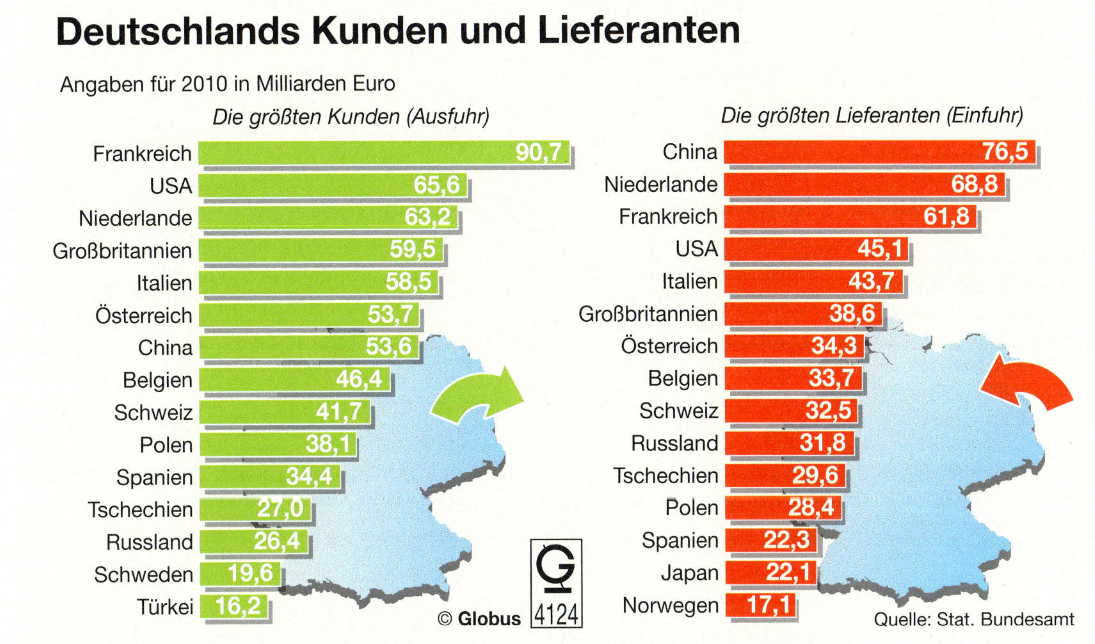

Weltwirtschaft wirkt zurück auf Binnenwirtschaft

Die Entwichklung der Binnen- und Weltwirtschaft basiert auf volkswirtschaftlich globalen Eckdaten wie z. B.:

- **Exportstruktur Deutschlands**: Bei anhaltend niedriger Inflationsrate von ca. 1,5 bis 1,8 Prozent und stabilen Lohnstückkosten steigt der Export in den Euro-Raum jährlich um ca. drei Prozent und beispielsweise in die Volksrepublik China um ca. fünf bis acht Prozent. Dadurch werden im Inland Arbeitsplätze erhalten.
- **Wachstumsmärkte**: Die EU-Osterweiterung ermöglicht neue Absatzmärkte für hochwertige Investitionsgüter. Gleichzeitig wird aber unser Markt mit preiswerten Alltagsprodukten beliefert.
- **„Schwacher Euro"**: Eingeführte Waren verteuern sich, Ausfuhren werden billiger. Die deutsche Wirtschaft produziert mehr Güter, um die Auslandsnachfrage zu befriedigen. Dadurch steigt das Bruttoinlandsprodukt. Häufig steigen die Preise und es muss mit einem Anstieg der Inflationsrate gerechnet werden (sog. importierte Inflation).
- **„Starker Euro"**: Die Einfuhren nach Deutschland verbilligen sich, die Ausfuhren werden teurer. Im Inland kann nicht mehr so viel für den Export produziert werden und das Wirtschaftswachstum geht zurück. Allerdings senken die billigeren Rohstoffimporte die heimischen Produktionskosten. Dadurch können die Produkte preiswerter angeboten werden, wodurch die Inflationsrate sinkt.
- **Rohstoffpreise**: Steigt beispielsweise der Rohölpreis, so verteuern sich in vielen Betrieben die Produktionskosten. Die Produkte werden dadurch teurer, die Nachfrage sinkt. In der Folge schwächt sich das Bruttoinlandsprodukt ab.
- **Politische Unwägbarkeiten**, z. B. terroristische Anschläge auf Ölförderanlagen, Spekulationen am Rohölmarkt: Derartige Negativmeldungen ließen den Ölpreis 2011 auf über 120 US-Dollar pro Barrel (ca. 159 Liter) ansteigen.

4.2 Globalisierung und Welthandelsorganisation

Globalisierung
wirtschaftliche Bedeutung: gegenseitige Beeinflussung und Abhängigkeit von nationalen Volkswirtschaften auf internationalen Märkten

Folgen der Globalisierung
größer werdender Wettbewerb hinsichtlich Produkten, Dienstleistungen, Arbeitskräften, Industriestandorten, Zugriff auf Rohstoffe, aber auch um die Verantwortung für Wirtschaftsrisiken und Umweltbelastungen

Globalisierung – weltweite Vernetzung

Der globalisierte Weltmarkt lässt sich wie folgt charakterisieren:

- **Absatznetzwerk**: Unternehmen sind stets auf der Suche nach Märkten, auf denen sie ihre Produkte gewinnbringend absetzen können.
- **Techniknetzwerk**: Telekommunikationsnetze und das Internet ermöglichen es einem Unternehmen, dass rund um die Uhr auf unterschiedlichen Kontinenten beispielsweise an Software-Programmen gearbeitet werden kann.
- **Unternehmensnetzwerk**: Unternehmen wählen internationale Produktionsstandorte nach so genannten Standortfaktoren aus, wie z. B. Lohnkosten, Sozialstandards, Ausbildungsstand der Arbeitskräfte, steuerliche Rahmenbedingungen, Umweltvorschriften, politische Stabilität im Land und in den angrenzenden Regionen, Zuverlässigkeit der Regierungen.
- **Kapitalnetzwerk**: Kapital wird immer dort angelegt, wo der größte Gewinn zu erwarten ist. Dies ist kurzfristig rund um die Uhr an den Börsen in Tokio, New York und in Europa möglich; langfristig wird es in diejenigen Standorte investiert, die eine höhere Rendite als der heimische Standort versprechen.
- **Umweltnetzwerk**: Da sich Umweltschädigungen – wie Wasser- und Rohstoffknappheit, Ozonschädigung, Klimaveränderung – nicht an politische Grenzziehungen halten, sind Unternehmen, internationale Wirtschaftsorganisationen und die nationalen Regierungen gleichermaßen in die Verantwortung zu nehmen.
- **Politiknetzwerk**: Damit die Globalisierung nicht nur den Großunternehmen, sondern auch den betroffenen Arbeitnehmern und der betroffenen Bevölkerung von Nutzen ist, versucht die Welthandelsorganisation (WTO) „verbindliche Spielregeln“ für die „Global Player“ aufzustellen.

Interessengegensätze in der Welthandelsorganisation (WTO)

Da die ärmsten Länder der Welt in starkem Maße von der Landwirtschaft abhängig sind, müssen sie ihre Agrarprodukte konkurrenzfähig auf dem Weltmarkt anbieten. Nur mit steigenden **Agrarexporten** können sie ihre Importe aus den Industrieländern finanzieren. Dem stehen die Interessen der EU und der USA entgegen, die ihren eigenen Agrarexport mit Subventionen in Milliardenhöhe unterstützen. Dadurch wird der Zugang zum Weltmarkt für die ärmeren Länder blockiert.

„Können Sie nicht lesen?“ Karikatur: Schoenfeld

Die USA und die EU drängen ihrerseits darauf, die Bedingungen für den eigenen Warenexport und für Investitionen (Kapitalexport) zu ihren Gunsten zu verändern. Dabei geht es um den Abbau von Zollschranken und um Schutzgarantien für getätigte Investitionen.

In der Vergangenheit wurden die Entwicklungsländer oft durch allgemeine Zusagen zu beschwichtigen versucht, ohne dass sich jedoch am Grundkonflikt etwas änderte. Die fehlende Einheit unter den Entwicklungsländern machte es den Handelsmächten leicht, ihre Interessen durchzusetzen.

Anhang

Fachrechnen

Die Themen des Anhangs Fachrechnen helfen Ihnen, Ihre Mathekenntnisse zu überprüfen, zu wiederholen und zu erweitern. Außerdem greift der Anhang wichtiges mathematisches Grundwissen auf, das Sie zum besseren Verständnis der Lernfelder 5–9 benötigen. Auf der CD-ROM im Arbeitsbuch finden Sie dazu verschiedene Arbeitsblätter.

- Maße und die Einheiten
- Nichtmetrische Maße und Gewichte
- Die Zuordnung und der Dreisatz
- Der Kettensatz
- Währungsrechnen
- Die Zinsrechnung
- Flächen- und die Körperberechnung

1 Maße und die Einheiten

1.1 Längenmaße umrechnen

Kilometer	km	**1 km**	=	**1 000 m**						
Meter	m			**1 m**	=	**10 dm**	=	100 cm	=	1 000 mm
Dezimeter	dm					**1 dm**	=	**10 cm**	=	100 mm
Zentimeter	cm							**1 cm**	=	**10 mm**
Millimeter	mm									

Umrechnungszahl: km —1 000— m —10— dm —10— cm —10— mm

$3\,cm = 3 \cdot 10\,mm = 30\,mm$
$30\,mm = 30 : 10\,cm = 3\,cm$

$5{,}7\,km = 5{,}7 \cdot 1\,000\,m = 5\,700\,m$

$400\,cm = 400 : 10\,dm = 40\,dm = 40 : 10\,m = 4\,m$

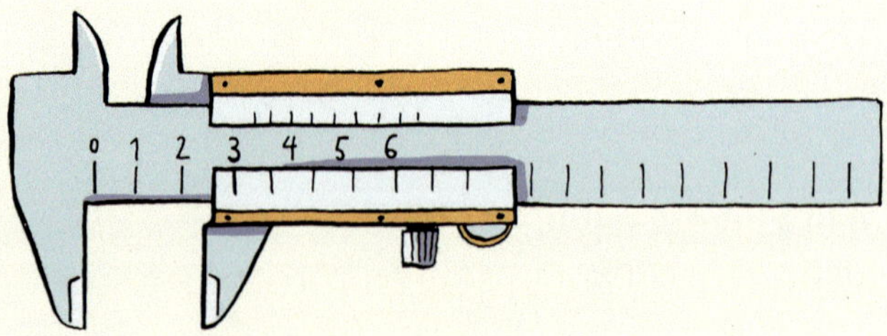

Addition und Subtraktion von Längenmaßen

Zuerst immer die Längen in die gleiche Einheit umwandeln. Danach addieren oder subtrahieren.

$8\,cm + 30\,mm$	$0{,}05\,m - 3\,cm$
$= 8\,cm + 3\,cm$	$= 5\,cm - 3\,cm$
$= 11\,cm$	$= 2\,cm$

1.2 Flächenmaße umrechnen

Quadratkilometer	km²	**1 km²**	=	**1 000 000 m²**						
Quadratmeter	m²			**1 m²**	=	**100 dm²**	=	10 000 cm²	=	1 000 000 mm²
Quadratdezimeter	dm²					**1 dm²**	=	**100 cm²**	=	10 000 mm²
Quadratzentimeter	cm²							**1 cm²**	=	**100 mm²**
Quadratmillimeter	mm²									

Umrechnungszahl: km² —1 000 000— m² —100— dm² —100— cm² —100— mm²

$3\,cm^2 = 3 \cdot 100\,mm^2 = 300\,mm^2$
$300\,mm^2 = 300 : 100\,cm^2 = 3\,cm^2$

$4\,500\,000\,m^2 = 4\,500\,000 : 1\,000\,000\,km^2$
$= 4{,}5\,km^2$

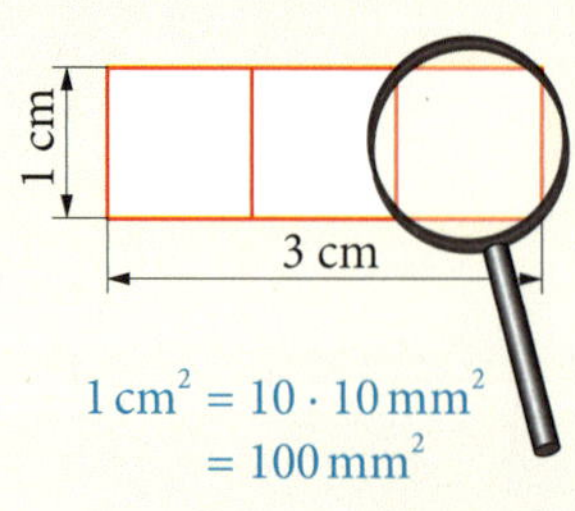

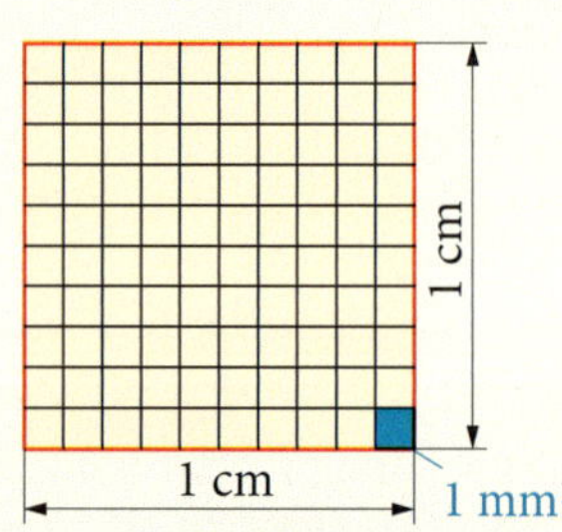

1.3 Raummaße umrechnen

Kubikmeter	m^3	**$1\,m^3$**	=	**$1\,000\,dm^3$**	=	$1\,000\,000\,cm^3$	=	$1\,000\,000\,000\,mm^3$
Kubikdezimeter	dm^3			**$1\,dm^3$**	=	**$1\,000\,cm^3$**	=	$1\,000\,000\,mm^3$
Kubikzentimeter	cm^3					**$1\,cm^3$**	=	**$1\,000\,mm^3$**
Kubikmillimeter	mm^3							

Umrechnungszahl

m^3 —1 000— dm^3 —1 000— cm^3 —1 000— mm^3

$3\,cm^3 = 3 \cdot 1\,000\,mm^3 = 3\,000\,mm^3$
$3\,000\,mm^3 = 3\,000 : 1\,000\,cm^3 = 3\,cm^3$

$5\,600\,cm^3 = 5\,600 : 1\,000\,dm^3 = 5{,}6\,dm^3$
$= 5{,}6 : 1\,000\,m^3 = 0{,}0056\,m^3$

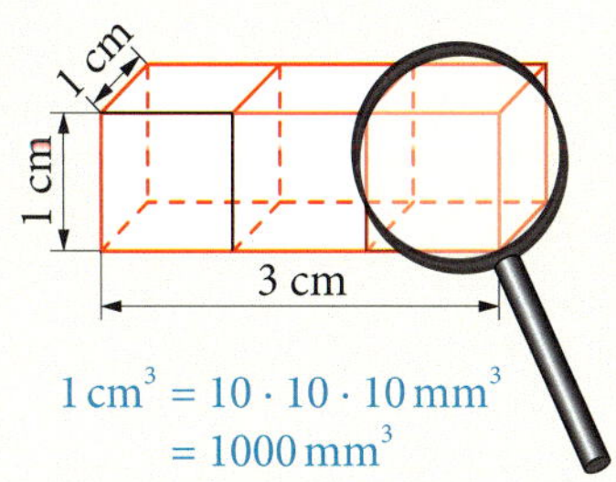

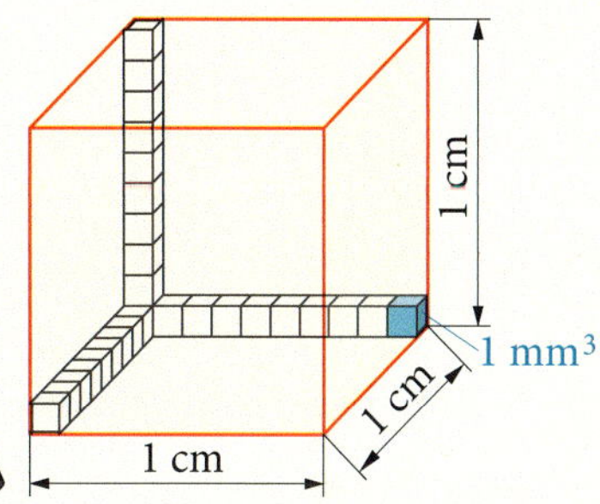

1.4 Hohlmaße umrechnen

Hektoliter	hℓ	**1 hℓ**	=	**100 ℓ**	=	**1 000 dℓ**	=	10 000 cℓ	=	100 000 mℓ
Liter	ℓ			**1 ℓ**	=	**10 dℓ**	=	100 cℓ	=	1 000 mℓ
Deziliter	dℓ					**1 dℓ**	–	**10 cℓ**	–	100 mℓ
Zentiliter	cℓ							**1 cℓ**	=	**10 mℓ**
Milliliter	mℓ									

Umrechnungszahl

hℓ —100— ℓ —10— dℓ —10— cℓ —10— mℓ (ℓ bis mℓ: 1 000)

5 ℓ = 5 · 10 dℓ = 50 dℓ
50 dℓ = 50 : 10 ℓ = 5 ℓ

800 mℓ = 800 : 10 cℓ = 80 cℓ = 80 : 10 dℓ = 8 dℓ = 8 : 10 ℓ = 0,8 ℓ

1 Liter entspricht 1 Kubikdezimeter: **1 ℓ = $1\,dm^3$**

1 Milliliter entspricht 1 Kubikzentimeter: **1 mℓ = $1\,cm^3$**

1.5 Gewichtsmaße umrechnen

Tonne	t	**1 t**	=	**1 000 kg**				
Kilogramm	kg			**1 kg**	=	**1 000 g**	=	1 000 000 mg
Gramm	g					**1 g**	=	**1 000 mg**
Milligramm	mg							

Umrechnungszahl

t —1 000— kg —1 000— g —1 000— mg

$3\,kg = 3 \cdot 1\,000\,g = 3\,000\,g$
$3\,000\,g = 3\,000 : 1\,000\,kg = 3\,kg$

$6\,700\,mg = 6\,700 : 1\,000\,g = 6{,}7\,g = 6{,}7 : 1\,000\,kg = 0{,}0067\,kg$

1.6 Zeitmaße umrechnen

Jahr	a	**1 a**	=	**365 d**	=	8 760 h	=	525 600 min	=	31 536 000 s		
Tag	d			**1 d**	=	**24 h**	=	1 440 min	=	86 400 s		
Stunde	h					**1 h**	=	**60 min**	=	360 s	=	360 000 ms
Minute	min							**1 min**	=	**60 s**	=	60 000 ms
Sekunde	s									**1 s**	=	1 000 ms
Millisekunde	ms											

Ein Schaltjahr hat 366 Tage.

Umrechnungszahl

a —365— d —24— h —60— min —60— s —1000— ms

$\frac{1}{2}\,h = \frac{1}{2} \cdot 60\,min = 30\,min$

$30\,min = 30 : 60\,h = \frac{30}{60}\,h = \frac{1}{2}\,h$

oder

$0{,}5\,h = 0{,}5 \cdot 60\,min = 30\,min$

$30\,min = 30 : 60\,h = 0{,}5\,h$

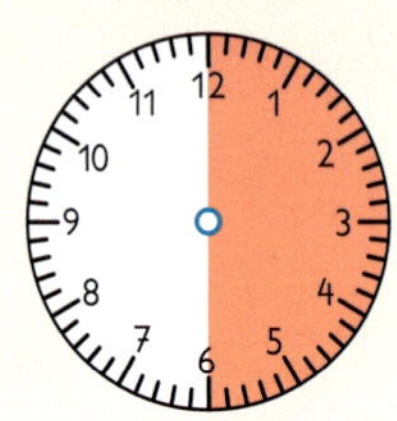

$2\,d = 2 \cdot 24\,h = 48\,h = 48 \cdot 60\,min = 2\,880\,min$
$5\,400\,s = 5\,400 : 60\,min = 90\,min = 90 : 60\,h = 1{,}5\,h = 1\frac{1}{2}\,h$

2 Nichtmetrische Maße und Gewichte

2.1 Nichtmetrische Längenmaße umrechen

In den englischsprachigen Ländern werden Längen nicht in Metern, sondern in Inch, Foot und Yard angegeben.

- 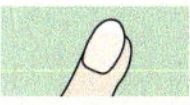 Ein **Inch** repräsentiert eine Daumenbreite und beträgt aus heutiger Sicht genau 2,54 cm.
- 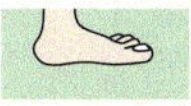 Ein **Foot** soll die durchschnittliche Länge eines Fußes darstellen und ist genau auf 30,48 cm festgelegt.
- 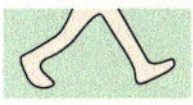 Ein **Yard** ist etwa so groß wie eine Schrittlänge und ist somit genau 91,44 cm lang.

Einheit	Abkürzung	Übersetzung	Metrische Größe
Inch	in	Zoll	2,54 cm
Foot	ft	Fuß	30,48 cm
Yard	yd	Schritt	91,44 cm

Zum Merken

1 Yard	=	3 Foot	=	36 Inches	=	91,44 cm
		1 Foot	=	12 Inches	=	30,48 cm
				1 Inch	=	2,54 cm

Beispiel 1: Die Top Bike GmbH erhält von ihrem Londoner Lieferanten bicycle accessories Ltd. Stoffe aus besonders reißfestem und wasserabweisendem Gewebe, die für die anstehende Fahrradplanenproduktion benötigt werden.

Auf dem Lieferschein steht als Maßangabe: yds 500.1.15.

yds = Plural von yd

Wie viele Meter hat die Top Bike GmbH von ihrem britischen Lieferanten erhalten?

Lösungsweg: yds 500.1.15 = 500 yds | 1 ft | 15 in

$$= 500 \text{ yds} + 1 \cdot \frac{1}{3} \text{ yds} + 15 \cdot \frac{1}{36} \text{ yds}$$

$$= 500 \text{ yds} + \frac{1}{3} \text{ yds} + 0{,}42 \text{ yds}$$

$$= 500{,}753 \text{ yds}$$

Ansatz:
1 yd → 91,44 cm
500,753 yds → ? cm

Kurzform:

Yards	cm
1	91,44
500,753	45.788,85432

·500,753 (links) ·500,753 (rechts)

Antwort: Die Top Bike GmbH hat 457,89 m Stoff erhalten.

Beispiel 2: Die Sachbearbeiterin im Einkauf Eva Friede soll für die Herstellung der Fahrradsättel „Blue Lady" 267 m Jeansstoff beim britischen Lieferanten bicycle accessories Ltd. bestellen.

Welche englische Maßeinheit muss Frau Friede in der Bestellung angeben?

Kurzform:

	cm	Yards	
	91,44	1	
:91,44	1	0,0109361	:91,44
·26.700	26.700	291,99387	·26.700

Da die angloamerikanischen Längenmaße Yard, Foot und Inch sind, muss das Ergebnis noch nach diesen drei Längenmaßen umgerechnet werden.

Rechnung:

Berechnung der Yards: 291,99387 · 1 yd = 291,99387 → 291 yds

Berechnung der Foot: 0,99387 · 3 ft = **2**,98161 → **2** ft

Berechnung der Inches: 0,98161 · 12 in = **11**,77932 → ≈ **12** in

Antwort: Eva Friede muss in der Bestellung als Maßeinheit yds 291.2.12 angeben.

2.2 Nichtmetrische Gewichtsmaße umrechnen

Auch die Gewichte werden in den englischsprachigen Ländern nicht in Kilogramm, sondern in Tons, Hundredweights, Quarter, Pound und Ounze angegeben.
Allerdings weicht das englische Gewichtssystem von dem amerikanischen Gewichtssystem ein wenig ab, z. B. entspricht in England 1 Tonne 1.016 kg und in den USA 907,2 kg.

Einheit	Abkürzung	Übersetzung	Metrische Größe der **englischen Gewichte**	Metrische Größe der **amerikanischen Gewichte**
Ton	ton	Tonne	1.016 kg	907,0 kg
Hundredweights	cwts	Zentner	50,8 kg	45,3 kg
Quarter	qrs	Viertelzentner	12,7 kg	11,34 kg
Pound	lbs	Pfund	0,4536 kg	0,4536 kg
Ounze	oz	Unze	0,0283 kg	0,0283 kg

Englische Gewichte

1 ton	=	20 cwts	=	80 qrs	=	2.240 lbs	=	35.840 oz	=	1,016 kg
		1 cwt	=	4 qrs	=	112 lbs	=	1.792 oz	=	50,8 kg
				1 qrs	=	28 lbs	=	448 oz	=	12,7 kg
						1 lb	=	16 oz	=	0,4536 kg
								1 oz	=	0,0283 kg

Amerikanische Gewichte

1 ton	=	20 cwts	=	80 qrs	=	2.000 lbs	=	32.000 oz	=	907,2 kg
		1 cwt	=	4 qrs	=	100 lbs	=	1.600 oz	=	45,3 kg
				1 qrs	=	25 lbs	=	400 oz	=	11,34 kg
						1 lb	=	16 oz	=	0,4536 kg
								1 oz	=	0,0283 kg

Beispiel 1: Die aus London angelieferten Stoffe haben laut Lieferschein ein Gesamtgewicht von cwts 2.3.13.
Wie schwer ist die Lieferung in kg?

Lösungsweg: cwts 2.3.13 = 2 cwts + 3 qrs + 13 lbs

$= 2\text{ cwts} + 3 \cdot \frac{1}{4}\text{ cwt} + 13 \cdot \frac{1}{112}\text{ cwt}$

$= 2\text{ cwts} + 0{,}75\text{ cwt} + 0{,}116\text{ cwt}$

$= 2{,}866\text{ cwts}$

Kurzform:

cwts	kg
1	50,8
2,866	145,593

(links: ·2,866; rechts: ·2,866)

Antwort: Die Lieferung ist 145,593 kg schwer.

Beispiel 2: Max Friedrich, tätig im Verkauf, erstellt die Versandpapiere für eine Lieferung nach Eastbourne. Das Gesamtgewicht der Warensendung beträgt 321 kg. Da die Top Bike GmbH ein britisches Speditionsunternehmen beauftragt, muss Max Friedrich die englischen Gewichtseinheiten angeben.

Kurzform:

kg	cwt
50,8	1
1	0,0196850
321	6,3188976

(links: ·50,8; ·321 — rechts: :50,8; ·321)

Das Ergebnis muss nun noch in die englischen Gewichtseinheiten umgerechnet werden.

Rechnung:

Berechnung der cwts: 6,3188976 · 1 cwt = 6,3188976 → **6** cwts

Berechnung der qrs: 0,3188976 · 4 qrs = 1,2755904 → **1** qr

Berechnung der lbs: 0,2755904 · 28 lbs = **7**,7165312 → ≈ **8** lbs

Antwort: Max Friedrich muss dem Spediteur mitteilen, dass das Gewicht cwts 6.1.8 beträgt.

3 Die Zuordnung und der Dreisatz

3.1 Die proportionale Zuordnung

Ein Eimer mit 10 Liter Farbe reicht für eine Fläche von 50 m².
Die doppelte Farbmenge reicht für eine doppelt so große Fläche.
Die halbe Farbmenge reicht für eine halb so große Fläche usw.
Die Zuordnung *Farbmenge → Fläche* ist **proportional**.

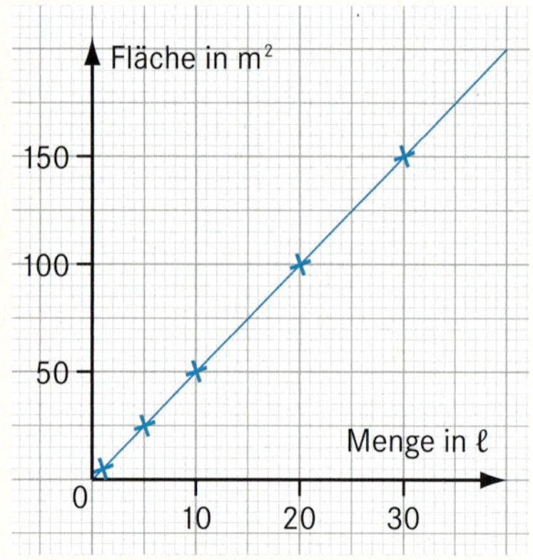

(:5, :2, ·2, ·3)

Farbmenge	1 ℓ	5 ℓ	10 ℓ	20 ℓ	30 ℓ
Fläche	5 m²	25 m²	50 m²	100 m²	150 m²

(:5, :2, ·2, ·3)

Eine Zuordnung ist **proportional**, wenn gilt:
- Zum Doppelten (Dreifachen usw.) der einen Größe gehört das Doppelte (Dreifache usw.) der anderen Größe.
- Zur Hälfte (zum Drittel usw.) der einen Größe gehört die Hälfte (das Drittel usw.) der anderen Größe.

Trägt man die Wertepaare im Koordinatensystem ein, liegen die Punkte auf einer Geraden durch den Nullpunkt.

Von der Einheit zur Mehrheit

1 Kasten Apfelschorle wiegt 17 kg.
Wie viel kg wiegen 5 Kästen?

Ansatz: 1 → 17 kg
5 → ? kg

Rechnung: 1 Kasten wiegt 17 kg.
5 Kästen wiegen 17 kg · 5 = 85 kg.

Kurzform:

	Anzahl	Gewicht	
	1	17 kg	
·5	5	85 kg	·5

Antwort: 5 Kästen Apfelschorle wiegen 85 kg.

Von der Mehrheit zur Einheit

40 Liter Benzin kosten 58,36 €.
Wie viel € kostet 1 Liter?

Ansatz: 40 ℓ → 58,36 €
1 ℓ → ? €

Rechnung: 40 ℓ kosten 58,36 €.
1 ℓ kostet 58,36 € : 40 = 1,459 €.

Kurzform:

	Menge	Preis	
	40 ℓ	58,36 €	
:40	1 ℓ	1,459 €	:40

Antwort: 1 Liter Benzin kostet 1,459 €.

Dreisatzrechnen bei proportionalen Zuordnungen

3 Liter Motoröl kosten 18 €.
Wie viel € kosten 8 Liter?

Dreisatz:

1. gegebenes Wertepaar: 3 ℓ kosten 18 €.

2. Schluss auf die 1: 1 ℓ kostet 18 € : 3 = 6 €.

3. Schluss auf das Gesuchte: 8 ℓ kosten 6 € · 8 = 48 €.

Antwort: 8 Liter Motoröl kosten 48 €.

Ansatz: 3 ℓ → 18 €
8 ℓ → ? €

Dreisatz in Kurzform:

	Menge	Preis	
	3 ℓ	18 €	
:3	1 ℓ	6 €	:3
·8	8 ℓ	48 €	·8

3.2 Die umgekehrt proportionale Zuordnung

Werden täglich 6 kg eines Futtervorrats verbraucht, reicht der Vorrat 12 Tage. Ist der Verbrauch pro Tag doppelt so groß, reicht der Vorrat nur halb so viele Tage. Ist der Verbrauch pro Tag halb so groß, reicht der Vorrat doppelt so viele Tage usw.
Die Zuordnung *Verbrauch pro Tag → Anzahl der Tage* ist **umgekehrt proportional**.

Verbrauch pro Tag	1 kg	3 kg	6 kg	12 kg	18 kg
Anzahl der Tage	72	24	12	6	4

(Verbrauch: 6 kg :2 → 3 kg, 3 kg :3 → 1 kg; 6 kg · 2 → 12 kg, 6 kg · 3 → 18 kg. Tage: 12 · 2 → 24, 24 · 3 → 72; 12 : 2 → 6, 12 : 3 → 4)

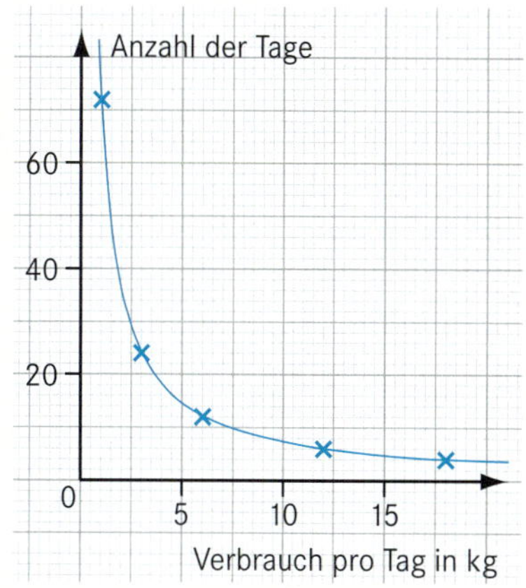

Eine Zuordnung ist umgekehrt proportional, wenn gilt:
- Zum Doppelten (Dreifachen usw.) der einen Größe gehört die Hälfte (das Drittel usw.) der anderen Größe.
- Zur Hälfte (zum Drittel usw.) der einen Größe gehört das Doppelte (Dreifache usw.) der anderen Größe.

Trägt man die Wertepaare im Koordinatensystem ein, liegen die Punkte auf einer fallenden Kurve.

Dreisatzrechnen bei umgekehrt proportionalen Zuordnungen

Ein Teich wird ausgepumpt.
2 Pumpen benötigen dazu 9 Stunden.
Wie viele Stunden benötigen 3 Pumpen zum Auspumpen des Teichs?

Ansatz: 2 → 9 h
3 → ? h

Dreisatz:

1. gegebenes Wertepaar: 2 Pumpen benötigen 9 h.

2. Schluss auf die 1: 1 Pumpe benötigt 9 h · 2 = 18 h.

3. Schluss auf das Gesuchte: 3 Pumpen benötigen 18 h : 3 = 6 h.

Antwort: 3 Pumpen benötigen 6 Stunden.

Dreisatz in Kurzform:

	Anzahl	Zeit	
	2	9 h	
:2	1	18 h	·2
·3	3	6 h	:3

Auf beiden Seiten **umgekehrt** rechnen!

3.3 Das Mischungsrechnen

Aufgabe: Es werden 3 kg der Kaffeesorte Brasil mit 2 kg der Kaffeesorte Flora gemischt. 1 kg Kaffee der Sorte Brasil kostet 7 €. 1 kg Kaffee der Sorte Flora kostet 6 €. Wie viel € kostet 1 kg der Mischung?

Lösung: 3 kg Brasil kosten 3 · 7 € = 21 €.
2 kg Flora kosten 2 · 6 € = 12 €.

5 kg der Mischung kosten 21 € + 12 € = 33 €.
1 kg der Mischung kostet 33 € : 5 = 6,60 €.

Antwort: 1 kg der Mischung kostet 6,60 €.

Aufgabe: 1 kg Kaffee wird aus Brasil- und Flora-Kaffee gemischt. Die Mischung soll zu 7 Teilen aus Brasil-Kaffee und zu 9 Teilen aus Flora-Kaffee bestehen. Wie viel g sind von jeder Kaffeesorte zu verwenden?

Lösung: Die Mischung besteht insgesamt aus 7 Teilen + 9 Teilen = 16 Teilen.
Für das Gesamtgewicht 1 kg = 1 000 g beträgt das Gewicht pro Teil 1 000 g : 16 = 62,5 g.

7 Teile Brasil-Kaffee wiegen 7 · 62,5 g = 437,5 g.
9 Teile Flora-Kaffee wiegen 9 · 62,5 g = 562,5 g.

Kontrolle: Zusammen ergeben die einzelnen Gewichte 437,5 g + 562,5 g = 1 000 g = 1 kg.

Antwort: Es sind 437,5 g Brasil-Kaffee mit 562,5 g Flora-Kaffee zu mischen.

3.4 Das Verteilungsrechnen

Aufgabe: In einem Mehrfamilienhaus sind im letzten Jahr 477 € Abfallgebühren angefallen. Diese werden gleichmäßig auf alle Mieter verteilt. Die Abrechnung erfolgt pro Haushalt. Familie Schäfer besteht aus 5 Personen, Familie Brunotti aus 3 Personen. Herr Heinze lebt allein. Wie viel € Abfallgebühren zahlen die einzelnen Haushalte?

Lösung: Insgesamt leben im Haus 5 + 3 + 1 = 9 Personen.
Die Abfallgebühren betragen pro Person 477 € : 9 = 53 €.

Bei Familie Schäfer leben 5 Personen. Sie zahlen zusammen 5 · 53 € = 265 €.
Bei Familie Brunotti leben 3 Personen. Sie zahlen zusammen 3 · 53 € = 159 €.
Herr Heinze zahlt für sich 1 · 53 € = 53 €.

Kontrolle: Zusammen ergeben die zu zahlenden Beträge 265 € + 159 € + 53 € = 477 €.

Antwort: Familie Schäfer zahlt 265 €, Familie Brunotti 159 € und Herr Heinze zahlt 53 € Abfallgebühren.

Aufgabe: Die drei Einzelhandelskaufleute Aumeier, Bamberg und Contento betreiben gemeinsam ein Spielwarengeschäft. Der Gewinn von 37.200 € soll im Verhältnis 4 : 5 : 6 verteilt werden. Aumeier erhält also 4 Anteile, Bamberg 5 Anteile und Contento 6 Anteile. Wie viel € vom Gewinn erhält jeder?

Lösung: Die Summe der Anteile beträgt 4 Anteile + 5 Anteile + 6 Anteile = 15 Anteile.
Auf einen Anteil entfällt ein Gewinn von 37.200 € : 15 = 2.480 €.

Aumeier erhält 4 · 2.480 € = 9.920 €.
Bamberg erhält 5 · 2.480 € = 12.400 €.
Contento erhält 6 · 2.480 € = 14.880 €.

Kontrolle: Zusammen ergeben die einzelnen Geldbeträge 9.920 € + 12.400 € + 14.880 € = 37.200 €.

Antwort: Aumeier erhält 9.920 €, Bamberg 12.400 € und Contento 14.880 € vom Gewinn.

4 Der Kettensatz

Der Kettensatz ist ein zusammengesetzter Dreisatz. Er ist wie eine Kette aufgebaut, bei der die zusammengehörenden Glieder hintereinander aufgezogen werden.

Beispiel: Die Top Bike GmbH möchte 21 Fachbodenregale im Wareneingangslager bauen lassen. Der Regalbauspezialist Fynn Steinmüller nimmt für 5 Arbeitstage 1.300 €. Er fertigt 4 Regale in 8 Stunden an. Ein Arbeitstag Herrn Steinmüllers dauert 8,25 Stunden. Wie viel Lohnkosten kommen auf die Top Bike GmbH zu?

Lösung: **1. Schritt:** Es wird eine Frage gebildet. Dabei ist zu beachten, dass zusammengehörende Informationen bzw. Wertbeziehungen hintereinandergeschrieben werden:

Wie viel **€** kostet die Herstellung von **21 Holzregalen**, wenn **4 Holzregale** in **8 Stunden** gefertigt werden, **8,25 Stunden** einem **Arbeitstag** entsprechen und **fünf Arbeitstage** **1.300,00 €** kosten?

2. Schritt: Dann wird diese Frage zusammen mit den Bedingungen in ein Gleichungssystem umgestellt. Die Aufstellung der Kette wird mit der ersten Wertbeziehung des Fragesatzes begonnen. Die gesuchte Größe (€) wird vorangestellt. Die weiteren Kettenglieder folgen. Dabei beginnt das neue Kettenglied immer mit der Bezeichnung, mit der das vorherige Kettenglied endete. Das letzte Kettenglied muss die Bezeichnung des ersten Kettengliedes haben (€).

x €	≙	21 Holzregale
4 Holzregale	≙	8 Stunden
8,25 Stunden	≙	1 Arbeitstag
5 Arbeitstage	≙	1.300,00x €

3. Schritt: Nun wird durch die Entsprichtzeichen ein langer Strich gezogen:

x €	≙	21 Holzregale
4 Holzregale	≙	8 Stunden
8,25 Stunden	≙	1 Arbeitstag
5 Arbeitstage	≙	1.300,00 €

4. Schritt: Jetzt wird eine Bruchgleichung aufgestellt. Die gesuchte Größe (? **€**) steht links vom Gleichheitszeichen. Rechts steht ein Bruch, der wie folgt gebildet wird:

Zähler: Produkt aus den Größen rechts vom gezogenen Strich.
Nenner: Produkt aus den restlichen Größen links vom gezogenen Strich.

$$x = \frac{21 \text{ Holzregale} \cdot 8 \text{ Stunden} \cdot 1 \text{ Tag} \cdot 1.300{,}00\ €}{4 \text{ Holzregale} \cdot 8{,}25 \text{ Stunden} \cdot 5 \text{ Tage}}$$

5. Schritt: Dann kann das Ergebnis ausgerechnet werden:
x = 1.323,64 €

Antwort: Auf die Top Bike GmbH kommen 1.323,64 € Lohnkosten zu.

5 Währungsrechnen

Der **Wechselkurs** gibt den Wert einer Währungseinheit, z. B. 1 €, in der jeweils anderen Währungseinheit an. Ausländische Banknoten und Münzen werden als **Sorten** bezeichnet.

Land	Währung	Sortenkurse für 1 €	
		Ankauf	Verkauf
Großbritannien	Pfund (GBP)	0,8320	0,7730
Schweiz	Franken (CHF)	1,2340	1,1680
USA	Dollar (USD)	1,2930	1,2080

Quelle: www.commerzbank.de, Stand 5.7.2012

Umtausch von Euro in ausländische Währung
Kauft man bei einer Bank ausländische Währungen, gilt der **Ankaufskurs**.

Beispiel: Wie viel € muss Tim für 700 CHF zahlen?

	Franken	Euro	
	1,2340 CHF	1 €	
: 1,2340	1 CHF	0,8104 €	: 1,2340
· 700	700 CHF	567,28 €	· 700

Tim muss 567,28 € zahlen.

Um schneller und genauer zu rechnen, kann man in einem Schritt rechnen:
$1\,€ \cdot \frac{700}{1{,}2340} \approx 567{,}26\,€$

Umtausch von ausländischer Währung in Euro
Verkauft man an eine Bank ausländische Währungen, gilt der **Verkaufskurs**.

Beispiel: Wie viel € erhält Elvira für 160 USD?

	Dollar	Euro	
	1,2080 USD	1 €	
: 1,2080	1 USD	0,8278 €	: 1,2080
· 160	700 USD	132,45 €	· 160

Elvira erhält 132,45 €.

Bei **bargeldlosen Zahlungen** (z. B. Überweisungen, Kreditkartenzahlungen, Schecks) gelten die **Devisenkurse.**

Land	Währung	Devisenkurse für 1 €	
		Geld	Brief
Großbritannien	Pfund (GBP)	0,8007	0,8047
Japan	Yen (JPY)	100,01	100,49
Schweiz	Franken (CHF)	1,1991	1,2782
USA	Dollar (USD)	1,2527	1,2587

Quelle: www.commerzbank.de, Stand 5.7.2012

Kauf aus dem Ausland
Zahlt man Geld für eine Rechnung in ausländischer Währung, gilt der **Geldkurs**.

Beispiel:
Florian bestellt im Internet fünf CDs aus den USA. Er erhält eine Rechnung über 80,72 USD. Mit wie viel Euro wird Florians Bankkonto belastet, wenn er den Rechnungsbetrag überweist?

	Dollar	Euro	
	1,2527 USD	1 €	
: 1,2527	1 USD	0,7983 €	: 1,2527
· 80,72	80,72 USD	64,44 €	· 80,72

Das Bankkonto wird mit 64,44 € belastet.

Verkauf ins Ausland
Erhält man Geld aus einer Rechnung in ausländischer Währung, gilt der **Briefkurs**.

Beispiel:
Ein Großhändler verkauft einen Posten Nägel und Schrauben für 3.300 USD in die USA. Der Gegenwert in Euro wird auf dem Bankkonto des Großhändlers gutgeschrieben. Wie viel Euro sind dies?

	Dollar	Euro	
	1,2587 USD	1 €	
: 1,2587	1 USD	0,7945 €	: 1,2587
· 3.300	3.300 USD	2.621,85 €	· 3.300

Es werden 2.621,85 € gutgeschrieben.

6 Die Zinsrechnung

6.1 Die Zinsen berechnen

Die Zinsrechnung ist eine Anwendung der Prozentrechnung mit speziellen Begriffen.

Grundwert G → **Kapital K**

Prozentwert P → **Zinsen Z**

Prozentsatz p → **Zinssatz p**
Zinssätze beziehen sich in der Regel auf 1 Jahr.

Frau Mayer hat ein Guthaben von 420 € auf der Bank. Das Guthaben wird mit einem Zinssatz von 2 % verzinst. Wie viel € Zinsen erhält Frau Mayer nach einem Jahr?

Gegeben: Kapital $K = 420$ €
Zinssatz $p = 2\,\% = 0{,}02$

Gesucht: Jahreszinsen Z

Zinsformel: $\boldsymbol{Z = K \cdot p}$ $\quad Z = 420\,€ \cdot 0{,}02 = 8{,}40\,€$

Antwort: Frau Mayer erhält nach einem Jahr 8,40 € Zinsen.

Man kann bei der Zinsrechnung auch mit dem Dreisatz wie bei der Prozentrechnung rechnen.

6.2 Den Zinssatz oder das Kapitel berechnen

Zinssatz berechnen

Hassan hat 890 € bei einer Bank fest angelegt. Nach einem Jahr erhält er 19,58 € Zinsen. Mit welchem Zinssatz wurde sein Geld verzinst?

Gegeben: Kapital $K = 890$ €
Zinsen $Z = 19{,}58$ €

Gesucht: Zinssatz p

Formel: $\boldsymbol{p = \frac{Z}{K}}$ $\quad p = \frac{19{,}58\,€}{890\,€} = 0{,}022 = 2{,}2\,\%$

Antwort: Der Zinssatz beträgt 2,2 %.

Kapital berechnen

Nico erhält für sein Guthaben von der Bank jährlich 33 € Zinsen. Der Zinssatz beträgt 3 %. Wie hoch ist das Guthaben?

Gegeben: Zinsen $Z = 33$ €
Zinssatz $p = 3\,\% = 0{,}03$

Gesucht: Kapital K

Formel: $\boldsymbol{K = \frac{Z}{p}}$ $\quad K = \frac{33\,€}{0{,}03} = 1.100\,€$

Antwort: Das Guthaben beträgt 1.100 €.

6.3 Die Monatszinsen berechnen

Tobias leiht sich bei seiner Bank 2.500 €. Die Bank verlangt dafür einen Zinssatz von 6,6 %. Tobias möchte das Geld aber nicht erst nach einem Jahr, sondern schon nach 9 Monaten zurückzahlen. Wie viel € Zinsen muss Tobias dann für den Kredit bezahlen?

Gegeben: Kapital $K = 2.500$ €
Zinssatz $p = 6{,}6\,\% = 0{,}066$
Anzahl der Monate $m = 9$

Gesucht: Zinsen Z

Ein Jahr hat 12 Monate. Jeden Monat fallen $\frac{1}{12}$ der Jahreszinsen an. Für 9 Monate fallen $\frac{9}{12}$ der Jahreszinsen an.

Rechnen mit dem Dreisatz

Zinsen für 12 Monate (ein Jahr): $K \cdot p = 2.500\,€ \cdot 0{,}066 = 165\,€$
Zinsen für 1 Monat: $165\,€ : 12 = 13{,}75\,€$
Zinsen für 9 Monate: $13{,}75\,€ \cdot 9 = 123{,}75\,€$

Rechnen mit der Formel

$$Z = \frac{K \cdot p \cdot m}{12}$$

$$Z = \frac{2.500\,€ \cdot 0{,}066 \cdot 9}{12}$$

$$Z = 123{,}75\,€$$

Antwort: Tobias muss für seinen Kredit nach 9 Monaten 123,75 € Zinsen bezahlen.

6.4 Die Tageszinsen berechnen

Ronja bekommt von ihrer Oma 700 € geschenkt.
In 72 Tagen fährt sie in den Urlaub und legt das Geld bis dahin bei der Bank zu einem Zinssatz von 3,6 % an.
Wie viel € Zinsen erhält Ronja für das angelegte Geld?

Gegeben: Kapital $K = 700\,€$
Zinssatz $p = 3{,}6\,\% = 0{,}036$
Anzahl der Tage $t = 72$

So rechnet die Bank:
1 Jahr = 360 Zinstage
1 Monat = 30 Zinstage

Gesucht: Zinsen Z

Rechnen mit dem Dreisatz

Zinsen für 360 Tage (1 Jahr): $K \cdot p = 700\,€ \cdot 0{,}036 = 25{,}20\,€$
Zinsen für 1 Tag: $25{,}20\,€ : 360 = 0{,}07\,€$
Zinsen für 72 Tage: $0{,}07\,€ \cdot 72 = 5{,}04\,€$

Rechnen mit der Formel

$$Z = \frac{K \cdot p \cdot t}{360}$$

$$Z = \frac{700\,€ \cdot 0{,}036 \cdot 72}{360}$$

$$Z = 5{,}04\,€$$

Antwort: Ronja erhält für das angelegte Kapital nach 72 Tagen 5,04 € Zinsen.

6.5 Die Anzahl der Zinstage bestimmen

So rechnet die Bank: 1 Jahr = 360 Zinstage
1 Monat = 30 Zinstage
1 Jahr = 12 Zinsmonate

Bei der Berechnung der Zinstage wird der *erste* Tag nicht mitgezählt.

Bestimmen Sie die Anzahl der Zinstage für den Zeitraum 24. Juni bis 13. August.

Man beginnt zu zählen ab dem 25. Juni:
6 Tage im Juni + 30 Tage im Juli + 13 Tage im August = 49 Zinstage

1	2	3	4	5	6	7
8	9	10	11	12	13	14
15	16	17	18	19	20	21
22	23	24	25	26	27	28
29	30					
1	2	3	4	5	6	7
8	9	10	11	12	13	14
15	16	17	18	19	20	21
22	23	24	25	26	27	28
29	30					
1	2	3	4	5	6	7
8	9	10	11	12	13	14
15	16	17	18	19	20	21
22	23	24	25	26	27	28
29	30					

6.6 Promille berechnen

Sehr geringe Anteile gibt man häufig in Promille an.
Promille (‰) sind Brüche mit dem Nenner 1.000.

$$\mathbf{1\,‰ = \frac{1}{1.000} = 0{,}001}$$

Ein Mensch hat ca. 5 Liter Blut. Bei einer Verkehrskontrolle wurden 0,6 ‰ Alkoholgehalt gemessen.
Wie viel mℓ Alkohol waren im Blut?

Gegeben: Grundwert $G = 5\,ℓ = 5.000\,mℓ$
Promillesatz $p = 0{,}6\,‰ = 0{,}0006$

Gesucht: Promillewert P

Der Grundwert G entspricht 1.000 ‰.

Mit Promillesätzen rechnet man genauso wie mit Prozentsätzen.

Rechnen mit dem Dreisatz:

Promille	Menge
1.000 ‰	5.000 mℓ
1 ‰	5 mℓ
0,6 ‰	3 mℓ

(: 1.000 ; · 0,6 auf beiden Seiten)

Rechnen mit der Formel:

$$P = G \cdot p$$

$$P = 5.000\,mℓ \cdot 0{,}0006 = 3\,mℓ$$

Antwort: Im Blut waren 3 mℓ Alkohol.

7 Die Flächen- und die Körperberechnung

7.1 Das Quadrat und das Rechteck

Quadrat

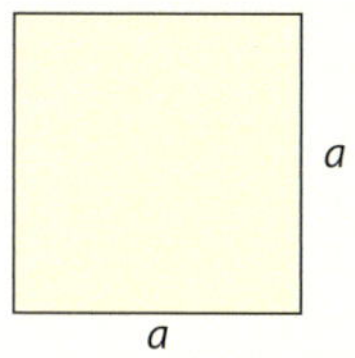

Umfang
$u = 4 \cdot a$

Flächeninhalt
$A = a \cdot a = a^2$

Beispiel: $a = 3\,\text{cm}$
$u = 4 \cdot 3\,\text{cm}$
$u = 12\,\text{cm}$

$A = 3\,\text{cm} \cdot 3\,\text{cm}$
$A = 9\,\text{cm}^2$

Rechteck

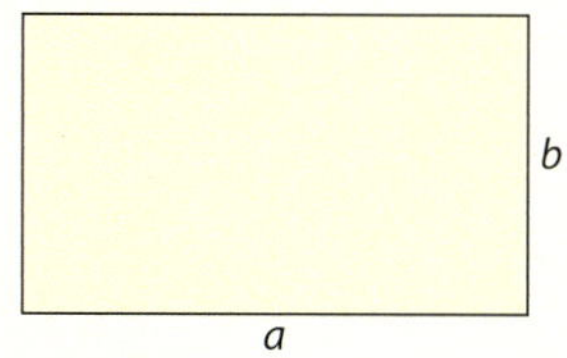

Umfang
$u = 2 \cdot a + 2 \cdot b$
$u = 2 \cdot (a + b)$

Flächeninhalt
$A = a \cdot b$

Beispiel: $a = 4\,\text{cm}$ und $b = 3\,\text{cm}$
$u = 2 \cdot (4\,\text{cm} + 3\,\text{cm})$
$u = 14\,\text{cm}$

$A = 4\,\text{cm} \cdot 3\,\text{cm}$
$A = 12\,\text{cm}^2$

7.2 Das Parallelogramm und das Trapez

Parallelogramm

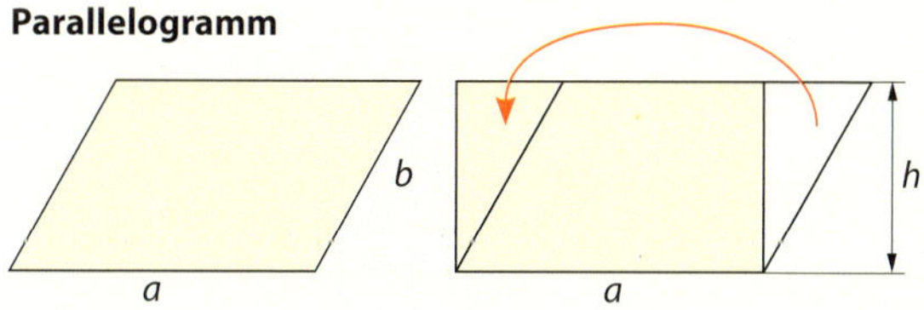

Umfang
$u = 2 \cdot a + 2 \cdot b$
$u = 2 \cdot (a + b)$

Flächeninhalt
$A = a \cdot h$

Beispiel: $a = 7\,\text{cm}$, $b = 5\,\text{cm}$ und $h = 4\,\text{cm}$
$u = 2 \cdot (7\,\text{cm} + 5\,\text{cm})$
$u = 24\,\text{cm}$

$A = 7\,\text{cm} \cdot 4\,\text{cm}$
$A = 28\,\text{cm}^2$

Trapez

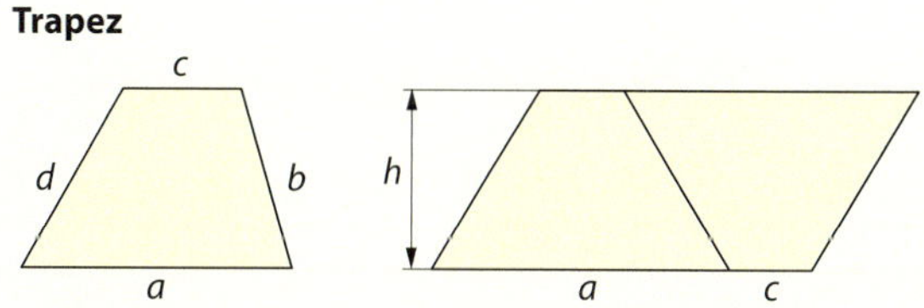

Umfang
$u = a + b + c + d$

Flächeninhalt
$A = \frac{1}{2} \cdot (a + c) \cdot h$

Beispiel: $a = 4\,\text{cm}$, $c = 3\,\text{cm}$ und $h = 2\,\text{cm}$

$A = \frac{1}{2} \cdot (4\,\text{cm} + 3\,\text{cm}) \cdot 2\,\text{cm}$

$A = 7\,\text{cm}^2$

7.3 Das Dreieck

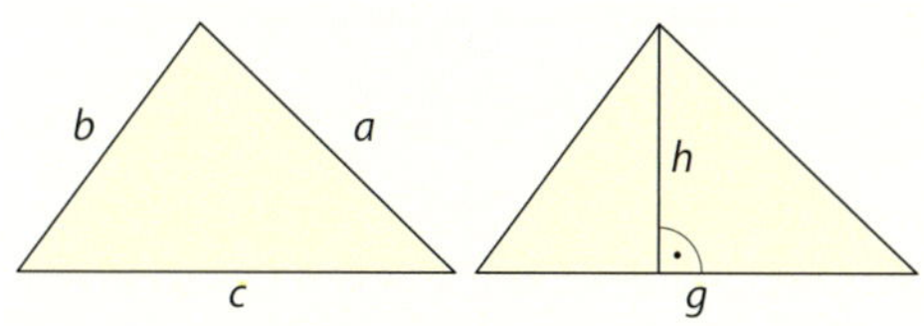

Umfang
$u = a + b + c$

Beispiel: $a = 2{,}6\,\text{cm}$, $b = 3\,\text{cm}$ und $c = 4{,}8\,\text{cm}$
$u = 2{,}6\,\text{cm} + 3\,\text{cm} + 4{,}8\,\text{cm}$
$u = 10{,}4\,\text{cm}$

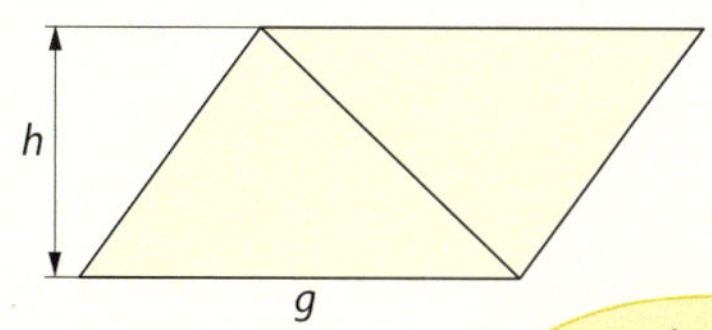

Flächeninhalt

$A = \frac{1}{2} \cdot g \cdot h$

g ist eine Grundseite und *h* die zugehörige Höhe.

Beispiel: $g = 5\,\text{cm}$ und $h = 3\,\text{cm}$

$A = \frac{1}{2} \cdot 5\,\text{cm} \cdot 3\,\text{cm}$

$A = 7{,}5\,\text{cm}^2$

7.4 Der Kreis

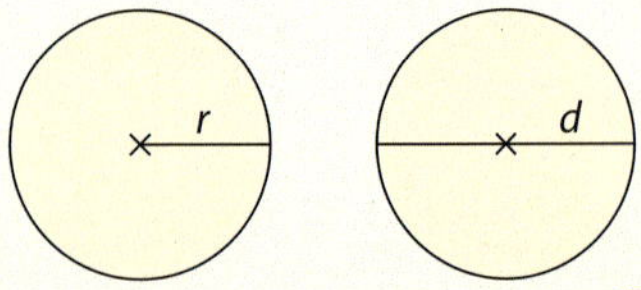

$\pi = 3{,}14159\ldots$
Wir rechnen mit
$\pi \approx 3{,}14$.

Umfang
$u = 2 \cdot \pi \cdot r$ oder $u = \pi \cdot d$

Beispiel:
$r = 3\,\text{cm}$, also $d = 2 \cdot 3\,\text{cm} = 6\,\text{cm}$

$u \approx 2 \cdot 3{,}14 \cdot 3\,\text{cm}$ $\quad u \approx 3{,}14 \cdot 6\,\text{cm}$
$u \approx 18{,}84\,\text{cm}$ $\quad u \approx 18{,}84\,\text{cm}$

Flächeninhalt
$A = \pi \cdot r^2 = \pi \cdot r \cdot r$ oder $A = \pi \cdot \frac{d^2}{4} = \pi \cdot \frac{d \cdot d}{4}$

Beispiel:
$A \approx 3{,}14 \cdot 3\,\text{cm} \cdot 3\,\text{cm}$ $\quad A \approx 3{,}14 \cdot \frac{6\,\text{cm} \cdot 6\,\text{cm}}{4}$

$A \approx 28{,}26\,\text{cm}^2$ $\quad A \approx 28{,}26\,\text{cm}^2$

7.5 Der Würfel und der Quader

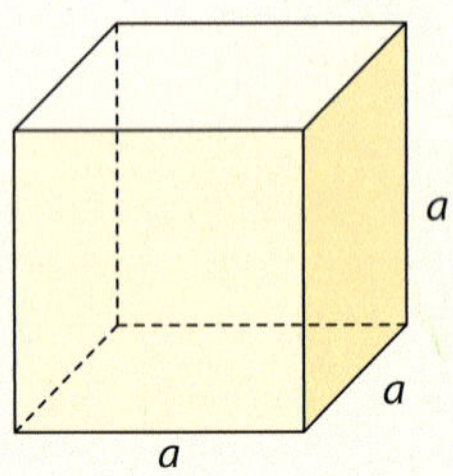

Volumen
$V = a \cdot a \cdot a$
$V = a^3$

Beispiel: $a = 3\,\text{cm}$
$V = 3\,\text{cm} \cdot 3\,\text{cm} \cdot 3\,\text{cm}$
$V = 27\,\text{cm}^3$

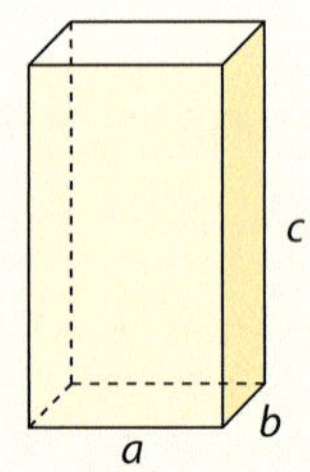

Volumen
$V = a \cdot b \cdot c$

Beispiel: $a = 3\,\text{cm}$, $b = 2\,\text{cm}$, $c = 4\,\text{cm}$
$V = 3\,\text{cm} \cdot 2\,\text{cm} \cdot 4\,\text{cm}$
$V = 24\,\text{cm}^3$

7.6 Der Zylinder

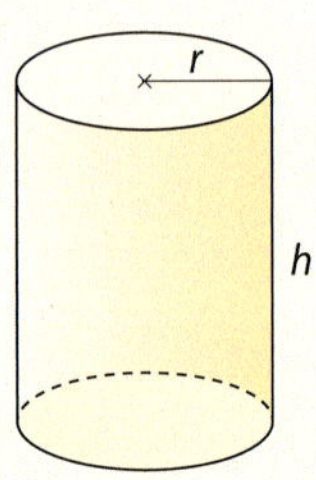

Volumen
$V = G \cdot h$

Für die kreisförmige Grundfläche gilt:
$G = \pi \cdot r^2$

Beispiel: $r = 3\,\text{cm}$, $h = 10\,\text{cm}$
$G = \pi \cdot r^2$ $\quad V = G \cdot h$
$G \approx 3{,}14 \cdot 3\,\text{cm} \cdot 3\,\text{cm}$ $\quad V \approx 28{,}26\,\text{cm}^2 \cdot 10\,\text{cm}$
$G \approx 28{,}26\,\text{cm}^2$ $\quad V \approx 282{,}6\,\text{cm}^3$

7.7 Die Kugel

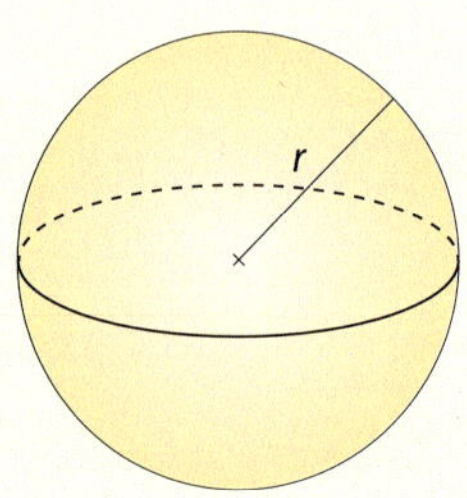

Volumen

$V = \frac{4}{3} \cdot \pi \cdot r^3$

Beispiel: $r = 5\,\text{cm}$

$V \approx \frac{4}{3} \cdot 3{,}14 \cdot 5\,\text{cm} \cdot 5\,\text{cm} \cdot 5\,\text{cm}$

$V \approx 523{,}33\,\text{cm}^3$

Anhang

Das Lernen lernen

Dieser Anhang soll Ihnen helfen, Ihre Lernstrategien bzw. Vorgehensweisen zu verbessern.

- Erfolgreich Lernen – aber wie?
- Wie richte ich meinen Lernplatz ein?
- Wieso soll ich das hier alles lernen? Wozu brauche ich das?
- Wann soll ich das denn noch lernen?
- Wie kann ich bloß meinen inneren Schweinehund überwinden?
- Wieso kann ich mich nicht konzentrieren?
- Was bringen mir eigentlich Pausen beim Lernen?
- Kann ich besser lernen, wenn ich mich bewusst ernähre?
- Kann ich mein Smartphone auch zum Lernen und im Beruf benutzen?

1 Erfolgreich lernen – aber wie?

Eine Ausbildung im Lager ist manchmal nicht so leicht, wie es sich anhört. Neben der täglichen Arbeit im Ausbildungsbetrieb müssen Sie sich auch mit den Lerninhalten in der Berufsschule auseinandersetzen. Sicherlich stellen Sie sich beim Lernen gelegentlich die folgenden Fragen:

Auf den folgenden Seiten finden Sie einige Antworten, die Ihnen vielleicht helfen können, Ihr Lernen zu verbessern. Sie müssen nicht alle Seiten lesen. Lesen Sie nur die Seiten, die für Sie momentan von Bedeutung sind. Wenn Sie zum Beispiel keine Lust aufs Lernen haben, dann schauen Sie doch mal ins Kapitel 5: „Wie kann ich bloß meinen inneren Schweinehund überwinden?" Dort finden Sie einige Tipps, wie Sie sich selber motivieren und belohnen können.

2 Wie richte ich meinen Lernplatz ein?

Wenn Sie eine erfolgreiche Ausbildung machen möchten, dann brauchen Sie auch zu Hause einen geeigneten Platz zum Lernen. Dies kann in einer kurzen Übergangsphase zwar auch mal der Küchentisch oder der Fernsehsessel sein. Auf Dauer macht hingegen ein eigener Lernplatz Sinn, der Ihnen die notwendige Ruhe und Ordnung garantiert, die Sie zum Lernen brauchen.

Wo soll ich meinen Lernplatz einrichten?

- Suchen Sie sich einen Lernplatz, an dem das Lernen Freude bereitet. Sie sollten sich dort wohlfühlen und gut konzentrieren können.
- Schalten Sie Störquellen einfach ab. Dazu müssen Sie auch mal die Tür zumachen können sowie telefonisch und per E-Mail nicht erreichbar sein. Machen Sie Ihrer Familie klar, dass, wenn Sie an Ihrem Lernplatz sitzen, Unterbrechungen nur in sehr wichtigen Fällen möglich sind. Jeder, der selber einmal ernsthaft gelernt hat, wird dies verstehen.
- Sollte es möglich sein, dann suchen Sie sich einen Lernplatz mit einem Fenster. Denn gerade bei Tageslicht und frischer Luft ist es am leichtesten zu lernen. Sollten Sie keinen Lernplatz mit Fenster zur Verfügung haben, sollten Sie für eine ausreichende elektrische Beleuchtung und eine gute Luftzirkulation sorgen.

Wie soll ich meinen Lernplatz einrichten?

Sorgen Sie für eine angenehme und praktische Ausstattung Ihres Lernplatzes. Dabei gibt es einige Grundregeln, wie Ihre Büroausstattung optimal auf Sie angepasst werden sollte (Ergonomie). Das bedeutet allerdings nicht, dass Sie sich eine komplett neue Büroausstattung anschaffen müssen. Die folgenden Grundregeln sind nur Hinweise, wie Ihr Lernplatz am besten ausgestattet wäre.

Bürostuhl

- Der Bürostuhl sollte stabil sein und Ihre Wirbelsäule stützen.
- Die Sitzhöhe entspricht ungefähr der Kniekehlenhöhe.
- Achten Sie darauf, dass Sie genügend Platz haben. Sie sollten nirgendwo anstoßen, sodass sie Ihre Beine ausstrecken und Ihre Beinhaltung variieren können.

Schreibtisch

- Ihre Arbeitsfläche sollte die Mindestmaße von 120 cm x 80 cm (Länge mal Breite) nicht unterschreiten.
- Die Arbeitsfläche sollte hell und matt sein.
- Passen Sie die Höhe der Schreibtischfläche an die Höhe der Armlehne wie folgt an: Nur wenn Sie Ihre Unterarme auf dem Schreibtisch und auf der Armlehne Ihres Bürostuhls aufstützen können, arbeiten Sie entspannt. Dabei sollen Ihre Hände, Handgelenke und Unterarme eine gerade Linie bilden. Sind beide Kriterien erfüllt, vermeiden Sie unnötige Auf-, Ab- und Seitwärtsbewegungen Ihres Handgelenkes beim Arbeiten.

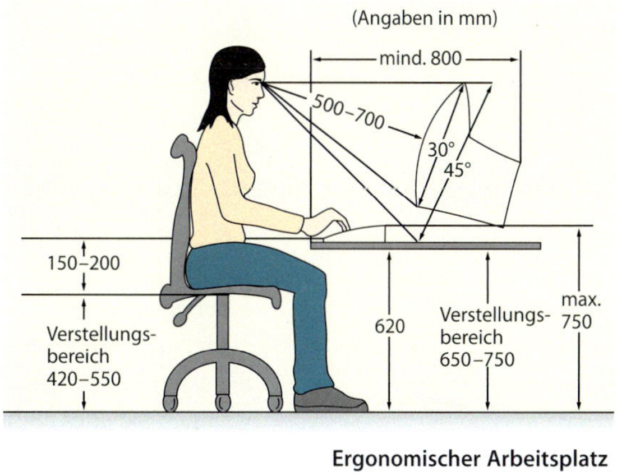

Ergonomischer Arbeitsplatz

Schreibtischleuchten

- Die Schreibtischleuchte sollte nach Bedarf und Lichteinfall veränderbar sein.
- Schreibtischleuchten sollten über einen Blendschutz verfügen, der das Licht tatsächlich auf den Schreibtisch lenkt und nicht blendet.
- Schreibtischleuchten sollten auch dann angeschafft werden, wenn ein Schreibtisch an einem Fenster steht, da es auch bei Tageslicht Schatten geben kann.

Monitor, Maus und Tastatur

- Der Abstand zum Bildschirm sollte je nach Bildschirmgröße 60 cm bei einem 17-Zoll-Bildschirm und ca. 80 cm bei 21-Zoll-Bildschirm betragen.
- Die Bildschirmoberkante sollte in Höhe der Augen platziert sein. Den Bildschirm kippen Sie leicht nach hinten und stellen ihn frontal zum Gesichtsfeld.
- Achten Sie darauf, dass Sie die Tastatur ohne Anstrengung bedienen können. Ihre Handballen sollten ca. 5–10 cm vor dem Tastenfeld aufliegen.
- Die Maus sollten Sie neben der Tastatur oder, noch besser, ganz nah an Ihrem Sitzplatz platzieren.
- Der Drucker sollte auf einem separaten Tisch und nicht auf dem Schreibtisch stehen. Er sollte nur angeschaltet sein, wenn er wirklich benötigt wird.

Angenehme Arbeitsbedingungen

- Statten Sie den Lernplatz so aus, dass Sie sich beim Lernen wohlfühlen. Stellen Sie bei der Gestaltung Ordnung und Klarheit her.
- Wichtige Arbeitsmittel sollten immer in aufgeräumten Schränken und Schubladen in der Nähe aufbewahrt werden. Auf den Schreibtisch gehören nur die wichtigsten Dinge, die Sie täglich nutzen.
- Gestalten Sie ihren Arbeitsplatz mit positiven Farben, z. B. aktiviert die Farbe Gelb den Verstand und die Kommunikation oder die Farbe Orange regt zum Optimismus und zur persönlichen Motivation an.
- Stellen Sie Pflanzen auf, da sie positiv auf das Raumklima wirken.
- Auch eine gute Arbeitstemperatur kann das Wohlbefinden erheblich beeinflussen. Je wärmer es ist, desto müder werden Sie. Andererseits halten z. B. kalte Füße von konzentriertem Lernen ab.
- Trennen Sie den Arbeits- und Freizeitbereich räumlich und zeitlich voneinander. Alles, was Sie beim Lernen ablenken könnte, sollten Sie von Ihrem Lernplatz fernhalten. Stellen Sie Ihr Mobiltelefon und den Fernseher aus. Wenn Sie Ihren Computer als Lernhilfe nutzen, öffnen Sie ihn nur, wenn Sie ihn wirklich brauchen.

Warum soll mein Lernplatz ordentlich sein?

- Achten Sie darauf, dass Ordnung durchgehend gehalten werden muss. Eine einmalige Aufräumaktion ist meistens nur Zeitverschwendung.
- Ordnung ist eine persönliche Sache, die jeder anders umsetzt. Manche sortieren alles von A bis Z, andere haben ein sogenanntes Chaossystem. Überlegen Sie sich, welches Organisationssystem Sie bevorzugen und setzen Sie dieses um.
- Überlegen Sie sich ein Ordnungssystem, das Sie gezielt umsetzen und das Sie auch beibehalten, z. B. Ordner, Stapelordnung, Schubladen.
- Schaffen Sie genügend Platz für Ihr Ordnungssystem.
- Räumen Sie alles täglich weg, was nicht auf Ihren Schreibtisch gehört.
- Legen Sie alle Dinge an einen festen Ort.
- Erledigen Sie kleine Dinge sofort. Dinge, die Sie nicht sofort erledigen können, ordnen Sie direkt in Ihr Ordnungssystem ein.

3 Wieso soll ich das hier alles lernen? Wozu brauche ich das?

Diese Frage stellt sich fast jeder in der Ausbildung. Sicherlich müssen Sie nicht alle Lerninhalte, die in der Berufsschule vermittelt werden, im beruflichen Alltag anwenden. Aber eine ausgebildete Arbeitskraft im Lager, die übernommen werden möchte, sollte ein solides fachliches Grundwissen aufweisen. Ihr Ziel ist es sicherlich, Ihre Ausbildung erfolgreich abzuschließen und anschließend einen festen Arbeitsplatz zu finden.

Um Ihr Ziel zu erreichen, sollten Sie sich eine Zielkarte erstellen, die Sie irgendwo in Ihrer Wohnung oder in Ihrem Zimmer aufhängen. Jedes Mal, wenn Sie frustriert sind oder Ihre Ausbildung infrage stellen, können Sie auf diese Karte schauen und sehen, warum Sie diese Ausbildung machen.

So erstellen Sie eine Zielkarte:

1. Nehmen Sie sich einen DIN-A5-Zettel und schreiben Sie groß und deutlich Ihr Ziel auf.
   - Achten Sie darauf, dass Ihr Ziel **realistisch** ist. Nichts ist schlimmer, als sich selber ein Ziel zu setzen, welches Sie nie erreichen können. Denn ein unrealistisches Ziel bewirkt in Ihnen Frustration und Antriebslosigkeit, und das wollen Sie doch verhindern, oder? Wenn Sie z. B. Ihre Abschlussprüfung mit sehr guten Leistungen bestehen möchten, dann sollten Sie daran denken, dass Sie auch sehr viel Zeit zum Lernen investieren müssen. Nur sehr selten gelingt es, mit wenig Aufwand sehr gute Leistungen zu erreichen.
   - Versuchen Sie Ihr Ziel **so genau wie möglich** zu formulieren. Schreiben Sie nicht nur auf, was Sie erreichen möchten, sondern **wann** und **wie** Sie an Ihr Ziel gelangen. Wenn Sie z. B. nicht den Zeitpunkt aufschreiben, dann kann es leicht passieren, dass Sie sich denken, dass Sie schon irgendwann Ihre Ausbildung schaffen und sich somit jetzt nicht anstrengen müssen.
2. Ziehen Sie unter Ihrem formulierten Ziel einen langen Strich.
3. Nun schreiben Sie die **Arbeitsschritte** auf, die Sie machen müssen, um Ihr Ziel zu erreichen.
   - Auch hier ist es wichtig, dass Sie **realistisch** bleiben. Es ist Ihre Zielkarte und Sie müssen sich nichts vormachen. Bleiben Sie ehrlich und schreiben Sie wirklich nur das auf, was Sie machen werden, um Ihr Ziel zu erreichen. Schreiben Sie z. B. nicht auf, dass Sie jeden Tag nach der Arbeit noch drei Stunden lernen, wenn Sie einen zehn Stunden Arbeitstag hinter sich haben.
   - Schreiben Sie **stichpunktartig** auf, wie Sie Ihr Ziel erreichen werden. Die Zielkarte soll Ihnen ja helfen, sich zu motivieren, und Sie haben sicherlich keine Lust, sich jedes Mal lange Sätze durchzulesen, um sich an ihre Schritte, die zu Ihrem Ziel führen, zu erinnern.
   - Wenn Sie einen Arbeitsschritt erreicht haben, der zu Ihrem Ziel führt (z. B. erfolgreiche Teilnahme an einem Prüfungsvorbereitungskurs), dann **streichen** Sie diesen Schritt auf Ihrer Zielkarte einfach durch. Sie werden merken, dass sie Ihrem Ziel immer näher kommen und Sie weniger frustriert sind, je mehr Arbeitsschritte durchgestrichenen sind.

4. Legen bzw. befestigen Sie Ihre Zielkarte z. B. an den Kühlschrank oder an der Wand direkt neben Ihrem Schreibtisch. Achten Sie darauf, dass Sie Ihre Zielkarte mindestens dreimal am Tag sehen. So verlieren Sie Ihr Ziel nicht aus den Augen.

Ihre Zielkarte könnte z. B. so aussehen:

Mein Ziel in 8 Wochen:

Ich will im Juni dieses Jahres meine Ausbildung zum Fachlagerist mit Ausreichend bestehen!

Wie schaffe ich das?

- Im Mai zwei Wochen Urlaub nehmen und jeden Tag jeweils zwei Stunden für jedes Prüfungsfach lernen.
- An einem Prüfungsvorbereitungskurs teilnehmen, der zweimal in der Woche stattfindet.
- Eine Lernkartei anfertigen und mir jeden Tag, wenn ich zur Arbeit oder zur Berufsschule fahre, die Lernkarten ansehen.
- Mich einmal in der Woche von meiner Freundin abfragen lassen.
- Meinen Lernplan einhalten.

4 Wann soll ich das denn noch lernen?

Lernen Sie häufig auf den letzen Drücker? Oder haben Sie so einen vollen Terminkalender, dass Sie nicht wissen, wo Ihnen der Kopf steht? Wissen Sie manchmal nicht, wann Sie noch für die Berufsschule lernen sollen, da der private und der berufliche Alltag enorm viel Zeit in Anspruch nehmen? Dann erstellen Sie sich doch einen persönlichen Zeitplan.

Tipp 1: Erstellen Sie einen Zeitplan

Wann?	Was?
08:00–16:30	Arbeiten
17:00–18:00	Abendessen/Pause
18:00–19:30	Lagerkennziffern lernen
19:30–20:00	Pause (mit Bello Gassi gehen)
20:00–20:30	Lagerkennziffern wiederholen
20:30–22:00	Billard spielen

Damit Sie sich am nächsten Tag wieder fit fühlen und morgens leichter aus dem Bett kommen, beenden Sie Ihre Arbeitszeit spätestens eine Stunde vor dem Schlafengehen. Nennen Sie diese Stunde einfach die „Relax-Zeit". In dieser Zeit machen Sie etwas, das Ihnen gut tut und Sie entspannt. Manche Menschen kochen sich in dieser Zeit einen Tee, hören Musik, lesen ein Buch oder telefonieren.

Tipp 2: Planen Sie Unvorhergesehenes in Ihrem Zeitplan ein

Dieser Tipp hört sich anfangs ein wenig merkwürdig an. Etwas, was Sie nicht planen können, sollen Sie in einem Zeitplan einplanen? Wie kann das funktionieren? Ganz klar, Zeitforscher (die gibt es tatsächlich) fanden heraus, dass jeder Mensch täglich 40 % seiner Zeit mit unvorhersehbaren Tätigkeiten (z. B. Autopanne, Banküberweisungen tätigen) und sozialen Aktivitäten (z. B. spontanes Telefonat mit den Freunden) verbringt. Daher sollten Sie nur 60 % Ihrer zur Verfügung stehenden Zeit verplanen und die anderen 40 % mit sogenannten Zeitpuffern versehen. Wenn Sie Ihren Zeitplan zu 100 % verplanen und keine Zeitpuffer einbauen, werden Sie merken, dass Sie Ihren Zeitplan absolut nicht einhalten können. Und das wiederum führt zur Unzufriedenheit und Sie werden langfristig demotiviert.

Tipp 3: Seien Sie vorsichtig bei engen Terminen

Erzeugen Sie keinen Termindruck, indem Sie Ihre Termine zu eng setzen. Planen Sie Ihre Termine großzügig, sodass Sie sich nicht selber unter Stress setzen und nur noch einen Gedanken im Kopf haben, der lautet: „Ich muss in einer Stunde noch das und das und das und das schaffen …" Überlegen Sie, wie viel Zeit Sie für eine Aufgabe bzw. einen Termin brauchen und fügen Sie zu dieser Zeit nochmals 15 Minuten hinzu. Sie werden merken, dass Sie dadurch viel entspannter Ihre Aufgaben erledigen werden.

Tipp 4: Nutzen Sie Leerzeiten
Wenn Sie an einem Tag Leerzeiten haben, dann nutzen Sie diese Zeit sinnvoll. Schalten Sie nicht sofort den Fernseher an und legen sich auf die Couch. Der Fernseher ist ein Zeitfresser und plötzlich ist es viel später, als sie angenommen haben. Sie könnten beim Fernsehen auch etwas Sinnvolles machen, wie z. B. Bügeln oder etwas Reparieren. Es gibt viele andere Sachen, die Ihnen zu mehr Entspannung helfen als fernzusehen. Bestimmt fallen Ihnen zahlreiche andere Aktivitäten ein. Wichtig ist, dass Sie in Ihren Leerzeiten entweder etwas Sinnvolles unternehmen, wie z. B. Wäsche waschen, Auto polieren, mit dem Hund Gassi gehen, oder etwas unternehmen, was Sie entspannt.

Tipp 5: Vermeiden Sie Wartezeiten, ansonsten nutzen Sie diese
Sicherlich kennen Sie die Situationen: Nach der Arbeit gehen Sie noch schnell zum Einkaufen, aber Sie müssen in einer langen Schlange an der Kasse warten. Oder Sie wollen mit dem Auto von der Arbeit nach Hause fahren und stehen wieder einmal im Stau. Versuchen Sie diese Situationen zu vermeiden, indem Sie z. B. zu anderen Zeiten, z. B. gegen 20 Uhr, einkaufen gehen.

Tipp 6: Erstellen Sie Ihren Zeitplan frühzeitig
Es bringt in der Regel nichts, wenn Sie erst zwei oder drei Tage vor der anstehenden Prüfung bzw. Klassenarbeit anfangen, einen Zeitplan zu erstellen und dann anfangen zu lernen. Nur wenige können das kurzfristig Gelernte behalten. Sie setzen sich nur unter Stress und das kann unter Umständen Auswirkungen auf Ihre Gesundheit und Ihr soziales Umfeld haben. Außerdem erhöht sich dadurch die Gefahr eines Blackouts. Fangen Sie daher mindestens drei Wochen vorher an zu lernen. Sie werden merken, je früher Sie anfangen zu lernen, desto gelassener meistern Sie Ihre Hürden.

Tipp 7: Machen Sie beim Lernen Pausen
Pausen
Kap. 7
Denken Sie immer daran, dass Sie ein Mensch und keine Maschine sind. Irgendwann ist auch mal Schluss mit dem Lernen. Überanstrengen Sie Ihren Körper und Ihren Geist nicht. Legen Sie ausreichend Pausen ein. Schauen Sie sich dazu gegebenenfalls das Kapitel 7 in diesem Anhang an.

Tipp 8: Teilen Sie mit, dass Sie momentan sehr beschäftigt sind
Stellen Sie sich vor, Sie möchten in einer Bäckerei ein Brot kaufen. Was machen Sie, um dieses Brot zu bekommen? Sie teilen der Bäckereifachverkäuferin mit, dass Sie gerne ein Brot kaufen möchten, oder? Denn leider ist die Bäckereifachverkäuferin keine Gedankenleserin und ohne eine Äußerung Ihrerseits ist es schwierig, die gewünschte Ware zu erhalten. Sagen Sie Ihren Freunden und Ihrer Familie, wenn Sie ungestört lernen möchten. Die meisten Ihrer Mitmenschen werden nicht wissen, dass Sie sich auf eine Prüfung oder eine Klassenarbeit vorbereiten müssen. Daher sollten Sie mitteilen, dass Sie erst nach diesem wichtigen Termin wieder Zeit haben. Wenn Sie Ihren Mitmenschen nicht mitteilen, dass Sie keine Zeit haben, kann es entweder zu Missverständnissen kommen oder Sie sind durch die zusätzlichen privaten Termine so gestresst, dass Sie sehr angespannt wirken.

5 Wie kann ich bloß meinen inneren Schweinehund überwinden?

Diese Frage beantwortet sich fast von selbst. Belohnen Sie sich einfach. Denken Sie sich für jeden Schritt, den Sie tätigen, um Ihr Ziel zu erreichen, eine Belohnung aus. Diese Belohnung muss nicht teuer sein. Sie muss Ihnen nur gut tun. Wenn Sie z. B. die Lagerkennzahlen gelernt haben, dann gönnen Sie sich einen netten Abend mit Freunden. Wichtig ist, dass Sie irgendwie Ihren inneren Schweinehund überwinden und ihre Motivation stärken.

Sobald Sie am Schreibtisch sitzen und die ersten 20 Minuten konzentriert arbeiten, werden Sie merken, dass Sie sich in einem sogenannten Flow befinden. Sie werden erstaunt sein, wie schnell die Zeit vergeht und wie sehr Sie das Drumherum vergessen werden. Am Anfang ist es äußerst schwierig, sich für längere Zeit an den Schreibtisch zu setzen oder sich mit theoretischen Lerninhalten zu beschäftigen. Im Folgenden finden Sie drei Tipps, wie Sie Ihre Motivation ohne viel Mühe steigern. Probieren Sie nur die Tipps aus, die Ihnen zusagen.

Tipp 1: Erstellen Sie eine Belohnungskarte

Zielkarten erstellen
Kap. 3

1. Wenn Sie eine Zielkarte haben, nehmen Sie diese zur Hand und drehen Sie sie um, sodass vor Ihnen die Rückseite liegt.
2. Schreiben Sie auf die Rückseite zunächst nochmals Ihr Ziel.
3. Ziehen Sie unter Ihr Ziel einen Strich.
4. Überlegen Sie sich für jeden Arbeitsschritt eine Belohnung. Je größer der Arbeitsschritt ist, desto größer sollte die Belohnung ausfallen. Wenn Ihnen jetzt nicht einfällt, wie Sie Ihre Arbeitsschritte belohnen können, dann schließen Sie die Augen und überlegen, was Ihnen gut tut. Vielleicht eine leckere Pizza, ein Spielabend mit den Freunden, ein Eis bei Ihrem Lieblingsitaliener um die Ecke, eine Probefahrt mit einem Neuwagen oder eine Fahrradtour?
5. Schreiben Sie Ihre Belohnung stichpunktartig auf.
6. Jedes Mal, wenn Sie Ihrem Ziel einen Schritt näher gekommen sind, belohnen Sie sich und streichen die Belohnung durch. Betrügen Sie sich nicht und belohnen Sie sich nur, wenn Sie diesen Arbeitsschritt wirklich ausgeführt haben.
7. Befestigen Sie den Zettel an einem Ort, an dem Sie jeden Tag vorbeigehen. So vergessen Sie Ihre Belohnungen, die auf Sie warten, nicht.

Ich will im Juni dieses Jahres meine Ausbildung zum Fachlagerist mit Ausreichend bestehen!

- Am letzten Tag meines Urlaubs einen Tagestrip nach Hamburg machen.
- Nach Beendigung meines Prüfungsvorbereitungskurses einen Tag Urlaub nehmen und ausschlafen.
- Jeden Tag 15 Minuten mit der Spielkonsole spielen.
- Jedes Mal nach dem Abfragen mit meiner Freundin ins Kino gehen.

Beispiel für eine Belohnungskarte

Tipp 2: Stellen Sie Ihren Schreibtischmodus ein

Die meisten Menschen befinden sich nicht von Beginn an im sogenannten „Schreibtischmodus". Das heißt, dass viele Menschen sich nicht von einem auf den anderen Tag stundenlang an den Schreibtisch setzen und lernen können. Viele Menschen sind, wenn Sie nach Hause kommen, in einem „Easy-going-Modus", sodass sie das längere Ausharren an einem Schreibtisch erst trainieren müssen.

So stellen Sie Ihren Schreibtischmodus ein:

1. Setzen Sie sich an den Schreibtisch und stellen Sie sich einen **Wecker** daneben. Stellen Sie die Weckfunktion so ein, dass nach **15 Minuten** ein Klingelton ertönt. Beschäftigen Sie sich innerhalb dieser 15 Minuten intensiv mit Ihren Lernunterlagen. Sie werden merken, dass die Zeit schnell vergeht. Sobald der Klingelton ertönt, legen Sie Ihre Lernunterlagen beiseite und verlassen Sie Ihren Schreibtisch. Machen Sie eine kurze Pause. Wiederholen Sie anschließend diesen Vorgang noch zweimal.
2. Am folgenden Tag erhöhen Sie die Arbeitszeit am Schreibtisch um 15 Minuten. Stellen Sie Ihren Wecker so ein, dass er **nach 30 Minuten** klingelt. Beschäftigen Sie sich innerhalb der 30 Minuten intensiv mit Ihren Lernunterlagen. Nach dem Ertönen des Klingeltons verlassen Sie Ihren Schreibtisch und legen eine kurze Pause ein. Wiederholen Sie diesen Vorgang noch einmal.
3. Am dritten Tag legen Sie selber die Länge Ihrer Arbeitszeit am Schreibtisch fest. Diese sollte natürlich auf jeden Fall länger als 30 Minuten sein. Stellen Sie Ihren Wecker, setzen Sie sich an den Schreibtisch, beschäftigen Sie sich mit Ihren Lernunterlagen und verlassen Sie nach dem Weckruf Ihren Schreibtisch. Sie werden merken, dass es Ihnen leichter fällt, am Schreibtisch zu sitzen und Sie sich somit im Schreibtischmodus befinden.

Tipp 3: Bilden Sie Lerngruppen

Viele Menschen sind in Gesellschaft motivierter und gelassener. Wenn Sie eine Klassenarbeit schreiben oder sich auf die Zwischen- bzw. Abschlussprüfungen vorbereiten, dann kann es hilfreich sein, wenn Sie eine Lerngruppe bilden. Keiner kann Sie besser verstehen als diejenigen, die die gleichen Probleme bewältigen müssen. Achten Sie bei der Bildung Ihrer Lerngruppe auf folgende Punkte:

1. Bilden Sie nur eine Lerngruppe mit Mitschülern, mit denen Sie sich sehr gut verstehen.
2. Ihre Lerngruppe sollte maximal aus vier Personen bestehen.
3. Achten Sie darauf, dass die Mitglieder Ihrer Lerngruppe möglichst unterschiedliche Lieblingsfächer haben. So gewährleisten Sie, dass Sie sich auf unterschiedliche Fächer gemeinsam erfolgreich vorbereiten können.
4. Legen Sie gemeinsam einen Abend bzw. einen Tag in der Woche fest, an dem Sie sich treffen. Vereinbaren Sie außerdem den Zeitrahmen.
5. Verabreden Sie sich an einem Ort, an dem Sie ungestört lernen können. Nicht empfehlenswert sind z. B. Kneipen oder Privatwohnungen, wo Sie durch Spielkonsolen, Internet oder Fernsehen abgelenkt werden können. Wenn Sie keinen Ort finden, an dem Sie ungestört lernen können, fragen Sie Ihren Klassenlehrer. Häufig sind nach der Schule Klassenräume frei oder Sie nutzen die Schulcafeteria oder gehen gemeinsam in die Stadtbibliothek.
6. Wenn Sie sich das erste Mal mit Ihrer Lerngruppe treffen, erstellen Sie einen Zeitplan. Legen Sie in diesem Zeitplan die Meilensteine fest. Das heißt, beschließen Sie gemeinsam, wann Sie was wo lernen werden.

Zeitplan erstellen
Kap. 4

7. Jedes Mal, wenn Sie sich treffen und einen Meilenstein erreichen, belohnen Sie sich. Gehen Sie z. B. einen Burger essen oder schauen Sie gemeinsam Fußball.

6 Wieso kann ich mich nicht konzentrieren?

Haben Sie oft Probleme, sich zu konzentrieren? Lassen Sie sich schnell ablenken, besonders, wenn Sie keine Lust haben zum Lernen? Vielleicht können die folgenden Tipps Ihnen weiterhelfen.

Tipp 1: Lernen Sie nicht in Ihren eigenen vier Wänden

Die meisten Menschen können sich besser konzentrieren, wenn Sie sich in einer fremden Umgebung befinden. Sie müssen sich deshalb aber auch kein Zimmer mieten, um konzentriert zu lernen. Überlegen Sie sich, ob Sie einen Ort kennen, an dem Sie nicht gestört werden, z. B. die Stadtbibliothek, die Wohnung eines Freundes, der gerade im Urlaub ist, ein ruhiges Cafe oder bei schönem Wetter einen Park. Wichtig ist, dass Sie Ihrem privaten und beruflichen Alltag den Rücken kehren und nicht vom Alltag abgelenkt werden.

Lernen im Park

Tipp 2: Legen Sie alles weg und schalten Sie alles aus, was beim Lernen ablenkt

Wenn Sie zu Hause lernen, dann legen Sie alles zur Seite, was Sie beim Lernen ablenken könnte. Schalten Sie z. B. Ihr Smartphone/Handy aus und legen es zusammen mit interessanten Zeitschriften in eine Schublade, legen Sie Ihre Spielkonsole in einen Schrank, schalten Sie Ihr Festnetztelefon aus, indem Sie einfach den Stecker ziehen, stellen Sie Ihren Fernseher oder Ihre HiFi-Anlage ebenfalls aus. Nach dem Lernen legen Sie alles wieder an den richtigen Platz zurück und schalten auch die Geräte wieder ein. Sie werden merken, dass Sie ungestört arbeiten und sich konzentrieren können.

Tipp 3: Machen Sie einmal am Tag eine Konzentrationsübung

Es gibt unendlich viele Übungen, die Ihnen dabei helfen können, Ihre Konzentration zu steigern. Suchen Sie im Internet z. B. nach „Konzentrationsübungen online". Sie werden schnell zahlreiche Übungen finden. Im Folgenden finden Sie als Beispiel eine Konzentrationsübung, die Sie leicht in Ihrem Alltag einbauen können.

1. Suchen Sie sich einen längeren Artikel einer Zeitung oder einer Zeitschrift aus. Es ist egal, welche Zeitung oder Zeitschrift Sie sich aussuchen. Wichtig ist nur, dass der Inhalt des Zeitungsartikels nichts mit den Unterrichtsinhalten zu tun hat.
2. Stellen Sie die Weckfunktion eines Weckers/eines Handys auf eine Minute ein.
3. Innerhalb der folgenden Minute zählen Sie alle „o"s, die sich im Artikel befinden.
4. Wenn der Weckton erklingt, stoppen Sie und schreiben auf, wie viele „o"s Sie gezählt haben.
5. Wiederholen Sie diesen Vorgang dreimal und versuchen Sie Ihre Ergebnisse zu verbessern.
6. Wenn Sie beim dritten Versuch die doppelte Anzahl des ersten Versuches geschafft haben, dann haben Sie Ihr Ziel erreicht. Ansonsten probieren Sie die Übung am folgenden Tag nochmals aus.

Tipp 4: Schreiben Sie sich Ihren Frust von der Seele, bevor Sie anfangen zu lernen, und packen Sie alles in eine Mindbox

Oft gibt es Situationen im Alltag, die Ihnen einfach nicht aus dem Kopf gehen und an die Sie ständig denken müssen. Das müssen nicht nur negative Geschehnisse, wie z. B. Liebeskummer, finanzielle Sorgen, Stress mit den Eltern oder der Freundin, Unstimmigkeiten im Ausbildungsbetrieb oder in der Berufsschule, sein. Es können auch einzigartige Momente sein, die Sie aus der Bahn werfen.

Beispiel einer Mindbox

Was können Sie tun, damit Sie von diesen Geschehnissen nicht abgelenkt werden und sich auf die Unterrichtsinhalte konzentrieren können? Legen Sie sich eine Mindbox an.

1. Nehmen Sie sich ein paar kleine Zettel, eine kleine Kiste (z. B. einen Schuhkarton) und einen Stift.
2. Jedes Mal, wenn Ihnen etwas nicht mehr aus dem Kopf geht, schreiben Sie diese Gedanken stichpunktartig auf einen Zettel.
3. Legen Sie diesen Zettel in Ihre Mindbox.
4. Stellen Sie die Mindbox in einen Schrank bzw. in ein anderes Zimmer, sodass Sie diese nicht mehr im Blickfeld haben. Achten Sie darauf, dass nur Sie Zugriff auf die Box haben.
5. Machen Sie sich bewusst, dass sich alle Sorgen, Ängste sowie positive Erlebnisse oder Hoffnungen nicht mehr in Ihrem Kopf befinden. Alle diese Gedanken befinden sich in der Mindbox, die sich nicht mehr in Ihrer unmittelbaren Umgebung befindet. Sie wissen zwar, dass die Mindbox noch da ist, aber der „Inhalt“ kann Sie während Ihrer Lernphase nicht mehr „stören“.
6. Nach dem Lernen holen Sie Ihre Mindbox wieder hervor und schauen sich Ihre Zettel an. Versuchen Sie, falls es sich um Probleme handelt, eine Lösung zu finden, indem Sie z. B. beim Schulsozialpädagogen anrufen. Schreiben Sie Ihre Lösung auf die Rückseite Ihres Zettels.
7. Sobald Sie das Problem gelöst haben, vernichten Sie den Zettel.

Tipp 5: Dösen Sie einfach mal 20 Minuten beruhigt weg

Sicherlich sind Sie manchmal müde und geschafft, wenn Sie nach Feierabend nach Hause kommen. Vielleicht hatten Sie einen stressigen Arbeitsalltag oder einen anstrengenden Berufsschulalltag, vielleicht standen Sie auf dem Heimweg in einem Stau oder mussten in einem überfüllten Bus den Heimweg antreten. Wenn Sie nach solch einem Tag zu Hause angekommen sind, dann stellen Sie doch Ihren Wecker, legen sich hin und dösen 20 Minuten. Sie werden merken, dass diese 20 Minuten Wunder bewirken können. Denn manchmal braucht der Körper einfach nur mal ein paar Minuten, um sich zu entspannen und um Energie zu tanken.

20 Minuten auf dem Sofa dösen

7 Was bringen mir eigentlich Pausen beim Lernen?

Wer viel lernt, benötigt auch mal eine Pause. Sie können nicht stundenlang lernen, denn Sie sind keine Maschine, sondern ein Mensch. Was bringt es Ihnen, wenn Sie einen Text lesen und dann wieder von vorne beginnen müssen, da Sie sich einfach nicht mehr konzentrieren können? Unser Gedächtnis braucht manchmal eine Pause, um das Gelernte zu verarbeiten. Geben Sie Ihrem Gedächtnis Zeit und gönnen Sie sich in regelmäßigen Abständen eine aktive Pause.

Wie sieht es jetzt, in diesem Moment, mit Ihrer Konzentration aus? Benötigen Sie eine Pause? Wenn Sie in der nachfolgenden Übung mehr als drei Fehler machen, dann wird es Zeit für eine aktive Pause.

Aufgabe: Nennen Sie die Farbe der einzelnen Wörter innerhalb einer Minute.

ROT	BRAUN	BLAU	GRÜN	GRÜN
ORANGE	BLAU	GRÜN	BLAU	GRAU
GRÜN	GELB	ORANGE	BLAU	GRAU
BRAUN	ROT	BLAU	GELB	GRÜN
BRAUN	GELB	GRÜN	BLAU	ROT

Um eine aktive Pause durchzuführen, sollten Sie folgende Punkte beachten:

- Beachten Sie, dass jeder Mensch einen anderen Lernrhythmus hat und somit individuell seine Pausen planen muss. Ein Kölsches Sprichwort sagt: Jeder Jeck ist anders! Deshalb ist es wichtig, selbst zu bestimmen, wie viele Pausen Sie benötigen.
- Achten Sie darauf, dass Sie sich wirklich erholen. Schauen Sie sich dazu die nachfolgenden Tipps zur Pausengestaltung an.
- Unterbrechen Sie Ihre Lernzeit regelmäßig, um den Lernerfolg zu erhöhen und Ihren Körper zu entlasten. Wer kurze, aktiv gestaltete Pausen einplant, verfestigt den zuvor gelernten Stoff und löst Denkblockaden.

Phasen der Pausenplanung

Bei der Planung von Pausen können Sie drei Phasen unterscheiden.

Phase 1: Innerhalb der ersten Stunde sollten Sie bei einer Pause Ihren Lernplatz nicht verlassen.

Phase 2: Erst nach einer Lernzeit von ca. 45 Minuten sollten Sie eine aktive Pause von ca. 15 Minuten einplanen. Hierzu sollten Sie in Reichweite des Lernplatzes bleiben, jedoch Bewegungselemente in die Pause einbauen.

Phase 3: Nachdem Sie ca. 2–3 Stunden gelernt haben, ist es Zeit für eine Pause von mindesten einer Stunde. Hierbei sollte der Lernplatz auf jeden Fall verlassen werden, um bewusst einen Abstand von Lernen und Lernort zu bekommen.

Pausengestaltung
Wissen Sie eigentlich, wie Sie eine Pause gezielt gestalten können? Viele Menschen gestalten ihre Pausen so, dass Sie gar keine Erholung bringen. Sie nutzen die freie Zeit z. B., um sich weiter mit anderen über den Lernstoff zu unterhalten, Lernzettel mit in die Pause nehmen und den Körper durch schweres Essen, Nikotin oder Koffein belasten.

Nachfolgend finden Sie drei Vorschläge für eine aktive Pausengestaltung für die oben beschriebenen Pausenphasen eins und zwei. In der dritten Phase sollten Sie sich bewusst mit Dingen außerhalb des Lernens beschäftigen, z. B. einen Besuch bei der besten Freundin, einen Spaziergang mit Ihrem Hund oder ein Kinobesuch.

Pausegestaltung 1: Figuren und Namen synchronisieren

1. Setzen Sie sich bequem hin und entspannen Sie sich. Kommen Sie zur Ruhe und schließen Sie die Augen.	
2. Stehen Sie auf. Atmen Sie einige Male kräftig und tief ein und aus. Neigen Sie den Kopf nach vorne und rollen ihn behutsam von links nach rechts. Lassen Sie die Augen weiterhin geschlossen.	
3. Zeichnen Sie mit der rechten und der linken Hand gleichzeitig die rechts stehenden Linien und Figuren in die Luft.	
4. Schreiben Sie nun mit beiden Händen gleichzeitig Ihren Namen in die Luft. Wiederholen Sie den Vorgang so lange, bis Sie das Gefühl haben, Ihr Name steht in Schönschrift in der Luft.	
5. Öffnen Sie die Augen und nehmen Sie bewusst die Umgebung um sich herum wahr.	

Anwendungstipp
Mit zunehmender Sicherheit sollten Sie die Übung immer schneller ausführen. Diese Pausengestaltung löst Spannungen und erfrischt das Gehirn.

Pausengestaltung 2: Spaziergang am Nordseestrand

1. Setzen Sie sich entspannt auf Ihren Stuhl.
   Ein Mitschüler steht hinter Ihnen.

2. Der Spielleiter (kann ein Mitschüler oder Lehrer sein) erzählt eine Geschichte von einem Spaziergang am Nordseestrand:

3. *„Du gehst am Nordseestrand entlang. Die Wellen rauschen …"*
   Der Partner streicht mit den Handflächen in Wellenbewegungen über die Schulter.

   „Es fängt an zu regnen. Leiser Regen, starker Regen, Nieselregen, die Regentropfen prasseln …"
   Der Partner klopft sachte oder heftig mit dem Zeigefinger auf den Rücken, erst langsam, dann schneller.

   „Es blitz und donnert."
   Der Partner symbolisiert die Blitze mit dem Finger und das Donnern durch klopfen auf den Rücken (nicht zu stark!).

   „Das Gewitter klingt ab und der Regen wird weniger. Die Sonne kommt hinter den Wolken hervor und es wird wärmer."
   Der Partner lässt das „Gewitter" auf dem Rücken abklingen und streicht über den Rücken.

4. Stehen Sie auf und stellen Sie sich vor Ihren Stuhl. Strecken Sie die Hände bei aufrechtem Oberkörper in Richtung Decke. Greifen Sie jetzt abwechselnd mit der linken und rechten Hand in kleinen Bewegungen nach oben. Stellen Sie sich vor, dass Sie bei jeder Bewegung immer größer werden.

Anwendungstipp

Um diese Pausengestaltung durchzuführen, brauchen Sie mindestens zwei Personen. Sie bietet sich für Berufsschulklassen oder auch kleine Lerngruppen an. Die Geschichte kann beliebig mit belebenden Elementen fortgesetzt bzw. verändert werden.

Ziel ist es, Spannungen zu lösen, einen Perspektivwechsel zu ermöglichen und das Gedächtnis zu erfrischen.

Pausengestaltung 3: Aktive Pausengymnastik

1. Setzen Sie sich bequem hin und entspannen Sie sich. Kommen Sie zur Ruhe.	
2. Verschränken Sie Ihre Hände hinter dem Kopf. Drücken Sie die Schulterblätter nach hinten und den Brustkorb nach vorne. Halten Sie diese Stellung einige Sekunden.	
3. Ziehen Sie den Nacken mit Ihren Händen ganz vorsichtig nach vorne, sodass die Ellenbogen nach vorne kommen. Auch diese Dehnung einige Sekunden halten.	
4. Stehen Sie auf und stellen Sie sich vor Ihren Stuhl. Strecken Sie die Hände bei aufrechtem Oberkörper in Richtung Decke. Greifen Sie jetzt abwechselnd mit der linken und rechten Hand in kleinen Bewegungen nach oben. Stellen Sie sich vor, dass Sie bei jeder Bewegung immer größer werden.	

Anwendungstipp

Diese Pausengestaltung löst Spannungen und unterstützt eine gute Körperhaltung.

8 Kann ich besser lernen, wenn ich mich bewusst ernähre?

Nach einer üppigen Mahlzeit arbeitet Ihr Körper auf Hochtouren. Er ist so sehr mit der Verdauung beschäftigt, dass er andere Prozesse, wie z. B. die Gehirnaktivität, drosselt. Leicht verdauliche Lebensmittel beschäftigen den Körper nicht so lange mit der Verdauung. Sie können hingegen zum Teil die Durchblutung des Gehirns fördern und liefern Grundbausteine für den Stoffwechsel und Zellaufbau. Mit diesen Lebensmitteln können Sie die Gehirnaktivitäten ankurbeln und die Konzentrations- und Merkfähigkeit erhöhen. Im Folgenden finden Sie einige dieser Lebensmittel, die Ihnen helfen könnten, Ihren Lernerfolg zu verbessern.

Tipp 1: Trinken Sie täglich 1,5–2 Liter Flüssigkeit
Wissen Sie, dass Ihr Gehirn hauptsächlich aus Wasser besteht? Wenn Sie zu wenig trinken, nimmt der Wasserhaushalt im Gehirn ab und es fällt Ihnen schwer, sich zu konzentrieren und logisch zu denken. Versuchen Sie regelmäßig zu trinken. Optimal sind 1,5–2 Liter Flüssigkeit (z. B. Wasser, Fruchtschorlen sowie ungesüßte Frucht- und Kräutertees) am Tag. Sie werden sich schon nach kürzester Zeit besser fühlen und können sich auch besser konzentrieren. Meiden Sie allerdings süße Getränke, sie führen schnell wieder zur Ermüdung.

Tipp 2: Essen Sie mindestens einmal in der Woche Fisch
Kaltwasserfische, wie z. B. Hering, Lachs oder Forelle, sind leicht verdaulich und haben einen hohen Anteil an Omega-3-Fettsäuren. Sie erhöhen die Durchblutung und verbessern somit die Sauerstoffversorgung des Gehirns. Diese fördert wiederum die Denk-, Konzentrations- und Lernfähigkeit.

Tipp 3: Essen Sie täglich ca. eine kleine Handvoll Nüsse
Um die Konzentration und die Lernfähigkeit zu erhöhen, eignen sich auch Nüsse hervorragend. Sie enthalten nicht nur Mineralstoffe und mehrfach ungesättigte Fettsäuren, sondern auch die Vitamine E und B. Die in Nüssen enthaltenen Ballaststoffe regen die Verdauung an. Besonders die Walnüsse gelten als die „Stresskiller". Allerdings haben Nüsse sehr viele Kalorien, sodass sie nur kleine Mengen gegessen werden sollten. Auf gesalzene und geröstete Nüsse sollte daher ganz verzichtet werden.

Tipp 4: Essen Sie jeden Tag einen Apfel
Äpfel sind nicht nur vitaminreich und kalorienarm, sie enthalten auch sehr viele gesundheitsfördernde Inhaltsstoffe. Der Fruchtzucker im Apfel ist rasch verfügbar und wirkt deshalb anregend und leistungssteigernd. Kalium und B-Vitamine wirken positiv auf Nerven und Muskeln.

Tipp 5: Essen Sie Milchprodukte
Milch und Milchprodukte, wie z. B. Joghurt, Quark und Käse, enthalten nicht nur Vitamine, sondern auch Kalzium und Eiweiß. Die B-Vitamine fördern z. B. die Konzentrationsfähigkeit und Aufmerksamkeit, das Magnesium sorgt für den Stressabbau.

9 Kann ich mein Smartphone auch zum Lernen und im Beruf benutzen?

Mit einem Smartphone können Sie nicht nur telefonieren, sondern Sie können auch filmen, fotografieren, rechnen, Musik hören, im Internet surfen und noch vieles mehr. Auch in der Schule und im Beruf können Smartphones daher nützliche Helfer sein, um den Arbeitsalltag zu erleichtern und das Lernen zu fördern. Allerdings sollten Sie folgende Regeln beachten, wenn Sie ein Smartphone in der Schule oder am Arbeitsplatz einsetzen möchten:

- Fragen Sie Ihren Lehrer oder Ihren Ausbilder, ob Sie während des Unterrichts oder während der Arbeitszeit ein Smartphone als Lernhelfer benutzen dürfen.
- Achten Sie darauf, dass Sie bei der Verwendung und Veröffentlichung von Bildmaterial und persönlichen Informationen über andere Personen und Institutionen vorher immer deren Einverständnis dafür einholen müssen.
- Seien Sie äußerst vorsichtig, wenn Sie Informationen von sich im Internet preisgeben. Denn eine Regel gilt hier immer: „Das Internet vergisst niemals, was Sie ihm einmal verraten haben."
- Verwenden Sie Ihr Smartphone während der Unterrichts- und Arbeitszeit nur, wenn es wirklich nötig ist. Gibt es die Möglichkeit, Aufgaben am Computer, mit Büchern, einem Taschenrechner oder mit anderen Hilfsmitteln zu erledigen, sollte Sie diese nutzen. Sie sind in der Regel die besseren Hilfsmittel.

Sie können Ihrem Smartphone neben den oben genannten Funktionen zahlreiche weitere hinzufügen. Im Appstore finden sie viele weitere Funktionen. Bekannte Anbieter für Apps sind aktuell der Android Market von Google und der Appstore von Apple. Von diesen beiden Anbietern werden nachfolgend eine kleine Auswahl interessanter „Apps" vorgestellt.

Gefahrgut-Helfer

Für alle Lageristen, die Umgang mit Gefahrstoffen haben. UN-Nummern, Gefahrstoffklassen, Handlungshinweise und auch die Gefahrstoffsuche ist hier möglich.

Erhältlich für Android

Gefahrgut

Für alle Lageristen, die Umgang mit Gefahrstoffen haben. UN-Nummern, Gefahrstoffklassen, Handlungshinweise und auch die Gefahrstoffsuche ist hier möglich.

Erhältlich für IOS (Apple)

Logistik express

Mit der Logistik express App können Sie Neuigkeiten in der Logistikwelt direkt über das Smartphone abrufen.

Erhältlich für Android

Stau Mobil

Mit dieser App können Sie Routen planen und aktuelle Staumeldungen abfragen.

Erhältlich für Android und IOS

Lernsnacks Mathe

Lernsnacks sind einzelne Lerneinheiten, mit denen Sie das Mathematikwissen schnell, prägnant üben, auffrischen und wiederholen können. Die Mathematikübungen sind gezielt aufgebaut für Schule und Beruf.

Erhältlich für IOS

Mathe Experte

Eine Formelsammlung aus den Bereichen Mathematik und Physik. Mit diesem App können Sie Formeln berechnen.

Erhältlich für Android

Google Übersetzer

Lagerlogistik ist grenzübergreifend und international. Mit dieser Anwendung können Sie Begriffe aus vielen Sprachen übersetzen.

Erhältlich für Android und IOS

Pakete

Hilft, wenn Sie ein Paket versendet und die Lieferungen schnell und einfach verfolgen möchten.

Erhältlich für Android

Smart Tools

Ein Werkzeugkasten für die Hosentasche. Durch die Sensoren im Gerät erhalten Sie z. B. eine Wasserwaage, eine Taschenlampe, einen Kompass oder einen Entfernungsmesser.

Erhältlich für Android

CamscannerFree

Egal ob es sich um ein Arbeitsblatt oder eine Kopie handelt, mit dieser App können Sie Dokumente fotografieren und als PDF-Datei speichern.

Erhältlich für Android und IOS

Stichwortverzeichnis

Bildquellenverzeichnis

ACD Elektronik GmbH, Achstetten 37/1/2
Adpic 98/1/C. Schwier, 116/3/W. Quirtmair, 121/2/W. Bulgar, 122/4/M. Dietrich
Agentur Sputnik – Presse- und Öffentlichkeitsarbeit 201
AIGNER Kisten-Verpackung-Holz GmbH & CoKG, Nussbach 141/4
Alamy 311/1/Alvery&Towers Picture Library
Alfred Arnold Verladesysteme, Withauweg 9, 70439 Stuttgart, www.arnold-verladesysteme.de 217/2, 219/1/4, 224/a/b/c/d/e
ALTEC GmbH, Singen 216/1/2, 224/f
Aluwerk Hettstedt, Lichtlöcherberg 40, 06333 Hettstedt, www.aluwerk-hettstedt.de 120/2
Ancra Systems B.V., PL Boxtel, NL 218/2/3
Apostore GmbH, Gelsenkirchen; www.apostore.de 59/4
Attingo Datenrettung, www.attingo.de 93/3
Auer-Packaging GmbH 126/2, 141/1
B. Hohnstein (IAA 2006) 263/14
BellandVision GmbH, Pegnitz 109/2
Berufsgenossenschaft Handel und Warendistribution (BGHW) Prävention, Bonn; www.bghw.de 217/1, 224/h
Uta Bettzieche, Leipzig 392, 393, 394, 399, 400, 404
Big Bag Harbeck GmbH, Bad Birnbach 139/4, 144/2
Bildarchiv Hamburg; www.bildarchiv-hamburg.de 218/4
Bildungszentrum der Bundesfinanzverwaltung, Münster 362/1
BITO-Lagertechnik, Meisenheim 38/1, 49/5, 83/5, 133/2, 144/4
BohemiaKombi, Prag 338/3
brewes GmbH, Markersdorf 151/3
BULMOR industries, Perg/Alexander Baumann 59/1/2
Butt GmbH, Großenkneten; www.butt.de 219/2/3
Caema Verladesysteme GmbH, Volkmarsen 218/1
Carl Bernh. Hoffmann GmbH & Co. KG, Kaarst 141/3
CHEP Deutschland GmbH, Koeln, www.chep.com 126/5, 128/6
© Clariant SE, www.clariant.com (Foto: Damir Skako, Stuttgart) S.155/3/4
Collico Verpackungslogistik u. Service GmbH, Duisburg 132/1/2
Complete Logistics Systems international GmbH 224/g
CONACORD Voigt GmbH & Co. KG, Lippstadt 258/4, 266/1/3, 268/1/2/3
CONE PAL® – www.conepal.de 126/3
Constructor Group AS, (Foto: Dexion GmbH, Laubach), Sandvika 70/1
Cordes GmbH & Co. KG, Harsefeld 38/2
Crown Gabelstapler GmbH & Co.KG, München, www.crown.com 58/1/2
ddp images 39/1/2/AP, 340/3/dapd/Jens-Ulrich Koch
DENIOS AG 166/1
Der Grüne Punkt – Duales System Deutschland GmbH 107/4, 109/1
Deutsche Bahn AG 317/1/Bartlomiej Banaszak, 317/2/Wolfgang Klee, 317/3/Uwe Miethe
Deutsche Post AG 316
die tageszeitung, Berlin 383/3
Dirk Mahler/Fraunhofer IF 39/4
Duropack Group, Wien, www.duropack.eu 117
© Copyright Dolezych GmbH & Co.KG 252/2, 258/1, 261/2, 265/1, 266/2, 267, 269, 273/2/3, 275/1/2/4
Ehrhardt + Partner GmbH & Co. KG, Boppard-Buchholz 39/3
EKO-PUNKT GmbH, Lünen 109/3
ENGEL-NETZE GmbH & Co. KG – Netzfabrikation, Bremerhaven 275/3
European Bioplastics e.V., Berlin 122/1, 122/2/ 123 b (eine eingetragene Marke von Bioplastics)
European Pallet Association – EPAL, Münster 125/1, 127/1–127/3, 128/3/4
Fa. Braun GmbH, Am Grünberg 8, 92318 Neumarkt-Pölling 264/2/4
Fahrzeugwerk Bernard KRONE GmbH, Werlte 136/1, 258/2/3, 272, 273/1, 274/1/2, 328/a
FEFCO, Brussels; www.fefco.org 129–130
Forest Stewardship Council® (FSC®), Freiburg 115, 123 a
Foto Johann Ridder, Wesel 242
Fotofinder 15/Westend61/Hans Huber, 178/2/Tim Hoppe / GARP, 181/2/Herby Sachs/version, 182/2/Alfred Buellesbach /VISUM, 194/2/Ott/Helga Lade, 195/2/vario images, 309/photopool, 311/3/zoonar.de, 311/5/Caro/Giesen, 321/2/FreeLens Pool, 328/c/Reinhard Eisele / project photos, 339/2/Stefan Kiefer/Intro, 345/vario images
Fotolia 49/3/koya79, 49/4/Kirill Skugarev, 83/3/koya79, 83/4/Kirill Skugarev, 91/Comugnero Silvana, 93/1/totophotos, 94/Sabphoto, 121/1/Pixelot, 124/1/Jamiga, 125/2/topae, 131/1/ Jeanette Dietl, 149/1/Harald Biebel, 151/2/topae, 179/1/goodstock, 182/1/angl7a, 184/stefan137, 199/Iris, 227/1/th-photo, 244/ digitalstock, 245/2/ehrenberg-bilder, 247/ Mechanik, 229/1/Mixage, 265/3/ Oli_ok, 277/1/Joerg Lantelme, 277/2/montebelli, 284/Gerhard Seybert, 289/1/dimedrol68, 289/2/Ramona Heim, 289/3/bpstocks, 289/4/seen, 289/5/Ro, 289/6/Andrew Buckin, 328/b/Mixage
Fr. Schiettinger KG – Verpackungen und Displays aus Voll- und Wellpappe 141/3
Frank Kropp, www.fahrzeugbilder.de 219/5
Friedrich Graepel AG, Löningen; www.graepel.de LG 151/4
Georg Utz GmbH, Schüttorf 128/2, 133/1
Gerresheimer AG, Düsseldorf, www.gerresheimer.com 119
GERSAG Krantechnik GmbH, Reiden 339/1
Gesamtverband der Deutschen Versicherungswirtschaft e.V. (GDV), Berlin 131/4 – 131/9
Greenpeace Energy eG, Hamburg 383/2
Joachim Gottwald, Berlin 368
Günter Püschmann GmbH & Co.KG, Wuppertal 141/5
GÜNZBURGER STEIGTECHNIK GMBH, Günzburg 54/2
Hafen Hamburg 340/2/M. Lindner
Hafen Stuttgart GmbH 179/2
Hagenauer + Denk KG, Immenstadt 159/5, 161/1/2
Hamburger Hafen und Logistik AG 177/2

Hapag-Lloyd AG, Hamburg 137, 138/1/2/3/5, 144 a/b/c/d/e/f, 236
Dietmar Hasenpusch, Schenefeld 322
Gabriele Heinisch, Berlin 171/A/B/C/D/E/F
Hüdig + Rocholz GmbH & Co. KG, Velbert; www.huedig-rocholz.de 158
humboldt Verpackungstechnik GmbH, www.humboldt-pack.de 160/4
Ing.-Büro A. Franck, Hagen 62/1/2
INKA Paletten GmbH, Siegertsbrunn 126/1
International Air Transport Association, Genf; www.iata.org 326
INTERSEROH Dienstleistungs GmbH, Köln 109/4
IRU – International Road Transport Union, Genf 362/2
iStockphoto 38/4/ermingut, 49/1/paparazzit, 49/2/koya79, 83/1/paparazzit, 83/2/koya79, 139/1/pepifoto, 140/4/JoeD-photo, 140/5/mladn61, 140/6/dja65, 140/7/TomFreeze, 140/8/Rakoskerti, 140/9/stickytoffeepudding, 153/1/ Berenika_L, 189/AndreasWeber, 227/2/kadmy, 231/ Zelfit, 311/6/macroworld, 397/Antrey
January 19, 2010, doi:10.1098/rsif.2009.0495 J. R. Soc. Interface © 2010 The Royal Society 196
Jungheinrich AG, Hamburg 42/1, 57
Kaluza/Kölzsch/Gastner/Blasius 172 u.
Karikatur: Schoenfeld 390
KBS Industrieelektronik GmbH, Freiburg 58/3
KNAPP AG 43/1/2/3
Knüppel Verpackung GmbH & Co. KG 155/5/6
KRAUSE-Werk GmbH & Co. KG, Alsfeld 55/1/2/3/4/5/6/8
Kurt Michel/pixelio.de 116/1
Landbell AG für Rückhol-Systeme, Mainz 109/5
Marek Lange, Berlin 370
LAWECO Maschinen- und Apparatebau GmbH, Espelkamp; www.laweco.de 217/3
Lekkerland Deutschland GmbH & Co.KG 52/1
LEWA GmbH 97/3
Linde Material Handling GmbH, Aschaffenburg 53/3
LINDER GmbH, Seevetal 160/1
Lunzer + Partner GmbH, Alzenau 42/2
Marco Bergner; Rodgau, www.marcobergner.de 320/2
Marktgenossenschaft der Naturland-Bauern e.G., Lippetal-Lippborg 383/4
Mavic Vertretung Deutschland/Österreich/Schweiz, Oberaudorf; www.mavic.com/de 124/2
MEDEWO AG, Meisterschwanden 146/5, 147/1
MVR Müllverwertung Rugenberger Damm GmbH & Co. KG, Hamburg 108/1
nach I.B.A Freight Services, www.ibafreightservices.com 136/3/4/5/6
Netzwerk Ladungssicherung, www.lasiportal.de 93/2, 249
Nicopac Verpackungssysteme, Industriefotografie, Einsiedeln/Schweiz 124/4
picture-alliance 120/1, 178/1/dpa, 179/3/Bildagentur Huber, 185/RIA Novosti, 186/dpa, 191/2/empics, 194/1/ZB/euroluft-bild.de, 195/1/Eventpress Herrmann, 241/ANP/Studio DEKO, 311/4, 321/1/dpa, 321/3/ZB, 323/2/dpa, 325/dpa, 338/1/ZB, 338/2/JOKER, 338/4/Alliance/KEYSTONE, 339/3/dpa/Wagner, 340/1/dpa, 382/2/dpa, 388/2/dpa/, 388/3/dpa/Zentralbild, 388/4/dpa/dpaweb, 416/PhotoAlto
PRO-SYSTEM Verpackungstechnik GmbH, Schönbrunn/ Schwanheim 159/6
Ratioform Verpackungen 128/5, 145, 146/1/2/3/4, 147/3/4, 148/1 – 148/11, 149/2/3, 150, 151/1, 152/2, 153/3/4, 159/4
© Rail Cargo Austria 70/2
© Rainbow Containers GmbH, Apensen, www.rainbow-containers.de 135/2
Reclay Holding GmbH, Köln 109/6
Reis GmbH & Co. KG Maschinenfabrik, Obernburg 60
RESY OfW GmbH 118/3
RIPACK, France 152/3/4, 161/3
Rose Versand GmbH, Bocholt 14/1, 98/2
RUD Ketten 270/1/2/3
Anette Schamuhn, Berlin 87, 99/2 – 100, 126/6/7, 149/6/7/9, 161/4, 163, 167, 168/5, 221/1/2, 230/1/2, 245/1, 246/1/2, 271, 377, 408, 420, 421, 422
Shutterstock 49/6/Alexey Fursov, 83/6/Alexey Fursov, 95/2/kontur-vid, 103/1/woodsy, 105/caimacanul, 118/1/luSh, 122/3/Crepesoles, 124/3/Diego Barbieri, 124/5/Oleg Zabielin, 124/6/dencg, 131/2/Irmak Akcadogan, 139/2/woaiss, 139/3/ra3rn, 140/1/TigerForce, 140/2/Nils Z, 140/3/aisunr, 141/2/Voronin76, 144/1/ Voronin76, 417/auremar, 418/2/StockLite
Damir Skako, Stuttgart 92/1, 95/1, 418/1
SR Suntour Europe GmbH, www.srsuntour-cycling.com S.97/4
SSI SCHÄFER FRITZ SCHÄFER GMBH, Neunkirchen 35, 38/3, 44/1/2, 50/1, 54/1, 126/4, 127/4, 128/1, 131/3, 133/3/4/5/6
Stefan Matros, Lichterfelde; www.mt-b.net 99/1
Storopack Hans Reichenecker GmbH, Metzingen 149/4/6/10
Stronglight SA, Saint Etienne (Frankreich), www.stronglight.com 97/2
SZ Ravensburg 349
Transport Control International GmbH, Oststeinbek 154, 155/1/2/3
Vanderlande Industries B.V. 50/2, 62/3
VerpackungPlus Christopher Bauer GmbH 147/2
VETTER Umformtechnik GmbH, Burbach 92/2
VDW 118/2
viastore systems 59/3
W. Schlobohm, Ladungssicherung – aber richtig!, ecomed-SICHERHEIT 229/2, 255/1/2, 263/a/b
W.A. Günthner, FitForWork Belastungsorientierte JobRotation für eine alternsgerechte Arbeitsorganisation in der Logistik, 2011 26
Wikipedia 107/2/gemeinfrei, 107/3/GFDL and CC-BY-2.5, 116/2/GNU/Bystander, 136/2/gemeinfrei, 138/4/CC/Frank C. Müller, 146/6/7/ESD Association standard ANSI/ESD S8.1-2007 – Symbols, 149/6/Christian Gahle, nova-Institut GmbH, 153/2, 170/A/B/C/D/E, 311/2
Winner Spedition GmbH & Co. KG, Iserlohn; www.winner-spedition.de 261/1
Peter Wirtz, Dormagen 48, 330, 336, 342
www.fahrrad.de 14/2, 75, 96
www.Stauplan.de 233
www.tis-gdv.de 135/1
www.vaude.com 97/1
www.wedo.de 55/7
YPS collection 323/1
Zentek GmbH & Co. KG 109/7
Zweckverband Abfallwirtschaft Westsachsen, Großpösna/ OT Störmtha 108/2